21 世纪法学系列教材

北京市高等教育精品教材立项项目

国际经济法

International Economic Law

第四版

主　编　王传丽

撰稿人（以撰写章节先后为序）
王传丽　焦　杰　李　巍
杨　帆　祁　欢　范晓波
白　艳　史晓丽　赵秀文

法律出版社
——北　京——
始创于 1954 年

好书，同好老师和好学生分享

图书在版编目(CIP)数据

国际经济法 / 王传丽主编. -- 4 版. -- 北京 : 法律出版社, 2023
ISBN 978-7-5197-6564-4

Ⅰ. ①国… Ⅱ. ①王… Ⅲ. ①国际经济法 Ⅳ. ①D996

中国版本图书馆 CIP 数据核字(2022)第 049167 号

国际经济法(第四版)
GUOJI JINGJIFA
(DI-SI BAN)

王传丽 主编

责任编辑 郑怡萍
装帧设计 鲍龙卉

出版发行 法律出版社
编辑统筹 法律教育出版分社
责任校对 裴 黎
责任印制 刘晓伟
经 销 新华书店

开本 787 毫米×1092 毫米 1/16
印张 29 字数 696 千
版本 2023 年 10 月第 4 版
印次 2023 年 10 月第 1 次印刷
印刷 永清县金鑫印刷有限公司

地址:北京市丰台区莲花池西里 7 号(100073)
网址:www. lawpress. com. cn
投稿邮箱:info@ lawpress. com. cn
举报盗版邮箱:jbwq@ lawpress. com. cn
销售电话:010-83938349
客服电话:010-83938350
咨询电话:010-63939796

书号:ISBN 978-7-5197-6564-4
定价:65.00 元

出 版 说 明

法律出版社作为中国历史悠久、品牌积淀深厚的法律专业出版社，素来重视法学教育图书之出版。

原“21 世纪法学规划教材”系列作为本社法学教育出版的重心，延续至今已有十余年。该系列一直以打造新世纪新经典教材为己任，遍揽名家新秀，因其卓越品质而颇受瞩目并广受肯定。当前，根据法学教育发展变化的客观需要，本社将原有教材系列调整重组，形成新编“21 世纪法学系列教材”，以便更好地为法学师生服务。

中国的法学教育正面临深刻变革，未来的法学教育势必以培养高素质法律人才为目标，以知识教育与应用教育相结合、职业教育与素质教育相结合、精英教育与大众教育相结合为导向，法学教育图书的编写与出版也将由此进入变革与创新的时代。

为顺应未来法学教育的改革方向和发展趋势，本社将应时而动，为不同学科、不同层次、不同阶段、不同需求的法学师生量身打造法学教材及教学辅助用书。在教材方面，将推出课堂教学系列、实训课程系列、通识课程系列、简明本系列、双语教学系列等；在教学辅助用书方面，将推出案例教程系列、法规教程系列、练习与测验系列、法学讲座系列、专业培训系列等。或革新，或全新，以厚基础、宽口径、多元化、开放性为基调，力求从品种、内容和形式上呈现崭新风采，为法学师生提供更好教本与读本，同享教材规划之盛。

“好书，同好老师和好学生分享。”本社在法学教育图书出版上必将继往开来，以精益求精的专业态度，打造全新“21 世纪法学系列教材”，传播法学知识，传承法学理念，辅拂法律教育事业，积累法律教育财富，服务万千法学师生和明日法治英才。

法律出版社

2015 年 1 月

作者简介

王传丽 曾任中国政法大学教授，博士生导师，中国政法大学国际经济法系主任，国际法学院院长，中国国际经济法学会副会长，中国法学会世界贸易组织法研究会副会长，中国国际经济贸易仲裁委员会仲裁员。主要研究方向为国际经济法、国际贸易法。

赵秀文 国际商会中国国家委员会仲裁委员会委员，福建省人民政府法律顾问，英国皇家御准仲裁员协会特许仲裁员，中国国际经济贸易仲裁委员会（贸仲）、新加坡国际仲裁中心、亚洲国际仲裁中心和香港国际仲裁中心等国家和地区及北京、石家庄、珠海等仲裁机构在册仲裁员。曾任中国人民大学法学院教授、博士生导师、国际法教研室主任，国际仲裁研究所所长，中国人民大学十大优秀教师，中国国际法学会、国际经济法学会和国际私法学会常务理事，北京国际法学会副会长等。自1988年以来，在贸仲、北仲、国际商会国际仲裁院等国内外仲裁机构作为首席、独任和合议庭仲裁员办理国内外商事仲裁案件500余件。主要研究方向为国际经济法、国际私法和国际商事仲裁法。

史晓丽 中国政法大学国际法学院国际经济法研究所教授、博士生导师，中国政法大学WTO法律研究中心主任。中国贸促会第二届经贸摩擦法律顾问委员会委员，中国机电商会出口管制合规委员会委员，WTO争端解决机构专家组指示性名单成员，中国国际经济贸易仲裁委员会、上海国际经济贸易仲裁委员会、华南国际仲裁院仲裁员，美国富布莱特项目（Fulbright）高级访问学者（加州大学伯克利分校法学院），中美电子商务法研究项目访问学者，香港多家律师事务所研习学者。担任政府机构和企业专家顾问，主持国家社科基金、商务部、外交部、司法部、中国法学会、国侨办、地方政府和企业等多项科研课题以及多个国家立法和咨询项目。主要研究方向为国际贸易法、国际投资法、出口管制法、经济制裁与阻断法、大规模杀伤性武器防扩散法、自贸区港法。

李　巍 中国政法大学国际法学院教授，硕士生导师，加拿大不列颠哥伦比亚大学访问学者，中国法学会WTO法研究会常务理事。著有《联合国国际货物销售合同公约评释》；参编《国际经济法》《国际贸易法》等多部教材。在《政法论坛》《比较法研究》《法学家》《法学论丛》等重要期刊发表学术论文几十篇。主要研究方向为国际贸易法、国际经济法、WTO法。

焦　杰 中国政法大学国际法学院教授，中国政法大学中加法律研究中心主任，蒙特利尔大学法学院客座教授（2018年～2022年），加拿大蒙特利尔大学法学院国际商法、贸易法研究中心客座研究员。曾任中国政法大学海商法研究中心副主任及北京京师等律师事务所专家顾问。主持并撰写专著《魁北克商法》；参加《国际经济法》《海商法》《涉外经济合同法》等多部教材编写。在《政法论坛》《法律适用》《比较法研究》《中国法学文档》等法学刊物上发表过多篇论文。此外,还在蒙特利尔大学法学刊物 THEMIS 上发表过多篇论文。主要研究方向为海商法、加拿大魁北克商法,国际贸易法。

范晓波　中国政法大学教授,国际经济法研究所所长。兼任中国国际经济法学会常务理事,中国国际法学会理事,中国法学会 WTO 研究会理事,北京国际经济法学会副会长,北京国际法学会常务理事,文化和旅游部法治专家委员会委员,北京市市场监督管理局反垄断专家库成员,中国海事仲裁委员会仲裁员、厦门仲裁委仲裁员。出版专著有《多边规则视野下出口信贷法律制度研究》《美欧银行并购反垄断的法律规制研究》;合著《主权债务重组与巴黎俱乐部》《后危机时代的国际金融法》等;参与《国际经济法》《国际金融法》《海商法》等多部教材的编写。主持国家社科基金、教育部、司法部、文旅部、中国法学会等多项课题。主要研究方向为国际经济法、国际金融法、WTO 法、海商法等。

杨　帆　曾任中国政法大学国际法学院副教授,国际法学院国际经济法研究所副所长。现任职北京瑞达成泰教育科技有限公司。出版专著有《国际技术标准与知识产权》、《国经知识产权贸易法》《国际技术贸易法》《网络与电子商务中的知识产权》等。在《政法论坛》《北京社会科学》等期刊发表的论文数十篇。参与《国际经济法》《国际技术贸易法》《国际经济法案例分析》等数本教材的编著工作。主要研究方向为国际经济法、知识产权法。

祁　欢　中国政法大学国际法学院教授、硕士生导师,国际法学院副书记,新疆政法学院院长助理(挂职)。中国政法大学中国国际反垄断和投资研究中心主任,海商法研究中心副主任。兼任北京国际法学会副会长,中国国际经济法学会、中国法学会 WTO 法研究中心、北京一带一路法律研究会常务理事,中国服务贸易协会专家委员会副理事长,中国世界贸易组织研究会竞争政策与专业委员会副秘书长。出版有《公共服务业反垄断豁免法律制度研究》《国际投资法原则》等著作;参编有《国际经济法》《国际投资法》《海商法》《国际法学概论》等十数部教材;发表有 SSCI、CSSCI 等数十篇学术论文。主持国家社科基金、教育部人文社科、兵团社科基金、发改委、商务部、工信部、国资委等多项研究课题和立法咨询项目。主要研究领域是国际经济法,并以国际投资法、竞争法、海商法、WTO 法为主要研究方向。

白　艳　西北政法大学国际法学院副教授,法国执业律师和国际商事仲裁员。法国巴黎第二大学国际高级研究所进站博士后,中国政法大学国际经济法博士,法国巴黎第二大学商法学博士,法国巴黎大学勋位管理委员会奖学金获得者。参与《国际法》《国际经济法》等多部教材的编撰。发表的主要论文有:《WTO 与国际金融组织关系的协调与发展》《GATS 最惠国待遇制度探微》《从美日热轧钢反倾销案分析〈WTO 反倾销协定〉之缺陷》《国际避税法律问题浅析》《架构〈服务贸易总协定〉的紧急保障机制》《论 GATS 的自主自由化措施》《Internet 中的国际民事诉讼若干法律问题》《英国冲突法晚近发展动向》《法国物权法的理论与学说简介》《欧盟控制企业合并新规则的立法与司法特点》《"一带一路"背景下中国企业海外投资合规风险控制策略》等。出版专著《美国反托拉斯法/欧盟竞争法平行论:理论与实践》和译著《插图法国民法》。主要研究方向为反垄断反补贴、国际投资法、国际商事仲裁。

第四版说明

自2002年本教材经北京市教育委员会批准为“21世纪法学规划教材——北京市高等教育精品教材立项项目”后，为了更好地完成项目，该教材严格按照“高等教育精品教材”的要求和规范编写。参编人员除中国政法大学教师外，吸收了中国人民大学及西北政法大学学者参加了本书编写。本教材力求在总结不同院校国际经济法教材编写经验以及教学经验的基础上，更具有代表性和可用性。2004年本教材出版后，进行了两次修订。目前的这部教材是在2012年第三版的基础上，根据先前教材的使用经验再次进行修订的结果。如同以往修订的目的一样，本次修订也是为了反映自2012年以来国际经济法理论和实践的新发展、新变化。这些发展、变化主要有以下几点：

1. 为了在国际经济法教材中多增加一些中国元素即中国经验和实践，2013年中国国家主席习近平提出中国21世纪“一带一路”倡议，本教材认为梳理古丝绸之路的历史经验，将对21世纪新“丝绸之路”下的中国及沿线国家的实践起到有意义的借鉴作用，并鼓励他们继续运用这些宝贵的智慧和经验，对经济全球化及国际经济法的发展作出新的贡献。为此，第一章绪论增加了有关古丝绸之路与21世纪中国“一带一路”倡议的阐述及对国际经济法影响的分析。

2. 反映了自2012年以来国际经济法领域发生的重要国内立法、条约、国际商业惯例及相关学科研究的最新成果。具体而言：(1)第一章在国际经济法主体方面增加了关于国有企业与竞争中立原则的分析。(2)第二章在国际商业惯例方面增加了对2020年国际商会新修订并公布的《国际贸易术语解释通则® 2020》的分析和解读。(3)第三章更新了国际铁路货物运输公约中《国际铁路货物联运协定》的内容；增加了对《国际公路运输公约》的介绍。(4)第五章在国际贸易支付方面增加了国际保理的内容。(5)第七章增加了关于国际技术出口管制的《瓦森纳协定》。(6)新增加第八章区域贸易协定，重点介绍新生效的RCEP、CPTPP与《美墨加协定》的内容。(7)其他各章分别结合我国新颁布的《民法典》对相关内容加以调整、更新。

3. 以必要和适宜为原则，对于正文中需补充的相关案例或学习资料、援引的典型案例，进一步浓缩案情、精简原理，并配以适宜图、表，择要解说。

4. 更新了各章推荐的阅读书目、思考题和必读法规等。在参考文献中更新了一些重要的中英文参考资料和书目。

本教材的编写分工如下（按照章节顺序排列）：

王传丽：第一章；第二章；第三章；第五章第一节，第二节第一、二、三部分；第八章第一节

焦　杰：第四章

李　巍：第五章第二节第四部分；第六章；第八章第二节第三部分

杨　帆：第七章；第八章第二节第一、二部分，第三节

祁　欢：第九章

范晓波：第十章

白　艳:第十一章

史晓丽:第十二章

赵秀文:第十三章

尽管作者在编写过程中力求表述准确、内容完整并反映国际经济法的发展变化,但仍不免有不足之处,敬请读者批评指正。

王传丽

2023 年 5 月

编写说明

《国际经济法》在我国法学教育中占有重要地位,它是教育部确定的所有法学院系必须开设的法学学科十六门主干课之一。因此,一套完善的国际经济法教材成为国际经济法教学的重要工具。2002年,北京市教育委员会经过严格的筛选,批准该教材为“高等教育精品教材建设项目”2002年度立项课题之一。

为了更好地完成项目,该教材严格按照“高等教育精品教材”的要求和规范编写,参编人员除了中国政法大学的学者外,还吸收了中国人民大学以及西北政法大学的学者参加了本书的编写,力求在总结不同院校国际经济法教材编写经验以及教学经验的基础上,使本教材更具代表性和可用性。

该部教材具有如下特点:

第一,力求在阐述国际经济法基本内容的同时,反映国际经济法的最新发展。

第二,内容完整。该教材共分如下十二章:绪论、国际货物买卖法、国际货物运输法、国际货物运输保险法、国际贸易支付、WTO法律制度、国际技术转让法、国际投资法、国际金融法、国际税法、限制性商业行为的法律管制以及国际经济争议的解决。

第三,理论联系实际。

第四,每章体例新颖,适合学生课外学习。该教材在每章正文后附加了下列内容:本章思考题、课外阅读法规、课外阅读书目。“本章思考题”尽可能地将该章的基本知识和基本理论包括在内,以便学生在学习完本章内容后检验是否对该章内容予以掌握。“课外阅读法规”供学生在上课前和上课后学习和阅读,以便准确理解教材的内容。“课外阅读书目”尽可能地为学生提供有关本章内容的教材和专著,供学生在课余时间有选择地阅读。

第五,突出重点内容。本书采用特殊字体的方式,将关键词和重要内容特别标出,以提醒读者重点掌握和理解这些内容。

本教材的编写分工如下(按照章节顺序排列):

王传丽:第一章、第二章、第三章、第五章

焦　杰:第四章

李　巍:第六章

杨　帆:第七章

祁　欢:第八章

范晓波:第九章

白　艳:第十章

史晓丽：第十一章

赵秀文：第十二章

尽管上述作者在写作过程中力求表述准确，内容完整并反映国际经济法的发展变化，但仍不免有不足之处，敬请指正。

王传丽

2004年10月

目　　录

第一章　绪　　论

本章导读

经济全球化是国际经济法产生的基础，决定了国际经济法的概念、渊源和发展、主体、基本原则、法律规范性质、内容和研究方法。本绪论介绍了什么是经济全球化及其与国际经济法的关系，并介绍了国际经济法的概念、主体和基本原则。特别是将跨国公司与国家竞争力联系起来，帮助学生理解国际经济法在调节政府、市场与市场主体关系中的功能和作用。新增加的"'丝绸之路'和'一带一路'倡议与国际经济法"一节帮助学生了解中国在经济全球化与国际经济法发展中的贡献和作用，从而自觉增强在国际经济法理论和实践创新中的主动性和自信心。

第一节　经济全球化与国际经济法

经济全球化，是指商品、技术、信息、服务、资本、人员等生产要素跨国、跨地区的流动。这种流动把全世界连接成一个统一的大市场，各国在这一大市场中发挥自己的比较优势，从而实现资源在世界范围内的优化配置。经济全球化是一个开放的、动态的历史过程，随着世界经济的发展、变化而不断地扩展和深入。国际货币基金组织（International Monetary Fund，IMF）认为，经济全球化是"通过贸易、资金流动、技术涌现、信息网络和文化交流形成的世界范围的经济高度融合。即世界范围内各国成长中的经济通过正在增长中的大量与多样的商品、劳务的广泛输出，国际资金的流动，技术被更快捷地传播，而形成的相互依赖的现象"[1]。目前，人类社会已全面进入经济全球化时代。经济全球化不但加深了各国之间的相互依赖，而且促进了各国法律制度的趋同性和多元化发展。因此，了解经济全球化的历程和发展趋势对深化国际经济法学的研究至关重要。

一、经济全球化

2000 多年前发端于中国古代秦汉时的"丝绸之路"，是世界上最早出现的经济全球化运动。通过这条有名的横贯欧亚大陆的商道"丝绸之路"，中国开辟了通向外部世界的通道，并使之成为古代中国与欧亚大陆和平交流的纽带。这条横贯欧亚大陆的"丝绸之路"是古代中国对外开

---

〔1〕 国际货币基金组织编：《世界经济展望（1997 年 5 月）》，中国金融出版社 1997 年版，第 45 页。

放、走向世界的创举,从此开始了中华文明与世界多个文明之间的相互接触和交流,在漫长的岁月中,在政治、经济、文化、科技、法律等方面为促进全球化作出了独特贡献。它与15世纪的地理大发现形成鲜明的对比:伴随武力攻伐与殖民掠夺,欧洲人登陆了美洲,开启了欧洲海盗式的资本主义〔2〕。1848年,马克思、恩格斯在《共产党宣言》中,生动地描述了这一由西方工业化促成的经济全球化景象〔3〕。此后,发源于欧洲的两次世界大战,引起了世界经济的崩溃,终止了当时经济全球化进程。当代的经济全球化是指"二战"后的经济全球化运动。它是科学技术特别是信息技术发展的产物,是市场力量以及国际分工的扩大和深化,是国家之间相互依赖、紧密合作的产物。不可否认,"二战"以后的经济全球化运动是在欧美主导下的经济全球化运动。中国作为最大的发展中国家,是经济全球化运动中的积极参与者、建设者、贡献者。21世纪由中国倡导的"一带一路"在更高的层次上重现了古代中国陆地和海上丝绸之路的实践,对未来经济全球化运动和国际经济法的发展必将产生更为深远的影响。

经济全球化不是一个孤立的现象。它是全球化(globalization)总体趋势的一个组成部分,并受到其他方面因素的制约和影响。〔4〕 经济全球化具有如下特征:

1. 市场全球化。市场全球化意味着:(1)由于各国市场体制的建立,国内市场与国际市场连成一体,形成了一个开放式的全球市场经济体制,通行的是价值规律和竞争原则;(2)较少的贸易壁垒和市场力的解放,使货物、资本、技术、信息、服务以及人员的跨越边界的流动成为可能,并且得到空前发展;(3)全球电子网络和信息技术的发展,标志着世界经济进入了一个新时代,不但为全球经济的发展提供了一个没有国界的虚拟大市场,而且成为推动经济全球化的有力工具。

2. 生产和消费全球化。跨国公司已成为全球化经济活动的主体。根据联合国贸易和发展会议(United Nations Conference on Trade and Development ,UNCTAD,以下简称联合国贸发会议)于2008年发布的《2008年世界投资报告》(World Investment Report 2008),截至2007年,全

---

〔2〕 西方殖民者给美洲带去了欧洲大陆动物和植物、奴隶贸易、天花与黑死病,同时从美洲掠夺矿产和白银。关于这段历史可参见[乌拉圭]爱德华多·加莱亚诺:《拉丁美洲被切开的血管》,王玫等译,人民文学出版社2001年版;[美]查尔斯·曼恩:《1491:前哥伦布时代美洲启示录》,胡亦南译,中信出版社2014年版。

〔3〕 参见《马克思恩格斯选集》(第1卷),人民出版社1972年版,第252、256页。

〔4〕 按照赫尔德的观点,全球化是指当代社会生活所有方面在世界范围内的相互联系的不断扩大、深化和加速。准确地说,全球化是指一个(或者一组)体现了社会关系和交易的空间组织变革的过程——可以根据它们的广度、强度、速度以及影响加以衡量——产生了跨大陆或者区域间的流动、活动交往以及权力实施的网络。其内容包括从文化到犯罪,从金融到精神的各方面。其可以细分为政治全球化、军事全球化、文化全球化、贸易全球化、金融全球化、跨国公司的生产全球化、环境全球化、人员流动的全球化等。按照人们对全球化概念的不同理解,可以大致分为三派:极端全球主义者(hyperglobalizers)、怀疑论者和变革论者(transformationalists)。三派的争论主要集中在全球化的概念、动力、社会经济影响、对国家权力和治理的影响以及全球化历史轨迹五方面。赫尔德等人把全球化形态的历史分析与6个发达国家(美、英、瑞、法、德、日)的命运联系在一起,从横向与纵向对比中论述了全球化对主权国家的影响,并指出全球化对社会产生了两种完全相反的作用:它在引起分裂的同时也在推动着整合,在产生合作的同时也在引发着冲突,在实现普遍化的同时也在推动着特殊化。因此,全球变革的轨迹在很大程度上是不确定的。参见[英]戴维·赫尔德等:《全球大变革——全球化时代的政治、经济与文化》,杨雪冬等译,社会科学文献出版社2001年版。此外,有关全球化的参考书请参见[德]赫尔穆特·施密特:《全球化与道德的重建》,柴方国译,社会科学文献出版社2001年版;杨来科等编著:《地域的陷落》,广东旅游出版社1999年版;[德]汉斯-彼得·马丁、[德]哈拉尔特·舒曼:《全球化陷阱:对民主和福利的进攻》,张世鹏等译,中央编译出版社2001年版;韩德强:《碰撞——全球化陷阱与中国现实选择》,经济管理出版社2001年版;李惠斌主编:《全球化与公民社会》,广西师范大学出版社2003年版;萧琛:《全球网络经济》,华夏出版社1998年版。

世界约有79,000家跨国公司及790,000家外国子公司,年销售额31万亿美元,达到世界出口贸易额的1倍多,出口量占世界出口总量的1/3。[5] 在全球贸易、投资、金融、技术(包括军事技术)以及文化交流中,跨国公司起着重要作用。跨国公司的跨国生产和提供的服务活动,促进了人员的跨国界流动以及消费的全球化。

3. 经济全球化与地区内部的生产要素的流动(包括本土的、国家的、区域性的)相辅相成。地区内经济的发展促进经济全球化,经济全球化带动和促进地区经济的发展,它们之间是一种复合的相互促进的关系,而不是对立的。正如赫尔德所说的,区域化过程推动并补充着全球化的深入,在这方面,经济区域化(如欧盟)并不是贸易和生产全球化的障碍,而是推动力。

4. 经济全球化促进了经济活动中统一行为规则的出现。各国经济贸易政策和法律在矛盾中求得协调。全球性、区域性多边经济组织,前者如国际货币基金组织、世界银行、巴塞尔委员会、世界贸易组织(WTO),后者如欧盟、美墨加自由贸易区、东盟、亚太经合组织(APEC)等,它们制定的规则维护着国际经济、金融秩序的正常运转。

二、经济全球化对国际经济法的影响

经济全球化促进了调整跨国经济交往的各种法律规范的丰富和发展。

(一)丰富了国际经济法的内容

1. 信息技术和电子网络技术的发展,使电子商务成为未来经济发展的重要形式,由此促进调整电子商务的法律规范的发展。电子商务(又称数字贸易、网络经济)是基于互联网,以交易双方为主体,以银行电子支付和结算为手段,以客户数据为依托的一种全新商务模式。传统的合同法、证据法、税法、司法管辖权和法律适用等问题,如何适应电子商务模式,是立法和司法部门面临的新问题。此外,还出现了电子商务本身特有的问题,例如,网络安全与数据主权问题、网上知识产权的保护、网上个人信息的保护、网络服务商的责任、网上资金划拨和结算、网上仲裁等。联合国国际贸易法委员会分别于1996年、2001年、2005年通过了《电子商务示范法》、《电子签名示范法》和《国际合同使用电子通信公约》;1996年年底,世界贸易组织达成了便于电子商务发展的第一个国际协议《关于信息技术产品贸易的部长级会议宣言》(Ministerial Declaration on Information Technology Products,ITA,可简称《信息技术协定》);1998年5月,世界贸易组织132个成员签署了《全球电子商务宣言》。

2. 生物技术和基因工程在造福人类的同时,也带来了一些负面效应,促使各国及国际社会制定相关法律,预防其可能产生的危害与灾难。针对转基因食品和农产品的污染和安全问题,2001年1月,由联合国《生物多样性公约》秘书处发起的生物安全会议在加拿大蒙特利尔召开,与会国家代表达成了生物安全议定书,议定书的适用范围包括由现代生物技术产生的,拟作田间和商品生产的转基因活性物体的越境转移。《卡塔赫纳生物安全议定书》已经于2003年9月11日生效。2000年6月5日至2001年6月4日,该议定书在纽约联合国总部开放签字。在2000年1月欧委会宣布成立"欧洲食品独立权力机构",以保障欧盟境内的食品安全。同时发表了欧盟《食品安全白皮书》,推出了一项食品安全计划。中国于2000年8月8日签署了《生物多样性公约》下的《卡塔赫纳生物安全议定书》,2005年4月27日批准了该议定书,正式成为

[5] 参见联合国贸易和发展会议:《2008年世界投资报告》,载联合国贸易与发展会议官网,http://www.unctad.org。

议定书第120个缔约方[6]。

3. 金融全球化与20世纪90年代频繁发生的金融危机,使国际社会意识到加强国际金融监管的重要性。巴塞尔银行监管委员会制定了一系列具有代表性的金融监管文件(统称《巴塞尔文件体系》)。其中,最著名的有《关于统一国际银行资本、衡量和资本标准的协议》以及《巴塞尔核心原则》。在国际证券市场监管方面,1983年正式成立的国际证券监督管理委员会组织(International Organization of Securities Commissions, IOSCO)于1994年在东京年会上通过了《关于遵守证监会国际组织相互合作协助最高标准的基本原则义务的决定》。1995年7月,巴黎年会上通过了关于期权和期货市场监管机构相互合作的《温莎宣言》,确立了在国际银行监管中关于国际银行资本充足率原则(不低于8%),国际银行信用管理原则(包括信用风险管理、大额贷款披露制度和利率风险监管)以及国际银行监管的核心原则。2008年由美国次贷危机引发的全球性金融危机,暴露了旧国际金融秩序的问题。2012年金砖五国(BRICS)为避免在未来金融危机中受到货币不稳定的影响,提出建立金砖国家开发银行(New Development Bank)的设想。2014年7月15日,金砖五国领导人在巴西福塔莱萨签署了《福塔莱萨宣言》,正式设立金砖国家开发银行和应急储备基金。[7]2013年10月,中国国家主席习近平提出筹建亚洲基础设施投资银行(Asian Infrastructure Investment Bank, AIIB,以下简称亚投行)倡议。2014年10月24日,包括中国、印度、新加坡等21个首批创始成员国的财长和授权代表在北京签约成立亚投行及其设立的全球基础设施互联互通联盟。秉持着"共商共建共享原则",利用互联网、大数据等新技术,通过发展可持续基础设施,推进经济发展。[8]

4. 加强知识产权的国际保护。自19世纪以来,国际社会就致力于签订保护知识产权方面的国际公约和协定。随着计算机和网络技术的应用,经济全球化及信息在网络中的即时传播,知识产权保护在国际经济交往中显得格外重要。20世纪90年代,国家之间有关知识产权保护

---

[6] 议定书的目标是保证转基因生物及其产品的安全性,尽量减少其潜在地对生物多样性和人体健康可能造成的损害,在缺乏足够科学依据的情况下,可对他国试图入境的转基因生物及产品采取严格的限制与禁入措施。

[7] 金砖国家开发银行和应急储备基金的建立,使新兴市场国家在国际规则的制定中获得更大的话语权、在国际事务中发挥更大的作用。金砖国家开发银行是第一个由发展中国家设立并主导的多边开发银行,是用发展中国家发展的思路和方式扶持、帮助发展中国家的创举,有助于维护中国等发展中国家在国际经济贸易活动中的利益,防止或减少由美元霸权引起的汇率及贸易风险,同时,在一定程度上改变"二战"后由发达国家主导的旧国际金融体系。金砖五国是指巴西、俄罗斯、印度、中国、南非五国。根据协议,金砖国家开发银行的初始资本为1000亿美元,由五国平均出资;五国享有同等的份额和决策权。金砖五国将先期投资500亿美元作为启动基金。金砖国家开发银行总部设在上海。行长实行轮值制,任期5年,印度为首任轮值国。银行的代表董事会将由5个国家派出财政部长或者央行行长担任。首任董事长来自巴西。金砖国家应急储备基金规模1000亿美元,其中,中国出资410亿美元,巴西、俄罗斯、印度分别出资180亿美元,南非出资50亿美元。金砖国家开发银行和应急储备基金的设立,不但可以为金砖五国自身的长远发展提供资金,还可帮助更多的发展中国家获得利息较低的长期贷款,逐渐建立起发展中国家帮助发展中国家的机制。

[8] 亚投行是一个政府间亚洲区域多边开发银行,其宗旨是促进亚洲区域建设互联互通和经济一体化进程。总部设在北京。法定资本1000亿美元。2016年1月16日至18日,亚投行开业仪式暨理事会和董事会成立大会在北京举行。截至2019年4月22日,亚投行理事会批准科特迪瓦、几内亚、突尼斯和乌拉圭为新一批成员,之后,亚投行成员又增加了克罗地亚、塞内加尔、利比里亚,截至2020年,亚投行成员达到103个。亚投行是对现有传统多边开发银行机制的补充,也被称为21世纪新型多边开发银行。

方面的争议剧增，且有演变成国家之间贸易战的可能[9]。1989 年《关于集成电路知识产权条约》（以下简称《集成电路条约》或《华盛顿条约》），1996 年在日内瓦签订的《世界知识产权组织版权条约》以及《世界知识产权组织表演和录音制品条约》，世界贸易组织《与贸易有关的知识产权协定》（Agreement on Trade – Related Aspects of Intellectual Property Rights，以下简称 TRIPS 协定）等，极大地提高了知识产权国际保护标准并丰富了知识产权国际保护的内容。

5. 经济全球化在促进社会财富极大增加的同时，也给人类的生态环境造成了极大损害。二氧化碳排放形成的温室效应，导致频繁发生灾难性气候变化。能源和生态环境问题引发全球正在进行一场"低碳经济"的变革。国际社会认识到环境问题不仅是环境领域的问题，而是涉及改变人类的生活、生产与消费方式，关乎子孙后代的人类可持续发展的根本问题。2005 年《京都议定书》生效后建立的发达国家的强制减排和发展中国家的清洁发展机制（Clean Development Mechanism，CDM），不但开辟了新的产品和市场，而且因碳交易形成了一系列新的市场标准和规则。2015 年 12 月 12 日在联合国巴黎气候变化大会上由 170 多个国家通过的《巴黎气候变化协定》，可简称《巴黎协定》（The Paris Agreement），于 2016 年 4 月 22 日在纽约开放签署。其主要目标是将 21 世纪全球平均气温上升幅度控制在 2 摄氏度以内，并将全球气温上升控制在前工业化时期水平之上 1.5 摄氏度以内。《巴黎协定》为 2020 年以后的全球气候治理格局做出了安排，成为继《京都议定书》之后第二份具有法律约束力的气候协定。[10]

（二）促进国际经济法的趋同性和多元化发展

1. 法律的趋同性发展

经济全球化促进调整国际经济领域法律规范的统一。正如赫尔德指出的，发展着的全球市场意味着需要有共同的规则来管理市场。现代经济活动的复杂性要求有一系列详细的共同法规和政策来使全球市场发挥功能。[11] 因此，经济全球化可以说在五个方面促进着国际经济法的发展。

（1）促使全球多边经济贸易体制下法律和政策的协调和统一。典型代表如国际货币基金组织和世界贸易组织的"一揽子"协议；《联合国国际货物销售合同公约》（the United Nations Convention on Contracts for the International Sale of Goods，CISG）以及有关知识产权国际保护的近 30 个公约和协议等。

（2）促进区域多边经贸法律和政策的协调和统一。例如，欧盟的有关指令和法律、《美国—墨西哥—加拿大协定》（以下简称《美墨加协定》，United States – Mexico – Canada Agreement，USMCA）、《区域全面经济伙伴关系协定》（Regional Comprehensive Economic Partnership，

---

[9] 2018 年 7 月 6 日，美国以贸易逆差为由，向中国发起贸易战。对中国进口的 500 亿美元的产品加征 10% 的关税。由于中国根据《对外贸易法》采取了对等的反制措施，7 月 11 日美国又发布了对从中国进口的约 2000 亿美元产品加征 10% 的关税措施。8 月 2 日，美国贸易代表声称加征税率从 10% 提高到 25%，贸易战升级。7 月 11 日，美国常驻 WTO 大使丹尼斯·谢伊（Dennis Shea）就中国贸易政策评审，在 WTO 做专题发言中指责中国强迫技术转让；制定特殊国家标准；知识产权保护和执法不力；对国有企业和其他中国公司提供优惠待遇；允许歧视性监管；网络盗窃；过度广泛和歧视性的网络安全措施；提出跨境数据限制和数据本地化要求等。目前，这场率先由美国挑起的中美之间的贸易战还在持续进行中。

[10] 《巴黎气候变化协定》于 2016 年 11 月 4 日正式生效。2019 年 11 月 4 日，美国特朗普正式启动退出《巴黎气候变化协定》的进程。2021 年拜登上台后，美国重新加入该协定。

[11] ［英］戴维·赫尔德等：《全球大变革——全球化时代的政治、经济与文化》，杨雪冬等译，社会科学文献出版社 2001 年版，第 246～247 页。

RCEP)、亚太经合组织的有关文件等。

(3)促进新的国际商业惯例的形成。例如,在电子商务领域的示范法、国际商事合同通则、国际销售示范合同以及前述在电子商务和金融监管领域大量出现的行业自律规则等。

(4)各国国内法的不断完善并逐步与国际规范保持一致。从历史的发展过程来看,各国的国内法与国际公约、国际商业惯例的发展并不同步。由于政治、经济、文化等诸方面原因,各国国内法限于各国地理边界之内,处于相对孤立状态,彼此之间存在较大差异。但是,经济全球化的进程推动着各国法律的趋同过程,并使之在许多基本概念和大的原则方面、实体和程序方面、解决争议的手段方面逐渐趋向一致。在法律上出现了求大同、存小异并且逐步和国际公约、国际商业惯例保持一致的局面。

(5)形成了一套比较完整的解决国际经济贸易争议的机制。传统的只由国内法院处理私人之间经贸纠纷的方式越来越多地被更为灵活的 ADR(Alternative Dispute Resolution)方式取代。[12] 在处理私人和国家之间的争议方面,在世界银行内部产生了根据《关于解决国家和他国国民之间投资争端公约》设立的国际投资争端解决中心(The International Center for Settlement of Investment Disputes,ICSID)。在解决国家之间经贸争端方面,有 WTO 解决争端机制(DSM)等。此外,还有在区域贸易集团内设立的争端解决机制,如欧盟法院、《美墨加协定》争端解决机制等。这些争端解决机制对有关国际公约、国际商业惯例及国内法得到贯彻和执行,起到监督和保证的重要作用。

2. 法律的多元化发展

经济全球化在促进国际经济贸易法律规范统一的同时,刺激了法律多元化或多样化发展。特别是 WTO 成立之后,在一片法律全球化或法律趋同性的欢呼声中,新一轮法律多元化和区域化发展的浪潮正在席卷全球。法律多元化发展主要表现在:

(1)WTO 促进了各国国内法的发展。世界贸易组织成立后,其成员纷纷按照 WTO 的要求,在国内,或颁布新法,或修改旧法,或废除与 WTO 不相一致的法律法规,建立起有利于执行 WTO 规则的执行体系和监督体系。

(2)促进两国之间或区域集团之间签订双边条约和安排以解决两国或区域集团之间共同感兴趣的问题。围绕 WTO 多边贸易谈判,国家之间、区域集团之间的关系空前活跃,通过双边谈判解决问题蔚然成风。在全球法律多元化发展中,双边和区域性多边一体化安排显得格外突出。根据缔约方向关税与贸易总协定(General Agreement on Tariffs and Trade,GATT)或者 WTO 的通报,几乎所有 WTO 成员至少参加了一个区域贸易协定。[13]

(3)与 WTO 多边贸易体系相呼应,许多区域性经济一体化安排在深度和广度上得到进一步发展,扩大成员、拓宽经济合作领域,促使大量新的多边国际条约出现。经济全球化促进新

---

〔12〕 关于 ADR 即选择性解决争议方法,实践中有两种观点。一种观点认为,指当事人之间约定的除诉讼以外的解决争议的方法,如仲裁、调解、民间诉讼(mini-trial)等;另一种观点认为,ADR 包括除诉讼和仲裁以外的任何解决争议方式。此处取第一种观点。

〔13〕 See WTO, Committee on Regional Trade Agreements, Draft Report (1996) of the Committee on Regional Trade Agreements to the General Council, WT/REG/W/10, 5 November 1996.

的全球的或区域的合作以解决在 WTO 中尚不能解决的问题。[14]

(4)促进新的国际商业惯例出现。借助经济一体化的东风,在传统经济领域之外诸如电子商务等高科技领域形成了新的国际商业惯例。

经济全球化之所以带来这些新现象,其原因可以归结为:

(1)主权国家的主导作用。经济全球化在促进世界各国经济贸易法律、政策协调统一的同时,促进法律多元化的发展。以 WTO 规则为例,全世界几乎没有哪个国家是将 WTO 规则在本国国内法院直接予以实施,大多是通过立法转化将 WTO 的权利、义务转化为国内法予以实施。就国内法院来说,他们执行的是国内法而不是国际法。WTO 在建立起统一的国际贸易规则的同时,丰富了各国国内法的内容,并在国家承担国际义务的条件下,实际上全面地强化了一国国内立法、执法和司法体系和措施。

(2)经济全球化给国际社会带来日益增多的复杂问题。妥善解决这些问题是对现有国际组织的组织机构和习惯规则提出的挑战。除了进一步完善或及时修改现有多边机制外,所有这些新问题的解决,只能或通过国内立法,或通过国家之间签订新的双边条约或区域性条约或新的全球多边条约的途径加以解决。改变旧机制不是一朝一夕、轻而易举能够实现的。作为替代,最简便而且高效的方法显然是应当通过签订新的双边或区域协定来完成。

(3)科学技术的飞速发展提出许多新的法律问题。实践证明,不是所有的问题都必须要通过国内立法或国家之间签订条约来解决。通过民间机构、行业协会等非政府组织制定的一些自律性或示范性规则往往可以成功解决许多棘手问题。民间机构或非政府组织(NGO)在促进新的国际商业惯例形成中发挥的作用正在得到国际社会的广泛重视。

经济全球化发展好比是在法律趋同性和法律多元化两条轨道上奔驰的火车,缺少任何一条轨道都可能导致翻车。全球法律发展的趋同性与多元性如同一枚硬币的两个方面,相互依存,共同发展。国际经济法体系就是在法律的趋同性、统一性与差异性、多样性的相互作用、相互渗透、相互促进、相互制约的过程中形成并发展起来的。

三、国家竞争力与国际经济法

(一)国家竞争力理论综述

经济全球化的发展,加剧了国家之间的竞争。货物、资本、服务、技术、人员、信息的全球自由流动,生产、销售、消费的全球化,加速了全球统一大市场的形成。无论是发达国家、发展中国家还是最不发达国家都感受到了这种全球化带来的震荡和危机感,尤其是全球化对一国经济发展的影响。如何振兴经济,增强一国竞争力?要回答这个问题,首先需要搞清楚,什么是国家竞争力。美国哈佛大学经济学教授迈克尔·波特(Michael E. Porter)[15]在传统经济学观

---

[14] 2000 年拟订的《卡塔赫纳生物安全议定书》是一个限制转基因食品出口的条约,将在有 50 个国家核准后生效。议定书的目标是保证转基因生物及其产品的安全性,尽量减少其潜在地对生物多样性和人体健康可能造成的损害,在缺乏足够科学依据的情况下,可对他国试图入境的转基因生物及产品采取严格的限制与禁入措施。该条约为缓和各国在转基因食品生产和贸易中的分歧起了重要作用。

[15] 迈克尔·波特,美国哈佛商学院教授。里根时代,其曾受聘担任"产业竞争力委员会"(Commission on Industrial Competitiveness)委员。他是世界各地领导企业咨商请益的知名顾问。葡萄牙、哥伦比亚、新西兰等国政府曾聘其为官员授课。他的专著《竞争策略》(*Competitive Strategy*)、《竞争优势》(*Competitive Advantage*),被公认为是国际探讨竞争力的经典著作。《国家竞争优势》(*The Competitive Advantage of Nations*)是其于 20 世纪 90 年代初完成的具有重大影响的关于竞争力的又一力作。

点的基础上,提出了他的观点:一国的国家竞争力是由其人民的生活水平决定的。在国家层面上,竞争力的唯一意义是国家生产力。国家经济的基本目标是提高人民生活水平。人民生活水平的提高,有赖于企业不断提升和创造符合时代需求的生产力。因此,归根结底,是企业,而不是国家,是提升国家竞争力的重要力量。而企业生产力的提高必须通过提高产品(服务)品质、增加产品(服务)特性、改进产品(服务)技术和提高生产效率等方式实现。企业之间的竞争形成产业分工,产业分工有利于提高生产力,由此形成产业聚群。他提出,产业是研究国家竞争力的基本单位。一个国家的成功并非来自某一项产业的成功,而是来自纵横交织的产业聚群。[16] 企业的低层次竞争优势,体现在对特殊资源的优势(如地理位置、丰富的自然资源等)和成本优势(如廉价原材料,廉价劳动力,由一般技术、设备、方法形成的规模生产等);高层次的竞争优势则体现在对高新技术的所有权(自有知识产权)、产品及服务的差异性、取得高新技术的能力以及全球服务和客户网络、信誉等的发达。具有高层次竞争优势的企业不但有不断投资、研发的能力,而且有向世界挑战的能力,由此形成有国际竞争力的全球化产业。

在这个过程中,国家起什么作用呢?波特花费了4年时间详细考察了美国、英国、德国、日本、瑞典、瑞士、韩国、新加坡、丹麦、意大利10国的产业兴衰和国家所起的作用。他的结论是,企业的竞争优势与国家环境息息相关。国家随企业兴旺而兴旺,产业一旦获益,国家成为最终受益者;企业一旦停止自我提升,该国国力开始走下坡路。政府既可以是产业发展的助力,也可以成为产业发展的障碍。“经济的衰落可以靠政府决策来改变”,但“政府本身并不能帮企业创造竞争优势,它的效果在强化、加速产业的竞争优势”,即政府只起推波助澜的作用,其表现有以下几点:

1. 国家可以自身的环境条件用国家政策引导企业的发展方向。国家是企业最基本的竞争优势。它创造并延续企业的竞争条件,不但影响企业策略,而且是创造并持续生产与技术发展的核心。

2. 在国内,政府的角色是干预和放任的平衡。面对国内市场的激烈竞争,政府应采取更为公平和超然的立场,帮助企业克服惰性和依赖保护的心态,不断刺激企业的创新能力。

3. 政府可采用关税、非关税、政府采购等方式推动企业的投资形式(集中式、分散式投资形式)。

4. 政府可用教育、补贴、资金市场政策、税收、法律与规范等手段干预市场。

5. 对企业而言,虽然市场是不分国内、国外的,但研究表明,每个国家“社会与政治的历史背景,整个社会的价值观,会影响到产业的竞争优势”。强劲的良性国内市场竞争与随之而来的长期竞争优势,是外国竞争者无法复制的。

6. 如果一国能将它的文化、经营方式和规范输出国外,则更加有利于该国服务者的国际竞争。

7. 跨国公司(transnational corporation)的据点优势来自所在国据点,特别是母国(home country)据点的优势和战略意义。波特认为,评估一国的产业优势,不仅限于它的生产、出口能力,还包括跨国公司是否以母国为发展基地。跨国公司一方面应当对母国有责任感;另一方面应当将在国外的竞争优势转化为母国的竞争优势。

波特认为,国际竞争优势的衡量标准是:企业能对多国进行实际而持续的出口贸易;在母国发展资产与技术并借以进行海外投资。两者皆是衡量国际成功的必备条件。

---

〔16〕 参见[美]迈克尔·波特:《国家竞争优势》(上册),李明轩、邱如美译,天下文化出版公司1996年版,第108页。

(二)启发意义

波特的"国家竞争优势理论"给国际经济法研究带来诸多的启发意义:

1. 在经济全球化的情况下,国际经济法尤其应当加强对国际市场主体跨国公司及其行为规范的研究。跨国公司的出现是国际分工和国际经济发展的需要,也是企业发展的一种战略。企业是国家竞争力的重要力量,跨国公司是企业聚群的一种重要形式。国际经济法研究跨越国境的经济关系,首先是研究企业跨越国境的经济行为。在经济全球化条件下,企业的活动,不仅指其在本土从事的跨越国境的经济活动,更重要的是大量跨国公司之间及其内部的关联活动。这些活动你中有我,我中有你,其中部分具有受国内法调整的普遍意义,但其特殊性是国内法中不存在的〔17〕。

2. 在国内法中,公司法研究本国企业的内部关系,合同法研究企业之间的契约关系。波特的钻石理论给我们的启发是,一个国家的竞争力取决于企业群的竞争力。研究企业,不能忽视研究企业与企业群的关系,行业与行业之间,横向与纵向之间,上游和下游之间的关系。在经济全球化的形势下,国际经济法更要重视和加强研究企业、产业、产业聚群及产业上下游之间因相互影响而产生的复杂法律问题。企业的生命力、竞争力在于创新。法制的生命力也在于不断地创新。无论是立法、执法还是司法都应适应企业发展和创新活动的需要,保护企业创新的持续热情和动力。

3. 加强对国家干预经济理论的法理和利弊研究。现今世界各国通过国家参与和干预经济的方法提升国家竞争力已是不争的事实。特别是当全球经济低迷时,保护主义的幽灵会四处飘荡。发达国家作为世界经济发展的既得利益者,对正在奋起发展经济的广大发展中国家设下了层层壁垒,甚至不惜动用武力来维护自己的既得利益。强权仍在主导着世界的政治和经济格局。作为正在不断完善市场经济体系的中国,政府对经济的参与和干预是必要的,也是不可缺少的。但是,波特的理论告诉我们,政府对经济的干预不是决定性的,其效果可以是正的,也可以是负的。即政府的干预应是有限度的,是必需的、合理的。其负面效应应是最小的。国际经济法研究应当从理论和实践的结合上回答,为什么以及在什么条件下政府对经济的参与和干预是必要的?在经济全球化条件下,哪些领域应是由政府垄断的行业,哪些是政府不应介入而只适合放任由私人从事的领域?国营及国有企业的经济活动应受哪些法律约束?政府干预经济的行为应受哪些法律约束?怎样做才能将国家干预的负面效果减至最小?波特的理论启发我们,国际经济法研究可以提供予以借鉴的各国在经济发展和法制建设中的成功经验,以及各国经济发展和法制建设中失败的或不成功的教训。

四、国际经济法的概念、渊源和发展

(一)国际经济法的概念

国际经济法是全球经济治理的法律手段,是为建立和维护正常的国际经济秩序,调整国际经济活动和国际经济关系的法律规范的总和。即调整国际经济交往中关于商品、技术、资本、人员、服务在流通结算、信贷、税收等领域跨越国境流通中法律规范和法律制度的总称。它是一个独立的法律学科。

〔17〕 例如,跨国公司内部通过转移定价进行逃税、避税等。

(二)国际经济法的调整范围

国际经济法的调整范围包括:(1)国际贸易关系;(2)国际投资关系;(3)国际货币与金融关系;(4)国际税收关系;(5)国际组织及其交往关系;(6)反垄断与不正当竞争;(7)国际经济争议解决的法律关系等。

(三)国际经济法的渊源、产生和发展

1. 国际经济法的渊源

按照塞尔蒙德的观点,法律渊源(fontes juris)有两种不同的含义:一是指主权国家适用的法律规则;二是指这些规则的来源。〔18〕在这两种含义上归纳起来,国际经济法的渊源有:

(1)国际条约。国际条约包括双边和多边条约。这是国家在经济交往中,利益相互冲突和协调一致的产物。国家之间通过签订双边和多边协定建立和协调各国之间在某一经济领域的法律关系,制定统一的行为规则。例如,调整国际货物买卖合同关系的《联合国国际货物销售合同公约》,协调各国贸易政策和法规的《关税与贸易总协定》(现在的世界贸易组织诸协定),调整海上货物运输关系的《海牙规则》《海牙—维斯比规则》《汉堡规则》《班轮公会行为守则公约》,以及调整知识产权国际保护的《巴黎公约》《世界版权公约》等。这些双边和多边协议为加强行业自律、建立和巩固正常的国际经济秩序起着重要的作用,是国际经济法的重要渊源。

(2)国际商业惯例。各国、各行业、各地区的商人们在长期的国际经济交往过程中形成了一套习惯做法,这些习惯做法逐渐为世界上多数国家所承认、采用,并形成不成文的规则、准则,有些甚至逐渐被一些国际组织加以整理编纂,成为供各国、各行业选择适用的普遍规则、标准合同等。例如,金融机构之间的"君子协定",国际商会制定的《国际贸易术语解释通则》(International Rules for the Interpretation of Trade Terms, INCOTERMS)、《跟单信用证统一惯例》,伦敦保险业协会的《海上运输货物保险条款》,国际咨询工程师联合会的《土木工程(国际)合同条件》等。这些商业惯例为简化交易程序,节省时间、人力、物力、财力,减少纠纷等起了很大作用。因此,在国际经济活动中得到广泛应用,是国际经济法的重要渊源之一。

(3)国内立法。各国的国内立法(及一国国内立法中的涉外部分)包括成文法和判例法,是国际经济法的渊源之一。国内立法的制定以主权国家为基础,在国际经济交往中,各国及当事人都以相互尊重国家主权,尊重对方国家的法律制度为基础。当我们承认国际公约和国际商业惯例作为国际经济法的渊源时,不得不承认各国国内法也是国际经济法的重要渊源。因为主权国家不是孤立地存在于世界上,各国的经济交往和扩大必然导致出现各国国内法的相互抵触和相互影响,产生制定指导各国行动的共同原则和行为准则的要求。这些共同原则和准则不是从天上掉下来的,也不是立法者头脑中固有的,而是扎根于各国国内法之中并为各国认可和遵守的共同行为准则。离开了国内法实践,国际条约和国际商业惯例就是无源之水,无本之木;离开了主权国家的认可和执行,国际条约和国际商业惯例也将是一纸空文或无的放矢;凡是没有形成国际条约和国际商业惯例的领域,仍旧是国内法在指导着各国当事人的行动。

(4)国际组织决议。许多重要的国际组织如联合国、世界贸易组织、国际货币基金组织、世界银行等的决议和规定,已成为国际经济法的一般原则。例如,联合国《关于环境与发展的里

---

〔18〕 参见[英]施米托夫:《国际贸易法文选》,赵秀文译,中国大百科全书出版社 1993 年版,第 136 页。

约宣言》(以下简称《里约宣言》)提出的可持续发展原则,以及国际贸易方面,世界贸易组织的无条件最惠国待遇已成为指导国家间经济贸易活动的基本原则。1962 年联合国大会通过的《关于自然资源之永久主权宣言》确认了各国对天然财富与资源的永久主权,提出了以国家安全、公共利益为目的的国有化、征用的合法性以及将有关争端尽量诉诸国内管辖的原则。1971 年 77 国集团通过的《利马宣言》和《行动纲领》提出了发展中国家能"充分参加改革世界贸易和货币制度的磋商和决策"等原则。这些原则经 1974 年联合国大会通过的《建立新的国际经济秩序行动纲领》和《各国经济权利和义务宪章》得到进一步确认和具体化。这些决议和主张已成为发展中国家和发达国家之间发展贸易、投资关系的基本准则。因此,国际组织,特别是"二战"后成立的国际组织的决议成为国际经济法的重要渊源。

2. 国际经济法的产生和发展

国际经济法是随着"二战"后出现的一个新的法律部门——经济法而出现的。"奠定经济法的哲学思想是经济的可操纵主义。即家长式统治的国家可以通过公共利益限制当事人的'意思自治'这一思想。"在此基础上产生的凯恩斯经济理论主张国家对经济、工业以及金融事务进行全面干预。其表现在:

(1)第二次世界大战期间,战时的经济政策以及战后为恢复经济,国家不得不抛弃传统的对经济的"自由放任"转而进行全面控制和干预,继而出现了外汇管理制度、进出口许可证制度、配额制度、高科技出口的管制制度等。

(2)19 世纪西方各国相继确立的股份有限公司制度,在经济上加速了资本和生产的进一步集中和垄断,出现了民间自治的卡特尔,继而发展成为跨越国境的国际卡特尔。在此背景下,出现了证券交易和管理法、反托拉斯法、投资法等。

(3)经济交往的扩大,资产阶级政权与垄断资本相结合,加深了国家之间的相互依赖和合作,又导致了国家之间利益的矛盾和冲突。为了缓和这种冲突,调整各国之间的经济关系,国家之间签订了大量的双边协定、多边协定。例如,《避免双重征税协定》《投资保护协定》《贸易与支付协定》《巴黎公约》《联合国国际货物销售合同公约》《关税与贸易总协定》等。第二次世界大战后统一法运动发展达到高峰。这正是对国家之间利益相互冲突,而又相互依赖、相互合作关系的反映。

(4)为加强国家间经济合作的需要,建立了各种形式的跨国家、跨地区、跨行业的国际经济组织。例如,世界银行、国际货币基金组织、石油输出国组织、欧洲经济共同体、安第斯条约组织、亚太经合组织以及世界贸易组织等。

(5)"二战"后,出现了许多社会主义国家。20 世纪 60 年代,民族解放运动的兴起,又诞生了许多新国家。在政治经济发展过程中,这些国家积极投入到要求改变旧的国际经济秩序,建立新的国际经济秩序的斗争中,出现了反映和维护第三世界国家经济利益的新的法律原则和制度。例如,联合国的经济权利宪章和行动纲领,针对发展中国家的普遍优惠制的建立,对跨国公司和技术转让中限制性商业做法的监督和管理等。

(6)物质的发展和文明的进步,使得各国政府对生态环境和劳工福利问题更加重视和关注。出于对消费者、中小工商业者、小投资者、雇员利益的保护,出现了消费者利益保护法、促进中小企业发展法、环境保护法等。

(7)随着"二战"后科学技术的迅猛发展,高、精、尖技术(如航空航天技术、生物工程技术、网络技术、人工智能技术)在国防以及有关公用事业(如交通、能源、广播、通信、网络、邮政等)

领域的发展,不但需要国家在人力、物力、财力上大力扶持和鼓励,而且需要国家直接参与经营管理,甚至垄断。

因此,国际经济法的产生和发展是"二战"后世界经济大发展的产物,是货物、资本、技术、信息、人员、服务等在跨越国境的经济活动中的复杂性和多样性的反映。

第二节 国际经济法的主体

一、国际经济法的一般主体

(一)自然人

自然人作为一般的民事关系主体,其权利能力自出生之日产生,至死亡之日为止。根据各国的法律规定,凡智力正常的成年人,均具有完全的民事行为能力。如其定居国外,则其行为能力可以适用定居国法律。在国际经济交往中,自然人可以从事各种国际经济贸易活动,但由于个人受物力、财力所限,因此,自然人在国际经济贸易领域发挥的作用有限。

(二)法人

法人是依法成立,拥有必要的组织机构和独立的财产,能以自己的名义享有民事权利和承担义务,能以自己的名义起诉、应诉的组织。法人的民事权利和民事行为能力,从法人成立时产生,至法人终止时消灭。其内容和范围由有关的国内法和法人章程确定。法人代表代表法人从事各种民事活动。在我国,从事国际经济贸易活动的公司、企业和其他经济组织,多以法人的形式出现,经市场监督管理部门登记,确定中国法人资格。作为营利性法人只能在核准登记的经营范围内从事经营活动。非依照我国法律规定设立的外国法人或经济组织,其权利能力和行为能力以其本国法确定。在不违反我国法律和公共秩序的情况下,可以自由地在我国从事各种经营活动。

随着国有企业(state - owned enterprise,SOEs)在国际经济活动中,特别是在国际贸易与国际投资领域日趋活跃并成为一支不可小视的力量,围绕国有企业的作用及影响产生的法律问题引起了国际社会的关注。[19] 目前许多国家,无论是发达国家还是发展中国家,或出于保障民生或出于技术创新或出于国家安全等社会、政治、经济、战略利益的需要,在其不同行业中都存在数量、规模不等的国有企业。[20] 这些国有企业在构建一国 GDP、就业以及市场资本中占有重要的部分。在西方发达国家,国有企业传统上多关注于国内市场与国内竞争。资本主义世界经济危机的发生,特别是 20 世纪 80 年代末至 20 世纪 90 年代爆发的全球性金融危机,迫使

---

〔19〕 2013 年 4 月 5 日,经济合作与发展组织(OECD)发布了《国有企业:贸易效果及政策意涵的贸易政策报告》(State - owned Enterprises:Trade Effects and Policy Implications—Trade Policy Papers)。该报告称根据福布斯(Forbes@ Global 2000)统计,在全球前 2000 家最大的公开发行公司(public companies)中,有 204 个公司为国有企业。这些国有企业于 2010 年至 2011 年,在全球 37 个国家遍布 35 个行业中,创造了约为 3.6 兆美元之营业额。其中,大部分此类国有企业来自新兴经济体国家。

〔20〕 经济学理论认为国有企业产生于市场失灵而导致的国家干预,主要有 natural monopoly,public goods,merit goods and externalities。关于国有企业治理的比较研究参见 2006 年 OECD 报告。See *OECD Guidelines on Corporate Governance of State - owned Enterprises*,2005,p. 9,preface.

各国都采取了许多政府干预经济措施包括(如对银行)采取国有化措施。在一些新兴经济体,国有企业参与国际经济活动,被称为"国家资本主义的崛起"。针对国有企业对国际市场竞争的影响展开调查和研究成为21世纪以OECD为代表的发达国家的一个热门课题。[21]

所谓国有企业,也称国有公司(state - owned corporation),[22]是指国家通过全部、多数或少数所有权对企业实行实质性控制[23]的公司。在一些国家的法律中国有企业指"由国家控制或者所有的并且受到国内公法(domestic public law)规制的企业",即除了所有权与控制之外,国有企业受特别法规制。[24] 在美国与澳大利亚自由贸易区协定中,国有企业不仅指由中央政府控制或所有的企业,还包括地方政府控制或所有的企业。[25] 我国法律中,没有国有企业的定义。[26] 有学者认为,国有企业指国家拥有或控股的企业,[27]不涉及控制问题。除了定义的不统一外,国有企业的复杂性还在于:实践中,国有企业的行为在经政府授权的情况下可以视同

---

〔21〕 系统且卓有成效的研究当属OECD。从2002年起步至2005年以后各个委员会发布的一系列有关国有企业的指南和报告主要有:2005年《OECD国有企业公司治理指引》(OECD Guidelines on Corporate Governance of State - owned Enterprises);2011年公司治理工作报告《竞争中立与国有企业:挑战与政策选择》[Capobianco, A. and H. Christiansen(2011), *Competitive Neutrality and State - Owned Enterprises: Challenges and Policy Options*, OECD Corporate Governance Working Papers, No. 1, OECD Publishing];2012年《竞争中立:构建公私企业公平竞争平台》(Competitive Neutrality: Maintaining a Level Playing Field between Public and Private Business);2013年贸易委员会发布的政策报告《国有企业:贸易效果与政策内涵》(OECD working party of the committee, *State - owned Enterprises: Trade Effects and Policy Implications*, OECD policy paper, No. 147, by Przemyslaw Kowalski, Max Buge, Monika Sztajerowska and Matias Egeland)。此外,还有 *Corporate Governance of State - Owned Enterprises: A Survey of OECD Countries*, OECD, 2005 以及 *Privatising State - Owned Enterprise, An Overview of Policies and Practices in OECD Countries*, OECD, 2003 等。这些关于国有企业治理的指南和报告的目的与特点可以归纳如下:(1)以OECD 2004年的公司治理准则为基础,公司治理的一般准则适用于国有企业;(2)鉴于国有企业的特殊性,为成员方完善国有企业治理建立国际标准;(3)报告提出的措施属于建议性、非强制性的;(4)不影响各国的私有化措施和进程;(5)促进OECD国家与非OECD国家开展国际合作。

〔22〕 也有学者视 public sector business 等同于国有企业。See Capobianco, A. and H. Christiansen(2011), *Competitive Neutrality and State - owned Enterprises: Challenges and Policy Options*, OECD Corporate Governance Working Papers, No. 1, OECD Publishing, p. 4. 在WTO/GATT 1947第17条中从事进出口的国有公司称"国有贸易公司"。

〔23〕 The term "SOEs" refers to enterprises where the state has significant control, through full, majority, or significant minority ownership. 参见OECD 2005年《国有企业治理指南》第11页。1992年美式双边投资保护协定范本中给国有企业下的定义为"一方通过所有者权益控制或者所有的企业"[an enterprise(company) owned, or controlled through ownership interests, by a party Ⅰ]。

〔24〕 OECD研究认为从国有企业治理的法律形式来看,大多数采取与政府分离的私人的有限责任公司形式,适用公司法调整;有些虽然与政府分离,但由专门的公法调整,仍属于公共机构,例如在奥地利、瑞士、瑞典、法国、韩国等的国有企业。See *OECD Comparative Report on Corporate Governance of State - owned Enterprises*, since 2005, p. 24 - 25.

〔25〕 美澳自贸区协定第1.2条。

〔26〕 我国《公司法》第二章第四节第64条对国有独资公司作出特别规定。所谓国有独资公司,是指国家单独出资、由国务院或者地方人民政府授权本级人民政府国有资产监督管理机构履行出资人职责的有限责任公司。第65条规定,国有独资公司章程由国有资产监督管理机构制定,或者由董事会制订报国有资产监督管理机构批准。第64条第1款规定,国有独资公司的设立和组织机构,适用本节规定;本节没有规定的,适用本章第一节、第二节的规定。

〔27〕 张玉卿主编:《WTO法律大辞典》,法律出版社2006年版,第302页。

政府或公共机构(public body)的行为。[28] 此外,尽管各国都承认国有企业在国内存在的合理性,但是随着国有企业越来越多地参与国际市场竞争,并且多集中于一些战略或基础行业,在一些国家"国有企业作为在国外市场实现战略目标(商业或非商业)之工具,而此种行为可能造成反竞争之效果"[29]。国有企业的市场行为可能产生反竞争效果,而导致公、私企业不公平竞争的主要来源是政府的管理行为[30]。因此,在全球经济一体化的国际市场中,如何确保政府在其规范公、私企业的国际经济贸易管理行为中的公平与不歧视,如何矫正和规制国有企业扭曲市场的行为,成为国际经济法研究的新课题。

2005年OECD发布了《OECD国有企业公司治理指引》,试图为OECD国家和非OECD国家国有企业治理设立一个国际标准(international benchmark)。[31] 2011年OECD发布公司治理工作文件(Corporate Governance Working Papers)[32],第一次提出竞争中立框架(competitive

---

〔28〕 2011年3月11日,中国诉美国反倾销和反补贴措施案(WT/DS379/AB/R)中,上诉机构支持了中方关于国有企业只有在经政府授权行使政府职能时,才能被视为"公共机构"的主张;驳回美方关于国有企业受政府所有或控制即为公共机构的主张。(See Appellate Body Report, *US – Anti – Dumping and Countervailing Duties*, paras. 310 – 317.)上诉机构维持了专家小组将我国"国有商业银行"认定为公共机构的裁定。关于"授权"的含义,1992年美式双边投资保护协定范本第Ⅰ.1条(G)中规定:立法机关授权,政府命令,指令或者其他形式的授予国有企业或垄断行业的授权行为,或者其他委托国有企业或垄断行业行使政府的权力的行为。2004年范本将"授权"含义扩大,除包括上述含义外,还包括授予个人行使政府权力的行为。在DS379案中,上诉机构认为,政府对某实体持有多数股权的事实,并不能证明政府对该实体的行为实施了有意义的控制(meaningful control),更不能证明政府对其授予了职权。

〔29〕 OECD 2011年报告详细分析了与私有企业相比,国有企业在国际竞争中从国家获得的好处。2013年报告认为:所谓由政府授予之利益,其种类可概括为下列7项:(1)直接补贴;(2)融资优惠与信用担保;(3)优惠的法规待遇;(4)免除适用反竞争法或破产法的相关规定;(5)通过控制股权以实行反竞争或专断的价格制订策略;(6)其他具有进攻性的价格策略;(7)取得资讯的优势地位。

国有企业商业活动扩展迅速之原因,有下列4项:(1)本国政府通过授予利益之方式,使国有企业于竞争条件上优于外国公司;(2)通过法规松绑及租税减免之方式,诱使提供公共服务之国有企业扩大其经营版图,不考虑其是否符合商业利益;(3)国际贸易中,扩大经营版图之目的,未必皆系为达到一定程度之经济规模,例如,针对能够彰显本国国旗或国徽之运输工具,经常因为国家为展现该国能与国际市场接轨之正面形象,而大力补贴国有企业;(4)援助经营不善之国有企业。

〔30〕 国家既是市场经济的管理者,又通过国有企业参与市场竞争,成为国有企业的利益相关者(stakeholder)。

〔31〕 2005年《OECD国有企业公司治理指引》适用于:(1)以法律形式组建的国有企业(政企分离、从事商业活动:其大部分收入来自买卖和收费)[The Guidelines are primarily oriented to state – owned enterprises using a distinct legal form (i. e., separate from the public administration) and having a commercial activity (i. e. with the bulk of their income coming from sales and fees), whether or not they pursue a public policy objective as well]。(2)由于公司治理不同,指南对上市公司与非上市公司,全资国有企业、多数股权的国有企业与少数股权的国有企业加以区分并且适用于它们的子公司。(These SOEs may be in competitive or in non – competitive sectors of the economy. When necessary, the Guidelines distinguish between listed and non – listed SOEs, or between wholly owned, majority and minority owned SOEs since the corporate governance issues are somewhat diffe – rent in each case. The Guidelines can also be applied to the subsidiaries of these aforementioned entities, whether listed or not.)

〔32〕 Capobianco, A. and H. Christiansen (2011), *Competitive Neutrality and State – owned Enterprises: Challenges and Policy Options*, OECD Corporate Governance Working Papers, No. 1, OECD Publishing.

neutrality framework)。[33] 所谓竞争中立(competitive neutrality),是指任何经济实体不得仅仅因为所有权(ownership)而取得优势或劣势(advantages or disadvantages)。该文件不仅为国有企业与私营企业在国际经济贸易中构建了公平的竞争平台,而且为监督政府政策制定者、识别和消除(identify and eliminate)国有企业可能享有的好处(advantages)建立了一种法治机制。[34] 该研究成果提出的法治和透明度要求对中国国有企业的进一步改革无疑具有一定借鉴意义[35]。

(三)国际组织

大多数国际组织,包括政府间的或非政府间的,各种类型的国际经济组织都有自己的组织机构和章程,有固定的资产和资金来源,在一定的范围和领域内承担一定的权利、义务,有独立承担法律诉讼的能力。有些国际组织甚至享有外交特权和豁免。因此,国际组织在国际法和国内法上具有法人资格是没有问题的。

国际组织和国家之间、国际组织之间、国际组织和法人、跨国公司之间具有签订协议的能力,有接管、买卖财产的能力,有进行法律诉讼的能力。

在国际经济活动中,国际组织在贸易、投资、信贷、服务等领域表现得非常活跃。特别是非政府间的国际经济组织在促进国际经济贸易规则与惯例的形成方面发挥着不可替代的作用。

一些国际组织和国际经济组织的决议、规定、原则;其制定的标准合同、示范法;由其整理、编撰的国际商业惯例已成为国际经济活动中各国遵守的原则和准则,成为国际经济法重要的渊源之一。有些国际组织,例如,欧洲经济共同体(欧盟)甚至具有超国家的职能,其指令和决议不但约束各成员方政府,而且可以直接适用于成员方的自然人和法人。

(四)国家

在国际经济法主体中,国家被视为一个特殊的民事主体。作为主权的最高代表和象征,国家可以自己的名义从事各种国际、国内的经济活动,签订各种合同、条约和协议,并以国库的全部资产承担责任。然而,国家又不同于一般的民事主体,表现为它享有不可被剥夺的主权豁免权。所谓国家主权豁免,在国际经济法领域,主要指国家及国家财产的司法豁免。其含义是:未经国家同意,国家的主权行为和财产不受外国管辖和侵犯;国家不能作为被告在外国法院出庭、应诉;国家财产不能作为诉讼标的以及法院强制执行的对象。然而,为了适应国际交往的需要,国家可以通过一定方式宣布自愿放弃豁免权,以平等的民事主体资格从事各种经济活动。在这种情况下,由国家授权的负责人代表国家进行民事和经济活动。

除了直接从事各种经济活动之外,国家作为国际经济法主体,还具有其他主体所不具有的

---

〔33〕 1983 年美国的双边投资保护协定范本中,设立了国有企业与私营企业平等竞争的条款。第Ⅱ条第 6 款:"The Party recognize that, consistent with paragraphs 1 and 2 of this Article, conditions of competitive equality should be maintained where investments owned or controlled by a Party or its agencies or instrumentalities are in competition, within the territory of such Party, with privately owned or controlled investments of nationals or companies of the other Party. In such situations, the privately owned or controlled investments shall receive treatment which is equivalent with regard to any special economic advantage accorded the governmentally owned or controlled investments."。其后,美国在与一些国家如孟加拉国订立的双边投资协定中都纳入了这一条款。

〔34〕 See Capobianco, A. and H. Christiansen (2011), *Competitive Neutrality and State - owned Enterprises: Challenges and Policy Options*, OECD Corporate Governance Working Papers, No. 1, OECD Publi - shing.

〔35〕 2018 年 10 月 14 日,中国人民银行官网刊出易纲行长在 2018 年 G30 国际银行业研讨会的发言,其中提出中国正"考虑以'竞争中性'原则对待国有企业"。其可以视为中国官方对"竞争中立原则"的第一次正式表态。

特殊职能,即对经济进行管理和监督的职能。由此形成的这些行政性质的法律规范构成了国际经济法的重要内容。

二、跨国公司

跨国公司,又称多国公司(multinational corporation)、国际公司(international corporation)、世界公司(world corporation)等。跨国公司是随着国际分工以及国际贸易的发展而逐渐形成和发展起来的。17世纪的英国东印度公司是世界上最早出现的跨国经营公司之一。〔36〕到20世纪初,跨国公司开始大量出现。目前,跨国公司的总产值已超过世界总产值的1/3,跨国公司内部及相互贸易占世界贸易的60%以上。跨国公司凭借其雄厚的财力、物力、人力优势和先进的技术和管理经验,在国际经济贸易活动中起着举足轻重的作用。

(一)跨国公司的概念与特征

1. 跨国公司的概念

跨国公司不是一个法律实体。联合国跨国公司委员会在1983年制定的《跨国公司行动守则(草案)》中将跨国公司定义为:"跨国公司系指一种企业,构成这种企业的实体分布于两个或两个以上的国家。而不论其法律形式和活动范围如何。各个实体通过一个或数个决策中心,在一个决策系统的统辖之下开展经营活动,彼此有着共同的战略并执行一致的政策。由于所有权关系或其他因素,各个实体相互联系,其中一个或数个实体,对其他实体的活动能施加相当大的影响,甚至还能分享其他实体的知识、资源,并为它们分担责任。"

2. 跨国公司的特征

跨国公司的特征主要包括:

(1)经营活动具有跨国性。跨国公司通常以一个国家为基地,设立母公司,同时又在其他一个或多个国家设立不同的实体,接受母公司的管理、控制和指挥,从事各种经营活动。

(2)具有全球性经营战略。跨国公司的母公司在制定经营方案时,通常从跨国公司的整体利益出发,制定其在全球范围内的生产、销售和经营策略。

(3)跨国公司由不同实体(通常包括母公司、子公司、分公司)组成。母公司具有核心决策权。跨国公司的经营战略由母公司制定并实施,母公司对跨国公司的其他实体拥有高度集中的管理权。有学者指出:"跨国公司的主要法律形式,是根据各种法律制度成立的多个公司的聚积,但受母公司的集中控制,因而构成一个单一经济体。""从跨国公司具有共同的商业目的、中央控制和内部一体化的活动等方面看,可以说,跨国公司具有企业的特征,是一个经济实体,但它并不是一个法律实体。"〔37〕

(4)跨国公司内部实体之间具有相互联系性。跨国公司由设立于不同国家的若干实体组成,各实体之间存在不同程度的联系。尤其是母公司往往通过货物、资本、技术、服务的内部转移等多种方式对其海外子公司、分公司进行指挥、控制,从而实现利润在各实体之间的转移,达到跨国公司内部资源的合理配置,同时逃避或规避东道国的税收管辖、关税壁垒或非关税壁垒

---

〔36〕英属东印度公司是一个股份公司。1600年12月31日由英国女王伊丽莎白一世授予该公司皇家许可状,给予它在印度贸易的特权而组成。荷属东印度公司成立于1602年,被称为商业组织历史上的一个里程碑。参见[英]尼尔·弗格森:《帝国》,雨珂译,中信出版社2012年版,第17页。

〔37〕余劲松:《跨国公司的法律问题研究》,中国政法大学出版社1989年版,第4~14页。

措施等。

(5)跨国公司利益与跨国公司营业地所在国利益之间具有冲突性。跨国公司的营业地所在国是指跨国公司的诸实体开展营业活动的母国及东道国。母国是指母公司所在的国家;东道国是指母公司以外的其他实体所在的国家。发展中国家为了吸引外资,多制定有大量只针对外国资本的优惠措施。跨国公司一方面享受着这些优惠待遇,另一方面在实施追逐高额利润的跨国经营战略时不惜损害发展中国家的利益,因此,跨国公司与发展中国家东道国的矛盾往往会演变成发达国家与发展中国家之间的矛盾。

(二)跨国公司的基本结构

实践中,跨国公司为了实现其全球战略,在其海外实体的设置方式上有所不同。但是,大多数跨国公司采用以下基本结构。

1. 母公司

母公司(parent company),又称总公司,是指在其子公司中拥有多数股权或通过合约、协议等形式对于子公司实际行使决定性控制权的公司。母公司一般是依照母国的法律规定而设立,其权利、义务依照母国的法律和公司的章程确定,具有独立的法律人格。

2. 子公司

子公司(affiliate),是指被母公司拥有全部或多数股份或通过合约或协议等形式接受母公司控制的公司。子公司一般是根据东道国的法律设立的,具有法律上的独立人格,受东道国的法律管辖。子公司通常按照东道国的法律规定,可以采取(独资、合资)有限责任公司、股份有限责任公司等企业组织形式。

3. 分支结构

海外分支结构是跨国公司母公司在海外设立的机构,可分为办事机构和营业机构。分支结构一般没有独立的法律地位,不具有独立的法律人格。它具有母公司的国籍,属于母公司的增设部分,其行为由其母公司或总公司负责。

在跨国公司发展的早期,母公司主要通过拥有子公司的全部或多数股权的方式达到控制子公司的目的。随着投资方式的多样化和技术的发展,通过非股权投资(如许可协议、管理合同、销售合同等)也可以实现对子公司的控制。

(三)母公司对子公司的债务责任

在国际经济交往中,大多数公司都是有限责任公司。按照各国公司法的规定,作为独立法人,有限责任公司以其全部资产承担责任。但是,对于跨国公司,基于母子公司之间的关联性,母公司对子公司拥有控制权。当出现由于母公司的责任造成子公司丧失对外偿付能力或履行义务的能力时,为了保护债权人的利益,法律有时会允许"揭开公司面纱"(piercing the corporations veil),即按照"公司法人人格否定"(disregard of corporate personality)的理论,由母公司为子公司的债务承担直接责任。

应当注意的是,"揭开公司面纱"理论是对传统公司法"独立法律主体承担独立责任"理论的例外规定或补充。因此,实践中,多数国家对"揭开公司面纱"都持非常谨慎的态度,对其使用严格加以限制。[38] 除了“揭开公司面纱”理论外,一些国家还通过制定公司集团法,将母公司对子公司承担责任的情况作出明确规定。

(四)对跨国公司的法律规制

1. 联合国《跨国公司行动守则》

跨国公司凭借其雄厚的物力、财力、人力资源,基于其全球经营战略在国际经济交往中起着举足轻重的作用。其全球战略往往和其所在国家的经济发展战略不相符合,或对这些国家的经济发展产生不利影响,由此引发的矛盾导致各国积极要求对跨国公司的跨国经济活动进行法律规范。由于跨国公司由设在不同国家的实体组成,各国基于属人原则和属地原则对其进行管辖,因此,对于跨国公司的管制主要是通过国内法实现的。考虑各国对跨国公司管制制度的差别,1974 年 12 月,联合国经济与社会理事会通过决议,成立“跨国公司专门委员会”,拟定《跨国公司行动守则》,对跨国公司的母国及东道国有关跨国公司的管制制度予以统一规范。具体拟定工作从 1977 年开始。1982 年起草工作组向跨国公司专门委员会第 8 次会议提交了《跨国公司行动守则(草案)》,1990 年提交联合国大会第 45 次会议审议。由于对草案的内容和法律性质存在分歧,该草案至今尚未通过。

2. 关于企业社会责任

除了国际货物贸易的全球增长外,随着国际服务贸易,特别是国际直接投资在世界贸易份额中所占比例的增长,跨国公司的社会责任问题引起了越来越多国家的重视。《1994 年世界投资报告:跨国公司、就业与工作环境》规定了企业和跨国公司社会责任的最低标准,即“为社会提供利益,不具有故意伤害行为,如果产生了伤害,企业提供的利益必须足以抵消企业伤害行为带来的不利。”2016 年联合国《2030 年可持续发展议程》正式生效,呼吁各国采取行动,为今后 15 年实现 17 项可持续发展目标而努力[39]。以《变革我们的世界:2030 年可持续发展议程》为纲领,一些社会团体、跨国公司纷纷出台了自己的关于企业社会责任标准的 SA 8000(Social Accountability 8000)[40]。SA 8000 包括标准和程序。其涉及的范围有:(1)核心劳工标准,包括雇用童工、强迫性劳动、工人的结社自由和集体谈判权、歧视、惩戒性措施。(2)工时与工资,包括工作时间、最低工资标准、职业健康与安全、管理体系等九个方面。

制定企业社会责任标准的目的是明确企业(包括公司)应当承担的社会责任,即通过制定企业行为规范,确保企业的生产和服务符合社会道德标准。通过规范企业的道德行为,在使企业雇员获益的同时,也使企业获得很多收益,如提高企业知名度、提高生产率、减少浪费、保证企业运行稳定、增加竞争优势、满足消费者需求、增加投资者信心等。

然而,科技的发展,互联网与大数据的广泛应用,使一些跨国公司利用优势地位以企业履行社会责任为名,要求供应商提供一些与产品质量、数量、劳工权利等无关的信息和数据等。

---

〔38〕 关于“揭开公司面纱”理论的法律根据,常见的有:(1)代理理论。(2)子公司独立法律人格的滥用。(3)母公司投资不足;以及母公司违反正当法律程序;母子公司之间交易条件不公平、母子公司之间财产混同或不正当流动等。参见王利明:《公司的有限责任制度的若干问题》(下),载《政法论坛》1994 年第 3 期;朱慈蕴:《公司法人格否认法理在母子公司中的运用》,载《法律科学》1998 年第 5 期。

〔39〕 《2030 年可持续发展议程》(A/RES/70/1)于 2015 年在联合国大会第七十届会议上通过,2016 年 1 月 1 日生效。

〔40〕 全球首个关于企业社会责任的 SA 8000 是 1997 年由美国一家社团组织倡导的,迄今为止,世界五百强中 80% 以上的企业都制定和发布了自己的企业社会责任报告。它们向整个社会报告企业在环境、经济、公益和社会责任方面的表现,取得了较好的社会效果。

众所周知,发展中国家企业的竞争优势大部分集中在具有较低原材料和劳工成本的劳动密集型产业和产品,为了获取更多订单,这些企业被迫接受一些不合理的标准和要求,甚至不惜向跨国公司提供侵害企业和客户权益、危害国家安全的数据和信息。某些企业社会责任已成为变相的贸易壁垒,成为发达国家通过产业链、供应链采集信息、控制产业链价值分配、垄断竞争优势的一种工具。因此,包括中国在内的发展中国家应当重视对企业社会责任的研究,尽快通过建立、健全相应立法,完善企业内部合规管理,堵塞跨国公司利用企业社会责任控制产业链、生产链危及国家安全的漏洞。企业要了解自己的社会责任,在承担必要的社会责任的同时,防止沦为发达国家跨国公司的工具。

第三节 国际经济法的基本原则

一、可持续发展原则

可持续发展,是指人类的可持续发展,其中经济的可持续发展是人类可持续发展的重要组成部分。国际社会对可持续发展从认识到接受其为基本原则经历了一段过程。1798 年,英国古典经济学家马尔萨斯(T. R. Malthus)从理论上首次提出可持续发展问题,其名著《人口论》(*Essays on Population*)深刻地分析了地球的资源及人口增长与经济增长之间存在的矛盾以及未来人类发展的暗淡前景。"马氏的立场和理论,开启了对西方前途辩论的先河。"[41]然而,由于科学技术的发展给西方带来经济高增长、高消费的黄金岁月,使人们产生错觉,相信"技术是解决一切问题的灵丹妙药"。[42] 20 世纪 60 年代,发展伦理学的先驱美国教授德尼·古莱(Denis Goulet)在考察和研究了世界各国,特别是拉丁美洲的发展后,对于何为"发展"进行了精辟的分析和论述。他认为国际上存在关于发展的三种观点或流派。第一种观点是把发展视同用总数衡量的经济增长,而把其他非经济因素放在次要地位。按照这种观点,发展通常以 GDP 和经济增长百分比来衡量。第二种观点认为,发展 = 经济增长 + 社会变革。这是当今流行的观点。第三种观点则强调发展的道德价值观。其中心思想强调所有社会、所有团体和社会中的所有个人的质的改善,认为发展本身不过是为提升人性而采取的一种手段。[43]面对人类不容乐观的未来,1972 年著名的《增长的极限——罗马俱乐部关于人类困境的报告》问世,并提出人类正面临生死存亡的选择。报告通过一个纯技术性的世界模型,就全球关切的五种主要趋势,即加速工业化、快速的人口增长、普遍的营养不良、不可再生资源的耗尽以及恶化的环境,分析了它们对世界未来 100 年的影响。[44] 针对人口、资源、环境、生态与经济增长之间存在

---

〔41〕 胡国亨:《独共南山守中国》,中文大学出版社 1995 年版,第 5 页。

〔42〕 [美]丹尼斯·米都斯等:《增长的极限——罗马俱乐部关于人类困境的报告》,李宝恒译,吉林人民出版社 1997 年版,第 146 页。

〔43〕 关于对发展的详细讨论,参见[美]德尼·古莱:《残酷的选择:发展理念与伦理价值》,高铦、高戈译,社会科学文献出版社 2008 年版,第 2 ~4 页。

〔44〕 这份报告模型主流是物质的,然而研究的结论却指出,需要在社会价值方面有基本的改变。参见[美]丹尼斯·米都斯等:《增长的极限——罗马俱乐部关于人类困境的报告》,李宝恒译,吉林人民出版社 1997 年版,第 145 页。

的矛盾,报告第一次提出了“均衡增长”的概念。[45] 其指出人类“在人口水平、社会和物质标准、个人自由,以及组成生活质量的其他因素之间,要有一系列的均衡”[46],报告批评了西方的价值观及其生活与生产方式,号召世界“需要一场思想上的哥白尼革命”[47],并认定“这样一种尝试需要全体人民的共同努力,而不管他们的文化、经济制度和发展水平怎样。但是,主要责任必须由比较发达的国家承担,不是因为这些国家具有远见和仁慈行为,而是因为这些国家仍然是传播增长的综合病症并使其继续发展的根源所在”[48]。毫无疑问,该报告全面奠定并预设了今天国际社会认可的可持续发展原则的理论基础和框架蓝图。[49]

“可持续发展”一词最早出现在官方的有关保护环境的国际文件中。1980 年由联合国环境规划署提出的《世界保护大纲——为了可持续发展的生物资源保护》第一次明确使用了“可持续发展”的概念。1987 年联合国世界环境与发展委员会提出《我们共同的未来》(布伦特兰报告)正式将环境与可持续发展问题挂钩,并提出“可持续发展指的是既满足当代人的需要,又不对后代人满足其需要的能力构成危害的发展”,“人类必须改变目前的发展方式,走可持续发展的道路”。1992 年联合国环境与发展大会通过《里约宣言》、《联合国气候变化框架公约》和《21世纪议程》,正式否定了西方工业化以来“高生产、高消费、高污染”的生产方式、生活方式与发展模式,全面阐述了可持续发展原则的内涵。

1.《里约宣言》首先确立了可持续发展是人类的可持续发展。其原则 1 指出,人类处于普受关注的可持续发展问题的中心。他们应享有以与自然相和谐的方式过健康而富有生产成果的生活的权利。

2. 实现代际公平和代内公平是可持续发展原则的条件。《里约宣言》指出,为了公平地满足今世后代在发展与环境方面的需要,求取发展的目标必须实现(原则 3)。为了缩小世界上大多数人生活水平上的差距和更好地满足他们的需要,所有国家和所有人都应在根除贫穷这一基本任务上进行合作,这是实现可持续发展的一项不可缺少的条件(原则 5)。

3. 可持续发展是指各国经济的共同发展。《里约宣言》提出,各国应该合作促成一个支持性和开放的国际经济制度,这个制度将会促使所有国家实现经济增长和可持续的发展。为环境目的而采取的贸易政策措施不应该成为国际贸易中的一种任意或无理歧视的手段或是伪装的限制(原则 12)。

---

〔45〕“均衡”意味着对立的力量之间的一种平衡或相等的状态。参见[美]丹尼斯·米都斯等:《增长的极限——罗马俱乐部关于人类困境的报告》,李宝恒译,吉林人民出版社 1997 年版,第 132 页。

〔46〕[美]丹尼斯·米都斯等:《增长的极限——罗马俱乐部关于人类困境的报告》,李宝恒译,吉林人民出版社 1997 年版,第 147 页。

〔47〕[美]丹尼斯·米都斯等:《增长的极限——罗马俱乐部关于人类困境的报告》,李宝恒译,吉林人民出版社 1997 年版,第 152 页。

〔48〕[美]丹尼斯·米都斯等:《增长的极限——罗马俱乐部关于人类困境的报告》,李宝恒译,吉林人民出版社 1997 年版,第 150 页。为此,拉美国家一向反对使用“发展”一词而选用“解放”一词,认为现时我们所称的“发展”其实是反发展、伪发展,是发展的异化。“解放”一词比“发展”“更好地表达了人们希望有更具人性的生活条件的真正愿望”。“解放”一词揭示了经济发展、社会现代化、政治体制的建立和文化西方化给拉丁美洲带来的巨大的人性代价。关于“发展”与“解放”的讨论,参见[美]德尼·古莱:《残酷的选择:发展理念与伦理价值》,高铦、高戈译,社会科学文献出版社 2008 年版,第 4 ~ 11 页。

〔49〕遗憾的是,或许因为这个报告是非官方的,或者因为是学术性的,报告并未像它所讨论的问题的紧迫性和严重性那样引起国际社会的重点关注。20 世纪八九十年代由联合国及所属机构通过的众多宣言和纲领性文件,多是“文件写得好,实事干成的不多,雷声大,雨点小”。

4. 为实现可持续发展，发达国家需承担更多的责任。《里约宣言》要求各国应本着全球伙伴精神承担共同的但是又有差别的责任。鉴于发达国家给全球环境带来的压力，以及它们所掌握的技术和财力资源，它们在追求可持续发展的国际努力中负有责任(原则7)。

上述《里约宣言》所阐述的可持续发展的思想已超出了纯粹环境保护和经济发展的范畴，涵盖了对世界各国和国际社会在经济、社会、人口、生态环境等多方面的内容和要求。可持续发展原则是总领人类社会发展的第一原则，也是各国及国际社会制定国际经济交往法律规范的基本原则。

1997年《联合国气候变化框架公约》第3次会议最终在日本达成了具有法律约束力的《京都议定书》(2005年2月正式生效)，就发达国家和发展中国家联合减排引进了灵活的市场机制，明确提出了发达国家与发展中国家在减少二氧化碳等温室气体排放方面应承担的共同但有差别的责任。这是人类的发展观念发生实质性转变而采取的一次实际行动。其标志着国际社会以可持续发展为目标进入"低碳经济"时代。[50] 2016年11月4日正式生效的《巴黎气候变化协定》，是继《京都议定书》之后第二份具有法律约束力的气候协定[51]。其为2020年后的全球气候治理格局做出了安排。2015年联合国大会第七十届会议上通过了《变革我们的世界：2030年可持续发展议程》。该议程呼吁各国现在就采取行动，为今后15年实现17项可持续发展目标而努力。[52]。总之，20世纪以来不断恶化的自然环境，2008年席卷全球的金融危机，再一次验证了以往的世界经济发展模式和旧国际经济秩序及其规则的不可持续性，迫使国际社会必须采取行动应对挑战。邓小平说过，"我们必须摆脱桎梏我们精神的枷锁"。实际上，这个枷锁既包括封建的也包括资本主义的精神枷锁，即自西方第一次工业革命以来禁锢发达国家以及广大发展中国家的包括西方的价值理念、政治制度乃至生活方式等在内的精神枷锁。我们必须摆脱这个精神枷锁，建立一套适合各国乃至整个人类社会可持续发展的模式和理念。2020年，中国在全球性新型冠状病毒防控抗疫中的良好表现，是中国作为世界上人口最多的发展中国家"以民为本"，践行可持续发展原则的实际行动，也是为人类可持续发展做出的最大贡献。

二、国家对天然财富与资源的永久主权原则

20世纪60年代，民族解放运动兴起，许多过去在帝国主义殖民统治下的殖民地半殖民地

---

〔50〕"低碳经济"时代，也被称为"第四次工业革命"时代，是指以新的能源生产技术和能源使用技术为先导，以低能耗、低污染、低排放的清洁能源代替煤炭、石油、天然气等高能耗、高污染、高排放的传统能源的绿色革命。低碳经济不但是一场空前的技术革命，也是前所未有的产业结构和制度的创新。参见熊焰：《低碳之路：重新定义世界和我们的生活》，中国经济出版社2010年版，第100～101页。

〔51〕我国于2016年9月3日加入《巴黎气候变化协定》，成为第23个完成批准协定的缔约方。

〔52〕这17项目标是：(1)在全世界消除一切形式的贫困；(2)消除饥饿，实现粮食安全，改善营养状况和促进可持续农业；(3)确保健康的生活方式，促进各年龄段人群的福祉；(4)确保包容和公平的优质教育，让全民终身享有学习机会；(5)实现性别平等，增强所有妇女和女童的权能；(6)为所有人提供水和环境卫生并对其进行可持续管理；(7)确保人人获得负担得起的、可靠和可持续的现代能源；(8)促进持久、包容和可持续的经济增长，促进充分的生产性就业和人人获得体面工作；(9)建造具备抵御灾害能力的基础设施，促进具有包容性的可持续工业化，推动创新；(10)减少国家内部和国家之间的不平等；(11)建设包容、安全、有抵御灾害能力和可持续的城市和人类住区；(12)采用可持续的消费和生产模式；(13)采取紧急行动应对气候变化及其影响；(14)保护和可持续利用海洋和海洋资源以促进可持续发展；(15)保护、恢复和促进可持续利用陆地生态系统，可持续管理森林，防治荒漠化，制止和扭转土地退化，遏制生物多样性的丧失；(16)创建和平、包容的社会以促进可持续发展，让所有人都能诉诸司法，在各级建立有效、负责和包容的机构；(17)加强执行手段，重振可持续发展全球伙伴关系。

国家取得了独立,建立了新的民族国家,成为联合国大家庭中的平等成员,大大改变了国际力量的对比。新国家认识到只有取得经济上的独立才能稳固和真正实现政治上的独立。因此,改变以西方发达国家为中心的旧的国际经济秩序,建立国家不分大小、贫富,一律平等基础上的国际经济新秩序的呼声日益高涨。1962 年 12 月 14 日,联合国最早提出了关于国家对天然财富和资源的永久主权问题。大会通过的《关于自然资源之永久主权宣言》,集中反映了发展中国家的这一要求:承认天然财富和资源是国家和民族生存的物质基础;承认天然财富和资源的永久主权是民族自决权的一部分;确立了对于各国处置其财富与天然资源之自主权利应予以尊重的基本原则。根据这一原则:(1)自然资源的勘查、开发、处置应符合各国自行认为在许可、限制或禁止方面应有的规则和条件。(2)外国资本的输入及收益应受现行国内法与国际法管辖并使受助国的天然财富与资源之主权绝对不受损害。(3)国有化、征收或征用应以公用事业、安全和国家利益为根据,并依照本国现行法及国际法给予适当的补偿;在发生争议时,首先由国内法管辖。

自然资源永久主权原则不但得到发展中国家的拥护,也得到发达国家的赞同,并且在 1974 年 5 月 1 日联合国大会通过的《建立新的国际经济秩序宣言》和《建立新的国际经济秩序行动纲领》中得到进一步的体现。新秩序宣言提出了建立新国际经济秩序的 20 项原则。除了强调尊重国家主权平等、领土完整、不干涉内政外,重申每一国家对自己的天然资源和一切经济活动拥有充分的永久主权。为了保卫这些资源,每一个国家有权采取适合于本国情况的手段,对资源及其开发实行有效控制,包括实行国有化和把所有权转让给本国国民。任何一国不应遭受政治、经济及其他形式的胁迫,以致不能自由和充分地行使这一不容剥夺的权利。对于遭受外国占领、统治或种族隔离的国家,有权对因其自然资源遭受剥削、消耗和损害要求偿还和充分补偿。国家有权对跨国公司采取有利于本国国民经济发展的措施,对它们进行限制和监督等。

1974 年 12 月 12 日,联合国大会通过了《各国经济权利和义务宪章》,正式将自然资源的永久主权原则作为国家经济权利和义务的核心内容。

三、开展国际合作以谋求发展原则

发展中国家的崛起,改变了世界力量的对比。第三世界国家不再是附属于发达国家并受其支配的被动力量。1974 年 5 月 1 日,联合国大会通过的《建立新的国际经济秩序宣言》正确地反映了这一力量对比的变化。宣言指出,20 世纪 70 年代以来世界的变化,说明了世界大家庭的一切成员相互依赖的实际情况,发达国家的利益同发展中国家的利益不能再相互分隔开,发达国家的繁荣取决于它的组成部分的繁荣。

国际经济法确定开展国际合作以谋求发展原则,这是提出了一个全新的观念。因为按照传统重商主义观点的核心,经济就是一个零和游戏。[53] 自己吃亏,对方肯定占便宜;如果自己占便宜,对方一定吃亏。开展国际合作以谋求发展原则抛弃了这种狭隘的利己观点,提出在发展方面,国际合作是所有国家都应具有的目标和共同责任。要求国际大家庭的成员通过单独和集体的行动,为了全人类的共同利益和国际经济的可持续发展在技术、资金、资源、贸易等方面相互合作,共同繁荣,反对武力和对抗,从而保证人类世世代代在和平和正义中稳步加速经

---

〔53〕 参见[美]尼尔·弗格森:《帝国》,雨珂译,中信出版社 2012 年版,第 19 页。

济和社会发展。

1974 年 12 月,联合国大会通过的《各国经济权利和义务宪章》正式将开展国际合作以谋求发展原则作为发展国际经济关系的一个基本原则。2017 年 2 月,由中国国家主席习近平提出的"构建人类命运共同体"的主张被写入联合国大会决议之中,更是将各国开展国际经济合作以谋求发展原则提到了前所未有的高度,成为构筑人类命运共同体的一部分。

四、公平互利原则

公平互利原则也是 1974 年 12 月《各国经济权利和义务宪章》中提出的作为处理各国之间经济关系的指导原则。根据这一原则,在国际经济合作的各个领域,发达国家应给发展中国家提供有利的外部条件;发达国家在向发展中国家提供援助时不应附加任何有损后者主权的条件;发达国家向发展中国家施行、改进和扩大普遍的、非互惠的和非歧视的待遇;在促进发展中国家取得现代科学技术时,要有利于促进发展中国家的技术转让和建立本国技术,并按照适合发展中国家的经济方式进行。

与平等互利相比,公平互利意味着把形式上的平等推向实质上的平等。可持续发展原则提出的代际公平和代内公平概念意味着,没有以正义为基础的公平不是真正的公平。公平需要以社会正义为支撑。因此,公平互利原则的含义更为科学、合理。

第四节 "丝绸之路"和"一带一路"倡议与国际经济法

21 世纪,在世界经济普遍低迷、贸易保护主义甚嚣尘上的情况下,中国重返"丝绸之路",发出了"一带一路"倡议,立即获得了国际社会的广泛响应。"一带一路"倡议是怎么回事?它对国际经济法的发展会带来怎样的影响?为此,有必要简单梳理一下中国古代"丝绸之路"的历史,从古代中国的市场及市场主体、商品及市场交易、运输方式及运输工具、支付手段、政府对市场的管理、法律及争议解决等几方面,观察它对当时世界经济秩序及其规则产生的影响。

一、古代中国的"丝绸之路"

自古以来,一国是否开放离不开思想的指引。古代中国的经济思想可追溯自先秦诸子对农业、工业、商业的评价。商鞅相秦前,农业、工业与商业并重,"地无四方,民无异国"[54],主张对外贸易开放,各国物资互相交流[55]。以后,秦采取了重农抑商的政策。及至汉武帝时期形成了以曹参为代表的道家"无为而治""因循为用"自由放任的经济思想和以晁错、贾谊、董仲舒为代表的儒家思想,即统制的计划经济思想。两种思想不断交锋,演绎出历朝历代种类繁

---

〔54〕《史记卷八十七 · 李斯列传第二十七》。

〔55〕参见钱穆:《中国经济史》,叶龙记录整理,北京联合出版公司 2014 年版,第 33 页。

多、内容不尽相同的经济法律和财政政策,一直影响着中国〔56〕。

(一)汉代的“丝绸之路”

秦统一中国后,将战国时代四分五裂、各自为政的旧经济制度一律取消。商鞅推行富民强兵政策,奖励农业生产、抑制商贾〔57〕,论军功赏以爵禄,重新建立全国统一的货币制度和度量衡制度,实行“车同轨,书同文”等一系列措施,为汉代及古中国后世的经济发展奠定了基础。

两汉时期(公元前206年~公元220年),中国与境外其他民族已经有了商业关系。在长安、洛阳都设有“蛮夷邸”〔58〕。汉武帝时期通西域后,西北陆路日渐发达;东汉时,班固出使西域,贸易直达地中海,接触罗马等国,中国的丝绸由此传入罗马。从三国时期到南北朝,中西交通一直没有中止过〔59〕。汉代产丝以山东、四川为盛,生产的丝织品已有绫、罗、绸、缎、锦、纱、绢、缯、縠、绮等十余种。据近代“丝绸之路”的考古发掘,在玉门关附近发现了一匹东汉时产的缣,上书“任城国亢父缣一匹,幅广二尺二寸,长四丈,重二十五两,值钱六百一十八”〔60〕。沿着丝绸之路,中国的丝绸自西输送到波斯、印度、罗马等欧亚诸国;向东输传至朝鲜,再达日本〔61〕。除丝绸之外,根据乐浪(今朝鲜平壤)发现的汉墓出土,当时的出口商品还有精美的漆器。汉代,江西景德镇已设窑厂烧制瓷器,南北朝时政府更设立烧制陶瓷的机构,东西甄官瓦署进行监督。南方的“缥瓷”、北方的“白瓷”成为当时堪称精品的两大瓷器派别〔62〕。战国时即开始的大规模水利工程,至汉代得到进一步推广。据《史记·河渠书》以及《汉书·沟洫志》所记载,当时晋民挖龙首渠发明的井渠法,后由中国传至西域及波斯〔63〕。

汉代的运输工具主要是车、船,即所谓“南船北车”。船有木船、陶船两种。据《史记·平准书》记载,“楼船,高十余丈,旗帜加其上,甚壮”。当时打击南越,南方已有楼船卒20余万人。有楼船司专门负责官府造船。广东出土的一处东汉墓葬曾有陶船模型,船前有锚,船后有舵,两舷各有司篙船员的走道。另一处东汉墓葬发现一木船,船上建有层楼,有桨十,橹一,多数木板上有五色彩绘花纹,说明当时已有很发达的造船业〔64〕。

古代中国商人被称为“贾”。汉武帝轻商,“贾人不得衣丝乘车”。国家向有车船的商人征收“算商车”,“重租税以困辱之”〔65〕。尽管如此,至文景帝时,都市里已形成商肆林立的商业区域。商人已可分为盐铁商、运输转贩商、囤积商、高利贷商、榷会与辜榷(中介商人与独占中

---

〔56〕关于这两种经济思想的详细介绍与分析,参见李剑农:《中国古代经济史稿》,武汉大学出版社2006年版,第242~268页。此外,按照我国学者钱穆先生的观点,汉代的许多制度是学自秦代,在汉代定型而确立。钱穆先生认为,统制的计划经济,自经济的立场而言,可说是社会主义经济,也可说是人道主义、文化主义的经济思想。中国历代轮番采用上述两种不同的经济思想,形成中国政治的复杂之处。参见钱穆:《中国经济史》,叶龙记录整理,北京联合出版公司2014年版,第51~55、58页。

〔57〕商贾,即商人。古代把游走做买卖的称为“商”,把在店铺售货的称为“贾”,即所谓行商坐贾。

〔58〕李剑农:《中国古代经济史稿》,武汉大学出版社2006年版,第201页。

〔59〕参见钱穆:《中国经济史》,叶龙记录整理,北京联合出版公司2014年版,第225页。

〔60〕钱穆:《中国经济史》,叶龙记录整理,北京联合出版公司2014年版,第91页。

〔61〕除了西北陆路,根据《史记》记载,张骞出使大夏归来,说他居住大夏时,见过蜀地的布和邛地的竹杖,问当地人,这些东西从什么地方来,回答的人说,“从东南的身毒国,大约在几千里外,能够和蜀地的人做买卖得来的”。在张骞的鼓动下,当时汉朝曾派王然于、柏始昌、吕越等在云南滇国国王的帮助下,试图从西夷以西的地方寻找通往身毒国更短的路。参见《史记·西南夷列传第五十六》。

〔62〕参见钱穆:《中国经济史》,叶龙记录整理,北京联合出版公司2014年版,第147~148页。

〔63〕参见李剑农:《中国古代经济史稿》,武汉大学出版社2006年版,第138页。

〔64〕参见钱穆:《中国经济史》,叶龙记录整理,北京联合出版公司2014年版,第97页。

〔65〕钱穆:《中国经济史》,叶龙记录整理,北京联合出版公司2014年版,第50页

介)。《汉书·食货志上》记载:“今法律贱商人,商人已富贵矣;尊农夫,农夫已贫贱矣。”可见当时商业势力已大表见[66]。贵为帝王者亦学做商贾[67]。商人和贵族相结托,贵族、官府受商人垄断盘剥“乘上之急,所卖必倍”之事常有之[68]。

随着西北通道与西南通道开通,对外商业活动逐步增多。汉代的对外贸易,可以概括出如下特点:(1)陆路多于海上。(2)限制多于鼓励。(3)边关定期互市多于自由输出入[69]。(4)贸易多为官府经营。(5)货物出境需先得“符传”之许可证。(6)为防蛮夷之故,严格禁止出口兵器、铁。(7)当时中国商品之远播,皆属间接交换。依《后汉书·大秦传》记载,中国丝织品之输入大秦(今罗马),实经安息(今伊朗高原)商人之手。然安息商人所得汉之缯彩,亦间接由西域诸国得之。(8)自秦汉建立至晚清实行了2000多年的朝贡制度,既是古中国的政治制度、外交制度,也是一项重要的贸易制度[70]。

汉代通行五铢钱,市场交易可以实物交易,亦可用金、银支付。(马蹄金、麟趾金和饼金同时流通,一直到魏晋南朝。)但对外贸易的支付工具主要是黄金、白银。汉代黄金一斤值万钱。尽管无法律明文规定金、银是货币,但事实上金、银已经以货币形式流通于市场[71]。《汉书·食货志》云:“珠玉龟贝银锡之属,为器饰宝藏,不为币,然各随时而轻重无常。”即金、玉与其他饰物一样,虽非法定货币,但可以通用,且其价格乃以市场货物多寡而时高时低。

在中国古代的法律文书中,契约是最重要的法律文书形式。“中国古代的契约关系是较为发达的,形式多样,内容详备”。“民事法律文书的约束力,对于中国古代社会财产关系的保护和经济秩序的维持,起了一定的积极作用。”[72]

---

〔66〕 参见李剑农:《中国古代经济史稿》,武汉大学出版社2006年版,第196~198页。

〔67〕 参见钱穆:《中国经济史》,叶龙记录整理,北京联合出版公司2014年版,第161页。

〔68〕 参见李剑农:《中国古代经济史稿》,武汉大学出版社2006年版,第369页。

〔69〕 参见李剑农:《中国古代经济史稿》,武汉大学出版社2006年版,第202~206页。

〔70〕 中国学者认为,虽然朝贡制度的大规模实践源自秦汉王朝大一统时期,但其思想渊源却是先秦的思想文化和制度,即夏初大禹时期的“任土作贡”这一思想。“五服制的兴起与实践为朝贡制度奠定了可行的实践基础。”参见王小红、何新华:《天下体系:一种建构世界秩序的中国经验》,光明日报出版社2014年版,第74~75页。书中两位作者详细研究了自秦汉至明清的朝贡制度(第74~102页)。作为一项制度,朝廷对朝贡程序(贡期、贡道、朝贡规模)、献贡礼仪、朝贡人数、船只数量、贡品以及数量、回赐、册封、沿途饮食住宿,组织和管理朝贡事物的机构、手续以及朝贡贸易活动都有十分明确的要求和法律规定。研究认为,朝贡制度是汉代经营和控制西域的重要手段(第76页);唐代时朝贡制度更加完善、规范化、法制化,具有明显的政治性和程序性,管理制度渐趋严密。唐代对各民族政权和海外诸国的朝贡,采取“计价酬答,务从优厚”的原则,对前来朝贡的国家具有很大吸引力(第81页);至明代,由于海禁政策的实施,民间贸易受到很大影响,朝贡与贸易完全结合起来,实行“有贡才有市”的原则,各国只有通过朝贡的形式与明代打交道,促使各国来华朝贡的繁荣。所以,明代时期的朝贡制度具有特别典型的意义,进入完全成熟和辉煌的时期。朝贡贸易的特点是:贡使携带的贡品通常分为两部分,一部分称为正贡,即向朝廷所献之物,所占比例很小;另一部分是允许携带来京可以进行贸易的物品,称为附贡。根据“有物则赏,有贡则赏”的原则,除了正贡的回赐外,官府对附贡往往以高于实际价格数倍的估价进行收买,加上明初对贡使所携带物品免税的政策,激发了朝贡国的热情,但给朝廷带来沉重的财政负担。明中后期,朝廷开始对贡物抽分。1567年海禁被迫解除,朝贡贸易不再是唯一的贸易形式(第88~90页);清代基本延续明代做法。由于意识到周边国家与边境政权的区别,设立了二元管理机构,由礼部与理藩院分管不同的朝贡事物。清代允许两种形式的朝贡贸易:贡使携带的货物,愿到北京贸易,则听其自运,允许开市3~5日,通常在会同馆进行;愿在边境处贸易,则在当地督抚委派的官员监视下进行,并实行免税政策(第95、96页)。程妮娜在《古代东北民族朝贡制度史》一书中,除详细分析了我国古代王朝朝贡体制具有内圈和外圈的政治属性外,对边关马市贸易亦有非常生动的描述。参见程妮娜:《古代东北民族朝贡制度史》,中华书局2016年版,第482~488页。

〔71〕 参见钱穆:《中国经济史》,叶龙记录整理,北京联合出版公司2014年版,第106~107页。

〔72〕 张晋藩:《论中国古代民法研究中的几个问题》,载《政法论坛》1985年第5期。

契约或合同的概念,中国古代已经存在。“西周金文民法”中即有契约的记载。早在周代,就有“听买卖以质剂”之说[73]。质剂、傅别是当时契约的重要形式,即在一片竹简或木牍上刻写契约内容,缔约双方从中间破开,各执一半。日后发生争议,双方各出示所执一半,相合为证[74]。缔结财产买卖的契约,除了双方各执一半,官府也保留一份,作为解决纠纷的根据。汉代最发达、最典型的契约已有买卖、雇佣、租赁、租佃、借贷、合伙、承包、信托、遗嘱继承等[75]。“民有私约如律令”这一合同习语,见于出土的西晋“杨绍买地砖”,亦称《杨绍买地券》或《杨绍买地莂》。其全文如下:“大男杨绍从土公买冢地一丘。东极阚泽,西极黄滕,南极山背,北极于湖。直钱四百万,即日交毕。日月为证,四时为任,太康五年(284年)九月二十九日,对共破莂。民有私约如律令。”[76]“民有私约如律令”既可以视为当事人“意思自治”的体现,在古代人的眼里,契约对当事人具有法律拘束力;官府亦承认民间私约的法律效力;还可以看出中国古代合同法律思想的成熟与发达。有学者认为,中国古代无论是调解还是判决,民间纠纷凡涉及私约的,都要“调契查验”,以为判断依据,体现了契约“如律令”的法律效力[77]。这些约定与1804年《法国民法典》关于“当事人之间的契约在当事人之间具有法律效力”的规定相比,至少早了1500年。

(二)唐、宋时期的“丝绸之路”

唐代(618~907年)被我国学者黄仁宇先生称为最具有世界主义色彩的朝代[78]。唐初由于失去对西域的控制,陆上丝绸之路“道路梗绝、往来不通”,丝绸之路遂由陆路转向海路。根据隋朝大地理学家裴矩[79]汇集西域44国风土物产所著《西域图记》记载,当时自敦煌到西海的印度洋、波斯湾及地中海,有三条通道:北道从伊吾(今新疆哈密)到东罗马帝国再达地中海;中道从吐鲁番附近经穆国(今乌兹别克斯坦)到波斯(今伊朗),再达波斯湾;南道从新疆鄯善经帕米尔高原至北婆罗门(今印度),以达印度洋。7世纪至10世纪,海上丝绸之路迅速发展起来[80]。当时的海上丝绸之路的主要通道有两条:一条是自登州(今山东蓬莱市),海行入高丽的渤海道;另一条是从广州出航,经越南、马来半岛、苏门答腊等地,至印度、锡兰,再西至大食(今阿拉伯)。据《新唐书》《旧唐书》记载,中国商人的足迹,可寻至安南、东南亚、中亚及非洲。当时的中国尤其与波斯、朝鲜、日本、缅甸各国往来密切[81]。

---

〔73〕参见《周礼·天官·小宰》。西周时期的买卖契约称为“质剂”,“傅别”类似于今日的借贷合同。关于中国古代契约的研究,参见乜小红:《中国古代契约发展简史》,中华书局2017年版。

〔74〕质、剂分别适用于两类不同物品的买卖。“大市以质,小市以剂”。质,是买卖奴隶、牛马所使用的较长的契券;剂,是买卖兵器、珍异之物所使用的较短的契券;质、剂是由官府制作,并在“质人”的监督下进行的重要的买卖交易。

〔75〕参见孔庆明等编著:《中国民法史》,吉林人民出版社1996年版,第148页。

〔76〕此外,已发现的还有《潘延寿买地砖券》写有“有私约者当律令”,《曹仲成买田铅券》上写“知券约,如天帝律令”等。清代杜春生撰、詹波馆刻本《越中金石记》选录了《杨绍买地券》并载明:“《十驾斋养新录》十五云:山阴童二如游洛阳,得此石刻。”著名历史学家范文澜先生点校的《文心雕龙注》将《杨绍买地券》看作中国古券契的典型例证。

〔77〕参见童光政:《明代民事判牍研究》,广西师范大学出版社1999年版,第4页;李显冬:《从〈大清律例〉到〈民国民法典〉的转型——兼论中国古代固有民法的开放性体系》,中国人民公安大学出版社2003年版,第45页。

〔78〕参见黄仁宇:《中国大历史》,生活·读书·新知三联书店2007年版,第118页。

〔79〕裴矩,字弘大,山西闻喜人。初仕北齐、北周。隋炀帝时,被朝廷委派主持与西域及西方各国的贸易和联系。

〔80〕参见钱穆:《中国经济史》,叶龙记录整理,北京联合出版公司2014年版,第225~226页。

〔81〕参见钱穆:《中国经济史》,叶龙记录整理,北京联合出版公司2014年版,第238~239页。

除了喜爱精美的丝绸,中国古代还有宴饮时以茶代酒的习俗[82]。至南朝,饮茶更为盛行。唐代陆羽编著的《茶经》称茶为南方之佳木。唐、宋时期的海上进出口商品的品种明显增多,且不仅仅限于宫廷所用奢侈品。出口商品除了丝绸、瓷器、漆器之外,还有茶、酒、糖、米等;进口商品主要有香药、象犀、珊瑚、琉璃、珠钏、宾铁、鳖皮、玳瑁、车渠、水晶、蕃布、乌樠、苏木等。其中,香药种类繁多,数量甚大,价值也高。但金、银、铜器、铜钱是禁止进出口的。为防"紊中国之法",禁止贸易的还有兵器及可造兵器之物、一部分书籍以及外国货币。

唐代的海外贸易之繁盛,还表现在出现了像广州、泉州、杭州、扬州这样的大贸易港,可与今日之上海、香港媲美。根据历史记载。田神功攻打扬州,被杀死的胡商有数千人。[83]《太平广记》中记载了许多关于波斯人在扬州、长安经商的故事。"唐天宝年间,吐蕃在西北地区生乱,4000 胡客不能归国而滞留长安。朝廷拨款 50 万缗以供给养。后来,由于此 4000 人无一人愿意归国,于是均留华任职兵马使或掌管仪仗侍卫的官员。只剩下十余人仍需依靠中国政府给养。"[84]以上记载可证明当时外国人在华经商及居留之多。

唐代的船分内河船和海洋船,造船材料已多用坚硬耐用的楠木。有官员自造的海洋船从事海上贸易,其所造船舶按载重量大小可分为 1000 料船、2000 料船与 5000 料船[85]。唐太宗时期,唐代大臣阎立德在江西南昌造浮海大船 500 艘,自东海、黄海直上高丽。在四川建造的讨伐高丽的战船长约 33 米、宽约 17 米。此外,还有能远航至红海的商船[86]。唐代还有金属制造的铜船。《岭表录异》记载,"每岁,广州常发铜船,过安南货易,路经调黎深阔处"。由此可见,唐代更为开放,私营经济及对外贸易和海运更为发达、繁盛。

唐初创制的"开元通宝"在中国钱币史上具有重要意义[87]。为了汇兑便利,民间出现了"飞钱"[88](支票)。由于丝绸之路上的一些国家,如大月氏(今阿富汗境内)、安息(今伊朗高原)、大秦(今罗马)、南天竺、扶南等国均重视使用金、银,所以在其与中国的交、广地区(交州、广州即今日的广西、广东)交易时,皆用金、银。《隋书·食货志》记载:"梁初惟京师及三吴、荆、郢、江、湘、梁、益用钱,其余州郡则杂以谷帛交易,交广之域则全以金银为货"。[89]唐代不收商业税,但收船税,称为"舶脚"。唐代设专门的管理机构"市舶司(使)"管理市舶贸易[90]。

当时,外国人在中国的人数甚多,以至于《唐律》中第一次专门就外国人在中国的婚姻、财产继承乃至争议解决的管辖权及适用法律等方面作出规定。根据《唐律》,居住于中国境内的

---

〔82〕 据称,西汉时,中国人已饮茶成风。参见[德]J. E. 利普斯:《事物的起源:简明人类文化史》,汪宁生译,贵州教育出版社 2010 年版,第 119 页注 1。《三国志·吴书·韦曜传》,吴主孙皓"或密赐茶一以当酒"。

〔83〕 参见钱穆:《中国经济史》,叶龙记录整理,北京联合出版公司 2014 年版。田神功(? ~774 年),河北南宫人。唐代大将,参与平定安史之乱有功于国,此后又参与平定淮西节度使李希烈的叛乱,但也纵兵祸乱了富庶的江淮地区。参见《旧唐书·田神功传》。

〔84〕 钱穆:《中国经济史》,叶龙记录整理,北京联合出版公司 2014 年版,第 230 页 。

〔85〕 参见钱穆:《中国经济史》,叶龙记录整理,北京联合出版公司 2014 年版,第 225 页。

〔86〕 李肇的《国史补》及《大唐和尚东征传》所记载的唐代南海广州之巨大商船,阔深数丈者,大抵皆来自师子国、婆罗门、波斯、大食等外国。参见李剑农:《中国古代经济史稿》,武汉大学出版社 2006 年版,第 667 页。

〔87〕 其一,确定了开元通宝法定钱币的意义。即仅认其为货物交换之工具,不复认之为货物。其二,改变了自秦以来的货币权量之单位名称。秦以两之下为铢,24 铢为一两;唐以两之下为钱,10 钱为一两。参见李剑农:《中国古代经济史稿》,武汉大学出版社 2006 年版,第 473 ~ 474 页。

〔88〕 李剑农:《中国古代经济史稿》,武汉大学出版社 2006 年版,第 496 页。

〔89〕 钱穆:《中国经济史》,叶龙记录整理,北京联合出版公司 2014 年版,第 157 页。

〔90〕 参见钱穆:《中国经济史》,叶龙记录整理,北京联合出版公司 2014 年版,第 228 页。

外国人可以娶中国女子为妻,但中国法律不正式承认此女为外国人之妻室,如该外国人返国,不得携同中国女子出境,以免其在外国受欺凌。外国人在中国经商因病去世,其遗产由中国政府代管。逾期三个月未见有遗族领回,则没收之。后因嫌时间太短,法律改为无限期延长,其遗族如能提出可靠之证据,政府可随时发还。《唐律·名例》篇规定,"诸化外人,同类自相犯者,各依本俗法;异类相犯者,以法律论"。《唐律疏议》解释"化外人",指"蕃夷之国,别立君长者",即今日的外国人。当罪刑(争议)涉及外国人时,其处理原则是:如果两个同国籍的外国人之间在中国发生争议,由外国人自己处理;如果不属同一国籍的两个外国人之间或一方为中国人在中国发生争议,则该案由中国人出面按中国法处理,因"各有风俗,制法不同"[91]。用现代的语言解释,即如果争议双方属同一国籍的外国人,在中国发生争议时,适用该双方当事人的本国法(该外国法)解决争议[92]。如果一方是中国人或争议双方是不属同一国籍的外国人,则由中方按照中国法来处理。[93]由此体现出唐代对"化外人"的平等、宽容及对中华法律文明的自信。[94]另外,据《龙筋凤髓判》主客"吐蕃使人请市"条,士子张鷟在没有现存制度规定吐蕃贸易的情况下,结合人情、事理做出"听其市取,实可威于远夷;任以私收,不足损于中国。宜顺其性,无阻蕃情"的判断[95]。

唐代后期,在赵宋统一中国之前,受五代十国群雄割据以及东北辽契丹、西北蒙古女真的压迫影响,中国经济重心南移。宋廷一方面需养重兵以备之,另一方面,经济财政上的规恍,承唐末五代之弊未经改革,国力孱弱,史称"弱宋"。然而,无论在农业、手工业、商业、交通运输业、科技、文化还是在对外贸易方面,宋代都有不俗的表现。此时,农业较前朝有了很大的发展,特别是灌溉工具和棉业的发达[96],出现了农业和机织手工业的分离。宋瓷始有花,且出现了艺术化倾向。有名的"柴窑"所出瓷"青如天,明如镜,薄如纸,声如磬,滋润细媚,有细纹,制精色异,为古来诸窑之冠"[97]。除"柴窑"外,出现了"哥窑""官窑""汝窑""均窑""定窑",合之为宋代的五大名窑。此外,景德镇窑也于此时成名,至明清时期取代五大名窑成为瓷业中心[98]。

---

[91] 钱穆先生称中国唐代就有了"治外法权"。参见钱穆:《中国经济史》,叶龙记录整理,北京联合出版公司2014年版,第230页。

[92] 参见叶孝信主编:《中国法制史(新编本)》,北京大学出版社1996年版,第174页。据齐湘泉教授考证,至少在公元前195年中国就出现了由皇帝颁旨解决法律域内效力和域外效力的冲突。高祖亡,匈奴单于冒顿依据与汉代设定的"昆弟"关系提出按匈奴"兄弟死,皆取其妻妻之"的所谓"收继婚"习俗应适用于高祖遗孀汉太后。适时汉代的儒家思想与其西北方的匈奴、乌孙国的法律与习俗发生冲突。该案第一次提出匈奴习惯法是否在汉代具有域外效力,以及汉代是否承认匈奴习惯法的域外效力问题。为解决这一冲突,武帝、元帝分别颁旨,令"和亲"的汉女从其风俗。

[93] 对于买官卖官者,《唐大诏令》七十二乾苻二年(875年)南郊赦文:自今以后,有入钱买官。纳粮求职,败露之后,言告之初,取与同罪……其钱物等,并令没官,送御史台以赃罚收管。如是波斯蕃人钱,亦准此处分。其柜坊人户,明知事情,不来陈告,所有物业并不纳管,严加惩断,决流边远。

[94] 明万历三十六年(1608年),澳门陷入混乱。香山知县蔡善继平息了骚乱。其事后制定了《制澳十则》,对违法葡萄牙人严厉惩处。葡萄牙人犯罪,可由葡萄牙人自行处置。牵涉华人的,需交中国官员审判。与《唐律疏议》相比,该规定不清楚的是,澳门的葡萄牙人如与一个非葡萄牙人的外国人在澳门犯罪,应当由谁处理。

[95] 参见朱仕金:《唐宋判文演变的法律文化探析》,载朱勇主编:《中华法系》第8卷,法律出版社2016年版,第109页。

[96] 早在汉代、三国时期,棉布已由西北陆路和东南海道输入中国,史称"白叠布"。入宋以后,中国东南闽岭各地种棉渐多。至晚明,棉业已普及全国且能辨别棉种之优劣。参见李剑农:《中国古代经济史稿》,武汉大学出版社2006年版,第590、593、595页。

[97] 《陶录》卷七。

[98] 参见李剑农:《中国古代经济史稿》,武汉大学出版社2006年版,第604、605页。

据孙毓修的《中国雕版源流考》记载，“书籍之有雕版，肇自隋时，行于唐世，扩于五代，精于宋人”。宋庆历中，布衣毕昇发明胶泥活字版〔99〕，不但促进文化发展，也促成书坊业、造纸业、彩帛铺印染业的翻新发达。由于铁（铜）钱携带不便，宋太宗淳化至道年间，出现了始发于民间后由官府发行的纸币“交子”。特别值得一提的是，宋代的海上运输与海上贸易达到了空前繁盛的程度。在航海技术工具与设备方面，磁石指南针的发明和使用，至少早于西欧200年〔100〕。在海船制造方面，宋代以后，出入中国海口的巨大商船，中外皆有之。海上航线，已由交广、闽浙、江淮扩至密州（今青岛）附近。《宋史·食货志》“市舶”条列举的航程有“大食、古逻、阇婆、占城、勃泥、麻逸、三佛齐诸蕃”。宋人赵汝适的《诸蕃志》记载，用瓷器相博易之地，有占城、真腊、三佛齐、单马令、绫牙斯、佛罗里、蓝无里、阇婆、南毗、层拔、勃泥、麻逸、三屿等十余处。其中，南毗即今印度洋西海岸；层拔即桑巴，今非洲海岸。清光绪年间英人曾在此处掘得宋代铜钱，说明宋时之海外航程，已达非洲海岸〔101〕。《宋史·食货志·互市舶法》称“凡大食、古逻、阇婆、占城、勃泥、麻逸、三佛齐著蕃，并通货易。以金银、缗钱、铅锡、杂色帛、瓷器、市香药、犀象、珊瑚、琥珀、珠琲、镔铁、鼊皮、玳瑁、玛瑙、车渠、水精、蕃布、乌樠、苏木等物”。对外贸易出口仍以丝织物与瓷器为主。唐代、宋代的开放与商业经济的发展促进了科技发展，使古代中国的对外交往，包括货物、技术、文化、人员往来都达到鼎盛时期。

钱穆先生认为，中国唐代以前可称为古代社会，宋代之后可称为近代社会。〔102〕南宋的林勋写了一本重要的《本政书》，提出“经济为政治之本”的学说，其经济贸易中的人本思想，比亚当·斯密和马克思都早得多。〔103〕

（三）元、明、清时期的“丝绸之路”

自忽必烈入主中国，规仿汉制，始定国号“元”（1271年至1368年）〔104〕。辽金战乱，桑麻农业受到摧残。蒙古族，作为草原民族，初不知田地之功用，将田地尽变牧场以养牛马。元世祖统一中国后开始“劝农”。颁发《农桑辑要》一书分送全国各地〔105〕，建立“劝农司”，派劝农官到各处指导农业〔106〕。元代的突出成就在于完成了近代中国的地方区划和地方制度，这些制度自唐、宋以来几经变化，至元始得奠基；实现了北方各省之民族，例如契丹、女真民族的同化。

---

〔99〕 参见沈括：《梦溪笔谈》。

〔100〕 欧洲使用磁石指南针始于1303年（中国元成宗大德七年）相传由意大利人初为之，盖由阿拉伯人得之于中国而传入欧西者。而记载此项发明的沈括（《梦溪笔谈》卷二十四《杂志》）和朱彧（《萍洲可谈》）均为北宋人，两人所著两部著作分别成书于1063年（宋仁宗嘉祐八年）和1119年（宋徽宗宣和元年）。参见李剑农：《中国古代经济史稿》，武汉大学出版社2006年版，第664～665页。

〔101〕 参见李剑农：《中国古代经济史稿》，武汉大学出版社2006年版，第669～670页。

〔102〕 参见钱穆：《中国经济史》，叶龙记录整理，北京联合出版公司2014年版，第248页。

〔103〕 钱穆先生认为，唐代杜佑《通典》讲政制，把“食货”放在第一篇，说明中国人看重经济实际上比西方人早。参见钱穆：《中国经济史》，叶龙记录整理，北京联合出版公司2014年版，第255页。

〔104〕 参见《李思纯、吕思勉讲元史》，载王国维等：《国史四十四讲》，北京理工大学出版社2013年版，第165页。

〔105〕 此后有王祯的《农书》和鲁明善的《农桑衣食撮要》，以王祯的《农书》影响最大。

〔106〕 参见钱穆：《中国经济史》，叶龙记录整理，北京联合出版公司2014年版，第257～258页。1313年问世的元代活字本《农书》是由元代地方官王祯所著。王祯（1271～1368年），字伯善，东平（今山东）人。据英国著名历史学家孟席斯考证，达·芬奇所绘《机械图纸》抄袭法兰西斯柯。迪·乔治的《论民用和军用建筑》抄袭马里诺。塔科拉的《论发动机》《论机械》抄袭王祯的《农书》。孟席斯写道，“塔科拉和迪·乔治所‘发明’和画出的轴、轮及曲柄，每一种变化在《农书》里都有图示”，“所描述的每一种类型的动力传输都见于《农书》”。参见孟席斯：《1434：中国点燃意大利文艺复兴之火》，洪山高译，台北，远流出版事业股份有限公司2011年版，第308～310页。

此外,蒙古人的马蹄所及,无意中在东西方文化史上留下重要价值和影响[107]。1229年以后,元人的兵力打通了自唐、宋后期久已断绝的西域交通,丝绸之路再度繁荣。英国学者霍沃尔特(Hetty H. Howorrth)所著《蒙古史》记载:"蒙古西侵,乃将昔日阻塞未通之道途,尽开辟之,而使一切民族种姓,聚首相见。"法国东方史学家莱弥萨(Abel Remusat)总结了蒙古西侵的影响:(1)宗教、文字的传播。叙利亚的聂斯托利派因蒙古西侵而传布中国。1280年,当罗马教皇使者抵中国时,已有聂斯托利派寺院12所。喇嘛教之创兴,实与聂斯托利派有所关联。蒙古的畏兀儿文字,亦由聂斯托利派教徒凭借叙利亚文字有所贡献,以造成蒙古之通用文字。(2)物质、技术方面的交流。蒙古人将中国的罗盘、指南针、火药、木版雕刻之印刷术、纸币、纸牌、算盘传于欧洲;欧洲的火炮也于此时传入中国[108]。此外,中国的农产工艺品、丝、茶、瓷器再次进入欧洲。穆斯林的天文历法知识传入中国。元代所建驿站制度,更使商贩互市,行旅无阻,中西交通,打开了从古未有的局面。马可·波罗(1254~1324年)是中世纪大旅行家[109],他所著的《马可·波罗游记》详细记录了元代中国的政治事件、物产风俗,对西方世界产生过重大的影响,成为治东西方交通史之瑰宝[110]。史家认为,元代之蒙古人,实为变更东亚状况,变更中国状况之原动力,东亚史中,当于此斩然做一断代之区别。盖自此以后,中古之黑云即消散,近代之生活遂开幕[111]。

1405年,明代第三任皇帝明成祖朱棣派郑和第一次下西洋。计有大船62艘,小船225艘,上载军民27,800人。最大的船长440英尺,宽186英尺。次级之船亦有370英尺[112]。至1432年明朝第五个皇帝,30余年间郑和先后7次下西洋,平均每次耗时20个月。这支舰队游弋于印度洋,并派遣分队前往主航线以外的地方:从波斯湾到荷姆兹,非洲海岸之桑给巴尔,红海之入口处亚敦。舰队中有7人还曾去往伊斯兰教圣地麦加。在马六甲海峡,这支舰队曾与海盗作过战;干预过爪哇之内政;因锡兰(今斯里兰卡)企图劫夺郑和船只,擒获锡兰国王,并将其发解南京听讯;劝说数十个国王与酋领向中国进贡。有些国王还亲临中国观光。郑和船舶所载出口产品为绸缎、铜钱、瓷器和樟脑,回程进口商品有香料、珍宝、刀剪、油膏、药料及奇禽异兽。黄仁宇先生在回顾了郑和下西洋的这段辉煌历史后,在其《中国大历史》中无比痛惜地写道:"郑和之后,再无派遣舰队之事。船员被驱散,船只任之搁置废烂,航海图被兵部尚书刘大夏焚毁,致使后来之人且感惊讶也觉愤恨。之后东南沿海遭倭寇来犯,澳门落入葡萄牙人之手,令人切齿。至19世纪,中国无海军可言。1895年中日战争,中国向外购置的铁甲船,也被日本海军或击沉或拖走。"[113]明清以来,中国海洋权益的得而复失令人痛惜。千年的荣耀与百

---

〔107〕 美国人杰克·维泽福弗德曾说:"蒙古人没有取得科技突破,没有建立新的宗教,很少有著作或剧作问世,也没有给世界带来新的农作物或农业方法。他们自己的工匠不能织布、冶炼、制陶,甚至不会烘烤面包。他们不会制瓷做陶,不会绘画,也不会盖房子。然而,当他们的军队征服一个又一个的文明之后,他们收集每一个文明的所有技术,并将它们在各文明间传递。"参见孙钥洋:《蒙古帝国空前绝后四百年》,重庆出版社2012年版,"开篇语"。

〔108〕 参见《李思纯、吕思勉讲元史》,载王国维等:《国史四十四讲》,北京理工大学出版社2014年版,第167~168页。

〔109〕 1275年(元世祖至元十二年),马可波罗从意大利到达中国,1291年(至元二十八年)离开中国。

〔110〕 参见王国维等:《国史四十四讲》,北京理工大学出版社2014年版,第181页。

〔111〕 参见王国维等:《国史四十四讲》,北京理工大学出版社2014年版,第186页。注意此处断代观点与钱穆先生的断代观点不尽相同。按本人理解,前者强调外来因素的影响,后者钱先生更看重新的经济思想的影响。

〔112〕 这样的巨船只见于书刊,不见于实物。1957年考古学家在当时的船厂附近发现船舵竿一桩,经估计,其舵叶之高、宽都应在20英尺以上。参见黄仁宇:《中国大历史》,生活·读书·新知三联书店2007年版,第206~207页。

〔113〕 黄仁宇:《中国大历史》,生活·读书·新知三联书店2007年版,第208页。

年的屈辱成为中国人的永久记忆,百年屈辱更是中国人心中永远的痛。回顾这段历史,有人认为,郑和下西洋纯属土豪炫富,劳民伤财;远不如在他之后的西方探险家、殖民者,通过海外冒险,攻城略地、抢夺资源和财富,为当时的西方资本主义发展捞取了第一桶金。这个对比和评价似乎苛求古人,也有失公平。郑和下西洋是农耕中国通过海上丝绸之路大规模走向世界的一次成功尝试,沿途播撒了中华文明,其影响源远流长。自郑和下西洋后,华人移民海外渐多。近代所谓南洋,华人实际是其主要民族。以长城为证,农耕民族本质淳朴、勤劳善良,若无周遭游牧民族的骚扰,通常不会主动出击,攻伐他人。纵观历史,中华文明持久长存,其魅力不在于攻伐而在于包容、教化与和平。郑和通过七下西洋让世界进一步了解了中国,在历史的长河中留下其光辉的一页。1662 年,我国民族英雄郑成功击败当时号称西方海洋世界的超级强国荷兰,收复了台湾。

明朝的不俗表现还在于出现了一大批星光灿烂的思想家,例如王守仁、李贽、王廷相、顾宪成、吕坤、顾炎武、黄宗羲等。明末,传教士利玛窦在其《利玛窦中国札记》中曾这样赞美中国:“这里物质生产极大丰富,无所不有,糖比欧洲白,布比欧洲精美。人们衣饰华美,风度翩翩,百姓精神愉快,彬彬有礼,谈吐文雅。”

谈到明清时期的丝绸之路,值得一提的还有一段非常重要但常被忽视的茶叶之路。即由晋商开辟且为主体,从福建武夷山北上直抵恰克图(今蒙古境内),然后远销莫斯科及其他欧洲各地的万里茶叶之路[114]。恰克图市场茶叶贸易历时 200 多年,造就了以“晋帮”商人为主、“京津帮”为辅,总人数达 50 余万的旅蒙商贸集团。经由这段从南至北纵贯中国、远达欧洲的“茶叶之路”, 每年数以百万担计的茶叶、瓷器、大黄、丝绸、铁器、棉布、烟酒、糖碱和其他日用百货从中国内地输向莫斯科、欧洲,不但极大地促进了中国茶叶种植业的发展,而且由此带动了交通运输业、造船及航海业的发展。水陆兼程,人担、畜驮、船转、驼运,可谓万里迢迢,“铎声琅琅,远闻数十里”,也带动了中俄边疆地区的开发和沿线城市、村镇的发展。商人之间订立贸易合同的法律术语“麦罕”[115],是由晋商创设的国际商业惯例。某家商行可以提供一个或两个

---

〔114〕 1727 年 11 月 2 日,《中俄恰克图界约》签订。中俄边境的小村恰克图成为亚洲腹地出现的第一座商埠。根据界约第 4 条规定,除两年一次的朝贡贸易外,两国商人可在划定区域内建盖房屋并进行贸易,毋庸取税。根据高春平教授的研究,这段茶叶之路从福建武夷山、湖南安化、湖北羊楼洞出发途径鄱阳湖、汉口,河南赊旗镇、洛阳,穿越太行山,过太原、雁门关,出杀虎口、张家口,北上呼和浩特、乌兰巴托,直抵恰克图,经此交易的茶叶远销莫斯科、欧洲。从 1692 年俄国第一支商队进北京,到 1905 年西伯利亚大铁路通车,恰克图市场繁荣了 200 多年。参见高春平:《晋商与清代中俄恰克图茶叶贸易——纪念伟大的茶叶之路》,载高春平主编:《国外珍藏晋商资料汇编》,商务印书馆 2013 年版。韩毓海称恰克图为中俄共有的自由贸易区。韩毓海认为,正是在恰克图这个地方,一种新的国际关系准则诞生了:敌对关系为主客关系或者“宾客关系”所替代。恰克图使战场变成了商场,不是战争和传教,而是贸易与互市将辽阔的欧亚大陆联系起来。康德曾经高度评价这种“宾客关系说”:这就是达成未来“永久和平”的国际法基础。参见康德:《论永久和平》,载李秋零主编:《康德著作全集第 8 卷:1781 年之后的论文》,中国人民大学出版社 2010 年版,第 363 ~ 366 页;韩毓海:《五百年来谁著史:1500 年以来的中国与世界》(第 3 版),九州出版社 2011 年版,第 158 页。

〔115〕 在山西人开的专门用牛车给人拉货的商行里,中国人按照历来的规矩给其代理人一律是 150 头牛和同样数量的大车,因此一家商行有几个办茶叶的代理人,它就有几个 150 辆的大车。这些代理人出行蒙古时乘坐的车子都有帐篷,亦称“一顶房子”。每顶“房子”里一般住 12 人,负责 150 辆牛车的运输。蒙古人把这些概念混淆起来:蒙语帐篷称为“麦罕”。他们说某某商行来了一个“麦罕”,意思就是说来了一个代理人。这种混淆得到了公认,“麦罕”一词遂成了商业上的术语,连订立合同的法律术语也使用这个词语了。向某商行租一个“麦罕”,即雇 150 辆牛车和 12 个人,将货物从出发地运往目的地。参见高春平主编:《国外珍藏晋商资料汇编》(第 1 辑),商务印书馆 2013 年版,第72 ~ 73 页。

"麦罕",即是说,这家商行能够提供150 辆或300 辆牛车以及12 或24 个人;不仅能保证运送一定数量的茶叶,而且能负责运到目的地并有能力保证这些茶叶完好无损地运到;如果茶叶数量短缺或完全变质,有能力照价赔偿。"麦罕"提供了相当于今天国际贸易术语中"门到门"的服务。

然而,鸦片战争之后,面对西方海盗式资本主义来袭,中国在列强的霸权面前,除了割地赔款,几乎丧失招架之力,这是为什么?有人说是因为西方的坚船利炮,也有人说是因为西方列强控制了中国的金融体系[116],还有人说中国的衰落乃由航海能力的退化所致[117]等。我们不能不承认当时的中国对经过启蒙运动、工业革命洗礼后的西方世界缺乏充分的了解和认识。从法律的角度看,中国的知识分子尚未了解和掌握西方创制的所谓文明国家和那套海盗式的国际法理论的作用以及对世界的影响。当西方运用所谓文明国家的国际法强制要求中国门户开放、强制要求与中国进行所谓平等、自由贸易时,单方面的、没有条约支撑的朝贡体系瓦解,传统的中华法系做不出相应的法理应对。"当变不变"或"当变未变"。随之而来的一系列丧权辱国的不平等条约更使中国的知识分子对中华文明丧失自信,始为全盘接受所谓西方文明的开端。

(四)古代中国"丝绸之路"的影响

纵观以往各朝代,可以说,直至1800 年之前,中国的国力在世界上名列前茅。开放的思想加上强大的物质基础,养育了中华文明之花。中国古代"丝绸之路"证明了在经济全球化过程中,中国从来没有缺席。"丝绸之路"彰显了古代中国为经济全球化运动提供的中国智慧和经验,为早期经济全球化运动做出的贡献。

1. 通过"丝绸之路"进行的中外物资交流。通过上述自秦汉以来,中外客商在丝绸之路上贸易往来的简单描述,可知在当时生产力不发达、运输工具相当简陋的情况下,人迹罕至、路途遥远的大漠以及大海的阻隔没有阻挡中国人走向世界的热情和勇气。随着运输工具的改进,海路、陆路交通得到进一步开拓,中外交流在物质方面极大丰富。乃至今日,我们在世界各国的博物馆、皇家宫殿中,都会发现珍藏着无数通过丝绸之路交流的中国物品。

2. 丝绸之路上的科技、文化交流。据中国科技史记载,南宋时,书籍曾被禁止出口,因为这些书籍代表着当时世界最高科技水平。伴随"丝绸之路"上东西方的物资交流,外来的宗教[118]、中亚文明传入中国;中国的冶金、建筑以及四大发明传入中亚、欧洲。日本京都、奈良的建筑完全复制于中国的长安、洛阳。中国的科举制度、文官制度、政治制度、文化及经济、法律制度对周边国家如日本、朝鲜、越南诸国的影响直至今天[119]。英国历史学家加文·孟西斯写道,郑和的舰队是多国的集合,需要费九牛二虎之力才能确保各舰船的船长们能够了解全体船员以及舰队到访地区的宗教、历史、文化背景资料与风俗习惯。他们拥有这样做的理想工具——《永乐大典》。这支舰队是具有当时世界上一半知识的宝库,他们可以通过知晓17 种外语的口译人

---

〔116〕 参见韩毓海:《五百年来谁著史:1500 年以来的中国与世界》,九州出版社2011 年版,第283、303 页。

〔117〕 参见肖厚国:《培根的新大西岛》,载林国基主编:《帝国春秋》,上海人民出版社2009 年版。

〔118〕 2015 年1 月尼泊尔大法师確吉宁玛说过,因为玄奘法师把印度佛经带到中国并翻译成中文,所以现在中国是佛教的故乡,佛经的权威解释在中国。

〔119〕 关于唐代中国与波斯、朝鲜、日本、缅甸、柬埔寨、斯里兰卡、泰国、越南、巴基斯坦、印度、尼泊尔、印尼、罗马等丝绸之路沿线各国在政制、经济、科技、文化、宗教、中医中药等方面相互交流的盛况,参见钱穆:《中国经济史》,叶龙记录整理,北京联合出版公司2014 年版,第239 ~242 页。

员与外国首领交流。郑和的舰队仿佛是一所海上流动大学，并且这所大学的图书馆所包含的知识和学问是当时任何一所大学所不能企及的。[120]再以敦煌为例，敦煌自古以来就是“丝绸之路”上重要的交通枢纽。汉武帝时，张骞出使西域，敦煌更成为中西文化交流的咽喉之地。从东晋开始，敦煌莫高窟经过北魏、西魏、北周、隋唐、五代、宋、西夏、元诸代相继凿建，成为享誉世界的石窟群。敦煌莫高窟汇集了1600多年以文书、书法、绘画、雕塑、刺绣等形式表现出的中西方在美术、音乐、工艺、科学、舞蹈、宗教、文学、考古、历史、民俗、建筑等诸方面的绚丽成果，其广博的学术价值、深邃的科学价值、惊人的艺术价值和无穷的历史价值[121]令世人惊叹！敦煌莫高窟成为中西方交流史上不可多得的人类瑰宝，是中外科技、文化、思想交流凝固的博物馆。

3. 通过丝绸之路开展的人员交流。自春秋战国以来，古代中国就有“异邦取士”的传统，且无分贵贱。对异邦人士（外国人）并无如现代社会这般内外界限分明。外国人在中国可以务农经商，可以入仕做官[122]。以明代金大车一家的经历为例。金大车（1491～1536年），字子有，号方山。其与其弟金大舆均为明代诗人。先辈是默伽（麦加）人，后居永平（今河北省卢龙），明太祖赐姓金，徙其高祖洵于江宁（今南京），遂为江宁人。父名贤，字士希，号东原，弘治十五年（1502年）进士，任仁和知县，入为兵科给事中，出知大名府，改知延平。金贤“性资颖敏，魁岸闳达，有巨人度”，为官“不亢不随”。改知福建延平府时，他已厌倦仕途，多次表白说“官非我志矣”，遂上疏乞挂冠还乡。晚年，居家著述讲学，与朋旧为乐。嘉靖七年（1528年），大礼成推恩进亚中大夫。年七十一卒于家。金大车一家的经历说明：①丝绸之路不但便利中外物资、文化的交流，而且促进了中外人员、思想的交流。②早在明朝之前，外国人在中国安家落户，融入中国社会且入仕为官已成常态。③中华文明的魅力在于教化而非征服[123]。

4. 法律的影响。伟大人物的诞生，必然产生伟大的智慧。《周礼》可视为当时的基本法。商鞅入秦变法，将《法经》改编为《秦律》，以“律”字取代“法”字，突出强调法律的普遍适用性、稳定性、必行性，指出法律是稳定而普遍的规则[124]。据东汉许慎《说文解字》，中国古代的“法”有两形：一为“灋”。“灋”中的“廌”即善于裁判的独角神兽，“去”即作为裁判证据的弓矢[125]。二为“佱”。“佱”由上下两部分组成，上面的二即“仁”字的古形。下面的“止”有两义，即

[120] 《永乐大典》这本大部头的百科全书共计3.7亿多字，是明成祖朱棣留给人类的伟大遗产。全书共11,095册，摆开的话，可占皇家旗舰甲板的1/3。《永乐大典》里记述了如何建造迫击炮、火箭筒、大炮、火箭驱动装置、喷火器以及制作各种各样的火药炸弹的方法。这本大部头的百科全书是大量信息的一个集合，旨在把中国几千年来在各个领域里取得的知识成果汇集到一起。参见[英]加文·孟席斯：《1434：一支庞大的中国舰队抵达意大利并点燃文艺复兴之火》，宋丽萍、杨立新译，人民文学出版社2012年版，第15～19页；诸玄识：《虚构的西方文明史——古今西方“复制中国”考论》，山西人民出版社2017年版，第24～25页。

[121] 参见龚良主编：《中国考古大发现》，山东画报出版社1999年版，第332～333页。

[122] 李斯的《谏逐客书》记载，“昔穆公求士，西取由余于戎，东得百里奚于宛，迎蹇叔于卫，求豹丕公孙枝于晋”。据称唐代“安史之乱”的发动者安禄山是西亚的粟特人。

[123] “明王创业，必先华夏而后夷狄，广绪德化，不事遐荒。”参见吴兢编著：《贞观政要》，岳麓书社2000年版，第299页。孔子：《论语·季氏》：远人不服，则修文德以来之，既来之，则安之。朱熹注：《四书集注·论语季氏第十六》，凤凰出版社2005年版；王小红、何新华：《天下体系：一种建构世界秩序的中国经验》，光明日报出版社2014年版，第9页。

[124] 参见叶孝信主编：《中国法制史（新编本）》，北京大学出版社1996年版，第44～45页。从此以后，中国古代的法典都以“律”为名。许慎，字叔重，东汉时期汝南郡召陵县（今属河南省漯河市召陵区）人，东汉时期著名的经学家、文字学家。

[125] 参见武树臣：《寻找最初的“法”——对古“法”字形成过程的法文化考察》，载《学习与探索》1997年第1期。

一为履行,二为停止。也就是表示适可而履,行有所止。[126] “灋”是社会通用的通过裁判而宣示的一种行为规范,“佥”是血缘内部适用的靠自我约束和舆论调整的行为规范。古代的“佥”字是中国古代法所内含的伦理精神的一个古老记号。[127] 两晋时,纳礼入律,《晋律》成为我国古代社会第一部儒家化的法典,在中国法制史上具有重要地位,自此对中华法系的形成产生重要影响。唐代的法律形式承用隋代的法律形式(分为律、令、格、式四种)。唐律不但直接对其后世五代、宋、元、明、清的立法产生深远影响,而且对 17 世纪、18 世纪德国的启蒙运动[128],对邻国如日本、高丽、越南、琉球和西域的古代法典产生影响[129]。

值得注意的是,中国古代“诸法并存、民刑有分”,且通过“狱”“讼”对刑事诉讼和民事诉讼加以区别,以财货相告为“讼”。中国古代民事争议的对象,大都是民间的田土、钱财以及户婚、继承上的纠纷。在重视公权益的专制主义国家的统治者眼里,此类纠纷一般不会引起社会的动荡与国家的危亡,也不会威胁人身与生命的安全,因此被视为“细故”或“细事”,实行一审终审制,且经常以调处替代审理,调处不决才允许进行诉讼。[130] 例如,清朝对民事案件实行“州县自理原则”,习惯上将民事案件称为“州县自理案件”,限定于事犯当地告理。州县官受理案件以后,根据案情可批令亲族、绅 、邻右去调处,力求息讼于法庭之外。事实上,由州县官当堂审理结案的比重是很小的[131]。息讼、止讼不是惧讼或不许讼,而是强调协商、谈判解决争议。“讼”不是目的,而是手段,其目的是高效、迅速解决问题。这一思想的精妙之处在于透彻地解悟人性,向现代人展示了集情、理、法于一身,礼法结合的中华法系的博大精深。其思想精髓至今仍具有深刻的启发意义。

(五)综述

自汉代以来,大一统的儒家政治学说、大一统的中央集权[132],使古代中国“丝绸之路”延续成为可能,而礼法结合的法律制度为“丝绸之路”延续提供了秩序保证。以“丝绸之路”为中心的对外贸易自古以来就承载着多项功能。贸易不但促进不同地域的人们在需求方面的互通有无,同时贸易作为一种手段也被用来实现一定的政治目的。中国延续 2000 多年的朝贡制度,

---

[126] 参见武树臣:《仁·太极图·佥(法)——中国古代法哲学探源》,载《法学杂志》2015 年第 9 期。

[127] 参见武树臣:《仁·太极图·佥(法)——中国古代法哲学探源》,载《法学杂志》2015 年第 9 期。在对中国法的研究中,人们更多注意到“灋”而忽视了“佥”,实际上特别在古代涉及钱债细物的处理方面,“佥”起着更为重要的“润物细无声”的作用。

[128] 台湾政治大学陈惠馨教授通过比较《唐律》与 1751 年巴伐利亚刑法典的类似性,分析传统中国法思想与法制度对德国启蒙运动产生的影响。其指出,现代德国的学者或一般人已经不再记得或不愿再提起中国传统社会的文化与制度曾经如何协助欧洲逃脱宗教改革所带来的近百年战争以及政治四分五裂的局面,使他们得以走向新时代。参见陈惠馨:《〈唐律〉与 1751 年巴伐利亚刑法典——反思全球化观点下法律交流与继受模式》,载朱勇主编:《中华法系》第 8 卷,法律出版社 2016 年版,第 16 ~ 23 页。苏州大学文学院教授、博士生导师方汉文、徐文在《美国爱默生超验主义对中国儒学人文思想的阐释与再建》一文中,指出 1900 年美国超过英国,成为世界第二大经济体。此前,美国从中国的儒家思想中获得灵感,寻找依据,构建自己的超验主义思想体系,出现了第一次思想解放运动。参见方汉文、徐文:《美国爱默生超验主义对中国儒学人文思想的阐释与再建》,载百度学术,https://xueshu. baidu. com/usercenter/paper/show? paperid = cf258f35e3e9ab77b0ab2f12b3e59d71&site = xueshu_se. (2014 - 01 - 09) [2020 - 06 - 02]。

[129] 参见叶孝信主编:《中国法制史(新编本)》,北京大学出版社 1996 年版,第 162 页。

[130] 参见张晋藩:《再论中华法系的若干问题》,载《中国政法大学学报》1984 年第 2 期。

[131] 参见张晋藩:《中国古代民事诉讼制度通论》,载《法制与社会发展》1996 年第 3 期。

[132] 正如黄仁宇先生所言,中国所达到的统一与高度的中央集权,并不是源于政治史学家们的想象,而是由环境造成的。地理是压倒一切的因素。参见黄仁宇:《现代中国的历程》,中华书局 2011 年版,第 2 页。

实际上与丝绸之路的兴绝密不可分。随着西方(不平等)条约体系进入中国,朝贡制度被瓦解,丝绸之路完结。[133] 概括起来:

1. 与15世纪西方殖民者血腥的所谓“地理大发现”不同,古代中国通过“丝绸之路”进行的中西方交流是一种范围广泛、内容丰富的和平交流。《中庸》谓:车同轨、书同文、行同伦。其顺应了古代中国普通人的要求。即“万民耕织,射猎衣食,父子毋离,臣主相安,俱无暴虐”。领土的扩张不是来自攻城略地,而是出于教化,遐迩一体,中外提福。“天下一家”的博大精深,涵盖一切的胸襟,乃是中华民族的特色[134],是中国人向往的理想国。

2. 丝绸之路虽然曾因战争等因素发生过几次中断,但仍延续2000多年,其证明如果古代中国的政治制度、经济发展、科技水平、文化和军事力量不能达到时代领先,则不可能源源不断地提供和满足丝绸之路各国对商品、科技、文化交流的需要,不能保证丝绸之路的可延续和畅通。

3. 依据“溥天之下,莫非王土;率土之滨,莫非王臣”的理念,中国古代的“礼”既是当时的国内法,也是“国际法”[135]。基于中华法系对于“灋”“佥”的区分,调整经济关系的法律规范主要是佥,包括习惯法(乡规民约,族规、行规、商人的习惯做法等),特别是双方当事人自愿达成的合同(契约),是解决民商事争议的重要依据。调解、仲裁是解决争议的主要手段,并在长期处理涉及外国人的民商事争议中形成了自己的判例制度和冲突法规范。鸦片战争以后,在英、俄、日等国家的压力下,中国不得不进入陌生的世界条约体系当中,不得不学着用从西方收到的概念来转述和表达我们自古沿袭的诉求,重整清王朝之后破碎的山河,期望仿照西方体制实现民族国家的建设。我国学者吴于廑先生在谈到中国历史时曾说过,“也正是在这种无奈的权力关系格局下,中国的国家建设进程也就是重塑民族、创制人民的过程”。由于受资料及研究水平所限,本教材涉及中国古代丝绸之路的法律实践还未得到充分的发掘、梳理和研究。但现有的资料足以展示中华法系和中华文化的博大精深。“温故而知新。”回顾历史不是要媚古、返古,而是通过梳理历史,知道我们从哪里来,要到哪里去。清楚我们的传统与国情,增强我们的文化自信。中华民族的复兴要以中国的优秀文化传统为基础;文脉是中华民族存在的基础;文脉断了,中华文明也就不存在了。继承中华文明的优良传统,吸收人类一切优秀的文化遗产,对变化中的现实及时做出新的回应是这一代中国知识分子的使命。

二、21世纪的中国“一带一路”倡议

(一)中国“一带一路”倡议的提出

经济全球化特别是“二战”后的经济全球化运动在加速各国经济相互融合、相互依赖的同

---

[133] 理论上丝绸之路与朝贡制度完全是两码事,实践中,朝贡之路凭借丝绸之路之畅通。丝绸之路之续绝,大多起于战乱;而朝贡制度之存续,则取决于王朝之继存。理论上,朝贡制度最终随清王朝被推翻而终止;实践中,清王朝与列强签订的一系列割地赔款的不平等条约即标志着朝贡制度的名存实亡。至于清王朝被推翻后,还有小国来朝贡,大概是由于路途遥远或环境闭塞、信息不畅的缘故。

[134] 参见李源澄:《汉代大一统政治下之政治学说》,载王国维等:《国史四十四讲》,北京理工大学出版社2014年版,第54页。

[135] 美国人丁韪良博士(Dr. W. Ap. Martin)认为,考中国古史春秋列国交际之道,一秉乎礼,即当时的公法。参见[美]丁韪良:《中国古代万国公法》,光绪八年,中国同文馆副教习汪凤藻译。陈顾远进一步列述当时国际法的内容为:①礼(国际规律);②信(国际道德);③敬(国际仪貌);④义(国际公理)。参见陈顾远:《中国国际法溯源》,台北,台湾商务印书馆1972年版,第916页;刘达人、袁国钦:《国际法发达史》,河南人民出版社2016年版,第23~24页。书中刘、袁二人对“礼、信、敬、义”进行了论证。

时,产生了不可忽视的负面影响。21 世纪的"全球化世界"是不是比 20 年前更好呢?人们普遍认为,由"资本主义世界体系"的全球化制造出来的国际社会具有以下特征:财富进一步集中、不平等现象加剧、对劳动者过度剥削、工薪阶层购买力丧失、食品和基本生活消费品价格上涨、就业率低迷、自然条件恶化、人们之间存在更为严重的相互排斥现象,乃至战争等。特别是自 2008 年以来由美国的次贷危机导致的全球性经济危机,使贸易保护主义盛行,整个世界经济陷入困境。在这个大变动的世界面前,各国都在思考并选择采取什么措施以"消解经济全球化的负面影响,让它更好惠及每个国家、每个民族"[136]。黄仁宇先生认为,对于中国来说,"中国问题的解决方案更可能要从传统主旨的调整中去寻找,而不是去模仿外面的世界"[137]。

2013 年 9 月和 10 月,中国国家主席习近平分别提出建设"新丝绸之路经济带""21 世纪海上丝绸之路"(简称"一带一路")的合作倡议,倡导相关各国共同打造互利共赢的"利益共同体"和共同发展繁荣的"命运共同体"。这一融通古今、连接中外、赋予古老丝绸之路以崭新时代内涵的构想,顺应了 21 世纪和平、发展、合作、共赢的时代潮流,立即得到了丝绸之路沿途各国的积极响应。"构建人类命运共同体"的思想迅速在全球范围形成新的全球共识,并于 2017 年 2 月写入联合国决议之中。为变革中的全球治理模式、构建中的全球公平正义的新秩序提供了中国方案与中国智慧。

"一带一路"是世界上跨度最长的经济大走廊。其发端于中国,贯通中亚、东南亚、南亚、西亚乃至欧洲部分区域。东连亚太经济圈,西接欧洲经济圈,是世界上最具发展潜力的经济带。"一带一路" 沿线 60 多个国家大多是新兴经济体和发展中国家,总人口约 44 亿人,经济总量约 21 万亿美元,分别约占全球的 63% 和 29%。无论是从发展经济、改善民生,应对金融危机的角度看,还是从转型经济体需要加快经济转型升级的角度看,"一带一路"倡议提出后,使沿线各国的前途命运,从未像今天这样休戚与共、紧密相连。"一带一路"不是一个实体,而是一个开放包容的经济合作倡议。不限国别范围,凡有意愿的国家和经济体均可参与并成为"一带一路"的支持者、建设者和受益者。"一带一路"构想意味着中国将形成全方位开放的格局,在平等的文化认同框架下与各国开展合作,重现和平、交流、理解、包容、合作、共赢的"丝绸之路"精神。对未来国际经济秩序以及新的国际经济规则的构建必将产生影响。

(二)"一带一路"倡议的主要内容

2015 年 3 月 28 日,中华人民共和国国家发展和改革委员会、中华人民共和国外交部、中华人民共和国商务部联合发布了《推动共建丝绸之路经济带和 21 世纪海上丝绸之路的愿景与行动》,明确了中国"一带一路"倡议的宗旨、目的、共建原则、框架、合作重点、合作机制和措施等。

1. 宗旨和目的。上述文件的宗旨是秉持和平合作、开放包容、互学互鉴、互利共赢的理念,全方位推进沿线各国的务实合作,打造政治互信、经济融合、文化包容的利益共同体、命运共同体和责任共同体。共建"一带一路"的目的是致力于亚欧非大陆及附近海洋的互联互通,建立和加强沿线各国互联互通伙伴关系,构建全方位、多层次、复合型的互联互通网络,实现沿线各国多元、自主、平衡、可持续的发展。"一带一路"的互联互通项目将推动沿线各国发展战略的对接与耦合,发掘区域内市场的潜力,促进投资和消费,创造需求和就业,增进沿线

---

[136] 2017 年 1 月 17 日,中国国家主席习近平在瑞士达沃斯国际会议中心出席世界经济论坛 2017 年年会开幕式,并发表题为《共担时代责任 共促全球发展》的主旨演讲。

[137] 黄仁宇:《现代中国的历程》,中华书局 2011 年版,第 25 页。

各国人民的人文交流与文明互鉴，让各国人民相逢相知、互信互敬，共享和谐、安宁、富裕的生活。

2. 共建原则。上述文件提出了沿线各国共同遵守的五项共建原则，即（1）和平共处五项原则。恪守《联合国宪章》的宗旨和原则，尊重各国主权和领土完整、互不侵犯、互不干涉内政、和平共处、平等互利。（2）开放合作原则。"一带一路"相关的国家基于但不限于古代丝绸之路的范围，各国和国际、地区组织均可参与，让共建成果惠及更广泛的区域。（3）和谐包容原则。倡导文明宽容，尊重各国发展道路和模式的选择，加强不同文明之间的对话，求同存异、兼容并蓄、和平共处、共生共荣。（4）市场运作原则。遵循市场规律和国际通行规则，充分发挥市场在资源配置中的决定性作用和各类企业的主体作用，同时发挥好政府的作用。（5）互利共赢原则。兼顾各方利益和关切，寻求利益契合点和合作最大公约数，体现各方智慧和创意，各施所长，各尽所能，把各方优势和潜力充分发挥出来。

3. 合作重点与合作机制。沿线各国资源禀赋各异，经济互补性较强，彼此合作潜力和空间很大。上述文件提出各国的合作重点是：政策沟通、设施联通、贸易畅通、资金融通、民心相通。其合作机制是，积极利用现有双多边合作机制，推动"一带一路"建设，促进区域合作蓬勃发展。例如，充分发挥中国—东盟"10+1"、亚太经合组织、上海合作组织（SCO）、亚欧会议（ASEM）、亚洲合作对话（ACD）、亚信会议（CICA）、中阿合作论坛、中国—海合会战略对话、大湄公河次区域经济合作（GMS）、中亚区域经济合作（CAREC）等现有多边合作机制作用，相关国家加强沟通，让更多国家和地区参与"一带一路"建设。

2016年8月17日，在推进"一带一路"建设工作座谈会上，习近平主席就推进"一带一路"建设进一步提出八项要求：一是要切实推进思想统一，坚持各国共商、共建、共享，遵循平等、追求互利，牢牢把握重点方向，聚焦重点地区、重点国家、重点项目，抓住发展这个最大公约数，不仅造福中国人民，更造福沿线各国人民。中国欢迎各方搭乘中国发展的快车、便车，欢迎世界各国和国际组织参与到合作中来。二是要切实推进规划落实，周密组织，精准发力，进一步研究出台推进"一带一路"建设的具体政策措施，创新运用方式，完善配套服务，重点支持基础设施互联互通、能源资源开发利用、经贸产业合作区建设、产业核心技术研发支撑等战略性优先项目。三是要切实推进统筹协调，坚持陆海统筹，坚持内外统筹，加强政企统筹，鼓励国内企业到沿线国家投资经营，也欢迎沿线国家企业到我国投资兴业，加强"一带一路"建设同京津冀协同发展、长江经济带发展等国家战略的对接，同西部开发、东北振兴、中部崛起、东部率先发展、沿边开发开放的结合，带动形成全方位开放、东中西部联动发展的局面。四是要切实推进关键项目落地，以基础设施互联互通、产能合作、经贸产业合作区为抓手，实施好一批示范性项目，多搞一点早期收获，让有关国家不断有实实在在的获得感。五是要切实推进金融创新，创新国际化的融资模式，深化金融领域合作，打造多层次金融平台，建立服务"一带一路"建设长期、稳定、可持续、风险可控的金融保障体系。六是要切实推进民心相通，弘扬丝路精神，推进文明交流互鉴，重视人文合作。七是要切实推进舆论宣传，积极宣传"一带一路"建设的实实在在成果，加强"一带一路"建设学术研究、理论支撑、话语体系建设。八是要切实推进安全保障，完善安全风险评估、监测预警、应急处置，建立健全工作机制，细化工作方案，确保有关部署和举措落实到每个部门、每个项目执行单位和企业。

（三）"一带一路"倡议的创新

归纳起来，中国"一带一路"倡议有以下几方面的创新：

1. 提出沿线各国是互利共赢的命运共同体。通过相关国家之间的双边或多边协定、国家与(或)相关企业之间的合同以及项目与相关民生的重大联系,将相关国家的政府、企业与民生打造成互利共赢的“利益共同体”、“命运共同体”和“责任共同体”。这是习近平主席提出的“构建人类命运共同体”的具体落实和体现。众所周知,“一带一路”倡议沿线国家多为发展中国家,涉及国计民生的基础设施相对落后。他们要改变落后面貌,提高人民生活质量和水平,却缺乏必要的资金、技术、设备、人力资源和经验等。“一带一路”倡议鼓励中国企业“走出去”,竞争相关国家的基础设施建设,以基础设施建设带动贸易、投资等其他领域的增长。这些基础设施建设项目贴近沿线国家民生的需要,并为中国改革开放40多年来积累的资金、技术、生产能力、经验、网络平台提供更为广阔的市场,可以说中国的“一带一路”倡议与沿线发展中国家的需求一拍即合,是接地气、通民心、互利共赢的设想。这些基础设施项目,无论是在水力、电力、通信网络、港口、码头、公路、铁路、桥梁、矿山建设还是在一般民居建筑等方面都与相关国家的重要民生或与国家重大利益紧密相连,无论对相关国家还是对企业、对民生,这些项目都只能成功,不能失败。因此,必需双方政府参与,以提供保障。在“构建人类命运共同体”的前提下,《推动共建丝绸之路经济带和21世纪海上丝绸之路的愿景与行动》提出“共商、共建、共享”原则,将国际经济法通常倡导的“公平互利原则”又极大地向前推进了一步。与传统的合同双方契约自由、互利双赢原则不同,由于这些基础设施建设涉及范围广、需要的资金多、周期长、风险大,因此,这些基础设施项目的命运不仅是契约双方的互利共赢问题,而且是与相关国家、企业与民生三者之间结成“利益共同体”、“命运共同体”和“责任共同体”,是“一荣俱荣,一损俱损”、合作共赢的问题。2017年2月,“构建人类命运共同体”写入联合国决议之中〔138〕。“构建人类命运共同体”,是习近平主席提出的“中国方案”,是解决当今世界各种难题、消弭全球各种乱象的“中国钥匙”。“合作共赢的命运共同体”既是中国对美好世界的向往和追求,也是中国对世界未来的信念和责任。

2. 实行知行合一、多元、宽容的最大诚信原则。共商、共建、共享、合作共赢的“命运共同体”一定是以知行合一、多元、宽容的最大诚信为基础的。中国自古以来是礼仪之邦,重视“言必行,行必果”,“知行合一”,多元、宽容是中国人做事的原则。没有规矩无以成方圆。无论是习惯法还是成文法,无论是国内法还是国际协定,都要求沿线各国与人民按规则办事。1000多年前,中国古代晋人的“民有私约如律令”将私人之间的约定视为律令加以遵守并接受惩罚。现代“条约必须遵守原则”要求国家之间必须遵守约定。国家不能动辄以政府的更迭、国家领导人的变更否认政府间协定或(与)相关合同的效力;企业要尊重当地国家的法律与风俗习惯,爱护当地的环境与生态,尊重劳工权益,承担社会责任,不能轻易以普通商业风险为理由拒绝合同的履行。“走出去”的中国企业更需要通过不断创新,自觉维护和加强本企业的品牌意识、专利意识与标准化体系的建设,在为沿线各国人民提供优质产品和服务的同时播撒中华民族的优秀传统文化。从信守规则的角度看,“一带一路”的相关沿线国家既然已经结成了权、责、利统一的“利益共同体”、“命运共同体”和“责任共同体”,必然相互之间信守“己所不欲,勿施于人”以及“己欲利而利人,己欲达而达人”的“最大诚信原则”。“己所不欲,勿施于人”是消极意义上的诚信;“己欲利而利人,己欲达而达人”则是积极意义上的诚信,即人们不仅相互不伤

---

〔138〕 2017年10月,中国将“构建人类命运共同体”写入中国共产党党章,成为新时代中国特色社会主义思想的重要内容。2018年3月11日,中国修改宪法部分内容,增加“推动构建人类命运共同体”的表述。

害,而且主动帮助、配合他人。所以,“多元、宽容的最大诚信原则”实质包含两方面含义:一是意味着相关各国之间的最大诚信及其(与)企业之间的最大诚信;二是意味着发生争议时,相关当事方尽量采用协商、谈判或灵活的 ADR 方式解决争议。争议的解决要兼顾相关国家、企业与民生的利益,公平、高效地解决问题。

毫无疑问,“一带一路”倡议实际操作中出现的问题,无论就其规模、性质还是复杂程度来说,都可能是前所未有的;如何解决这些问题,不会有现成的答案、现成的模式可以遵循。然而,正如黄仁宇先生所言,一旦中国找到了解决其自身问题的方案,中国经验对于世界上其他国家而言将是无价的。

(四)“一带一路”倡议与国际经济法

与古代中国的“丝绸之路”相比,21 世纪中国提出“一带一路”倡议时,世界已发生了天翻地覆的变化。如今,整个世界已全面进入了信息化、网络化、智能化时代;中国也已不再是一个封闭、落后的农耕国家。但是,全球频繁发生的经济危机、恶劣的气候变化、猝不及防的全球瘟疫[139],乃至不时发生的局部内乱和战争,时时在提醒我们这个世界并不太平,和平发展终究还是包括中国在内的发展中国家的一个理想或愿望。由此可知,中国“一带一路”倡议的推进,新规则、新秩序的创建不会是一帆风顺的。一切仍将有赖于中国人民与沿线各国人民的智慧与才能,继续发扬古代中国“丝绸之路”的精神,勇于探索、共同努力和持续不断的实践。悲观的观点、无所作为的观点,都是与“丝绸之路”的精神格格不入的。

目前,已经有 100 多个国家和国际组织参与“一带一路”建设[140]。以亚投行、“丝路基金”等为代表的金融机构[141]正在为“一带一路”倡议的实施提供金融支持和保障。连接《关于铁路货物运输的国际公约》和《国际铁路货物联运协定》的国际铁路运输协定指导手册,联合国《国际公路运输公约》和世界贸易组织《贸易便利化协定》(Trade Facilitation Agreement, TFA)为“一带一路”沿线的铁路、公路运输提供了便利化条件。就“一带一路倡议”的法律框架而言,目前除了沿线国家现有的相关国内法之外,还有沿线相关国家之间在投资、贸易、金融、税收等领域签订的大量双边、多边协定和区域多边协定,以及大量的国际商业惯例。各国国内法与相关国际协定、国际商业惯例之间的冲突与协调,相关国际协定之间以及国际协定与国际商业惯例之间的冲突与协调,还需要沿线国家相互之间在实践中不断磨合和通力合作。就中国而言,目前中国已同 40 多个沿线国家签署了共建“一带一路”合作协议,同 20 多个国家开展了产能合作。若干有影响力的标志性项目已经逐步落实。“一带一路”建设从无到有、由点及面,进度和成果都超出了人们的预期。为了实现“一带一路”倡议的目标,在国际经济法领域中,全面开展对“丝绸之路”历史经验的挖掘、梳理、研究并加以现代解读,为 21 世纪“一带一路”建设提供有意义的历史借鉴,将是一件十分必要而有意义的工作。“古为今用、洋为中用”,两者结合,才能产生创新的成果。

---

[139] 新型冠状病毒疫情,已波及世界绝大多数的国家和地区。据统计,截至 2022 年 1 月 7 日,全球累计病例 3 亿多例;累计死亡超 500 多万例。造成的经济损失不可计量。各国采取的封城、封国措施正在使经济全球化进程受阻;更为可悲的是,它不但拉开了人与人之间的距离,更使国家之间的相互信任受到严重销蚀。

[140] 截至 2021 年 7 月,已与 140 个国家和 32 个国际组织签署 206 份合作协议。

[141] 2014 年 7 月 15 日,金砖国家领导人在巴西召开第 6 届领导人峰会。中国、俄罗斯、印度、巴西和南非签署并发表了《福塔莱萨宣言》,成立了金砖国家开发银行和应急基金。这是第二次世界大战后,发展中国家在经济、金融游戏规则上向发达国家经济体系——布雷顿森林体系的挑战,是以金砖国家为首的发展中国家构建自己新体系的尝试。

2017年1月,习近平主席在达沃斯讲话中指出,"'一带一路'倡议来自中国,但成效惠及世界"。不管未来这个世界会出现多少障碍和风险,2000多年来中国人民和世界人民摆脱贫困以及向往富裕、和平生活的愿望并没有发生改变。合作共赢的"利益共同体"和共同发展繁荣的"命运共同体"将使"一带一路"沿线的各国人民坚信21世纪中国"一带一路"倡议的美好愿景一定能够实现。全球治理中包括中国在内的广大发展中国家在"一带一路"的实践,必将极大丰富国际经济法规则的宝库,并为维护在多元文明基础上建立良好的、可持续发展的国际经济秩序做出贡献。

第五节 国际经济法的体系与研究方法

一、国际经济法的体系

国际经济法是"二战"后新兴的独立的法律部门。它不再恪守传统的公法与私法、国际法与国内法的界限,而是按照国际经济关系发展的客观需要而形成的一个既包括公法规范,又包括私法规范;既包括国内法规范,又包括国际法规范的一个综合的法律体系。它以研究客观存在的跨国经济关系中的法律问题为对象,着重研究国际法规范与国内法规范两者之间的相互关系。

二、国际经济法的研究方法

(一)多侧面、全方位的综合研究方法

国际经济法主体的多样性和法律关系的复杂性决定了其适用法律的多样性。因此,对于某一法律关系不但要研究本国法,还要研究交易对方以及有关各方国家的法律,研究与之有关的国际公约和国际惯例;不但要研究有关调整私人交易关系的法律,还要研究国家有关管理与控制经济方面的法律。此外,纵向厘清和研究相关国家法律的历史发展脉络,察古知今、洋为中用,对于全面掌握、深刻理解"一带一路"倡议沿线国家的法律与实践,创建能为各国认同的经贸统一规则具有特别重要的现实意义。

(二)比较的方法

比较的方法是在多侧面、全方位研究的基础上进行的。它是世界多元化的政治、经济、法律、文化制度的反映。在遵守联合国宪章的前提下,和平与发展是世界各国的宗旨和共同目标。各国的政治、经济、法律、文化制度存在的差异应当得到尊重。应当看到,这些差异是各国、各民族在各自历史发展过程中形成的,是人类文化遗产的宝贵财富。同时也应当看到,人类为寻求共同语言和共同的行为准则已经作出的巨大努力。因此,在求大同存小异的过程中,比较各国法律之异同,辨析差异,才能互相尊重各自的差异,而不是消灭这种差异,或是强迫其他国家、其他民族服从少数强国的意志和标准。只有这样,才能建立一个法治的国际大家庭正常的经济秩序。

(三)法学的研究方法和经济学的研究方法相结合

国际经济法是在跨国经济关系的基础上产生的,因此,研究国际经济法就不能只停留在法律条文上,而要研究产生这种法律关系的各国乃至世界的经济背景。为此,法学家要懂得经济，学会用经济学的研究方法研究法律问题，如研究反托拉斯法、反倾销法、外汇管理法、外贸管理法、金融法、投资法等。经济学家设计出的经济模式并非完全适用于现实的市场模式，但可以用其表明法律的内在合理性，并帮助法学研究从中归纳出有效的、可适用的原则。曲线、数字、图表、公式等可以用于对法学现象进行研究、作量化处理，从对量的分析中得出说明本质的结论。经济学家对经济现象研究中的形象性、准确性、预见性和警示性如能在经济法学的研究中得到充分运用和发展，将使抽象的、呆板晦涩的、静态的法律条文以及法律现象的解释和说明也具有形象性、准确性、预见性和警示性。这样，作为上层建筑的法律才能真正发挥对经济发展的保护、促进和规范作用。

本章思考题

1. 试述经济全球化对国际经济法的影响。
2. 试述国际经济法的概念和特征。
3. 试述国际经济法的渊源。
4. 国际经济法的主体有哪些？
5. 试述跨国公司的法律制度。
6. 国际经济法的基本原则有哪些？
7. 试述国际经济法的体系。
8. 通过“丝绸之路”理解中国对经济全球化的贡献。
9. “一带一路”倡议的实施对国际经济法的影响。

拓展阅读

1.《各国经济权利和义务宪章》。
2.《跨国公司行动守则(草案)》。

第二章 国际货物买卖法

本章导读

国际贸易法是国际经济法的重要组成部分。传统国际贸易法主要调整国际货物买卖以及与买卖有关的国际货物运输、国际货物运输保险与国际贸易支付的法律与制度。第二次世界大战后,《关税与贸易总协定》协调统一了各国管理贸易的关税制度与非关税制度。世界贸易组织的成立进一步扩大了国际贸易法的调整范围,使其成为包括货物贸易法、技术贸易法和服务贸易法的庞大体系。概括起来,国际贸易法由国际货物买卖法和政府管理贸易的法律制度两部分,即有关国际货物买卖的私法部分和公法部分组成。本教材第二章至第七章均介绍国际贸易法的内容。本章国际货物买卖法是国际贸易法的私法部分。其包括国际货物买卖合同及其有关的国际公约与国际贸易惯例。重点要求学生掌握合同的订立、买卖双方的权利义务、风险与所有权的转移、违约救济、公约的调整范围、主要贸易术语的内容、电子商务涉及的法律问题。

第一节 国际货物买卖法律规范概述

一、有关国际货物买卖的各国国内立法

在资本主义各国,无论是大陆法系还是英美法系国家,调整货物买卖的法律只有一套,既适用于国内货物买卖,也适用于国际货物买卖。作为一种商行为,就买卖货物而订立的合同特指在商人之间订立的货物买卖合同。根据《美国统一商法典》(Uniform Commercial Code),所谓商人,是指从事某类货物交易业务或因职业关系或以其他方式表明其对交易所涉及的货物或做法具有专门知识或技能的人。

在大陆法系民商合一的国家,买卖法通常是作为民法典的一部分在债篇中加以规定,如《瑞士债务法典》《意大利民法典》《土耳其民法典》《泰国民法典》等。在民商分立的国家,除了民法典外,还制定单独的商法典。民法的规定适用于商法典,商法典作为民法的特别法,针对商行为作出补充规定。例如,法国民法典、商法典,日本民法典、商法典等。《日本民法典》在第三篇"债权"中的第二节契约中就契约的成立、契约的效力、契约的解除作了规定。第三节买卖对总则、买卖的效力、买回作了规定。《日本商法典》第三篇"商行为",就属于商行为的买卖所涉及的特殊问题作了规定。

在英美法系,没有专门的民法典,除了以法院判例形成的普通法原则外,通过颁布单行法规的形式制定了货物买卖法。典型的如1893年《英国货物买卖法》、《美国统一商法典》等。

1893 年《英国货物买卖法》是资本主义国家最早的货物买卖法之一，是对英国法院数百年来判例的整理编纂而于 1894 年 2 月 20 日经议会通过施行的，以后经过多次修改、补充，现行的是 1995 年 1 月 3 日生效的 1979 年《英国货物买卖法》(1995 年修订本)。该法案分为契约的成立、契约的效力、契约的履行、未收货款的卖方对货物的权利、对违约的诉讼、补充共 6 部分、62 条。其囊括了货物买卖法的大部分领域，至今在英美法系国家的买卖法中具有重大影响。

《美国统一商法典》是世界上最著名的法典之一，是在 1896 年《美国统一票据法》、1906 年《美国统一买卖法》、1933 年《美国统一信托收据法》等 7 个成文法的单行法规的基础上，由美国法学会全国统一州法代表会议加工制定的。自 1952 年公布后经过几次修改，目前为多数州采纳的是 1994 年文本。和 1893 年《英国货物买卖法》不同，《美国统一商法典》不是由美国联邦立法机关——国会通过的，而是由民间组织起草制定、供各州议会自由选用。目前《美国统一商法典》已得到除路易斯安那州外的 49 个州议会通过。买卖法是在《美国统一商法典》的第二篇"买卖"之中。其内容包括：简称、解释原则和适用范围；合同的形式、订立和修改；当事方的一般义务和合同的解释；所有权、债权人和善意购买人；履约；违约、毁约和免责；救济。其共计七章 104 条。凡"买卖篇"中没有涉及的问题，则需要适用普通法的一般原则。

我国没有制定专门的商法典。有关货物买卖的法律在 1986 年颁布的《民法通则》中有原则性规定，亦在《民法典》中有相关规定。[1] 1988 年《联合国国际货物销售合同公约》对我国生效。作为我国有外贸经营权的公司、企业或其他经济组织在对外签订货物买卖合同时，还可以选择《联合国国际货物销售合同公约》作为该合同适用的法律。对于公约的未尽事项，仍要适用我国《民法典》的有关规定。

值得注意的是，在各国的买卖法中，作为买卖的标的是十分广泛的。《法国民法典》规定，交易范围内的物品，除特别法禁止出让者外，均得为买卖的标的。《日本民法典》中买卖标的可以包括动产、不动产、无形权利。就货物买卖而言，1893 年《英国货物买卖法》[2]专门给"货物"定义为除"金钱和权利动产[3]以外的一切动产，在苏格兰则指除金钱以外的一切有形动产"。该名词还包括庄稼收益、人工种植的作物以及附着于或已经成为地产一部分而同意加以分离出售的物品。《美国统一商法典》中"货物"的概念与之相类似，指除作为支付手段的

---

[1] 在此之前，我国在 1981 年通过了《经济合同法》，1985 年通过了《涉外经济合同法》。1999 年上述两部法律被废止，由《合同法》取代。2021 年 1 月 1 日我国《民法典》正式实施，《合同法》、《民法通则》及《民法总则》被废止。

[2] 参见 1979 年《英国货物买卖法》(1995 年修订本)第 61 条关于货物的定义。"goods" includes all personal chattels other than things in action and nioney, and in Scotland all corporeal movables except money; and in particular "goods" in cludes emblemants, industrial growing crops, and things attached to or forming part of the land wich are agreed to be severed before sale or under the contrat of sale; and includes an undivided share in goods.

[3] "things in action"在《布莱克法律词典》(Black'S Law Dictionary)中解释为"A right to recover money or other personal property by a indicial proceeding"(可直译为：通过司法程序索回金钱或其他动产的权利)。本书采纳了《元照英美法词典》对"chose in action"的释意，即"权利动产"。英美法律词汇单上难以找到合适的中文法律词汇与之相对应。"权利动产"是权利还是动产？按照词典的意思，它是指权利，有时指动产。根据《英国货物买卖法》，"货物"显然仅指动产，即除金钱及其他只能通过诉讼才能取得的金钱及动产以外的所有动产。"权利动产"指并未实际占有，而只能通过诉讼才能取得金钱或其他动产"权利"。与之相对应的是"占有动产"(chose in possession)，即已由权利人实际占有的动产。参见薛波主编：《元照英美法词典》，法律出版社 2003 年版，第 224 页。为深入理解英美法中的"things in action"概念，可参见徐震宇：《英国法上的"权利动产"及其概念的特性》，载《外国法制史研究》2003 期。

金钱、投资证券和权利动产以外的所有特定于买卖合同项下的可以移动的物品(包括特别制造的货物)以及尚未出生的动物及幼仔,生长中的农作物和有关将与不动产分离之货物以及其他附着于不动产但已特定化的物品。因此,就货物买卖法而言,货物包括现货和期货,泛指一切有形动产。我国2021年1月1日开始实施的《民法典》第三编第九章关于买卖合同的规定中作出了与《法国民法典》相类似的规定,即非法律和行政法规禁止或限制转让的标的物皆可作为买卖合同的标的。[4] 根据我国《民法典》的规定,合同是民事主体之间设立、变更、终止民事法律关系的协议。买卖合同是出卖人转移标的物的所有权于买受人,买受人支付价款的合同。[5]

二、有关国际货物买卖合同的国际公约

在国际货物买卖合同方面,主要的国际公约有罗马国际统一私法协会编纂的1964年的两个海牙公约,以及1980年联合国国际贸易法委员会制定的《联合国国际货物销售合同公约》。

《联合国国际货物销售合同公约》是在两个海牙公约的基础上合并而成,并于1980年3月,在由62个国家代表参加的维也纳外交会议上正式通过。我国政府代表以观察员身份参加了会议,并提出了补充和修改意见。按照公约第99条的规定,公约在有10个国家批准之日起12个月后生效。自1988年1月1日起,该公约对包括我国在内的11个成员国生效。公约的宗旨是以建立新的国际经济秩序为目标,在平等互利的基础上发展国际贸易,促进各国间的友好关系。

CISG的内容分四部分,共101条。第一、四部分规定适用范围和总则、最后条款;第二、三部分规定合同的成立与货物买卖。CISG不涉及:(1)合同的效力,或其任何条款的效力或惯例的效力;(2)合同对所有权的影响;(3)货物对人身造成的伤亡或损害的产品责任问题。凡公约未涉及的问题,可依照双方业已同意的惯例或依据合同适用的国内法予以解决。公约适用于:其一,缔约国中营业地处于不同国家的当事人之间的货物买卖;其二,由国际私法规则导致适用某一缔约国法律。

所谓货物,各国法律有不同规定,通常指有形动产,包括尚待生产与制造的货物。CISG用排除法列举了公约不适用于以下销售:(1)购供私人、家人或家庭使用的货物的销售,除非卖方在订立合同前任何时候或订立合同时不知道而且没有理由知道这些货物是购供任何这种使用;(2)经由拍卖的销售;(3)根据法律执行令状或其他令状的销售;(4)公债、股票、投资证券、流通票据或货币的销售;(5)船舶、船只、气垫船或飞机的销售;(6)电力的销售。CISG也不适用于供应货物一方的绝大部分义务在于供应劳力或其他服务的合同。供应尚待制造或生产的货物的合同应视为销售合同,除非订购货物的当事人保证供应这种制造或生产所需的大部分重要材料。

因此,CISG还不是一部完整的、全面的关于国际货物买卖的统一法。然而,就其灵活性及获得普遍接受的程度来说,则是任何一部国内法或国际商业惯例都不能比拟的。CISG在合同法领域对各国成文法、判例法以及法理学说、国际商业惯例作了充分的比较分析,在此基础上提取出被普遍承认的原则和规则,以此来弥补国内法和国际惯例的不足。它的目的不是取代

---

〔4〕《民法典》第597条第2款所指非法律、行政法规禁止或者限制转让的标的物。
〔5〕《民法典》第464条、第595条。

或调和各国国内法的规则,而是提出一套适合国际贸易特殊要求的原则和办法供买卖双方选择适用,以实现其序言中提出的建立国际经济新秩序以"减少国际贸易的法律障碍,促进国际贸易发展"的宗旨和目的。在充分考虑各国具有不同社会制度、经济制度和法律制度这一现实以及对发达国家和发展中国家对外贸易中的不同做法给予充分肯定方面,《联合国国际货物销售合同公约》较之前身——两个海牙公约[《国际货物买卖统一法公约》(1930年)和《国际货物买卖合同成立统一法公约》(1936年)]有了较大的改进。

CISG是近半个世纪以来国际贸易统一法运动的产物,反映了统一法运动的发展趋势,对国际贸易产生了巨大影响。

我国在核准加入该CISG时,对其第1条第1款(b)项和第11条的规定作了保留。根据我国《民法典》和原《合同法》的规定,合同可以任何方式,包括口头、书面或行为方式订立。这和CISG第11条的规定已无区别。2013年1月16日,我国政府向联合国秘书处递交了"撤回对《联合国国际货物销售合同公约》第十一条及与第十一条内容有关规定所作保留的声明"。此外,根据我国的司法实践、合同适用的法律,无论是当事人自由选择的法律,还是人民法院按照最密切联系原则确定的法律,都是指该国现行实体法,而不包括其冲突规范和程序法。据此,以我国当事人订立的国际货物买卖合同,另一方当事人营业地所在国也为缔约国时,除双方当事人特别说明外,《联合国国际货物销售合同公约》将自动予以适用。

三、有关国际货物买卖合同的国际商业惯例

(一)国际货物买卖惯例

国际货物买卖惯例是商人们在长期的国际商业实践中形成的习惯做法。一些民间组织将这些惯例整理编辑成册,由当事人选择予以适用。当事人选择后,对当事人产生法律效力。

目前,国际货物买卖合同的国际惯例主要有:国际商会《国际贸易术语解释通则》,1932年《华沙—牛津规则》,1997年6月由国际商会国际惯例委员会通过的《国际销售示范合同》等。其中,最有影响并在实践中得到广泛使用的是国际商会编纂的《国际贸易术语解释通则》。该通则是巴黎国际商会以国际贸易中应用最为广泛的国际惯例为基础,首次于1936年公布的具有国际性的通则的解释。此后,该通则先后在1953年、1967年、1976年、1980年、1989年、1999年、2009年、2019年多次补充和修订。现实施的是《国际贸易术语解释通则® 2020》[6]。其目的在于对国际贸易合同中使用的主要术语,提供一套具有国际性通用的解释,使从事国际商业的人们在这些术语因国家不同而有不同解释的情况下,能选用确定而统一的解释。

值得注意的是,《国际贸易术语解释通则》的每次修订,并不意味着先前版本的失效,它们仍旧可以因当事人的选择而适用。因此,在买卖合同中双方正确选择并注明所选用的贸易术语版本是十分重要的。特别应注意的是,当选择2010年以后的《国际贸易术语解释通则》版本时,其右上角需加注的商标符号®不得为省事而忽略,正确的表示应为《国际贸易术语解释通则® 2010》《国际贸易术语解释通则® 2020》。考虑《国际贸易术语解释通则® 2020》是在《国际贸易术语解释通则® 2010》的基础上进行了为数不多的修改,许多重要分类、概念与术语的变化首次出现在2010版的解释通则中,为了便于读者理解和记忆,本章仍旧以介绍《国际贸易术语解释通则® 2010》为主,附以《国际贸易术语解释通则® 2020》的主要变化。

---

[6] 《国际贸易术语解释通则® 2020》已于2020年1月1日开始生效。

(二)国际贸易术语

国际贸易术语是以不同的交货地点为标准,用简短的概念或英文缩写字母表示商品的价格构成以及买卖双方在交易中的费用、责任与风险的划分。国际贸易术语是国际商业惯例的一种,由当事人选择予以适用。

按照不同的国际贸易术语确定的双方权利、义务大大简化了交易程序,缩短了磋商时间,减少了贸易中的纠纷。因此,国际贸易术语在国际贸易中得到广泛应用。

(三)《国际贸易术语解释通则® 2010》的特点

《国际贸易术语解释通则® 2010》对11种贸易术语作了解释。该通则具有以下特点:

1. 书写变化:新的《国际贸易术语解释通则》后面需加国际商会的注册商标,表述为《国际贸易术语解释通则® 2010》(Incoterms® 2010)。

2. 国际贸易术语的分类。11个贸易术语被分为两类,具体下文详述。

3. 每个贸易术语前增加了使用说明。

4. 权利和义务的设置。《国际贸易术语解释通则® 2010》把买卖双方的权利和义务相对应,分作10项说明。其规定卖方的10项义务涉及:(1)提供符合合同规定的货物和单据;(2)许可证、授权、安检通关和其他手续;(3)运输合同与保险合同;(4)交货;(5)风险转移;(6)费用划分;(7)通知买方;(8)交货凭证、运输单证或同等效力的电子记录或程序;(9)核查、包装及标记;(10)协助提供信息及相关费用。

相对应的买方也有10项义务,其具体内容取决于卖方承担权利和义务的具体内容。

5. 电子单证。《国际贸易术语解释通则® 2010》明确规定,在卖方必须提供商业发票或合同可能要求的其他单证时,可以提供"同等作用的电子记录或程序"(an equivalent electronic record or procedure),可简称电子单证。

6. 明确了某些概念的含义。其明确了"承运人""交货""链式销售"等概念的含义。根据《国际贸易术语解释通则® 2010》,"承运人"特指签约承担运输责任的一方。"交货"指货物灭失或损坏的风险从卖方转移至买方的点。"链式销售"又称多层销售,是指商品交易中常见的,商品在运至销售终端过程中(商品销售至最终用户前)被多次转卖形成的销售链。

7. 明确了适用范围。贸易术语既适用于国内贸易,也适用于国际贸易。

(四)《国际贸易术语解释通则® 2010》的分类

《国际贸易术语解释通则® 2010》共有11个贸易术语,分为两类:

1. 适用于任何单一运输方式或多种运输方式(any mode or modes of transport)的国际贸易术语有7个,分为E、F、C、D四组,见表2-1。

表2－1　适用于任何单一运输方式或多种运输方式的国际贸易术语

<table>
<tr><th>组</th><th>名称</th><th>全称</th><th>含义</th><th>卖方责任</th><th>买方责任</th><th>特点</th></tr>
<tr><td>E组</td><td>EXW</td><td>Ex Works (named place)</td><td>工厂交货（指定地点）</td><td>(1)在其所在地（工厂或仓库）把货物交给买方处置，无须装货；
(2)承担交货前的风险和费用；
(3)自费向买方提交与货物有关的单证或相等的电子单证</td><td>(1)自备运输工具并负责装货，将货物运至预期目的地；
(2)承担卖方交货后的风险和费用；
(3)自费办理出口和进口结关手续等</td><td>卖方责任最小</td></tr>
<tr><td>F组</td><td>FCA</td><td>Free Carrier (named place)</td><td>货交承运人（指定地点）</td><td>(1)在出口国承运人所在地将货物交给承运人；
(2)承担交货前的风险和费用；
(3)自费办理货物的出口结关手续；
(4)自费向买方提交与货物有关的单证或相等的电子单证</td><td>(1)自费办理运输和保险手续；
(2)承担卖方交货后的风险和费用；
(3)自费办理进口结关手续等</td><td>货物风险和费用的划分以卖方将货物交付买方指定的承运人的时间和地点为界限</td></tr>
<tr><td rowspan="2">C组</td><td>CPT</td><td>Carriage Paid to (named place of destination)</td><td>运费付至（指定目的地）</td><td rowspan="2">(1)自费签订或取得运输合同，在CIP中还要加上保险合同；
(2)承担货交承运人以前的风险和费用；
(3)自费办理货物出口结关手续；
(4)向买方提交与货物有关的单证或相等的电子单证</td><td>(1)自费签订或取得保险合同；
(2)承担货物提交承运人以后的风险和费用；
(3)自费办理货物进口结关手续</td><td rowspan="2">(1)卖方是在出口国承运人所在地履行交货义务并承担交货前的风险和费用，但运费和保险费涵盖的是运输合同指定的目的地的全程运费和保险费；卖方的费用中是否包括卖方的装货费及目的地卸货费由运输合同规定。
(2)在CPT中，卖方在货交承运人后须向买方发出交货通知</td></tr>
<tr><td>CIP</td><td>Carriage and Insurance Paid to (named place of destination)</td><td>运费、保险费付至（指定目的地）</td><td>(1)承担货物提交承运人以后的风险和费用；
(2)自费办理货物进口结关手续</td></tr>
</table>

续表

<table>
<tr><th>组</th><th>名称</th><th>全称</th><th>含义</th><th>卖方责任</th><th>买方责任</th><th>特点</th></tr>
<tr><td rowspan="3">D组</td><td>DAT</td><td>Delivered at Terminal (named terminal at port or place of destination)</td><td>运输终端交货(指定目的地港口或目的地运输终端)</td><td rowspan="3">(1)将货物运至约定的港口或目的地运输终端;
(2)承担货物运至港口或目的地运输终端前的全部风险和费用;
(3)自费办理货物出口结关手续,交纳出口关税及其他税费,在DDP中还要自费办理货物的进口结关手续,交纳进口关税及其他费用;
(4)向买方提交与货物有关的单据或相等的电子单证</td><td rowspan="3">(1)承担货物在目的地港口或运输终端交付后的一切风险和费用;
(2)在DAT和DAP中自费办理进口结关手续</td><td rowspan="3">(1)卖方在目的地指定运输终端(包括港口)交货意味着卖方需要承担将货物卸下运输工具,交买方处置,完成交货义务;目的地交货时,卖方无须承担卸货义务,但需要做好卸货准备交买方处置,即完成交货义务。
(2)在DDP中,卖方的责任最大。当卖方无力办理进口结关手续时,不宜选用这一贸易术语</td></tr>
<tr><td>DAP</td><td>Delivered at Place (named terminal at port or place of destination)</td><td>目的地交货(指定目的地)</td></tr>
<tr><td>DDP</td><td>Delivered Duty Paid(named place of destination)</td><td>完税后交货(指定目的地)</td></tr>
</table>

2. 适用于海运和内河水运的国际贸易术语(sea and inland waterway transport only)有4个,分为F、C两组,见表2-2。

表2-2 适用于海运和内河水运的国际贸易术语

<table>
<tr><th>组</th><th>名称</th><th>全称</th><th>含义</th><th>卖方责任</th><th>买方责任</th><th>特点</th></tr>
<tr><td rowspan="2">F组</td><td>FAS</td><td>Free Alongside Ship (named port of shipment)</td><td>船边交货(指定装运港)</td><td rowspan="2">(1)在指定的装运港履行交货义务;
(2)承担交货前的风险和费用;
(3)自费办理货物的出口结关手续;
(4)自费向买方提交与货物有关的单证或相等的电子单证</td><td rowspan="2">(1)自费办理运输和保险手续;
(2)承担卖方交货后的风险和费用;
(3)自费办理进口结关手续等</td><td rowspan="2">(1)两个术语交货地点不同,因此风险和费用的划分不同;
(2)两个术语适用于海运和内河水运,但如果是集装箱运输,则应选用FCA术语</td></tr>
<tr><td>FOB</td><td>Free on Board (named port of shipment)</td><td>船上交货(指定装运港)</td></tr>
</table>

续表

组	名称	全称	含义	卖方责任	买方责任	特点
C组	CFR	Cost and Freight (named port of destination)	成本加运费付至(指定目的港)	(1)卖方在指定的装运港履行交货义务; (2)自费签订或取得运输合同,在CIF中还要加上保险合同; (3)承担在装运港货物装船前的风险和费用; (4)自费办理货物出口结关手续; (5)向买方提交与货物有关的单证或相等的电子单证	(1)自费签订或取得保险合同; (2)承担在装运港货物装船后的风险和费用; (3)自费办理货物进口结关手续	(1)卖方是在出口国装运港履行交货义务并承担交货前的风险和费用,但运费和保险费涵盖的是运输合同指定的目的港的全程运费和保险费;卖方的费用中是否包括卖方的装货费及目的港卸货费由运输合同规定。 (2)卖方在货物装船后须向买方发出已装船通知。 (3)两个术语适用于海运和内河水运,但如果是集装箱运输,则应选用CPT或CIP术语
	CIF	Cost, Insurance and Freight (named port of destination)	成本、运费、保险费付至(指定目的港)		(1)承担在装运港货物装船后的风险和费用; (2)自费办理货物进口结关手续	

在采用海运和内河水运的4个贸易术语时,需要注意的是:(1)除FAS外,在FOB/CFR/CIF贸易术语中均取消了买卖双方的交货点、风险和费用的划分以装运港船舷作为界限的表述,代之以货物是否"装船"为界限。货物装到"船上"(on board)构成交货。(2)在这4个贸易术语中,Incoterms® 2010在卖方交货义务中特别提到"取得"(procure)这个概念。例如,卖方交货或"取得"已经这样交运的货物;卖方需签订运输合同或已"取得"一份这样的合同(CFR/CIF);卖方必须自费"取得"保险合同(CIF)。并明确此处使用的"取得"适用于商品贸易中常见的交易链中的"多层销售"(链式销售)。[7]按照Incoterms® 2010引言中的解释,"链式销售"(string sales),是指国际货物买卖中关于"在途货物"销售中的"交货"(包括交单,如运输单据、

〔7〕 参见这4个贸易术语中的"使用说明"。

保险单等)。[8] 引言中的解释弥补了以往的《国际贸易术语解释通则》未涉及"在途货物交货"的疏漏。

3.其他被明确的问题

此外,《国际贸易术语解释通则® 2010》还进一步明确了以下问题:

(1)进出口手续。除 EXW 和 DDP 贸易术语以外,原则上由卖方办理货物的出口手续,交纳与出口有关的捐、税、费;买方办理货物的进口手续,交纳与进口有关的税和其他费用。

(2)检验费用。《国际贸易术语解释通则® 2010》明确地规定,买方必须支付任何强制性装运(船)前检验费用,因为这种检验是为了买方自身的利益安排的。但卖方为履行其交货义务而实施的货物检验(如对货物质量、丈量、称重、点数)以及出口国有关机关强制进行的装运(船)前的检验的费用除外。

(3)风险和费用的转移。《国际贸易术语解释通则® 2010》吸收了《联合国国际货物销售合同公约》的规定,确定了在卖方交货后,货物灭失和损坏的风险以及费用负担,由卖方转移给买方。但这一原则的适用,要以双方都没有过失并且该货物已正式划归于合同项下为前提。

(4)安全通关问题。"9·11"之后,许多国家加强了货物安全通关的检查和要求。《国际贸易术语解释通则® 2010》特别增加了买卖各方之间完成安检通关并相互提供或协助提供通关所需信息的义务。

(5)《国际贸易术语解释通则》的变体。在贸易实务中,当事人经常在国际贸易术语后面添加一些词语以额外增加双方当事人的义务。常见的有 EXW(装车)、FOB(平舱和理舱)等。国际贸易术语解释通则对如何解释这些添加词语的含义没有作出规定。当事人之间往往会因此而发生争议。为此,《国际贸易术语解释通则® 2010》在其引言中提醒双方当事人,应在其合同中对上述添加词语的含义作出明确的解释。[9]

值得注意的是,国际贸易术语解释通则只适用于有形货物买卖中买卖双方的权利和义务,不包括无形货物(如计算机软件)买卖有关的权利义务。[10]

(五)《国际贸易术语解释通则® 2020》对《国际贸易术语解释通则® 2010》的主要修改

《国际贸易术语解释通则® 2020》对《国际贸易术语解释通则® 2010》所做修改主要有以下几方面:

(1)将原来每一个国际贸易术语的使用说明改为解释说明。目的是方便当事人正确选择

---

〔8〕 参见 Incoterms® 2010 的引言对"链式销售"的解释:与特定产品的销售不同,在商品销售中,货物在运送至销售链终端的过程中常常被多次转卖。出现此种情况时,销售链中端的卖方实际上不运送货物,因为处于销售链始端的卖方已经安排了运输。因此,处于销售链中间的卖方不是以运送货物的方式,而是以"取得"货物的方式履行其对买方的义务。即以"取得运输中的货物"取代相关术语中提交货物的义务。"procure"一词在词典里的通常含义指"obtain、acquire"(*The American Heritage Dictionary*,Houghton Mifflin Company,1982,p. 988)。然而,这样的解释显示不出任何法律含义。在另一本美国词典中,"procure"被解释为"to get possession of:obtain by particular care and effort",即指"经过一番特别努力取得占有"(*Webster' s Ninth New Collegiate Dictionary*,Merriam—websterInc. Publishers,USA,1988,p. 938)。根据该词典,"possession"的意思是"a. the act of having or taking into control;b. control or occupancy of property without regard to ownership",意指对财产的控制,与所有权无涉的控制或占有。当运输途中的货物发生转卖时,货物转卖的受让人(新的卖方)与新的买方之间进行的是单据的买卖。单据的占有和控制意味着其"取得"这样交付的货物。"procure"的这个解释和贸易术语中的含义在法律上是一致的。

〔9〕 参见 Incoterms® 2010,"引言"。

〔10〕 参见 Incoterms® 2000,"引言"。

合适的国际贸易术语,并为日后解决争议提供指南。

(2)关于 FCA 国际贸易术语下,“已装船”提单问题。采用 FCA 时,如果货物经海运方式运输,则通常要求提供“已装船”提单。在信用证或托收情况下,卖方凭单即可去银行要求付款,买方可凭单提货。但在集装箱运输的情况下,卖方的交货义务在货交承运人后,即装船前已经完成,此时卖方拿到的是“收妥待运”单据,待到货物装船后才能得到承运人签发的“已装船”提单。为解决这个问题,《国际贸易术语解释通则® 2020》提供了一个选项,即双方可以约定,由买方自担费用和风险,指示其承运人向卖方签发“已装船”提单,此时卖方有义务通过银行,向买方提交该提单。在这种情况下,卖方不承担运输合同条款下的义务。但是,内陆交货及装船日期的不同将会给信用证下的卖方带来麻烦。

(3)在 D 组中,用国际贸易术语 DPU 取代 DAT。DAT[Delivered at Terminal(named terminal at port or place of destination)],意思是运输终端交货(指定目的地港口或运输终端)。《国际贸易术语解释通则® 2020》取消了这一国际贸易术语,代之以 DPU(Delivered at place Unloaded),意思是目的地卸货后交货。与 DAT 不同,DPU 强调目的地可以是包括目的地港口和运输终端在内的任何地方。和 DAT 一样,DPU 是唯一一个要求卖方在目的地交货前需履行卸货义务的国际贸易术语。卖方需要在目的地将货物卸下运输工具,交买方处置,完成交货和风险转移义务,为此卖方应确保其约定的交货地点准确且是能够卸货的地点。

(4)在运输义务和费用中增加了与安全有关的要求。值得注意的是,《国际贸易术语解释通则® 2020》引言中提到了一个词语“核实的集装箱总重(VGM)”。该词语来自《国际海上人命安全公约》(International Convention for Safety of Life at Sea, SOLAS)2014 年修正案附件第 2 条的规定:要求自 2016 年 7 月 1 日起,在集装箱运输的情况下,托运人负有义务采用经过校准和认证的设备对已包装的集装箱进行称重;或者对集装箱的内容物进行称重,再加上空箱重量。在上述任何一种情况下承运人都应记录核实的集装箱总重〔11〕。违反上述规定的,将受到制裁,即这样的集装箱“不得装船”〔12〕。为避免受 SOLAS 上述规定的影响而发生争议,《国际贸易术语解释通则® 2020》建议买卖双方当事人在合同中就上述称重及因称重产生的费用由谁负担做出明确约定。

(六)几种主要的国际贸易术语

1. FOB 术语

FOB 术语是海上货物运输最早出现的国际贸易术语,也是目前国际上普遍应用的贸易术语之一。

使用 FOB 术语时应注意以下两个问题:(1)通知问题。FOB 术语中涉及两个充分通知。一个是买方租船后,应将船名、装货时间、地点给予卖方以充分通知;另一个是卖方在货物装船时要给买方以充分通知。在第一种情况下,如果买方未给予通知,或指定船只未按时到达,或未能按时受载货物,或比规定的时间提前停止装货,由此产生的货物灭失或损失应由买方承担。在第二种情况下,由于货物的风险是在装船时由卖方转移给买方,因此,卖方在货物装船时必须通知买方,以便买方投保,否则,由于卖方未给予充分通知,导致买方受到损失,应由卖方负责。(2)注意各国对 FOB 贸易术语的不同解释。典型的是美国 1941 年修订的《对外贸易

---

〔11〕 参见《国际贸易术语解释通则® 2020》“引言”关于 VGM 的注释。

〔12〕《国际海上人命安全公约》第 4 条第 2 款。

定义》。该定义把 FOB 术语分为六种。其中,只有 FOB vessel(named port of shipment,装运港船上交货)与国际商会规定的 FOB 术语的含义相类似。所以,在对美贸易中,如果用 FOB 术语成交,则需要注明是采用国际商会制定的《国际贸易术语解释通则》还是适用美国全国对外贸易协会的《对外贸易定义》的 1941 年修订本,在采用后者时则需在 FOB 后面加上"vessel"(船舶)字样,以免引起误解。

2. CIF 术语

CIF 术语是国际贸易中最通用的术语。使用 CIF 术语应注意如下几个问题:(1)在 CIF 术语中,替买方投保并支付保险费是卖方的一项义务。但是,当双方未就保险条款和投保险别加以约定时,贸易术语规定,卖方只负责按伦敦保险业协会货物保险条款投保海上运输的最低险别。在投保范围中也不包括某些特别险种,买方如果要投保其他险别或特种险,则应在合同中说明并自负该项加保费用。(2)缩略语后的港口名称是目的港名称,指明运输费和保险费的计算是从装运港至目的港全程的运输费和保险费,而不是指卖方的交货地点。和 FOB 一样,在 CIF 术语中,卖方的交货义务是在装运港将货物交到船上完成的。

3. CFR 术语

CFR 术语与 CIF 术语的不同体现在海上货物运输保险责任方面。在按 CIF 术语成交时,价格构成包括保险费,因此,卖方有义务投保国际海上货物运输风险并支付保险费用。而在 CFR 术语中,卖方则无此义务。其余关于交货地点、风险分界点等方面的责任,CFR 与 CIF 术语相同。

使用 CFR 术语应注意装船通知问题。在 CFR 合同中,买方要自行投保。因此,和 FOB 合同类似,卖方要给买方货物装船的充分通知,否则,由此造成买方漏保海上货运险引起的损失应由卖方承担。

4. 三种贸易术语的异同

三种贸易术语的共同点是:(1)交货地点都是在装运港口;(2)适用于海上运输或内河航运;(3)交货与风险划分都是以装运港货物装上船作为界线。

三种贸易术语的区别在于:由于三者的价格构成不同而产生的与之相关的责任与其他附属费用不同。

使用这三种贸易术语应当注意的问题是:(1)缩略语后面的港口名称。在 FOB 后面是装运港名称,在 CIF 和 CFR 后面是目的港名称,意思是说 FOB 的价格构成是货物在交货前的费用,CIF 和 CFR 中的保险费和运输费则是按从装运港到达目的港全程的保险费和运输费计算的。港口名称是为计算费用之便附加的,和交货地点无关。三种贸易术语的交货地点都是在装运港载货船上。(2)装船费和卸船费。在贸易术语中,装船费和卸船费应当由谁承担是一个不十分明确的问题。为了避免由于贸易术语规定得不够明确而导致日后买卖双方之间发生争议,实践中通常采用以下方法加以解决:①卖方不负责装船费用,则可采用班轮运输 FOB(Liner terms),即装卸由班轮负责,费用包括在运费内。②卖方负责装船费用时,在 FOB 后面加上"理舱"[FOB(stowed)],则卖方承担包括理舱在内的装船费用;或者在 FOB 后面加上"平舱"[FOB(trimmed)],则卖方承担包括平舱费在内的装船费用。③按照港口惯例,装船费由卖方承担,卸船费由买方承担。为避免发生争议,Incoterms® 2010 要求买卖双方对此问题在合同中明确加以规定。

在我国外贸业务中,习惯把 FOB 称作离岸价格,把 CIF 称作到岸价格。从价格构成这一角度看，为了海关统计以及稽征关税等外贸业务的便利，这种称呼未尝不可；但从法律角度看，这种称呼是错误的。因为贸易术语本质上是一种货物买卖合同，[13]价格构成仅是贸易术语（合同）所包含内容的一部分，把 CIF 看成到岸价格不能表达 CIF 这个贸易术语中所包含的全部法律内容，在实践中会由于误解而造成不必要的损失。

第二节　国际货物买卖合同

一、国际货物买卖合同的当事人

国际货物买卖合同与国内货物买卖合同毕竟不同，前者具有国际性，即“具有涉外因素”。国际性可以用许多标准来划分，例如，以当事人的国籍为标准；以当事人营业地为标准；以行为发生地为标准；以货物是否跨越国境为标准；等等。《联合国国际货物销售合同公约》采用了以当事人营业地为标准，规定《联合国国际货物销售合同公约》适用于营业地分处不同国家的当事人之间订立的货物买卖合同，当事人的国籍不予考虑。而我国《涉外经济合同法》（已失效）第 2 条规定，涉外经济合同是指中国企业或其他经济组织与外国企业和其他经济组织及个人订立的经济合同。[14] 涉外性是以当事人的国籍为标准的。1893 年《英国货物买卖法》关于“国际货物买卖契约”的定义，除了要求缔结货物买卖契约的双方其营业处所分处于不同国家的领土之上外，还要求在缔约时，货物正在或将要从一国领土运往另一国领土；或构成要约和承诺的行为是在一个国家的领土内完成，而货物的交付则须在另一个国家的领土内履行。

根据我国《对外贸易法》的规定，中国的自然人、法人和其他经济组织在履行了法律规定的登记手续后具有对外签署国际货物买卖合同的能力。

二、要约与承诺

（一）要约与要约邀请的区别

要约是向一个或一个以上特定的人提出的订立合同的建议。一项有效的要约必须是：

1. 向一个或一个以上特定的人发出

除非当事人有明示相反的规定，否则为了邀请对方向自己订货而发出的商品目录单、报价单以及一般的商业广告，因为不是向一个或一个以上的特定的人发出，因此不是要约，而是要约邀请。根据我国《民法典》的规定，商业广告的内容符合要约条件的，构成要约[15]。

2. 内容十分明确、肯定，一经对方接受，合同即能成立

根据《联合国国际货物销售合同公约》的规定，一项确定的要约需要写明货物并明示或默示地规定数量和价格或规定如何确定数量和价格。如果要约中伴随有要约人的保留条件，则

---

〔13〕 Tsakiroglou & Co. Ltd. v. Noblee Thorl G. m. b. H. House of Lords (1962) A. C. 93.

〔14〕 我国 1999 年《合同法》取消了“涉外经济合同”的概念，改用“涉外合同”，但对“涉外合同”未下定义（第 126 条）。1988 年 4 月 2 日最高人民法院发布的《关于贯彻执行〈中华人民共和国民法通则〉若干问题的意见（试行）》（已失效）第 178 条对“涉外民事关系”有相关解释：凡民事关系的一方或者双方当事人是外国人、无国籍人、外国法人的；民事关系的标的物在外国领域内的；产生、变更或者消灭民事权利义务关系的法律事实发生在外国的，均为涉外民事关系。

〔15〕 我国《民法典》第 473 条。

不能算有效的要约,只能算要约邀请,因为即使对方表示了承诺,合同仍然不能成立。

3. 要约于送达受要约人时生效

因为要约未送达受要约人,或要约不是送达受要约人的,受要约人不知要约内容,当然无法表示承诺,即使从其他途径得知要约内容,其发出的承诺也是无效的。

(二)要约发出后可否撤回和撤销的问题

根据要约理论,要约在送达受要约人时生效。要约在生效前的收回称为撤回;要约在生效后的收回称为撤销。各国法律都承认,要约发出后,只要尚未送达受要约人,要约人可随时使用更为快捷的方法将其追回。但在要约送达受要约人后,是否可以撤销或变更其内容,大陆法系和英美法系则适用不同的原则。

《联合国国际货物销售合同公约》第 15 条第 2 款规定,一项要约即使是不可撤销的,也可以撤回,只要撤回通知于要约送达受要约人之前或同时送达受要约人。在未订立合同之前,只要撤销通知于受要约人发出承诺通知之前送达受要约人,要约即可以撤销。其基本采纳了普通法的观点。

然而,在但书部分,《联合国国际货物销售合同公约》采纳了大陆法系的信赖原则,规定在合同成立前,写明接受要约的期限或以其他方式表示要约是不可撤销的,则不能撤销;受要约人有理由信赖要约是不可撤销的,并本着这种信赖行事,则要约不能撤销。

(三)承诺的效力

承诺是受要约人对要约表示无条件接受的意思表示。一项有效的承诺必须满足以下条件:(1)承诺要由受要约人作出才生效力;(2)与要约的条件保持一致;(3)承诺应在要约有效的时间内作出;(4)承诺必须通知要约人才生效力。

承诺的生效时间在要约理论上是一个十分重要的问题。这是因为承诺生效的时间就是合同生效的时间,承诺生效的地点就是合同生效的地点。在日后解决争议时,承诺的生效时间对法院确定管辖权及适用法律问题具有重要的意义。各国在实践中,就承诺生效时间形成三种原则:投邮生效原则、送达生效原则、了解生效原则。

目前,在国际货物买卖领域,各国在承诺生效时间上的分歧已通过公约得到解决。《联合国国际货物销售合同公约》第 18 条第 2 款规定,要约的承诺于表示同意的通知送达于要约人时生效。所谓送达,是指送交要约人的营业地、通信地址或惯常居所。按照同样的原则,撤回承诺的通知也于承诺送达要约人之前或同时生效。[16]

我国在外贸实践中,通过函件、数据电文等形式订立合同的,如果一方要求签订确认书,则合同不是在收到承诺的函件、数据电文时成立,而是在确认书经双方签字后才能成立。

三、有关电子单证的法律问题

电子单证(亦称电子数据交换,EDI)产生于 20 世纪 60 年代末的欧美。经过二十多年的发展,EDI 在欧美大公司中的使用已非常普遍。在国际贸易中,1990 年国际商会修订的《国际贸易术语解释通则》中已允许买卖双方用“相等的电子单证”(its equivalent electronic message)取代提交纸质单证。因此,用电子单证代替传统的纸质单证已成为国际贸易的发展趋势,由电子单证带来的一系列法律问题也就成了法学研究中的一个新课题。2003 年 8 月,美国海关对外

〔16〕《联合国国际货物销售合同公约》第 22 条、第 24 条。

公布了海关通关新规则。其规定无论是空运、铁路、卡车还是船运,所有形式的承运人必须在进口货到达美国之前,出口货装运之前,以电子方式向美国海关申报货物数据。不接受来自货主的申报。

1. 电子单证概念

EDI 是 Electronic Data Interchange 的英文缩写,翻译为电子数据交换,指当事人依照法律和协议用电子计算机对约定的信息和数据标准化、格式化,通过计算机网络进行交换和处理。1996 年联合国国际贸易法委员会第二十九届会议通过的《电子商业示范法》给 EDI 定义为:按照商定的标准将信息结构化并在计算机之间进行电子传递。

根据统计,使用 EDI 处理商业单据,在准确、高效等方面其优势是显而易见的。(1)提高交易速度:EDI 的使用使一项商业文件的传递在几秒钟之内即可实现。过去需要几天才能完成的清关手续,现在只要十几分钟即可完成,比人工速度提高 80%,且无须人工干预,全部自动处理。(2)降低成本:EDI 的使用可降低文件成本 44%,降低文件人工处理成本 38%。(3)减少失误:减少因人工制单错误或遗漏造成的损失达 40% 左右,竞争力提高 38% 左右。(4)提高安全性和保密程度。

2. 电子单证标准的国际化

EDI 的全球使用除有赖于计算机技术的发展外,还有赖于商业文件和行政事务处理数据的标准化、格式化、法制化,贸易数据交换的双方要采用统一的标准,才能使计算机加以识别和处理,才能实现信息的交换。目前国际上通用的标准主要有两个:一个是 1985 年由联合国欧洲经济委员会和国际标准化组织共同开发的《行政、商业和运输电子数据交换规则》(Electronic Data Interchange for Administration, Commerce and Transport, UN/EDIFACT),1986 年正式作为国际 EDI 的通用标准公布。另一个是美国国家标准协会制定的 ANSI - X12(America National Standard Institute, X12),1992 年在其第 4 版标准制定后已不再继续发展,逐步向 UN/EDIFACT 靠拢,并终将被后者取而代之。

我国自 1990 年以来从事 EDI 的研究、启用和推广工作,并采用了国际通用的 UN/EDIFACT 标准,1991 年成立了中国 EDIFACT 委员会,在促进 EDI 发展的同时,推动了其国际标准化工作,推动了计算机应用以及电子通信网络的建立和发展。

可以说,UN/EDIFACT 是目前国际 EDI 应用的主要标准,它兼有欧洲标准和美国标准的灵活性和有效性,其广泛的应用性使其在全世界得到推广。

UN/EDIFACT 由一系列涉及电子数据交换的标准、指南和规则、目录及标准报文组成,主要分以下两类。(1)指南和规则:包括 EDIFACT 应用级语法规则(ISO 9735)、EDIFACT 语法规则实施指南、EDIFACT 报文设计规则和指南。(2)目录:EDIFACT 数据元(data element)目录、复合数据元目录、EDIFACT 数据段(data segment)目录、EDIFACT 代码表(code table)和 EDIFACT 标准报文目录(message)。掌握这些国际标准,对实施 EDI 十分重要。

3. 增值网络

在 EDI 通信手段中,贸易双方大多要通过第三方网络提供中介服务,由于这种网络系统不仅传送信息,还提供海关通关、商品检验、签证及原产地证、银行开证、运输、保险等增值服务,所以也被称为增值网络(Value Added Network, VAN)。在采用 EDI 的交易中,除了 EDI 标准的国际化外,VAN 的服务是不可缺少的。其主要作用在于:(1)向 EDI 用户提供电子邮箱及开启邮箱的专用密码;(2)向用户报告信息是否被接收及存在的问题;(3)对用户传递的信息进行加密和证实;(4)根据用户要求将电子单证转换成纸质单证或将用户提供的不规范的信息翻译成国际通用的标准进行 EDI 通信。其责任主要体现在以下几方面:(1)计算机网络系统的技术和管理责任的承担;(2)网络系统对信息传递的保证;(3)对计算机网络系统中雇员欺诈与失误的责任的承担;(4)对第三方责任的承担。

1992 年 2 月,在哥伦比亚卡塔赫纳召开了联合国贸发会议第八届大会,171 个成员方出席并通过了"卡塔赫纳承诺"(The Cartagena Commitment),责成联合国贸发会议实施全球贸易网点的任务,即"全球贸易效率计划"(Trade Efficiency Initiative)。其中一项任务就是在全球有关地区建立贸易网络,并将其联结成平行于 Internet 的全球贸易网络(GTPNet),制定全球贸易效率宣言,作为全球贸易原则。目前这个网络系统已在全世界拥有 137 个贸易网点,分布在包括我国在内的 106 个国家和地区。1994 年 9 月 1 日,我国成立了第一个贸易网点即联合国贸易网络上海中心,为我国对外贸易走上世界发挥着积极作用。

4. 有关电子单证的法律问题

电子数据交换系统在国际贸易中的普遍应用,给传统的贸易法律规定提出了新的问题,特别是在合同法和证据法领域。例如,在合同订立的问题上,关于要约与承诺的问题,合同成立时间与地点的确认问题,合同的书面形式问题,合同生效所必需的双方当事人签字、盖章问题等。在证据法方面,采用电子数据交换系统成立的合同,在仲裁或诉讼中,能否作为证据使用的问题,特别是对英美法系来说,是对其传统证据法原则提出的挑战。按照证据法的分类,由计算机传送的信息形成的证据属于派生证据(secondary evidence),即证据产生于信息传输的中间环节而非在事实的直接作用下形成[又称传闻律(hear-say-rule)]。禁止使用派生信息认定事实,这一规则是英美传统证据法的基石之一。在英美法中妨碍计算机信息作为证据的第二个障碍在于"最优证据规则"(best evidence rule)。根据这一规则,向法院提供的证据应为书证原件。所谓原件,指原始的和在制作方法上保证具有同一性的同时制作的文件。按照这一定义,由计算机传送的单证可从打印机中打出,因此可视为书证原件。然而,以计算机阅读形式存储的信息数据,由于易于修正且不留痕迹,致使法庭难以作为证据接受。

此外,单证的转让问题,计算机网络担保中介服务中出现的网络责任问题、网络主权问题、司法管辖权问题、法律适用问题等,都是 EDI 立法中碰到的棘手问题。

归纳起来,目前解决上述法律问题的途径有三个:

(1)国内立法。这是最直接而有效的方法。随着计算机技术的广泛应用,不少国家颁布了有关 EDI 的法律,例如,《澳大利亚计算机和证据法》《加拿大电子数据交换理事会协议》《美国律师协会协议》等。此外,2004 年 8 月 28 日,我国第十届全国人民代表大会常务委员会第十一次会议通过了《电子签名法》,自 2005 年 4 月 1 日起施行。该法共 36 条,规定了总则、数据电文、电子签名与认证、法律责任和附则。

(2)通信协议。由于 EDI 所面临的法律问题毕竟是一个复杂的涉及多方面因素的问题,许多国家尚无此方面的立法或面临对现有不适应 EDI 交易的现行立法进行修改和补充的问题。即使颁布了立法,也难以完整、系统地解决 EDI 交易中面临的诸多复杂情况。因此,由 EDI 用户之间通过订立通信协议来弥补立法的空白,确定 EDI 用户应遵守的行动守则和通信标准,确定有管辖权的法院或提交仲裁、适用的法律等,成了进行 EDI 的不可缺少的条件。

(3)国际立法。和一般的国内贸易不同,国际贸易中 EDI 的应用,是信息在国际的传送。由此产生的法律障碍最终只能靠国际统一立法,例如,国家间签订国际公约或通过国际商业惯例、示范法来解决，目前已经生效的有：

第一，1987 年 9 月 22 日国际商会执行理事会第五十一届会议通过的《数据电传交换的统一行为守则》（Uniform Rules of Conduct for the Interchange of Data Teletransmission），主要是确立一个通信协议的标准化格式。但由于不同用户之间的要求不同，因此通信协议中许多细节和形式问题要形成统一标准格式的构想难以实现。

第二，1989 年 11 月国际商会国际商业惯例委员会通过的《国际贸易术语解释通则》（修订本）。该通则于 1990 年 7 月 1 日生效。在此通则中明确规定，将 EDI 方式订立的合同视同具有书面形式的合同而为交易双方所接受。其后分别由 2000 年、2010 年、2020 年的《国际贸易术语解释通则》继承了这一条规定，可以用相等的电子单证代替纸质单证。

第三，1993 年国际商会修订的、1994 年 1 月 1 日生效的《跟单信用证统一惯例》（500 号出版物，UCP 500）。为了适应电脑制单的要求，500 号出版物第一次明确规定商业发票无须签字［第 37 条（a）（iii）］。此外，对于提供原件的要求，第 20 条（b）款规定，除信用证另有规定，银行将对用电脑方式处理或从表面上看是以该种方式处理的单据，作为正本（origin）来接受。对于需要签字（sign）的原件，该条规定，此种单据可以用手签（handwriting）、复制签字（facsimile signature）、针孔穿签（perforated signature）、印章（stamp）、符号（symbol）或其他机械的、电子的方法来签发证实。除非信用证另有规定，信用证要求单据经证实、生效、合法化、签证、证明或类似要求时，单据上任何签字、符号、印章或标签，只要在表面上看已满足这些要求，均可被接受。[17] 以上这些规定对消除 EDI 的法律障碍起到了积极作用。2007 年修订的《跟单信用证统一惯例》（UCP 600）仍然保留了上述规定，第 3 条释义部分规定："单据可以通过手签、签样印制、穿孔签字、盖章、符号表示的方式签署，也可以通过其他任何机械或电子证实的方法签署。"

第四，1990 年 6 月 29 日，国际海事委员会第三十四届大会上通过的《国际海事委员会电子提单规则》，该规则共 11 条。就电子提单所涉及的法律问题作出了比较全面、明确的规定。

第五，1996 年，联合国国际贸易法委员会第二十九届会议通过的《电子商业示范法》，是一部真正全面适用于在商业活动方面使用的一项以数据电文为形式的任何种类的信息传送的 EDI 的统一法。该法共 17 条，就数据电文的法律承认，书面、签字，原件，数据电文的证据力，留存，合同的订立和有效性，当事各方对数据电文的承认，数据电文的归属，收讫的确认，收、发数据电文的时间和地点以及货物运输和运输单据等方面所涉及的问题都作了明确的规定。该示范法成为 EDI 国际统一立法的奠基石。

第六，联合国《电子签名示范法》。在《电子商业示范法》出台后，联合国国际贸易法委员会开始制定电子签名领域的法律规范。在联合国国际贸易法委员会电子商务工作组第三十七次会议上，提出了《电子签名示范法》的草案，并在第三十八次会议上进一步完善。2001 年，联合国国际贸易法委员会审议通过了《电子签名示范法》，该示范法对电子签名领域的基本问题作出了规定，为各国制定电子签名法律提供了示范。

第七，联合国《国际合同使用电子通信公约》。该公约由联合国国际贸易法委员会在《电子商业示范法》和《电子签名示范法》的基础上主持制定，2005 年 11 月 23 日通过，2013 年 3 月 1 日生效。[18] 公约的宗旨是在对国际合同使用电子通信的情形中增强法律确定性和商业可预见

---

〔17〕 UCP 500 第 20 条（d）款。

〔18〕 我国于 2006 年 7 月 6 日加入该条约。

性。公约处理的问题包括:如何确定一方当事人在电子环境中的所在地、电子通信的收发时间和地点、使用自动信息系统订立合同、确立电子通信和纸面文件(包括"原始"纸面文件)以及电子认证方法和手写签名功能上等同所使用的标准。

四、合同的形式与内容

(一)合同的形式

《联合国国际货物销售合同公约》规定,买卖合同,包括其更改、终止,要约或承诺,或者其他条件的限制,可以用包括证人在内的任何方法证明。考虑到某些发展中国家和社会主义国家合同法的不同规定,该公约允许成员方在核准或加入时对第 11 条及其有关规定作出保留。我国《涉外经济合同法》(已失效)曾要求涉外经济合同的所有条款都必须是书面的,书面包括电报和电传,尽管这些条款不必载于同一份合同文件中。合同的附件是合同的组成部分,因此也必须具有书面形式。1999 年我国颁布的《合同法》不再要求合同订立必须是书面形式,可以是口头形式或其他形式。同时扩大了对"书面"的解释,将以电子方式订立的合同也归在"书面"形式之中〔19〕。

在现代各国合同法制度中,合同的书面形式具有以下作用:(1)使合同具有确定性、公开性和告诫性;(2)是确定合同效力的实质条件;(3)证据的作用。

(二)合同的内容

买卖合同的内容一般由约首、正文与约尾三部分组成。约首包括合同的名称、编号、缔约日期、缔约地点、缔约双方的名称、地址及合同序言等。正文是合同的主体部分,包括各项交易条件及有关条款。约尾是合同的结束部分,包括合同的份数、附件、使用文字及其效力,合同生效日期与双方的签字或盖章等。

1. 货物的品质规格条款

在国际货物买卖合同中,货物的品质规格是合同的重要条件。如果卖方交付的货物的品质与合同不符,买方有权拒收货物,可以解除合同并要求损害赔偿。

货物的品质规格,是指商品所具有的内在质量与外观形态。在国际贸易中,商品的品质首先应符合合同的要求,对于某些由国家制定了品质标准的商品,如某些食品、药物的进出口,其品质还必须符合有关国家的规定。

品质规格条款的主要内容是:品名、规格和牌号。合同中规定品质规格条款的方法有两种:凭样品的方法及凭文字与图样的方法。

2. 数量条款

国际货物买卖合同中的数量,是指用一定的度量衡表示出商品的重量、个数、长度、面积、容积等的量。某些国家的法律规定数量是合同的要件,交货数量与合同不符,买方可拒收货物。

数量条款的基本内容是:交货数量、计量单位与计量方法。

制定数量条款时应注明计量单位和度量衡制度;注意定明数量的机动幅度,又称"溢短装

---

〔19〕 我国《民法典》第 469 条进一步明确规定,书面形式是合同书、信件、电报、电传、传真等可以有形地表现所载内容的形式。以电子数据交换、电子邮件等方式能够有形地表现所载内容,并可以随时调取查用的数据电文,视为书面形式。

条款”，并规定溢短装的计价方法。

3. 包装条款

包装，是指为了有效地保护商品的数量完整与品质完好，把货物装进适当的容器。

包装条款的主要内容是：包装方式、规格、包装材料、费用和运输标志。

货物包装是确定其与合同是否相符的内容之一。《联合国国际货物销售合同公约》第35条规定，卖方交付的货物必须与合同所规定的数量、质量和规格相符，并须按照合同所规定的方式装箱或包装。除双方当事人另有协议外，除非货物按照同类货物通用的方式装箱或包装，如果没有此种通用方式，则按照足以保全和保护货物的方式装箱或包装，否则即为与合同不符。

因此，制定包装条款应十分慎重，主要应注意明确规定包装的材料、造型和规格；包装与禁忌；国际上对运输标志的惯常做法与要求及其变化。

4. 价格条款

价格，是指每一计量单位的货值。价格条款的主要内容有：每一计量单位的价格金额、计价货币、指定交货地点、贸易术语与商品的作价方法等。

在国际货物买卖中，合同作价通常采用以下方法：(1)对短期交货合同，可采用固定价格。即由买卖双方商定的在合同有效期内不得变更的价格。(2)对长期交货合同，例如，大型成套设备、机器的买卖合同，为避免受商品国际市场价格变动的影响，可采用滑动价格，即买卖双方同意在合同中暂定价格，在交货时再根据行情及生产成本增减情况作相应的调整。(3)后定价格，即在合同中不规定商品的合同价格，只规定确定价格的时间和方法。例如，规定“以某年某月某日伦敦商品交易所价格计价”。(4)对分批交货合同，可采用部分固定价格、部分滑动价格的方法。对近期交货部分采用固定价格，对远期交货部分按交货时的行情或另行协议作价。

为了防止商品价格受汇率波动的影响，在合同中可以增订外汇保值条款，明确规定在计价货币币值发生变动时，价格应作相应调整。

5. 装运条款

装运，是指将货物装上运输工具。在一般情况下，装运与交货是两个概念。在FOB、CIF和CFR合同中，卖方只要按合同规定把货物装上船，取得提单就算履行了交货义务。提单签发日期即为交货日期，装货地点即为交货地点，所以“装运”常被“交货”代替。装运条件也被称作交货条件。但在目的地交货时，装运则不等于交货。

装运条款的主要内容是：装运时间、运输方式、装运港与目的港、装运方式(分批、转船)及装运通知等。

6. 保险条款

国际货物买卖中的保险，是指进出口商按一定险别向保险公司投保并交纳保险费，以便当货物在运输过程中受到损失时，从保险人处得到经济补偿。

保险条款的主要内容包括：确定投保人及支付保险费、投保险别和保险金额。

在国际货物买卖中，大部分是FOB、CIF和CFR合同，故保险责任、投保险别与费用的分担由当事人选用的贸易术语即可决定。

在FOB和CFR合同中，为防止货物从仓库至装船前的损失得不到补偿，卖方应对货物装船前的损失进行投保。

某些保险公司对某些商品、某些国别和地区有特殊规定，投保人选择的险别与特殊要求，要事先征得保险公司同意才能投保。

7. 支付条款

国际货物买卖中的支付,是指用什么手段,在什么时间、地点,用什么方式支付货款及其从属费用。

支付条款的主要内容包括:(1)支付手段。其包括货币和汇票,主要是汇票。(2)支付方式。其可分为两类:第一类,双方不由银行提供信用,但通过银行代为办理的方式,如直接付款和托收;第二类,银行提供信用,从银行得到信用保证和资金周转的便利,如信用证。无论采用哪种方式,都应考虑交易地区的贸易法令和习惯。(3)支付时间和地点。支付时间不仅涉及利息问题,而且对买卖双方尽快实现各自利益有重大关系。通常按交货(交单)与付款先后,可分为预付款、即期付款与延期付款。

8. 检验条款

商品检验,是指由商品检验机关对进出口商品的品质、数量、重量、包装、标记、产地、残损等进行查验分析与公证鉴定,并出具检验证明。

商品检验的目的在于给买卖双方交接货物、支付货款及进行索赔提供依据。所以,检验条款也被称为索赔条款。其主要内容包括:检验机构,检验权与复验权,检验与复验的时间、地点,检验标准与方法及商检证书。

(1)检验机构。在国际贸易中,进行商品检验的机构主要有:由国家设立的官方检验机构;由产品的生产或使用部门设立的检验机构;由私人或同业公会、协会开设的公证、鉴定行等。

(2)检验权与复验权。在国际货物买卖中,指谁有权决定货物的品质、数量是否符合合同的规定,作为卖方提交货物以及买方接受或拒收货物的法律依据。国际上通行的做法有三种:第一种,以货物离岸时的品质、重量为准。这种做法显然对卖方有利。第二种,以货物到岸时的品质、重量为准。这种做法显然对买方有利。第三种,以装运港的商检证书作为卖方议付货款的依据;货到目的港后,买方保留对货物再行检验的权利(复验权),其检验结果作为买方是否接受货物并进行索赔的依据。这种做法符合买卖双方平等互利的原则,也是国际货物买卖中通行的做法。

(3)检验与复验的时间、地点。按照国际上通行的做法,检验的时间由买卖双方在合同中约定。这个期限也就是买方的索赔期限。按照国际惯例,FOB、CIF、CRF合同的复验地点是在目的港;如果目的地不是港口而是内地,或不适宜检验,则合同中应规定复验地点可延伸至内地;当货物有用一般检验方法不能查出的瑕疵时,复验地点应延伸至可以有效进行检验的地方。

(4)检验标准与方法。对同一种商品用不同的标准和方法检验,结果会大相径庭。所以,应在合同中明确规定该项产品所适用的检验标准和方法。在国际贸易实践中,通常采用以下方法:按买卖双方商定的标准和方法;按生产国标准及方法;按进口国标准及方法;按国际标准或国际习惯的标准和方法。随着经济全球化的深入发展和我国加入世界贸易组织,我国企业和行业组织应当积极参与制定我国的国家标准和尽量采用国际标准。

(5)商检证书。商检证书是商检机构出具的,证明商品品质、数量等是否符合合同要求的书面文件。按照商品的性质及检验要求,商检证书主要有品质检验证,重量检验证,卫生(健康)检疫、检验证,消费检验证,产地证,验残检验证以及根据某些国家的特殊法律或规定出具的特殊证书等。商检证书的法律效力如下:第一,它是货物进、出海关的凭证;第二,它是征收或减、免关税的必备证件;第三,它是买卖双方履行合同义务、交接、结算的有效凭证;第四,它是计算运费的凭证;第五,它是进行索赔、证明情况、明确责任的法律依据。

9. 违约救济与索赔条款

违约救济与索赔条款主要规定,当一方发生违约时应承担的责任、采取救济措施的时间等。按照《联合国国际货物销售合同公约》的规定,除发生不可抗力情况下,由于非另一方原因导致一方合同不能履行、延迟履行或履行不符合合同规定的,都构成违约,要承担违约责任。如果另一方对违约有过错,则应按实际情况承担相应的责任。承担违约责任的方式主要有损害赔偿、实际履行、中止合同履行、解除合同或宣布合同无效等。

10. 不可抗力条款

不可抗力(force majeure/act of god),是指合同订立以后发生的当事人在订立合同时不能预见、不能避免、人力不可控制的意外事故,导致不能履约或不能如期履约。遭受不可抗力一方可由此免除责任,而对方无权要求赔偿。[20]

不可抗力条款的主要内容包括:不可抗力的含义、范围,不可抗力引起的法律后果以及双方的权利义务等。

就一般情况而言,不可抗力来自两个方面:自然条件和社会条件。前者包括水灾、旱灾、海啸、地震、飓风等;后者包括战争、暴动、罢工、政府禁令等。

具体来说,不可抗力事故应具备以下条件:(1)该事故是在合同订立以后发生的。(2)事故是在订立合同时,双方不能预见的。但货币贬值、价格涨落是普通的商业风险,是作为商人可以预见的常识,因此不能算作不可抗力。(3)事故不是由任何一方的疏忽或过失引起的。(4)事故之发生是不可避免的,且是人力不能控制、不可抗拒的。[21]

遭受不可抗力的一方在事故发生后可以解除合同或延迟履行合同,而不承担责任。只有当既有不可抗力因素,又存在当事人过失的情况下,当事人才承担相应的赔偿责任。解除合同还是延期履行合同取决于:(1)意外事故对履约的影响程度;(2)合同标的的性质(如种类物与特定物);(3)意外事故与当事人未履行或未认真履行合同之间是否存在因果关系。

遭受不可抗力一方在事故发生后,要将事故的发生和自己的决定及时通知对方或在得到对方通知后,无论同意其意见与否,都及时作出答复。

---

〔20〕 合同中的不可抗力条款来自大陆法系民法中的“情势变迁原则”。其从“合同基础论”出发,认为合同的有效性应以合同成立的时间、地点、环境为基础,如果合同成立后,由于不可归责于当事人的原因,这个基础发生了当事人预想不到的变化或不复存在,对当事人来说,坚持履行合同显然不合理时,那么可以不再履行合同或作出相应的变更。近似于英美法系的“合同落空”理论。参见王传丽:《涉外经济合同的法律效力》,中国政法大学出版社 1989 年版,第 152～175 页。

〔21〕 我国 1999 年《合同法》第 117 条采用了“不可抗力”的一般表述,但定义中取消了“当事人在订立合同时”的限制条件,该法规定不可抗力指不能预见、不能避免并不能克服的客观情况。2021 年生效并取代了《合同法》的《民法典》的第 533 条规定,合同成立后,合同的基础条件发生了当事人在订立合同时无法预见的、不属于商业风险的重大变化,继续履行合同对于当事人一方明显不公平的,受不利影响的当事人可以与对方重新协商;在合理期限内协商不成的,当事人可以请求人民法院或者仲裁机构变更或者解除合同。人民法院或者仲裁机构应当结合案件的实际情况,根据公平原则变更或者解除合同。似乎采用“合同基础条件的变化”取代了“不可抗力”的表述。其第 563 条第 1 款第 1 项规定,因不可抗力致使不能实现合同目的的,当事人可以解除合同。第 590 条第 1 款规定,当事人一方因不可抗力不能履行合同的,根据不可抗力的影响,部分或者全部免除责任,但是法律另有规定的除外。因不可抗力不能履行合同的,应当及时通知对方,以减轻可能给对方造成的损失,并应当在合理期限内提供证明。上述两条都提到“不可抗力”一词,但对该词含义未做解释。

《联合国国际货物销售合同公约》没有采用“不可抗力”一词，而采用“非他所能控制的障碍”的表述。其第 79 条规定，(1) 当事人不履行义务，不负责任，如果他能证明此种不履行义务，是由于某种非他所能控制的障碍，而且对于这种障碍，没有理由预期他在订立合同时能考虑到或能避免或克服它或它的后果。(2) 如果当事人不履行义务是由于他所雇用履行合同的全部或一部分规定的第三方不履行义务所致，该当事人只有在以下情况下才能免除责任：(a) 他按照上一款的规定应免除责任，(b) 假如该款规定也适用于他所雇用的人，这个人也同样会免除责任。(3) 本条所规定的免责对障碍存在的期间有效。(4) 不履行义务的一方必须将障碍及其对他履行义务能力的影响通知另一方。如果该项通知在不履行义务的一方已知道或理应知道此一障碍后一段合理时间内仍未为另一方收到，则他对由于另一方未收到通知而造成的损害应负赔偿责任。(5) 本条规定不妨碍任何一方行使本公约规定的要求损害赔偿以外的任何权利。

11. 出口管制合规条款〔22〕

该条款是指在出口物项属于法律禁止或限制的情况下，为体现交易的合法性，由我国出口经营者做出的一项承诺性书面声明，表明经营者将严格执行国家出口管制法律法规的态度。该条款的设置来自一项中国法的强制性规定。根据我国 2020 年 12 月 1 日实施的《出口管制法》，商务部安全与管制局于 2021 年 4 月 28 日发布了商务部《关于两用物项出口经营者建立出口管制内部合规机制的指导意见》，该意见要求出口经营者建立并完善出口管制内部合规机制并发布了《两用物项出口管制内部合规指南》（以下简称《指南》）。《指南》明确要求出口经营者应当在“合同中设置出口管制合规相关条款，约束交易方遵守出口管制相关法律法规，以减少或排除出口管制相关风险”。该条款除适用于两用物项出口经营者之外，还适用于从事商用密码产品、易制毒化学品进出口的经营者，为两用物项出口提供代理、货运、寄递、报关、第三方电子商务交易平台和金融等服务的经营者以及从事两用物项研发、生产等业务的企业、科研院所。

12. 仲裁条款

仲裁条款又称仲裁协议，是双方当事人愿意将其争议提交第三者进行裁决的意思表示。仲裁是国际贸易中解决争议时最常用的方法，并以双方订有书面仲裁协议为前提。

仲裁条款的主要内容包括：仲裁机构、适用的仲裁程序规则、仲裁地点及裁决效力等。详见本书第十三章。

13. 法律适用条款

国际货物买卖合同是在营业地分处不同国家的当事人之间订立的，由于各国政治、经济、法律制度不同，就产生了法律冲突与法律适用问题。当事人在合同中明确宣布合同适用何国

---

〔22〕 为此，企业在订约前应该：(1) 对可能面临的出口管制风险进行全面评估，严谨缜密地识别易发生违规风险的业务环节，根据风险等级匹配合规资源和审查内容。对风险评估中的疑问，要及时向国家出口管制管理部门或外部专业机构咨询。(2) 制定应急措施。出口经营者在发现可疑订单、可疑客户或可疑行为后需及时向出口管制内部合规机制报告，由其开展调查并做出最后决定。出口经营者发现出口物项应申请出口许可但未申请等行为的，或最终用户和最终用途发生改变或与合同不符等情形的，应采取紧急补救措施，并及时向政府部门报告。(3) 保留资料档案。出口经营者必须完整、准确地保留与出口管制相关的文件，包括出口记录、与政府部门沟通情况、客户信息及往来文件、许可申请文件、许可审批文件以及出口项目执行情况等。对以电话、传真、电子邮件和其他方式的接洽予以记录。

法律的条款叫作法律适用条款或法律选择条款。

根据当事人意思自治原则，各国都允许当事人通过合同自由选择合同适用的法律。这些法律既可以是当事人的国内法（买方国家的法律或卖方国家的法律），也可以是第三国法律；既可以是与合同有联系的法律，也可以是与合同并无联系的法律（有些国家不允许当事人选择与合同无联系的法律）；既可以是国际公约，也可以是国际商业惯例。

无论如何，当事人的自由选择必须是善意的、合法的，并不得与公共利益相违背。

第三节　卖方和买方的义务

一、卖方的义务

根据《联合国国际货物销售合同公约》的规定，卖方应承担以下义务：(1)按照合同和公约的规定提交货物和单据以转移货物所有权的义务；(2)对货物承担担保义务。

（一）商品的转移与书证的交付

提交货物和单据是国际货物买卖中卖方的一项主要义务。卖方应在合同指定的时间和地点移交货物和单据。如果合同中对交货时间、地点未作规定，则应按照公约的规定办理。

1. 交货地点

(1)卖方营业地。按照《联合国国际货物销售合同公约》的规定，卖方没有义务在任何其他特定地点交付货款。在一般情况下，卖方是在自己的营业所在地向买方提交货物；买方自备运输工具，将货物运走。该公约规定，如果卖方有一个以上营业地，则以与合同及合同的履行关系最密切的营业地为其营业所在地；如果卖方没有营业地，则以其惯常居所为准。

(2)特定地点。如果合同指的是特定货物或是从特定存货中提取，或将在某特定地点进行生产制造，则交货地点即是该货物存放或生产的特定地点。

(3)货交第一承运人。当卖方的交货义务涉及运输时，卖方只要把货物交给第一承运人就算履行了交货义务。在国际贸易中，"涉及运输"是一个特有概念，特指那些以本人或其名义与托运人订立运输合同并承担运输责任的承运人。当卖方有义务安排运输时，卖方和承运人签订必要的运输合同，并按照通常的运输条件，用适合情况的运输工具，把货物运到指定的地点（第一承运人所在地）。在有约定的情况下，承担必要的保险义务。

目前，国际货物买卖已基本上实现统一化、标准化、规范化。因此，各国进出口商利用贸易术语即可确定交货地点。

2. 交货时间

在一般情况下，卖方应按合同中双方约定的时间（确定的日期或期间）提交货物。如果合同中没有约定，则根据《联合国国际货物销售合同公约》的规定，卖方应在订立合同后一段合理的时间内交货。所谓合理时间，按照一般的国际实践，是作为事实由法院根据货物的性质及合同的其他规定决定的。

3. 单据的交付

在国际货物买卖中，存在两种交货方式：一种是实际交货，即卖方亲自把货物连同代表货物所有权的单据一起交到买方手中，完成货物所有权与占有权的同时转移；另一种是象征性交货,即卖方只把代表货物所有权的证书(提单)交到买方手中,完成货物所有权的转移即为完成交货义务。

因此,在国际货物买卖合同中,交付单据是卖方一项十分重要的义务。根据《联合国国际货物销售合同公约》的规定,卖方交付单据的义务具体包括:(1)卖方应保证单据的完整和符合合同及公约的规定;(2)应在合同约定的时间、地点交付单据。

(二)卖方的担保义务

根据《联合国国际货物销售合同公约》的规定,卖方除了承担交货义务外,还应承担的第二个义务是保证提交的货物在各方面符合合同的规定,包括卖方对所交货物质量的保证与所有权的保证。

1. 瑕疵担保

瑕疵担保,是指卖方对其所售货物的质量、特性或适用性承担的责任。《联合国国际货物销售合同公约》规定,卖方提交的货物除了应符合合同的规定外,还应符合公约的如下要求:(1)货物适用于同一规格货物通常使用的目的;(2)货物适用在订立合同时买方明示或默示通知卖方的特定目的;(3)在凭样品或说明书的买卖中,货物要与样品或说明书相符;(4)卖方应按照同类货物通用的方式装箱或包装,如果没有通用的方式,则用足以保全和保护货物的方式装箱和包装。

否则,根据各国法律与实践,卖方违反瑕疵担保要承担交货不符、违反合同的责任;如果因货物瑕疵导致人身伤亡和财产损失,当事人还要依法承担产品责任。

产品责任问题不在《联合国国际货物销售合同公约》的调整范围之内。该公约第5条规定,本公约不适用于卖方对于货物对任何人所造成的死亡或伤害的责任。目前国际上尚不存在统一的关于产品责任的国际公约,[23]这样一来,由货物瑕疵导致的产品责任问题只能依据各国国内法的相应规定解决。

值得注意的是,在国际货物买卖中,各国法律都允许买卖双方在标准合同中订立合理的免责或限制责任条款以减轻或解除卖方依法承担的瑕疵担保义务。[24]

2. 追夺担保与权源保护

追夺担保也称所有权担保,是指卖方所提交的货物必须是第三者不能提出任何权利要求的货物。卖方在订立合同时应保证其所售货物的所有权不因存在买方所不知的瑕疵而被追夺。

根据《联合国国际货物销售合同公约》的规定,其具体含义有三个方面:(1)卖方应向买方担保他确实有权出售该货物。假如卖方将偷窃的东西卖给买方,则违反他对货物所有权担保的义务。(2)卖方应担保货物上不存在任何不为买方所知的留置权、抵押权等他人的权利要求。(3)卖方应向买方担保第三者对所提交的货物不得以侵权或其他类似理由提出合法要求。例如,卖方出售的货物及其使用不得侵犯第三者的专利权、商标权等。

当第三者根据工业产权或其他知识产权提出要求时,根据《联合国国际货物销售合同公

---

〔23〕 按照欧洲共同市场1985年7月通过的《产品责任法》的规定,自1988年7月20日起,该法将在欧洲共同市场所有成员方全面实施。

〔24〕 关于标准合同和免责条款的法律效力,参见王传丽:《涉外经济合同的法律效力》,中国政法大学出版社1989年版,第213~227页。

约》的规定,需具备两个条件:(1)第三者的权利是依据买卖合同预期货物将要销往或使用的国家或地区的法律取得的。在这种情况下,如果卖方在订立合同时知道或不可能不知道第三者的权利存在,则要承担责任。[25] 假如卖方订约时,第三者的专利权尚未取得或未经公告或者买方把货物运往合同预期销往或使用国以外的国家或地区,而卖方不知道依据该国或该地区法律,货物的销售或使用会侵犯他人权利,则不承担责任。(2)第三者的权利是根据买方营业所在地国家的法律取得的。在这种情况下,不论货物销往哪个国家,也不论卖方是否知晓,卖方均要为侵犯第三者依据买方营业所在地国家的法律取得的专利权承担责任。

根据《联合国国际货物销售合同公约》的规定,卖方的所有权担保责任在下列情况下得予免除,其损害由买方来承担:(1)买方同意在有第三方的权利或要求的条件下接受货物;(2)买方在订立合同时知道或不可能不知道第三者的知识产权主张和要求;(3)上述权利或要求的发生是由于卖方要遵照买方提供的技术图样、图案、程序或其他规格提供货物;(4)当买方收到第三者的权利要求时,要及时通知卖方,如怠于通知,则免除卖方的所有权担保义务。

值得注意的是,《联合国国际货物销售合同公约》并未指明何为侵犯工业产权或知识产权的行为。这样,在一国被视为侵犯工业产权的违法行为,在另一国可能被认为是合法的非侵权行为。[26] 当双方发生争议时,只能由解决争议的法院依照国际私法规则指引或合同适用的国内法处理。

二、买方的义务

根据《联合国国际货物销售合同公约》的规定,买方有支付价金与接受商品的义务,买方不履行义务则卖方可依法得到救济。

(一)支付价金的义务

《联合国国际货物销售合同公约》第53条规定,买方应根据合同和本公约的规定履行支付价金的义务。支付价金的义务包括根据合同或任何法律和规章规定的步骤和手续,在约定的时间和地点支付货款。

1. 付款应履行的步骤和手续

按照一般的国际贸易实践,付款应履行的步骤和手续包括:买方向银行申请信用证或银行付款保险,向政府主管部门申请进口许可证及所需外汇等。这些手续是买方付款的前提和保证,根据《联合国国际货物销售合同公约》第54条的规定,完成这些步骤和手续都是买方的义务。

2. 价格的确定

根据《联合国国际货物销售合同公约》第55条的规定,如果合同已有效订立,但没有明示或默示规定价格或规定如何确定价格,在没有任何相反表示的情况下,双方当事人应视为已默示地引用订立合同时此种货物在有关贸易的类似情况下销售的通常价格。第56条规定,如果价格是按货物的重量规定的,如有疑问,应按净重确定。

3. 付款地点

买方应在约定的付款地点付款。当合同中对付款地点未作约定时,依照《联合国国际货物

〔25〕 参见《联合国国际货物销售合同公约》第42条第1款(a)(b)。
〔26〕 参见王传丽:《与贸易有关的知识产权问题——析商标权与灰色市场进口》,载《政法论坛》1995年第1期。

销售合同公约》第57条的规定,买方应在下列地点付款:(1)卖方营业地;(2)在凭移交货物或凭单据付款时,则为提交货物或单据的地点。

4. 付款时间

买方应在合同约定的时间支付货款,如果合同中对付款时间未作规定,买方则应按《联合国国际货物销售合同公约》第58条的规定,在卖方将货物或单据交买方处置时付款。卖方可以将支付货款作为移交货物或单据的条件。在合同涉及货物的运输时,卖方可以在支付货款后,方把货物或控制货物处置权的单据移交给买方作为发运货物的条件。与普通法系国家的规定相一致,该公约也把买方的付款义务与检验货物的权利联系在一起。其规定买方在未有机会检验货物前,无义务支付价款。但这一程序不得与双方议定的交货或支付程序相抵触。

《联合国国际货物销售合同公约》第59条规定,买方必须按合同和本公约规定的日期或从合同和本公约可以确定的日期支付价款,无须卖方提出任何要求或办理任何手续。

(二)收取货物的义务

按照《联合国国际货物销售合同公约》的规定,买方收取货物的义务包括两方面:(1)采取一切理应采取的行动以期卖方能提交货物;(2)接收货物。

第四节 违反合同的补救方法

一、卖方违约的补救方法

卖方违约,是指卖方不交付货物或单据或交付延迟;交货不符合合同规定以及第三者对交付货物存在权利或权利主张。当发生以上违约行为时,《联合国国际货物销售合同公约》给买方提供了以下救济方法[27]:

1. 卖方实际履行

当卖方不履行合同义务时,买方可要求其实际履行合同义务,包括要求卖方提交符合合同规定的货物或对不符合规定的货物进行修理、更换或提交替代物等。买方并可通过法院强制手段强迫卖方履行以上义务。

根据《联合国国际货物销售合同公约》的规定,实际履行应满足以下条件:(1)买方不得采取与这一要求相抵触的救济方法;(2)买方应给予卖方履行合同的宽限期;(3)当卖方交货不符时,只有这种不符构成根本违反合同(fundamental breach)时,买方才能要求提交替代物,而且应在发现交货不符时,将这一要求及时通知对方;(4)法院是否作出实际履行的判决依赖于该国国内法的规定。

2. 减少价金

当卖方交货不符合合同规定时,买方可要求减少价金。《联合国国际货物销售合同公约》第50条规定,无论价款是否已付,买方都可减低价格。减低价格应按实际交付的货物在交货时的价值与符合合同规定的货物在当时的价值两者之间的比例计算。

在下列情况下,买方丧失要求减少价金的权利:(1)如果卖方已对交货不符采取了补救办

〔27〕 参见《联合国国际货物销售合同公约》第28条、第46条、第47条。

法;(2)买方拒绝了卖方对违约采取的补救办法或对卖方提出的补救办法未在合理时间内作出答复。

3. 宣告合同无效

根据《联合国国际货物销售合同公约》的规定,当卖方不履行合同或公约义务构成根本违反合同时,买方可以宣告合同无效。根据该公约第25条的规定,所谓根本违反合同,是指一方当事人违反合同的结果,使另一方当事人蒙受损害,以至于实际上剥夺了他根据合同规定有权期待得到的东西。具体包括以下三项内容:(1)卖方不交付货物、延迟交货、交货不符或所有权有瑕疵构成根本违反合同;(2)卖方声明他不在规定的时间内履行交货义务;(3)在买方给予的宽限期届满后卖方仍不履行合同。

如果卖方已交货,买方则丧失宣告合同无效的权利,除非:(1)在延迟交货的情况下,买方在得知交货后的合理时间内宣告合同无效;(2)在交货不符的情况下,买方在检验货物后的合理时间内宣告合同无效;(3)在给予卖方作出履行合同或作出补救的宽限期届满或在拒绝接受卖方履行义务之后的合理时间内宣告合同无效。

《联合国国际货物销售合同公约》第82条规定,买方如果不可能按照实际收到货物的原状归还货物,就丧失宣告合同无效或要求卖方交付替代物的权利。

该公约第26条规定,买方宣布合同无效的声明,只有在向卖方发出通知时才产生效力。

值得注意的是,当卖方交付的货物中有部分符合合同时,买方应接受符合规定的部分;只有当卖方完全不交货或不按合同规定交货构成根本违反合同时,才能宣布整个合同无效。当卖方交货数量大于合同规定数量时,买方有选择权,即全部接受或拒绝多交部分。

该公约第81条规定,宣告合同无效的后果有两个方面:(1)宣告合同无效,解除了双方的合同义务,但应负责的任何损害赔偿仍应负责;宣告合同无效不影响合同中关于解决争端的任何规定,也不影响合同中关于双方在宣告合同无效后权利和义务的任何其他规定。(2)已全部或部分履行合同的一方,可以要求另一方归还他按照合同供应的货物或支付的价款,如果双方都须归还,他们必须同时这样做。

4. 损害赔偿

根据《联合国国际货物销售合同公约》第83条的规定,买方享有要求损害赔偿的权利不因其行使采取其他救济办法的权利而丧失。也就是说,无论买方采用了实际履行并给予宽限期的救济方法,还是采用了减少价金或宣告合同无效等救济方法,如果不足以弥补由于卖方违约造成的损失,买方仍可以继续要求损害赔偿。

二、买方违约的补救方法

买方违约包括买方不按合同规定支付货款和不按合同规定收取货物。在这种情况发生时,根据《联合国国际货物销售合同公约》的规定,卖方可选择以下救济方法:

1. 实际履行

《联合国国际货物销售合同公约》第62条规定,卖方可要求买方支付价款、收取货物或履行其他义务。除非卖方已采取了与此项要求相抵触的救济方法。

在要求实际履行的过程中,如果货物仍在卖方手中,则卖方有保全货物的义务;如果货物易腐烂或保全货物要支付不合理费用时,卖方可在通知买方后转售货物。在这种情况下,卖方只能要求损害赔偿,而不能再要求实际履行。根据公约的规定,实际履行的救济不影响卖方对由于买方延迟付款或接收货物蒙受的损失,提出要求损害赔偿的权利。

2. 损害赔偿

在买方违约并拒绝履行合同时,尽管卖方依公约可以要求实际履行,实际履行可以达到买卖双方当初订立合同时预期的目的,但法院能否作出实际履行的判决,以及判决的执行等都是费时、费力的事情。在瞬息万变的国际市场上,卖方往往不愿冒将货物长期留在自己手中的风险,特别是当货物属于易腐烂,或保存货物要支出较高费用的时候,卖方宁愿选择较为简便、快捷的办法处理货物,同时向买方要求损害赔偿。根据《联合国国际货物销售合同公约》的规定,损失赔偿额应与买方违约给卖方造成的实际损失与可得利润相等,即赔偿额为合同价与转售额之间的差价。此外,卖方为保全货物支出的合理费用都可从转售额中予以扣除。

3. 宣告合同无效

根据《联合国国际货物销售合同公约》的规定,在下列情况发生时,卖方可以宣告合同无效:(1)买方不履行其在合同或公约中的义务构成根本违反合同;(2)买方不在卖方给予的宽限期内履行合同;(3)买方声明不履行合同。

根据《联合国国际货物销售合同公约》的规定,如果买方已支付了价金,卖方则不能宣告合同无效,除非在得知买方履行义务前,宣告合同无效;或对于其他违反合同的事件,卖方在得知这种情况后的合理时间内宣告合同无效;或在给予买方的宽限期届满或在得知买方声明不履行合同的一段合理时间内宣告合同无效。

对于未收货款的卖方,在不同情况下,可行使以下四种权利:(1)停止交货权;(2)留置权;(3)停运权;(4)再出售权。

由此可见,在买方违约时,卖方的救济方法可分为两大类:一类是债权方面的救济方法,如实际履行、损害赔偿、宣告合同无效;另一类是物权方面的救济方法,这是英美法系中特有的。前者是针对当事人行使的;后者是卖方直接针对货物行使的。

三、先期违约的补救方法

先期违约,是指在合同订立以后,履行期到来之前,一方表示拒绝履行合同的意图。先期违约可由违约方明确表示,或由对方从其行动中判断出来。例如,违约方在履行期到来之前即宣布拒绝履行合同、宣告破产或宣告丧失清偿债务的能力。

根据《联合国国际货物销售合同公约》第 71 条的规定,如果订立合同后,另一方当事人由于下列原因显然将不履行其大部分重要义务,一方当事人可以中止履行义务:(1)他履行义务的能力或他的信用有严重缺陷;(2)他在准备履行合同或履行合同中的行为表明他显然将不履行其大部分重要义务。如果在履行合同日期前,明显看出一方当事人将根本违反合同,另一方当事人可以宣告合同无效。当另一方显然将不履行其大部分重要义务时,一方可以暂时中止合同的履行。即在买方有先期违约的情况下,卖方可以停止发货或对在途货物行使停运权;在卖方先期违约的情况下,买方停止付款。此外,当事人还应承担以下义务:(1)必须将自己中止或解除合同的决定立即通知对方;(2)当对方提供了履行合同的充分保证时,则应继续履行合同;(3)假如当事人一方没有另一方不能履行合同的确切证据而中止合同的履行,则应负违反合同的责任。

第五节　货物所有权与风险的转移

一、货物所有权的转移

在国际货物买卖中,货物所有权从何时起从卖方转移到买方,是一个十分重要的问题。所谓货物买卖契约,是指卖方将货物的所有权转移或同意转移给买方以换取价金的行为。在许多贸易争议中,通常只有先确定了货物的财产权归属问题,才能进而解决双方的具体权利、义务问题。由于各国法律对所有权转移适用不同的原则和规定,因此,1980 年《联合国国际货物销售合同公约》除了在卖方义务中规定了卖方的所有权担保义务之外,对货物所有权何时转移以及合同对所有权可能产生的影响等问题均未涉及。而由解决争议的法院或仲裁庭依照公约的一般原则(国际贸易惯例)或依照国际私法规定适用的国内法律来解决。

(一)国际贸易惯例的规定

在国际贸易惯例中,只有 1932 年《华沙—牛津规则》明确规定了货物所有权的转移时间。按照该规则第 6 条的规定,在 CIF 合同中,除卖方依据法律对订售货物享有留置权、保留权或中止交货权外,货物所有权的转移时间,是卖方将有关单据交到买方掌握的时间。即卖方向买方交单的时间是货物所有权的转移时间。例如,工厂交货或目的地交货合同中,则可以推定所有权的转移时间是在货物交给买方或置于其控制之下的时间。

此外,国际商会《国际销售示范合同》B 部 A7 款规定:如果双方当事人已经有效地同意保留所有权,则直至完全付清价款之前,或依照另外的约定,货物的所有权不发生转移。

(二)各国国内法的有关规定

1.《英国货物买卖法》的规定

1893 年《英国货物买卖法》(现行文本是 1979 年《英国货物买卖法》的 1995 年修订本)规定,关于货物所有权转移时间的确定取决于该买卖合同是非特定物(uncertained goods)的买卖还是特定物(specific goods)的买卖[28]。

(1)非特定物买卖。其通常是指仅凭说明书的买卖或期货买卖。按照该法第 16 条规定,在货物未经特定化之前,所有权不发生转移。所谓特定化,是指将符合说明书的并处于可交付状态的货物无条件地划拨到合同项下的行为。所谓处于可交付状态,是指货物已经备妥,买方应即根据合同提取之意。这种划拨可由卖方提出取得买方同意,也可由买方提出而取得卖方同意。这种同意既可以是明示的,也可以是默示的;既可以在货物划拨之前做出,也可以在货物划拨之后做出。当合同中规定,卖方需将货物交付给买方或承运人或其他受托人或保管人以便交付买方,而又未保留对货物的处置权时,则不论其是否为买方所指定,应被视为已无条件地将货物划拨到合同项下。

---

[28] 《德国民法典》称为可替代物与不可替代物。可替代物,是指在交易中依惯例按数量、容量或重量确定的动产。参见[德]迪特尔·梅迪库斯:《德国民法总论》,邵建东译,法律出版社 2000 年版,第 878 页。按照《元照英美法词典》,特定物(specific goods),是指在买卖合同签订时就被认定并同意的货物。参见薛波主编:《元照英美法词典》,法律出版社 2003 年版,第 1279 页。

(2)特定物买卖。在特定物的买卖中,所有权何时转移取决于缔约双方的意图。为了确定双方意图,除考虑合同条款、缔约双方行为以及合同的具体情况外,还要遵循1893年《英国货物买卖法》第18条规则1至规则4。第一,在无保留条件的买卖处于可交付状态的特定物时,货物所有权是在缔约时转移给买方。第二,当卖方必须对货物有所作为,才能使货物处于可交付状态时,例如,对货物进行修理、更换,则货物所有权是在完成了这些工作并在买方收到有关通知时发生转移。第三,当货物已处于可交付状态,但卖方还必须对货物进行称重、丈量、检验或其他行为才能确定价金时,货物所有权应在以上行为都已完成,且买方收到有关通知时转移。第四,当货物附有"看货和试用后决定"(on approval)或"准许退还剩货"(on sale or return)或其他类似条件交付买方时,所有权在下列时间转移:一是买方向卖方表示认可或接受,或采取其他接受该项交易的行为时。二是买方虽未向卖方表示认可或接受,但留下货物且未通知拒收。例如,若合同中规定了退货时间,则在时限到期时所有权发生转移;若合同中未规定退货时间,则在合理时间届满时,所有权发生转移。

2.《美国统一商法典》的规定

按照《美国统一商法典》第2-501条的规定,货物在特定于合同项下之前,所有权不发生转移。除双方另有协议,特定化后的货物所有权是在实际交付的时间和地点发生转移。其第2-401条规定:(1)当合同规定在目的地交货时,所有权在目的地由卖方提交货物时发生转移。(2)当合同规定卖方需将货物发送买方而无须送至目的地时,货物所有权在交付发运的时间和地点转移至买方。(3)当不需移动货物即可交付时,如果卖方需提交所有权凭证时,则所有权在交付所有权凭证的时间和地点发生转移;在货物已特定化且不需提交所有权凭证时,所有权在订立合同时发生转移。无论有无正当理由,当买方以任何形式拒绝接受或保留货物时或买方正当地撤销对货物的接受时,所有权重新转移给卖方,不构成"一次买卖"。

与《英国货物买卖法》的规定不同的是,《美国统一商法典》规定,卖方所有权的保留只起到担保权益的作用。例如,在货物提交买方或发运的情况下,卖方保留提单只起到担保买方将来付款的作用,并不妨碍所有权的转移。

3.《法国民法典》的规定

根据《法国民法典》的规定,货物所有权是在合同订立时发生转移。该法第1583条规定,当事人就标的及其价金相互同意时,即使标的尚未交付,价金尚未支付,买卖即告成立,而标的物的所有权亦于此时在法律上由卖方转移于买方。

在司法实践中,所有权的转移还可适用以下原则:(1)对于种类物的买卖,所有权是在对货物进行划拨后发生转移;(2)对于附条件的买卖,则在满足条件后所有权发生转移;(3)买卖双方在合同中自由约定所有权转移的时间。

4. 我国《民法典》的规定

2021年1月1日起实施的我国《民法典》区分了动产和不动产。其第224条规定,动产物权的设立和转让,自交付时发生效力,但是法律另有规定的除外。

5.《德国民法典》的规定

和以上国家的做法均不相同,德国法认为货物所有权转移属于物权法范围,而买卖合同属于债权法范围,因此买卖合同解决不了物之所有权转移问题。需要买卖双方另就货物所有权转移问题达成合意。根据这一合意,货物所有权是在卖方将货物交付买方时发生转移;在卖方必须交付物权凭证的场合,卖方则通过提交物权凭证完成所有权转移。而不动产买卖的所有权转移则以完成登记的时间为准。

二、风险的转移

在国际货物买卖中，货物风险主要指货物在高温、水浸、火灾、严寒、盗窃或查封等非正常情况下发生的短少、变质或灭失等损失。划分风险的目的是确定对这些损失应当由谁承担。尽管在通常情况下，这些损失可以通过保险在经济上得到补偿，但仍有以下问题需要解决：(1)谁有资格向保险公司求偿；(2)在不属保险范围内或当事人漏保的情况下的风险分担问题；(3)对受损货物进行保全与救助的责任问题等。因此，在国际货物买卖中，风险分担对买卖双方是一个十分重要的问题。

(一)风险分担的原则

《联合国国际货物销售合同公约》对于买卖双方风险的分担采用了以下原则。

1. 以交货时间确定风险转移的原则

与某些国家以所有权的转移时间作为风险转移时间的做法不同，该公约采用了所有权与风险相分离的方法，确定了以交货时间作为风险转移时间的原则。该公约第69条规定，从买方接收货物时起，风险转移于买方承担。

2. 过失划分的原则

从交货时间起，风险从卖方转移于买方。这一原则的适用有一个前提，即风险的转移是在卖方无违约行为的情况下。假若卖方发生违约行为，则上述原则不予适用。该公约第66条规定，货物在风险转移到买方后遗失或损坏，买方仍需履行付款义务，除非这种遗失或损坏是由卖方的作为或不作为所致。

3. 国际惯例优先原则

在国际货物买卖实践中，对于货物风险的转移，一些惯例有自己明确的规定。该公约第9条规定，双方当事人业已同意的任何惯例和他们之间确立的任何习惯做法，对双方当事人均有约束力。例如，根据2000年《国际贸易术语解释通则》，FOB、CIF、CFR合同的风险划分是以装运港船舷为界。卖方承担货物越过船舷前的风险，货物越过船舷后的风险由买方承担。如果当事人在合同中选择了这种贸易术语，那么国际贸易术语规定的风险分担原则优于公约的规定。即风险划分以船舷为界而不是以交付单据(交货)的时间划分。

4. 划拨是风险发生转移的前提条件

根据《联合国国际货物销售合同公约》的规定，货物在划拨合同项下前风险不发生转移。所谓划拨(identify)，又称特定化，是指对货物进行计量、包装、加上标记，或以装运单据、向买方发通知等方式表明货物已归于合同项下。经过划拨的货物，卖方不得再随意进行提取、调换或挪作他用；当交货涉及运输时，《联合国国际货物销售合同公约》第67条规定，风险于货交第一承运人时起转移到买方，但在货物未划拨合同项下前不发生转移[29]。在交货不涉及运输时，《联合国国际货物销售合同公约》第69条规定，风险是在货物交由买方处置时发生转移，但当

---

[29] 《联合国国际货物销售合同公约》第67条第2款规定，在货物以货物上加标记，或以装运单据，或向买方发出通知或以其他方式清楚地注明有关合同以前，风险不转移到买方承担。"The risk does not pass to the buyer until the goods are clearly identified to the contract, whether by marking on the goods, by shipping documents, by notice given to the buyer or otherwise."

货物未划拨合同项下前,不得视为已交给买方处置。

(二)风险转移的时间

按照以交货时间作为风险转移时间的原则,《联合国国际货物销售合同公约》将交货分为以下几类:

1. 涉及运输的交货

前文已提及,在国际贸易中,"涉及运输"是一个专有概念。涉及运输的交货又可分为两种情况:(1)卖方没有义务在指定地点交货,此时,风险于货交第一承运人时起转移给买方;(2)卖方必须在某一特定地点交货,此时,风险以在该地点货交承运人时起转移给买方。由于该公约采用的是所有权与风险转移分离的原则,因此,卖方保留控制货物处置权的单据,不影响风险的转移。

2. 在途货物的交货

对于在运输途中出售的货物,该公约规定,原则上从订立合同时起,风险转移到买方承担。假如卖方通过向买方转移运输单据作为交货依据,则从货物交付给签发载有运输合同的承运人时起,风险由买方承担。为了保护买方的利益,公约给出售在途货物的卖方施加了一项义务,即卖方在订立合同时已知道或理应知道货物已经损坏或遗失的,如果不将这一事实告知买方,则上述风险转移的原则不予适用。

3. 不涉及运输的交货

不涉及运输的交货也有两种情况:(1)在卖方营业地交货,此时,风险从买方接收货物时转移给买方;或在货物交买方处置但遭无理拒受时起转移给买方;(2)在卖方营业地以外地点交货,当交货时间已到,而买方知道货物已在该地点交他处置时,风险才开始转移给买方。所谓货物交买方处置,是指卖方已将货物划拨合同项下,完成交货的准备工作并向买方发出通知等一系列行为。卖方完成上述行为即为将货物已交买方处置。

值得注意的是英国对风险转移的划分。根据 1979 年《英国货物买卖法》(1995 年修订本),货物风险表面上随财产权转移。该法第 20 条规定,卖方应负责承担货物的风险,直至财产权转移给买方时止。根据这一规定,风险的转移是和所有权转移联系在一起的。所有权不发生转移,风险也不发生转移。假如卖方在货物装船后不把提单交给买方,那么在提单交给买方前的整个运输途中的风险都应由卖方负责。

本章思考题

1. 试述《联合国国际货物销售合同公约》的特点。
2. 试述《国际贸易术语解释通则® 2010》的主要内容。
3. 简述《国际贸易术语解释通则® 2020》对《国际贸易术语解释通则® 2010》的主要修改。
4. 介绍 FOB、CIF、CFR 术语的异同。
5. 介绍国际货物买卖合同成立的程序。
6. 试述国际货物买卖合同的主要内容。
7. 试述国际货物买卖合同卖方和买方的义务。
8. 违约救济方法有哪些?

9. 简述货物所有权转移的理论。
10. 简述货物风险转移的原则和时间。

拓展阅读

1. 1980 年《联合国国际货物销售合同公约》。
2.《国际贸易术语解释通则® 2020》。
3.《中华人民共和国民法典》合同编。

第三章　国际货物运输法

本章导读

国际货物运输是国际服务贸易的一种。随着国际贸易的发展,国际货物运输日显重要,国际货物运输法即是调整货物跨越国境运输的法律规范的总和。其包括国际海上货物运输、国际航空货物运输、国际铁(公)路货物运输和国际货物多式联运等。本章重点在于掌握有关国际货物运输的国际公约;国际货物运输承运人的责任及其豁免。

第一节　国际海上货物运输法

国际海上货物运输量大,价格便宜,安全便利,故在国际货物运输中占有显著位置。海上货物运输是通过合同进行的。所谓海上货物运输合同,是指承运人收取运费,承担由海上将货物从一国港口运往另一港口订立的合同。其主要分提单和租船合同两种形式。

一、提单运输

提单(bill of lading)适用于散杂货定期班轮运输,是国际海上货物运输中最广泛适用的一种合同形式。

(一)提单的定义和作用

提单是一种用以证明海上运输合同和货物已由承运人接管或装船,以及承运人保证凭以交付货物的单据。

根据这一定义,提单的作用有三种:

1. 提单是托运人与承运人之间订有运输合同的凭证。在班轮运输中,如果托运人与承运人之间已事先就货物运输订有货运协议(如订舱单、托运单),则提单是双方运输合同的证明;如果事先无货运协议,则提单就是双方订立的运输合同。当托运人把提单通过背书转让给第三人(如收货人)时,则在承运人和第三者之间,提单就是承运人和收货人之间的运输合同。

2. 提单是承运人从托运人处收到货物的凭证。在班轮运输中,有权签发提单的是承运人(船长或其代理人)。托运人将货物交给承运人后,承运人签发提单,证明承运人按提单上所列内容收到了货物,日后按提单所载内容向收货人交付货物。

3. 提单是代表货物权利的凭证。[1] 承运人在收到货物并签发提单之后，负有在目的地只向提单持有人交付货物的义务。谁持有提单，谁就有权提取货物。作为权利凭证，提单可以进行买卖和自由转让。

（二）提单的种类

1. 以货物是否装船分为已装船提单（Shipped B/L 或 on Board B/L）和收货待运提单（Received for Shipment B/L）

前者是指在货物装船以后，承运人签发的载明船名及装船日期的提单。后者主要适用于集装箱运输，是承运人在收取货物以后，实际装船之前签发的表明货物已收管待运的提单。

2. 以提单上是否有批注分为清洁提单（Clean B/L）和不清洁提单（Unclean B/L 或 Foul B/L）

前者是指单据上无明显地声明货物及（或）包装有缺陷的附加条文或批注的提单。后者是指附有该类附加条款或批注的提单。不清洁提单也难以作为物权凭证自由转让。

在国际贸易实践中，银行或买方或提单的受让人只接受已装船清洁提单。

3. 按收货人抬头分为记名提单（Straight B/L）、不记名提单（Open B/L）和指示提单（Order B/L）

记名提单，是指托运人指定特定人为收货人的提单。这种提单不能通过背书方式转让，故也称作“不可转让提单”。不记名提单，是指托运人不具体指定收货人，在收货人一栏只填写“交与持票人”（To bearer）字样，故又称作“空白提单”。这种提单不经背书即可转让，凡持票人均可提取货物，在国际贸易中因风险太大而很少使用。指示提单，是指托运人在收货人栏内填写“凭指示”（To order）或“凭某人指示”（To order of ...）字样的提单。指示提单通过背书可以转让，故又称为“可转让提单”。在国际贸易中得到普遍使用。

4. 按运输方式分为直达提单（Direct B/L）、转船提单或联运提单（Transhipment B/L 或 Through B/L）和多式联运单据（或提单）或联合运输单据（Combined transport document or B/L 或 Multimodal transport document or B/L）

直达提单是承运人签发的，货物直接从装运港运往目的港的提单。转船提单和联运提单在本质上并无不同，转船提单指允许货物中途换船的提单；联运提单指货物由海运和另一种或两种以上不同方式，如海陆、海空、海陆空等方式运输签发的提单。转船或联运提单均是由船公司签发并承担全程责任的，因此在性质上两者并无不同。值得注意的是联运提单与联合运输单据或多式联运单据的关系：相同之处在于其都使用至少两种不同的运输方式，将货物从一国运往另一国。不同之处则在于联运提单的签发人一定是船公司或其代理人，而后者虽是由联合运输经营人签发，但它并不一定是船公司。如果该联合运输经营人是船公司或其代理人，并注明货物于某日已装船，则可用联合运输单据代替联运提单。

---

[1] Document of Title to Goods，中文习惯译做货物所有权凭证，实际上，该词含义更广，包括任何提单、码头仓单、仓库管理人的证明、交货授权书或命令。其“是说明、识别及申明货物的书面文件，在普通商业或金融业务中被视为其持有人有权对单据及其所列明的货物进行接收、控制或处置的充分证明”。“Document of title: A written description, identification or declaration of goods” which in the regular coures of business or finaucing is treated as adequately evidencing that the person in possession of it is eutitled to receive, hold and dispose of the document and the goods it covers. See *Black's Law Dictionary*, 6th edition, p. 481 – 482. 其基本特征是“权利随着单据走”（The right travels with the documents）。See Goode, *Commercial Law*, Penguin Books, 1995, p. 55，参见《英国 1889 年代理商法》。

5. 按运费支付的时间分为运费预付提单(Freight prepaid B/L)和运费到付提单(Freight payable at destination B/L)

前者指托运人在装货港提交货物时即支付运费,承运人在提单中载明“运费付讫”。在CIF和CFR合同中要求运费预付提单。后者指货物到达目的地,托运人或收货人支付运费,提单上载明“运费到付”。

6. 租船提单

租船项下的提单称为租船提单。其性质和作用依租船人的身份不同而异,当租船人运送的是自己的货物时,船东签发的提单起证据的作用,提单要服从租船合同的约束。租船人(托运人)与船东(承运人)双方的权利、义务以租船合同为准。当租船人以承运人的身份接受第三者即托运人的货物并签发自己的提单时,其性质和班轮运输提单一样,提单适用《海牙规则》的规定。承运人与托运人、提单持有人、收货人的权利、义务以提单为准,但船东与租船人的权利、义务以租船合同为准。

(三)提单运输的国际公约

目前,国际上调整班轮运输的国际公约有三个:《海牙规则》、《维斯比规则》和《汉堡规则》。2008年12月11日,联合国大会第63届会议通过了《联合国全程或部分海上国际货物运输合同公约》[UN Convention on the contracts of International Carriage of Goods wholly or Partly by sea,以下简称《鹿特丹规则》(The Rotterdam Rule)],目前还没有生效。

1.《海牙规则》

《海牙规则》是海上货物运输,特别是班轮运输中一个十分重要的公约。19世纪末,世界海上航运业迅速发展,以英国航运为代表的船舶所有人,利用手中雄厚的航运资本以及法律的“契约自由”原则,在自己制定的海运提单中任意加进许多免责条款,使力量弱小的货方利益失去保障。特别是提单作为一种物权凭证具有可以自由转让的特性,名目繁多的免责条款往往限制或阻碍了提单的转让,由此影响了国际贸易和海上运输的发展。

1893年,美国通过了《哈特法》(Harter Act),该法明确规定了海运承运人应尽的义务和豁免,并规定提单中任何免除承运人应尽义务的条款无效。《哈特法》的制定有效地保护了美国货主的利益,促使其他海运国家法律如澳大利亚1904年《海上货物运输法》、加拿大1910年《水上货物运输法》起而效仿。

为了缓和船方和提单中各利害关系人之间日益尖锐的矛盾,1921年国际法协会所属海洋法委员会在海牙召开会议,拟定了《海牙规则草案》。1924年,在布鲁塞尔正式通过了《海牙规则草案》,签订了《统一提单的若干法律规则的国际公约》(International Convention for the Unification of Certain Rules of Law Relating to Bills of Lading),亦可简称《海牙规则》。1931年6月2日生效。

《海牙规则》共有16条,主要规定了承运人的最低限度责任与义务、权利与豁免、责任起讫、最低赔偿限额、托运人义务以及索赔与诉讼时效等。

《海牙规则》使货方的利益得到一定保障,在一定程度上缓解了船方和货方的矛盾。到2006年年底,有85个国家和地区加入了该公约,或在其航运公司制定的提单中采纳了《海牙规则》的规定,据以确定承运人在货物装船、收受、配载、承运、保管、照料和卸载过程中应承担的责任与义务,享有的权利和豁免。我国至今没有加入该公约。

2.《维斯比规则》

由于《海牙规则》代表的是海运大国的利益,没有也不可能解决船东与货主的权益失衡问题，因此在其执行中，一直受到货方及海运不发达国家的反对，特别是随着世界海运技术的发展，集装箱运输在国际货物运输中得到广泛应用。20 世纪 60 年代，对《海牙规则》进行修改或重新制定提到日程上来，代表英国及北欧各传统海运国家利益的国际海事协会开始对《海牙规则》进行修改。1968 年 2 月 23 日，英、法及北欧国家在布鲁塞尔签订了《修改统一提单若干法律规定的国际公约议定书》（Protocol to Amend the International Convention for the Unification of Certain Rules of Law Relating to Bills of Lading），亦可简称《海牙—维斯比规则》或《维斯比规则》（Visby Rules）。1977 年 6 月 23 日生效。到 2006 年年底，有 30 个国家加入该公约。我国没有加入该公约。

3.《汉堡规则》

由于广大发展中国家的斗争和要求，1972 年联合国国际贸易法委员会下设的航运立法工作组开始了海上货物运输公约的重订工作，以取代已经过时的《海牙规则》，彻底调整承运人和托运人的责任和义务。1976 年制定了《海上货物运输公约草案》，在此基础上，1978 年 3 月在汉堡召开的联合国海上货物运输会议上通过了《联合国海上货物运输公约》（United Nations Convention on the Carriage of Goods by Sea），亦可简称《汉堡规则》（Hamburg Rules）。1992 年 11 月 1 日生效。到 2009 年 6 月底，已经有 34 个国家加入该公约。

我国虽不是上述公约的成员国，但 1993 年 7 月 1 日开始实施的《海商法》关于海上货物运输的规定是以《海牙规则》《维斯比规则》为基础的，适当吸收了《汉堡规则》的某些规定。因此，上述三个公约对全面了解国际海上货物运输法律具有重要意义。

根据《汉堡规则》的规定，凡《海牙规则》和（或）《维斯比规则》的缔约国，在加入《汉堡规则》时，必须声明退出《海牙规则》和（或）《维斯比规则》，如有必要，这种退出可推迟至《汉堡规则》生效之日起 5 年，即以前曾为《海牙规则》和（或）《维斯比规则》的缔约国，在加入《汉堡规则》后，从 1997 年 11 月 1 日起，不再是前述两公约的缔约国。

4.《鹿特丹规则》

随着世界经济的发展，传统的国际货物运输方式发生了很大变化，货物集装箱化和门到门运输非常普及，上述三个公约不仅在承运人责任制度上不够统一，而且也不能解决门到门运输的承运人责任问题。联合国国际贸易法委员会从 1996 年开始委托国际海事协会（CMI）起草国际运输公约，CMI 在 2001 年联合国贸法会提交了草案，联合国大会第 63 届会议于 2008 年 12 月 11 日通过了《鹿特丹规则》，该规则确立了管辖托运人、承运人和发货人在含有国际海上运程的门到门运输合同下所享权利和所承担义务的统一现代法律制度。该规则借鉴了先前各项与海上国际货物运输有关的公约，尤其是《海牙规则》及其各项议定书（《维斯比规则》）以及《汉堡规则》，并成为其现代替代文书。《鹿特丹规则》提供了一个法律框架，其中考虑到了自先前那些公约通过以来在海运中发生的许多技术和商业发展情况，包括集装箱化运输的增长、对单一合同下门到门运输的渴望以及电子运输单证的编制。《鹿特丹规则》为托运人和承运人提供了一种有约束力的普遍制度，以支持可能涉及其他运输方式的海运合同的运作。按照《鹿特丹规则》第 89 条的规定，加入《鹿特丹规则》的成员，同时退出《海牙规则》、《维斯比规则》和《汉堡规则》。

《鹿特丹规则》共有 18 章，96 条。其分别规定了总则，适用范围，电子运输记录，承运人的义务，承运人对灭失、损坏或迟延所负的赔偿责任，有关特定运输阶段的补充条款，托运人对承运人的义务，运输单证和电子运输记录，货物交付，控制方的权利，权利转让，赔偿责任限额，时效,管辖权,仲裁,合同条款的有效性,本公约不管辖的事项,最后条款。

(四)承运人的责任

1. 最低责任

《海牙规则》第3条规定了承运人必须履行的最低限度责任:(1)承运人须在开航前和开航时恪尽职守使船舶适航。其具体含义有:在开航前与开航时使船舶适于航行;船员的配备、船舶装备和供应适当;船舶要适合货物的安全运送和保管。(2)适当和谨慎地装载、搬运、配载、运送、保管、照料和卸载所运货物。根据该规则规定,凡是在合同中约定解除或减轻承运人依《海牙规则》承担上述责任、义务的条款一律无效。

2. 免责

《海牙规则》实行的是承运人的不完全过失责任。其第4条第2款和第4款列举了18种情况下免除承运人依法承担的责任:(1)承运人对船长、船员、领航员或承运人的其他受雇人在驾驶船舶或管理船舶中的过失;(2)非承运人过失发生的火灾;(3)海上或其他可航水域的灾难、危险和意外事故;(4)天灾;(5)战争;(6)公敌行为;(7)君主、当权者或人民的扣留或管制或依法扣押;(8)检疫限制;(9)托运人或货主,其代理人或代表的行为或不行为;(10)无论由于任何原因引起的局部或全面罢工,关厂停止或限制工作;(11)暴动和骚乱;(12)海上救助或企图救助人命或财产;(13)货物的自然特性或固有缺陷;(14)货物包装不善;(15)唛头不清或不当;(16)虽恪尽职责仍未能发现的船舶潜在缺陷;(17)非承运人或其受雇人、代理人实际过失或私谋造成的其他原因;(18)合理绕航。根据该规则第5条的规定,承运人可以在提单中明确规定放弃某项权利的豁免或加重自己的责任和义务。

3. 责任期间

按照《海牙规则》第1条(e)的规定,承运人的责任是从货物装上船起,至卸下船止的整个期间。实践中,当使用船上吊杆装卸货物时,从装货时吊钩受力开始至货物卸下船脱离吊钩为止的整个期间,即实行"钩到钩原则";当使用岸上吊杆装卸货物时,则货物从装运港越过船舷时起至卸货港越过船舷为止的整个期间,即实行"舷到舷原则"。

4. 索赔

按照《海牙规则》第3条第6款的规定,货物自卸货港交货前或交货时,收货人应将货物的灭失和损害的一般情况以书面方式通知承运人;在损害不明显时,该通知应在交货之日起3日之内提交;如在交货时,承运人和收货人已对货物进行联合检验或检查,则无须再提交书面通知;无论在任何情况下,从货物交付日或应交付日起,托运人或收货人应就货物的灭失或损坏情况在1年内提起诉讼,否则免除承运人依照《海牙规则》应当承担的一切责任。

(五)托运人责任

《海牙规则》第3条第5款、第6款规定了托运人的两项责任:(1)保证义务。托运人在托运货物时应妥善包装,并保证货物装船时所提供的货物品名、标志、包数或件数、重量或体积的正确性。(2)通知义务。托运人托运危险货物,应按照有关海上危险货物运输的规定妥善包装,做出危险品标志的标签,并将其正式名称、性质及应当采取的预防措施通知承运人。

(六)关于提单运输的国际公约的特点

1.《维斯比规则》对《海牙规则》的修改和补充

(1)公约的适用范围。《海牙规则》适用于在任何缔约国所签发的一切提单,《维斯比规则》改为,公约适用于两个国家港口之间有关货物运输的每一份提单,如果:①提单在一个缔约国签发,或②从一个缔约国的港口启运,或③提单载有或由提单证明的契约规定,该契约受《海牙规则》约束,或受《海牙规则》生效的任何国家的立法约束。不考虑船舶、承运人、托运人、收货人或任何其他有关人员的国籍如何。

(2)提单的证据力。《海牙规则》规定,承运人向托运人签发提单,是承运人收到该提单中所载货物的初步证据。根据这一规则,承运人有权提出反证,否定提单所载内容的真实性。这对托运人来讲,没有不公平之处,因为货物是托运人提交的,提单所载内容是托运人填写的。但这对于善意的提单的受让人来说,则可能是不公平的。鉴于此,《维斯比规则》明确规定,当提单已经转给善意行事的第三者时,与此相反的证据不予接受。也就是说,在存在善意第三者的情况下,提单对于善意的受让人来说,则是最终证据。

(3)承运人的赔偿金额限制。《海牙规则》的规定比较简略,其第 4 条第 5 款规定承运人或船舶,在任何情况下对货物或与货物有关的灭失或损害的赔偿,每件或每一计费单位赔偿 100 英镑,除非当事人在提单中注明了更高价值。而《维斯比规则》将赔偿金额从原来的 100 英镑改为双重限额,每件或每一单位为 10,000 金法郎,或按灭失或损坏的货物毛重每公斤 30 金法郎(1 金法郎是纯度为 900‰的黄金 65.5 毫克),以较高者为限。

(4)责任限制和抗辩理由的适用范围。《维斯比规则》将承运人的责任限制和抗辩理由,适用于就运输合同所涉及的有关货物的灭失或损害对承运人所提起的任何诉讼,无论该诉讼是以合同为根据还是以侵权行为为根据。此外,承运人的这种责任限制和抗辩理由,同样适用于承运人的雇佣人员和代理人(如果该雇佣人员或代理人不是独立的缔约人),即认可了所谓喜马拉雅条款(himalayas clause)的合法性。[2]

(5)拼装货的计算。《维斯比规则》增加了对用集装箱、托盘或类似的装运器具拼装时,赔偿金额的计算。该规则规定,提单中如载明装在这种装运器具中的件数或单位数,则按所记载的件数或单位数计算,否则,整个集装箱或托盘视为一件。

(6)诉讼时效。《海牙规则》规定的诉讼时效为 1 年。从货物交付或应付之日起算。《维斯比规则》除坚持《海牙规则》的 1 年时效外,规定经双方同意可以延长。即使 1 年期满后,承运人仍有不少于 3 个月的时间向第三者追偿。

(7)核能损害责任。《海牙规则》对此未作规定。《维斯比规则》规定,《海牙规则》的规定不应影响任何国际公约或国内法有关对核能损害责任的各项规定。

《维斯比规则》对《海牙规则》的修改,并没有解决《海牙规则》中权益失衡这一本质问题,关于承运人的责任和豁免、责任起讫、托运人义务等问题均未作实质性改变。

我国虽未加入《维斯比规则》,但《维斯比规则》中关于提单对善意第三者的最终证据作用

---

〔2〕 喜马拉雅条款,来自“阿德勒诉狄克逊”(Adler v. Dickson)一案[(1995)1 QB 158]。该案中,阿德勒夫人是一名游客,在搭乘 P&O 公司的一艘名为喜马拉雅号的游轮时,于下船时因船梯断裂而摔伤。由于阿德勒夫人持有的船票上载有承运人的疏忽免责条款,故阿德勒夫人转而以侵权行为对船长和水手提起诉讼。船长和水手认为作为船公司的雇员,他们有权享受船票上关于承运人免责的规定。法院判决认为,船票上的免责条款是船公司和乘客之间签订的,有权援引该条款的只能是该契约的当事人。作为船公司的雇佣人员无权享受不是由他签订的合同中免责条款的权利,结果是阿德勒夫人胜诉。以后,船公司为了避免此类事件的发生,在合同中增加一喜马拉雅条款,规定承运人的免责和限制赔偿金额的权利同样适用于雇佣人员和代理人。《海牙规则》和《汉堡规则》都承认了喜马拉雅条款的合法性。

的规定,[3]承运人的责任限制和赔偿额适用其代理人及雇员的规定[4],拼装货的计算[5],以及诉讼时效的修改等均在我国《海商法》的有关规定中得到反映[6]。

2.《汉堡规则》的特点

《汉堡规则》按照船方和货方合理分担风险的原则,适当加重了承运人的责任,使双方权利、义务趋于合理、平等。其主要内容包括以下几方面:

(1)适用范围。与《维斯比规则》相比,《汉堡规则》的适用范围更为明确。它规定,《汉堡规则》适用于两个国家之间的所有海上货物运输合同,如果装货港位于一个缔约国内;或预订卸货港或实际卸货港位于一个缔约国内;或提单或证明海上运输合同的其他单据是在一个缔约国内签发;或提单或证明海上运输合同的其他单据中规定,公约的各项规定或实施公约的各国国内立法,对提单有约束力;或依租船合同签发的提单,该提单约束承运人和不是租船人的提单持有人之间的关系。

(2)实际承运人。《汉堡规则》增加了实际承运人的概念。实际承运人是指接受承运人委托执行货物运输或部分运输的任何人,包括受委托执行这项运输的其他任何人。《汉堡规则》所有关于承运人责任的规定,不但适用于承运人的代理人、雇员,也同样适用于受其委托的实际承运人。

(3)货物。《海牙规则》中货物的概念不包括舱面货或集装箱装运的货物以及活动物。《汉堡规则》第1条规定,"货物"包括活动物,凡货物拼装在集装箱、货盘或类似的运输器具内,或者货物是包装的,而这种运输器具或包装是由托运人提供的,则"货物"包括它们在内。承运人只有与托运人达成协议,或符合特定的贸易习惯,或为法规或条例要求时,才能在舱面载运货物,否则要对舱面货发生的损失负赔偿责任。对于活动物,只要承运人证明是按托运人对该动物作出的指示办事,则对货物的灭失、损坏或延误运货造成的损失视为运输固有的特殊风险而不承担责任。

(4)清洁提单。《海牙规则》规定,承运人在签发提单时应注明货物的表面状况,但是,承运人、船长或承运人的代理人,不一定必须将任何货物的唛头、号码、数量或重量标明或标示在提单上,如果他有合理根据怀疑提单不能正确代表实际收到的货物,或无适当方法进行核对的话。按照这一规定,一张由承运人签发的所谓表面状况良好的提单,实际上并不意味着是一张清洁提单,因为承运人的怀疑或无法核对的事项并没有如实反映在提单的批注当中。

为了避免或减少由此产生的争议,《汉堡规则》第16条明确规定,如果承运人或代其签发提单的其他人确知或有合理的根据怀疑,提单所载有关货物的品类,主要标志、包数或件数、重量或数量等项目没有准确地表示实际接管的货物,或在签发"已装船"提单 的情况下,没有准确地表示已实际装船的货物或者无适当的方法来核对这些项目,则承运人或上述其他人必须在提单上作出保留、注明不符之处、怀疑根据或无适当核对方法。与《海牙规则》不同,《汉堡规则》虽然要求承运人必须在提单上注明货物的表面状况,但如果承运人未在提单上批注货物的

---

[3] 参见我国《海商法》第77条。

[4] 参见我国《海商法》第58条。

[5] 我国规定承运人的赔偿限额为每件或每个其他货运单位为666.67计算单位,或按毛重计算,每公斤为2计算单位,以两者较高者为准(我国《海商法》第56条)。其计算结果与《维斯比规则》的规定相当。同时增加了对迟延交货的赔偿金额的规定,其赔偿限额为所迟延交货的运费数额(我国《海商法》第57条)。

[6] 《海商法》第257条规定,诉讼时效为1年。

外表状况，则视为已在提单上注明货物的外表状况良好。

(5)承运人责任起讫。《汉堡规则》将《海牙规则》规定的钩至钩、舷至舷，扩展为自承运人接管货物时起至货交收货人时止，货物在承运人掌管之下的整个期间。《汉堡规则》第4条第1款、第2款规定："1. 按照本公约，承运人对货物的责任期间包括在装货港，在运输途中以及在卸货港，货物在承运人掌管的全部期间。2. 就本条第1款而言，在下述起讫期间，承运人应视为已掌管货物：(a)自承运人从以下各方接管货物时起：(i)托运人或代其行事的人；或(ii)根据装货港适用的法律或规章，货物必须交其装运的当局或其他第三方；(b)至承运人将货物交付以下各方时止：(i)将货物交付收货人；或(ii)遇有收货人不向承运人提货时，则依照合同或卸货港适用的法律或特定的贸易惯例，将货物置于收货人支配之下；或(iii)根据在卸货港适用的法律或规章将货物交给必须交付的当局或其他第三方。"

(6)承运人赔偿责任基础。《汉堡规则》将《海牙规则》中承运人的不完全过失责任改为承运人的推定完全过失责任。即除非承运人证明他本人及代理人或所雇用人员为避免事故的发生及其后果已采取了一切合理要求的措施，否则承运人对在其掌管货物期间因货物灭失、损坏及延误交货所造成的损失负赔偿责任。如果承运人将运输全部或部分委托给实际承运人履行，则承运人仍需对全程运输负责；如果双方都有责任，则在此限度内负连带责任。

(7)赔偿金额。《汉堡规则》将承运人的最低赔偿金额在《海牙规则》和《维斯比规则》规定的基础上提高到每件或每一货运单位835计账单位或相当于毛重每公斤2.5计账单位的金额，以较高者为限。所谓计账单位，是指国际货币基金组织规定的特别提款权，以此取代原来采用单一货币所带来的汇率波动风险。

(8)延迟交货赔偿。《汉堡规则》增加对于延迟交货赔偿的规定，对于承运人延迟交货时的赔偿作出了明确规定，即以相当于该延迟交付货物应付运费的2.5倍为限，但不得超过海上货物运输合同中规定的应付运费总额。所谓延迟交货，是指货物未能在明确议定的时间内，或在没有此项议定时，按照具体情况对一个勤勉的承运人未能在合理要求的时间内，在合同规定的卸货港交货。

(9)保函。在国际海上货物运输实践中，托运人为取得清洁提单，向承运人出具承担赔偿责任的保函的做法一直被司法实践认为是一种欺诈行为而无效。但实践中，这一做法却因为实用、简便而经常为当事人采纳作为紧急情况下的一种变通做法。正视这一问题并找出合理的解决办法，是《汉堡规则》的又一贡献。《汉堡规则》将保函合法化，规定托运人为取得清洁提单而向承运人出具承担赔偿责任的保函在托运人和承运人之间有效，但对提单受让人，包括任何收货人在内的第三方无效。在发生欺诈行为的情况下（无论是托运人还是承运人欺诈），承运人均需承担损害赔偿责任，并且不能享受公约规定的责任限制的利益。

(10)索赔与诉讼时效。收货人在收到货物的次日，将损失书面通知承运人；当货物灭失或损坏情形非显而易见时，则在收货后连续15日内，延迟交货则在收货后连续60日内，收货人向承运人提交书面损失通知。否则收货人丧失索赔的权利。

《汉堡规则》将《海牙规则》和《维斯比规则》规定的1年时效改为两年，并经接到索赔要求人的声明，可以多次延长。

(11)管辖权。《汉堡规则》增加了关于管辖权的规定。原告就货物运输案件的法律程序，可就法院地作如下选择：①被告主营业所在地或惯常居所；②合同订立地，且合同是通过被告在该地的营业所、分支机构或代理机构订立的；③装货港或卸货港；④海上运输合同中指定的其他地点。

我国不是《汉堡规则》的缔约国,但在我国《海商法》的规定中采纳了《汉堡规则》关于货物、实际承运人、清洁提单、延迟交货的概念,[7]并对承运人责任期间进一步具体化。承运人对集装箱装运的货物的责任期间,是指从装货港接收货物时起至卸货港交付货物时止,货物处于承运人掌管之下的全部期间;对非集装箱装运的货物,承运人的责任期间,是从货物装上船时起至卸下船时止,货物处于承运人掌管之下的全部期间。[8]

3.《鹿特丹规则》的特点

与先前的海运国际公约相比,《鹿特丹规则》的特点主要有如下几点:

(1)扩大了适用范围。《鹿特丹规则》首次确立了"海运加其他"(海运区段以及海运前后其他运输方式的区段)的法律制度。"海运加其他"将《鹿特丹规则》的适用范围扩大到传统的海上区段以外的其他领域,包括与海上运输连接的陆上,铁路运输、公路运输、内河水上运输,甚至航空运输都包括在内。但值得注意的是,该规则原则上是适用于海上运输,如果货物运输合同在涵盖了海上运输的同时还包括其他非海上运输阶段,而且货物是在其他运输区段发生损失,在这种情况下,如果该运输区段有强制适用的国际公约,就适用相关的国际公约。但如果该运输区段没有强制性的国际公约,就要适用《鹿特丹规则》的规定。

(2)扩大了责任主体。《海牙规则》和《维斯比规则》的责任主体是承运人,《汉堡规则》将承运人分为缔约承运人和实际承运人。《鹿特丹规则》的责任主体除了承运人之外,还包括履约方和海运履约方。按照《鹿特丹规则》的规定,"承运人"是指与托运人订立运输合同之人。"履约方"是指承运人以外的,履行或承诺履行承运人在运输合同下有关货物接收、装载、操作、积载、运输、照料、卸载或交付的任何义务之人,且以该人直接或间接在承运人的要求、监督或控制下行事为限[9]。"海运履约方"是指凡在货物到达船舶装货港至货物离开船舶卸货港期间履行或承诺履行承运人任何义务的履约方。内陆承运人仅在履行或承诺履行其完全在港区范围内的服务时方为海运履约方。从上述规定可以看出,"海运履约方"包括港口营运商以及为货物提供运输服务的各方。在港内提供服务的公路、驳船运输等都属于"海运履约方"。港口运营商与海运承运人具有同样的地位。

(3)对承运人规定了更加严格的责任。具体体现在:第一,承运人对货物的责任期间,自承运人或履约方为运输而接收货物时开始,至货物交付时终止。第二,扩大了承运人对船舶的适航义务,从"开航前和开航当时"扩展到"海上航程中"。第三,取消了"承运人的航海过失免责"条款,承运人承担完全过失责任。第四,提高了赔偿限额。承运人所负赔偿责任的限额,按照索赔或争议所涉货物的件数或其他货运单位计算,每件或每个其他货运单位 875 个计算单位,或按照索赔或争议所涉货物的毛重计算,每公斤 3 个计算单位,以两者中较高限额为限,但货物价值已经由托运人申报且在合同事项中载明的,或承运人与托运人已另行约定高于该条规定赔偿责任限额的,不在此列。对迟延造成经济损失的赔偿责任限额,相当于迟交货物应付运费两倍半的数额。但赔付总额不得超过所涉货物全损时的赔偿限额。

---

[7] 参见我国《海商法》第 42 条第 2 项、第 5 项,第 50 条、第 75 条、第 76 条。

[8] 参见我国《海商法》第 46 条。

[9] 不包括不由承运人而由托运人、单证托运人、控制方或收货人直接或间接委托的任何人。参见《鹿特丹规则》第一章第 1 条"定义"五、六、七。

(4)明确了海运履约方的赔偿责任。海运履约方必须承担《鹿特丹规则》对承运人规定的义务和赔偿责任,并有权享受对承运人规定的抗辩与赔偿责任限制。其条件是:第一,海运履约方在一缔约国为运输而接收了货物或在一缔约国交付了货物,或在一缔约国某一港口履行了与货物有关的各种活动。第二,造成灭失、损坏或延迟交付的事件发生在:①货物到达装货港至货物离开卸货港的期间内;②货物在海运履约方掌管期间;③海运履约方参与履行运输合同所立任何活动的其他任何时间内;④受海运履约方委托履行运输合同约定的承运人义务的人违反公约对海运履约方规定的义务的作为或不作为。但如果承运人承担了公约以外的义务或高于公约规定的赔偿限额,则除非海运履约方明示约定接受,否则海运履约方不受约束。

(5)明确了托运人的义务。基于对等、平衡原则,并参照承运人的责任规定,《鹿特丹规则》明确了托运人和单证托运人的义务和赔偿责任。托运人是与承运人订立运输合同之人。单证托运人,是指托运人以外的,同意在运输单据或电子运输记录中记名为"托运人"的人。享有与托运人同样的权利、义务。

(6)明确了电子运输记录的效力。与先前海运公约不同,《鹿特丹规则》确认了电子运输记录的法律效力,并将电子运输记录分为可转让与不可转让电子运输记录。

此外,《鹿特丹规则》还规定了货物控制权、权利转让、仲裁等新条款。值得注意的是,《鹿特丹规则》为"批量合同"作出了特别规定,托运人和承运人之间通过明示声明,批量合同可以约定增加或减少本规则规定的权利、义务和赔偿责任。

二、租船运输

在国际海上货物运输中,除了采用定期班轮运输外,还采用不定期航线的租船运输。班轮运输用提单调整承运人、托运人之间的关系。租船运输则通过租船运输合同调整出租人和承租人之间的关系。租船运输合同是指船舶出租人按一定条件将船舶全部或部分出租给承租人进行货物运输的合同,其分为航次租船合同与定期租船合同。

(一)航次租船合同

航次租船合同在租船运输中得到广泛应用。它是为完成特定航次运输,由船舶出租人向承租人提供船舶或船舶的部分舱位,装运约定的货物,从一港运至另一港,由承租人支付约定运费的合同。

航次租船合同多以标准格式出现,常见的有波罗的海国际航运公会(The Baltic and International Maritime Conference,BIMCO)制定的《统一杂货租船合同》(Uniform General Charter),亦称"金康"合同(Gencon);《澳大利亚谷物租船合同》(Chamber of Shipping Australian Grain Charter),亦称"奥斯特拉尔"(Austral)。

按照我国《海商法》的规定,航次租船合同的主要内容包括:出租人和承租人的名称、船名、船籍、载货重量、容积、货名、装货港和目的港、受载期限、装卸期限、运费、滞期费、速遣费及其他有关事项。

1. 出租人责任

根据我国《海商法》第94条的规定,出租人的责任与提单运输中承运人的责任相同。此外,出租人应在规定的卸货港卸货,出租人违反约定使承租人蒙受损失时,应负赔偿责任。

2. 承租人的责任和权利

(1)承租人应提供约定的货物,经出租人同意,可更换货物,由此对出租人造成不利时,出租人有权拒绝或解除合同。(2)承租人可将租用的船舶转租给第三者,但其原合同权利、义务不变。(3)承租人有解约权。根据我国《海商法》第96条、第97条的规定,承租人在出租人未在约定的受载期限内提供船舶;或出租人提供或更换的船舶不符合合同的约定的情况发生时,有解除合同的权利。

3. 提单

根据我国《海商法》第95条的规定,依照航次租船合同运输货物签发的提单,当提单持有人是非承租人时,承运人与该持单人之间的权利、义务关系适用提单的约定。但是当提单中载明适用航次租船合同条款时,则适用该航次租船合同条款。

值得注意的是,除出租人的责任外,我国《海商法》中有关当事人的权利、义务规定,仅在航次租船合同中没有约定或者没有不同约定时,才适用于航次租船合同的出租人和承租人。

(二)定期租船合同

定期租船合同,是指出租人在一定期限内把配备船员的船舶出租给承租人供其按约定的用途使用的书面协议。在定期租船合同中,出租人出租整个船舶,承租人按月或日支付租金。

国际上常见的定期租船标准合同有纽约物产交易所(New York Produce Exchange,NYPE)制定的《定期租船合同》(Time Charter),波罗的海国际航运公会制定的《统一定期租船合同》(Uniform Time Charter)以及我国租船公司制定的《中外定期租船合同》(Sino Time Charter)等。

根据我国《海商法》的规定,定期租船合同的主要内容包括:出租人和承租人的名称、船名、船籍、船级、吨位、容积、船速、燃料消耗、航区、用途、租船期间、交船和还船的时间和地点以及条件、租金及其支付,以及其他有关事项。

1. 出租人保证条款

出租人保证船舶在整个租期内适航且适于约定用途。出租人应在约定的时间交付船舶,如违反约定给承租人造成损失,承租人有权要求损害赔偿并解除合同。

2. 承租人责任

承租人承担以下责任:(1)承租人保证船舶在约定的航区内的安全港口或地点之间从事约定的海上运输。(2)保证船舶用于运输约定的货物。(3)承租人可将租用的船舶转租,但其原合同的权利、义务不受影响。(4)合同期内,船舶进行海难救助的,承租人有权获得扣除救助费用、损失赔偿、船员应得部分以及其他费用后的救助款项的一半。(5)按合同约定支付租金。违反约定时出租人有权解除合同,要求损害赔偿并对船上属承租人的货物和财产以及转租船舶的收入享有留置权。(6)还船。承租人按约定向出租人还船时,要使船舶处于与出租人交船时相同的良好状态。超期还船时,承租人应按照合同约定的租金率支付租金。市场租金率高于合同租金率时,按市场租金率支付租金。

第二节 国际航空货物运输法

一、国际航空货物运输公约

随着国际航空事业的发展,航空运输方式在国际贸易中得到日益广泛的使用。航空货物运输快捷、方便、卫生、安全,特别适于运送鲜活商品、易碎易损和贵重物品。

目前,调整国际航空货物运输关系的国际公约主要有四个:(1)《统一国际航空运输某些规则的公约》(亦简称《华沙公约》),1929年在华沙签订,1933年2月13日生效。我国1958年加入该公约。(2)《修改1929年10月12日在华沙签订的统一国际航空运输某些规则的公约的议定书》(亦可简称《海牙议定书》),订立于1955年9月,1963年8月1日生效。我国于1975年加入该议定书。(3)《统一非缔约承运人所办国际航空运输某些规则以补充华沙公约的公约》(亦可简称《瓜达拉哈拉公约》),订立于1961年,1964年5月1日生效。我国未加入该公约。(4)《蒙特利尔公约》。旧的华沙公约体系(指1999年《蒙特利尔公约》产生之前的华沙公约体系)的每个文件均是独立的条约,而这些文件的参加方又不完全相同,加上之前几次的修改、补充不仅没有实现国际航空运输规则的进一步统一,反而使《华沙公约》原本确立的统一航空承运人责任制度处于严重混乱状态,甚至遭到破坏;可适用的责任制度高达44种之多,并且很容易导致同一事件却适用不同责任制度,旅客或货主所得赔偿可能大不相同,有失法律的公平和公正,与《华沙公约》的制定宗旨也完全相悖。而且,随着旅客流动性的日益增加和航空运输的全球化,旧的华沙公约体系的问题越来越突出。鉴于此,在1975年的蒙特利尔外交会议上,一些国家建议国际民航组织起草一个合并所有华沙公约体系文件的统一文本,改变承运人责任制度的混乱状况。但也有的国家主张废除华沙公约体系。1995年,国际民航组织决定起草一部新的统一的公约,并将拟订的草稿定名为《统一国际航空运输某些规则的公约》(Convention for the Unification of Certain Rules for International Carriage by Air,与《华沙公约》同名),旨在全面修订和合并旧华沙公约体系的各个文件。1999年5月10日,国际民航组织在加拿大的蒙特利尔召开由国际民航组织的成员方和主要航空运输组织及一个非成员方的525位代表参加的航空法国际会议的外交大会,5月28日通过了新公约——《统一国际航空运输某些规则的公约》(亦可简称《蒙特利尔公约》,Montreal Convention),公约于2003年11月4日生效。我国于2005年2月28日批准。

《蒙特利尔公约》的宗旨是使华沙公约及相关文件实现现代化和一体化,确保国际航空运输中消费者利益,本着恢复原状原则公平赔偿,促进对国际航空运输运转的有序发展和旅客、行李与货物顺畅流动,进一步协调管理国际航空运输的一些规则并使之规范化,实现公平的利益平衡。上述宗旨与旧的华沙公约体系相比,范围更加广泛,更加切合实际。《蒙特利尔公约》共有57条,7章,各章分别为:总则;关于旅客、行李与货物运输的凭证和当事方的责任;承运人的责任和赔偿损害的范围;联运运输;非缔约承运人履行的航空运输;其他规定和最后条款。该公约主要对国际航空旅客运输规则作了较大的改动,国际航空货物运输规则基本维持旧华沙公约体系,没有实质性改动。

二、国际航空货物运输规则

下面按照旧的华沙公约体系,阐述国际航空货物运输的有关规定。

1. 航空货运单

根据旧华沙公约的规定,承运人有权要求托运人填写航空货运单。货运单一式三份:第一份经托运人签字后交承运人。第二份附在货物上,由托运人和承运人签字后交收货人。第三份由承运人在收货后签字交托运人。《海牙议定书》改为承运人在货物装机以前签字。

货运单是双方订立合同、接收货物和承运条件以及记载货物重量、尺寸、包装、件数等的书面凭证。作为货物的权利凭证,不可转让。但《海牙议定书》允许填发可以流通的航空货运单。

航空货运单的主要内容包括:(1)货运单的填写时间、地点。《海牙议定书》删除了这一要求。(2)起运地、目的地及约定的经停地点。在必要时,经停地点可以由承运人加以变更,但不得使该运输丧失其国际性。按照《华沙公约》的规定,所谓国际航空运输,是指出发地和目的地分处两个缔约国境内,或在一个缔约国领土内但在另一缔约国或非缔约国内有经停地点。在后一种情况下,如果承运人将经停地点变更为也在起运地和目的地所在国领土内,则该运输就会丧失国际性。鉴于此,《海牙议定书》取消了承运人的这一权利。(3)托运人、承运人或第一承运人的名称、地址以及必要时收货人的名称、地址。(4)货物名称、性质、包装件数、包装方式与标志、重量、数量、体积或尺寸,以及货物和包装的外观状况。(5)运费金额、支付时间和地点、付费人。(6)货物价值。(7)货运单份数及随附单证。(8)运输期限及航线。(9)注明该货运单受《华沙公约》或《海牙议定书》约束。

根据《华沙公约》的规定,如果承运人接受了货物但未填写货运单,则承运人无权援引《华沙公约》关于免除或限制承运人责任的规定。

2. 承运人的责任与免责

根据《华沙公约》的规定,承运人的责任如下:(1)承运人对航空期间发生的货损、货物灭失、延误承担责任。所谓航空期间,指在承运人保管之下,不论在航空站内、航空器上或航空站外降落的任何地点,不包括航空站外任何陆运、海运或河运。但如果这种运输是为了履行空运合同,是为了装货、交货或转运,则也视为航空期间。(2)承运人对货物损失的赔偿责任为每公斤250法郎。如果托运人在交货时特别声明货物价值,并交纳了必要的附加费,则承运人的赔偿额以所声明的价值为限。

在发生下列情况时,免除承运人应承担的责任:(1)承运人证明自己和其代理人已为避免损失采取了一切必要措施或不可能采取这种措施;(2)损失的发生是由于驾驶上、航空器的操作上或领航上的过失;(3)货物的灭失或损失是由于货物的属性或本身质量缺陷造成的。(4)损失是由受害人的过失引起或助成。

《华沙公约》中规定的承运人免责和损害赔偿限额是一个最低标准,任何超出公约免责范围并规定更低赔偿金额的合同条款,一律无效。

当货物的损坏和灭失是由于承运人及其代理人和受雇人员故意的不良行为引起时,承运人则无权援引公约关于免责和限制责任的规定。

3. 托运人责任

根据《华沙公约》的规定,托运人承担如下责任:(1)托运人对货运单上关于货物的各项说明和声明的正确性及由于延误、不合规定、不完备,给承运人及其代理人造成的损失承担责任。(2)托运人在履行运输合同所规定的一切义务的情况下,有权在起运地、目的地将货物提回或在途中经停时终止运输,或将货物运交非货运单上指定的收货人,但不得使承运人或其他托运人遭受损害。(3)托运人需提供各种必要资料以便完成货交收货人前的海关、税务或公安手续,将有关证件附货运单交给承运人并承担因资料或证件缺乏、不足或不合规定给承运人造成的损失。

4. 索赔与诉讼时效

《华沙公约》规定,收货人在发现货损时,最迟应在收货后7日内提出异议:如发生延误,最迟应在收货后14日内提出异议。《海牙议定书》将这两个时限分别改为14日和21日。异议要写在运输凭证上或以书面方式提出。除非承运人有诈欺行为，否则超过规定期限，收货人不能对承运人起诉。有关赔偿的诉讼，应在航空器到达目的地之日起两年内提出，否则丧失要求赔偿的权利。

诉讼地点由原告选择，可以是承运人住所地、营业所在地、目的地或合同订立地的法院。

根据《华沙公约》的规定，由几个连续承运人办理的航空运输，第一承运人和每一段运输的承运人要对托运人和收货人负连带责任。

三、《蒙特利尔公约》关于国际货物运输规则的改动

与旧的华沙公约体系相比，1999 年《蒙特利尔公约》在国际货物运输规则方面作了如下改动：

1. 关于货物运输的凭证和当事方的责任更加详细

《蒙特利尔公约》第二章专门规定了关于货物运输的凭证和当事方的责任问题，比《华沙公约》第二章的规定更加详细具体。其主要规定如下：(1) 承运人除可提交传统的纸制单证外，也可以用任何其他保存客票资料的方法或任何保存所作运输的记录的方法代替提交客票或航空货运单，并出具书面说明或货物收据，作为签订合同、接受承运标的与运输条件的证明。(2)《华沙公约》和《海牙议定书》规定了惩罚性的条款，即承运人不交航空货运单而承运或航空货运单没有载明受《华沙公约》或《海牙议定书》约束的条款，承运人无权援引公约或议定书中的免除或限制责任。《蒙特利尔公约》取消了该惩罚性的条款。(3) 在航空货运单或货物收据的内容方面，要求载明托运货物的性质与重量。同时还规定，承运人必要时可要求托运人提交说明货物性质的证件。(4) 托运人和承运人的签字可以印刷或盖章。取消了承运人应该在货物装入航空器之前签字的要求。

2. 对承运人责任制度和赔偿损害的范围进行修改

在货物毁灭、遗失、损坏方面，《蒙特利尔公约》实行严格责任制。即对于因货物毁灭、遗失或损坏而产生的损失，只要造成损失的事件是在航空运输期间发生的，承运人就应当承担责任。但是，承运人证明货物毁灭、遗失或损坏是由于下列一个或几个原因造成的，承运人不承担责任：货物的固有缺陷、质量瑕疵；货物非由承运人或其受雇人、代理人包装，包装有缺陷；战争或武装冲突行为；公共当局对货物入境、出境、过境所实施的行为。

在货物运输中造成毁灭、遗失、损坏或延误的，《蒙特利尔公约》仍实行限额赔偿，即以每公斤 17 个特别提款权为限，除非交运货物时特别申报其价值。

3. 货物延误的限额赔偿

如上所述，货物在航空运输中因延误引起的损失，承运人应当承担责任。但是，承运人证明本人及其受雇人或代理人为避免损失的发生，已经采取一切可合理要求的措施或不可能采取此种措施的，承运人不承担责任。由此可见，《蒙特利尔公约》对货物在航空运输中因延误引起的损失仍实行推定过失责任制和限制责任制。

4. 关于赔偿限额例外的引用

由于《华沙公约》第 25 条有关责任限制的例外表述不清，提供了避开限额规定的借口，因此，《蒙特利尔公约》取消了"有意的不良行为"的提法，而是具体规定，如能够证明损失是承运人或其受雇人、代理人有意造成，或知道很可能造成损失而不顾后果的行为或不行为引起的，关于货物赔偿限额的规定不适用。

5. 惩罚性或其他非补偿性的损害赔偿

根据《蒙特利尔公约》第29条的规定,在任何货物的损害赔偿和延误赔偿诉讼中,均不得判处惩罚性、惩戒性或其他非补偿性的损害赔偿。

6. 增加了仲裁条款

根据《蒙特利尔公约》规定,货物运输合同的当事人可以约定,有关本公约中的承运人责任所发生的任何争议通过仲裁解决。仲裁协议应该以书面形式订立。

第三节 国际铁路货物运输法

一、国际铁路货物运输公约

目前关于国际铁路货物运输的公约有两个,即《国际货约》和《国际货协》。

1.《国际货约》最早名为《国际铁路货物运送规则》,签订于1890年伯尔尼,1893年生效。1934年改称《国际铁路货物运输公约》。后经1952年、1961年、1970年修改并于1980年与《国际铁路旅客和行李运输公约》合并为《国际铁路货物运输公约》,1985年生效。经1990年、1999年修改,施行至今。《国际货约》的成员方包括法国、德国、比利时、意大利、瑞典、瑞士、西班牙及一些东欧国家,此外,还有西亚的伊朗、伊拉克、叙利亚,以及非洲西北部的阿尔及利亚、摩洛哥、突尼斯等国。《国际货约》主要规范上述国家之间的货物、旅客及行李的运输。

2.《国际货协》1951年在华沙订立。我国于1953年加入。1974年7月1日生效的修订本,其成员国主要是苏联、阿尔巴尼亚、保加利亚、匈牙利、德意志民主共和国、罗马尼亚、捷克斯洛伐克、波兰以及中国、蒙古、朝鲜、越南等共计12国。1991年苏联解体,15个独联体国家各自独立,除亚美尼亚外,其他国家都加入了《国际货协》。2015年修订并公布的《国际货协》《国际货协办事细则》及其附件,为我国《推动共建丝绸之路经济带和21世纪海上丝绸之路的愿景与行动》以及中欧班列的运行提供了法律保障。[10] 2017年国际铁路合作组织按《国际货协》附件6颁布了《国际货约/国际货协运单指导手册》(以下简称《指导手册》),据此,《国际货约》和《国际货协》的运单可以相互转换。[11] 目前实施的是2020年7月1日修订生效的《国际货协》。至2020年7月,《国际货协》已有25个成员方。[12]

下面重点介绍2020年7月1日修订生效的《国际货协》的主要内容。

---

〔10〕《国际货协办事细则》是根据《国际货协》第54条"协定办事细则"的规定出版的,每年都有变化。其只适用于调整按国际货协条件参加货物运送的承运人间的相互关系,其内容主要涉及补送运行报单、承运人的戳记、运输合同的变更、货物的交接与查寻、赔偿请求的查核等;不适用于调整发货人和收货人为一方与承运人为另一方之间的法律关系。在按国际货协条件参加货物运送的承运人之间无其他协议时,则适用《国际货协办事细则》的规定。

〔11〕《指导手册》包括国际货约/国际货协运单样式及其填写和使用规则;用于在转发地点从国际货协运单向国际货约运单的改办,或者从国际货约运单向国际货协运单改办。

〔12〕《国际货协》中的25个成员方分别为:阿塞拜疆、阿尔巴尼亚、阿富汗、白俄罗斯、保加利亚、匈牙利、越南、格鲁吉亚、伊朗、哈萨克斯坦、中国、朝鲜、吉尔吉斯斯坦、拉脱维亚、立陶宛、摩尔多瓦、蒙古、波兰、俄罗斯、斯洛伐克、塔吉克斯坦、土库曼斯坦、乌兹别克斯坦、乌克兰和爱沙尼亚。

二、《国际货协》的主要内容

1.《国际货协》的适用范围

《国际货协》是调整从事国际铁路货物运送的参加方(发货人、承运人和收货人)之间关系的法律规范。《国际货协》规定了在国际铁路直通联运和国际铁路—轮渡直通联运中货物运输合同的统一法律标准,对发货人、承运人和收货人都具有约束力。

所谓货物运送,是指国际铁路直通联运中的货物运送和国际铁路—轮渡直通联运中的货物运送。国际铁路直通联运中的货物运送,是指全程按统一票据(运单)办理,经由两个或两个以上国家境内的铁路货物运送。国际铁路—轮渡直通联运,是指在国际铁路直通货物联运中经过水运区段且货物从发站至到站始终在车辆中运行或自轮运行。

发货人,是指货物托运人,即运单中注明的货物发送人。

承运人,是指参加货物运送(包括在国际铁路—轮渡联运水运区段)的缔约承运人和所有接续承运人。

缔约承运人,是指根据《国际货协》同发货人缔结运输合同的承运人。

接续承运人,是指从缔约承运人或其他接续承运人处接运货物以继续运送并进而加入运输合同(由缔约承运人缔结)的承运人。

收货人,是指运单中注明的货物领受人。如果协定各方同时是规定铁路货物运输合同法律标准的其他国际协定的参加方,则上述各方铁路车站之间的运送可按这些国际协定的条件办理。

2. 运输合同

《国际货协》第 14 条规定,根据运输合同,承运人应有偿将发货人托运的货物,按发货人与缔约承运人商定的经路运至到站并将其交付收货人。发货人在托运货物的同时,应对每批货物按规定的格式采用中文或俄文填写运单或办理电子运单[13]。运单主要包括以下内容:(1)发货人名称及其通信地址;(2)收货人名称及其通信地址;(3)缔约承运人名称;(4)发送路及发站名称;(5)到达路及到站名称;(6)国境口岸站名称;(7)货物名称及其代码;(8)批号;(9)包装种类;(10)货物件数;(11)货物重量;(12)车辆(集装箱)号码,运送货物的车辆由何方提供(发货人或承运人);(13)发货人附在运单上的添附文件清单;(14)关于支付运费的事项;(15)封印数量和记号;(16)确定货物重量的方法;(17)缔结运输合同的日期。如果需要还应包括:(1)接续承运人名称;(2)发货人有关货物的声明;(3)港口附近的铁路车站和移交水运的港口;(4)《货物运送规则》[14]所规定的其他信息。

铁路运单(railway bill)是缔结运输合同的凭证,也是铁路收取货物、承运货物的凭证,同时还是在终点站向收货人核收运杂费用和点交货物的依据。与海运提单不同,铁路运单作为货物权利凭证不能转让。铁路运单副本在加盖印戳后退还发货人,并成为买卖双方结清货款的主要单据。根据《国际货协》第 14 条第 4 项的规定,运单中记载的事项不正确或不准确,或者承运人丢失运单,均不影响运输合同的存在及效力。

---

[13] 运单的式样、填写及适用规则参见《国际货协》附件 6。

[14] 《国际货协》第 8 条规定,《货物运送规则》是公约规定的某些货物的特殊运送条件(详见公约附件 1)。发货人、收货人和参与运输的承运人可以在合同中约定货物的特殊运送条件,且优先于《货物运送规则》的规定。

3. 承运人的权利、义务

(1)承运人的责任期间。《国际货协》第37条规定,承运人按《国际货协》规定的办法和范围,对发货人或收货人承担仅由运输合同产生的责任。承运人自承运货物时起,至交付货物时止,对货物灭失、短少、毁损(腐坏)或运到逾期所造成的损失负责。货物灭失、短少、毁损(腐坏)情况,以商务记录作为证明。

(2)核查运单和货物。《国际货协》第23条规定,承运人有权按照国内法律检查发货人是否遵守了运送条件以及货物与发货人在运单中所记载事项是否相符。如果发货人未在运单中注明其在运单上所附的添附文件,则缔约承运人有权拒绝承运货物。

(3)执行或拒绝变更合同。根据《国际货协》第25条的规定,在下列情况下,承运人有权拒绝托运人(发货人或收货人)变更运输合同或延缓执行这种变更:①执行变更的铁路车站在收到变更申请或发站或到站的通知后无法执行;②违反铁路运营管理;③在变更到站的情况下,货物价值不能抵偿运到新指定到达站的一切费用,但能立即交付或能保证支付这种费用款额时除外;④在变更到站的情况下,运单上记载的承运人发生了变化,但新承运人未商定运送。

当承运人按托运人指示变更运输合同时,有权要求支付附加运送费用和由于其变更运输合同而产生的费用。根据收货人的申请书而变更运输合同时,发货人对由此而产生的后果概不负责。

(4)连带责任。按《国际货协》第14条第5项的规定,按运单承运货物的铁路,应负责完成货物的全程运输,直到在到达站交付货物时止。每一继续运送货物的铁路,自接收附有运单的货物时起,即视为参加这项运输合同并因此而承担义务。运输合同各方对各自工作人员,以及各自为履行运输合同而利用其服务的其他人在履行职责时的行为负责;铁路基础设施管理者被视为承运人为履行运输合同而利用其服务的人。

(5)免责。承运的货物,由于下列原因发生灭失、短少、毁损(腐坏),承运人不予负责:①铁路不能预防和不能消除的情况;②因货物、容器、包装质量不符合要求或由于货物、容器、包装的自然和物理特性,导致其毁损(腐坏);③因发货人或收货人的过失或由于其要求而不能归咎于承运人;④因发货人或收货人装车或卸车的原因造成;⑤因货物没有运送该货物所需的容器或包装;⑥发货人在托运货物时,使用不正确、不确切或不完全的名称,或未遵守本协定的条件;⑦因发货人将货物装入不适于运送该货物的车辆或集装箱;⑧发货人错误地选择了易腐货物运送方法或车辆(集装箱)种类;⑨发货人、收货人未执行或未适当执行海关或其他行政手续;⑩由于与承运人无关的原因,国家机关检查、扣留、没收货物;⑪在按特殊合同条件运送货物时,承运人对此不予负责,且这些特殊条件应对免责事宜作出规定。

在国际铁路—轮渡直通联运中,货物于下列情况下发生灭失、短少、毁损(腐坏)或运到逾期,承运人免责:①火灾。如果承运人能证明火灾不是由于其过失,也不是由于在其履行运输合同时为其提供服务的其他人在履行职责时的过失造成;②为拯救生命或为抢救财产而采取的合理措施;③风险、危险或不幸事故。

上述免责仅适用于承运人能够证明货物灭失、短少、毁损(腐坏)或货物运到逾期发生在水路区段上,即从车辆上的货物装到水运交通工具上开始,直至从水运交通工具卸下为止的期间内。

在下列情况下,承运人对货物短少不予负责:

①货物在交付收货人时件数齐全,容器或包装完好,没有划痕;②由发货人装入运输工具的货物,交付收货人时发货人的封印完好;如是集装箱货物,该货物在运送途中没有重新摆放;

③用敞车类货车承运的货物，在运送途中未经换装且到达时车辆完好；④对于施封的多式运输单元或汽车运输工具内的可拆零件和备用零件，将这些多式运输单元或汽车运输工具交付收货人时发货人的封印完好。

(6)留置权。《国际货协》第34条规定，为了保证核收运输合同项下的一切费用，承运人对货物可行使留置权。留置权的行使，依承运人行使留置权所在国的国内法确定。

(7)赔偿限额。根据《国际货协》第39条的规定，承运人的责任范围不应超过货物灭失时承运人应支付的赔偿额度。

《国际货协》第42条、第43条规定，当货物全部或部分灭失时，赔偿额按外国售货者在账单上所开列的价格计算；如发货人对货物价格另有声明时，按声明的价格给予赔偿。灭失或部分灭失货物的运送费用，以及承运人向发货人(收货人)收取的与运送有关的其他费用，如未纳入货物价内，均应予以退还。对于品名、质量相同且由同一发货人发往同一收货人的货物，包括运送途中换装的该货物，如发现一份运单运送的货物短少，而按另一份运单运送的货物多出，在计算货物重量不足的赔偿额时，承运人可用多出的重量抵补不足的重量。

《国际货协》第45条规定，当逾期交货时，承运人应以所收运费为基础，按逾期长短，向收货人支付规定的逾期罚金。逾期不超过总运到期限的1/10时，支付相当于运费6%的罚金；逾期超过总运到期限1/10，但不超过3/10时，应支付相当于运费18%的罚金；逾期超过总运到期限的3/10时，应支付相当于运费30%的罚金。

(8)承运人之间的清算。根据《国际货协》第35条的规定，如某承运人收到或应收到由运输合同产生的、属于参加运送的其他承运人应得的运费时，必须将其支付给这些承运人；承运人之间由于适用本协定所发生的清算事宜，按承运人之间缔结的关于清算办法的协议办理。

根据《国际货协》第36条的规定，已向发货人、收货人支付了赔款的承运人，有权向参加运送的其他承运人提出返还赔偿要求，即①如果损失是由一个承运人的过失造成，则该承运人为此负完全责任。②如果损失是由参加运送的数个承运人的过失造成，则每一承运人各自对其造成的损失负责。③如果不能证明损失是因一个或数个承运人过失所致，则由承运人商定责任分担办法。如果承运人不能商定责任分担办法，则其间的责任按该批货物在各承运人进行运送时，实际行经的运价公里比例分担，但能够证明损失不是由其过失所致的承运人除外。

4. 发货人的权利、义务

根据《国际货协》第16条的规定，发货人承担以下义务：

(1)运单填写与如实申报。发货人应对其在运单中记载和所声明的事项的正确性负责。由于记载和声明的事项不正确、不确切或不完备，以及由于将上述事项记入运单中无关的栏而发生的一切后果，均由发货人负责。发货人应将在货物运送全程为履行海关和其他行政手续所需要的与所载货物有关的添附文件附在运单上。如果因发货人未提出必要的添附文件或提出并记载在运单中的文件不齐全或不正确，以致货物运送或交付发生滞留，则应按《国际货协》第31条"运送费用和违约金的支付"的规定，向承运人支付由此产生的附加运送费用和杂费以及国内法律规定的违约金。

在缔结运输合同前，如果承运人发现运单中的事项不正确、不确切或不完备，且根据《货物运送规则》，不允许修改运单中记载的事项和声明，则发货人必须填制新运单。如果承运人在运单中记载了发货人的指示，则认为承运人是以发货人的名义行事，除非提出相反证据。

(2)违约金。在缔结运输合同以后，如果承运人发现发货人在运单中记载的事项和声明不正确、不确切或不完备,且存在下列情况,则发货人应向承运人支付违约金:①发送禁运物品。承运的货物中有禁止经由任何一国的国境运送的物品。②承运了危险货物且未遵守其运送条件。③超载。发货人装车的货物超过车辆最大载重量。④运送费用额度过低。⑤有危及行车安全的情况。

根据《国际货协》第31条“运送费用和违约金的支付”和第16条第3款的规定,违反第31条第1款、第2款、第4款、第5款的违约金为承运人运费的5倍;违反第16条第3款的违约金,按承运人超载部分的运费的5倍核收。

承运人按上述规定核收违约金,不考虑与赔偿可能损失及发货人或收货人根据本协定条件支付的其他违约金如何。

(3)货物的查寻、交付和拒收。根据《国际货协》的规定,货物到达到站后,承运人必须将运单和货物交付收货人,收货人必须领取货物和运单。只在货物由于承运人的过错而使质量发生变化,以致部分货物或全部货物不能按原用途使用时,收货人方可拒绝领取货物。收货人应支付运单所载的所有货物的运送费用,即使运单中所载货物短少、毁损,也应按运单向承运人支付全部运费[第26条第(2)项和第(3)项、第27条]。

如果在货物运到期限届满后10天内未将货物交付收货人,则发货人或收货人有权向缔约承运人或交付货物的承运人提出货物查寻申请书。申请查寻不等于提出货物灭失的赔偿请求。如果在货物运到期限届满后30天内未将货物交付收货人,则视为货物已灭失。如果货物在运到期限期满30天后到达,则承运人应将此事通知收货人。如果货物在运到期限届满后6个月内到达,则收货人应领取货物,并将承运人已付的货物灭失赔款、运送费用及有关货物运送的其他费用退还承运人。如果货物灭失赔偿已付给发货人,则发货人必须将该赔款退还承运人。在这种情况下,对逾期交货的违约金,货物重量不足、毁损(腐坏)或质量降低的赔偿金,保留向承运人提出赔偿请求的权利[第27条第(2)项和第(3)项]。

(4)运送费用的计算。运送费用包括:运费,押运人乘车费,汽车、列车司机乘车费,杂费以及自缔结运输合同至货物交付收货人期间发生的其他费用(包括货物换装费和更换转向架的费用)。

《国际货协》第30条规定,运送费用按照办理运送的承运人所适用的《国际铁路货物联运统一过境运价规程》(可简称《运价规程》)计算。《运价规程》是确定运送费用额度的费率体系和运送费用计算规则。[15]

运送费用按运输合同缔结当日有效的运价规程计算;由参加运送的每一承运人按运送里程,并根据适用于该种国际运送的运价规程所确定的货币分别计算;水运区段的运送费用根据该种运送适用的运价规程计算。

计算运费时,分整车、轮式集装箱、集装箱、零担办理,重量按吨计算,500千克及以上进至

---

〔15〕《运价规程》是参加《国际货协》的成员方之间办理联运货物的手续与各种运杂费计算的规章。由于20世纪80年代末90年代初,苏联、东欧发生巨大变化,1991年6月27日保加利亚、中国、朝鲜、蒙古、罗马尼亚和苏联的铁路部门在波兰华沙签订了《关于统一过境运价规程的协约》。按照该协约的规定,《运价规程》不再从属于《国际货协》,而成为独立的国际协定。实务中,《国际货协》各铁路之间的货物运输由原来的各铁路之间相互结算,改为可以由与铁路定有代理协议的各货运代理人之间进行清算。其费率原以卢布计价,现以瑞士法郎计价。《运价规程》自1991年7月1日起施行。中国铁路自1991年9月1日起施行上述规定。有17个成员方参加了2012年修订的《运价规程》。

1 吨,以下则忽略不计。零担运费及杂费均按 100 千克起算。

对于超载部分的货物,其运送费用按照超载当日的有效运价规程,按单独一批货物计算;由于运单中记载的事项不正确、不确切或不完备,则发现该种不符的承运人及接续承运人按实际运送的货物计算运送费用;非承运人原因,发生货物运送阻碍而变更货物运送经路,则按变更后的运送经路计算运送费用。

运送途中,非承运人原因,需将一辆车上的货物换装到同一轨距的两辆或两辆以上车内,对于装到每辆车上的货物,其运送费用按单独一批货物分别计算;在相邻国境站,需将一种轨距的一辆车上的货物换装到另一种轨距的两辆或两辆以上车内,则对于装载到每辆车上的货物,承运人有权按单独一批货物分别计算运送费用;如果变更运输合同,则按到达变更站以前所通过的运送里程和从该站至新到站的运送里程分别计算运送费用。

(5)变更合同。按照《国际货协》第 25 条的规定,发货人和收货人在填写变更申请书后,有权在协定允许的范围内对运输合同作必要的变更。发货人变更合同的权利包括:变更到站;变更收货人。收货人变更合同的权利包括:可以在到达国范围内变更货物的到达站;变更收货人。

但无论是发货人还是收货人,在变更合同时,不得将一批货物分开办理。同时,变更合同的当事人要对因变更合同而发生的费用和损失负责。

5. 赔偿请求与诉讼时效

《国际货协》第 46 条规定,发货人和收货人有权向承运人提出赔偿请求。赔偿请求以书面方式或电子方式由发货人向缔约承运人,收货人向交付货物的承运人提出,并附上相应根据,注明赔偿款额。

承运人在收到向其提出索赔请求之日起,必须在 180 天内审查该项请求,并予以答复。发货人或收货人在请求得不到答复或满足时,有权向被告所在地的司法机关提起诉讼。

关于货物运到逾期的诉讼应在 2 个月内提出;其他理由的诉讼应在 9 个月内提出。其具体起算日如下:(1)关于货物短少、毁损(腐坏)以及运到逾期的赔偿请求,自货物交付之日起算;(2)关于货物灭失的赔偿请求,自货物运到期限届满后 30 天起算;(3)关于退还运费多收款额的赔偿请求,自付款之日起算;(4)对于其他请求,自查明提出赔偿请求依据成立之日起算。

掌握《国际货协》主要注意以下几点:(1)《国际货协》的调整范围扩及"国际铁路—轮渡直通联运"。(2)2017 年出台的《指导手册》的目的是通过运单的相互转化建立起《国际货约》和《国际货协》成员之间国际铁路货物运输的联系并为此作出专门规定。[16] (3)经每年修改并公布的《国际货协办事细则》及其附件专门用于处理承运人之间的一些纯属程序性、技术性的事项。(4)自 1991 年起,曾为《国际货协》附件的《运价规程》变成独立的国际协定;现实行的是 2012 年公布的《运价规程》。(5)以往《国际货协》的成员方和《国际货约》的成员方存在重叠,

---

〔16〕 2017 年 7 月 1 日《指导手册》生效,意味着自此:(1)《指导手册》对国际铁路运输委员会成员及其客户,《国际货协》参加者及其收、发货人均具有约束力。(2)明确了《国际货约》《国际货协》运单样式及其填写和使用规则的统一,以及在转发地点可以相互替代改办。(3)就货物来说,《指导手册》适用于《国际货约》《国际货协》的货物;按《国际货约》《国际货协》运单提交运送的货物;《指导手册》附件 1 所载的《国际货约》《国际货协》承运人运送的货物;在转发地点由《国际货约》或《国际货协》承运人承运的货物。(4)在《国际货约》范围内,《指导手册》的规定仅在客户与承运人之间,以及承运人相互间有此约定的情况下适用且采用《国际货约》《国际货协》运单也证明有此约定。在《国际货协》范围内,《指导手册》的规定仅在适用《指导手册》的《国际货协》成员方声明的经路上适用。

这样一来,《国际货协》缔约国的进出口货物可以通过铁路转运到《国际货约》的缔约国去;《指导手册》认可《国际货约》与《国际货协》运单的相互转换,再加上独立的《运价规程》,为沟通欧亚间铁路货物运输提供了更为便利的条件。

第四节 国际货物多式联运法律制度

一、国际货物多式联运的发展及其法律问题

随着越来越多地使用集装箱运送货物,国际贸易中出现了一种新的运输方式——货物的多式联运。它是以至少两种不同的运输方式将货物从一国接管货物的地点运至另一国境内指定交付货物的地点。与传统的单一运输方式相比,集装箱多式联运,特别是在成组运输的情况下,大大简化和加速了货物的装卸、搬运程序,运输服务可以从过去的"港至港"一直延伸到"门至门",减少货损货差,减少成本和费用,为国际贸易提供了一个更为理想、畅通、安全、经济、便利的运输方式。与此同时,多式联运提出了许多新的法律问题,例如:

1. 货物风险的划分

其包括买卖双方之间如何确定风险转移以及在若干不同的承运人之间如何确定货物损失的分担。

2. 法律适用问题

对传统的单一运输方式,国际上都已有相应的国际公约来调整有关当事人之间的关系。例如,海运适用《海牙规则》中的有关规定,空运适用《华沙公约》和《海牙议定书》的有关规定,铁路运输适用《国际货协》的规定等。这些公约对承运人的责任、免责、赔偿限额等各有不同的规定。在多式联运中,由于货物是装在集装箱中运输,有时难以确定货物损失究竟发生在联运中的哪一个区段,于是出现了适用哪种运输方式的公约来确定承运人的责任和赔偿金额问题。

3. 运输单据的性质问题

根据《海牙规则》,海运提单不仅是运输合同的凭证,还可作为货物的权利凭证进行转让。但《华沙公约》和《国际货协》规定,空运单和铁路运单虽具有权利凭证的性质,但不能转让。《海牙议定书》对《华沙公约》作了修改,规定航空货运单可以作成可转让的。当多式联运中包括海运、空运和(或)陆运时,联运单据是否可以具有货物权利凭证的性质和作用?

4. 承运人和货主的关系问题

在单一运输方式中,运输合同确定了承运人和货主之间的关系。在多式联运中,有多式联运的经营人(可称联运人)和某一运输区段的实际承运人。当发生索赔案件时,发货人或收货人应向谁索赔。

二、《联合国国际货物多式联运公约》

为了解决上述法律问题,国际社会作出了各种努力。1980 年 5 月,在联合国贸发会议的主持下,制定并通过了《联合国国际货物多式联运公约》(以下简称《联运公约》)。我国已在文件上签字。根据《联运公约》规定,本公约在 30 个国家的政府签字但无须批准、接受或认可,或者向保管人交存批准书、接受书、认可书或加入书后 12 个月生效。《联动公约》目前尚未生效。

根据《联运公约》的规定，下文简要介绍其主要内容。

1. 多式联运单据

多式联运单据是证明多式联运合同及多式联运经营人接管货物并按合同条款提交货物的证据。根据《联运公约》规定，多式联运单据依发货人的选择可作成可转让单据或不可转让单据。实践中，只有单据的签发人承担全程责任时，才有可能作成可转让的单据。此时，多式联运单据具有货物权利凭证的性质和作用。在作成可转让单据时，应列明按指示交付或向持票人交付。凭指示交付，经背书方可转让；向持票人交付，无须背书即可转让。当签发一份以上可转让多式联运单据正本时，应注明正本份数。收货人只有提交可转让多式联运单据才能提取货物。多式联运经营人按其中一份正本交货后，即履行了交货义务。如果签发副本，则应注明“不可转让副本”字样。如果签发不可转让多式联运单据，则应指明记名的收货人。多式联运承运人将货物交给不可转让单据所指明的记名收货人才算履行了交货义务。

《联运公约》第8条规定了多式联运单据的15项内容：(1)货物品类、标志、危险特征的声明、包数或件数、毛重；(2)货物的外表状况；(3)多式联运经营人的名称与主要营业地；(4)发货人名称；(5)收货人名称；(6)多式联运经营人接管货物的时间、地点；(7)交货地点；(8)交货日期或期间；(9)联运单据可转让或不可转让的声明；(10)联运单据签发的时间、地点；(11)联运经营人或其授权人的签字；(12)每种运输方式的运费，用于支付的货币、运费，由收货人支付的声明等；(13)航线、转运方式和转运地点；(14)关于多式联运遵守本公约规定的声明；(15)双方商定的其他事项。根据《联运公约》规定，以上一项或数项内容缺乏，不影响该单据作为多式联运单据的法律性质。

如果多式联运经营人及其代表知道或有合理根据怀疑多式联运单据所列货物品类、标志、包件数和数量、重量等没有准确地表明实际接管货物的状况，或无适当方法进行核对，经营人应在单据上做出保留，注明不符之处及怀疑根据或无适当核对方法。如果不加批注，则视为他已在多式联运单据上注明货物外表状况良好。

多式联运单据的签发，并不排斥在必要时按照适用的国际公约或国家法律签发同国际多式联运所涉及的运输或其他服务有关的其他单据，但这种单据的签发不得影响多式联运单据的法律性质。

2. 联运经营人的赔偿责任

根据《联运公约》的规定，联运经营人是指其本人或通过其代表订立多式联运合同之人。他不是发货人的代理人，也不是参加多式联运的承运人的代理人。作为多式联运合同的原主，其负有履行合同的责任。

(1)责任期间。多式联运公约实行的是联运经营人的全程统一责任制，即自其接管货物之日起，到交付货物时止的整个期间承担责任。当收货人无理拒收货物时，则按照合同或交货地点适用的法律或特定行业惯例，将货物置于收货人支配之下，或交给依交货地点适用的法律或规章必须向其交付的当局或其他第三方。

(2)赔偿范围与责任限制。根据公约确定的推定过失或疏忽原则，多式联运经营人对在其掌管货物期间内发生的货物灭失、损坏或延迟交付引起的损失承担赔偿责任。所谓延迟交付，是指未在约定的时间里交货或未在根据具体情况对一个勤奋的多式联运经营人所能合理要求的时间内交付。当确定的交货日届满后连续90日内未交货，则视为货物已经灭失。

多式联运经营人应对其受雇人或代理人在其受雇范围内行事的行为或不行为，以及为履行多式联运合同而使用其服务的任何其他人的行为或不行为,视同他本人的行为或不行为一样,承担赔偿责任,除非联运经营人能证明其本人、受雇人或代理人为避免事故发生及其后果已采取了一切所能合理要求的措施。

《联运公约》规定了对货物灭失和损坏的赔偿责任,限制为每件920记账单位或按毛重每公斤不超过2.75记账单位及以下,以较高者为准。如果多式联运中不包括海运或内河运输,则按毛重每公斤8.33记账单位计算。所谓记账单位,是指国际货币基金组织规定的特别提款权。对延迟交货的损害赔偿为相当于对延迟交付的货物应付运费的两倍半,但不得超过联运合同规定的应付运费的总额。

如果能确切知道货物的灭失或损坏发生于多式联运的某一特定阶段,而这一阶段适用的一项国际公约或强制性国家法律规定的赔偿限额高于适用《联运公约》规定的赔偿限额,则多式联运经营人的赔偿限额由适用该特定区段的国际公约或国家强制性法律规定予以确定。

如果经证明货物的灭失、损坏或延迟交付是由于多式联运经营人有意造成或明知可能造成而毫不在意的行为或不行为所引起的,或多式联运经营人意图诈骗,在多式联运单据上列人有关货物的不实资料,或漏列有关货物品类标志、件数、重量及货物外表状况,则联运经营人无权享受公约规定的赔偿责任限制的利益,并需负责赔偿包括收货人在内的第三方因依赖该多式联运单据所载明的货物状况行事而遭受的任何损失、损坏或费用。

如果货物灭失、损坏或延迟交付是由于多式联运经营人、其受雇人或代理人等的过失、疏忽、其他原因相结合而产生的,则多式联运经营人仅就自己及其受雇人、代理人等的过失或疏忽部分承担责任。但必须证明其他原因造成的灭失、损坏和延迟交货部分。

未经发货人告知,而多式联运的经营人又无从得知危险货物特性时,多式联运经营人可视情况需要,随时将货物卸下、销毁或使其无害而无须承担赔偿责任。

3. 发货人的赔偿责任

发货人的赔偿责任主要体现在:

(1)保证责任。在多式联运经营人接管货物时,发货人应视为已向多式联运经营人保证他在联运单据中所提供的货物品类、标志、件数、重量、数量及危险特性的陈述的准确无误;并应对违反这项保证造成的损失负赔偿责任。

(2)凡因发货人或其受雇人、代理人在受雇范围内行事时的过失或疏忽给联运经营人造成损失,发货人应负赔偿责任。

(3)运送危险品的特殊规则。发货人将危险品交多式联运经营人时,应告知危险品的危险特性,必要时应告知应采取的预防措施。否则,其要对多式联运经营人因运送这类货物遭受的损失负赔偿责任。

4. 索赔与诉讼

(1)收货人和多式联运经营人的通知义务。收货人在收货的次一工作日应将货损、灭失情况的书面通知送交多式联运经营人。如果货损灭失不明显时,则在收货后连续6日内提出书面通知。如果在收货时,当事人各方已进行了联合调查和检验,则无须再提交书面通知。对于延迟交货,收货人应在交货后60日内向多式联运经营人提交书面通知,否则多式联运经营人对延迟交货造成的损失不承担责任。

多式联运经营人应在损失发生后90日内,或在提交货物后90日内,以较迟者为准,将损失通知递交发货人。

(2)时效。任何争议,在2年期间内未提起诉讼或提交仲裁,则失去时效。但在货物交付后6个月内或在货物未交付时,在应交付之日后6个月内没有提出书面索赔通知,则诉讼在此期限届满后失去时效。诉讼时效可由受索赔人在索赔期间内向索赔人提出书面声明加以延长。

与《联运公约》的规定不同,我国《海商法》中的"多式联运合同"是指多式联运经营人以两种以上的不同运输方式,其中一种是海上运输方式,负责将货物从接收地运至目的地交付收货人,并收取全程运费的合同。但在承担的责任期间和承担责任方式上与《联运公约》的规定是一致的,即多式联运经营人对多式联运货物的责任期间,自接收货物时起至交付货物时止,并对全程运输负责。多式联运经营人也可与参与联运的各区段承运人另以合同约定相互之间的责任,但这种约定不得影响多式联运经营人对全程运输应承担的责任。在损害赔偿额方面,我国《海商法》规定,在损失发生在多式联运的某一区段时,多式联运经营人的赔偿责任和责任限额,适用调整该区段运输方式的有关法律规定;运输区段不能确定时,则依照本法关于海上货物运输合同中承运人赔偿责任和责任限额的规定负赔偿责任。[17]

第五节　《国际公路运输公约》

一、《国际公路运输公约》的背景与性质

最早的《国际公路运输公约》是1949年在联合国欧洲经济委员会的主持下,在少数欧洲国家之间缔结而成。该公约于1959年通过,1960年生效。1975年11月,在联合国欧洲经委会的主持下,产生了《1975年国际公路运输公约》(以下简称《TIR公约》),也称为1975年《TIR证国际货物运输海关公约》。该公约于1978年生效。

需要注意的是,与本书前四节关于国际海上、航空、铁路及多式联运货物运输公约不同,《TIR公约》并不是一个关于调整国际公路货物运输发货人与承运人权利、义务关系的私法性运输公约,而是一个为国际公路运输提供海关便利的公法性国境制度公约。随着新的运输技术(如海运和内陆集装箱、公路、铁路车休调换技术)的采用,该公约为提供通关便利、提高海关监管的效率与可靠性,平衡海关、运输经营人、运输发证机关的利益起了重要作用。该公约最初仅适用于少数欧洲国家,目前已扩展成普遍适用于欧洲、非洲、亚洲、美洲的海关过境制度公约。该公约已被证明是迄今为止现有的唯一普遍性的海关过境制度,是最成功的国际运输公约之一。《TIR公约》及其过境制度背后的思想已成为许多区域性过境制度的基础,直接或间接地为便利国际公路运输作出了贡献。随着我国"一带一路"的实施,2016年7月我国加入该公约,成为该公约第70个缔约国[18]。该公约通过国家担保制度建立起的国际风险防范机制对预防和减少我国"一带一路"实施中在贸易、投资、金融等领域的风险,具有一定借鉴作用。

自1975年以来,《TIR公约》经历数十次修改,现实行的是2013年版本。《TIR公约》包括

---

〔17〕 参见我国《海商法》第102~106条。

〔18〕 《TIR公约》于2017年1月5日在中国生效。值得注意的是,中国对该公约第57条第2款至第6款提出保留,就该条约的解释和适用方面的任何争端,中国只适用该条第1款之规定,即应尽可能通过相互谈判或其他解决方法解决。

正文(含解释性说明和评注)及9个附件(含解释性说明和评注)[19]。TIR制度的好处在于:(1)平衡海关当局的要求与运输经营人的要求。由其建立的海关过境制度尽最大可能便利国际贸易中海关加封货物的流动并提供必要的海关控管和保障。对海关官员来说不至过于烦琐,对运输经营人及其代理人来说不至过于复杂。(2)减少过境程序对国际运输造成的费用、延误和干扰。特别是考虑到当货物在国际公路运输中穿越多国领土时,各国海关当局在边境检查货载实行本国的控管和过境程序、各国实施的货物保障要求(如担保、保税、关税押金等)以及货物在穿越各国领土过境时潜在的涉险税费等措施存在差异。(3)保障每个国家能从过境货运中得到财政收入。TIR制度减少了运输经营人遇到的上述困难,同时,为海关当局提供了一种统一的国际控管制度,还能有效地保护货物运输所经过的国家能从过境货运中得到财政收入。

二、《TIR公约》的主要内容

(一)定义

《TIR公约》第1条涉及的定义具体如下:(a)"TIR运输"是指根据本公约规定的"TIR程序"将货物从起运地海关运至目的地海关;(b)"TIR作业"是指一项TIR运输在缔约方境内从起运地海关或入境(沿途)海关到目的地海关或出境(沿途)海关进行的TIR运输部分;[20](c)"TIR作业开始"是指为管制目的向起运地海关或入境(沿途)海关交验公路车辆、车辆组合或集装箱及其负载和相应的TIR证,并且TIR证已得到海关接受;(d)"TIR作业结束"是指为管制目的向目的地海关或出境(沿途)海关交验公路车辆、车辆组合或集装箱及其负载和相应的TIR证;(e)"TIR作业的放行"是指海关当局承认一项TIR作业已在缔约方境内正确无误地结束;(f)"进、出口税费"是指对进、出口货物或有关进、出口货物所征收的关税和所有其他税费、规费和其他费用,不包括为数有限的相当于所提供服务大致成本的规费和费用;[21](g)"公路车辆"包括动力驱动的任何公路车辆,以及与之挂接的任何拖车或半拖车;(h)"车

---

[19] 根据《TIR手册》,解释性说明提供一种方法,使《TIR公约》及其附件的规定得以按照技术的发展和经济需要加以实施。《TIR手册》所载评注主要反映《TIR公约》行政委员会和联合国欧洲经济委员会影响运输的海关问题工作组的意见,对于《TIR公约》的解释、统一和适用来说,这些评注十分重要。但对公约的缔约方没有法律约束力。附件1是TIR证的样本;附件2是关于可接受作为海关加封的国际运输公路车辆所适用的技术条件的规定及附件2的附图;附件3是符合附件2所载规定列出的技术条件的公路车辆批准程序;附件4是公路车辆批准证明书样本;附件5是TIR标识牌;附件6是解释性说明;附件7是关于集装箱的批准及第一部分和附图、第二部分和附录、第三部分解释性说明和附图;附件8是行政委员会和TIR执行理事会的组成、职能和议事规则;附件9是TIR程序的使用条件及第一部分关于担保协会颁发TIR证和提供担保的授权、第二部分关于自然人和法人使用TIR证的授权、关于第6条所指负责一个国际担保制度的有效组织和运作并印制和颁发TIR证的国际组织的授权;附件10是缔约方应向得到授权的协会(根据第42条之三)和国际组织(根据第6条第2款之二)提供的信息。

[20] 《TIR公约》第1条(b)项的解释性说明:第1条(b)项意味着,当有若干个起运地或目的地海关设在同一个或几个国家时,在一个缔约方境内可能有一次以上的TIR作业。在这种情况下,在连续两个海关之间进行的国内段运输,无论是起运地、目的地还是沿途海关,均可视为一次TIR作业。

[21] 《TIR公约》第1条(f)项规定,排除在外的规费和费用是指除缔约方对于有关进口或出口所征收的进出口税费以外的一切其他款项。这些款项的数额应限为相当于所提供服务的大致成本,不应构成对国内产品的间接保护或者形成出于财政目的而对进出口的征税。这类规费和费用除其他外包括与下述情况有关的付款:(1)过境所需的原产地证明;(2)海关实验室为管制目的进行的分析;(3)在正常工作时间外或海关工作地点以外进行的海关检查和其他结关活动;(4)出于公共卫生、兽医或植物病理学方面的理由进行的检查。

辆组合”是指作为一个单位在公路上行驶的相互挂接的车辆;[22] (j) “集装箱”是指全部或部分封闭的能装载货物、可重复使用的、能以一种或多种运输方式运输货物、无需中途换装的、内部容积在1立方米或1立方米以上的一件运输设备(货箱、可移动货罐箱或其他类似结构、“可卸车身”均视为集装箱[23]);(k) “起运地海关”是指全部或部分货载开始TIR运输时,所在缔约方的任何海关;(l) “目的地海关”是指全部或部分货载结束TIR运输时,所在缔约方的任何海关;(m)“沿途海关”是指在TIR运输过程中,公路车辆、车辆组合或集装箱进入或离开一缔约方,经过的该缔约方的任何海关;(n)“人”既指自然人,又指法人;(o)“TIR证持证人”是指根据本公约的有关规定持有TIR证的人,并以他的名义用TIR证的形式提出海关申报,按TIR程序在起运地海关上货,并负责向起运地海关、沿途海关和目的地海关交验公路车辆、车辆组合或集装箱及货载和相应的TIR证,且遵守本公约的其他有关规定;(p)“长大笨重货物”是指因重量、体积或特性而通常无法用封闭型车辆或封闭型集装箱运载的任何沉重物体或大体积物体[24];(q)“担保协会”是指由缔约方海关当局授权、为使用TIR程序的人提供担保的协会; (r) “国际组织”是指经行政委员会授权,负责一套国际担保制度的有效组织和运作的机构。

(二)适用范围

《TIR公约》适用于:在无须中途换装的情况下用公路车辆、车辆组合或集装箱运输货物,跨越一缔约方起运地海关与同一或另一缔约方目的地海关之间一个或多个边界。其前提是TIR运输起点与终点之间的行程有一部分是公路[25]。进行TIR运输作业必须使用事先得到批准的公路车辆、车辆组合或集装箱,包括长大笨重货物。运输作业必须由按照《TIR公约》第6条规定得到批准的协会予以担保,必须持有TIR证。[26]

(三)原则及其基本内容

概括起来,TIR制度共有五项基本规定,即TIR过境制度的五大支柱。

(1)货物及车辆监控。货物应由具有海关控管设置的车辆或集装箱装运。

(2)担保监控。为避免海关关税风险,公约规定整个运送途中涉险税费应得到国际上有效的担保,即由经缔约国主管机关授权的担保协会,负责颁发TIR单证,并充任担保人,对在

---

[22] 《TIR公约》原文即缺失(i)。——笔者注

[23] 关于第1条(j)项的解释性说明:“可卸车身”是指无动力的货箱,尤其是为装在公路车辆上运输而设计的货箱,其底盘及车身的副车架为此目的作了特别改装。它还兼指一种调换箱,即为公路和铁路联合运输而特别设计的装载箱。

[24] TIR证的封面和所有凭单应使用英文或法文黑体字印上“长大笨重货物”(heavy or bulky goods)字样(《TIR公约》第32条)。

[25] 参见《TIR公约》第2条规定。关于第2条的解释性说明:2-1规定,如行程的一部分在外国境内,使用TIR证的运输作业的起点与终点可以在同一个国家。在这类情况下,除TIR证外,起运地国海关当局还完全可以要求出示目的在于确保货物免税再进口的另一项国别单证。然而,仍建议海关当局不要坚持有关方面使用这类单证,而是接受TIR证上的相应的批注。2-2规定,根据本条的规定,货物在行程只有一部分是公路的情况下,即可用TIR证运输。这些规定未明确说明行程哪一个部分应是公路,只需是在TIR作业起点与终点之间某处即可。然而,由于未预见的商业方面的原因或事出偶然,可能出现行程任何一部分都不是公路的情况,尽管发货人在行程开始时曾拟经由一段公路加以运输。在这些例外情况下,缔约方仍应接受TIR证,担保协会的责任应继续有效。

[26] 参见《TIR公约》第3条(a)项和(b)项。批准的前提是需符合根据《TIR公约》第三章(a)节、(c)节所列条件。公路车辆或特种车辆,如大型轿车、吊车、清扫车、混凝土铺放机等,如果是出口车辆,则将被视为根据第三章(c)节规定的条件从起运地以自身动力运行至目的地海关的货物。在这类车辆载有其他货物时,也应符合上述第三章(a)节、(c)节所列条件。

该国内支付因 TIR 运输作业过程中承运人发生任何违章行为时可能缴纳的任何税费提供担保。

(3)海关监控。货物应附带在起运地国采用的国际公认的海关文件(TIR 证),作为在起运地国、过境国和目的地国的海关控管凭证。

(4)海关监控措施的相互承认。起运地国采取的海关控管措施应为所有过境国和目的地国所接受。

(5)程序授权。使用 TIR 程序,需获得国家主管部门或 TIR 行政委员会授权。具体内容包括:授权国家协会提供担保并颁发 TIR 证;授权自然人和法人使用 TIR 证;授权一国际组织负责国际担保制度有效组织和运作。

值得注意的事项包括:第一,公约保证过境运输自由的承诺:过境提供必要的原产地证明;第二,满足公约程序的过境货物始终处于联合担保之下,因此无须支付进出口税费或任何抵押;第三,在起运国、过境国和目的国三者之间,起运地海关的监管至关重要。TIR 证书不得用于目的地海关控管下的货物储存。

《TIR 公约》的实施有效地提高了过境货物的通关效率,而且满足海关对过境货物的监管要求,避免潜在的走私活动,遏制贸易壁垒。

本章思考题

1. 简述提单的概念和作用。
2. 简述提单的种类。
3. 比较有关提单的四项国际公约。
4. 根据《鹿特丹规则》试述海运承运人责任制度。
5. 试述租船合同的类型。
6. 国际航空货物运输的国际公约有哪些?
7. 试述国际航空货物运输承运人的责任制度。
8. 国际铁路货物运输的国际公约有哪些?
9. 介绍《国际货协》货物运输承运人的责任制度。
10. 介绍《联合国国际货物多式联运公约》关于多式联运经营人责任的规定。
11. 简述《国际公路运输公约》的主要特点和内容。

拓展阅读

1.《海牙规则》。
2.《维斯比规则》。
3.《汉堡规则》。
4.《鹿特丹规则》。
5.《华沙公约》。
6.《蒙特利尔公约》。

7.《国际铁路货物联合运输协定》。
8.《联合国国际货物多式联运公约》。
9.《国际公路运输公约》。
10.《中华人民共和国海商法》。

第四章　国际货物运输保险法律制度

本章导读

通过本章学习掌握国际货物运输保险的基本原则，了解国际货物运输保险合同的概念、订立、变更、解除、终止以及承保范围；掌握承保的风险与损失、共同海损与单独海损的区别；掌握海上货物运输保险条款、国际海上货物运输保险的主要险别及其承保范围，了解其他国际货物运输保险条款。

通过对国际货物运输保险法律制度的学习，熟练掌握和运用相关理论解决国际海上货物运输保险中遇到的不同问题。重点掌握国际海上货物运输保险条款的主要险别及其承保的风险与损失；共同海损与单独海损；保险委付与代位求偿理论。

第一节　国际货物运输保险法律制度概述

国际货物运输保险是一种服务贸易。国际上没有统一的货物运输保险法。实践中，保险人与被保险人的权利、义务由各国国内法和双方当事人订立的保险合同确定。国际货物运输保险合同是指进出口商对进出口货物按照一定的险别向保险公司投保并交纳保险费，若货物在国际运输途中遇到风险，由保险公司对进出口商遭受的由保险事故所造成的货物损失和产生的责任负责赔偿的合同。国际货物运输保险的种类包括海上货物运输保险、陆上货物运输保险、航空货物运输保险和多式联运保险。

一、国际货物运输保险的基本原则

（一）保险利益原则

保险利益原则也称为可保利益原则，它是财产保险的基本原则。保险合同是一种赔偿合同，因而获得保险赔偿的人必须对保险标的具有保险利益。按照我国《保险法》第12条第6款的规定，保险利益是指投保人或者被保险人对保险标的具有的法律上承认的利益。该条第2款还规定，财产保险的被保险人在保险事故发生时，对保险标的应当具有保险利益。此原则可以防止被保险人通过其不具有保险利益的标的获取利益，以避免保险合同沦为赌博合同。

（二）最大诚实信用原则

最大诚实信用原则，是指当事人应以诚实信用为基础订立和履行保险合同。该原则主要体现在订立保险合同时的告知义务和履行保险合同时的保证义务。

英国1906年《海上保险法》第117条规定，海上保险合同是建立在最大诚实信用原则基础上的合同，如果一方违反该原则，他方可以宣告合同无效。根据该法的规定，被保险人在投保时必须向保险人告知其所知道的一切重要情况，且所告知的重要情况必须真实，不得误述。[1]

诚实信用原则作为我国民法的基本原则，在调整民事法律关系的规范中都得以确立。例如，《民法典》《保险法》都在总则中规定当事人行使权利、履行义务应当遵循诚实信用原则。[2]此项原则体现在了《保险法》的诸多条款中。例如，该法第17条第1款规定，订立保险合同，采用保险人提供的格式条款的，保险人向投保人提供的投保单应当附格式条款，保险人应当向投保人说明合同的内容。该原则也体现在了我国《海商法》"海上保险合同"一章中。例如，《海商法》第222条第1款规定，合同订立前，被保险人应当将其知道的或者在通常业务中应当知道的有关影响保险人据以确定保险费率或者确定是否同意承保的重要情况，如实告知保险人。交通运输部于2020年1月印发的《中华人民共和国海商法（修改送审稿）》（以下简称《海商法送审稿》）第281条规定了保险人对格式条款的提示说明义务，即订立海上保险合同，采用保险人提供的格式条款的，对于保险合同中免除保险人责任的条款，保险人在订立合同时应当在投保单、保险单或者其他保险凭证上作出足以引起被保险人注意的提示，并按照被保险人的要求，对该条款予以说明，保险人未按照前款规定履行提示或说明义务的，该条款不产生效力。

（三）损失补偿原则

保险合同是一种损失补偿合同。若保险标的因保险事故遭受损害，保险人须按照保险合同的规定履行赔偿义务。该原则包含及时赔偿、充分赔偿、实际损失赔偿等三层含义。

1. 及时赔偿

保险人对保险合同约定范围内的保险赔偿必须及时支付。我国《保险法》第23条规定，保险人收到被保险人或者受益人的赔偿或者给付保险金的请求后，应当及时作出核定……对属于保险责任的，在与被保险人或者受益人达成赔偿或者给付保险金的协议后10日内，履行赔偿或者给付保险金义务……保险人未及时履行前款规定义务的，除支付保险金外，应当赔偿被保险人或者受益人因此受到的损失。该法第25条还规定，保险人自收到赔偿或者给付保险金的请求和有关证明、资料之日起60日内，对其赔偿或者给付保险金的数额不能确定的，应当根据已有证明和资料可以确定的数额先予支付；保险人最终确定赔偿或者给付保险金的数额后，应当支付相应的差额。

2. 充分赔偿

保险人不得无故扣减被保险人有权获得的赔偿。该原则强调的是保险人"不能少赔"。我国《保险法》第23条第3款规定，任何单位和个人不得非法干预保险人履行赔偿或者给付保险金的义务，也不得限制被保险人或者受益人取得保险金的权利。

3. 实际损失赔偿

保险合同是一种补偿性合同，所以保险人对被保险人的赔偿范围仅限于后者因保险事故所遭受的实际损失。实际损失赔偿强调的是保险人"不能多赔"。例如，我国《保险法》第55条第2款规定，投保人和保险人未约定保险标的的保险价值的，保险标的发生损失时，以保险事故发生时保险标的的实际价值为赔偿计算标准。

---

〔1〕 参见英国1906年《海上保险法》第18条至第20条。

〔2〕 参见《民法典》第7条、《保险法》第5条。

(四)近因原则

近因原则,是指保险人仅对由承保范围内的保险事故作为直接的、最接近的原因所引发的损失承担保险责任。[3] 英国1906年《海上保险法》第55条规定,除保险单另有约定外,保险人对其承保风险近因造成的损失承担赔偿责任,对非由其承保风险近因造成的任何损失概不承担责任。起初,近因被理解为与损失最近的和最后的原因。然而,由于保险事故的发生与保险标的的损害之间往往存在错综复杂的因果关系,单从时间维度来认定近因显得颇为不妥。英国的近因理论认为,近因乃是对损失的发生最有影响力的原因,此种影响力不因其他原因的存在而被消除或削弱,它一直存续至保险事故的发生。此种理论已经被许多国家所接受。

二、国际货物运输保险合同

(一)国际货物运输保险合同的订立、变更、解除和终止

1. 国际货物运输保险合同的订立

国际货物运输保险合同是财产保险合同的一种。保险合同的订立与其他合同的订立一样须经过要约和承诺两个阶段。投保人向保险人提出投保申请属于要约,保险人接受申请构成承诺。

投保申请可以由被保险人或其委托的代理人提出。在英美国家,保险合同的订立离不开保险经纪人的参与。保险经纪人出具承保单,保险公司在单上签字,合同即告成立。保险经纪人交纳保险费并从保险公司收取佣金。投保人若拒交保险费则无法从保险经纪人手中获得保险单。在我国,保险经纪人制度刚刚起步,因而投保人往往要亲自与保险公司打交道。

保险合同订立前,被保险人应当将其知道的或者在通常业务中应当知道的有关影响保险人据以确定保险费率或者确定是否同意承保的重要情况,如实告知保险人。保险人知道或者在通常业务中应当知道的情况,保险人没有询问的,被保险人则无需告知。保险人应及时向被保险人签发保险单或其他保险单证,并在保险单或其他保险单证上载明双方商定的权利和义务。一般情况下,保险合同须以书面形式订立。

2. 国际货物运输保险合同的变更

国际货物运输保险合同的变更,是指在运输保险合同主体不变的情况下,合同中某些内容的改变。我国《保险法》第20条规定,投保人和保险人可以协商变更合同内容;变更保险合同的,应当由保险人在保险单或者其他保险凭证上批注或者附贴批单,或者由投保人和保险人订立变更的书面协议。变更保险合同的合意须以书面形式得以体现,否则不发生法律效力。

3. 国际货物运输保险合同的解除和终止

(1)解除。合同的解除是一方当事人行使解约权的结果。它包括保险责任开始前的解除和保险责任开始后的解除。

我国《保险法》第15条和第16条第2款分别规定了投保人的合同解除权与保险人的合同解除权。此外,依《海商法》第226条的规定,保险责任开始前,被保险人可以要求解除合同,但是应当向保险人支付手续费,保险人应当退还保险费。该法第227条规定,除合同另有约定外,保险责任开始后,被保险人和保险人均不得解除合同。根据合同约定在保险责任开始后可以解除合同的,被保险人要求解除合同,保险人有权收取自保险责任开始之日起至合同解除之

[3] 参见贾林青:《海商法》(第4版),中国人民大学出版社2013年版,第310页。

日止的保险费,剩余部分予以退还;保险人要求解除合同,应当将自合同解除之日起至保险期间届满之日止的保险费退还被保险人。但是,《海商法送审稿》第280条规定,保险人在保险责任开始后解除航次保险合同的,不予返还保险费。该条同时规定了合同解除权的行使期限,即自保险人知道或者应当知道有解除事由之日起超过30日不行使的,合同解除权消灭。

(2)终止。保险合同通常因保险单有效期届满、保险人已履行赔偿责任、保险标的因保险事故以外的原因完全灭失等而终止。

(二)国际货物运输保险合同的内容

《保险法》第2条和第10条分别对“保险”和“保险合同”的概念进行了界定。保险是指投保人根据合同约定,向保险人支付保险费,保险人对于合同约定的可能发生的事故因其发生所造成的财产损失承担赔偿保险金责任,或者当被保险人死亡、伤残、疾病或者达到合同约定的年龄、期限等条件时承担给付保险金责任的商业保险行为。保险合同是指投保人与保险人约定保险权利义务关系的协议。在传统的保险法律关系中,保险人与投保人通过保险合同形成债权债务关系,当保险合同约定的条件满足时,保险人应当履行相应的法律义务。

根据《海商法》第217条的规定,国际海上货物运输保险合同的内容主要包括保险人名称、被保险人名称、保险标的、保险价值、保险金额、保险责任和除外责任、保险期间、保险费等事项。

投保人、保险人和被保险人是国际货物运输保险合同的主要当事方。投保人是指与保险人订立保险合同,并按照合同约定负有支付保险费义务的人。[4] 保险人是指与投保人订立保险合同,并按照合同约定承担赔偿或者给付保险金责任的保险公司。[5] 被保险人是指其财产或者人身受保险合同保障,享有保险金请求权的人。[6]

根据《海商法》第218条的规定,海上保险合同的标的包括:船舶,货物,船舶营运收入,货物预期利润,船员工资和其他报酬,对第三人的责任,由于发生保险事故可能受到损失的其他财产和产生的责任、费用。在国际货物运输保险的语境下,保险合同的标的主要是指货物以及与其相关的经济利益。

保险价值和保险金额是两个容易混淆的概念。保险价值是投保财产的实际价值。保险金额则是指保险人承担赔偿或者给付保险金责任的最高限额。《保险法》和《海商法》均规定,保险金额不得超过保险价值,超过保险价值的,超过部分无效。[7]

对于保险价值的确定,《保险法》第55条规定,投保人和保险人约定保险标的的保险价值并在合同中载明的,保险标的发生损失时,以约定的保险价值为赔偿计算标准;投保人和保险人未约定保险标的的保险价值的,保险标的发生损失时,以保险事故发生时保险标的的实际价值为赔偿计算标准。《海商法》第219条规定,保险标的的保险价值由保险人与被保险人约定,双方未作约定时,保险价值依照下列方式计算:(1)船舶的保险价值,是保险责任开始时船舶的价值,包括船壳、机器、设备的价值,以及船上燃料、物料、索具、给养、淡水的价值和保险费的总和;(2)货物的保险价值,是保险责任开始时货物在起运地的发票价格或者非贸易商品在起运

---

〔4〕《保险法》第10条第2款。

〔5〕《保险法》第10条第3款。

〔6〕《保险法》第12条第5款。

〔7〕《保险法》第55条、《海商法》第220条。

地的实际价值以及运费和保险费的总和;(3)运费的保险价值,是保险责任开始时承运人应收运费总额和保险费的总和;(4)其他保险标的的保险价值,是保险责任开始时保险标的的实际价值和保险费的总和。

保险责任与保险期间是两个相互关联的概念。保险责任是指保险人对约定的危险事故造成的损失所承担的赔偿责任。当事人在保险合同中约定的险别不同,保险人的保险责任的范围便会不同。保险期间即保险责任从开始到终止的时间。保险期间不仅直接影响当事人权利的行使和责任的承担,还是保险人计算保险费的重要依据。

保险费是指投保人在投保时,需要向保险人交付的费用。《保险法》第 14 条规定,保险合同成立后,投保人按照约定交付保险费,保险人按照约定的时间开始承担保险责任。根据该法第 35 条的规定,投保人可以向保险人一次性支付全部保险费,也可以分期支付保险费。

第二节　海洋货物运输保险

一、保险人承保的风险

中国人民保险公司海洋货物运输保险条款所包含的承保风险包括自然灾害、意外事故、外来风险。

1. 自然灾害。自然灾害,是指由不以人的意志为转移的自然力量所引起的灾害。它包括海啸、地震、飓风、雷电、洪水等。

2. 意外事故。意外事故,是指由偶然的、非意料中的原因所造成的事故。它包括触礁、沉没、碰撞、失踪、火灾、爆炸等。

3. 外来风险。外来风险,是指货物在运输途中可能遇到的偷窃、受潮、串味、钩损、玷污、战争、暴动、罢工等风险。这类风险往往涵盖在各种附加险中。

二、保险人承保的损失

(一)全部损失(total loss)

1. 实际全损(actual total loss)。根据《海商法》第 245 条的规定,保险标的发生保险事故后灭失,或者受到严重损坏完全失去原有形体、效用,或者不能再归被保险人所拥有的,为实际全损。由此可见,我国《海商法》规定的实际全损包括三种情况:灭失;失去原有形体、效用;不能再归被保险人所拥有。《海商法》第 248 条还规定,船舶在合理时间内未从被获知最后消息的地点抵达目的地,除合同另有约定外,满两个月后仍没有获知其消息的,为船舶失踪。船舶失踪视为实际全损。

2. 推定全损(constructive total loss)。根据《海商法》第 246 条第 2 款的规定,货物发生保险事故后,认为实际全损已经不可避免,或者为避免发生实际全损所需支付的费用与继续将货物运抵目的地的费用之和超过保险价值的,为推定全损。当出现推定全损时,被保险人可以请求委付。委付是指当保险标的发生推定全损时,被保险人把保险标的上的全部权利和义务转移给保险人而请求全部保险金额的给付。保险人可以接受委付,也可以不接受。若被保险人想要按照全损获得保险赔偿,他必须将此意图明确告知保险人,这种告知即为委付通知。若被保险人未发出委付通知，其只能按部分损失向保险人进行索赔。对于被保险人递交的委付通知，保险人应当在合理的时间内做出接受或者不接受的决定，并通知被保险人。保险人在接受委付并支付了全损的赔偿后便取得了向有责任的第三方追偿的代位求偿权。

（二）部分损失（partial loss）

部分损失可分为共同海损和单独海损。

1. 共同海损（general average）。根据《海商法》第 193 条第 1 款的规定，共同海损是指在同一海上航程中，船舶、货物和其他财产遭遇共同危险，为了共同安全，有意地、合理地采取措施所直接造成的特殊牺牲、支付的特殊费用。该法第 199 条第 1 款规定，共同海损应当由受益方按照各自的分摊价值的比例分摊。保险人对共同海损的牺牲和费用以及共同海损分摊都予以赔偿。

2. 单独海损（particular average）。单独海损，是指因自然灾害、意外事故或者船舶驾驶人员的过失直接造成的船舶或货物的损失。[8] 被保险人能否就单独海损获得赔偿取决于投保险别以及保险单的具体规定。

（三）保险人承保的费用

保险人除了承保因承保风险所造成的保险标的的损失外，还承保保险事故发生后产生的费用。

1. 施救费用。施救费用，是指为了防止或减少货物因承保风险引发的损失而支出的合理费用。保险单上通常载有"施救条款"。该条款旨在使被保险人能够从保险人处就其为了避免或减轻损失而支出的合理费用获得补偿。但该补偿不能超过获救货物的保险金额。《保险法》第 57 条第 2 款规定了保险人应当承担保险事故发生后，被保险人为防止或者减少保险标的的损失所支付的必要的、合理的费用；保险人所承担的费用数额在保险标的损失赔偿金额以外另行计算，最高不超过保险金额的数额。最高人民法院《关于适用〈中华人民共和国保险法〉若干问题的解释（四）》第 6 条规定，保险人承担费用不以被保险人采取的防止措施产生实际效果为前提，即保险事故发生后，被保险人依照《保险法》第 57 条的规定，请求保险人承担为防止或者减少保险标的的损失所支付的必要、合理费用，保险人以被保险人采取的措施未产生实际效果为由抗辩的，人民法院不予支持。

2. 救助费用。若与保险合同无关的第三方对被保险人进行救助并取得效果，后者应向前者支付救助报酬。被保险人可以从保险人处就此项支出获得补偿。保险人对救助费用的赔偿额和对保险标的本身的赔偿额的总和不得超过保险金额。

三、保险单

国际货物运输保险的保险单主要有以下几种：

1. 定值保险单和不定值保险单。定值保险单是指载明保险标的的约定价值的保险单。与之相对，不定值保险单未载明保险标的的保险价值。

2. 航程保险单。航程保险单是指保险人以一次或多次航程为保险期间承担保险责任的保险单。

3. 流动保险单。流动保险单仅载明总的承保条件，如承保风险、费率、总保险金额、承保期

〔8〕 参见贾林青：《海商法》（第 4 版），中国人民大学出版社 2013 年版，第 238 页。

限等。被保险人按承保期限内预计启运的货物总价值预交保险存款。在承保期限内,被保险人若想为某批货物投保,仅需在货物装运后通知保险人,以该批货物为保险标的的保险合同即告生效。相应的数额会从总保险额度中被扣除。在承保期限内,流动保险单在保险额度用尽时失效。此种保险单免去了被保险人就需要长期分批运送的同类货物逐笔投保的不便。

4. 预约保险单。预约保险单又称开口保单。它与流动保险单类似,但未载明总保险金额。被保险人若想为某批货物投保,仅需在货物装运后向保险人通报该批货物的保险金额,并交纳相应保费,以该批货物为保险标的的保险合同即告生效。预约保险单的失效时间通常由保险人和被保险人约定。此种保险单下的被保险人不用预交保费并可以长期按某一固定费率为货物投保。

5. 重复保险单。重复保险单是指投保人对同一保险标的,在同一保险期间内,就同一保险利益、同一保险事故分别与两个以上的保险人订立的保险单。重复保险的各保险人赔偿保险金的总和不得超过保险标的的价值。除合同另有约定外,各保险人按照其保险金额与保险金额总和的比例承担赔偿责任。

6. 保险凭证。保险凭证是一种简式保险合同。它通常仅载有正式保险单正面的条款,如被保险人名称、保险货物名称、运输工具种类与名称、投保险别、保险期限、保险金额等,而不载明保险单背面有关保险人和被保险人权利与义务的条款。若当事人选用流动保险单或预约保险单,被保险人往往得到的是保险凭证而不是正式保险单。

7. 联合保单。联合保单是一种简化的保险凭证。它附在外贸发票上,上面只注明承保险别和保险金额。其他事项均以发票上所列内容为准。联合保单仅用于对港澳的出口运输。

四、保险人的责任期间

实践中,保险人的责任期间通常自被保险货物运离保险单所载明的起运地仓库或储存处所开始运输时起,至该项货物到达保险单所载明目的地收货人的最后仓库或储存处所,或被保险人用作分配、分派或非正常运输的其他储存处所止。若货物未抵达上述仓库或储存处所,则保险人的保险责任在货物到达最后卸载地满 60 天时终止。若是航空运输,则保险人的保险责任在货物卸离飞机后满 30 天时终止。若在上述 60(或 30)天内货物被运至保单所载目的地以外地点,则保险责任从货物开始转运时终止。当事人也可以约定保险人的责任期间自某年某月某日起至某年某月某日止。

五、被保险人的义务

货物运输保险合同是一种双务合同。被保险人有权依据保险合同获得赔偿,但也必须履行其相应的义务。

(一)如实申报

被保险人或投保人在填写保单时必须对货物及其性质和价值等重要事实如实申报。否则,保险人可以解除合同,并对保险标的遭受的损失不予赔偿。我国《海商法》第 222 条第 1 款规定,合同订立前,被保险人应当将其知道的或者在通常业务中应当知道的有关影响保险人据以确定保险费率或者确定是否同意承保的重要情况,如实告知保险人。最高人民法院《关于审理海上保险纠纷案件若干问题的规定》(以下简称《海上保险司法解释》)第 4 条指明,保险人知道被保险人未如实告知《海商法》第 222 条第 1 款规定的重要情况,仍收取保险费或者支付保险赔偿,保险人又以被保险人未如实告知重要情况为由请求解除合同的,人民法院不予支持。《保险法》第16条第1款规定,订立保险合同,保险人就保险标的或者被保险人的有关情况提出询问的,投保人应当如实告知。相较而言,《海商法》规定的告知义务采用的是主动告知模式,而《保险法》规定的则是询问告知模式。[9]

(二)支付保险费

《海商法》第234条规定,除合同另有约定外,被保险人应当在合同订立后立即支付保险费;被保险人支付保险费前,保险人可以拒绝签发保险单证。《海上保险司法解释》第5条规定,被保险人未按照《海商法》第234条的规定向保险人支付约定的保险费的,保险责任开始前,保险人有权解除保险合同,但保险人已经签发保险单证的除外;保险责任开始后,保险人以被保险人未支付保险费请求解除合同的,人民法院不予支持。

(三)及时提货

货物抵达保险单所载目的地后,被保险人应当及时提货。按照《海商法》第86条的规定,在卸货港无人提取货物或者收货人迟延、拒绝提取货物的,船长可以将货物卸在仓库或者其他适当场所,由此产生的费用和风险由收货人承担。

(四)通知

当获悉航线改变或发现保单所载货物的运输工具、航程有遗漏或错误时,被保险人应立即通知保险人,在必要时需另加保费,保险单继续有效。《海商法》第235条规定,被保险人违反合同约定的保证条款时,应当立即书面通知保险人。保险人收到通知后,可以解除合同,也可以要求修改承保条件、增加保险费。但是,《海商法》修改送审稿第293条则取消了被保险人违反保证条款时的书面通知义务。《海上保险司法解释》第6条规定,保险人以被保险人违反合同约定的保证条款未立即书面通知保险人为由,要求从违反保证条款之日起解除保险合同的,人民法院应予支持。可是,依照该解释第7条的规定,保险人收到被保险人违反合同约定的保证条款书面通知后仍支付保险赔偿,又以被保险人违反合同约定的保证条款为由请求解除合同的,人民法院不予支持。该解释的第8条还规定,保险人收到被保险人违反合同约定的保证条款的书面通知后,可以就修改承保条件、增加保险费等事项与被保险人进行协商;若未能达成一致,保险合同于违反保证条款之日解除。此外,《海商法》第236条第1款规定,一旦有保险事故发生,被保险人应当立即通知保险人。

(五)保全货物

在危险事故发生后,被保险人应进行积极的施救,对损后的财产进行整理、修复,采取各种必要措施减少财产损失。被保险人虽然在投保后已取得了保险保障,但由于保险事故发生时,被保险人一般先于其他人知悉情况,因此为了避免社会财富的损失,被保险人有责任尽力采取必要的措施,防止或减少损失。[10]《海商法》第236条规定,在保险事故发生后,被保险人应当采取必要的合理措施,防止或者减少损失;被保险人收到保险人发出的有关采取防止或者减少损失的合理措施的特别通知的,应当按照保险人通知的要求处理;对于被保险人违反此项义务所造成的扩大的损失,保险人不负赔偿责任。

---

〔9〕 参见张金蕾、潘秀华:《中国海上保险法律制度修改的再审视——以〈2015年英国保险法〉为背景》,载《中国海商法研究》2015年第4期。

〔10〕 参见穆圣庭、徐亮:《关于保险合同法中的最大诚信原则问题》,载《武汉大学学报(社会科学版)》2003年第3期。

(六)及时按要求索赔

当发现货物受损时,被保险人应立即向保险单上载明的检验、理赔代理人申请检验,并向承运人、受托人或海关、港务当局索取货损、货差证明,并以书面方式提出索赔。在向保险人提出索赔时,被保险人应提供保险单正本、提单、发票、装箱单、磅码单等有关单据和凭证。若被保险人违反此项义务,保险人有权对扩大的损失拒绝赔偿。

六、索赔期限

我国《保险法》第26条第1款规定,人寿保险以外的其他保险的被保险人或者受益人,向保险人请求赔偿或者给付保险金的诉讼时效期间为2年,自其知道或者应当知道保险事故发生之日起计算。

第三节 国际海洋运输货物保险条款

一、中国人民保险公司海洋运输货物保险条款

中国人民保险公司海洋运输货物保险条款分为基本险和附加险。它是我国进出口货物运输最常用的保险条款。

(一)险别

1. 基本险

基本险又称主险,是一种可以独立投保的险别。基本险分为平安险、水渍险和一切险三种。

(1)平安险(free from particular average)。平安险原意为“单独海损不赔”。保险人在平安险中的责任要小于其在其他两种基本险中的责任。平安险适用于以下情形:①被保险货物在运输过程中由于恶劣气候、雷电、海啸、地震和洪水等自然灾害造成的整批货物全部损失或推定全损。当被保险人要求赔偿推定全损时,须将受损货物及其权利委付给保险公司。被保险货物用驳船运往或运离海轮的,每驳船所装的货物可视作一个整批。②由于运输工具遭受搁浅、触礁、沉没、互撞、与流冰或其他物体碰撞以及失火、爆炸等意外事故造成的货物全部或部分损失。③在运输工具已经发生搁浅、触礁、沉没、焚毁等意外事故的情况下,货物在此前后又在海上遭受恶劣气候、雷电、海啸等自然灾害所造成的部分损失。④在装卸或转运时由于一件或数件整件货物落海造成的全部或部分损失。⑤被保险人对遭受承保责任内危险的货物采取抢救、防止或减少货损的措施而支付合理费用,但以不超过该批被救货物的保险金额为限。⑥运输工具遭遇海难后,在避难港由于卸货所引起的损失以及在中途港、避难港由于卸货、存仓和运送货物所产生的特别费用。⑦共同海损的牺牲、分摊和救助费用。⑧运输合同订有“船舶互撞责任条款”,根据该条款规定应由货方偿还船方的损失。

(2)水渍险(with particular average)。水渍险原意为“单独海损负责”。它的范围除包括上述平安险的各项责任外,还包括被保险货物由于恶劣气候、雷电、海啸、地震、洪水等自然灾害所造成的部分损失。

(3)一切险(all risks)。一切险的范围除包括上述平安险和水渍险的各项责任外,还包括

被保险货物在运输途中由于外来原因所致的全部或部分损失。这里所说的外来原因是指一般附加险所含事项，而不包括特别附加险和特殊附加险所含事项。

2. 附加险

附加险包括一般附加险、特别附加险和特殊附加险。

(1)一般附加险。一般附加险有11种，即偷窃、提货不着险；淡水雨淋险；短量险；混杂、玷污险；渗漏险；碰损、破碎险；串味险；受潮受热险；钩损险；包装破裂险；锈损险。一般附加险不能单独投保。一切险涵盖了所有的一般附加险。投保人也可以在投保平安险或水渍险后，再根据需要加保一种或多种一般附加险。

(2)特别附加险。特别附加险包括：交货不到险；进口关税险；舱面货物险；拒收险；黄曲霉素险；出口货物到中国香港特别行政区（包括九龙）或是中国澳门特别行政区存仓火险责任扩展条款。

(3)特殊附加险。特殊附加险包括战争险、罢工险等。

（二）保险人的除外责任

保险人对由下列原因造成的损失不负赔偿责任：(1)被保险人的故意行为或过失行为所造成的损失；(2)属于发货人责任所引起的损失；(3)在保险责任开始前，被保险货物已存在品质不良或数量短差所造成的损失；(4)被保险货物的自然损耗、本质缺陷、特性以及市价跌落、运输延迟所引起的损失和费用；(5)海洋运输货物战争险条款和货物运输罢工险条款规定的责任范围和除外责任。

（三）保险人的责任期间

保险人的责任期间采用国际保险业惯用的"仓至仓条款"。具体而言，保险责任自被保险货物运离保险单所载明的起运地仓库或储存处所时生效，包括正常运输过程中的海上、陆上、内河和驳船运输在内，直到该项货物到达保险单所载明目的地收货人的最后仓库或储存处所，或被保险人用作分配、分派或非正常运输的其他储存处所为止。如果未抵达上述仓库或储存处所，则以被保险货物在最后卸载港全部卸离海轮后满60天为止。如果在上述60天内被保险货物需转运到非保险单所载明的目的地时，则以该项货物开始转运时终止。

对于"到达"一词，应理解为货物卸离落定的完成状态。货物到达收货人处后，一般应先进行卸货作业。若卸货地在仓库外，那么还应通过叉车、液压车等运输工具将货物运进仓库进行存储。若货车直接开进仓库进行卸货作业，从物理位置上看，此时货物已经到达仓库，但货物并未脱离运输车到达地面落定。货物卸离落定后，才会形成"货物到达仓库"的完成状态，所以卸货过程仍处于"仓至仓条款"的责任期间内。

二、伦敦保险业协会货物保险条款

伦敦保险业协会制订的货物保险条款具有以下特点：

1. 用英文字母A、B、C来表示一切险、水渍险和平安险。

(1)伦敦保险业协会货物保险条款(A)险。(A)险相当于"一切险"。它承保引起保险标的灭失或损害的一切危险。需要注意的是，这里所说的"一切危险"并不包括确定的危险、预期的危险、正常的危险、战争风险。

(2)伦敦保险业协会货物保险条款(B)险。(B)险相当于"水渍险"。但与"水渍险"相比，它还涵盖了陆上运输工具的颠翻、出轨、碰撞和地震、火山爆发、雷电引起的货损以及海水、湖水、河水侵入船舶造成的损害。

(3)伦敦保险业协会货物保险条款(C)险。(C)险相当于“平安险”。但与“平安险”相比,它增加了承保陆上风险的规定。

2. 除(A)险、(B)险、(C)险外,伦敦保险业协会货物保险条款还包含了战争险、罢工险、恶意损害险等。这些险均可独立投保,也可附加在(A)险、(B)险、(C)险上。

第四节 其他国际货物运输保险条款

一、国际航空货物运输保险条款

(一)保险人的责任范围

航空货物运输保险分为航空运输险和航空运输一切险两种。

1. 航空运输险。航空运输险涵盖以下风险及损失:(1)被保险货物在运输途中遭受雷电、火灾、爆炸或由于飞机遭受恶劣气候或其他危难事故而被抛弃,或由于飞机遭受碰撞、倾覆、坠落或失踪等意外事故所造成的全部或部分损失;(2)被保险人对遭受承保范围内危险的货物采取抢救、防止或减少货损的措施而支出的合理费用,但以不超过该批被救货物的保险金额为限。

2. 航空运输一切险。航空运输一切险涵盖了航空运输险的事项以及被保险货物由于外来原因所遭受的全部或部分损失。

(二)保险人的责任期间

1. 保险人的责任期间自被保险货物运离保险单所载明启运地仓库或储存处所开始运输时起,到该货物到达保险单载明目的地收货人的最后仓库或储存处所,或被保险人用作分配、分派或非正常运输的其他储存处所止。

2. 若被保险货物未抵达上述仓库或储存处所,责任期间于货物在最后卸载地卸离飞机 30 天后终止。

3. 由于被保险人无法控制的运输延迟、绕航、被迫卸货、重新装载、转载或承运人利用合同赋予的权限所作的任何航行上的变更或终止运输合同,致使被保险货物运到非保险单所载目的地时,在被保险人及时将所获知的情况通知保险人,并在必要时加付保险费的情况下,保险单继续有效。若被保险货物在非保险单所载目的地出售,则保险责任至交货时或被保险货物在卸载地全部卸离飞机 30 天后终止,以两者中较早者为准。若被保险货物在 30 天期限内继续运往保单所载原目的地,责任期间仍按“仓至仓条款”计算。

二、国际陆上货物运输保险条款

陆上货物运输包括铁路运输和公路运输。

(一)保险人的承保范围

陆上货物运输保险包括陆运险和陆运一切险。

1. 陆运险。陆运险涵盖以下风险及损失:(1)货物在运输途中因暴风、雷电、洪水、地震等自然灾害遭受的损失;(2)货物因运输工具碰撞、倾覆、出轨,驳运工具搁浅、沉没、碰撞,隧道坍塌、崖崩,失火、爆炸等意外事故遭受的全部或部分损失;(3)被保险人对遭受承保范围内危险的货物采取抢救、防止或减少货损的措施而支出的合理费用,但以不超过该批被救货物的保险金额为限。

2. 陆运一切险。陆运一切险涵盖了陆运险的事项以及被保险货物由于外来原因所遭受的全部或部分损失。

(二)保险人的责任期间

陆上货物运输保险人的责任期间按“仓至仓条款”计算,包括正常运输过程中的陆上和与其有关的水上驳运在内。若被保险货物未抵达目的地仓库或储存处所,责任期间于货物运抵最后卸货的车站60天后终止。

(三)被保险人的义务

1. 被保险货物运抵目的地后,被保险人应及时提货。被保险人若发现货物遭受任何损失,则应立即向保险单上载明的检验、理赔代理人申请检验;若发现货物整件缺少,或有明显残损痕迹,则应立即向承运人、受托人或有关当局索取货损货差证明。如果货损货差是由承运人、受托人或有关当局的责任造成的,则被保险人应以书面方式向他们提出索赔。

2. 对遭受承保责任内危险的货物,被保险人应迅速采取合理的抢救措施,防止或减少货物的损失。

3. 被保险人在向保险人索赔时,须提供下列单证:保险单正本、提单、发票、装箱单、磅码单、检验报告以及索赔清单等。当涉及第三者责任时,被保险人还须提供向第三者追偿的有关函电以及其他必要凭证或文件。

(四)保险人的除外责任

保险公司对由下列原因造成的货物损失不负赔偿责任:(1)被保险人的故意行为或过失造成的损失;(2)发货人的责任引起的损失;(3)被保险货物在保险责任开始前就存在的品质不良或数量短差造成的损失;(4)被保险货物的自然损耗、本质缺陷、特性以及市场跌落、运输延误造成的损失和费用;(5)陆上货物运输战争险条款和运输罢工险条款规定的责任范围和除外责任。

三、国际货物多式联运保险条款

目前,我国尚无单独的国际货物多式联运保险条款。实践中,这类运输保险需分区段处理。

本章思考题

1. 试析最大诚信原则与近因原则的相互关系。
2. 简述国际海上货物运输保险标的的损失种类及界定。
3. 简述委付和代位的含义。
4. 简述中国人民保险公司海洋运输货物保险条款承保的主要险别及其承保范围。
5. 与中国人民保险公司海洋运输货物保险条款相比,伦敦保险业协会货物保险条款有哪些主要不同?

拓展阅读

一、著作资源

1. 梁瑞主编:《国际货物运输与保险》,清华大学出版社2020年版。
2. 初北平、王欣编著:《海上保险实务与法律》,大连海事大学出版社2019年版。
3. 栗丽主编:《国际货物运输与保险》(第5版),中国人民大学出版社2017年版。
4. [英]Malcolm A. Clarke:《保险合同法》,何美欢、吴志攀等译,北京大学出版社2002年版。
5. 沈木珠:《国际贸易法研究》,法律出版社2002年版。
6. 余劲松、吴志攀:《国际经济法》,北京大学出版社2005年版。
7. 杨良宜、汪鹏南:《英国海上保险条款详论》,大连海事大学出版社1996年版。

二、网络资源

1. 中华人民共和国海事局官方网站,https://www.msa.gov.cn/。该网站公布权威的海事法规、政策法规解读等,帮助同学理解海上运输的相关法规。
2. 中国银行保险监督管理委员会,http://www.cbirc.gov.cn/cn/view/pages/index/index.html。该网站公布保险相关政策法规,实时更新保险行业动态,帮助同学全面了解保险行业。
3. 法律法规数据库,http://search.chinalaw.gov.cn/search2.html。该网站覆盖各种法律文件,帮助同学快速检索法律法规。
4. 中国法院网,https://www.chinacourt.org/index.shtml。该网站公布的最高人民法院公布指导案例,帮助同学通过经典案例的分析,准确适用法律。
5. 中国裁判文书网,https://wenshu.court.gov.cn/。该网站公布各类裁判文书和典型案例,帮助同学查找相关裁判文书。

三、案例链接

1. 曲某某诉中国大地财产保险股份有限公司威海中心支公司、中国大地财产保险股份有限公司石岛支公司海上保险合同纠纷案,载中国法院网,https://www.chinacourt.org/article/detail/2019/09/id/4470379.shtml。
2. 陈某某与中国人民财产保险股份有限公司高淳支公司等通海水域保险合同纠纷案,载中国法院网,https://www.chinacourt.org/article/detail/2019/09/id/4470476.shtml。
3. 中国平安财产保险股份有限公司上海分公司与中国太平洋财产保险股份有限公司镇江中心支公司等案外人执行异议之诉案,载中国法院网,https://www.chinacourt.org/article/detail/2019/09/id/4470490.shtml。

第五章　国际贸易支付

本章导读

有形商品的国际贸易一般包括买卖、运输、保险、支付环节。货物买卖是核心交易，其他环节是为实现货物买卖而服务。在国际贸易中，货物的收付比国内贸易要复杂得多。因为国际贸易支付会遇到国内贸易支付所没有的汇率变动风险、外汇管制风险、法律冲突所带来的适用法律方面的不确定性等特殊问题。本章需要掌握有关汇票、托收、信用证、国际保理业务中主要当事人的责任与义务。

第一节　国际贸易的支付工具

支付工具，是指买卖双方之间用什么手段进行货款的收付。国际贸易中的支付工具主要包括货币和票据。以货币（现金）支付货款无论是在国际贸易中还是在国内贸易中既不方便，又不安全，因而甚少采用，更常用的是以代替货币流通的票据完成买卖双方货款的收付。

一、支付货币

国际货物买卖合同中所规定的支付货币一般与计价货币相一致，但当事人亦可约定不同于计价货币的货币来进行支付。

国际货物买卖合同中规定的支付货币可能是进口国的货币、出口国的货币或第三国的货币，这将取决于下列因素：(1)货币是否可以自由兑换。国际贸易在客观上需要以可自由兑换的货币作为支付工具，所以货款的支付一般以可自由兑换的货币来完成。(2)货币的币值是否稳定。币值的上涨或下降对买卖双方的损益是不同的，如果支付时的币值高于买卖合同签订时的币值，则卖方受益，买方受损；反之则卖方受损，买方受益。虽然谈判双方力量的差异会使支付货币的选择有时有利于力量占优的一方，但外汇市场变化无常，无法预测，因此买卖双方一般会选择币值相对稳定的货币。(3)政治风险。所约定货币的发行国或支付地所在国不会对买方或卖方所属国采取冻结资产等使支付不能进行或不能顺利进行的措施。(4)行业习惯。在国际贸易中，某些商品的买卖习惯上以某种货币（如英镑）报价、计价和支付，买卖双方一般会遵循这样的习惯。

二、国际贸易支付中使用的票据

(一)票据的法律特性

票据实质上是一种有价证券,是一种合同,但它具有自己的特点。

1. 票据是流通证券

多数国家的立法都倾向于肯定和保护票据的流通性,它主要表现在:(1)规定票据可以自由转让,让与人或受让人不必通知债务人(付款人)就可以使受让人能以自己的名义对债务人行使权利。而民法上的债权(如合同权利)虽然一般亦可转让,但以通知债务人为转让生效的条件。(2)规定正当持票人享有优于前手的权利,而合同权利的受让人则不受此种保护,合同的无效或被撤销会导致受让人合同权利的无效或终止,债务人对让与人(原债权人)享有的抗辩权利对受让人照样有效。

2. 票据是无因证券

票据是支付命令或承诺,出票人之所以作出这样的命令或承诺,一般是因为他与受款人之间另有法律关系存在,在该法律关系中他负有向受款人支付一定金额的义务,这一基础法律关系即票据的因,比如买卖合同关系。所谓票据不要因,是指在非基础法律关系当事人的票据当事人之间,其权利、义务关系不受基础法律关系的影响,特别是基础法律关系的履行情况不影响票据的权利、义务关系,这种关系完全以票据上的文字记载为准。

3. 票据是一种要式证券

要式是指票据必须以书面作成,必须具备法律规定的某些格式(如背书一般在背面书写),更重要的是必须记载法律规定的事项和内容。这是因为,票据作为一种流通证券,其权利和义务完全凭票据法上的文义来确定,如果票据上的记载事项不统一,或者对其中某些重要事项没有载明或记载不清,则当事人之间的权利、义务就难以确定,票据的流通性也会因而受到影响。

(二)票据的种类

各国的票据法或有关法律对票据的理解是不尽相同的。法国和德国的法律认为,票据只包括汇票和本票两种,不包括支票。有关支票的法律另有单行法规予以规定,不包括在票据法之内。《日本商法典》则明确规定,票据包括汇票、本票和支票三种。《美国统一商法典》所规定的可流通票据则包括汇票、本票、支票、银行存单等。

1. 汇票(bills of exchange 或 draft)

1882 年《英国票据法》第二章第一节将汇票定义为:由出票人向受票人开出并由出票人签名的,要求受票人于见票时或规定的某一将来时间或可以确定的将来时间,对某人或某人指定的人或持票人无条件支付一定金额的命令。

2. 本票(promissory note 或 note)

本票又称期票,是出票人于见票时或某一确定的将来时间,向某人或其指定的人无条件支付一定金额的书面承诺。

3. 支票(check)

支票是以银行为受票人的见票即付的汇票,是一种特殊的汇票。支票与一般汇票的区别是:支票的受票人以银行为限,而汇票的受票人不限于银行,可以是公司、个人等;支票只限于见票即付,而汇票除此之外还包括其他到期方法(详见汇票部分)。

在国际贸易中,最常用的是汇票。本票多用于借贷、赊销和现存债务的证明。使用支票则需要满足下列条件:出票人在银行有存款,与银行订有使用支票的协议,不得透支,因此在国际贸易中亦不常用。

（三）票据的法律体系

资本主义各国都制定了关于票据的法律，但各国票据法的编制体例不完全相同。从形式上看，英国、德国等国采取单行立法的形式，专门制定了关于票据的单行法规。法国等一些国家将票据列入商法典内，作为商法典的一个组成部分。美国各州原来都订有各自的票据法，后来各州相继采用了《美国统一商法典》，该法第三编调整可流通票据。瑞士则把票据法编入债务法典内，作为该法典的一个组成部分。

目前，国际上有以下票据法律体系：

1. 法国法系

法国票据法历史最久，早在1673年《法国商事条例》中就有关于票据的规定。后来经过修订编入1807年商法典内，作为其中的一章。

法国法系的主要特点是：仅把票据作为代替现金输送的工具，而很少考虑将票据作为流通手段和信用工具。其具体表现是：没有把票据关系与其基础关系严格区别开来，按照法国的法律，凡是票据必须载明对价文句，表明已收到对价，否则就不能产生票据法上的效力。同时，法国法强调在汇票和支票的出票人与付款人之间要有资金关系，即出票人必须占有资金，付款人才承担对该项汇票或支票的付款义务。

法国的票据法对欧洲各国早期的票据立法曾产生过重大的影响。但是，随着时代的推移和商业经济的发展，法国票据法的某些原则已不能适应近代经济发展的需要，因此，某些原来仿效法国票据法的国家，如意大利、西班牙、比利时等，后来都舍弃法国法转而采用德国的票据立法原则，不再要求在出票人与付款人之间必须要有资金关系。

2. 英国法系

英国法系包括英国、美国以及某些受英国普通法传统影响的国家。其中有代表性的是1882年《英国票据法》和《美国统一商法典》第三编。英美票据法的主要特点是：注重票据的流通作用与信用工具的作用，保护正当的执票人。其具体表现是：把票据关系与其基础关系分离开来，即不问票据的对价关系或资金关系如何，凡正当执票人均受法律的保护，而且在形式上也采取较灵活的态度，不像大陆法系国家那样严格。这对于发挥票据在经济生活中的作用，扩大票据的流通，加速资金的周转都是有利的。

3. 德国法系

德国法系，又称日耳曼法系。《德国票据法》公布于1871年，它亦注重票据的流通作用和作为信贷工具的职能。其特点是：在某些方面与英国票据法相近而与法国票据法不同。德国法认为，票据是一种不要因的证券，票据上的权利不受其基础关系的影响。但德国法对票据的形式要求比英国法严格。现在，欧洲大陆许多国家如意大利、西班牙、比利时、瑞典、瑞士等国的票据法，都属于德国法系。

4. 日内瓦票据法公约体系

各国票据法存在的重大分歧，为票据在商业上的使用，特别是在国际结算中的流通使用带来了许多的不便。因此，从19世纪开始就有一些国际组织主张把各国的票据法加以统一，制定一套有关票据的统一法公约。经过长期的酝酿准备，终于在20世纪30年代初期通过了四项关于票据的国际公约，即（1）1930年《统一汇票和本票法公约》（Convention on the Unification of the Law Relating to Bill of Exchange and Promissory Notes）；（2）1930年《解决汇票和本票的若干法律冲突公约》(Convention on the Settlement of Certain Conflicts of Laws in Connection with Bill of Exchange and Promissory Notes);(3)1931 年《统一支票法公约》(Convention Providing an Uniform Law for Cheques);(4)1931 年《解决支票若干法律冲突公约》(Convention on the Settlement of Certain Conflicts of Laws in Connection with Check)。

现在许多欧洲国家如法国、德国、意大利、瑞士、瑞典、比利时、奥地利、希腊、荷兰、挪威、丹麦、芬兰以及日本和某些拉丁美洲国家已经采用了上述各项日内瓦票据法公约。但是,英美等国自始就拒绝参加上述日内瓦票据法公约。因为日内瓦票据法公约主要是调和德国法系和法国法系的分歧的产物,而这两个法系又同属于大陆法体系,所以,日内瓦票据法公约主要是按照大陆法系的传统,特别是德国法的传统制定的。英美等国认为,如果参加日内瓦票据法公约,将会影响英美法系各国之间已经实现的统一,并且认为日内瓦票据法公约的某些规定与英美法的传统和实践有矛盾,因此一直拒不参加上述日内瓦公约。

所以,从国际范围来说,目前在票据法方面基本上可以分为两个大的法律体系:一个是英美法系,包括英国、美国和英联邦各国;另一个是日内瓦法系,包括参加日内瓦票据法公约的所有国家。

由于日内瓦《统一汇票和本票法公约》并没有达到统一各国票据法的目的,英美法系各国的票据法同该公约在许多问题上一直存在重大的分歧。这种状况的存在,对汇票在国际范围内的使用、流通是十分不利的。为了解决这个问题,促进各国票据法的协调和统一,联合国国际贸易法委员会从 1971 年起决定着手起草一项适用于国际汇票的统一法公约,并于 1973 年提出了一项《统一国际汇票法(草案)》。这个草案是日内瓦票据法公约体系与英美法体系相互调和、折中的产物。但由于各国在许多问题上的分歧一时难以解决,该草案迟迟不能通过。1979 年又将其改名为《国际汇票和国际本票公约(草案)》,以后又进行了多次修改,到 1988 年 12 月在纽约召开的联合国国际贸易法委员会第二十届会议上才正式获得通过,但尚未生效。该公约在协调两大法系的分歧方面取得了一些成果,且该公约并非旨在统一各国的国内立法,而是为国际汇票和本票提供统一的准据法。

(四)汇票

1. 汇票的出票、出票的法律效力

出票包括两个行为:(1)由出票人制作汇票并在其上签名。签名一般是手写完成,但各国法律也多允许记名盖章,且规定法人在为出票行为时不能只记法人名称和盖法人印章,还须法人代表签字或记名盖章。英美法系对签名的要求更为灵活,比如按照《美国统一商法典》的规定,签名通常是手写体书写的名字,但亦可以是用手、机器或其他手段添加于票据的符号,符号可以是名字、名字首字母缩写、商号、假名、印章或指印,但采用手写体以外的签名将会损害汇票的可流通性,因为这种异常方式的签名将带来签名真伪的不确定性,将要求主张票据权利的人对票据签名的真实性进行调查和举证。(2)将汇票交给受款人,即“自愿转移对汇票的占有”。出票人制作汇票并签名后,如果将汇票留在自己手中或交给第三者代为保管,那么出票行为还没有完成。只有在出票人自愿地将对汇票的占有转移给受款人时出票行为才告完成。

出票后出现了汇票最初的三个当事人,即出票人、受票人和受款人。出票人(drawer),即完成上述出票行为的人,在国际贸易中通常是出口人;受票人(drawee),即汇票上命令其付款的人,通常是进口人或其往来银行,受款人即有权受领汇票上规定金额的人,通常就是进口人本人或其指定的银行。合法完成的出票行为产生下列效力:(1)对出票人来说,出票使出票人成了票据的第二债务人,如果票据被拒绝承兑或拒付,则出票人必须对受款人及其他正当持票人承担支付汇票金额的义务。根据《统一汇票和本票法公约》第9条的规定,出票人得免除自己保证承兑的责任,但不得免除自己保证付款的责任。(2)对受款人来说,出票使他可以享受汇票的权利,他可以要求支付汇票金额,也可以放弃这一权利,还可以将汇票转让,但受款人须遵守有关背书、提示、发出拒付或拒绝承兑通知、时效等法律规定。(3)在票据的原始当事人之间,即同为基础法律关系的当事人之间(比如国际货物买卖双方同为票据的当事人和受款人),买卖合同中买方的支付义务暂时停止履行,将由汇票上的权利、义务关系替代,在汇票到期时才履行。(4)对受票人来说,汇票无任何的约束力,受票人无义务付款,除非他承兑了汇票。如果出票人与受票人另外订有协议,规定受票人有义务承兑或付款,那是合同的效力,而非票据本身的效力。

2. 汇票的内容

汇票是要式证券,《统一汇票和本票法公约》要求汇票必须记载公约规定的事项才属于有效的汇票,英美法系则要求汇票载有法定事项才能被承认为"可以流通的票据"。在日内瓦票据法公约体系与英美法系之间,关于法定记载事项的差异较大。《统一汇票和本票法公约》要求汇票应具有以下内容:(1)汇票上必须写明"汇票"字样。(2)无条件支付一定金额的命令。(3)付款人姓名。(4)汇票的受款人。汇票上的受款人可以有以下三种写法。其一,限制性抬头,即在汇票上载明"只能付给某公司"或在汇票上载明"不得转让"的字样;其二,指示性抬头,即在汇票上载明"付给甲或其指定的人";其三,来人式抬头,即在汇票上不载明受款人的姓名,而只填写"付给来人"字样。根据以上受款人的写法不同可将汇票划分为限制性抬头汇票、指示性抬头汇票和来人式抬头汇票。限制性抬头汇票的权利的转让只能按民法上合同权利的转让办理;指示性抬头汇票的转让必须经背书和交付汇票;来人式抬头汇票只需交付即可。(5)汇票的到期日。汇票的到期日就是汇票上所载金额的支付日期。汇票关于到期日的规定主要有以下几种。其一,定日付款,即在汇票上载明付款的具体日期;其二,见票即付,即在汇票上规定付款人须于持票人提示汇票时即行付款;其三,规定出票日后定期付款;其四,见票后定期付款,如规定"见票之日后三个月付款"。根据汇票到期日规定的不同,可以将之分为即期汇票(见票即付)和远期汇票(见票即付以外的汇票)。(6)汇票的出票日期及地点。《统一汇票和本票法公约》规定,汇票的出票日期及地点是汇票的要件,必须在汇票上载明。这是因为出票的时间和地点在法律上具有重要意义。出票日期对于出票后定期付款的汇票(如出票后90天付款)具有确定付款日期的作用;对于见票即付的汇票起着决定提示时效的作用。出票的地点对国际汇票十分重要,因为它关系汇票的法律适用。按照日内瓦《解决汇票和本票的若干法律冲突公约》的规定,关于汇票的形式问题,应依出票地所在国的法律来确定。根据《统一汇票和本票法公约》的规定,如果票据上未载明出票地,则以出票人姓名旁边的地点为出票地。(7)汇票的付款地点。《统一汇票和本票法公约》要求汇票上必须载明付款地点;没有载明时,以付款人姓名旁的地点为付款地。(8)必须由出票人在汇票上签名,这是各国法律的共同要求。

实际中使用的票据多是印就的格式票据,其记载的事项一般会多于法律的要求,但无论其内容繁简,只要具备法律要求的以上记载事项或者说符合法律规定的条件,该票据就是合法有效的(按照《统一汇票和本票法公约》)或是"可流通票据"(按照英美法系)。

3. 汇票的背书

所谓背书,系指持票人一般在背面签上自己的名字,写上或不写受让人的名字并将汇票交付给受让人的行为。

记名背书与空白背书都必须有背书人的签名,所不同的是记名背书尚需写上被背书人(受让人)的姓名或在后面加上“或其指定的人”;而空白背书则不写被背书人的姓名或写上“付给来人”(pay bearer)。各国法律皆承认记名背书和空白背书。无论是指示性抬头汇票还是无记名式抬头汇票,都可以用记名背书或空白背书转让,经过记名背书或空白背书的票据还可以用空白背书或记名背书任一种方式再度背书转让。从广义上说,指示性抬头汇票既包括票据证明的受款人是指示式写法的汇票,又包括最后一次背书是记名背书的汇票。同样,无记名式抬头汇票既包括前述来人式抬头汇票,又包括最后一次背书是空白背书的汇票。由上述可知,指示性抬头汇票和无记名式抬头汇票是可以因背书而相互转换的。《统一汇票和本票法公约》虽然规定出票时不得出来人式抬头汇票,但允许背书人为空白背书,因此来人式抬头汇票完全可以因空白背书成为无记名式抬头汇票。

限制性背书是禁止汇票再度背书转让的背书,非限性背书系指没有此种限制的背书。《统一汇票和本票法公约》第 15 条第 2 款规定:“背书人得禁止再为背书;禁止后,该背书人对于再以背书取得汇票的人,不负保证之责。”从这一类规定我们可以得出以下结论:(1)背书人得为限制性背书;(2)限制性背书的直接背书人仍是正当持票人,享有其权利,即可向其直接前手背书人(为限制性背书者)和所有前手背书人追索;(3)在票据被拒绝承兑或拒付时,限制性背书直接被背书人以后的被背书人丧失了向限制性背书人进行追索的权利,但并不丧失向除此之外的其他前手背书人追索的权利。英美法系则更注重保护汇票的可流通性。

根据各国法律的规定,在票据被拒绝承兑或拒付时,背书人对于其后手(以后的受让人)负有保证承兑和付款的责任,背书人若在背书时注明“免予追索”或类似措辞,则背书为免予追索背书,无此类字眼的背书是不免受追索的背书。英美法系允许作免予追索的背书。《统一汇票和本票法公约》第 15 条第 1 款规定,“如无相反的规定时,背书人保证其承兑与付款”,可见《统一汇票和本票法公约》也承认这种汇票。这种汇票如遭到拒付,持票人在向其前手追索时,就不能向该背书人追索。

对背书人来说,除限制性背书和免受追索背书外,合法有效的背书使他成为票据的从债务人,须对包括被背书人在内的所有后来取得该汇票的人(俗称后手)保证该汇票必将得到承兑或付款;在票据被拒绝承兑或拒付时,后手持票人可向他请求承兑或付款。对被背书人来说,背书使他取得了背书人对票据的一切权利。被背书人可以用自己的名义向付款人要求承兑、付款,也可以将汇票再度背书转让给他人;当该汇票遭到拒付时,被背书人有权向其直接的背书人以及曾在汇票上签名的一切前手直至出票人进行追索。

4. 汇票的提示

提示是指持票人向付款人出示汇票,要求其承兑或付款的行为。由该定义可知,提示包括承兑提示和付款提示。一般来说,如果要求付款人承兑,则必须作承兑提示;如果要求付款人付款,则必须作付款提示。

无论是承兑提示还是付款提示,都必须在法律或票据规定的时间内提示。关于付款提示的时间,《统一汇票和本票法公约》规定,远期汇票应于到期日或以后两营业日为付款提示。关于承兑提示的时间,《统一汇票和本票法公约》规定,见票后定期付款的汇票,应自出票日起 1 年内为承兑的提示,出票人得延长或缩短该期限,背书人得缩短;如果出票人或背书人规定必须提请承兑,则他们可以规定承兑提示期限。一般来说,承兑提示应在票据到期日之前承兑。

多数国家规定，如果持票人有义务作承兑提示和付款提示而他没有适当地履行这一义务（包括没有提示和没有在规定的时间内提示），那么这就免除了出票人和前手背书人保证承兑和付款的责任；但如果票据已得到承兑，则承兑人仍需对付款负责，除非法律规定的时效届满（《统一汇票和本票法公约》规定为3年）。

5. 汇票的承兑

承兑是汇票的付款人表示接受出票人的付款提示，同意承担付款义务，而将此项意思表示以书面记载于汇票之上的义务。承兑的方式通常是由付款人在汇票正面横写"承兑"字样，签上自己的名字并注明承兑的日期。

承兑的作用在于确定付款人对汇票的付款义务。因为汇票上的付款人是由出票人单方面指定的，付款人是否愿意承担付款义务，在其签字承兑以前尚不能确定。只有当付款人承兑汇票之后，他才成为汇票的债务人，从而就承担了按汇票金额付款的义务。如果付款人拒绝承兑汇票，由于他尚未成为该汇票的债务人，持票人就不能对他起诉，而只能对背书人及出票人进行追索。但是，如果付款人承兑了汇票，他就成为汇票的承兑人。按照各国的法律，承兑人是汇票的主债务人，而出票人和背书人只是从债务人。在这种情况下，如果承兑人到期拒绝付款，持票人就可以直接对他起诉。但付款人承兑汇票并不能解除出票人和背书人对汇票的责任，因此，如果承兑人在汇票到期时拒绝付款，执票人除有权对承兑人起诉外，仍可向任何前手背书人或出票人行使追索权。

承兑主要有以下两种：(1)普通承兑，即没有任何附加条件的承兑，这种承兑在法律上是完全有效的；(2)附有限制条件的承兑，即有条件的承兑，如在承兑时限定付款的地点，或者只承兑汇票金额的一部分等。

6. 汇票的付款

《统一汇票和本票法公约》规定，汇票的付款人付款时，有权要求持票人交出汇票并记载收清字样；付款人有权只支付汇票金额的一部分并要求持票人在票上记载已付金额，向自己开立收据；如果持票人未在规定期限内为付款提示，付款人得将金额提存于相应负责机关，其费用及风险由持票人负责，付款人负证明背书连续合格之责，但不负证明背书签字真伪之责；持票人在到期日前无接受付款的义务，付款人若在此之前付款则承担因此引起的风险。

7. 汇票的拒付与追索

拒付是指付款人拒绝承兑和拒绝付款，除包括付款人明确的拒绝外，根据《统一汇票和本票法公约》的规定，还包括：因承兑而变更汇票的文字（只承兑部分金额除外）；无论汇票是否已承兑，付款人已被宣告破产或裁决虽未确定，付款人已停止付款或对其财产执行尚无结果；不获承兑的票据其出票人已破产。下列情况一般不视为拒付：付款人要求提示人满足法定要求（如出示汇票、证明身份等）；付款人为了审查汇票而推迟付款或承兑。

在汇票遭到拒付时，持票人就获得了向其前手背书人、出票人、承兑人及担保人追索的权利。被追索人可以是出票人、前手背书人以及所有在汇票上签字对汇票金额的支付承担责任的人（如承兑人、担保人）。持票人可向其中一人追索，亦可向他们共同追索。需要注意的是，持票人若欲向一个以上的人追索，他就必须向所有目标都发出拒付通知。《统一汇票和本票法公约》规定，在被追索人之间，如果有一人履行了付款义务，他得向其前手追索，请求下列金额的支付：(1)所支付的总金额；(2)前项金额支付之日起周息6厘的利息；(3)其他任何支付的费用。

根据《统一汇票和本票法公约》的规定,持票人可向被追索人请求支付下列金额:(1)被拒付的票据金额,追索权如果在到期日前行使,票据金额应按照持票人行使追索权时其所在地银行当日公布的贴现率计算;(2)到期日起周息6厘的利息;(3)作成拒绝证书与通知的费用及其他费用。

持票人在行使追索权后,往往引起连锁追索,即被持票人追索的人又向其前手背书人或出票人追索,因此,各国法律一般都要求持票人必须在规定时间内作成拒付证书和发出拒付通知。所谓拒付证书,是一种由付款地的公证人或法院、银行等作成的、证明付款人拒付的书面文件。《统一汇票和本票法公约》规定,持票人应在到期日后两个营业日内(远期汇票)或付款提示后次营业日内(即期汇票)作成拒付证书,除非:付款人或出票人被宣告破产,此裁决可代替拒付证书,或者票据上载有“无费退回”“勿须拒付证书”之类的措辞。根据《统一汇票和本票法公约》的规定,通知可以以任何方式进行,如打电话、发电报或者邮寄被拒付的汇票等。

第二节　国际贸易的支付方式

国际贸易的支付方式主要分为两大类三种。一类是收付双方不由银行提供信用,但通过银行办理的方式,如买方直接付款(direct payment by buyers)和银行托收(collection)。另一类是由银行提供信用,收付双方从银行得到信用保证和资金融通的便利,其中以信用证方式最为常用。虽然几种方式基本上都要通过银行,但银行在各种方式中所起的作用不一。

一、买方直接付款

买方直接付款是买方通过银行主动将款项支付给卖方。这种方式虽然直接、省钱,但只有在卖方充分信任买方,尤指在相信买方的偿付能力时才会采用这种办法。

采用这种方式一般是买方(汇款人)委托当地银行(汇出行)向卖方(收款人)付款,汇出行再委托卖方所在地银行(汇入行)向卖方付款。

买方直接付款可以分为以下类型:(1)信汇(mail transfer, M/T)。如果汇出行以邮寄方式向汇入行寄出付款委托书,这称为信汇。(2)电汇(telegraphic transfer, T/T)。如果付款委托书以电报方式发出,则称为电汇。电汇的速度快于信汇,但费用较高。(3)票汇(demand draft, D/D)。如果买方购买银行汇票自行寄给卖方,此为票汇。银行汇票一般是以买方所在地银行为出票人,以卖方所在地银行为受票人,以卖方为受款人的即期汇票。

买方直接付款可以是见单付款或交单付现。(1)见单付款。其是指卖方在发运货物之后,将有关装运单据寄交买方,买方在收到单据后按合同规定汇付货款,这种方法显然不利于卖方。如果买方在收到单据后拒不付款,或拖延付款,卖方就要承担钱货两空的风险。(2)交单付现。其要求买方在付款时才能得到装运单据,当卖方对买方的信誉和资信能力不了解或认为有问题时,一般会在合同中规定交单付现。

二、银行托收

(一)托收概述

托收是指卖方以买方为付款人开立汇票,委托银行代其向买方收取货款的一种结算方式。

国际商会于1958年草拟了《商业单据托收统一规则》(Uniform Rules on the Collection of Commercial Paper),1967年进行了修订。1978年根据国际贸易的发展变化再次修订,并改名为《托收统一规则》(Uniform Rules for Collections),于1979年1月1日起实施,简称第322号出版物。1995年公布的新修订本,是国际商会第522号出版物(可简称URC522),已于1996年1月1日起实施。该规则是对国际惯例的总结,具有国际惯例的效力,即只有在当事人自愿采用或没有明示排除时,才对当事人有法律的拘束力。目前它在国际贸易中已经得到广泛的承认和使用。

托收的基本程序是:

(1)卖方(委托人)出具汇票,向出口地银行提出托收申请,填具托收指示书,附具或不附具装运单据。根据国际商会《托收统一规则》的规定,送交托收的一切单据(包括汇票和装运单据),必须附有一份完整和明确的托收指示书。该规则还特别规定托收指示书应载明:付款人或提示所在地的详细地址;如果出具的是远期汇票,则须载明是承兑交单还是付款交单,否则银行按付款交单处理;托收指示书对汇票遭到拒付时是否需要作出拒绝证书(或采取其他可以代替的法律手续)应给予特别指示,否则银行无义务作出拒绝证书;如果委托人指定一名代表,在遭到拒付时作为需要时的代理,则在托收指示书中应明确而充分地指明此项代理的权限,否则银行对需要时代理的任何命令可以不受理。

(2)出口地银行(托收行)接受申请后,委托它在进口地的往来银行(代收行)代为办理收款事宜。

(3)代收行向买方(付款人)作付款提示或承兑提示,在付款人付款后通知托收行,托收行即向卖方付款。如果付款人拒付,则代收行通知托收行,再由托收行通知卖方。

(二)托收的种类

《托收统一规则》将托收分为光票托收(clean bill collection)和跟单托收(documentary collection)。

1. 光票托收

光票托收是仅凭卖方开出的汇票所为的托收,不附具任何发票或装运单据。在光票托收中,买方付款或承兑后可能不能获得货物或代表货物所有权的单据,所以甚少采用,通常只用于收取货款尾数、佣金、样品费等项费用。

2. 跟单托收

跟单托收,是指凭汇票、发票、提单和保险单等商业单据进行的托收。货款的支付一般都是采用跟单托收的方式。

根据《托收统一规则》和国际贸易支付的实践,跟单托收根据交单条件的不同又可分为付款交单和承兑交单两种。《托收统一规则》规定,委托人(卖方)在托收指示书中应载明是付款交单还是承兑交单,否则银行按付款交单处理。

(1)付款交单(documents against payment,D/P)。按照这种方式,付款人(买方)在向代收行支付了货款或其他票据金额后才能取得提单、保险单、发票等。

付款交单可以分为即期付款交单和远期付款交单。如果卖方出具的是即期汇票,付款人

(买方)于见票时即付货款然后获得上述单据,此为即期付款交单;如果卖方出具远期汇票,付款人一般先承兑,然后于到期日时才付款赎单,此为远期付款交单。

在远期付款交单的条件下,买方在承兑汇票后、付清货款前,是不能取得装运单据的。因此,如果汇票的到期日晚于货物运抵目的地的日期,买方就必须设法在汇票的到期日之前拿到装运单据,以便及时提取到货。在这种情况下,有些国家的银行往往允许买方在承兑远期汇票后,凭信托收据(trust receipt)借出装运单据去提货,待远期汇票到期时才付还货款。

所谓信托收据,是由买方向银行出具的表示愿意以银行的受托人(trustee)的身份代银行保管和处理货物,并承认货物的所有权属于银行,出售货物后所得的货款亦应交给银行或代收行暂为保管的一种书面文件。通过这种办法,买方在付款之前就可以取得货物,并可及时转售货物获得利润,然后再用出售所得于汇票到期日偿付汇票金额,以达到通融资金的目的。凭信托收据借单据的办法,通常是进口地的代收行自行做主对买方给予资金通融方便的一种做法,与卖方无关。在这种情况下,代收行必须承担汇票到期付款的责任。如果买方到期因某种原因而不能或不愿付款,则付款的责任转移到了代收行身上。如果卖方在托收指示书中指示银行允许买方预借单据提货,则日后买方拒付的风险由卖方自己承担。在采取这种办法时,卖方所承担的收汇风险同承兑交单是差不多的,因此,除非买方是信用可靠的老客户,卖方一般是不轻易采取这种做法的。

(2)承兑交单(documents against acceptance,D/A)。承兑交单系指付款人(买方)承兑汇票后即可获得装运单据,于汇票到期日再付款。因为只有远期汇票才需办理承兑手续,所以承兑交单方式只适用于远期汇票的托收。

在付款交单和承兑交单两种方式中,承兑交单对卖方的风险更大,卖方甚至可能钱货两空。这些风险是:买方虽有偿付能力,但不讲信用拒不付款;买方于到期日或之前被宣告破产或开始破产程序;买方出售货物后携款潜逃,不知下落;即使货物的所有权尚在买方手中,但卖方需要对他提起诉讼,从而冒败诉和增加额外费用的风险。在采用付款交单方式时,如果买方不付款,至少卖方手中还掌握着代表货物所有权的提单等票据,可以通过处理货物减少损失,这一点要优于承兑交单。但即使如此,如果买方拒不付款赎单,由于货物已运往国外,托收行通常又不负责提货、存仓、保管和转售等事宜,卖方往往需要指定一名"需要时的代理人"代为处理货物,这就需要支出一笔额外费用;如果货物在国外找不到买主,还要把它运回本国,支付本不用支付的运费、滞期费、仓储费。除此之外,还可能因拖延时日而冒货物市价跌落的风险等。

由上述可知,无论是付款交单还是承兑交单,卖方都冒着一定的风险,但由于它对买方较为有利,例如,买方不必像申请开立信用证那样向银行交纳开证押金、银行费用比较低廉等,所以这种支付方式对促进出口成交还是有一定作用的。

(三)托收当事人

1. 托收当事人种类

根据《托收统一规则》的规定,一笔托收业务共有四类当事人:(1)委托人(principal),即委托银行办理托收业务的客户。在国际贸易支付中,其是国际货物买卖合同的卖方。(2)托收行(remitting bank),即受委托人的委托,办理托收业务的银行。在国际贸易支付中,其通常是卖方营业地所在地的银行。(3)代收行(collecting bank),即托收行以外参与办理托收指示的任何银行。根据《托收统一规则》的规定,委托人可以指定代收行。如无指定,则代收行可以是托收行或其他银行视情况而选择的付款或承兑所在国家的任何银行。在国际贸易支付中,代收行通常是买方营业地所在地的银行。(4)付款人(payer),即根据托收指示书向其作出提示的人。在国际贸易支付中,其通常是国际货物买卖合同的买方,亦即卖方所出具汇票的受票人。

2. 委托人和托收行之间的关系

二者是委托代理关系。按照国际上的习惯做法,委托人在委托银行代为托收时,都要填写一份托收委托书,具体规定托收的指示及双方的责任,这项委托书就构成双方的代理合同。

3. 托收行与代收行之间的关系

二者亦是委托代理关系,他们之间的代理合同由托收指示书、委托书、原来双方签订的业务协议等构成。

既然上述两对当事人之间皆是代理关系,那么他们的权利、义务应受代理法的一般原则的支配,特别是本人应补偿代理人的开支,向其支付报酬,而代理人亦尽职尽责完成代理事务并不得越权。这两个原则在《托收统一规则》中都得到了体现,该规则第1条规定:“银行应以善意和合理的谨慎行事”。其“总则和定义”C中规定:“银行只被允许按照托收指示书中的规定和根据本规则行使。如由于某种原因,某一银行不能执行它所收到的托收指示书的规定时,必须立即通知发出托收指示书的一方。”如果代理人违反了上述原则,则应赔偿由此给本人造成的损失。

4. 委托人与代收行之间的关系

关于委托人与代收行之间的关系,托收行是委托人的代理人,代收行又是托收行的代理人,根据代理法的一般原则,在委托人与代收行之间没有合同关系。但是,《托收统一规则》(URC522)第11条规定:“对被指示的免责:(1)为使委托人的指示得以实现,银行使用另一银行或其他银行的服务是代该委托人办理的,因此,其风险由委托人承担;(2)即使银行主动地选择了其他银行办理业务,如该行所转递的指示未被执行,该行不承担责任或对其负责;(3)一方指示另一方去履行服务,指示方应受到被指示方的法律和惯例所加于的一切义务和责任的制约,并承担赔偿的责任。”

5. 银行的义务

《托收统一规则》还规定托收行对委托人、代收行对托收行负有完成下列具体代理行为的义务:(1)负有及时提示的义务。遇有即期汇票应毫无延误地作付款提示;对远期汇票则必须不迟于规定的到期日作付款提示。当远期汇票必须承兑时应毫无延误地作承兑提示。(2)保证单据(包括汇票和装运单据)与托收指示书的表面一致。银行必须核实所收到的单据在表面上与托收指示书所列一致,如发现任何单据有遗漏,应立即通知发出指示书的一方。(3)收到的款项在扣除必要的手续费和其他费用后必须按照指示书的规定无迟延地解交本人。(4)无延误地通知托收结果,包括付款、承兑、拒绝承兑或拒绝付款、拒付的理由。

从以上委托人与托收行、托收行与代收行的关系可以看出,托收的一个重要特点是银行的地位严格地限于作为代理人,它对货款能否支付不承担任何义务或责任。因此,从信用性质上说,托收是属于商业信用,而不是银行信用,卖方能否收回货款全依赖于买方。

6. 银行免责

《托收统一规则》为了加强和突出银行的上述地位,还规定了许多银行不承担责任的情况,包括:(1)银行只需核实单据在表面上与托收指示书一致,除此之外没有进一步检验单据的义务。代收行对承兑人签名的真实性或签名人是否有签署承兑的权限概不负责。（2）与托收有关的银行，对任何通知、信件或单据在寄送途中发生延误或失落所造成的一切后果，或对电报、电传、电子传送系统在传送中发生延误、残缺和其他错误，或对专门性术语在翻译上和解释上的错误，概不承担义务或责任。（3）与托收有关的银行，对由于天灾、暴动、骚乱、叛乱、战争或银行本身无法控制的任何其他原因，或对由于罢工或停工致使银行营业间断所造成的一切后果，概不承担义务和责任。（4）除非事先征得银行同意，货物不应直接运交银行或以银行为收货人，否则银行无义务提取货物。银行对于跟单托收项下的货物无义务采取任何措施。然而，无论是否得到指示，如果银行对货物采取了保护措施，则它们不对货物的状况负责，也不对任何受委托看管和保护货物的第三者的行为和不行为负责，但代收行应立即就采取的措施发出通知。（5）在汇票被拒绝承兑或拒绝付款时，若托收指示书上无特别指示，则银行没有作出拒绝证书的义务。

三、银行信用证

（一）信用证概述

1. 信用证的概念

UCP 600 中规定："信用证意指一项约定，无论其如何命名或描述，该约定不可撤销并因此构成开证行对于相符提示予以兑付的确定承诺。"信用证方式与托收方式的最大区别是：在前者中，银行有条件地承担了支付货款的责任，卖方能否收到货款是以银行信用为基础，而不是依赖于买方的商业信用；而一般来说，银行信用比商业信用要可靠得多，所以卖方更有保证收到货款。而在托收方式中，银行只是代理人，他们对货款的支付与否不承担任何责任，卖方只能以买方的商业信用作为其货款的基础，所以卖方所承担的风险较大，尤其是承兑交单。正因如此，所以信用证方式在国际贸易中比托收方式更为常用。

2. 有关信用证的法律和惯例

各国基本上没有专门调整信用证的法律。只有《美国统一商法典》中专设一编（第五编）对信用证作了规定，但也并不详尽完备。鉴于信用证在国际贸易中已经得到广泛的使用，为了统一各国对跟单信用证条款的解释，明确各有关当事人的权利、义务，国际商会于 1930 年制定了《跟单信用证统一惯例》（Uniform Customs and Practice for Documentary Credit，UCP），供各国银行和银行公会自愿采用。UCP 曾于 1951 年、1962 年、1967 年、1974 年、1983 年、1993 年、2006 年作过七次修改。现在使用的是 2007 年 7 月 1 日生效的修订本，通称为国际商会第 600 号出版物（UCP 600）。UCP 600 的条文编排参照了《国际备用证惯例》（ISP98）的格式，对 UCP 500 的 49 个条款进行了大幅度的调整及增删，变成现在的 39 条。第 1 ~ 5 条为总则部分，包括 UCP 的适用范围、定义条款、解释规则、信用证的独立性等；第 6 ~ 13 条明确了有关信用证的开立、修改、各当事人的关系与责任等问题；第 14 ~ 16 条是关于单据的审核标准、单证相符或不符的处理的规定；第 17 ~ 28 条是关于单据的条款，包括商业发票、运输单据、保险单据等；第 29 ~ 32 条规定了有关款项支取的问题；第 33 ~ 37 条属于银行的免责条款；第 38 条是关于可转让信用证的规定；第 39 条是关于款项让渡的规定。UCP 600 适用于包括备用信用证在内的跟单信用证。目前《跟单信用证统一惯例》已为世界上绝大多数国家和地区的银行所采用，在国际上有很大的影响。

（二）信用证的流转

在采用信用证方式付款时，一般要经过以下六个基本步骤。

1. 买卖双方应在买卖合同中明确规定采用信用证方式付款

买卖合同的此类支付规定一方面为买方设定了开立信用证的义务，另一方面也意味着如果买方履行了开立信用证的义务就认为他履行了支付货款的义务，卖方在一般情况下就不得再向买方直接要求付款。

在买卖合同规定采用信用证方式付款时，买方有义务向卖方发出信用证。根据英国法院的解释，这种义务的性质或者属于合同有效成立的先决条件，或者属于卖方履行交货义务的先决条件。如属前者，则只有在买方履行了开证义务时合同才能成立，否则就不存在任何有效的合同；如属后者，则在买方不履行开证义务时，卖方有权拒绝进一步履行已经成立的合同所规定的义务，并要求买方赔偿损失。

买方在履行开证义务时，所开立的信用证应符合买卖合同规定的种类，否则卖方有权解除合同。根据英国法院的解释，如果信用证与合同不符而卖方已接受，则视为卖方放弃了解除合同的权利。

买方应在合理的时间内开立信用证。如果买卖合同规定了具体的开证日期或时期，则买方应如期开证。买卖合同常常规定买方应“立即”开立信用证，按照英国法院的解释，所谓“立即”，是指应在“一个合理勤勉的人开立信用证所需要的时间内”。如果买卖合同对开证时间规定不明确，那么买卖合同中装运时间的规定就具有特别重要的意义。根据国际习惯和英国的判例法，卖方有权期待在自己发运货物时就能得到信用证保证的付款，因此信用证在装运期第一天前的合理时间内应该开出，或最迟不能迟于该天开出。需要注意的是，买方应在合同规定的装运期第一天前开证，并不是在卖方实际开始装船前开证，因为只要符合合同规定的期限，卖方可能在第一天、最后一天或中间某一天装船，这是卖方的权利。

如果买卖双方在买卖合同中约定以跟单信用证方式付款，而买方又正确地履行了开证义务，那么在一般情况下，卖方不得再向买方直接要求付款。上述原则有一个例外，即除非合同有明确或默示的相反规定，付款银行应资能抵债，有财力支付货款，如果银行破产，则买方的付款责任不能解除。

2. 开证申请

买方向其所在地的银行提出开证申请，填具开证申请书，并交纳一定的开证押金或提供其他保证，要求银行向卖方开出信用证。买方即开证申请人，该行即开证行（issuing bank）。

开证申请书以及据此开出的信用证是确定各当事人权利、义务关系的最重要的文件和证据。自信用证开立之时起，开证行即不可撤销地受到兑付责任的约束。申请书中一般写明要求银行开立的信用证的种类、金额、有效期限、装运方式及期限、保险条件、商品名称、对单据的要求以及交单付款的条件等内容。

3. 通知

开证行按申请书的内容开立以卖方为受益人的信用证，并通过其在卖方所在地的往来银行（通知行）通知卖方。

信用证可经由另一银行（通知行）通知受益人；通知行可由开证申请人指定或没有指定时由开证行选定，一般都是卖方营业地与开证行有业务往来的银行。根据 UCP 600 的规定，通知行意指应开证行要求通知信用证的银行。信用证及其修改可以通过通知行通知受益人。除非已对信用证加具保兑,通知行通知信用证不构成兑付或议付的承诺。通过通知信用证或修改,通知行即表明其认为信用证或修改的表面真实性得到满足,且通知准确地反映了所收到的信用证或修改的条款及条件。通知行可以利用另一家银行(第二通知行)的服务向受益人通知信用证及其修改。通过通知信用证或修改,第二通知行即表明其认为所收到的通知的表面真实性得到满足,且通知准确地反映了所收到的信用证或修改的条款及条件。如果一家银行被要求通知信用证或修改,但不能确定信用证、修改或通知的表面真实性,就必须不延误地告知向其发出该指示的银行。如果通知行或第二通知行仍决定通知信用证或修改,则必须告知受益人或第二通知行其未能核实信用证、修改或通知的表面真实性。

4. 交单

卖方对信用证审核无误后,即发运货物并取得信用证所要求的装运单据,然后,按信用证的规定凭单据向其所在地的银行议付货款。

5. 议付

UCP 600 中规定:“议付意指被指定银行在其应获得偿付的银行日或在此之前,通过向受益人预付或者同意向受益人预付款项的方式购买相符提示项下的汇票(汇票付款人为被指定银行以外的银行)及/或单据。”若信用证由保兑行议付,卖方可从下列人处获得货款(汇票金额):(1)信用证上指定的付款行或议付行,这些银行可以是开证行、保兑行、通知行或其他银行;(2)在信用证允许时向任何银行议付,当然银行在议付时会对汇票金额打折扣,而不会免费贴现汇票。

议付银行议付货款后即在信用证背面注明议付金额,将出口人所提交的装运单据寄交开证行并向后者索偿。

开证行审查单据,如认为符合信用证的要求,即偿还议付行付出的货款。

6. 付款赎单

开证行通知进口人赎单,进口人付款赎单后,信用证交易即到此结束。至于买方如何凭单据提货,以及在提货时如果发现卖方所交货物与买卖合同不符,买方能否拒收货物或向卖方请求损害赔偿,则应由买卖双方根据买卖合同的规定来处理,与信用证交易无关,银行对此不承担责任。

(三)信用证的主要内容

信用证没有统一的格式,各银行都使用自己制定的信用证,但其基本内容是相同的,主要包括以下事项:

1. 信用证当事人的名称和地址

当事人主要包括开证申请人(买方)、开证行、通知行、受益人(卖方)、指定的议付行或付款行,有的信用证还包括保兑银行等。

2. 信用证的种类和号码

信用证的种类和号码主要载明该信用证是不是不可撤销信用证、是否经保兑等,并注明开证银行的开证编号。

3. 开证行保证条款

开证行保证条款主要包括由开证行向受益人、议付行或汇票的持票人保证,银行在收到符合信用证要求的单据后,即对根据信用证开出的汇票承担付款的责任。

4. 信用证的金额

信用证的金额规定该信用证应支付的最高金额。一般多规定受益人有权按信用证金额的

100% 开立汇票要求付款，但有时也可以规定受益人只能按信用证金额的百分之若干（如 90%）开立汇票，其目的是使买方能把货款的部分余额（如 10%）留在自己手中，暂时不付给卖方，如货到检验后发现卖方所交货物在品质或数量上与合同不符，买方可在这项余额中扣除。如有不足，可再向卖方索赔；如扣除后仍有剩余，则应付还卖方。

5. 汇票条款

汇票条款主要规定汇票的金额、种类、份数及付款人的名称。开证行对于它所开出的信用证，不论是否出具汇票，均应承担付款义务。如果卖方（受益人）开出汇票，则不论受票人（付款人）是谁（开证行、开证申请人、信用证指定的付款行、议付行或在信用证允许时的任何银行），开证行都需最后承担付款的责任。

6. 单据条款

单据条款主要规定单据的种类及份数，这是信用证最重要的条款，因为银行仅凭单据付款，如果银行认为卖方所提交的单据不符合信用证的要求，银行有权拒付；但只要单据与信用证的要求相符，银行就必须付款。即使单据项下的货物与合同的要求不符，银行对此也不负责任。

信用证所要求的单据，主要是提单、保险单和商业发票，但有时也可以要求卖方提交其他单据，如商品检验证明书、原产地证书等，但信用证必须要列明其出单人及内容。如果信用证不作规定，则银行不审核额外单据。信用证要求多份单据时，可只交一份正本，其他用副本代替。

7. 装运条款

装运条款主要规定装运单据所应反映的启运地、目的地、装运期限以及是否允许分批装运等内容。根据 UCP 600 的规定，运输单据的出具日期将被视为发运、接受监管或装载以及装运日期。然而，如果运输单据以盖章或批注方式标明发运、接受监管或装载日期，则此日期将被视为装运日期。关于分批分期装运，UCP 600 规定：允许分批支款或分批装运。表明使用同一运输工具并经由同次航程运输的数套运输单据在同一次提交时，只要显示相同目的地，将不视为部分发运，即使运输单据上标明的发运日期不同或装卸港、接管地或发送地点不同。如果交单由数套运输单据构成，其中最晚的一个发运日将被视为发运日。如果信用证规定在指定的时间段内分期支款或分期发运，任何一期未按信用证规定期限支取或发运时，信用证对该期及以后各期均告失效。

8. 信用证的有效期限

信用证的有效期限，是指信用证具有法律效力的期限。信用证必须规定有效期限。此外，根据 UCP 600 的规定，信用证还必须规定可以有效使用信用证的银行，或者信用证是否对任何银行均为有效。对于被指定银行有效的信用证同样也对开证行有效。

信用证必须规定提示单据的有效期限。规定的用于兑付或者议付的有效期限将被认为是提示单据的有效期限。提示单据若包含一份或多份正本运输单据，则必须由受益人或其代表按照相关条款在不迟于装运日后的 21 个公历日内提交，但无论如何不得迟于信用证的到期日。

9. 其他条款

当事人可根据每一笔交易的具体情况和需要，在信用证中规定不同的条款。前面概述中已述及，UCP 600 只供当事人自愿采用，并无直接的法律强制力，因此，在信用证的规定与其他惯例有矛盾时,应以信用证的规定为准。

(四)信用证的种类

根据不同的标准,可将信用证作不同的分类。

1. 可撤销信用证和不可撤销信用证

可撤销信用证(revocable L/C)是开证行在有关银行根据该信用证办理付款、承兑或者议付之前,或者(如果是迟期付款信用证)在有关银行接受符合信用证规定的单据之前,开证行可以不需事先通知受益人而修改或取消的信用证。UCP 500 允许开立可撤销信用证,但 UCP 600 取消了这一类型。根据 UCP 600 的规定,银行只能开立不可撤销信用证。根据不可撤销的信用证,只要受益人按信用证规定的条款提供符合信用证规定的单据,开证行就必须付款、议付或承兑,或保证付款、议付或承兑。不可撤销信用证对受益人收款比较有保障,在国际贸易中使用最为广泛。

需要注意的是,"不可撤销"系指任何当事人不得单方面撤销(受益人当然不会撤销)和修改,尤其是开证行、保兑行和开证申请人不得撤销和修改。另外,也需要注意的是,接受同一个修改通知中的部分修改内容是无效的,也就是说上述任何一个当事人只能接受全部修改内容,否则就视为对修改的拒绝。

2. 保兑信用证和不保兑的信用证

根据 UCP 600 的规定,保兑意指保兑行在开证行之外对于相符提示做出兑付或议付的确定承诺。如果开证行授权或要求另一家银行对信用证加具保兑,而该银行不准备照办时,则它必须不延误地告知开证行并仍可通知此份未经加具保兑的信用证。保兑信用证(confirmed L/C),是指开证行开出的信用证又经另一家银行保证兑付,而没有经过保兑的信用证叫作不保兑的信用证(unconfirmed L/C)。一般来说,保兑信用证必然同时又是不可撤销信用证,但不可撤销信用证未必是保兑信用证,而可撤销信用证必然同时又是不保兑的信用证,反之亦然。

倘若规定的单据被提交至保兑行或者任何其他被指定银行并构成相符提示,保兑行或者其他被指定的银行必须兑付。自为信用证加具保兑之时起,保兑行即不可撤销地受到兑付或者议付责任的约束。保兑行保证向对于相符提示已经予以兑付或者议付并将单据寄往开证行的另一家被指定银行进行偿付。无论另一家被指定银行是否于到期日前已经对相符提示予以预付或者购买,对于承兑或延期付款信用证项下相符提示的金额的偿付于到期日进行。保兑行偿付另一家被指定银行的承诺独立于保兑行对于受益人的承诺。在实践中,保兑行一般是通知行,通知行一般又是受益人(卖方)所在地的银行。

3. 可转让信用证和不可转让信用证

根据 UCP 600 的规定,可转让信用证(transferable L/C)意指经转让银行办理转让后可供第二受益人使用的信用证。转让信用证应注明"可以转让"。根据受益人(第一受益人)的请求,可转让信用证可以被全部或部分地转让给其他受益人(第二受益人)。转让银行意指办理信用证转让的被指定银行,或者,在适用于任何银行的信用证中,转让银行是由开证行特别授权并办理转让信用证的银行。开证行也可担任转让银行。除非转让时另有约定,所有因办理转让而产生的费用(诸如佣金、手续费、成本或开支)必须由第一受益人支付。倘若信用证允许分批支款或分批装运,信用证可以被部分地转让给一个以上的第二受益人。第二受益人不得要求将信用证转让给任何次序位居其后的其他受益人。第一受益人不属于此类其他受益人之列。任何有关转让的申请必须指明是否以及在何种条件下可以将修改通知第二受益人。转让信用证必须明确指明这些条件。由第二受益人或代表第二受益人提交的单据必须向转让银行提示。

在国际贸易中，当某些中间商经营出口业务时，往往要求进口商给他开出可转让的信用证。因为中间商自己手中并不掌握货物，他同进口商订立了出口销售合同之后，需要利用进口商给他开立的可转让的信用证作为他向供货人取得货源的信用工具，这样中间商不必动用自己的资金就可以从两者的差价中赚取利润。因此，在使用可转让的信用证时，第一受益人有权用自己的发票（通常为原信用证规定的金额）来替换第二受益人的发票（通常低于原信用证规定的金额），并可把原定的装船日期和有效期限适当提前。

我国在出口业务中，有些交易是由外贸总公司统一对外成交后，分口岸交货的。在这种情况下，为了便于各有关口岸在办理交货后，能就地及时结汇，我国的外贸公司往往要求国外进口商开立可转让和可分割的信用证。在进口交易中，如果国外的中间商确有需要，而且信用可靠，则我国的外贸公司有时也可要求银行对外开出可转让的信用证。

4. 循环信用证和不循环信用证

循环信用证（revolving L/C），是指信用证准许受益人在每次规定的金额使用后，能够重新恢复至原金额再度使用，直至达到规定的使用次数或总金额限度为止。

循环信用证适用于一些定期分批均衡供应、分批结汇的长年供货合同。使用这种信用证，对卖方来说，可以减少按每批交货逐批催证、审证的手续，并可以获得收回货款的保证。对买方来说，则可以减少逐笔开证的手续和费用。

5. 付款信用证、承兑信用证和议付信用证

（1）付款信用证。其系指受益人在提交单据以及出具或不出具汇票后即可获得货款的信用证。如果信用证系不可撤销，则开证行根据付款信用证承担自己付款或保证指定的付款行付款的义务。付款信用证又可依据付款的时间分为即期付款信用证（交单即付款）和迟期付款信用证（交单后根据信用证规定的日期付款）。

（2）承兑信用证。其系指受益人在银行或他人承兑其出具的汇票后即交单的信用证。如果信用证系不可撤销，那么根据该种信用证，开证行将承担下列义务：承兑以自己为付款人的汇票并到期付款；保证以开证申请人或其他人为付款人的汇票得到承兑和到期付款。当然，只有在受益人开立远期汇票时这种信用证才能实现。

（3）议付信用证。其系指受益人开立汇票（即期或远期汇票），并附单据，将跟单汇票卖给信用证规定的议付行或（在信用证允许时）卖给任何银行，从而获得货款。当然，银行在贴现汇票时一般会对汇票金额打折扣。如果议付信用证又系不可撤销信用证，则开证行承担下列责任：照付汇票金额，并对出票人及/或善意持票人无追索权；或规定的议付行不议付时承担上述付款义务。

6. 备用信用证

在 UCP 600 中，信用证的概念中包含备用信用证（standby L/C）。备用信用证是“二战”后在美国首先发展起来的一种信用工具。备用信用证实质上是银行担保，开证银行保证在主债务人（既可以是买方，也可以是卖方）不履行其义务时，即由该银行付款。银行在付款时也要求受益人提交某种单据，通常是表明主债务人（开证申请人）没有履行其义务的单据或文件。

备用信用证同一般商业信用证相比，具有以下特点：

（1）一般商业信用证主要涉及买卖合同货款的支付，开证银行仅在受益人（卖方）提交有关单

据证明他已经履行买卖合同时,才支付信用证项下的货款;备用信用证则是在受益人提供单证证明债务人(开证申请人)没有履行基础交易中的义务时,开证银行才支付信用证项下的款项。

(2)在正常情况下,当采用一般商业信用证时,开证银行是期待并愿意按信用证规定对受益人开出的汇票及单据付款的,因为这表明开证申请人和受益人之间的交易(如买卖合同)在正常地进行(如卖方已履行交货义务并取得装运单据);但是,备用信用证的开证银行则并不希望按该信用证的规定对受益人开出的汇票及提供的单证付款,因为这表明开证申请人和受益人之间的交易出了问题。在前一种情况下,开证申请人一般亦希望开证行对受益人所提供的、符合信用证要求的单据付款,以便取得单据项下的货物,从而使买卖交易的最终目的得以实现;但在后一种情况下,备用信用证的开证申请人则总是力图否认自己有违约行为,设法让开证银行拒绝对受益人付款。

(3)在进出口业务中,一般商业信用证都是以买方为开证申请人,以卖方为受益人;但在使用备用信用证时,情况则有所不同,开证申请人和受益人既可以是卖方,也可以是买方。

备用信用证在性质上与银行保函(letter of guarantee)相类似,它主要用于借款保证、投标保证、履约保证、赊购保证等。由于美国法律不允许银行为其客户提供银行保函,因此美国的银行就用开立备用信用证的办法来代替保函。但是,近年来美国等一些国家已经开始把备用信用证用于保证买卖合同项下货款的支付,其目的是减轻一般商业信用证所要求的审查单证的麻烦和费用。其做法是:由买方通过银行向卖方开出相等于发票金额的备用信用证,卖方发货后,即直接把发票寄交买方,如果买方按发票付款,该信用证就备而不用。如果买方不按发票支付货款,卖方就可以根据备用信用证的规定,开立相当于发票金额的汇票,并附具一份证明买方未按发票付款的文件,要求开证银行付款。这样银行就不必费时去审查各种商业单据,银行费用也会相应降低。

(五)银行的义务和免责

在信用证支付方式中,开证行对受益人和开证申请人,付款行、承兑行和议付行对开证行负有一定的义务,这些义务因他们各自间的关系不同而互不相同,但也有一些是上述银行所应承担的相同义务和相同的免责理由,这就是我们在此将要论述的内容。

1. 单证一致原则

单证一致原则,是指受益人提交的单据必须在表面上符合信用证条款,单据之间亦应互相一致,否则银行有权拒绝接受受益人提交的单据,并拒绝付款行、承兑行或议付行;付款行、承兑行和议付行不得接受单证之间、单单之间有不符的单据,否则开证行有权拒绝偿付上述银行;如果开证行接受不符的单据,开证申请人有权拒绝补偿开证行;如果受益人或付款行、承兑行、议付行提供的单据符合信用证的规定,那么银行无权拒绝付款、承兑、议付,开证行无权拒绝偿付付款行、承兑行或议付行。根据 UCP 600 第 14 条(b)款的规定,银行(包括开证行、保兑行及指定银行)必须从交单次日起 5 个工作日内确定交单是否相符。

根据国际惯例,单证一致是非常严格的,单据必须在一切方面皆符合信用证的规定,诸如单据的种类、份数、对货物的描述、所反映的装运期限等。稍有差异,单据就可能被开证申请人、开证行或付款行、议付行等拒绝。

银行在信用证交易中坚持单证严格一致原则,原因有二:一是违反这个原则将给银行,特别是开证行带来严重后果,在行市下跌、质量不符合买卖合同规定、交货延迟或其他情况中,买方往往会以单证不符而拒绝付款赎单,从而使开证行受损。二是通过信用证方式付款的买卖合同成千上万,从事的交易种类繁多,而银行从事的是金融事业,对买卖和其他交易的习惯、术语等所知无几。如果买方在开证指示中要求单据必须载明什么内容,银行并不知道这些内容对买方的重要性或其实际意义、含义,则银行不应自作主张允许单证有所不符。

2. 银行免责的几种情况

根据 UCP 600 的规定,参与信用证业务的银行在以下情况下免责:

(1)关于单据有效性的免责。银行对任何单据的形式、充分性、准确性、内容真实性、虚假性或法律效力,或对单据中规定或添加的一般条件或特殊条件,概不负责。银行对任何单据所代表的货物、服务或其他履约行为的描述、数量、重量、品质、状况、包装、交付、价值或其存在与否,或对发货人、承运人、货运代理人、收货人、货物的保险人或其他任何人的诚信与否,作为或不作为、清偿能力、履约或资信状况,也概不负责。

(2)关于信息传递和翻译的免责。当报文、信件或单据按照信用证的要求传输或发送时,或当信用证未作指示,银行自行选择传送服务时,银行对报文传输或信件、单据的递送过程中发生的延误、中途遗失、残缺或其他错误产生的后果,概不负责。如果指定银行确定交单相符并将单据发往开证行或保兑行,无论指定的银行是否已经承付或议付,开证行或保兑行必须承付或议付,或偿付指定银行,即使单据在指定银行送往开证行或保兑行的途中,或保兑行送往开证行的途中丢失。银行对技术术语的翻译或解释上的错误,不负责任,并可不加翻译地传送信用证条款。

(3)关于不可抗力免责。银行对天灾、暴动、骚乱、叛乱、战争、恐怖主义行为或任何罢工、停工或其无法控制的任何其他原因导致的营业中断的后果,概不负责。银行恢复营业时,对于在营业中断期间已逾期的信用证,不再进行承付或议付。

(4)关于被指示方行为的免责。为了执行申请人的指示,银行利用其他银行的服务时,其费用和风险由申请人承担。即使银行自行选择了其他银行,如果发出指示未被执行,开证行或通知行对此亦不负责。指示另一银行提供服务的银行有责任负担被指示方因执行指示而发生的任何佣金、手续费、成本或开支(费用)。如果信用证规定该费用由受益人负担,而该费用未能收取或从信用证款项中扣除,开证行依然承担支付此费用的责任。信用证或其修改不应规定以向受益人发通知或以通知行或第二通知行收到其费用为条件。外国法律和惯例加诸银行的一切义务和责任,申请人应受其约束,并就此对银行负补偿之责。

上述不负责任的规定适用于一切以银行为一方或双方当事人的关系,包括下述的几对关系:开证行与开证申请人之间的关系、开证行与受益人之间的关系、通知行与受益人及开证申请人之间的关系、银行与银行的关系。

(六)信用证的当事人及其权利、义务关系

1. 信用证的当事人

从上述信用证的运转情况可以看出,信用证的当事人并非固定不变的,而是常因具体交易情况的不同而有所增减。但一般来说,信用证运转可能涉及的主要当事人有以下八项。(1)开证申请人:向银行申请开立信用证的人,国际贸易中是买卖合同中的买方。(2)开证行:接受开证申请人的委托,为其开出信用证的银行,通常是买方营业地的银行。(3)通知行:接受开证行的委托,负责将信用证通知受益人的银行,通常是受益人所在地、与开证行有业务往来的银行。(4)受益人:有权享有信用证上的利益的人,亦即国际贸易中的卖方。(5)付款行:信用证上指定的向受益人付款的银行,既可以是开证行自己,也可以是其他银行。(6)议付行:愿意买入或贴现受益人按信用证所开立的汇票的银行。其可以是开证行、开证行指定的银行,开证行亦可授权任何银行作为议付行。(7)承兑行:根据承兑信用证在卖方出具的汇票上承兑的银行,可以是开证行或其他银行。(8)保兑行:对不可撤销信用证保证兑付的银行。

2. 信用证各方当事人之间的权利、义务关系

信用证的运转可能涉及许多当事人,且几个当事人的角色可能集中于一家银行,所以他们相互间的关系比较复杂。

(1)开证申请人与开证行之间的关系。开证申请人与开证行之间的关系是开证申请书及其他文件所确定的合同关系。在这种合同关系中,开证行承担的主要义务是:①根据开证申请书开立信用证;②承担付款、承兑、议付或保证付款、承兑或议付的责任;③合理、小心地审核一切单据,确定单据在表面上符合信用证。

在这种合同关系中,开证申请人的主要义务是:①交纳开证押金或提供其他保证,交纳开证费用。②银行为有效地执行开证申请人的指示而利用另一银行或其他银行的服务,这是代该申请人办理的,其风险应当由申请人承担。开证申请人应受外国法律和惯例加诸银行的一切义务和责任的约束,并承担赔偿之责。③付款赎单,包括偿付银行所付的款项及其利息。

(2)开证行与受益人之间的关系。在开证行与受益人之间是否存在合同关系,这在法学理论上是一个值得研究的问题。开证行与受益人的关系是以信用证为依据的,因此,如果信用证的种类不同,他们之间的关系也有所不同。如果开证行开出的是可撤销的信用证,则受益人并不能从开证行获得任何有约束力的允诺。由于可撤销的信用证在议付行议付单据之前,可以随时由开证行撤销,而且无须事先通知受益人,因此,对受益人来说,可撤销的信用证的作用还不如一项要约。要约人如欲撤销其要约,必须向受要约人发出撤销通知,在该撤销要约的通知送达受要约人之前,受要约人有权对要约予以承诺,从而成立一项对双方均有约束力的合同。据此,有人认为,在可撤销信用证的场合下,开证行与受益人之间并不存在对双方有约束力的合同关系。

但是,如果开证行所开出的是不可撤销的信用证,则当该信用证送达受益人时,在开证行与受益人之间就成立了一项对双方都有约束力的合同。这是目前国际上普遍接受的观点。但这种观点在英美法学理论上却遇到了一个难以解决的问题,即所谓缺乏"对价"的问题。因为按照英美法的规定,一个合同如果没有对价,那是没有约束力的、不能强制执行的,而且对价必须来自订约的一方。但不可撤销信用证只是开证行对受益人的一项不可撤销的允诺,受益人在收到信用证时并未付出对价,这就很难说在他们之间成立了一项对双方有约束力的合同。为了克服这个理论上的障碍,英国法院在一些判例中,曾试图从以下两个方面给予解释:第一,受益人接受了不可撤销信用证,就承担了按买卖合同交货的义务,并且放弃了直接向开证申请人(买方)收取货款的权利,这都可以作为信用证的对价。第二,按照商业惯例,银行开出不可撤销信用证,就构成开证行与受益人之间的一项交易(bargain),它使开证行承担了绝对的付款义务。这是长期形成的商业惯例,英国法院亦应尊重此项惯例。美国对这个问题解决得比较彻底,《美国统一商法典》第 5-105 条明文规定,信用证无须对价。无论是开出信用证还是修改信用证,都不要求有对价。

按照各国的法律和惯例,不可撤销信用证是开证行与受益人之间的一项独立的合同,它既独立于买卖双方之间订立的买卖合同,也独立于买方与开证行之间根据开证申请书成立的合同。因此,开证行应按照不可撤销信用证的条款对受益人承担付款义务,不受买卖合同或其他合同的影响。而且,开证行按信用证的规定向受益人(卖方)付款后,即使开证申请人(买方)破产或由于其他原因拒绝付款赎单,开证行也不能对受益人(卖方)行使追索权追回已付的款项。

因为开证行在信用证中已向受益人做出保证，只要受益人所提交的单据符合信用证的要求，开证行就必须付款，不能因买方破产或拒付而不承担信用证项下的付款义务。

(3)通知行与开证行、受益人、开证申请人之间的关系。通知行与开证行之间的关系是委托代理关系，通知行接受开证行的委托代理，开证行将信用证通知受益人并从开证行获取佣金。UCP 500 和 UCP 600 对双方的关系没有什么规定，因此这二者的关系主要受有关国家代理法的调整。通知行与受益人之间不存在合同关系。通知行之所以通知受益人，是因为它对开证行负有义务，而不是对受益人负有此项义务。因此，通知行在通知信用证时往往在通知书中声明它并不是当事人，不因其把信用证通知受益人而在他们中间产生任何合同关系。通知行与开证申请人之间无直接合同关系，通知行只是开证行的代理人。

(4)开证行与付款行、承兑行、议付行的关系。如果开证行指定或授权其他银行付款、承兑或议付，而其他银行接受，则在两者之间形成了合同关系。根据这种合同关系，开证行应接受付款行、承兑行或议付行寄交的符合信用证的单据，并偿付上述银行；上述银行则对开证行负有单证一致的义务，如果上述银行所据以付款、承兑或议付的单据与信用证的规定不符，开证行有权拒绝。根据 UCP 500 第 14 条(d)款的规定，开证行应将拒受通知毫不迟延地电讯(如不可能时，则以其他快捷方法)通知寄单行，该通知必须说明开证行因之而拒受单据的不符点，并说明单据代为保存听候处理或已退还寄单行。在此情况下，开证行将有权向寄单行索还已经给予该行的任何偿付款项及利息。根据该条(e)款的规定，如果开证行迟延做出接受或拒受单据的决定或决定拒受时迟延通知或拒受时没有保存单据听候处理或退还交单人，开证行即无权宣称单证不符。

(5)受益人与付款行、承兑行、议付行的关系。首先需要明确的是，受益人无权要求开证行所授权或要求的银行付款、承兑或议付，但是，一旦开证行以外的银行根据开证行的授权承兑或议付了受益人出具的汇票，那么他们之间的关系将受有关国家票据法的调整，他们之间的关系将是承兑人与受款人之间的关系、转让人与受让人之间的关系。

四、国际保理

(一)国际保理概述

1. 国际保理概念

国际保理(international factoring)，亦称“国际保付代理”，是由银行或商业保理机构从事的跨国金融服务，它是指在国际贸易中以赊销(O/A)、承兑交单(D/A)等信用销售条件下，由出口商向保理商转让应收账款(receivables)，由保理商向出口商提供贸易融资、销售分类账户管理、坏账担保、催收账款的综合性金融服务。应收账款是供应商提供商品、服务或出租资产产生的债权收益。国际贸易中出口商向进口商出售货物而收取的货款是典型的国际应收账款。此外，供应商基于涉外保险合同、运输合同、建筑工程合同、管理咨询合同等提供服务产生的收益，基于跨国出租土地、房屋、船舶、飞机等不动产或准不动产产生的收益等，都可能成为国际保理合同标的。区分国际保理与国内保理对于法律争议管辖和法律适用有重要意义，如果基础合同双方当事人营业地位于同一国家的保理是国内保理，基础合同当事人中至少有一方的营业地位于境外(包括保税区、自贸区)的是国际保理。保理业务的国际性不是依据保理合同本身确定，而是依据基础合同关系来确定，这种特殊分类方式产生于《国际保理公约》第 2 条的规定，目的是尽可能扩大该公约适用的范围。

保理商向出口商提供的综合金融服务包括:(1)贸易融资。在国际贸易中,通过保理合同安排,出口商向保理商合法有效地转让应收账款,由保理商向出口商提供相当于货款发票价值80%金额的贸易融资,出口商可将这笔融资作为正常销售收入列入账户(而不同于贷款需列入负债),这相当于出口商提前收回货款或取得保理商提供的预付款,改善资产流动性;国际保理通常是无追索权保理,出口保理商买断应收账款后对出口货物享有充分债权,并独自承担进口商可能因失信引起的坏账风险,分担原本由出口商应该承担的这类风险。(2)坏账担保。出口商与出口保理商签订保理协议之后,由出口保理商(在国际双保理业务中转由进口保理商)负责核定进口商的信用额度,凡信用额度内的应收款为已经核准的应收账款,超过信用额度的应收款是未经核准的应收账款。保理商对已经核准的应收账款向出口商提供无追索、无商业纠纷的信用担保,在核定的信用额度之内,对因进口商无力支付产生的坏账承担赔偿责任。(3)应收账款催收。其是指保理商根据应收账款的到期日,主动或应出口商请求,采取电话、函电、上门催款直至采取法律手段向进口商催收账款。保理商在签订保理协议中需要将未来收债方式、程序和最后手段经与出口商协商确定,如需通过法律手段解决,为收回账款产生的法律服务费由保理商承担。保理商是专业化银行或公司,有专门收债技术和经验,且掌握进口商的经营和资信状况(国际保理业务中买方保理商位于进口商所在地),出口商将收债事项转让给这类专业机构处理可以保证货款及时回收,公司可以专注于主要的经营和销售业务。(4)应收账款管理。保理商根据出口商请求,定期或不定期向其提供关于应收账款回收、逾期账款、对账单和各种统计报表的情况,协助其管理应收账款。银行保理商作为专业的公共会计,其有完善的财务管理制度和丰富管理经验,有能力、有条件向出口商提供优质账款管理工作。

2. 国际保理特点

国际保理业务的本质是保理商以接受出口商转让的应收账款为对价而提供一体化金融服务。与信用证业务相比,国际保理具有以下特点:

(1)国际保理是兼具债权转让、委托代理业务、风险担保性质的综合金融服务。出口商以债权转让和支付保理费为对价,委托保理商提供核定进口商信用、应收账款催收、账户管理、坏账担保等服务。1988年《国际保理公约》规定保理商需要至少提供上述服务中的两项才是国际保理服务。没有提供保理服务,单纯以应收账款为质押提供贷款不属于保理业务范围。因为保理关系不同于借贷关系,保理融资的第一还款来源是基础合同债务人支付的应收账款,而非融资债务人直接归还保理融资款。这与信用证业务中,银行仅在规定条件下向受益人提供买方付款担保有本质区分。信用证业务中银行服务是单一性的,UCP 600第4条、第5条明确规定信用证与基础合同独立,银行仅处理单据,不负责处理单据下的货物与服务。

(2)卖方收取货款依赖买方商业信用与作为保理商的银行信用。国际保理中出口商如果正常履行货物买卖合同并向保理商提供合同与单证副本,就可获得保理商融资;如果买方失信,其可以获得来自保理商的担保赔偿,这与信用证下开证行承担的担保付款义务相似。但是,与信用证业务不同,保理商的坏账担保是第二位的债权担保,只有当买方失信,保理商才赔偿;同时,不论是出口商偿还融资款还是保理商坏账担保后最终补偿,都依赖进口商基于商业信用按期偿付货款,保理商没有来自进口商的任何资金抵押保证。而评估进口商的信誉是保理商的基本义务,基于此,保理商承担该商业风险是合理的。

(3)进口商对向保理商偿付货款享有抗辩权。出口商一旦转让应收账款并向进口商发出通知,该债权转让生效,进口商有义务向保理商(而非出口商)支付账款,这与信用证下开证行代替进口商向受益人支付货款后,进口商应向开证行履行偿付义务类似。所不同的是,信用证有独立性,进口商不得以任何关于基础合同履行的理由向开证行抗辩,拒绝偿付。而国际保理业务中,进口商享有对保理商的抗辩权,如果进口商未能收到货物或对卖方履行有异议可提出抗辩、反诉和抵销,有权拒付争议的款项,已经支付的可以要求返还。保理商也有权向出口商反转让应收账款。

(4)两者的业务流程有很大不同。具体论述详见后文。

3. 国际保理的分类

以下基于国内保理业务的学理分类同样适用于对国际保理的分类。

(1)按照保理商在债务人发生信用风险时是否可以向债权人反转让应收账款,分为有追索权保理和无追索权保理。有追索权保理,是指保理商不承担为债务人核定信用额度和坏账担保义务,仅提供其他保理服务,应收账款到期时,无论何种原因导致应收账款不能收回,保理商都有权向债权人追索已经支付的融资款并拒付差额融资款,或者要求债权人回购应收账款。无追索权保理亦称买断保理,是指保理商核定债务人信用额度,在信用额度内承购债权人对债务人的应收账款,并承担坏账担保责任,债务人失信(破产、重组、解散、无支付能力、恶意拖欠)不能足额支付基础合同规定的应收账款时,保理商不能向债权人追索融资款。无追索权保理商提供的坏账担保,是指在没有商业纠纷情况下债务人不能偿还债务,发生以下情况之一,无追索权保理商仍有权追索已付融资款:债权人有欺诈行为;发生不可抗力使基础合同不能履行;债务人对基础合同下供应商提供的商品、服务提出异议。

(2)按照是否将应收账款转让的事实通知债务人,分为公开型保理和隐蔽型保理。公开型保理是明保理,是指保理合同每单发票下应收账款转让时,债权人或保理商将应收账款转让的事实立即通知债务人(如向债务人提交银行标准格式的通知书、在发票上显示标准格式账款转让条款),自通知起发生转让效力。隐蔽型保理是暗保理,保理合同签订后的一定时期内,应收账款转让的事实暂时不通知债务人,在约定期限届满或约定事由出现后,才将应收账款转让的事实通知债务人。

(3)按照提供保理服务的保理商数量分为单保理和双保理。单保理是由一家保理商单独为买卖双方提供保理服务。双保理是由两家保理商分别为买卖双方提供保理服务,一方作为卖方保理商为卖方提供贸易融资,另一方作为买方保理商提供应收账款管理、催收、买方信用风险担保等服务。国内保理一般是单保理,双保理是国际保理的典型模式。在国际货物买卖中,卖方和与其订立保理合同的卖方保理商可能都不了解位于境外的买方信用状况,难以承担买方信用风险,为此,卖方保理商可以通过合同安排,[1]委托买方境内与其有关联关系的机构作为买方保理商,利用其熟悉所在国法律和买方信用状况的优势,代为提供应收账款管理、催收、向卖方保理商承担买方信用风险担保等服务。

(4)按照保理商身份不同分为银行保理和商业保理。前者是商业银行开办的保理业务,后者是非银行的商业机构开办的保理业务。银行保理机构侧重向卖方融资,而商业保理机构侧重其他保理业务。

---

〔1〕 从事国际保理业务的保理商实行国际化运营,国际保理商联合会(Factors Chain International,FCI)是最大的全球保理商会员组织网络,卖方保理商与买方保理商如果都是 FCI 会员,则方便建立联系,它们通过签订标准化的保理商内部双方协议(inter – factor – agreement),确定委托代理关系。

(5)按应收账款回款方式不同分为直接保理和间接保理。直接保理是根据保理合同以及应收账款转让通知,债务人直接向保理商支付应收账款。间接保理是债务人仍向原债权人支付应收账款,原债权人取得账款后转让给保理商。

4. 国际保理的法律调整

国际统一私法协会于1988年5月28日在渥太华召开的外交会议上,通过了1988年《国际保理公约》,这是国际社会统一保理法的重要成果。目前共有18个国家加入保理公约[2]。调整国际保理的主要国际惯例是《国际保理通则》(General Principles of International Factoring, GRIF),该通则由国际保理商联合会于1990年制定,之后经过多次修改、补充,目前适用的是2013年版本。《国际保理通则》适用于国际双保理交易,特别是FCI会员出口保理商与进口保理商之间的权利、义务关系。为克服《国际保理公约》主要适用于货物贸易保理的局限,联合国国际贸易法委员会于2001年通过《联合国国际贸易应收款转让公约》,其广泛适用于资产作保的贷款、货物和除银行服务以外各种服务的保理、福费廷、证券化和项目融资。该公约目前仅有1个国家批准,尚没有生效。

(二)国际双保理业务流程及当事人权利、义务关系

1. 国际双保理及其业务流程

国际双保理(two factors system)是目前国际保理的主要模式,这一模式是由出口商与所在国的出口保理商签订保理协议,由出口保理商根据出口商需要提供融资服务,同时出口保理商再与进口国的进口保理商签订委托代理协议,委托其向进口商代为收取应收账款,并向出口保理商提供坏账担保。国际双保理通常是银行保理,是无追索权融资保理,也是明保理。

这一账款支付模式对当事人各方都有利:对出口商而言,其与保理商签订保理协议后,将应收账款转让给保理商,出口商只要按销售合同履行交货义务就可以获得核定买方信用额度内充分的付款保证,他可以凭出口单证从出口保理商那里获得相当于货款80% ~90%的融资或预付款,在原来托收和赊销业务中单纯依赖买方信用的基础上增加一定的银行信用,同时也摆脱信用证支付方式下烦琐的审单工作,免除因单证不符遭银行拒付的风险;出口商可以摆脱与向债务人催收账款有关的繁重业务,不需要详细了解债务人资信以及熟悉债务人所在国语言、文化、法律制度,这些工作转移给更专业的进口保理商承担;对进口商而言,他仅需与本国进口保理商交涉,免去了与出口商交涉的困难,特别是不需要承担信用证下开证费用,免去向银行缴纳押金的手续,降低交易成本;对银行保理商而言,保理服务是成熟的银行中间业务,基于和进口商的业务联系以及专业化资信调查技术,可以有效防控坏账风险。而且,每一笔保理业务其都可以获得发票金额1%的服务费收入和其他服务收入,远超过一般银行业务收入。

国际双保理的主要当事人有:(1)出口商或供应商——根据国际货物销售合同出售货物的卖方,其与出口保理商签订保理合同,转让应收账款。(2)进口商——国际货物销售合同的买方,因购买货物负责支付应收账款。(3)出口保理商——根据保理合同受让应收账款,提供保理服务的当事人,营业地位于出口商所在地。(4)进口保理商——受出口保理商委托负责向进口商催收应收账款的当事人,经出口保理商转委托,进口保理商是应收账款最终受让人,营业地位于进口商所在地。

---

[2] 《国际保理公约》的缔约国有比利时、捷克、芬兰、法国、德国、加纳、匈牙利、意大利、拉脱维亚、摩洛哥、尼日利亚、菲律宾、俄罗斯、斯洛伐克、坦桑尼亚、乌克兰、英国、美国。

国际双保理的业务流程如图 5－1 所示：

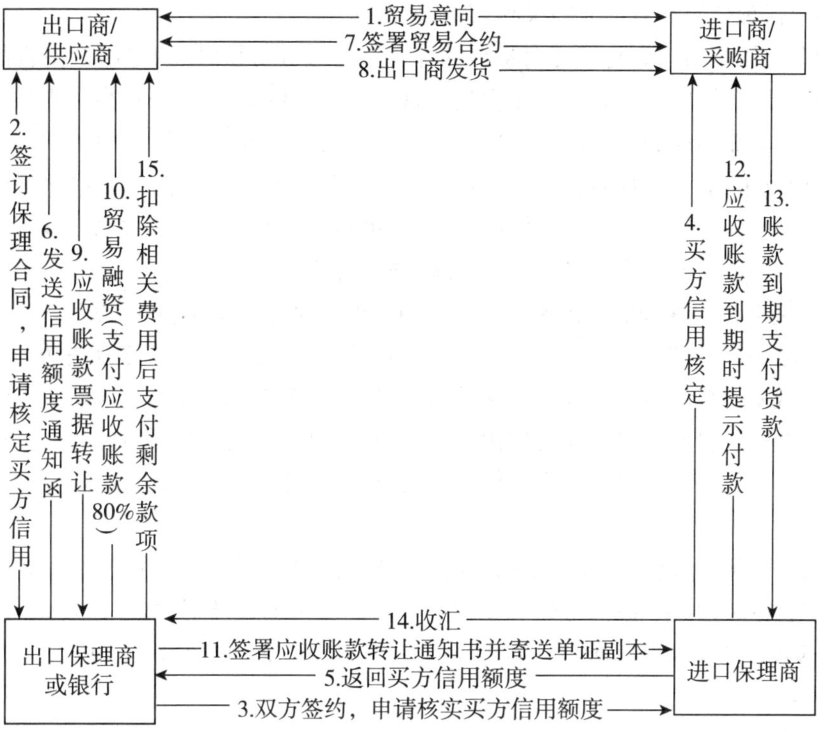

图 5－1 国际双保理流程

注:本示意图由何寘宇绘制,作者同时感谢何寘宇协助收集资料。

根据图 5－1 可知,流程说明如下:(1)出口商与进口商确定交易意向。(2)出口商与出口保理商订立保理合同,告知进口商名称、地址等交易情况,为进口商申请销售信用额度[3]。(3)基于与进口保理商的代理合同,出口保理商将上述有关资料传递给进口保理商,委托其对债务人进行资信调查,核准信用额度。(4)进口保理商对买方进行资信调查,确定信用额度。(5)进口保理商应该在收到申请后 10 日内核定买方信用额度,向出口保理商发出通知。(6)出口保理商将进口商资信及核准的信用额度向出口商发出通知。(7)出口商根据信用额度与进口商签订销售合同,约定以承兑交单托收或赊销方式付款。(8)出口商发货,取得提单、保险单、发票等贸易单证后,将这些物权单证和带有"特别转让条款"的发票、汇票寄送进口商。也可以根据进口保理商请求由其转交,请求进口商到期付款。(9)出口商将销售货物发票副本及应收账款转让通知书交给出口保理商,经申请可获得出口保理商 80% 预付款或融资。(10)出口保理商签署应收账款再转让(subsequent assignment)通知书并附发票副本寄送进口保理商。(11)进口保理商作为应收账款受让人向进口商催收账款,正常情况下进口商到期向进口保理商支付货款。(12)进口保理商将收到的货款划拨至出口保理商。如果在没有法律纠纷的情况

[3] 信用额度是可以循环使用的同一供应商对同一债务人应收账款额的最高限额。

下,付款期届满90天后进口商仍没有付款,则进口保理商应按核定应收账款全额赔付出口保理商发票金额。(13)出口保理商扣除预付款及其他有关费用后将余额付给出口商。

2. 国际双保理合同下当事人的权利、义务关系

国际保理合同是出口商与保理商签订的综合金融服务协议,即约定出口商将国际货物销售合同下的应收账款转让给保理商,由保理商提供包括进口商资信调查、贸易融资、账款催收、销售账户管理、坏账担保的综合性金融服务合同。保理商应至少提供其中两项金融服务。在国际双保理业务中,有三份合同(进口商与出口商的基础合同、出口商与出口保理商的保理协议、出口保理商与进口保理商的委托代理协议)确定四方当事人的法律关系。以下根据有关国际惯例和保理合同安排,分析主要当事人之间的权利、义务关系。

(1)出口商与出口保理商是由保理合同和国际惯例规定的权利、义务关系。

出口商:第一,确保应收账款代表真实、合法的货物或服务提供,能够合法转让。应收账款被出质、抵押或基础合同当事人有禁止转让协议的,不得转让应收账款。第二,应收账款转让的事实应通知进口商(也可以根据合同由出口保理商通知),未能送达转让通知的,应收账款转让无效。第三,履行手续申请核定买方信用,转让应收账款,并在基础合同履行后向出口保理商提交合同、单证、发票副本。

出口保理商:第一,确定进口商信用额度并通知出口商。第二,接受应收账款转让后,应出口商请求向其提供预付款融资。第三,在收到进口商支付的账款后,扣除融资款额,将余款还给出口商。第四,如果出口商履行基础合同出现违约或重大变故,有权依约要求出口商回购应收账款或赔偿损失。

(2)出口保理商与进口保理商是由委托代理合同与国际惯例规定的权利、义务关系。

出口保理商:第一,有权向进口保理商请求核准进口商信用额度,履行手续,向进口保理商转让应收账款。第二,为收取应收账款,向进口保理商提供合同、单证和发票副本。第三,一旦进口保理商核定进口商信用额度,且相关单据、发票副本已经转交给进口保理商,则该出口保理商所有应收账款必须转让给进口保理商。第四,若出口商或出口保理商收到来自进口商支付的应收账款,出口保理商应该立即通知进口保理商并将该账款转交进口保理商。

进口保理商:第一,根据请求,核定进口商信用额度,并在规定时间内(收到申请后10日内)通知出口保理商。第二,履行向进口商催收账款责任,并将已经收取的账款扣除费用后转交给出口保理商。第三,进口商如果发生信用风险[4],则在信用额度内向出口保理商赔付全额发票价款。第四,有权要求出口保理商经由其向进口商转交单证。第五,有权出于正当理由缩减或撤销进口商信用额度,并书面通知出口保理商,由其通知出口商。第六,如果进口商因未能收到货物或单据引起争议[5],或提出抗辩、反诉和抵销,进口保理商有权向出口保理商拒付争议的款项,已经支付的可以要求返还。

(3)进口保理商与进口商,两者无直接合同关系,他们之间的权利、义务产生于保理合同、委托代理合同安排的应收账款转让。

进口保理商:第一,鉴于进口保理商是应收账款最终受让人,其有权向进口商催收应付账

---

〔4〕 信用风险是指付款期届满90天后,进口商在无争议的情况下仍没有足额支付应收账款。

〔5〕 此处"争议"特指债务人(进口商)未能收到货物或发货单据;或针对出口商履行提出抗辩、反诉、抵销,包括对第三方就应收账款主张权益提出抗辩。

款,甚至有权不经过出口保理商同意,采取法律手段向进口商强制收回应收账款。第二,享有留置权、中止运输权,以及货物被进口商拒收或退回时,出口商所享有的其他权利。

进口商:基于生效的应收账款转让协议,其应当向进口保理商支付应收账款。

本章思考题

1. 国际贸易的支付工具有哪些?
2. 简述汇票概念及其法律制度。
3. 简述托收的概念和类型。
4. 简述有关托收的国际法渊源。
5. 托收当事人的责任有哪些?
6. 简述信用证的概念和类型。
7. 信用证的国际法渊源有哪些?
8. 信用证当事人的责任有哪些?
9. 国际保理的类型和特点。

拓展阅读

1.《统一汇票和本票法公约》。
2.《托收统一规则》。
3.《跟单信用证统一惯例》。
4.《联合国国际贸易中应收款转让公约》。

第六章　世界贸易组织多边贸易体制

本章导读

WTO 法是国际经济法的重要内容,其在调整国际经济贸易关系,建立公平的国际经济秩序,促进全球良好治理方面发挥独特作用。学习本章应该了解世界贸易组织的产生过程,以及它的组织机构、宗旨、职能以及在全球治理方面的作用,并深入理解 WTO 成立以来在立法方面的重要发展,以及后 WTO 时代重要协议的内容和调整目的。正确认识和理解 WTO 法律框架的构成、主协议和附属协议的区分以及它们的法律地位和各自特点。结合案例事例,正确理解 WTO 调整货物贸易、服务贸易的基本原则和规则及其例外规定;掌握 WTO 关于贸易救济协议的实体法和程序法规则和其作为贸易政策工具的价值。掌握 WTO 争端解决机制的特点和主要程序规则,结合经典案例,深入理解 WTO 争端解决机制对于调整成员间的贸易关系和全球治理方面发挥的重要作用。

第一节　世界贸易组织与世界贸易组织法

一、世界贸易组织概述

(一)世界贸易组织的产生

1994 年 4 月 15 日,参加关贸总协定乌拉圭回合谈判的 125 个参加方代表签署了包括《马拉喀什建立世界贸易组织协定》(以下简称《WTO 协定》)在内的"最后文件",历时 8 年的关税与贸易总协定乌拉圭回合谈判圆满结束。根据文件安排,世界贸易组织于 1995 年 1 月 1 日正式成立,[1]它所管辖的框架协议正式生效。世界贸易组织是在组织上取代《关税与贸易总协定》,协调和约束各成员贸易政策、法规和措施的政府间国际组织。无论是在机构体系上还是在法律制度上,WTO 都是《关税与贸易总协定》的继承和发展。

《关税与贸易总协定》(亦可简称关贸总协定)是指第二次世界大战结束后,由美国、英国、法国等 23 个国家的政府间缔结的旨在降低关税、减少贸易壁垒和协调贸易政策的多边国际协定,以及在协定运作中逐渐形成的事实上的国际组织。缔结《关税与贸易总协定》是西方国家建立全面开放的战后国际经济计划的产物。1944 年 7 月在美国新罕布尔州召开的联合国货币与金融会议(布雷顿森林会议)上,会议的参加者承认有必要建立除国际货币基金组织和国际

〔1〕 截至 2021 年 5 月,WTO 成员达到 164 个国家和地区。

复兴开发银行之外的调整国际贸易的机构,扭转贸易保护主义和歧视性贸易政策的不利影响。根据这一设想,美国提出的《国际贸易组织宪章草案》,在 1947 年 11 月古巴哈瓦那召开的联合国贸易与就业会议上获得通过,但由于美国国会拒绝批准这一文件,其他国家也持观望态度,该宪章未能生效,国际贸易组织没有成立。在讨论《国际贸易组织宪章草案》期间,美国、英国、法国等 23 个国家根据会议安排进行了关税减让谈判,最后达成了 123 项双边关税减让协议,他们把这些减税协议与《国际贸易组织宪章草案》中关于贸易政策的部分合并,汇编成单一文本,称为《关税与贸易总协定》。该协定因未符合法定条件没有正式生效。后来,美国联合其他 8 个国家签署了《临时适用议定书》,宣布总协定自 1948 年 1 月 1 日起对 8 国临时生效,同时宣布总协定是为解决战后各国贸易和关税问题的临时协定,在《国际贸易组织宪章》(《哈瓦那宪章》)生效后,《关税与贸易总协定》应成为该宪章的一部分被后者取代。由于《国际贸易组织宪章》未能生效,《关税与贸易总协定》就成为事实上代替《国际贸易组织宪章》的文件,一直适用到世界贸易组织成立。

关贸总协定实际上是由缔约方政府签署的关于贸易问题的多边行政协定,目的是尽快获得相互减让关税的好处。其作为临时生效的协议,法律地位较低,也不是正式国际组织。但是,其 40 多年的运行颇具活力,保证了全球绝大部分国际贸易在该体制内完成,在减让关税、消除贸易障碍方面取得巨大成功。尤其是 GATT 最后一次乌拉圭回合谈判通过的《WTO 协定》,被认为是自《联合国宪章》产生以来的影响世界的最重要的国际协议,根据协议建立了管理多边贸易的正式国际组织——世界贸易组织,使当初《哈瓦那宪章》勾画的理想变成了现实。

世界贸易组织已经成立 20 多年,目前 164 名成员的贸易总额占全球贸易额接近 98%。WTO 成立后,贸易谈判取得的重要的进展是:(1)在 1996 年新加坡第一次部长级会议上通过了《信息技术协定》。该诸边协议于 1997 年 4 月 1 日如期生效。(2)2005 年 WTO 总理事会通过了《修改 TRIPS 议定书》,修改 TRIPS 协定第 31 条,核心是允许 WTO 成员对向发展中国家出口药品的专利颁发强制许可,使发展中国家成员有合法路径生产和进口专利药品,解决因制药能力不足面临的公共健康问题。该议定书已经于 2017 年 1 月 23 日生效,这是 WTO 规则实施以来生效的第一修正案。(3)在 WTO 巴厘岛第 9 次部长级会议上通过了《贸易便利化协定》和其他决议文件,其中《贸易便利化协定》已经于 2017 年 2 月 22 日正式生效。TFA 是 WTO 成立以来制定生效的第一个具有约束力的多边货物贸易协定,通过简化成员的海关手续和单证要求,约束进出口规费,加速货物结关放行,促进国际交易的货物流转和贸易自由。(4)在2015 年举行的 WTO 内罗毕第 10 次部长级会议期间,54 个成员达成《信息技术协定》的扩容协议,在原协议约束的产品基础上,将 201 个新产品纳入约束清单。(5)在 2015 年 WTO 内罗毕第 10 次部长级会议期间,成员通过《关于出口竞争的部长会议决定》,根据该公约规定,发达国家成员自文件生效日起立即取消对农产品出口补贴,发展中国家成员最迟在 2023 年取消全部农产品出口补贴。正如 WTO 总干事阿泽维多所述:“过去 20 年 WTO 帮助促进了全球贸易增长,解决了大量贸易争端,帮助发展中国家融入全球贸易体系。WTO 是反对贸易保护主义的堡垒——在全球经济比以往任何时候都相互联系的今天,没有 WTO 的世界难以想象。”〔2〕

---

〔2〕 Azevedo, *WTO Marks* 20 *Years of Helping Boost Trade Growth*, http://www. wto. org/english/news_e/news15_e/dgra_01jan15 e. htm.

(二)世界贸易组织的机构体系、法律地位

WTO 作为政府间国际组织,建立了以下伞形机构体系(见图 6-1):

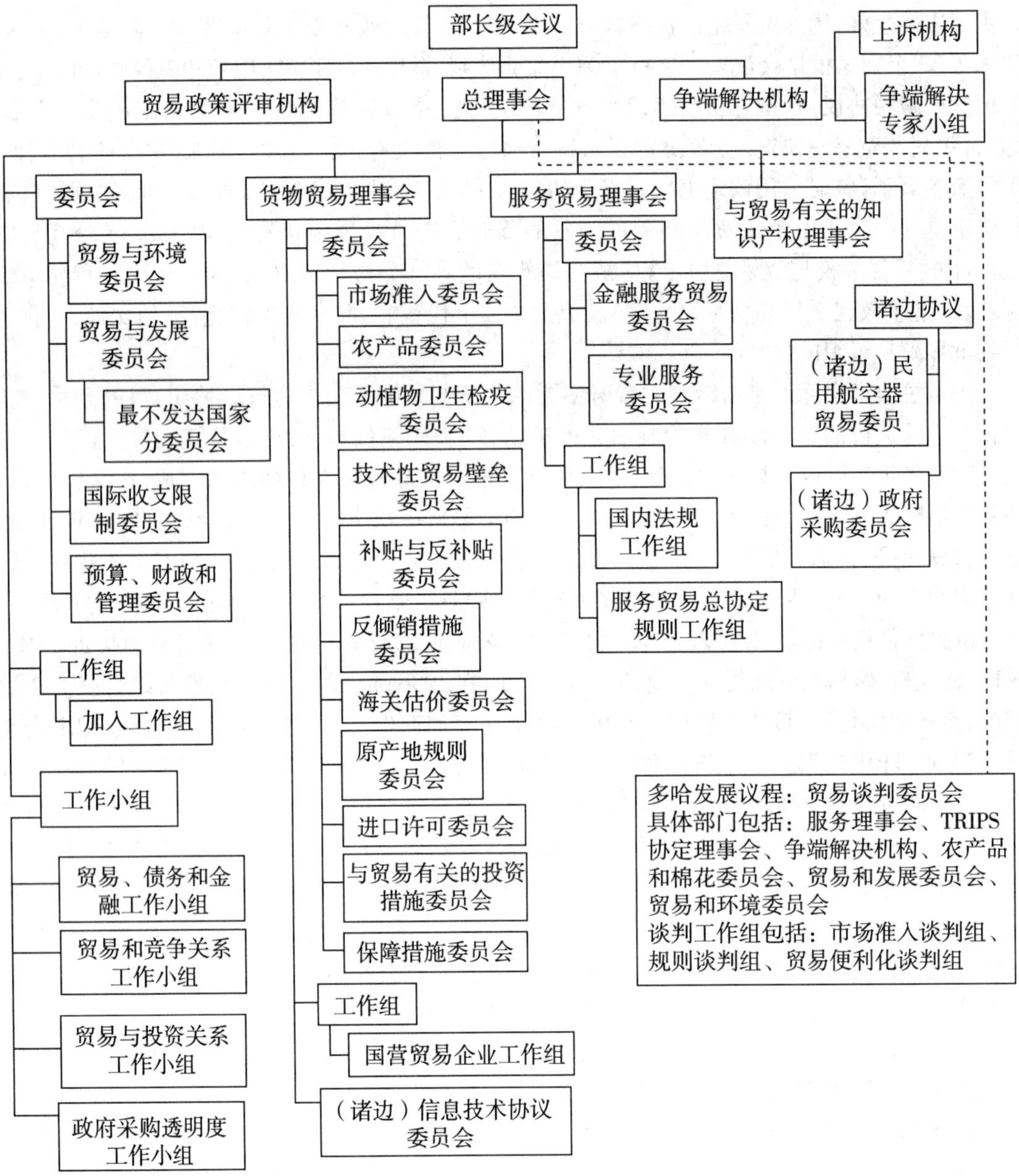

图 6-1 世界贸易组织机构

1. 部长级会议

其是世界贸易组织最高决策机构。由 WTO 所有成员的代表组成,至少每 2 年召开一次会议。部长级会议的职能是履行世界贸易组织的职能,并为此采取必要行动;根据其成员的请求,在符合《WTO 协定》和多边贸易协定决策程序的特别要求情况下,有权对多边贸易协定中的任何事项作出决定。

2. 总理事会

其为 WTO 常设执行机构，在两届部长级会议之间主持 WTO 日常工作，履行部长级会议的职能，批准各委员会的决议。总理事会也是 WTO 争端解决机构和贸易政策评审机构，它们根据不同的职权范围召开会议，在履行各自职能时由各自的主席领导，适用各自的规则程序。上述三个机构由所有成员的代表组成，向部长级会议负责和报告工作。

3. 分理事会

总理事会下设三个分理事会协助其工作，负责监督协议的实施。货物贸易理事会监督 GATT 1994 及相关协议的运作；服务贸易理事会负责《服务贸易总协定》（General Agreement on Trade in Services，GATS）的实施；与贸易有关的知识产权理事会负责 TRIPS 协定的执行。分理事会成员资格向 WTO 所有成员的代表开放，并按履行职务的需要召开会议。

4. 专门委员会、工作组

WTO 设有两类专门委员会和工作组，分别由相应的机构授权履行职能。第一类由总理事会以及根据部长级会议决议设立的委员会或工作机构，履行《WTO 协定》及总理事会授予的职能；第二类是由分理事会设立的委员会或工作机构，负责监督各自管理的协议实施。各专门委员会成员资格向所有 WTO 成员代表开放。

5. 总干事和秘书处

世界贸易组织下设秘书处，由部长级会议任命总干事和若干副总干事领导。总干事的职责和任职条件由部长级会议制定的规则确定。秘书处的职责是为 WTO 各代表机构（理事会、委员会、工作组）进行谈判、解决争议及执行协定提供行政和技术支持。总干事是世界贸易组织规则的监护人，通过对成员施加影响，促进规则的遵守和实施；他也是调停人和行政主管，帮助解决成员之间的争议；负责秘书处的工作，主持各种谈判。

与联合国有关下属机构不同，WTO 沿用 GATT 传统，是全体成员导向（member - driven）的国际组织。其成员是主权国家和在对外贸易方面有充分自主权的单独关税领土，[3] WTO 组织的谈判、议事活动和争议解决都由这些成员政府的代表参与；WTO 部长级会议、理事会、各委员会都由各成员代表组成，所有成员代表都有权参加这些机构活动和决策（争端解决专家组和上诉机构、诸边贸易协定委员会除外）；成员代表决定 WTO 的谈判议题、程序和最终成果。部长级会议和总理事会表决采用一成员一票制，不采取加权投票制。成员导向的决策方式有一定民主性，却存在难以达成协议的困难。

《WTO 协定》第 9 条第 1 款规定，WTO 将沿用关贸总协定以“协商一致”决策的惯例。[4] 协商一致是 GATT 和其他国际组织的重要决策方式，也是 WTO 部长级会议和总理事会的主要

---

〔3〕《WTO 协定》的解释性说明指出，本协定和多边贸易协定中使用的“国家”一词应理解为包括任何 WTO 单独关税区成员。对于单独关税区成员，本协定和多边贸易协定中的“国家”一词应理解为与它们有关。GATT 第 24.2 条指出，就本协定而言，一关税领土应理解为一任何领土，其在与其他领土之间的贸易的实质部分中保留单独关税和其他贸易法规。

〔4〕在这一条的注释中说明：“协商一致（Consensus）是指在作出决定的会议上，如果出席会议的成员没有一个对所作出决议提出正式反对意见，决议机构被认为以协商一致的方式对提交审议的事项作出了决定。”赵维田教授认为：“Consensus”译为“共识”更贴切，这一程序的规则是：只要在决策会议上没有人正式反对，就算达成共识，缺席、弃权、沉默均不妨碍达成共识。而采取沉默态度对那些决议事项与之关系不大、不想以明确表态开罪别国的小国更可取，这也是对大国经济实力的尊重。参见赵维田：《世贸组织（WTO）的法律制度》，吉林人民出版社 2000 年版，第 446 页。

决策方式。除此之外,《WTO 协定》规定某些事项应以 WTO 成员投票表决决定:①部长级会议和总理事会有权根据分理事会的建议对《WTO 协定》以及所属多边贸易协定做出解释,一项解释决定应由成员 2/3 多数通过有效。②任何成员均可向部长级会议提出修改《WTO 协定》或附件 1 所列多边协定条款的提案,各理事会也可以向部长级会议提交修改所监督实施的协定条款提案,部长级会议应该以协商一致或在协商不成时以 2/3 多数决定是否将提案交各成员以供接受。③对《WTO 协定》条款修改和附件 1A 和 1C 所列条款修改应以 2/3 多数票通过;对《WTO 协定》第 9 条决策方式以及附属协议中"最惠国待遇"条款的修改经全体成员通过才有效。④豁免某成员 WTO 义务需经 3/4 多数票通过。部长级会议和总理事会表决采用一成员一票制,不采取加权投票制。同时,《WTO 协定》作出了类似于 GATT 第 30 条的规定,即 WTO 成员保留接受世界贸易组织批准的新义务的权利(第 10 条),因为上述对相关协议条款修改的决定如果具有改变权利、义务性质,该决定仅对接受修改的成员有效,对不接受修改的成员没有约束,部长级会议可以经 3/4 多数票决定未接受修改的成员是否有权退出 WTO。

在法律地位上,世界贸易组织是与 GATT 有实质区别的永久性的正式国际组织,它依法成立,是如同主权国家一样的国际法主体,具有法律人格(legal personality)。世界贸易组织成立后取代了关贸总协定这个临时的非正式组织的地位,成了唯一的调整多边贸易关系的国际机构。但是,世界贸易组织与国际货币基金组织、世界银行不同,它不是联合国的下属机构,它将与这两个机构有效合作,共同协调国际经济关系。

(三)世界贸易组织的宗旨和职能

世界贸易组织及其前身关贸总协定是建立在市场经济制度和西方自由贸易理论基础上的。自由贸易理论主张国家不限制或较少地限制对外贸易,应发挥各自的比较利益优势,允许商品自由进出口,最终实现世界财富增长。英国古典经济学家亚当·斯密(1723~1790 年)和大卫·李嘉图(1772~1823 年)是自由贸易理论的奠基人。亚当·斯密提出了倡导自由贸易的绝对成本(利益)理论,大卫·李嘉图进一步提出了比较利益理论。由当代五位美国学者撰写的著作《发展经济学》对比较优势理论分析得出的一个重要结论就是:任何国家都能够从国际贸易中获得利益,包括任何商品的世界最高成本和最低成本的生产商,任何国家都因贸易而增加福利,因为世界市场提供了以相对较低价格购买一些商品的机会。[5] 同时,贸易要求合作,人们不可能依靠狭隘的自足取得成功,知识和资源分布世界各地,只有合作方能为我所用。贸易呼唤公平、自由、法治和开放社会,这样的社会能打开人们眼界,获得选择机会和权利。

《WTO 协定》规定了 WTO 的宗旨、职能、组织机构和决策方式等事项。世界贸易组织的宗旨在基本方面与 GATT 的宗旨是一致的,但是又有所扩展。WTO 的宗旨新增的内容是:①扩大服务贸易;②采取措施保护和维护环境;③积极努力,确保发展中国家,特别是最不发达国家的贸易份额;④建立综合的更有活力的多边贸易制度。WTO 将"提高人民生活水平,保障充分就业,增加实际收入和有效需求""保护和维护环境"作为基本目标,体现了以人为本、维护人权以及可持续发展的核心价值。

《WTO 协定》第 3 条规定了世界贸易组织的职能:①促进 WTO 各项宗旨的实现,监督与管理其统辖范围的各项协议与安排的实施运行,并为执行上述各项协议提供统一的机构框架;②为今后多边贸易谈判提供论坛和场所;③按照一体化争端解决规则、程序解决各成员之间的

---

〔5〕 参见[美]詹姆斯·巴克斯:《贸易与自由》,黄鹏等译,上海人民出版社 2013 年版,第 106、124 页。

贸易纠纷;④与国际货币基金组织和世界银行等相关国际组织合作,协调全球经济决策。

二、世界贸易组织管辖的框架协议

GATT 乌拉圭回合谈判通过的最后文件形成了 WTO 调整多边国际贸易关系的法律框架。最后文件分为两部分:一部分为《WTO 协定》及其涵盖的多边和诸边贸易协定,它们构成多边贸易法律框架的主体;另一部分为乌拉圭回合部长级会议通过的宣言和决定,其内容主要是对第一部分多边贸易协定涉及的细节问题作补充性规定。GATT 乌拉圭回合谈判达成的最后文件以及后 WTO 时期达成的协议文件如下:

第一部分:《WTO 协定》及其附件

《WTO 协定》

附件 1A:货物贸易多边协定

1.《关税与贸易总协定 1994》(GATT 1994)

(1)经修订的 GATT 1947 文本的各项条款。

(2)在《WTO 协定》生效前,依据 GATT 1947 生效的下列文件的各条款:①关税减让的议定书和证明;②加入议定书(关于临时适用,临时适用的撤销,"祖父条款"除外);③根据 GATT 1947第 25 条授权作出的,在 1995 年 1 月 1 日仍有效的关于解除缔约方义务的决定;④GATT 1947缔约方的其他决定。

(3)下列关于 GATT 条款的谅解:①关于 GATT 1994 第 2 条 1(b)的解释;②关于 GATT 1994第 17 条的解释;③关于 GATT 1994 国际收支平衡条款;④关于 GATT 1994 第 24 条的解释;⑤关于 GATT 1994 免除义务的规定;⑥关于 GATT 1994 第 28 条的解释。

(4)GATT 1994 马拉卡什议定书关于 GATT 1994 的解释性说明。

2.《农业协定》

3.《实施卫生与植物卫生措施协定》

4.《纺织品与服装协定》

5.《技术性贸易壁垒协定》

6.《与贸易有关的投资措施协定》

7.《关于实施 GATT 1994 第 6 条的协定》

8.《关于实施 GATT 1994 第 7 条的协定》

9.《装船前检验协定》

10.《原产地规则协定》

11.《进口许可程序协定》

12.《补贴与反补贴措施协定》

13.《保障措施协定》

14.《贸易便利化协定》

附件 1B:《服务贸易总协定》及其附件

1.《GATS 第二议定书》(金融服务)

2.《GATS 第三议定书》(自然人流动)

3.《GATS 第四议定书》(基础电信)

4.《GATS 第五议定书》(金融服务)

附件 1C:《与贸易有关的知识产权协定》

附件 2:《关于争端解决规则与程序的谅解》

附件 3:《贸易政策评审机制》

附件 4:诸边贸易协定

1.《民用航空器贸易协定》

2.《政府采购协定》

3.《信息技术产品协定》

第二部分:部长级会议宣言和决议(略)

第一部分中,《WTO 协定》是主协议,是多边贸易法律框架的核心。该协议兼具契约性和法规性。该协议本身极少直接规范管理多边贸易关系的实质性规则,主要内容是对世界贸易组织的成立、宗旨、职能、机构设置、决策方式、成员权利、义务等方面的事项作出规定(契约性)。[6]

调整多边贸易关系、规范国际贸易竞争规则的实质内容体现在附属的多边和诸边协议以及其他谅解和决定中,它们作为主协议的附件列入其后。附件中的协议文件既有实体法规则,也有程序法规则,按内容可分为五个部分:(1)货物贸易多边协定,包括 13 项独立协议,主要是 GATT 1994 和乌拉圭回合谈判达成的新协议(附件 1A);(2)《服务贸易总协定》(附件 1B);(3)《与贸易有关的知识产权协定》(附件 1C);(4)《关于争端解决规则与程序的谅解》(附件 2)、《贸易政策评审机制》(附件 3);(5)4 项诸边贸易协定(附件 4)。[7]

WTO 秉承 GATT 宗旨,将市场开放和非歧视原则引入新协议,又保持 GATT 的高度灵活性特征,使一般规则与具体承诺相结合,严格法律义务与道义义务相结合,基本原则和例外规定有机结合,这些特点在新协议及新的市场准入安排中都有所体现。但是,WTO 规则是正式的国际协议,通过健全的组织体系和准司法性的争端解决机制,WTO 规则获得比 GATT 更大的强制性和约束力。实践证明,这一特点使 WTO 规则在当今全球治理中发挥独特作用。

世界贸易组织成员对 WTO 多边贸易协定采取"一揽子接受"方式,除诸边贸易协定可有选择地自愿参加外,《WTO 协定》以及附属于它的全部多边贸易协定、谅解是不可分割的组成部分,应一并加入,成员不得把其中任何单一的协议文件排除在外,拒绝接受。但是,在接受有关的多边协议时,经其他成员同意并在协议允许的范围内,可以对协议中某些条款作出保留(如 GATS 中允许的保留)。同时,《WTO 协定》继承了 GATT 第 10 条和第 13 条的规定,即允许成员保留批准 WTO 新的条约义务的权利(第 10 条);允许成员在另一成员加入时不同意对它适用《WTO 协定》和其他附属的多边贸易协定(第 13 条)。这体现了契约自由原则。多边贸易协定的效力关系是:当《WTO 协定》与其涵盖的多边贸易协议不符时,在不符的范围内,前者优先适用;当 GATT 1994 与其他多边协议不符时,后者优先适用[8]。这种制度安排比原

---

〔6〕《WTO 协定》中对多边贸易关系有直接影响的规则是:第 9 条关于附件 1 多边贸易协定义务的豁免,第 13 条关于 WTO 成员间互不适用多边协议的规定。

〔7〕随着《农业协定》的生效和实施,1997 年 WTO 成员同意在当年年底废止《国际牛肉协定》和《国际奶制品协定》,在 WTO 成立时生效的诸边协议仅剩 2 个。但是,WTO《信息技术协定》于 1997 年 4 月 1 日生效,该协议也是诸边协议。

〔8〕参见《WTO 协定》附件 1A 解释性说明。

GATT 规则体系更具有协调统一性。

三、WTO 多哈回合谈判“早期收获”的协议成果——《贸易便利化协定》

（一）WTO 多哈回合谈判

世界贸易组织结束了 GATT 主持阶段性回合谈判的惯例，它仍然是多边市场准入谈判的场所。2001 年在卡塔尔首都多哈举行的 WTO 第 4 次部长级会议上，成员开启了 WTO 多哈回合贸易谈判。多哈回合谈判长期未能取得成功，直到 2013 年 12 月，WTO 第九次部长级会议通过《巴厘部长宣言》，就某些“早期收获”的议题达成“巴厘一揽子协定”，多哈回合谈判 12 年僵局终获历史性突破。“巴厘一揽子协定”是 WTO 成立以来在改善全球贸易规则上取得的最重要成果。它包括 10 份文件，涉及简化海关及口岸通关程序、扩大发展中国家在《农业协定》下的某些权利，其中的《贸易便利化协定》是 WTO 成立后通过和生效的唯一有约束力的多边货物贸易协定，通过简化和约束成员的海关手续与收费，加速货物结关放行，促进货物流转和贸易自由。其实施将为全球经济和贸易创造巨大效益。

（二）《贸易便利化协定》的形成

2013 年 12 月 7 日，WTO 第 9 次部长级会议以“意思一致”的方式通过《关于〈贸易便利化协定〉部长决定》，《贸易便利化协定》作为附件列入其中。根据部长级会议决议，WTO 总理事会于 2014 年 11 月 27 日通过了《贸易便利化协议议定书》供开放批准。截至 2017 年 2 月 22 日，有超过 2/3 的 WTO 成员（112 个）批准了该协定，TFA 正式生效，最终被纳入《马拉喀什建立世界贸易组织协定》附件 1A。

贸易便利是指通过简化海关手续和其他贸易程序促进货物更有效率地跨境流动。长期以来，各国对外贸易经营者遭受大量贸易程序中的“繁文缛节”困扰。[9] 即使有信息技术进步，自动文件提交并不常见，大量文件提交是重复性的或不能预知的，而且各国海关之间以及经营者与政府之间缺乏合作沟通使这些问题加重。联合国贸易和发展委员会统计，海关业务平均涉及 20～30 个不同部门的 40 个文件、200 个数据组合，其中 30% 的数据要求重复率至少 30 次，这些数据中的 60%～70% 至少要重新输入一次。[10] 在现代制造业实行“及时生产，及时交货”（just－in－time）的零库存环境下，贸易商需要海关对货物迅速、可预见地及时放行，繁重的通关手续严重阻碍采用这样的现代化生产方式。随着全球关税削减，海关手续相符的成本许多情况下已经超过需支付的关税成本，全球大量中小企业的整体产值经常占 GDP 的 60%，却不能参与国际贸易，根源在于贸易中的“繁文缛节”而不是关税壁垒造成的成本压力。许多发展中国家还面临贸易能力建设问题，其海关、交通运输、信息技术等基础设施效率低，严重阻碍货物贸易和外国直接投资。

GATT 长期致力于解决贸易便利问题，其中与减少贸易“繁文缛节”，提高贸易便利有关的

---

〔9〕 国际发货方通常关注的问题包括：规则、程序的整体复杂性；向多个政府机构重复申报和提交单证；关于文件的格式要求不易获取；基于合规要求不明产生的不确定；不能利用现代信息和通信技术；官方检验设施前积压排队；官员不理解商业要求；腐败；在短时间和未经通知实施新的程序和监控制度；规则和程序实施不统一；提出申报和申请时遭遇拖延和恶劣服务；相关方征收费用过高且无法选择和替代；指定的专家、代理中介费用；港口和边境结关时间不确定以及随后的运输、仓储费用不确定。

〔10〕 See 9th Ministerial Conference, *Trade Facilitation – Cutting“red – tape” at the Border*, http://wto.org/englishi/thewto – e/minist – e/mc9 – e/brief – tradfa – e. htm.

条款是 GATT 第 5 条("过境自由")、第 8 条("进出口规费和手续")、第 10 条("贸易法规的公布和实施")。就简化贸易手续而言,这些规则是零散和不全面的,其内容需要扩展和澄清。TFA 作为 WTO 专项协议可以整合、解释和补充原有的这些 GATT 规则。TFA 的实质义务具有高度技术性,关于贸易便利的技术规范早已存在于相关的国际组织规范中,主要是:1974 年生效的《关于简化和协调海关业务制度的国际公约》(京都公约);联合国贸易便利化与电子商务中心制定的 35 项贸易便利倡议;国际海事组织(IMO)在 1998 年制定的《国际海事组织便利国际海上交通公约》;国际民航组织关于便利的芝加哥公约附件 9。TFA 吸收这些技术规范不仅有助于澄清上述 GATT 条款,也增强了这些技术规范的效力。由于 TFA 规制事项的高度技术性,其特别强调实施合作,需要国内边检、海关之间合作,更需要各国海关组织之间、WTO 与相关国际组织之间的合作。TFA 并不像其他 WTO 与海关管理有关的协议那样,远不是可以由成员自我执行的协议。但是,协议实施将促进成员政府的良好治理(善治),增强多边贸易体制的活力。

(三)《贸易便利化协定》的主要内容

协定分为三部分:第一部分共 12 条,规定了成员在透明度和便利海关及其他边境贸易程序方面的实质义务;第二部分共 10 条,规定了发展中国家成员和最不发达国家成员的差别待遇以及他们实施协定义务的灵活性;第三部分共 2 条,规定了机构安排、最后条款以及与其他协议的关系。协议规定的条约义务有两类:一类条款具有强制约束性义务,在约文中用"应该"或"不得"等措辞表示,这类义务与透明度、海关查验手续和收费有关;另一类条款是鼓励成员尽力实施的义务,在约文中使用"在可行范围内"、"应尽力"或"鼓励"等措辞表示,是期待成员实现或尽力实施的某些义务,约束性不够强,有些"软法"性质,例如,海关合作与信息交换等,履行这类义务需要基础设施软件和硬件投资或涉及敏感安全问题。从实施的条件看协议义务有三类:第一类是协定生效后即对成员具有强制约束力,需要无条件立即实施;第二类是允许经过一段过渡期后开始实施的协定义务;第三类是经过过渡期后,在某些进一步的条件或承诺(能力建设)实现后,即具有强制性约束力并开始实施的协定条款。

1. 第一部分:实质义务

(1)目的和宗旨。协定序言再次确认多哈部长级会议宣言和总理事会关于制定 TFA 的授权,协议的目的是澄清和完善 GATT 第 5 条、第 8 条和第 10 条有关内容,促进货物包括过境货物加速流动、清关和放行;承认发展中国家成员和最不发达国家成员在该领域能力建设方面需要援助和支持;承认成员之间在贸易便利和海关程序相符方面需要有效合作。

(2)透明度。TFA 第 1 ~ 5 条解释和补充 GATT 第 10 条。GATT 第 10 条提出了海关管理透明度的一般要求,TFA 在此基础上提出了以下更高要求。第一,成员应以非歧视和易获取的方式迅速公布与货物进出口和货物过境手续有关的以下信息:表格、单证文件要求;关税和规费、关税配额、商品归类、海关估价、原产地规则;对货物进出口和过境的限制、禁止和罚则。以上信息不要求以本国以外的语言公布。第二,每一成员应通过互联网公布并酌情更新进出口程序的说明、表格和文件要求,申诉和审查程序,咨询点联系方式,使有关方面获悉进出口有关的程序步骤,在可行时,以上信息应以一种 WTO 正式语言公布。成员应在可获资源内,建立一个或多个咨询点,答复政府、贸易商和其他有关当事人的问题。第三,每一成员应在可行的范围内向贸易商及其他利益相关方提供机会和适当时限,对与货物流通和结关放行有关的拟议或修正的法律进行评论。前述新立和修正的法律在生效前应尽早公布,使各方知晓。成员应酌情规定边境机构与领土内贸易商和相关经营者之间的定期协商。第四,每一成员应以合理的方式并在规定时限内向已提交包括所有必要信息的书面请求的申请人做出预裁定(advance ruling)。[11]该预裁定应在做出后的一段合理时间内有效,对成员和申请人有约束。但是,申请人所提问题包含在任何部门、法院受理的案件中,成员可拒绝对申请人做出预裁定;成员拒绝做出预裁定或撤销、修改、废除预裁定应该书面通知申请人。每一成员应至少公布申请预裁定的要求,应提供的信息格式,做出预裁定的时限和有效期。第五,成员应规定海关行政决定针对的任何人有权向上一级独立机构提出行政申诉或向司法机关起诉。第六,申报进口货物如因为海关或其他当局检验被扣押,成员应迅速通知承运人和进口商。

(3)进出口规费。TFA 第 6 ~ 10 条对应解释和补充 GATT 第 8 条,规制简化海关手续和征收进出口规费(除进出口关税、国内税以外)。关于费用和规费作出以下规定:第一,成员应按照前述透明度要求公布这类费用和收费信息,该信息应包括将征收的此类规费及其原因、主管机关以及支付时间和方式。成员应在公布和实施这类新增和修订的收费之间给予足够时间,在信息公布前不得收取这类费用。第二,海关办理业务收取的规费和费用,应限定在对所涉特定进口或出口操作所提供服务或与之相关服务的近似成本以内。第三,每一成员对违反海关法律作出的处罚应该仅针对违法行为责任人实施。处罚应根据案件的事实和情节,并应与违反程度和严重性相符,对于主动坦白违法事实的,成员应考虑减轻处罚。成员应避免在核定与收取罚金、税款中产生利益冲突,避免产生对不适当核定与收取罚金的激励。成员应保证进行处罚时,向被处罚人提供书面说明,列明违法性质、据以规定处罚的金额或幅度以及所适用的法律、法规或程序。

(4)货物结关与放行。TFA 第 7 条要求成员采取下列具体措施,便利货物结关放行:第一,每一成员都应采用或设立程序,允许提交包括舱单在内的进口单证和其他必要信息,以便在货物抵达前开始办理业务,在货物抵达后加快放行。第二,成员应在可行的限度内设立程序,允许选择以电子方式支付海关对进口和出口收取的各项税费。第三,成员应规定和采用程序,将货物放行与海关征收税费分开,如关税、国内税、规费最终不能在货物抵达前或抵达时确定作出,则可在最终确定作出前放行货物,只要符合相关法律要求和提供适当担保。第四,每一成员应尽可能采用或设立以海关监管为目的的风险管理制度,风险管理应避免任意或不合理的歧视或形成对国际贸易变相限制。每一成员应将海关监控重点放在高风险货物,加速放行低风险货物,一成员还可随机选择货物进行此类监管。每一成员应以风险为基础选择一当事人或货物进行后续稽查。第五,鼓励成员利用世界海关组织(WCO)的标准定期测算和公布平均货物放行时间;每一成员应根据第 7.3 条给予满足特定标准[12]的经营者("经认证的经营者",authorized economic operator)与进出口或过境手续相关的额外的贸易便利化措施。第六,每一成员应采用或设立程序,在维持海关监管的同时,至少允许快速放行通过航空货运设施入境的货物。每一成员对易腐烂货物在满足所有法规要求前提下,可安排优先检验,在可行最短时间放行。

---

〔11〕 TFA 第 3.9 条对预裁定的定义为:预裁定是一成员向申请人(进出口商或其代表)在申请的货物进口前提供的书面决定,该决定规定了货物进口时对有关关税分类、原产地和其他事项的处理。

〔12〕 此类标准应予以公布,可包括:遵守海关和其他相关法律、法规的适当记录;允许进行必要内部控制的管理记录系统;财务偿还能力,包括适当提供足够的担保或保证;供应链安全。此类标准不得被设计或实施为在相同条件的经营者之间给予或造成任意或不合理的歧视,且在可能的限度内,限制中小企业的参与。

(5)简化进出口手续。TFA 第 10 条规定下列原则和具体措施,简化进出口手续和单证要求:第一,为最大限度减少进出口和过境手续的发生和复杂性,每一成员应审查这些手续和单证要求,确保其为保证货物,特别是易腐货物的迅速结关和放行而通过和适用;确保其所选择的措施是最少贸易限制的措施;如不再要求,应不再维持。第二,成员应尽力接受为履行进出口和过境手续要求的单证的纸质或电子副本。第三,鼓励成员采用国际标准作为制定货物进出口手续和过境手续的基础。第四,成员应努力建立和维持一个单一窗口,使贸易商通过单一接入点向主管机关提交货物进口出口或过境的单证和/或数据要求。第五,成员不得要求使用与关税分类和海关估价有关的装船前检验。第六,自协议生效时起,成员不得要求强制使用报关代理。第七,每一成员应在其全部领土内对货物放行和结关适用共同海关程序和统一单证要求,但这并不妨碍成员基于货物类型或性质、风险管理要求等实行有区别的海关程序和单证要求。第八,如果一成员的进口当局因货物不符合进口国卫生法规或技术法规而拒绝其进口,该成员应在符合法律要求条件下,允许进口商将退运货物重新托运或退运至出口商或出口商指定的另一人。第九,只要符合特殊目的并且在特定期间复出口,包括由对外或对内加工的货物免税进口和复出口,成员应允许货物暂时免税进入关税领土。

(6)边境机构合作。TFA 第 8 条授权成员确保海关和其他边境机构相互合作,协调行动以便利贸易。对有共同边境的成员之间,协调包括:工作日和工作时间、海关手续、共用设施的开发与共享、联合监控等方面。

(7)过境自由。TFA 第 11 条题为"过境自由",澄清和补充了 GATT 第 5 条,提出以下便利货物过境的原则和要求:第一,成员实施的任何与过境运输有关的法规和程序,如果引起采纳相关法规和措施的情况和目标不复存在,或者已经变化的情况能以对贸易限制较低的方式处理,则不得继续维持。第二,过境运输不应以收取任何相关规费为条件,除非对运输收费或其他收费与必要的过境管理费用或提供服务的成本相当。第三,成员不得寻求、采取或维持对过境运输的任何自愿性的限制或任何其他类似的措施,但这不妨碍与规制运输相关的并与 WTO 相符的国内法规、双边或多边安排。第四,每一成员应给予自任何其他成员领土过境的产品的待遇不低于给予此类产品在不经其他成员领土而自原产地直接运输至目的地所应享受的待遇。第五,如果可行,鼓励成员为货物过境运输提供实际分开的基础设施(如通道和泊位)。第六,与过境运输相关的手续和单证要求及海关监管的复杂程度不得超过必要限度。第七,一旦货物进入过境程序并获准自一成员领土内始发地启运,即不必支付任何海关费用或受到不必要的延迟或限制,直至其在该成员领土内的目的地结束过境过程。第八,各成员不得对过境货物适用《技术性贸易壁垒协定》(TBT 协定)范围内的技术法规和合格评定程序。第九,成员应允许和规定在货物到达前提前提交和审核过境文件和数据。第十,一旦过境运输抵达该成员领土内出境地点海关,如符合过境要求,则该海关应立即结束过境操作。第十一,如一成员对过境运输要求以保证金、押金或其他适当货币或非货币手段提供担保,则此种担保应仅以保证过境运输所产生的要求得以满足为限;如果该成员确定过境要求已经满足,则应立即解除担保。

GATT 第 5.7 条规定其关于过境自由的规定不适用于航空器过境,但适用于航空过境货物(包括行李)。

(8)海关合作。TFA 第 12 条要求:第一,各成员应交换与(贸易商)进出口申报有关的信息,以便在有合理理由怀疑一进口或出口申报的真实性或准确性时,对该项申报进行核实。第二,提出请求的成员应以书面(纸质或电子)方式向被请求成员提出请求,内容包括寻求信息或单证的目的,以及请求提供的具体信息和单证。提出请求成员应该对被请求成员提供的信息和单证严格保密。第三,被请求成员应该迅速通过纸质或电子方式对请求做出答复,提供进口或出口申报中所列信息,提供证明进出口的单证中所列信息。被请求成员可以以违反国内法和公共利益或妨碍执法或司法为理由迟复或拒绝提供信息。

2. 第二部分:发展中国家成员和最不发达国家成员的特殊和差别待遇

TFA 第二部分用新的措施强化发展中国家成员差别待遇,差别待遇不再简单地表现为给予发展中国家成员履行宽限期和执行协定的灵活性,而是要求发达国家成员给予发展中国家成员和最不发达国家成员强制性和整体性的关于贸易能力建设的支持,将发展中国家成员实施协议义务改为附条件义务的方式,只有当所附加的能力建设的条件满足,相关的协议义务才具有强制性。差别待遇不是一概授予所有发展中国家成员,而是以国家和国家之间,不同措施之间的个别承诺方式体现。在立法上,实施问题不再是协议完成后考虑的事项,而是作为成员承担的整体协议义务的一部分的事先考虑的事项。

协定规定:对于所有发达国家成员,第一部分协议条款无论是约束性义务还是尽力实施的义务,应该自协议生效后立即实施,但是对于发展中国家成员和最不发达国家成员,TFA 规定了实施方面的特殊和差别待遇。具体做法是:将 TFA 条款分为 A、B、C 三类,由成员自行指定,不同类别的条款实施的时间和条件不同。属于 A 类条款,发展中国家成员在 TFA 生效后应立即实施;最不发达国家成员在协议生效满一年后实施。属于 B 类条款,发展中国家成员和最不发达国家成员在协议生效后经过一段过渡期才实施;在协议生效后一年内(允许延期),每一发展中国家成员和最不发达国家成员应通知贸易便利委员会其指定的 B 类条款和相应标示的实施过渡期。属于 C 类条款,发展中国家成员和最不发达国家成员在协议生效后经过一段过渡期才实施,并且要求发达国家成员提供关于能力建设的援助和支持[13]。

协定还规定关于延长 B 类和 C 类条款实施期的早期警示机制。如果一发展中国家成员或最不发达国家成员考虑到在指定期限内实施其列明的 B 类和 C 类条款有困难而希望延长实施期限,它应通知贸易便利委员会,由委员会设立专家组提出实施建议。对发展中国家成员实施 TFA 的措施可能引起的争议,协定规定了适用 WTO 争端解决的宽限期。

3. 第三部分:机构、例外规定以及与其他协定的关系

TFA 规定设立贸易便利委员会,每一成员应设立国家贸易便利委员会或指定的机构,促进国内协调和实施 TFA。TFA 第 24.6 条指出:“尽管有《马拉喀什建立世界贸易组织协定》附件 1A 的总体解释性说明,本协定任何条款不得解释为减损各成员在 GATT 1994 项下的义务。”事实上,TFA 增加了成员在 GATT 项下的义务。TFA 是对 GATT 第 5 条、第 8 条和第 10 条的进一步阐述,GATT 这三个条款以及其后续解释和说明同样适用于 TFA,在未来 WTO 争端解决中应该同时适用。因为 TFA 被纳入《WTO 协定》附件 1A 中,是与 GATT 平行的协定,根据《WTO 协定》附件 1A 的解释性说明,当 TFA 与 GATT 冲突时优先适用前者。TFA 第 24.7 条规定:“GATT 1994 项下所有例外、豁免和免除义务应适用于本协定。”因此,成员可以适用 GATT 第 20 条“一般例外”、第 21 条“安全例外”实施贸易便利措施的同时,维护人权和安全等更重要的非贸易价值。

---

[13] 根据 TFA 注释,“能力建设的援助和支持”可采取技术、资金以及任何其他相互同意的援助方式提供。

TFA 第 24.6 条指出:“本协定任何条款不得解释为减损各成员在《技术性贸易壁垒协定》和《实施卫生与植物卫生措施协议》项下的权利和义务。”这一规定的重点是保护成员在这两个协议项下实施与标准有关措施的基本权利(比较这 1 款第一句)。第 7.3.6 条还规定,本条规定不得影响一成员对货物进行审查、扣留、扣押或没收或以任何与其 WTO 权利和义务不相冲突的方式处理货物的权利。因为 TFA 许多方面规定增加了海关当局义务(第5 条、第7 条等),因此未来海关当局对进出境货物实施检验必须同时考虑 TFA 与这两个协议的规定,适当处理两者关系,TFA 第 24.5 条还鼓励成员通过区域贸易协定安排促进 TFA 本身的实施。

四、WTO 规则的法律效力及国内实施问题

在地域范围上,WTO 规则适用于各成员的全部关税领土。正如《中华人民共和国加入议定书——世界贸易组织》所规定,《WTO 协定》和中国加入 WTO 的法律文件(议定书、报告书、加入决定)适用于中国的全部关税领土,包括边境贸易地区、民族自治地方、经济特区、沿海开放城市、经济技术开发区及其他经济特区。[14]

WTO 规则对于其成员的中央政府有直接的约束力。中央政府应保证其贸易政策、法律、法规和行政措施的透明度;应保证其贸易政策、法律和行政措施与多边贸易规则及该成员承担的 WTO 义务相符;如果出现不符情况,应通过国内程序改正。但是,《WTO 协定》并没有规定各成员应以何种国内措施履行其在 WTO 中的义务,各成员可以采取与其传统和政治体制相适应的方式实施协议。从中国履行义务的实践中看,一个突出特点是,中国是以“转化”的方式,即将《WTO 协定》及中国加入 WTO 承诺转化为国内政策、法律和措施,通过立法、行政和司法等方式执行该协定。另一突出特点是,党和国家政策在执行《WTO 协定》中发挥独特作用。

《WTO 协定》没有关于成员对境内地方政府或非政府组织的行为承担责任的一般规定,某些具体协议,主要是 GATT 1994 第 24.12 条以及《服务贸易总协定》第 1 条规定了地方政府应承担的遵守协定义务,要求中央政府对《WTO 协定》的实施负全部责任,各成员应采取一切可能的适当措施确保其境内的地区、地方政府和当局及非政府组织履行其责任与义务。这意味着一成员境内地方当局采取的违反《WTO 协定》的措施,另一成员也可以向世界贸易组织提出争议解决。

一般情况下,WTO 规则对各成员境内的自然人、法人没有直接的约束力,自然人和法人既不能直接参加 WTO 的活动,也不得参与 WTO 的争议解决,因为他们不是条约这种国际法的主体。更重要的是,WTO 规则创设的权利、义务基本上是由政府承担的,所调整的法律关系主体是各成员的政府。尽管政府实施 WTO 规则的结果可以产生私人的权利、义务,这些权利、义务是国内法的权利、义务,但它不是 WTO 规则直接授予个人的,而是间接地经由各成员政府履行条约义务创立的。

WTO 规则是成员境内私人某些经济权利的重要来源。不排除在某些国家的法律制度中,WTO 规则具有直接效力,公民可以直接援用 WTO 规则起诉成员政府,主张依据 WTO 规则应

---

〔14〕 参见《中华人民共和国加入议定书——世界贸易组织》第 2 条 A 款第 1 项。

享有的权利。[15] 这些权利蕴含在《WTO 协定》及涵盖的多边协议条款中，有些可以从出口国政府获得，有些可以从进口其产品或服务的进口国当局获得。例如，进口商有权要求政府在规定时间内发放进口许可证；要求海关接受其正确的申报货价；向政府主管当局申诉，就外国倾销产品展开调查等。

第二节　GATT 1994 的基本原则及其例外规定

一、GATT 1994 的基本原则

最早产生于 1947 年的 GATT 文本称为 GATT 1947，在以后 40 多年间这一文本经过多次更新补充，增加了一些解释性说明，乌拉圭回合谈判再次修订补充了 GATT 条款，经过这次更新的 GATT 文本称为 GATT 1994。WTO 成立后，GATT 1947 已经不复存在，其全部条款被并入 GATT 1994。[16] 从法理上看，GATT 1994 包含一项核心的准用性规范，即宣布GATT 1994 包括 GATT 1947 各项条款（但不包括《临时适用议定书》）、WTO 各协议生效前对 GATT 1947 文本的历次修改、补充，以及《WTO 协定》生效前在 GATT 1947 下实施的其他法律文件。由此可见，它没有直接规定调整成员货物贸易的具体规则，而是规定采用其他文件中的具体规则调整权利、义务。以下叙述的 GATT 1994 的基本原则和相关条款就是指被并入的 GATT 1947 的相应条款。GATT 1994 的基本原则主要有最惠国待遇、国民待遇、削减和约束关税、一般禁止实行数量限制原则，此外还有透明度、多边主义原则。它们奠定了多边货物贸易规则的制度基础，之后形成的许多 WTO 专项协议也规定了这些原则，并根据各自调整范围赋予了新的含义。

（一）最惠国待遇原则

GATT 最惠国待遇原则（most favoured nation treatment，MFN）在调整范围和适用范围上不同于国际经济交往中的一般最惠国待遇原则，也不同于 WTO《服务贸易总协定》以及 TRIPS 协定阐述的最惠国待遇原则。GATT 第 1 条规定："在对进出口货物征收的关税和费用方面或与进出口有关的关税和费用方面；在对进出口货物国际支付转移所征收的关税和费用方面；在征收上述关税和费用的方法方面；在与进出口货物相联系的规章、手续方面以及在本协定第 3 条第 2 款及第 4 款所述事项方面，缔约方给予原产于或运往任何其他国家的任何产品的利益、优惠、特权或豁免应当立即无条件地给予原产于或运往所有其他缔约方领土的类似的产品。"

GATT 最惠国待遇原则的本质是要求一成员将给予另一国家（包括 GATT 成员和非成员）在进出口货物方面的好处相应地给予所有其他成员类似的进出口货物优惠，不得在贸易伙伴之间造成对进出口货物的歧视待遇。如果一成员对进口或出口产品提供了优惠，这种优惠给了原产于某国家的进口产品或向该国出口的产品，同时好处没有给予来自所有其他成员的进口产品，这就构成违反 GATT 最惠国待遇原则。

---

〔15〕 1973 年，意大利 Manifattura Lane Marzotto 公司起诉意大利财政部，认为其收取的"行政服务费"违反了 GATT 第 3.1 条 b 项的规定。被告辩称 GATT 规则无直接效力，因意大利议会没有通过实施立法、米兰初审法院判决支持被告。但上诉法院推翻初审判决，裁决被告的行为非法。参见［美］雷·奥古斯特编著：《国际商法》（第 3 版），高等教育出版社 2002 年版，第 370 页。

〔16〕 GATT 1994 的内容参见前述关于世界贸易组织乌拉圭回合谈判达成的框架协议的说明。

根据 GATT 第 1 条的规定,最惠国待遇原则既适用于影响货物进出口的边境措施,也适用于影响货物在进口国销售的进口国当局执行国内税和国内规章方面的措施。给惠主体是一成员政府,给惠对象是“原产于或运往所有其他缔约方领土的类似产品”,基于此,原产地规则对于执行这一原则有重要作用。给惠标准等同于给其他国家的类似产品的待遇。给惠标准包括 GATT 第 1 条规定的征税和征收费用、相关的手续和规章要求。除适用范围的特点外,GATT 最惠国待遇原则还具有多边化、制度化、无条件的特点。

(二)国民待遇原则

GATT 第 3 条规定了国民待遇原则(national treatment,NT),其含义是:一成员的产品输入到另一成员境内时,进口方不应直接或间接地对该产品征收高于本国相同或类似产品的国内税和国内费用,以及在执行国内规章方面实行差别待遇。国民待遇原则是 GATT 非歧视原则的重要组成部分,它强调成员应给予外国进口产品与国内类似产品同样的公平竞争环境和条件;进口外国产品,不应在国内税和国内规章的执行上实行内外有别,歧视外国产品,保护本国产品,否则就会抵消关税减让的好处。

GATT 第 3 条包含了三项基本规则:(1)一成员领土的产品输入到另一成员领土时,不能以任何直接或间接的方式对进口产品征收高于对本国同类产品征收的国内税和国内费用(第 2 款第 1 句);(2)一成员领土的产品输入到另一成员领土时,在关于产品的国内销售、标价出售、分销、购买、运输、分配或使用的全部法令、条例、规章方面所享有的待遇,不应低于同类的本国产品所享有的待遇(第 4 款);(3)国内税和国内费用,影响产品的国内销售、标价出售、分销、购买、运输、分配或使用的法令、条例和规定,以及对产品的混合、加工或使用的国内数量限制条例,在对进口产品或本国产品实施时,不应用来对国内生产提供保护(第 1 款、第 2 款第 2 句)。

GATT 国民待遇原则适用于在进口国销售的原产于另一成员的与进口国市场相类似的产品。待遇标准是在征税方面“不高于”对本国相同或类似产品征收的国内税费,在执法方面不歧视外国相类似产品,不给予本国类似产品特殊保护。待遇方面仅适用于进口国对进口产品采取的不合理的国内税和国内规章方面的措施,要求进口产品一旦被征收关税和其他通关费用入境后,就应与国内同类产品享有同等待遇,不得实行歧视待遇使之在进口国国内市场处于不利的竞争地位。国内税是与产品进口无关的税费,它既对国内产品征收,也对进口产品征收,如增值税、销售税、消费税等。国内规章方面的措施,是指可能影响产品在进口国销售的涉及产品标准的法律、对侵权产品、违禁产品管制方面的法律,以及税收法律实施中所采取的措施。值得注意的是,国民待遇原则的第三项规则广泛适用于与进口产品相互竞争的产品和替代产品。这意味着,即使国内产品与争议中的进口产品属于不相类似的产品,但属于与进口产品“直接竞争”的产品或“替代”产品,如果对该进口产品征收了高于这种国内产品的国内税费,或者在国内规章方面的措施歧视进口产品而对国内产品提供保护,则违反了国民待遇原则中的第三项规则。GATT 并没有规定“相同或类似产品”的统一标准,专家小组的裁决一般援用 1970 年 GATT 工作组关于“边境税收调整”案报告中提出的标准,主要考虑产品在海关税则目录或关税分类表中是否属同一类。除此之外,还可考虑以下因素:(1)物理上的相似性;(2)最终用途是否相同;(3)市场上消费者的品位和习惯(是否认为它们在商业上是可以替换的)。

国民待遇原则不适用于边境措施(海关对进出境货物征收关税和规费、海关估价和征税手续、进出口商品检验、许可证手续),该原则只有在产品进入进口国市场后才可适用。但这并不意味着违反国民待遇原则对尚未进口的产品就没有影响,对进入国内市场的外国产品的销售实行限制也间接地限制了该产品进口量。

国民待遇原则不适用于投资措施(少数与贸易有关的投资措施除外)。各国投资立法中普遍存在对外国投资的一些歧视性限制,例如,特别的审批程序或公司形式要求、市场进入领域限制等,这些规定与外国直接投资的市场准入和经营相联系,并不直接针对在国内销售的进口产品,所以GATT国民待遇原则对其不适用。但是,乌拉圭回合谈判达成的《与贸易有关的投资措施协定》(TRIMs)调整某些对货物贸易起扭曲和限制作用的投资措施,如当地含量要求、出口实绩要求。这类措施相当于给本国产品特殊保护,歧视同类的外国产品,既违反GATT国民待遇原则,也违反TRIMs。

GATT国民待遇原则不适用于出口产品。如果本国境内的外国企业出口某种产品,有关部门在征收出口关税外,又实行歧视性收费,这个问题不属于GATT国民待遇原则调整,而应由GATT第11条"数量限制的一般取消"或第13条"非歧视地实施数量限制"调整。

(三)削减和约束关税以及其他税费,便利贸易原则

GATT把"希望达成互惠互利协议,导致大幅度地削减关税和其他贸易障碍"作为其基本目标。GATT本身并没有强制要求其成员把关税降到某种水平,而是要求成员之间通过谈判达成相互满意的削减关税和非关税障碍的协议(包括关税减让表等文件),以此达到降低关税和其他贸易障碍的目的。事实上GATT多次回合谈判,特别是乌拉圭回合谈判在削减关税(包括农产品关税)方面已经取得重要成果,WTO成立后,有关成员于1996年达成诸边的《信息技术协定》,将近300个税号的信息技术产品关税实现"零关税"。[17]

支配减让谈判的基本原则是互惠互利原则,一成员欲改善进入另一成员市场的状况,就必须自身减让关税和取消其他贸易限制并且使另一成员认识到其所作出的减让或让步使另一成员有利可图,或与另一成员作出的关税减让和让步的价值相当。每一次关税减让谈判的结果都可能使WTO成员关税减让表的内容发生变化,不过除非新的关税减让表规定废止先前的减让,否则先前的减让依然有效。

关税约束是指每一成员通过谈判达成的削减关税和其他贸易障碍的承诺载入减让表中,形成有法律约束力的义务,各成员不得随意实施超过减让表水平的关税率或增加其他税费。GATT的关税约束方式有削减后约束、现状约束和上限约束。GATT第28条规定关税减让表的有效期一般为3年,3年届满时可就修改或撤销减让重新谈判。

为便利国际贸易,GATT还要求削减对进出口货物征收的其他费用,GATT第5条规制过境运输,要求对过境运输货物免除关税和所有过境税或对过境征收的其他费用,但是运输费、必需的管理费以及与提供服务成本相当的费用除外。第5条还要求对过境运输货物给予非歧视待遇。

GATT第8条规范进出口规费和手续,强调有必要削减对进出口货物或有关进出口征收的任何性质的所有规费和费用,减少这类费用的数量和种类;如果征收,应该限制在与提供服务所需的成本以内,并且不得成为间接保护国内产品、增加财政收入的手段。同时,还应该最大限度地减少进出口手续的范围和复杂程度,简化进出口单证要求。GATT第5条和第8条的规定已经通过《贸易便利化协定》得到进一步阐述和补充。

---

〔17〕 参见本章第三节中的《信息技术协定》。

(四)一般禁止实行数量限制原则

数量限制是国家禁止产品进出口或对进出口的产品数额进行限制的各种法律和行政措施,如配额、许可制度等。与较为透明的关税、政府补贴等措施不同,数量限制常表现为政府直接干预对外贸易,具有隐蔽性和随意性,严重扭曲国际贸易和市场经济秩序。GATT 主要缔约方坚决反对数量限制。[18]

GATT 一般禁止实行数量限制原则由 GATT 第 11 条和第 13 条组成。第 11 条体现了普遍禁止实行数量限制的原则精神,要求除关税、国内税和反倾销、反补贴税及其他合法税费外,一切对进出口的数量限制形式,包括经由国家垄断或专控商品贸易的限制都应该普遍禁止。第 13 条体现了非歧视地实行数量限制。强调各成员在 WTO 规则允许的例外情况下,对进出口贸易实行禁止或限制时,也必须遵守最惠国待遇原则和国民待遇原则。"力争使该产品的贸易分配尽可能接近于若无该限制时各缔约方预期可得到的份额。"

GATT 一般禁止实行数量限制原则的含义可概括如下:①普遍禁止数量限制,任何成员不得对其他成员产品进口和本国产品出口实行禁止或限制,无论是采取配额、许可证还是其他措施;②允许各成员采取一定的保护本国工业或其他产业的措施,这种保护应运用关税和国内税手续,并尽可能维持在较低的合理的水平,而不应采取数量限制;③在 GATT 允许的特定情况下,各成员可以对某些产品进出口实行一定数量限制,但是这样的限制应在非歧视的基础上实施,使相关产品的贸易分配与若无此限制时其他成员预期可得到的配额接近。

一般禁止实行数量限制原则是通过边境措施实施的,它是对尚未进出口的货物以明显的或隐蔽的方式实施禁止或限制,对已经进口的货物实行歧视性禁止或销售限制属于国民待遇原则的调整范围,不属于一般禁止实行数量限制原则的调整范围。然而,对已经进口的货物采取歧视性限制措施也能起到限制进口数量的作用。政府采用进出口许可证和配额方式是明显的数量限制,数量限制还可采取"其他的"、隐蔽的方式实行,如对进口货物适用歧视性产品质量标准、卫生标准和环境标准,对货物通关设置阻碍等。

二、GATT 1994 的例外条款

GATT 的例外条款是关于在特定情况下,允许 WTO 成员背离 GATT 一般原则和规则的某些规定。WTO 规则中设置例外条款的目的是在解除贸易限制、实现自由贸易的目标与保护国内产业、保护基本安全利益等不同价值目标上进行协调与平衡;使《WTO 协定》能适应不断变化的复杂的社会情况而且保持有效性;使 WTO 成员不必采取粗暴的破坏 WTO 体制的方式缓解市场开放带来的压力,实现其他与 WTO 不抵触的政策目标。在适用范围上,有的是 GATT 所有规则的例外,引用此项例外采取行动可以不受所有 GATT 原则和规则约束;有的属于 GATT 某项具体规则的例外,引用此项例外采取行动可以背离某项规则。多数例外规定适用于所有成员,而有的例外规定是由发展中国家成员享有。同时,GATT 例外规定还应该与《WTO 协定》中的例外规定(第 10 条、第 13 条)结合起来理解。以下是 GATT 1994 主要的例外条款:

---

〔18〕 为筹备《国际贸易组织宪章》,1946 年在伦敦召开了联合国贸易与就业会议,会上美国代表表明了其对数量限制憎恶的立场,认为它是"国际商业罪恶的典型"(the incarnation of international commercial evil)。

（一）GATT 第 20 条“一般例外”

一般例外是适用于整个 GATT 规则的例外，属于公共安全秩序的保留，也是 GATT 与人权保护相联系的条款。一般例外也见于《服务贸易总协定》、TRIPS 协定，但是其表述与 GATT 第 20 条略有不同。此外，《技术性贸易壁垒协定》与《实施卫生与植物卫生措施协定》（SPS 协定）是 GATT 第 20 条“一般例外”的进一步阐述补充，应结合起来理解。

GATT 第 20 条第 1 款规定：在遵守此类措施的实施不在情形相同的国家之间构成任意的或不合理的歧视手段或构成对国际贸易的变相限制的要求前提下，本协定的任何规定不得解释为阻止任何成员采取或实施以下措施：（1）为保护公共道德所必需的措施；（2）为保护人类、动物或植物生命或健康所必需的措施；（3）与黄金或白银进出口有关的措施；（4）为保证与本协定无抵触的法律、法规得到遵守所必需的措施（包括与海关执法、知识产权保护、反垄断、反欺诈有关的措施）；（5）与监狱囚犯产品有关的措施；（6）为保护具有艺术、历史或考古价值的国宝所采取的措施；（7）与保护可能用竭的天然资源的有关措施，如此类措施与限制国内生产或消费一同实施；（8）为履行任何政府间商品协定下的义务而采取的措施……[19]

在 WTO 争议解决中，涉及 GATT 第 20 条的争议案有相当数量，因其条款表述概括，适用范围不够明确，直到 20 世纪 90 年代 GATT 专家组对“泰国香烟案”和“墨西哥金枪鱼案”作出裁决后，才在一定程度上澄清了其适用范围。[20] 综合这两起案件专家小组裁决得出以下结论：（1）第 20.1 条 b 项仅适用于进口国采取的卫生措施，即在进口产品不符合进口国人类、动植物卫生标准时，该国可援用此项规定阻止产品进口。它不适用于产品本身合格，只是其加工方法违反进口国某些标准的进口产品，不能因为某一产品的生产方式不符合进口国规则就加以进口限制，这就是关于“产品加工与生产方法标准”问题的争论。[21]（2）第 20.1 条 g 项为保护可能用竭的天然资源采取的措施与（b）项一样不可域外适用，一国只能以保护本国资源环境为理由限制产品进出口，不能以保护别国或全球资源环境为由限制进出口。但是，在 WTO 争端解决机构（DSB）上诉机构审理的“美国虾及虾制品进口禁令案”中，对 GATT 第 20 条作出了有利于环境的解释，认为：海龟属于“可用竭的自然资源”（不限于矿物、无生命物）；《美国环境法》第 609 条服务于 GATT 第 20.1 条 g 项的目的（国内环境法可域外适用）；但美国的措施构成不合理歧视。[22] 该案证明在 WTO 框架内贸易与环境可以协调。（3）第 20 条中所述“为……必需的措施”是最少贸易限制的措施，如果存在任何可替代的方式，进口国就不得采取贸易限制。“泰国香烟案”专家小组认为，有各种与 GATT 相符的措施可以为泰国政府采用来实施其控制吸烟计划，泰国准许国内香烟销售却禁止外国香烟进口与 GATT 不符，不在“必需措施”之列。同时，“必需措施”也是依据有关人类动植物卫生国际标准或科学证据所采取的措施。（4）第

---

〔19〕 最后两项略去。

〔20〕 在 GATT 1991 年作出裁决的“墨西哥金枪鱼案”中，美国依据本国《海洋哺乳动物保护法》，以保护可能被误杀的海豚为名，禁止墨西哥在东太平洋用围网捕捞的金枪鱼，这项禁令同样适用于为墨西哥捕捞的金枪鱼从事中间加工装罐服务的有关其他国家。除非他们能证明达到了美国法律规定的海豚保护标准。墨西哥认为美国违反了 GATT 第 1 条、第 3 条、第 11 条的规定，因为从其他地区捕获的金枪鱼可以在美国市场销售；美方则以 GATT 第 20 条 b 项和 g 项作辩解。在“泰国香烟案”中，泰国以美国香烟含有不明化学物和致瘾物，使泰国政府控制吸烟危害的努力受挫为由，禁止美国香烟进口，泰国也以 GATT 第 20 条第 1 款（b）项辩解。

〔21〕 产品加工与生产方法标准（“process and production methods 标准”，“PPMs 标准”）是指将产品生产和加工方式纳入产品标准，并按此标准区分不同产品，鼓励以对环境友好的方式生产的产品进口销售。

〔22〕 参见朱榄叶编著：《世界贸易组织国际贸易纠纷案例评析》，法律出版社 2000 年版，第 183 ~ 190 页。

20 条既适用于影响货物进出口的边境措施,也适用于影响货物在进口国销售的进口国执行国内规章方面的措施。

在 WTO 争端解决历史上,成员援用 GATT 一般例外主张免责少有获胜的先例。诸多判例形成适用这一例外规则的需满足以下要求:(1)援引例外的成员应本着最大善意,说明其采取的贸易措施属于 GATT 第 20 条列举的例外政策目标范围,争议的贸易措施与声称的政策目标有直接因果联系。(2)该成员应证明其贸易限制对于取得第 20 条例外某项政策目标是“必需的”,必需性测试是第 20 条 a 项、b 项、d 项和 j 项辩解的特殊要求。提出辩解的成员不仅要说明贸易措施与政策目标有直接关系,还要证明这些措施对于取得例外中的政策目标不可缺少,并且实质上是有效的。(3)最少贸易限制原则是必需性测试的进一步要求,要考虑是否有可获得的替代措施能够实现相应的政策目标,并且这类措施较少与 WTO 抵触,较少贸易限制。如果有替代措施而没有采用,就说明争议的贸易措施不是必需的。(4)应符合第 20 条引言中的非歧视要求。以上标准按次序适用,如果成员方的抗辩没能通过前三项测试,就没有必要再考虑是否满足最后一项测试要求。

(二)GATT 第 21 条“安全例外”

1. 安全例外规定

WTO 安全例外条款是允许成员为维护国家基本安全利益而采取行动,免除 WTO 相关协议义务的“免责条款”,援用这类条款的成员可以背离 WTO 相关协议,暂停实行其根据条约所承担的某些义务。安全例外规定能够使缔约国在履行条约义务的同时,保留维护本国重大安全利益的权利,在条约制定和履行中发挥着“安全阀”作用,对条约的履行和广泛参加有重要意义。合理运用这一贸易工具应该在维护自由开放贸易体制与维护成员基本安全利益这两个目标之间保持合理的平衡。

GATT 第 21 条“安全例外”规定:“本协议的任何规定不得解释为:(a)要求任何成员提供其认为如披露则会违背其基本安全利益的任何信息;或(b)阻止任何成员采取其认为对保护其基本安全利益所必需的任何行动:(i)与裂变和聚变物质或衍生这些物质的物质有关的行动;(ii)与武器、弹药和作战物资的贸易有关的行动以及与此类贸易所运输的直接或间接供应军事机构的其他货物或物资有关的行动;(iii)战时或国际关系中的其他紧急状态下采取的行动;或(c)阻止任何成员为履行其在《联合国宪章》项下的维护国际和平与安全的义务而采取的任何行动。”除此之外,WTO 其他专项协定也有与之类似的规定,它们是 GATS 第 14 条之二、TRIPS 协定第 73 条、TRIMs 第 3 条、TBT 协定第 2 条、《政府采购协议》(2012 年)第 3.1 条。

2. 例外措施

GATT 第 21 条的意图是授权成员以维护其基本安全利益为理由,采取某些可能背离 GATT 原则的例外措施。成员基本安全利益是指传统的政治、国防、领土安全,境内国民生命安全和国际和平安全。据以采取的例外措施包括以下方面:

(1)根据第 21 条 a 项的规定,如果成员认为披露这类信息会违背其基本安全利益,则成员享有不披露敏感信息的权利。这是 GATT 有关信息公开要求(参见 GATT 第 10 条“贸易条例的公布与实施”)的例外,成员这项权利是常态化的,不受特殊情况限制。

(2)成员采取的“与裂变和聚变物质或衍生这些物质的物质有关的行动”不受 GATT 约束(第 21 条 b 项之一)。核裂变物质(铀、钚)与核聚变物质(氘、氚)及其原料都有放射性,又可用于制造大规模杀伤武器,任何国家都不会承诺自由交易这类物质,而是严格管控此类交易,以防止核扩散与核威胁。

(3)允许成员不受WTO规则限制地采取与军用物资有关的行动,包括与武器、弹药、作战物资贸易有关的行动,与供应军事机关的其他货物和物资有关的行动(第21条b项之二)。成员采取这类行动是常态化的,不受(b)项之三中"战时""国际关系紧急状态"的限制。与军用物资有关的行动既可以是主动地与有关成员开展贸易,也可以是被动地对这类贸易进行限制;贸易和贸易限制既可作为"战时""国际关系紧急状态"时对别国的制裁手段,也可作为平时维护自身安全利益和经济利益的手段。GATT安全例外条款并不是阻止成员之间的军用物资交易,GATS第14条之二也不是为了阻止成员之间相互为对方的军事机构提供服务,[23]而是说这类每年都发生的国际交易不受WTO管辖。安全例外也适用于"军民两用产品",考虑第21条的目的和WTO整体目标,对"军民两用产品"应考虑是否具有与战争和军事活动有关的因素,严格界定。这不仅要评估货物本身,还要评估具体"交易",在考虑当事人身份、交易背景、市场环境等因素基础上,判断买主是否将交易物资用于军事,是否交易与军用性质有关。以上评估方法也适用于判断一项服务是否属于"直接或间接为供应军事机关所提供服务",确定采取《服务贸易总协定》允许的安全例外措施。

(4)GATT第21条安全例外还允许成员在战时和国际关系紧急情况下对别国实施贸易制裁措施,或者依据联合国决议实施贸易制裁(b项之三和c项)。就动用经济制裁缓解安全危机而言,GATT第21条仅仅是对成员面临实际的政治和安全危机提供救济,不是对假想的和虚构的安全危机提供救济,尤其不是对经济上的危机和困难提供救济,应该将其与商业上的免责区分开来。历史上几乎所有涉及GATT第21条的争议案件都是因损害成员基本安全利益的事由和相应制裁引发的,危害基本安全利益的事件涉及成员的政治、国防、领土安全,境内国民生命安全和国际和平安全(不是任何一种安全利益)。这提供了界定安全例外适用范围的最重要尺度。

3. 成员的免责自由

GATT第21条安全例外授予成员更大的免责自由,与GATT第20条"一般例外"相比,适用"安全例外"不需要受类似GATT第20条中引言的非歧视原则限制。更重要的是,第20条中有多处"必需的"限制客观标准;而在第21条中有两处"其认为……必需的"提法,设定了可以由引用者一方进行主观判断和决策的权利。"其认为"的提法被理解为授予成员为维护基本安全利益采取行动的"自决权",一旦成员满足采取行动的基本条件,就不再进一步限制成员为维护基本安全利益采取行动的选择权。在GATT和WTO历史上,仅有少量涉及GATT第21条"安全例外"的争议案件发生。在这些较少的案例中,只有4例被提请GATT专家组解决,没

[23] GATS关于安全例外的第14条之二中,与GATT第21条b项之二对应的规定是"与直接或间接为供应军事机关所提供服务有关的行动"。

有1例形成有约束力的专家组裁决,[24]这给解释安全例外的含义带来一定困难。但是,2016年,针对俄罗斯对于经俄罗斯转运的货物实行运输限制,乌克兰向俄罗斯提出磋商请求,正式启动WTO争端解决程序。DSB根据WTO《关于争端解决规则与程序的谅解》等协议规定正式受理此案,2017年5月设立专家组,2019年4月DSB通过专家组报告。这是DSB裁决的涉及GATT第21条争议的第一案。[25] 2020年6月16日,WTO专家组散发第二起适用安全例外争议案的专家组报告,即"卡塔尔诉沙特阿拉伯知识产权保护案",最终因被诉方沙特阿拉伯提出上诉阻止专家组报告生效。[26]

4. 安全例外适用的学界共识

但是,学界就GATT安全例外适用已经达成以下共识:(1)第21条授予成员的自决权不是任意性的和不受限制的,援用第21条首先要本着国际法的善意原则,并且受约文本身规定的适用范围限制。(2)援用第21条要受约文本身规定的客观情况和条件限制,特别是其中的b项和c项规定的限制。(3)援用第21条应该受过去60多年WTO成员形成的适用惯例限制。实践表明:成员同意安全例外应当被善意地用于维护成员基本安全利益,而不应该被用于经济目的和贸易保护,成员对运用这一特权一直保持克制。(4)安全例外引起的争议具有WTO可诉性,争端解决机构有权接受成员请求,就争议是否属于安全例外范围作出裁决。

(三)最惠国待遇的例外

1. 关税同盟和自由贸易区的规定

GATT第24条规定,本协定的各项规定不得阻止各成员在其领土之间建立关税同盟或自由贸易区,或阻止为形成关税同盟和自由贸易区所必需的临时协定。这意味着WTO成员之间如果建立了关税同盟或自由贸易区,或为此达成临时协定,其内部成员之间相互给予的各项协议优惠不必按照最惠国待遇原则给予关税同盟或自由贸易区以外的其他成员,对其他成员应该维持原有的最惠国待遇。

自由贸易区、关税同盟等是国际经济一体化由低级向高级发展的不同组织形式。自由贸易区是两个以上的关税领土组成的贸易集团,其内部实现了货物、服务等方面的贸易自由,但集团对外没有共同的关税和贸易政策,其成员在与第三国的关系上保持独立。关税同盟是以一个关税领土代替两个以上的关税领土,同盟内部实现货物等方面的贸易自由,对外实行单一关税和贸易政策。第24条例外规则还适用于第三类型的临时协定,它属于向自由区或关税同盟的过渡阶段。

---

[24] 在1995年WTO成立之前,共有8例有影响的此类案件,即捷克斯洛伐克诉美国出口限制案(1949年)、加纳对新入关的葡萄牙贸易限制案(1961年)、美国对古巴贸易禁运(1968年)、联邦德国对冰岛鲜鱼进口限制(1974年)、瑞典对鞋类进口配额案(1975年)、欧共体及其伙伴国对阿根廷贸易制裁案(1982年)、美国对尼加拉瓜贸易禁运案(1985年)、欧共体对南斯拉夫贸易制裁取消GSP案(1991年)。WTO成立后发生2例此类案件,即欧共体与美国关于对古巴制裁法案(霍尔姆斯伯顿法)的争议案(1996年)、沙特"入世"谈判中维持某些产品贸易限制案(1995年),没有1例被提请WTO争端解决。目前发生的因俄罗斯入侵克里米亚半岛引起欧美对俄贸易制裁和反报也涉及安全例外。See World Trade Organization, *Guide to GATT Law and Practice: Analytical Index*, 600 – 605 (1994), https://www.wto.org/english/res_e/booksp_e/gatt_ai_e/art21_e.doc.

[25] See WTO, *DS512: Russia – Measures Concerning Traffic in Transit*, WT/DS512/7 (Apr. 29, 2019), https://www.wto.org/english/tratop_e/dispu_e/cases_e/ds512_e.htm.

[26] See WTO, *DS567: Saudi Arabia – Measures Concerning the Protection of Intellectual Property Rights*, WT/DS567/8 (Oct. 5, 2020), https://www.wto.org/english/tratop_e/dispu_e/cases_e/ds567_e.htm.

地区经济一体化安排有利于促进本地区贸易自由和贸易增长，尽管在制度设计之初预见到可能的“贸易转移”等消极后果，但在自由贸易区、关税同盟内“实质所有贸易上取消关税和其他贸易法规限制”（第24.8条）情况下，贸易自由和增长带来的好处应该大于可能的消极后果，因此GATT允许建立地区优惠安排。为防止产生消极的结果，GATT第24条对地区性自由贸易安排做出重要限制：（1）地区安排的成员间必须取消实质上所有产品贸易的关税和其他限制性贸易法规。（2）参与同盟或自由贸易区或临时协定的成员对贸易集团以外的其他WTO成员实施的关税和贸易法规措施不得高于或严于地区集团成立以前的水平。（3）一成员决定加入关税同盟或自由贸易区，或缔结临时协定，应迅速通知货物贸易理事会，由其进行审议。如经审议认为临时协定不可能在合理期限内形成自由贸易区，应不得维持临时协定。

2. 对发展中国家差别和更优惠待遇

对发展中国家差别和更优惠待遇，是指GATT第18条、第四部分和授权条款的规定。根据这些规定形成了后来各种对发展中国家的单方面优惠安排和其他南南合作计划。

GATT第18条题为“政府对经济发展的援助”，中心思想是发展中国家有更多的自由使用数量限制及其他限制措施保护其幼稚工业和国际收支平衡。由于采取这些措施仍需要WTO相关机构批准，根据这一条采取的例外较少适用。

GATT第四部分题为“贸易和发展”，由第36条“原则和目的”、第37条“承诺的义务”、第38条“联合行动”三部分构成，目的是通过采取缔约方联合行动和发达国家缔约方单独行动，促进发展中国家经济发展。根据这一部分安排，GATT及WTO设立贸易与发展委员会。第四部分扩大了发展中国家初级产品和工业品的市场准入机会，其最重要的影响就是首次承认经济上处于不同发展水平的发达国家和发展中国家的划分，提出了发达国家和发展中国家之间的贸易谈判中实行某种非互惠（non-reciprocity）的待遇，即发达国家给予发展中国家的关税减让时，他们不应期望发展中国家作出同样减让。它为以后发达国家单方面实施对发展中国家优惠安排和减让关税提供了法律依据，使发展中国家差别的更优惠待遇扩展到其他WTO领域。

1979年东京回合谈判结束时，GATT缔约方通过了《对发展中国家差别和更优惠待遇、互惠和更全面参与的决定》，内容主要是授权发达国家可以背离最惠国待遇原则，给予发展中国家成员特殊的、差别的更优惠待遇，因为它不是一项强制性义务，通称“授权条款”。这一决定使发展中国家享有的特殊待遇有了合法地位，不需履行GATT豁免义务程序，弥补了GATT第四部分的不足。但是，GATT第四部分和授权条款主要是授予权利和承认发展中国家的特殊地位，它们并不是有约束力的法律义务，不能强制施行，由此引发的争议也不能通过WTO争端解决机构来解决。给予发展中国家缔约方差别的更优惠待遇适用于以下方面：（1）按普惠制给予发展中国家产品优惠关税待遇；（2）在多边贸易谈判中达成的非关税壁垒协议中规定差别的更优惠待遇；（3）发展中国家之间缔结的相互给予优惠关税或减免非关税措施的区域性或全球性安排；（4）对最不发达国家的特殊待遇，确定普惠制毕业原则。

普惠制即普遍优惠制（general system of preference），是发达国家对于来自发展中国家的某些产品给予的普遍的、非歧视的、非互惠的关税优惠制度。GATT授权条款通过后，发达国家建立了“普惠制”，通过给惠方案来实施，给惠方案中包括受惠国或地区、给惠产品、减税幅度、保护措施、原产地规则等。由于目前发达国家进口产品平均关税很低，减低了普惠制的优惠意义。

3. 边境贸易的例外

GATT 第 24.3 条 a 项规定,本协定的规定不得解释为阻止任何成员方为便利边境贸易而给予毗连国家的优惠。

4. 合法的歧视待遇

GATT 最惠国待遇原则并不阻止各成员依据相关协议采取反倾销和反补贴措施,也不阻止各成员依据一般例外和安全例外规则采取行动。

(四)国民待遇的例外

GATT 国民待遇原则不适用于政府采购。一成员可以要求本国中央和地方政府从事公共采购时在本国货与外国货、本国供应商与外国供应商的选择上实行差别待遇,即使外国供应商提供了较优惠产品,该成员政府也可优先从本国供应商处购买。目前政府采购贸易由 WTO《政府采购协议》调整,这个诸边协议成员之间在政府采购方面相互给予的待遇优于非成员。国民待遇原则不妨碍政府对国内生产者给予特殊补贴,这项例外应在 WTO《补贴与反补贴措施协定》(以下简称《反补贴协定》)约束之下实施。

(五)一般禁止实行数量限制的例外

1. 普遍禁止的例外

根据 GATT 第 11 条的规定,为下列目的实行的数量限制不在普遍禁止之列:(1)为防止或减轻出口国食品或其他必需品的紧急匮乏而采取的暂时禁止或限制出口;(2)进出口的禁止与限制是为了实施国际贸易中初级产品分类定级和市场销售标准或规章所必需者;(3)对任何形式的农渔产品实行进口限制,如果这种限制是为执行政府某些符合规则措施必需者。

2. 为保障国际收支实施的进口数量限制

GATT 第 12.1 条规定,虽有第 11.1 条的规定,任何缔约方得为保障其对外金融地位和国际收支,限制进口商品的数量或价格。此外,GATT 第 18 条专门授权发展中国家在面临国际收支困难条件下可以实施数量限制。为防止缔约方不适当地运用这项例外实行贸易保护,乌拉圭回合谈判通过《为国际收支目的而采取贸易措施的宣言》和《关于 1994 年关税与贸易总协定国际收支条款的谅解》(以下简称《1994 谅解》),完善了实行这项例外措施的程序。

3. 保障条款及 WTO《保障措施协定》(参见本章相关部分)

第三节　其他 WTO 调整货物贸易的专项协定

以下介绍的 WTO 专项货物贸易协定中,《关于实施 1994 年关税与贸易总协定第 6 条的协定》(以下简称《反倾销协定》)、《反补贴协定》、《保障措施协定》在国内法上称为贸易救济措施协定,约束各成员采取的反倾销、反补贴措施和保障措施,防止各成员不适当地运用贸易救济措施限制进口。《农业协定》是首次全面规范各成员农产品市场准入的多边协议,其与《信息技术协定》一样,都是调整和推进某类产品或产业市场开放的专项协议,但后者是 WTO 成立后达成的新的诸边协议。《技术性贸易壁垒协定》(TBT 协定)和《实施卫生与植物卫生措施协定》(SPS 协定)是与标准有关的措施协议,是 GATT 第 20 条的进一步阐述、补充,目的是约束各成员采取的与实施标准有关的进口限制措施,防止所采取的措施构成不必要的贸易障碍。

一、《反倾销协定》

(一)范围和法律渊源

倾销是出口商以低于正常价格向进口国出口和销售产品,给进口国相关产业造成影响和损害的行为。各国通常依据国内反倾销法和贸易救济程序采取反倾销措施,由于反倾销法律制度不同,采取反倾销的条件、程序也不同。反倾销措施的滥用使反倾销措施成为贸易保护主义的工具,应该对各国使用反倾销措施加以协调和规制。

WTO 反倾销规则源于两个基本文件:GATT(第 6 条)和《反倾销协定》。这两个文件主要规范 WTO 成员对倾销产品进口的反应,使这种被允许的进口限制和贸易救济在公平合理的基础上实施,不至于构成对正常国际贸易的障碍。但是,《反倾销协定》并不直接约束外国企业出口倾销产品的行为,《反倾销协定》没有任何约束企业倾销的规则,也没有禁止企业倾销,只是说这类行为应该"谴责"。《反倾销协定》生效后,各成员的国内反倾销法和反倾销措施不得与之相抵触,否则受损害的一方可以提请 WTO 争端解决机构解决争议。

(二)反倾销实体规则

1. 倾销的构成要件

GATT 第 6 条规定,缔约方认识到,用倾销手段将一国产品以低于正常价格办法引入另一国,如果因此对一缔约方领土内已经建立的产业造成实质性损害或实质性损害威胁,或实质上阻碍某一国内产业新建,则该倾销应予以谴责。这说明《WTO 协定》允许各成员采取限制措施的倾销行为应具备以下构成要件:(1)产品以低于正常价格或低于成本出口销售;(2)该倾销产品给进口国生产相同或类似产品的生产部门造成实质性损害或实质性损害威胁,或者阻碍国内产业的新建;(3)国内损害与倾销产品进口有因果关系。只有符合以上条件的倾销行为,《WTO 协定》才允许 WTO 成员采取反倾销措施。

2. 倾销及损害的认定

倾销是一种价格违规行为,是企业低于正常价格出口和销售产品。认定企业是否存在倾销,应该先确定被调查产品的正常价格和实际出口价格,再将两者比对得出是否存在倾销的结论。

(1)确定被调查产品的正常价格。认定正常价格的标准应依次参考:①正常贸易中被调查产品在出口国国内供消费的可比价格(国内价格);②如果被调查产品没有在出口国销售或销售量低不具代表性,应参考与该产品同类产品出口到一适当第三国的可比价格(第三国价格);③如果该价格不具有代表性,应以被调查产品的结构价格作为认定正常价格依据,这是指参考被调查产品在原产国的生产成本加合理的管理成本、销售费用和利润确定(结构价格)。

(2)确定出口价格。这是正常贸易中进口商购买倾销商品实际支付的价格。

(3)出口价格与正常价格比较。《反倾销协定》规定出口价格与正常价格进行比较时应遵守公平原则,即应基于相同价格水平(通常为出厂价水平),用尽可能相同时间内发生的交易进行比较。比较方法是:①用加权平均的正常价格与所有可比交易的加权平均出口价格进行比较;②用每笔交易的正常价格与每笔交易的出口价格进行比较。经比较后如果发现产品出口价格低于正常价格即存在倾销,两者的差额为倾销幅度。

(4)损害及其与倾销的因果关系。确定倾销产品给进口国相关产业造成实质性损害或实质性损害威胁应考虑以下因素:倾销产品进口数量;倾销产品的进口价格以及对国内相同或类似产品价格的影响;对国内产业和国内生产者的影响,如生产、销售数量或价格下降,库存增加,亏损情况,失业率等。根据《反倾销协定》的规定,一成员只有经调查认定国内产业损害是由倾销产品进口引起的,才可以采取反倾销措施。在确定损害与倾销产品进口的因果关系时,应特别注意排除非倾销因素对国内产业损害的影响。

(三)程序规则

1. 立案调查

进口国通常依据国内受损害企业的申诉发起反倾销立案调查,特殊情况也可以主动立案调查。根据《反倾销协定》的规定,这一阶段涉及以下内容:(1)立案标准。协定要求立案时,进口国主管当局应严格审查申诉人的资格,了解国内生产商对一项申诉支持或反对的程度,符合协定的立案标准是支持申诉的生产商必须占提出支持或反对的生产商所代表的产品总量的50%以上;无论如何,支持申诉的生产商所代表的产量至少应占该产业总量的25%。(2)公告、通知义务。一旦决定立案调查时,进口国主管当局应立即公告与调查有关事项,通知有利害关系的进出口厂商和出口国政府。调查采用问卷调查和实地考察的方式。(3)证据、辩护协商。被诉方收到调查通知后,至少应被给予30天时间准备回答,主管当局应给所有各方见面和答辩机会。主管当局有权要求各方提供资料和证据;拒不提供资料的,可依据最佳可得信息制度,在现有可获得资料基础上作出初裁或终裁。(4)期限及微量倾销处理。调查应在1年内完成,从调查发起至作出终裁不应超过18个月。如果主管当局不足以认定存在倾销,或虽有倾销但倾销幅度不超过2%,或者来自某一国家的倾销产品进口量不超过进口国相同产品进口总量的3%,则应该停止调查。[27]

2. 初裁、临时措施与价格承诺

《反倾销协定》没有规定作出初裁的时限,应理解为自立案调查之日起1年内的一个合理时间。如果主管当局作出出口商倾销商品的肯定性初裁,它应该公告初裁决定,并可以采取临时性反倾销措施,即向进口商征收临时附加税或保证金。采取临时措施的条件是:(1)应在不早于公告立案60天后采取;(2)进口国主管当局已作出关于倾销和损害存在的肯定性初裁;(3)主管当局认为采取临时措施对防止在调查期间发生损害是必要的。临时措施最长适用期限不超过6个月。肯定性初裁作出后,被控倾销的出口商可以申请与进口国主管当局在双方自愿基础上签订价格承诺协议,由出口商承诺修订出口商品价格以消除产业损害,进口国主管当局若接受了承诺,则应停止调查。

3. 终裁、征收反倾销税

进口国若作出出口商对其倾销产品的肯定性终裁,它应该公告并可以采取征收反倾销税的措施。反倾销税是进口国对来自外国的倾销产品征收的一种进口附加税,目的是阻止倾销产品进口和消除倾销造成的损害。反倾销税应在非歧视基础上针对所有经查明存在倾销并造成损害的某税号的进口产品征收,纳税人是进口倾销产品的进口商,出口商不得直接或间接代替进口商缴纳。在执行税率时应采用经调查认定的个别出口企业的个别税率;反倾销税率不得高于倾销幅度,倾销幅度是被控产品的正常价格与实际进口价格之间的差额,差额越大,倾销幅度越大。反倾销税应自作出终裁之日起对进入消费领域的被控倾销进口产品征收,必要时也可以自采取临时措施时起征收(追溯征收)。征税期限通常是5年,到期后应进行复审以决定是否继续征收。GATT 1994第6条第5款特别强调,在任何成员领土的产品进口至任何其他成

〔27〕 除非倾销产品进口量不足3%的成员,合计超过该进口成员同类进口产品总量的7%。(《反倾销协定》第5.8条)

员领土时,不得同时征收反倾销税和反补贴税以补偿倾销或出口补贴所造成的相同情况。

4. 行政复审和司法审查

行政复审是反倾销调查机构对已经发生法律效力的反倾销裁决实施情况进行审查,以决定是否继续采取反倾销措施。行政复审的实质条件是与征税相关的客观形势发生变化,包括:倾销情况变化;损害情况变化;汇率变化。行政复审需依据法定程序发起,既可以由反倾销调查机构自行发起,也可以因利害关系方申请发起。《反倾销协定》规定,成员应建立以下三种类型的行政复审:(1)日落复审(第 11.3 条),是反倾销税征税 5 年期限届满前,主管机构主动发起或利害关系方请求发起行政复审,确定期满后是否继续征税。但复审期间到复审结果产生前可继续征税,并且根据第 11.3 条的规定,如果复审确定停止征税有可能导致倾销和损害继续或再度发生,也可继续征税。所以,5 年期限是理论上的,是首次征税期限,实际可能继续延长。(2)期中复审(第 11.2 条),是自反倾销措施实施一段合理时间后,由主管机构主动发起或利害关系方请求发起行政复审,决定是否因客观情况变化而取消或改变征税。(3)新出口商复审(第 9.5 条),是对当初没有被立案调查,但在主管机构征收反倾销税期间出现的被调查国家的新出口商进行审查,决定是否对其出口的被调查产品征收反倾销税。

司法审查,是国内司法机关对行政机关采取反倾销措施行政行为的审查。通过利害关系方提起国内行政诉讼程序进行。

(四)非市场经济体制国家倾销产品的特殊规则

《反倾销协定》重申 GATT 1947 第 6 条注释及补充规定,“在进口产品来自贸易被完全或实质垄断的国家,且所有国内价格均由国家确定的情况下,进行价格比较可能存在特殊困难,这时进口方可能认为与此类国家的国内价格进行严格比较不一定适当”。据此,一些国家针对原产于“非市场经济体制国家”的进口产品采取了歧视性的反倾销措施,表现在:选用所谓“替代国价格”作为认定被调查产品正常价格的依据;在确定反倾销税额时实行所有被控企业单一税率,而不是按个别企业的出口价格分别裁定。《中华人民共和国加入议定书》第 15 条规定,某一 WTO 成员在中国加入 WTO 后的 15 年过渡时期内,仍可对原产于中国的被调查产品采用替代国价格作为认定正常价格的标准。然而,只要中国被调查企业提出足够证据证明其产品是在市场条件下生产和销售,该 WTO 成员在进行价格比较时应采用中国企业提供的价格或成本数据。在中国加入 WTO 的 15 年过渡时期后,WTO 成员不得对原产于中国的产品在反倾销调查中采用替代国标准。

二、《反补贴协定》(SCM 协定)

补贴是政府向境内的补贴接受者提供任何形式的财政资助、奖励或价格支持。补贴是政府行为,接受补贴的实体通常是境内生产企业或销售公司,在国际贸易中受到责难的补贴具有专项性,这些都与倾销有实质不同。虽然一些国家将补贴作为政府实现其经济政策的工具,但是在国际贸易中,补贴被认为是一种不公平竞争行为。因为一方面,补贴使受补贴的生产者享受了不公平竞争优势,扭曲了它的真实竞争地位,其他企业实质上是在与受补贴企业背后的政府竞争;另一方面,补贴也扭曲了国际贸易,农产品的补贴和进口壁垒抬高了国内产品价格,刺激了过量生产,过剩的农产品在补贴刺激下,大量销往国际市场,造成产品过剩和压价效果,而没有能力进行补贴的国家的农民深受其害。

当代各国国内法和 WTO 规则都普遍地管制对贸易有扭曲、限制作用的补贴行为,这种管制分两个途径:(1)采取国内贸易救济措施。依据国内贸易法对原产于另一国家的补贴产品进口进行立案调查,在查明进口产品存在补贴并造成损害后果的基础上,采取征收反补贴税的贸易救济措施。(2)提起 WTO 争端解决。受补贴产品损害的成员可以请求与补贴成员政府协商以及诉诸 DSB 的裁决,以消除补贴及其影响。

WTO 反补贴法由两个部分组成:(1)源于 GATT 1994 第 6 条和第 16 条的规定;(2)GATT 乌拉圭回合谈判达成的《反补贴协定》,它作为货物贸易多边协议要求所有 WTO 成员遵守。以下是《反补贴协定》的主要内容:

(一)《反补贴协定》的适用范围

《反补贴协定》是对 GATT 1994 第 6 条、第 16 条关于反补贴规定的统一解释和补充,它规定一成员依据国内法采取反补贴措施或者依据 WTO 规则针对另一成员发起反补贴争议解决应遵守的实体和程序法规则,要求各成员一律遵守。协定与 GATT 1994 的相关规定都是调整 WTO 成员采取补贴与反补贴措施的有约束力的规则,根据《WTO 协定》附件 1A 的解释性说明,当《反补贴协定》与 GATT 相关规定冲突时,前者优先适用。

但是,关于农产品的补贴和支持问题由《农业协定》调整,《反补贴协定》与《农业协定》是一般法和特别法的关系。《反补贴协定》中的某些重要实体法规则(第 3 条关于禁止性补贴的规定)和相应的程序规则不适用于农产品补贴和成员间的争端解决,其他一些规则主要是第 1 条、第 2 条的定义,专项性的标准以及第五部分反补贴措施应该同样适用于农产品补贴以及依据国内法发起的贸易救济程序。《反补贴协定》第三部分共三个条文规制可申诉补贴,第 5 条和第 6 条分别提出认定"不利影响"和"严重侵害"另一成员利益的标准、参考因素,第 7 条规定了针对可申诉补贴多边争端解决程序。因为有《农业协定》第 13 条"和平条款",所以《反补贴协定》第三部分这三条都规定其不适用《农业协定》第 13 条所指的农产品补贴,但是随着《农业协定》第 13 条"和平条款"到期失效(见本节《农业协定》部分),《反补贴协定》第三部分应同样适用于农产品补贴。

与《反倾销协定》不同,《反补贴协定》既约束 WTO 成员政府的补贴行为,也约束成员政府对另一成员补贴产品进口的反应,也即协定规定了控制成员政府采取补贴做法的多边纪律,也规范一成员政府针对另一成员补贴产品进口采取的单边行动。

(二)补贴的定义

《反补贴协定》共 11 个部分、32 个条款和 7 个附件。其远远超出了 GATT 1994 第 6 条、第 16 条的规定,后两者仅对非初级产品出口补贴规定了有效的纪律。《反补贴协定》首次在多边体制内界定了补贴的定义和构成要件,运用交通信号灯的方法区分了不同类型的补贴。协定第 1 条将补贴定义为:一成员领土内存在的由政府或任何公共机构提供的财政资助或者任何形式的收入或价格支持以及因此授予补贴接受者的一项利益。第 1.2 条还规定,以上定义的补贴只有在属于专项性补贴时,才应受到本协定有关规定的约束。

《反补贴协定》第 1 条列举了政府或公共机构提供财政资助的以下表现:(1)涉及资金的直接转移(如赠款、贷款和投股)、潜在的资金或债务的直接转移(如贷款担保)的政府做法;(2)放弃或未征收在其他情况下应征收的政府税收(如税收抵免之类的财政鼓励);(3)政府提供除一般基础设施外的货物和服务或购买货物;(4)政府向一筹资机构付款,或委托或指示一私营机构履行以上第(1)~(3)项列举的一种或多种通常应属于政府的职能,且此种做法与政府通常采用的做法并无实质差别。协定在上述第(2)项注释中特别指出,按照 GATT 1994 第

16 条注释和本协定附件 1 至附件 3 的规定，对出口产品免征其同类产品供国内消费时所负担的关税或国内税，或免除此类关税或国内税不超过增加的数量不得视为一种补贴。

以上定义说明，GATT 1994 及《反补贴协定》管制的补贴做法应具备以下要件：

（1）补贴是政府或任何公共机构提供的财政资助或收入和价格支持，用于鼓励某类产品的生产和销售。实施补贴的主体既有成员政府，包括中央政府或地方政府；又有政府委托其代行政府职能的私人或公共机构。与政府无关的其他私人或团体（如环境组织等）提供的资助不属于补贴。补贴接受者应为实行补贴的政府管辖范围内的境内企业、产业或特定地区（《反补贴协定》第 2.1 条）。补贴的方式是提供不同形式的财政资助或收入和价格支持，财政资助是将资金直接或间接地授予或转移给补贴接受者；收入和价格支持并不涉及政府转让资金，而是通过政府实行政策性的价格管制调控，使消费者支付超过正常市场价格的垄断性高价，以达到政府补贴生产者的目的。

（2）补贴应该使补贴接受者获得某种利益（benefit），这是衡量补贴存在的另一个重要的测试标准。财政资助或收入和价格支持都要使补贴接受者获得在正常的商业条件或生产条件下不能获得的实际利益。如果虽然有政府提供的贷款或对贷款的担保，接受贷款或担保的实体并没有获得超出一般商业条件的利益，这也不能算是补贴。

（3）补贴在法律上或事实上具有专向性（specificity）。多边规则管制的补贴在一国资源分配中造成扭曲，普遍性的非专向性的补贴被认为不会造成这种扭曲，不应该加以限制。《反补贴协定》第 2 条指出有以下四种类型的专项性补贴：①企业专向性；②产业专向性；③地区专向性；④禁止性补贴注定属于专向性补贴。凡法律、法规或政策规定给予上述专门企业、产业、特定地区的补贴具有法律上的专向性；如果没有法律规定，但实施中具有专向性，这是事实上的专向性。

（三）补贴的分类

《反补贴协定》用交通信号灯的方法将补贴分为禁止性补贴（红灯）、可申诉的补贴（黄灯）和不可申诉的补贴（绿灯）。属于禁止性补贴在法律上被禁止，成员不得在政策和法律法规中规定允许实施这类补贴；属于可申诉的补贴在法律上不被禁止，成员的政策、法律中可以规定实施这类补贴，但是如果这类补贴实施的结果给其他成员造成损害或不利影响，受影响成员可提出申诉，可以采取反措施；属于不可申诉的补贴不仅被允许实施，通常也不应该采取反措施。

1. 禁止性补贴

禁止性补贴又称“红灯补贴”，其包括出口补贴和进口替代补贴。《反补贴协定》第 3.1 条规定，除《农业协定》的规定外，下列属于第 1 条范围的补贴应予禁止：（1）在法律上或事实上视出口实绩为唯一条件或多种其他条件之一而给予的补贴，包括附件 1 所示例的 12 种补贴行为；（2）视使用国产货物而非进口的货物的情况为唯一条件或多种其他条件之一而给予的补贴。其中第一类补贴属于出口补贴，既可以是法律上的，基于法律或其他规范性文件的规定判断，也可以是事实上的，根据事实情况判断。但是，仅仅将补贴给予出口企业这一事实本身并不构成出口补贴，还要符合第 1 条补贴定义所规定的要件，补贴应该是政府给予的财政资助，是根据出口实绩给予的资助，并且使受补贴者获得利益，而出口补贴本身就是专向性的，符合专向性标准。第二类补贴属于进口替代补贴，这类补贴通常给予生产和使用替代进口产品的企业。

2. 可申诉的补贴

可申诉的补贴又称“黄灯补贴”，它是指那些不是一律被禁止实施，却又不能自动免除被质疑或申诉的补贴。是否属于这类补贴不仅要依据补贴的定义来判定,还要根据补贴所造成的损害后果来判定。根据《反补贴协定》第5条的规定,可申诉的补贴是协定第1条规定和列举的任何种类的补贴,并且对其他成员利益造成不利影响(adverse effect)。不利影响是指:(1)损害另一成员国内产业;(2)使其他成员在GATT 1994第2条下直接或间接获得的利益丧失或减损,特别是在GATT 1994第2条下约束减让的利益丧失或减损;(3)严重侵害(prejudice)另一成员的利益。

3. 不可申诉的补贴

不可申诉的补贴又称"绿灯补贴"。《反补贴协定》关于不可申诉的补贴的规定只在协定生效之日起5年内适用,自1999年12月31日起已经停止适用。

(四)成员间反补贴多边争端解决程序

针对一成员禁止性补贴和可申诉的补贴的做法,《反补贴协定》第4条和第7条规定了另一成员采取WTO多边争端解决的特殊程序,《关于争端解决规则和程序的谅解》作为一般法同时适用,两者冲突时以前者为准。根据《反补贴协定》第二部分第4条的规定,对禁止性补贴除适用DSU一般程序外,其多边争端解决程序有以下特点:(1)在磋商阶段,一成员只要有理由认为另一成员正在给予或维持一禁止性补贴,即可请求与另一成员协商。申诉方不需要证明有国内损害,只要提交说明,列出补贴证据即可。(2)在专家组审理阶段,设立常设专家组(PGE),由其审议和决定所涉补贴是否属于禁止性补贴,并向专家报告其结论。常设专家组报告有强制性,专家小组必须接受。(3)在执行阶段,如果所涉补贴属于禁止性补贴,专家组应建议实行补贴成员立即撤销该补贴。如果在指定时间内DSB建议未被遵守,DSB应授权起诉方采取反措施。(4)加速时限安排。第4条规定协商阶段的时限是30天(DSU 60天);专家组审理的时限为90天;上诉机构审理的时限为30~60天。

《反补贴协定》第三部分第7条规定了针对可申诉补贴的多边争端解决程序,随着《农业协定》第13条"和平条款"的失效,其同样适用于成员之间农产品补贴争端。《反补贴协定》第7.1条规定,只要一成员有理由认为另一成员给予或维持第1条范围的补贴对其国内产业造成损害,使其利益丧失或减损或产生严重侵害,该成员即可请求与另一成员磋商;如果磋商没有在60天内达成双方同意的解决办法,则参加此类磋商的任何成员可将该事项提交DSB,设立专家组解决。如果专家组报告或上诉机构报告获得通过,确定补贴对另一成员利益造成第5条范围的不利影响,则给予或维持补贴的成员应该采取适当步骤消除不利影响或撤销该补贴。如果在DSB通过专家组报告或上诉机构报告之日起6个月内该成员没有采取适当步骤消除不利影响或撤销该补贴,且未达成补偿协议,DSB应授权起诉成员采取与所受不利影响程度和性质相当的反措施,除非DSB经协商一致拒绝起诉成员的请求。

(五)反补贴国内救济程序

除前述关于多边争端解决程序外,《反补贴协定》第五部分规定了一成员针对另一成员的补贴行为采取单边国内救济措施的规则。虽然这两种程序可平行适用,但最终采取的反措施只能是一种。第五部分规定的程序与《反倾销协定》规定的立案调查、初裁和终裁程序类似,但有以下特点:(1)无论另一成员采取何种补贴,一成员只有在另一成员的补贴产品进口并造成国内类似产业损害时才可发起国内救济程序。(2)邀请磋商是发起调查方的重要义务,主管当局在接受国内企业申请后,最迟应在调查前邀请可能的被调查成员进行磋商,以澄清事实,寻求满意解决。(3)此项救济程序中,价格承诺有两种形式:一是出口商同意修改价格;二是出口方政府同意取消补贴或采取其他消除不利影响的措施。反补贴税是为抵消对产品的补贴而征收的特别关税。应按照补贴接受者所获得的补贴利益计算补贴金额和反补贴税额。反补贴税不得超过经认定存在的补贴金额。

三、保障措施及《保障措施协定》

(一)定义及法律渊源

保障措施,是指当一成员发生了不能预见的情况以及因承担关税减让义务造成进口产品大量增加,以至于对该成员境内生产同类产品的产业造成严重损害或严重损害威胁,该成员可以实施临时性进口限制措施,以保护国内相关产业。这项授权源于 GATT 第 19 条规定,该条款被称为保障条款。保障措施是 WTO 允许成员采取的符合例外条件的数量限制措施,其法律基础是国际法的"情势变迁"原则。它是自由贸易的"安全阀","如果没有自由贸易,我们就无须保障措施"。[28] GATT 承认,因为关税减让等市场准入条件分阶段实施,某些国家可能在短期内难以适应新的进口竞争环境,自由竞争导致大量增加的进口货物有可能摧毁国内产业,因此必须给进口成员中止实施减让的调整、缓冲机会,实现产业结构合理化和技术创新,以适应新的竞争环境。

从法律性质看,保障措施是在国内产业遭受严重损害或严重损害威胁的紧急情况下法律允许采取的例外救济措施,是只有在紧急情况下才可采取的特殊(extraordinary)救济措施。保障措施又是针对其他成员正常的公平进口采取的贸易限制,这与反倾销和反补贴措施有实质不同。援用 GATT 第 19 条实施的保障措施既可以提高关税,也可以实行数量限制,它属于关税减让和禁止实行数量限制的例外,是自由贸易原则的例外。

GATT 保障条款实施的初期产生了以下问题:(1)一些国家采取"选择性保障措施",进口限制仅仅针对来自某国的应该设限商品;(2)某些进口国抛开 GATT 而与出口国进行双边谈判,说服其签订"自愿出口限制"和"有秩序的销售安排"协议,对敏感商品采取配额限制的"灰色区域"措施;(3)GATT 第 19 条仅有 3 款模糊规定,不能有效规范这一例外措施的实施。为解决这些问题,乌拉圭回合谈判达成《保障措施协定》,明确了采取保障措施的条件和程序规则。在 DSB 上诉机构审理的"阿根廷对鞋类进口产品采取保障措施"一案中,上诉机构明确指出,GATT 第 19 条与《保障措施协定》都是货物贸易协议的有机组成部分,"它们平等适用并对所有成员有平等的效力"。[29] 以下问题结合这两个文件阐述。

(二)采取保障措施的条件

GATT 第 19 条题为"对某些产品进口的紧急措施"。其第 1 款 a 项规定:"如因不能预见的情况和缔约方在本协定项下负担包括关税减让在内的义务影响,进口至该缔约方领土的产品数量增加如此之大,以至于对该领土内同类产品或直接竞争产品的国内生产者造成严重损害或严重损害威胁,则该缔约方有权在防止或补救此种损害所必需的时间和限度内,对该产品全部或部分中止义务或撤销或修改减让。"《保障措施协定》第 2.1 条规定:"一成员只有在根据下列规定确定正在进口至其领土的一产品的数量与国内生产相比绝对或相对增加,且对生产同类或直接竞争产品的产业造成严重损害或严重损害威胁,方可对该产品实施保障措施。"综

---

〔28〕 John Jackson, *The World Trade System: Law and Policy of Internatinal Economic Relations*, MIT press, 1989, p. 153.

〔29〕 黄东黎:《国际贸易法学》,法律出版社 2004 年版,第 456 页。

上所述,一成员采取保障措施应符合以下要求:

1. 发生了不能预见的情况。这是指突然增加的进口量之大以及对国内造成的损害后果是关税减让谈判时无法合理预见的。这也意味着因为出现了关税减让谈判时无法预见的新情况,故进口大量增加。

2. 进口产品数量近期内急剧增加。进口增加包括绝对增加和相对增加(相对于进口国国内产量)。在上诉机构审理的"阿根廷对鞋类进口产品采取保障措施"一案中,上诉机构指出,一项调查仅仅证明今年的进口产品多于去年或者 5 年前是不够的,"正在进口"意味着增加的进口必须是突然的和最近的。"《保障措施协定》第 2.1 条和 GATT 第 19.1 条 a 项规定的措辞共同要求增加的进口必须是足够近期、足够突然、足够急剧和足够大,无论是质还是量的方面,将导致严重损害或严重损害威胁。"〔30〕

3. 严重损害或严重损害威胁。这是指大量增加的进口给国内生产类似产品或直接竞争性产品的生产企业造成严重损害或严重损害威胁。"严重损害"是指对某一国内产业状况的整体的重大减损(《保障措施协定》第 4.1 条 a 项);"严重损害威胁"是指相关的事实表明前述的实质损害状况明显迫近,即将发生,其应考虑销售水平、产量、生产率、设备利用率、利润和亏损及就业的变化。

4. 进口数量增加与国内相关产业的损害有因果关系。属于其他因素造成的国内产业损害不得归因于进口增加。

(三)保障措施的实施

1. 救济方式。保障措施可以是增加关税和实行数量限制,临时保障措施应为增加关税。无论何种方式都不应超过防止严重损害必要的程度。如果实行数量限制,则该限制不应低于有代表性的最近 3 年平均进口水平;如果实行国别配额,应与有关国家就配额分配达成协议,否则按这些国家最近一段时间在进口国进口总量中所占比例分配。

2. 时间限制。保障措施是临时性的,不应超过弥补损失所需的合理时间限度。协定规定一般期限是 4 年,延长不超过 8 年(发展中国家为 10 年),期满后应恢复到原来水平。协定禁止对同一产品间隔不足 2 年重新采取保障措施。

3. 非歧视地实施保障措施。《保障措施协定》规定,保障措施应针对正在进口的产品实施,而不考虑其来源(第 2.2 条)。WTO 成员应遵守最惠国待遇原则,非歧视地实施保障措施,它适用于来自所有国家的同类进口产品,而不应带有选择性。

4. 贸易损失补偿。采取保障措施的成员应给予那些利益受到保障措施不利影响的出口成员充分补偿,其可以在其他产品进口或贸易方面作出与出口成员所受损失相当的减让。若进口成员与遭受不利影响的出口成员不能就补偿达成协议,后者可采取相应的报复措施。但《保障措施协定》第 8.3 条规定,如果保障措施符合协定规定,而且保障措施是由于来自出口方产品进口数量的绝对增长引起的,则出口方需要在进口国采取保障措施 3 年后才能采取同样的报复措施。

5. 发展中国家特殊待遇。《保障措施协定》要求进口国对来自发展中国家的产品采取保障措施应符合以下条件:来自一发展中国家某产品的进口量超过进口国该产品进口总量的 3%;进口份额低于 3% 的(若干)发展中国家进口量之和超过进口国该产品进口总量的 9%。

---

〔30〕 黄东黎:《国际贸易法学》,法律出版社 2004 年版,第 450 ~ 451 页。

(四)采取保障措施的程序

1. 立案和调查。《保障措施协定》第 3.1 条概括地规定,进口国主管当局采取保障措施应根据以往制定的程序进行调查和公开后方可实施保障措施。进口国主管当局必须公布一份报告把调查结果公布于众,并安排听证会,使进出口商和其他利害关系方有机会提供证据,陈述意见;进口国主管当局必须提出证据,说明保障措施是否符合公共利益。但这方面的程序规定很概括,也没有关于立案标准的要求。

2. 通知。拟采取保障措施的进口成员应通知保障措施委员会对某种产品发起调查的程序和理由,主管部门做出的关于进口造成严重损害或严重损害威胁的调查结果,关于采取或延长实施保障措施的决定,同时应提交有关证据材料。

3. 协商。拟采取保障措施的成员应提供适当机会与有利害关系的成员进行协商,共同审议有关证据和事实材料,对拟采取的措施交换看法,尽可能达成协议,避免采取保障措施。因采取保障措施引起争议的,有关成员可以提请 WTO 争端解决机构裁决。

4. 临时保障措施。在紧急情况下,如果迟延会造成难以弥补的损失,则进口成员可不经磋商采取临时保障措施。主管机构只能在有明确证据表明进口激增已经或正在造成严重损害或严重损害威胁的情况下才可采取临时保障措施。临时保障措施只能增加关税,期限不得超过 200 天,此期限计入总的保障措施期限。

四、《农业协定》与《信息技术协定》

(一)《农业协定》

乌拉圭回合谈判达成的《农业协定》结束了农产品贸易脱离多边贸易规则管辖的历史(美国的豁免义务已经失效),《农业协定》规定的农产品贸易自由化措施将为全球这一领域市场开放奠定制度基础。同时,协定考虑农业产业的特殊性和成员间经济发展水平的差别做出许多灵活安排,允许成员维持某些对农业和农产品贸易扭曲做法。协定的主要内容是:

1. 通过边境措施控制进口。各成员对农产品进口的限制实行关税化,取消数量限制和其他税收限制。具体做法是将数量限制和其他措施影响价格的程度(体现为产品进口国国内价格与国际市场平均价格的差价)折算成等量关税,再加到已有的固定关税上。虽然大幅度提高了农产品进口关税(有的税号产品达 350%),却增加了透明度,减少了随意性限制。

2. 约束并削减农产品关税。各成员应该约束对农产品的支持实行关税化之后形成的新关税和其他关税,对所涉农产品的征税不得超过其减让表承诺约束的水平。各方按一定百分比分期削减受约束的农产品关税。

3. 承担现行市场准入和最低市场准入。现有的 WTO 成员通过特殊安排给来自某些国家的农产品进口优惠应保持,使之不受关税化之后的高关税影响,进口方应通过关税配额承担这一部分市场准入。各成员对于过去没有进口或很少进口的某些农产品必须作出最低限度的市场准入承诺(在承诺表中列出)。

4. 按百分比从价值上和数量上限期削减一定比例的出口补贴。根据 2015 年 WTO 第十次部长级会议通过的《关于出口竞争的部长会议决定》,发达国家成员自文件生效日立即取消对农产品出口补贴,发展中国家成员最迟在 2023 年取消全部农产品出口补贴。

5. 按一定百分比削减国内支持水平。协定将除了出口补贴之外的其他各种形式的对农业的国内补贴定义为"国内支持"和"综合支持量"(Aggregate Measures of Support,AMS),分类规制。允许各成员对农产品实行某些种类的国内补贴,即绿箱补贴,[31]这是指《农业协定》附件2规定允许的补贴。除此之外的国内补贴应在测算综合支持量的基础上,按基准期水平逐步削减,这是指《农业协定》第3条、第6条及其附件规制的黄箱补贴,是政府有利于国内生产者的各种对农产品或农业投入提供的价格支持。另外,根据限产计划(如休耕)按固定面积和产量给予的补贴,或按基准期生产水平85%以下给予的补贴也不须削减(《农业协定》第6.5条),这是所谓蓝箱补贴。《农业协定》没有规定《反补贴协定》意义上的禁止性补贴(红箱补贴),只是要求成员不得实施超过减让表削减承诺的国内支持和出口补贴(第3条)。

6."和平条款"。[32]《农业协定》第13条题为"适当克制",将附件2所述补贴定义为不可诉补贴,要求成员不得对这类补贴提出违反协定或非违反协定的诉讼。对于成员实施的黄箱补贴和出口补贴也要求适当克制争议解决。但是,第13条"和平条款"仅在协定"实施期"内有效,《农业协定》第1条规定第13条所述"实施期"是从1995年开始的9年时间,到2004年实施期过后"和平条款"失效,有关的争议应该依据《农业协定》和《反补贴协定》处理,正常纳入WTO争议解决。

(二)《信息技术协定》

1996年世界贸易组织在新加坡召开第一次部长级会议通过了29个成员签署的《信息技术协定》,[33]该协定于1997年4月1日如期生效。中国于2003年加入该协定,截至2016年7月,ITA共有82个参加方(participant),其IT产品贸易额占全球这类产品贸易额的97%。在2015年召开的第十次部长级会议期间,50多个参加方达成新的ITA扩展协定,在原协定纳入300多个税号产品之外,另将201种IT产品纳入协定范围,这部分产品涉及每年交易额10.3亿美元。

《信息技术协定》是WTO成立后达成的新协定,属于后WTO的诸边协定,不要求所有成员参加,任何WTO成员和正处于加入WTO进程的国家或单独关税区可申请加入,在提交关税减让表、约束产品清单等文件,并获得协定原有参加方的审议通过后,成为参加方[34]。与原有诸边协定不同的是,因为参加方的受约束产品清单纳入其关税减让表,协定义务对所有WTO成员适用,按最惠国待遇实施,这样,非ITA参加方也可获得ITA参加方对协定下产品的减让利益(允许"免费搭乘")。协定包括引言、正文4个条款和1个附件,规定了协定调整的信息技术产品的范围、关税减让义务和步骤,以及扩大产品范围的进一步谈判等内容。其主要内容是:

1.宗旨和协定适用的IT产品范围

签订《信息技术协定》的目的是取得最大限度的信息技术产品贸易自由;促进信息产业发

---

[31] 在WTO术语中,根据补贴对经济和贸易的扭曲效果用不同交通信号灯颜色加以区别:绿箱(green box)补贴是允许实施的补贴;黄箱(amber box)补贴是对贸易有扭曲效果的应逐步减少的补贴;红箱(red box)补贴是禁止实施的补贴。

[32] 《农业协定》第13条题为"适当克制",又被称为"和平条款",意味着成员间达成和平协议,对《农业协定》实施期间有关的补贴做法不提出贸易救济调查和启动WTO争端解决。

[33] 多数WTO有约束力的协议采用"协定""谅解""部长决定"这样的文件形式,少数有约束力的协议文件采用"部长宣言"(Ministerial Declaration)形式,一般适用于解决较单一性的或专门的问题,如ITA只是一个信息产品的关税削减机制。许多部长宣言没有规定实质性义务,具有较少约束性。

[34] ITA附件第9条指出:"参加方"这一术语是指那些不迟于1997年3月1日前提交了附件第2节规定的文件(该文件包括详细说明如何处理减让表中的关税和附表B的产品清单)的WTO成员和正处于加入进程的国家或单独关税区。

展和在全球范围的技术进步;实现 WTO 确立的提高生活水平,保障充分就业,促进相关货物的生产和贸易的宗旨。协定要求每一参加方以提高信息技术产品市场准入机会的方式改善国内贸易体制(第 1 节)。附件题为“步骤(modalities)及产品范围”,其中的两个附表以正面列明的方式规定了协定涵盖的 IT 产品范围,共有 300 多个税则号产品。附表 A 是按《商品名称及编码协调制度》(HS)分类的产品税则号清单,其中第 1 节列出的主要是计算机及其零部件产品、电信产品;第 2 节列出的是半导体生产和测试设备及零部件。附表 B 是正面列明的按其他方法分类的新产品清单。

2. 关税削减

《信息技术协定》的核心内容是确立参加方达成在乌拉圭协议成果之外的对某些 IT 产品实行零关税的关税减让机制。协定第 2 节指出:对列入协定附件中附表 A 和附表 B 的所有产品,“每一成员应依据本宣言附件中规定的步骤约束和取消所有关税和 GATT 1994 第 2.1 条 b 项意义上的其他税费”。参加方承诺自 1997 年协定生效时起,按照协定规定的步骤分四个阶段均等削减关税(每个阶段下调进口关税 25%),最终于 2000 年将协定下的所有信息技术产品关税降为零。协定体现了以下减让关税原则:第一,参加方的承诺必须涵盖协定所列全部产品,对于产品范围不存在例外,但对于敏感产品,可以延长减税实施期;第二,前述所有产品必须削减至“零关税”并受约束;第三,与货物进口有关的其他税费(ODCs)削减为零并受约束;第四,根据附件,参加方削减关税及其他税费的承诺并入其 GATT 1994 所附减让表中,非 WTO 成员的参加方将关税减让措施并入其货物准入关税减让表。

3. 非关税壁垒

《信息技术协定》的法律效果仅仅是要求参加方约束和取消某些信息产品的关税和其他税费,其义务属于关税措施,各方的减让表承诺构成 GATT 1994 第 28 条范围的减让表修改,是 GATT 的组成部分[35]。协定范围的信息产品贸易仍受 GATT 1994 一般原则、规则和所有例外约束。协定没有就减少信息技术产品贸易非关税壁垒作特别规定,附件第 3 节仅仅提出参加方定期召开会议“就信息技术产品贸易中的非关税壁垒问题进行协商,该协商不得损害 WTO 协定下的各项权利和义务”。因此,只能适用其他 WTO 约束非关税措施的专项协议解决这类产品贸易中的非关税壁垒问题,其中主要是《技术性贸易壁垒协定》《海关估价协定》《原产地规则协定》,WTO 规范贸易救济措施的《反倾销协定》《反补贴协定》《保障措施协定》同样适用于该协定下的产品贸易。

4. 扩大产品范围的未来谈判

协定附件第 3 节规定:参加方应该在货物贸易理事会支持下定期召开会议,审查列入附表中的产品范围,在考虑技术发展、实施关税减让的实践或 HS 商品命名的变化等因素后,通过意思一致的表决决定是否修改附表,并增加纳入另外一些产品。在 2015 年举行的 WTO 第十次部长级会议期间,54 个参加方达成《信息技术协定》的扩容协议,在原协定约束的产品基础上,将 201 个新产品纳入约束清单,包括新一代通信、数码和媒体设备。其交易涉及约 1.4 万亿美元全球贸易额,超过汽车产品贸易,是服装贸易额的 3 倍。

5. 争端解决

根据协定附件规定,参加方之间因执行 ITA 引起的争议,可诉诸 GATT 第 23 条和 DSU 规

---

〔35〕 GATT 1994 第 2.7 条指出,本协定所附减让表特此成为本协定第 1 部分(第 1 条、第 2 条)的组成部分。

定的争议解决程序,甚至可提起“非违反之诉”。

五、《技术性贸易壁垒协定》(TBT 协定)

(一)宗旨、定义和适用范围

各国为了提高产品质量,保护本国消费者利益,保护人类、动植物的生命安全,都要制定和实施某些技术法规和产品标准[36]。标准和技术法规除了它的积极作用外,对贸易可能有以下不利影响:(1)没有经过进口国评估程序的外国产品可能因不符合标准被禁止进口。(2)企业产品如果不能达到标准,即使进口也不会有好的销售业绩。(3)由于各国情况不同,其技术法规和标准要求、合格评定程序也不同。任何外国产品进入进口国市场都需要重复评估和检测,需要满足相关的包装说明和标签要求以及标准和证书要求,这会给制造商和销售商带来巨大的评估成本。因此,多边贸易体制一直把上述标准带来的问题作为重要的非关税壁垒加以调控,确保技术法规和产品标准的实施不会给国际贸易造成不必要的障碍和不合理的歧视待遇,在防止贸易保护和实现标准、技术法规合法目标之间保持平衡。

TBT 协定适用于各成员可能影响国际贸易的关于技术法规、产品标准的制定和实施方面的权利和义务。附件 1 规定,技术法规是规定产品性能或与之相关的工艺和生产方法,包括适用的管理规定在内的要求强制遵守的文件。该文件也包括或专门适用于产品、产品工艺或生产方法的专门术语、符号、包装、标记或标签要求。产品标准是指经公认的机构批准的不要求强制遵守的文件,它们是规定有关产品性能,或与之有关的工艺和生产方法的供通用或反复使用的规则、指南。标准也包括或专门适用于产品、产品的工艺或生产方法的专门术语、符号、包装、标记或标签要求。附件 1 给出的定义说明,技术法规和产品标准这两类文件有所区别:(1)在制定文件的主体方面,前者由国家授权机构颁布;后者由公认的标准化机构批准和认可。(2)从内容上看,前者是规定产品性能或与产品性能相关的工艺和生产方法,显然,非与产品性能相关的工艺和生产方法要求(Non - product Related Process and Production Methods, NPR - PPMS 标准)包括包装、标签和标志要求不属于 TBT 协定调整的技术法规范围;而对于后者,虽然许多评论认为也排除 NPR - PPMS 标准,但至少从字面上解释似乎没有完全排除。(3)前者具有强制性;后者不具有强制性。

明确区分技术法规与产品标准有重要意义,因为 TBT 协定关于各成员在采纳和实施技术法规方面应承担义务严于采纳标准方面的义务,在采纳技术法规方面要受“最少贸易限制”和依据国际标准的双重测试。而采纳志愿性标准仅要求成员政府符合附件 3 良好行为规范。还应看到,目前广泛存在的由民间机构推行的生态标志计划(Eco - labelling Scheme)因不属于技术法规,不受协定严格管辖。但是,这并不意味着非与产品性能有关的生产或工艺方法要求或标签要求不受《WTO 协定》调整。如果志愿性的产品标准或标签的要求、生态标志计划由政府管理,或者由民间管理而政府参与其中,这种制度实行的结果可能违反相关的 WTO 规则。许多这类生态标志计划应纳入产品标准范围由 TBT 协定调整。

TBT 协定第 1.3 条规定,所有产品,包括工业产品和农产品均应遵守本协定的规定。但

---

〔36〕 据经合组织统计,不同的国内市场制定的不同技术标准和规章要求,加上为与之相符而支付的检验和证书成本占企业总生产成本的 2% ~10% 。See Shevry M. Stephenson, *Mutual Recognition and Its Role in Trade Facilitation*, Journal of World Trade, 33(2), p. 144(1999).

是,为政府采购目的所提出的采购规格不受 TBT 协定约束而受政府采购协议约束。属于 SPS 协定附件 A 定义的卫生与植物卫生措施也不由 TBT 协定调整。

（二）成员政府在制定、采用、实施技术法规方面的主要义务

1. TBT 协定第 2.1 条规定,各成员在技术法规的制定和实施方面给予从任一成员领土进口的产品的优惠待遇不低于给予国内类似产品和其他国家类似产品的优惠待遇(国民待遇和最惠国待遇)。国民待遇和非歧视待遇义务已经扩大适用于合格评定程序(第 5 条)。

2. 各成员确保技术法规的制定、采纳和实施不应给国际贸易带来不必要的障碍。为此,技术规章对贸易的限制不应超过为实现合理目标所必需的范围,并考虑这些合理目标未实现所带来的风险。如果技术法规采用的有关情况或目标不存在,则不应维持此类技术法规。这些目标是指国家安全要求,防止欺诈行为,保护人类、动植物生命健康,保护环境。(第 2.2 条)这里提到的“必需的范围”和“不必要的障碍”与 GATT 第 20 条相关要求是一致的。即该技术法规措施是为实现合法目的必需的;该技术法规措施是最少贸易限制的;该技术法规措施一般情况下不能超过国际标准所要求的(第 2.3 条)。以上要求也适用于与技术法规相符的合格评定程序。而不符合这些要求的技术法规措施就不是必需的,可能构成对国际贸易不必要的障碍。

3. 只要适当,各成员应按照产品性能而不是按照其设计或描述特征来制定技术法规(第 2.8 条)。这也是为防止技术法规措施构成不必要障碍。

4. 如果有关的国际标准已经存在或即将拟就,各成员应以国际标准为基础制定技术法规,除非由于环境、气候及其他方面不适宜采用国际标准。一成员在制定、采用和实施技术法规可能对另一成员产生重要影响时,应另一成员请求,须说明该技术法规的合理性(第 2.5 条)。基于合法目的并与国际标准相符的技术法规应初步推定未对国际贸易构成不必要的障碍。各成员应积极参与国际标准化组织和其他国际标准化组织的工作(第 2.4 条)。[37]

5. 透明度。各成员应确保立即公布已经采用的所有技术法规或以其他方式使有关成员获得这些技术法规,并熟悉它们。若拟议中的技术法规与国际标准有实质不同,并对其他成员有重大影响,该成员应提前公布技术法规的内容,使其他成员熟悉(第 2 条)。各成员应建立关于技术规章和产品标准方面的信息中心或咨询点(enquiry point),接受其他成员的有关咨询,对其他成员关于技术规章、产品标准、合格评定程序方面的询问应依据协定作出满意答复(第 10.1条、第 10.3 条)。在与标准有关的活动方面,各成员保持其法规、批准程序的透明度至关重要,国际贸易中的许多问题是由于缺少这方面信息的沟通造成的。

6. 为了促进贸易便利,TBT 协定还要求各成员应积极考虑接受与其等同的其他成员的技术法规,尽管这些法规与他们自己的不同,只要这些法规能充分满足自己的规章目标(第 2.7 条)。

（三）地方政府、非政府机构在制定、采用和实施技术法规方面的义务

根据 TBT 协定第 3 条的规定,该协定第 2 条要求中央政府履行的在制定、采纳和实施技术法规方面的各项义务除个别应由中央政府履行的通知义务外都适用于成员领土内的地方政府和有关的非政府组织。各成员不得要求或鼓励其领土内的地方政府或非政府组织以与第 2 条

---

〔37〕 目前最重要的国际标准化组织是国际电工委员会(IEC)、国际电信联盟(ITU)和国际标准化组织(ISO),前两个是专业化组织;ISO 是综合的标准化组织,有 115 个成员。ISO 与 IEC 是私人的非政府组织,成员由缔约国的标准化机构组成。

义务不一致的方式行事的措施(第3.4条)。在本协定项下,各成员对遵守第2条的规定负全责(第3.5条)。

(四)关于产品标准的制定、采纳和适用的《良好行为守则》

TBT协定第4条规定了各成员制定、采纳产品标准方面的义务,主要是为成员各类标准化机构特别是第一次为私人的标准机构制定了《良好行为守则》,使它们的活动与多边贸易法律相符合。TBT协定第4条规定,中央政府的标准化机构有义务接受和遵守《良好行为守则》,即该守则对其有强制实施的效力;但是对非政府的标准化机构以及地方政府的标准化机构,不要求强制执行守则,这些机构可以自愿采纳,尽管TBT协定要求WTO成员采取合理措施确保这些机构接受和遵守该守则。《良好行为守则》规定的主要义务是:标准化机构应确保在标准的制定、采纳或实施方面给予其他成员相类似的产品国民待遇、最惠国待遇。

(五)合格评定制度

为保护消费者利益,各国都制定了复杂的产品标准和技术法规,外国产品要进入这些国家的市场通常要履行一定的表明符合某种产品标准要求的合格评定程序(conformity assessment procedures)。TBT协定将各类合格评估活动纳入其管辖范围。TBT协定第5条和第6条规定了中央政府对其境内主管的各标准机构实行的合格评估活动应履行的义务,核心义务是要求国内合格评估程序的制定、采纳和适用方面给予外国供应商类似产品的市场准入条件不得低于国内同类产品或其他国家同类产品的条件。此外,还包括与前述《良好行为守则》和政府一般义务规定类似的透明度,与国际标准相符,尽量减少贸易限制等义务规定。这些义务规定对中央政府的评定机构是强制性的,对于地方政府和非政府评定机构无法律约束力。但TBT协定第7条规定中央政府有义务确保地方政府和非政府的合格评定机构遵守TBT协定第5条和第6条规定的各项义务。

关于合格评定程序的另一重要内容是TBT协定第6条鼓励各成员之间通过事先谈判和磋商,建立多边相互承认或双边相互承认合格评定程序、评定结果的机制,使进口产品在经过出口国合格评定程序检验和评定后,其结果得到进口国的自动承认,不需要重新评定,这是实现各成员之间贸易便利的重要途径。

六、《实施卫生与植物卫生措施协定》(SPS协定)

《实施卫生与植物卫生措施协定》(SPS协定)的目的之一是规范成员实施的动植物卫生、食品卫生标准有关的措施;其另一重要目的是确保《农业协定》达成的市场准入得以落实,该协定第14条强调成员实施SPS协定的承诺。

(一)定义和范围

SPS协定适用于可能直接或间接影响国际贸易的卫生与植物卫生措施,各成员应依据本协定的规定制定和适用这些措施(第1.1条)。符合本协定的措施应被视为符合GATT有关规定的措施(第2.4条),但协定不影响各成员在TBT协定下的权利。在适用范围上,TBT协定规范各成员采取产品标准、技术法规方面的措施;SPS协定规范各成员采取卫生标准和法规方面的措施。一项与标准有关的措施应首先考虑是否属于SPS协定调整的范围,如不属于其范围,应由TBT协定调整。

SPS协定附件A规定了卫生与植物卫生措施的定义和范围。这些措施可表现为食品生产加工方法;用于食品生产的使用、包装和标签要求;杀虫剂、除草剂、肥料的使用要求;关于动物饲养的规则。此外，还包括所有相关法律法规和规章的要求和程序，特别是最终产品标准、加工和生产方法；检测、检验、证书和批准程序；检疫处理（包括运输动植物的相关要求）；统计方法、取样程序、风险评估方法、直接与食品安全有关的包装和标签要求等规定。

（二）基本权利和义务

1. 各成员采取适宜卫生措施的权利

协定规定，各成员在不与本协定相抵触的情况下，有权采取为保护人类、动植物生命健康所必需的卫生措施（第2.1条）。如有科学理由和经过风险评估，也可采取比国际标准更高的“适宜的”保护措施（第3.3条）。在相关的科学证据不充分的情况下，一成员还可以根据可得到的有关国际组织和其他成员采取卫生措施的信息采取临时的卫生措施（第5.7条）。

2. 成员保证所采取的卫生措施符合科学性原则

SPS协定第2.2条要求各成员应保证其卫生措施仅在为保护人类、动植物生命健康所必需的限度内实施，并且根据科学原理，如无充分科学依据则不应再维持。这项规定是检验一项卫生措施是否符合WTO法的根本标准，它意味着任何卫生措施都应有科学依据，除第5.7条规定的情况外，没有科学依据的卫生措施是不适当的措施；如果出现异议，采取卫生措施的成员负举证责任，证明其卫生措施具有科学合理性；而符合国际标准的卫生措施是符合科学性的初步证明。这里所指的“必需措施”是“符合国际标准、准则或建议”的措施或者是经过风险评估与科学证据证明为“适宜的”措施（第3.2条、第5条）。

3. 非歧视地实施卫生措施

各成员确保他们的卫生措施的适用不得构成在情况相同或类似的成员之间，包括他们自己的领土和其他成员的领土之间的武断的不合理的歧视以及对国际贸易的隐蔽限制（第2.3条）。为获得适宜的卫生保护水平，防止对人类、动植物生命健康的威胁，各成员应避免武断地或无正当理由地区别其认为在不同情况下的保护水平（第5.5条）。SPS协定没有像TBT协定那样正面阐述国民待遇原则和最惠国待遇原则，这意味着只要不在情况相同的成员间构成不合理歧视就允许实行差别待遇，由于气候、病虫害状况在成员间有很大不同，对来自不同成员的产品实行相同的卫生措施不总是适宜的。

（三）卫生措施的协调

卫生措施的协调包括一成员的境内卫生措施与国际标准的协调以及与其他成员标准之间的协调。

1. SPS协定规定，为尽可能在广泛的基础上协调卫生措施，各成员应将其卫生措施基于现存国际标准、准则或建议来订立。卫生措施符合国际标准、准则或建议应被视为保护人类、动植物生命健康所必需的，并被推定为与本协定及GATT有关条款相符合（第3.1条、第3.2条）。这意味着符合国际标准的产品取得了GATT合法性的初步证据，进口方若否定国际标准的有效性，以更高的标准来阻止该产品进口，进口方应当证明其高标准的合理性，即要提出科学证据或经过风险评估（第5.8条）。协定确定的国际标准是营养标准委员会、动物流行病国际局、国际植物保护公约框架规定的标准。

2. 国际标准的例外。协定规定，如果有科学理由或根据第5条风险评估程序，某成员认为其确立的保护水平是适当的，该成员可以采纳和维持比依据国际标准应取得的更高水平的卫生保护措施。尽管这样，所采取的措施不应与本协定其他条款相抵触（第3.3条）。此外，协定关于风险评估的规定主要针对没有采纳国际标准的措施。

3. 接受“等同”(equivalence)卫生措施。第4条要求成员接受其他成员“等同”的卫生保护措施,如果这种措施取得了相同的保护水平,尽管这些措施与自己的或其他成员的措施不同。但出口成员对“等同”措施有证明责任,它应该给进口方检验、测试、审查机会。这项规定与透明度一样,体现了贸易便利原则,其重要意义是承认不同的产品标准、生产方式和检验程序可以取得相同的卫生保护水平,对于进口国因为某出口国卫生标准与其存在微小差异而拒绝其农产品进口的情况不失为一种补救。

(四)风险评估和适当的保护水平

1. 风险评估。第5.1条规定,各成员应确保其采取的卫生措施基于一种与其所处环境相适应的对人类、动植物生命健康风险的评估,并参考有关国际组织发展的评估技术。协定附件A规定了风险评估定义。实践表明:首先,风险评估的实质是评价病虫害、有毒物进入、生长、传播的现实可能性和所采取卫生措施的必要性,这两方面都应符合第2.2条的科学性原则,否则所做的评估不符合附件A定义的要求。其次,任何卫生措施的采用都应经过风险评估,特别是那些与国际标准不符的措施。最后,风险评估既是程序要求,也是实体要求。未经风险评估的卫生措施其WTO合法性难以成立,而虽经风险评估,却没有满足“最低限度的科学客观性标准”的卫生措施,其WTO规则相符性也不能成立。[38]

2. 承认无病疫区和低病疫区。各成员应保证卫生措施适合某地区的卫生特点,承认无虫害或病疫区的概念以及低虫害或病疫区的概念,确定这种地区应考虑诸如地理生态和疫病监管的情况以及卫生控制措施的有效性(第6.1条、第6.2条)。有了这一规定,只要出口方提供其产品产地仍处于无病疫区的证据,进口国则不应再阻止来自无病疫区的产品进口。

3. 临时措施。协定允许WTO成员在科学证据不充分的情况下,有条件地对货物进出口采取临时措施,这是基于环境法中的“预防原则”授予各成员的权利。根据第5.7条的规定,采取这种临时卫生措施的条件是:存在进口产品可能危害人类、动植物生命安全的科学信息;这些信息提供的证据尚不充分;应根据现有措施采取适当的卫生措施;应在合理时间内审查临时措施的必要性。

(五)透明度

SPS协定要求按照附录B的条款,各成员通知其卫生措施的变化,提供有关其卫生措施的情况。附录B规定了与TBT协定类似的透明度要求,包括:及时公布有关的卫生标准方面的法规;建立咨询点,及时答复其他成员的咨询;采取与国际标准不同的标准时,应及时通知其他成员。

第四节 《服务贸易总协定》

一、国际服务贸易

《服务贸易总协定》(General Agreement on Trade in Services,GATS)没有提供“服务”的定义。服务是活的劳动,它是由服务提供者凭借体力、智力和技能,借助一定的工具、设施和

---

〔38〕 See Gavin Goh, *Tipping the Apple Cart: The Limits of Scienses and Law in the SPS Agreement after Japan – Apples*, Journal of World Trade, Vol. 40:4, p. 664 (2006).

手段，在服务接受者参与下完成某种活动，以直接满足服务接受者需要的过程。这与制造产品，最终凝结在产品中的物化劳动有实质区别，“服务交易本质是无形利益的授予”。[39] 很多服务具有人身性，由服务提供者和服务接受者互动完成，服务质量更多依赖服务提供者的自身素质。

国际服务贸易是各种类型服务的跨国交易，关贸总协定秘书处曾列出的当今国际服务贸易达150多种。WTO秘书处提供以下12类服务部门和分部门，这也是国家具体承诺表的部门划分：(1)商业服务(包括法律、会计师等职业服务，与计算机有关的服务，研发服务，租赁服务等分部门)；(2)通信服务(包括邮递、电信、视听传播等分部门)；(3)建筑及相关工程师服务；(4)分销服务(批发、零售、佣金代理等)；(5)教育服务(包括小学、中学、大学各类教育)；(6)环境服务(污水处理、垃圾处理等)；(7)金融服务(保险、银行及其他金融服务)；(8)健康和相关的社会服务(医院及其他的健康服务)；(9)旅游或与之相关的服务(酒店、餐饮、旅行社服务)；(10)健身、文化、体育服务(包括图书馆、剧院、马戏团、博物馆等服务)；(11)运输服务(海运、内河运输、空运、公路运输、铁路运输、管道运输)；(12)其他服务。以上是按部门划分的国际服务贸易类别。除此之外，GATS还按照其调整方式提出四种服务贸易类型(见下文)。

二、《服务贸易总协定》的主要内容

GATS是与关贸总协定平行的独立的多边贸易协定，也是WTO调整新领域的协议。[40]

其全部内容可分为三个部分：第一部分是框架协议，规定了国际服务贸易的一般概念、原则和规则、成员方基本权利和义务，是GATS的主体和实质部分；第二部分是各成员提交的服务贸易国家具体承诺表，具有法律上的约束力；第三部分是框架协议的8个附件，规定了某些重要服务贸易部门的多边自由化规则，它们是GATS不可分割的组成部分。《服务贸易总协定》已被列入WTO所管辖的框架协议的附件1，要求WTO成员一体接受。

GATS框架协议由6个部分共29条组成，规定适用于影响服务贸易所有措施的一般概念、原则和规则。框架协议所规定的义务分为两类：一类是一般性义务，适用于各成员所有服务贸易部门及国际服务贸易做法，无论其是否属于各成员在国家具体承诺表中列出的范围。另一类是具体承诺的义务，主要是国民待遇和市场准入。这类义务性规定仅适用于各成员在国家具体承诺表中列出的项目和领域，并在所列明的条件范围内适用，对于未列明的服务贸易部门和服务贸易做法不适用，这是《服务贸易总协定》的一个重要特点。框架协议还体现了多边服务贸易渐进自由化，表现在不要求各成员在批准协议时按照统一的标准立即全面开放市场，允许成员通过具体承诺自主决定市场开放水平；通过既定议程(built - in agenda)条款(如第13.2条、第15条)安排后续的专门服务领域的谈判，继续扩大开放市场；尊重成员间服务贸易的不同发展水平，给予发展中国家服务市场开放更大的灵活性；规定了较多的不同类型的例外条款。但GATS渐进自由化安排是为了实现整体上更高水平的市场开放目的。

(一)范围与定义

GATS第1条规定：“本协定适用于各成员影响服务贸易的措施。”第1.3条b项指出，“服

---

[39] Thomas L Brewer, Philip Raworth, *International Regulation of Trade in Services*, Oceana Publication, 2006, p. 1.

[40] GATS、TRIPS协定和TRIMs都是乌拉圭回合谈判达成的调整新领域的协定，后两个文件在本书其他相关章节阐述。

务"包括任何部门的任何服务(包括具体承诺中受约束的服务和不受约束的服务),但是在行使政府职权时提供的服务除外。GATS 第 1.3 条 c 项进一步解释,"行使政府职权时提供的服务"是指不以商业为基础,也不与一个或多个服务提供者相互竞争的服务提供。前者是指服务提供者提供服务的目的在于履行国家职能,实现国家政策目标,不考虑盈利和资金回报;后者是指服务不具有市场竞争性,关于是否存在相互竞争的其他服务提供者,应分析特定地区的市场态势,看有无相同或类似的以及可替代的服务提供。只有同时满足这两方面条件的服务才属于"行使政府职权时提供的服务",可以排除 GATS 约束范围。

依据 GATS 空运服务附件,GATS 不适用于航空运输开业权及与开业权有关的服务。开业权是指以有偿或租用等方式往返于一成员领土或在该领土上经营运载乘客、货物和邮件的定期和不定期服务的权利。但是,GATS 适用于航空器的修理和保养服务、空运服务的销售和营销、计算机预订系统服务。

依据 GATS 自然人流动附件第 2 条规定,GATS 不适用于影响自然人进入另一成员就业市场的措施,不适用于涉及永久性的公民身份、居住和就业的措施;不得阻止一成员实施对自然人进入其领土或暂住进行管理的措施,包括为保护其边境完整和保证自然人有序跨境流动所必需的措施,但此类措施不应使成员根据具体承诺条件所获利益丧失或减损。

根据 GATS 理事会决定,GATS 所有规则不适用于成员有关司法和行政程序方面的措施。(又见 TRIPS 协定第 3.2 条国民待遇)

各成员影响服务贸易的措施是指影响服务贸易的法律、法规、行政行为、行政程序等任何措施,包括中央、地区、地方政府和当局所采取的措施;代表中央、地区、地方政府和当局行使权力的非政府组织所采取的措施。[41] GATS 强调:"为了履行本协定项下的责任与义务,各成员应采取一切可能的适当措施确保其境内的地区、地方政府和当局及非政府团体履行其责任与义务。"

《服务贸易总协定》第 1 条按照提供服务时服务提供者和消费者所在的领土界线,提出了协定适用的四种服务贸易类型:跨境提供、境外消费、商业存在、自然人存在。[42]

1. 跨境提供是指服务提供者自一成员领土向任何其他成员领土提供服务。在此模式下,服务在一国生产或提供,在另一国被消费。这种隔地交易没有服务交易参加者的流动,但是有资金、物资或信息的流动。过去唯一的这种服务提供方式是国际货物运输,当代由于技术进步,出现了 IT 和商业方法跨境外包服务(international outsourcing of IT and business process service)、跨境高等教育服务、保险金融服务、咨询服务等新兴产业,许多曾经需要面对面才能提供的服务已经被这种服务提供方式取代。

2. 境外消费是指在一成员领土内的服务提供者向任何其他成员的服务接受者提供服务。在此模式下,服务接受者访问服务提供者的国家并接受其提供的服务,然后再返回母国,包括跨境旅游、就医,也包括运输工具境外维修、保养。

3. 商业存在是指一成员的服务提供者通过在任何其他成员领土内设立的商业存在提供服务。在此模式下,服务提供者将其设在外国商业存在的服务提供给外国或第三国的服务接受

---

[41] 参见 GATS 第 28 条 c 项的解释。

[42] 根据 WTO 网站信息,这四种服务贸易类型的英文提法分别是:cross – border supply ,consumption abroad, commercial presence ,presence of natural persons。GATS 国家具体承诺表也采用这样分类。

者。例如,服务提供者在境外设立的银行、保险公司、运输公司或咨询公司等分支机构。美国曾经不承认美国公司在国外的附属机构提供的服务是国际服务交易,但 GATS 将此类服务作为国际服务模式加以规范。不过,如果甲国个人或公司永久性地离开所属国而到乙国另立商业实体,这属于母国基地改变,在乙国提供服务是国内服务交易。

4. 自然人存在是指一成员的服务提供者通过在任何其他成员领土内的自然人存在提供服务,即服务提供者以自然人入境方式在服务接受者所在地国家或第三国向服务接受者提供服务。例如,教师、工程师、医生等职业工作者单独或受雇于母国服务提供者向境外接受者提供服务。

以上四种类型中,第一种类型是服务提供者和服务接受者均在各自领土,第二种类型是服务接受者进入服务提供者所在国家接受后者的服务,这两种是简单的服务提供;第三种和第四种类型是服务提供者进入服务接受者所在国家通过商业存在或自然人存在提供服务。有的服务只能采用一种特定模式,如旅游服务;而医疗服务、顾问服务等可选择多种服务提供模式。

实施 GATS 同样需要确定一项服务的来源地,这与货物贸易的原产地问题同等重要。基于服务贸易的特殊性,GATS 按照服务贸易的不同类型提供了确定一项服务来源的不同标准。根据该协定第 28 条定义中对“另一成员的服务”的解释,对于跨境提供和境外消费两种模式,“另一成员的服务”是指“自另一成员领土内或在另一成员领土内提供的服务”。对于海运服务是指船旗国和船东所属国所提供的服务。上述两种服务提供模式中服务来源地依据服务提供者提供服务时所处的领土界限判定,实质是依据服务提供者所处的地理方位因素判断问题。而对于商业存在和自然人存在模式,“另一成员的服务”是指“另一成员服务提供者所提供的服务”。服务的来源地按服务提供者身份归属来判定,实质上是服务提供者身份判断问题,就是看服务提供者是否属于另一成员的自然人、法人,或另一成员的商业存在(参见定义)。

(二)最惠国待遇

GATS 第 2 条规定:“每一成员应该立即无条件地给予任何其他成员的服务和服务提供者不低于它给予任何其他国家类似的服务和服务提供者的待遇。”最惠国待遇是适用于所有成员的一般义务,既适用于各成员具体承诺的领域,也适用于没有做出开放市场承诺的领域(GATS 不适用的范围除外)。但是,与 GATT 最惠国待遇相比,GATS 这一原则有如下特点:

1. 从适用范围看,给惠对象是“其他成员的服务和服务提供者”;给惠的标准是“不低于”给予其他国家(包括 WTO 成员和非成员)类似服务和提供者的待遇。最惠国待遇调整一成员处理不同的外国服务或服务提供者之间的关系,要求对所有贸易伙伴国平等相待,不得有歧视。这首先应该符合国际公法关于最惠国待遇的一般标准,对源自不同成员的服务和服务提供者给予同样待遇,将给予其他国家服务和服务提供者的待遇平等地给予所有其他成员,不得在其他成员之间有歧视或差别待遇。对其他成员之间的相同待遇是 GATS 最惠国待遇原则的应有含义。同时“不低于”的待遇标准暗示一成员可以给另一成员比给予其他国家服务或服务提供者更好待遇(优惠可能超出具体承诺水平或普遍给予其他国家的水平),条件是该成员就相关具体服务部门开放作出最惠国待遇的保留。同时,作出 MFN 保留的成员不得援用这项例外给予另一成员低于其在国家具体承诺表中承诺给予的待遇水平(GATS 第 16 条及注释),即不得免除其在市场准入和国民待遇方面承诺履行的最低义务。允许成员做出最惠国待遇保留体现了 GATS 渐进自由化特点。

2. GATS 最惠国待遇具有普遍性,它意味着:(1)每一成员应把它在国家具体承诺表中承诺的待遇水平非歧视地适用于所有其他成员,应给予其他成员的服务和服务提供者不低于其在国家承诺表中承诺的待遇标准;(2)对于未作出具体承诺的领域,每一成员应把它给予其他国家服务和服务提供者的优惠待遇及豁免立即无条件地给予任何其他成员类似的服务及服务提供者。

3. GATS 最惠国待遇具有实质意义,因为它与各成员关于市场准入、国民待遇的具体承诺挂钩,最终形成了一套受到约束的最低市场准入标准,并且在最惠国待遇基础上普遍实施,这使 MFN 不至于空洞无物。

4. GATS 最惠国待遇原则有更大的灵活性,它允许各成员采取三种类型的例外措施:第一类是自选的例外(self - selective exemptions),成员可以援引第 2.2 条的规定,就国家具体承诺表中某一部门的市场开放作出最惠国待遇的保留(祖父条款保留),条件是作为创始成员应在 GATS 生效前将这种保留列入 GATS 第 2 条例外附件,同时经过 WTO 的审查和批准。[43] 按附件规定,各方作出的保留原则上不得维持自协定生效起超过 10 年,但事实上各方列出的保留许多是无限期的。第二类是普遍的永久性的例外,经过一定的通知程序和服从 WTO 审查,成员可以在特定情况下引用。第三类是针对某些具体条款的例外规定,如第 13 条题为"政府采购",规定第 2 条(最惠国待遇)、第 16 条(市场准入)以及第 17 条(国民待遇)都不适用于管理政府机构为政府目的而购买服务的法律、法规或要求。

需要注意的是,普遍的永久性例外不仅对最惠国待遇条款适用,对 GATS 其他条款也适用,是所有 GATS 义务的例外。普通的永久性例外具体包括:(1)边境服务交易例外。GATS 的规定不阻止任何成员对相邻国家授予或给予优惠,以便利仅限于毗连边境地区的当地生产和消费的服务的交换(第 2.3 条)。(2)地区自由贸易安排例外。GATS 规定不阻碍成员间达成或签订服务贸易自由化的协议,条件是:这种协议涵盖众多服务部门,并且在成员之间取消了违反 GATS 第 17 条国民待遇的实质上所有的歧视;不得对一体化协定以外的成员提高相应的服务贸易壁垒(第 5 条)。(3)人员出入境管理,公民权、居留权管理的例外。(4)一般例外。GATS 第 14 条规定,在此类措施的实施不在情况相同的国家之间构成任意或不合理歧视手段或构成对国际贸易的变相限制要求前提下,本协定的任何规定不得解释为阻止各成员采取为保护公共道德或维护社会秩序所必需的措施;[44] 为保护人类、动植物的生命健康所必需的措施;为使与本协定不抵触的法律法规得到遵守所必需的措施;为公平有效征收直接税采取的与第 17 条不一致的措施;为避免双重征税等所采取的与第 2 条不一致的措施。(5)安全例外。GATS 安全例外的规定与 GATT 第 21 条规定相似,但是与 GATT 第 21 条 b 项之二对应的规定是"与直接或间接为供应军事机关所提供服务有关的行动",同时 GATS 第 14 条之二增加的第 2 款要求根据第 1 款 b 项和 c 项采取的措施应该通知服务贸易理事会。(6)航空运输开业权例外。本协定不适用航空运输开业权以及与行使开业权直接有关的服务(参见关于航空服务附件)。

---

[43] 在《WTO 协定》生效前,世界贸易组织收到 61 份这样的例外清单,其中美国在海运、民用航空服务、基础电信、金融服务等部门都作了保留,事实上在这些核心领域美国的具体承诺表中未作任何承诺。欧盟、加拿大、澳大利亚在文化工业部门未作任何承诺,但作了广泛的 MFN 保留。

[44] GATS 第 14 条注释指出,只有在社会某根本利益受到真正的和足够严重的威胁时,方可援引公共秩序例外。

（三）透明度

作为一般性义务，第3条规定各成员应迅速（至少在措施实施前）公布影响本协定实施的所有法律法规和做法，包括国际协议。每年应把所采用的新法规或对现有法律的修改通知其他成员。每一成员应设立一个或更多的咨询点，应其他成员请求回答有关询问。第3条附则还对可能损害公共利益或合法商业利益的秘密资料的公布作出限制，规定不得要求成员披露秘密信息，如果这种披露阻碍法律实施或对公共利益有不利影响。

（四）国内管制与国际支付转移

GATS承认各成员政府对本国服务贸易的管理权，允许各成员实施有关的国内法规和措施，履行其GATS义务。这些法规涉及许可和授权程序、基于审慎原则的资本要求、技术法规和税法要求、资格和证书要求等。这些管理措施带有公共政策性。GATS第6条要求各成员对已作出具体承诺的部门，应确保影响服务贸易的法规和措施以合理、客观、公正的方式实施，使之在确保市场准入的适当条件下适用，不致构成对服务贸易不必要的障碍，或事实上导致取消其作出的具体承诺。第11条要求一成员不得对与其具体承诺有关的经常项目交易的国际转移和支付进行限制。即不得通过限制外汇汇出，使成员关于市场准入和国民待遇的具体承诺落空，除非符合国际收支平衡例外。在受影响的服务提供者的请求下，成员应提供切实可行的司法、仲裁或行政手段或程序，迅速审查这些措施，并作出公正决定和适当补偿，但是这并不要求一成员以不符合宪法的方式来实行。

（五）资格承认与协调

第7条规定一成员可以承认另一成员就教育程度、经验、任职资格条件所颁发的许可证或证明。这种承认不要求按最惠国待遇原则自动给予其他成员，这是GATS最惠国待遇适用的较温和的领域。但协定要求一成员应给予其他有利害关系的成员充分机会，以谈判加入此类协定或安排，或证明其国内的资格许可应得到承认。在采用标准和准则方面或承认许可证、证明方面，不应造成国家间歧视或限制服务贸易。资格承认涉及职业服务提供，这方面GATS允许各成员对境内职业服务提供者保留本国公民资格这一条件限制。

（六）垄断及限制性商业惯例

GATS第8条题为“垄断及专项服务提供者”，规范各成员政府拥有的或实行垄断服务的企业，核心内容是允许各成员建立和维持国家垄断服务，但是特别要求各成员确保其境内垄断服务提供者在提供垄断服务方面，不得采取与无条件最惠国待遇要求和透明度要求不相一致的行动。GATS体制的重要漏洞是缺乏对反竞争行为的控制措施，没有关于服务贸易的反倾销、反补贴和保障措施规则。一国由于服务贸易市场开放造成国内有关行业损害，只能援引第12条国际收支平衡的例外或在金融领域援用审慎例外进行限制。

（七）市场准入

GATS市场准入是具体承诺义务，各成员提交的具体承诺表是其承担此项义务的依据。市场准入和国民待遇都是GATS的核心内容，对成员服务贸易市场开放有实质影响。第16条规定，对于通过第1条确认的服务提供方式实现的市场准入，每一成员给予任何其他成员的服务和服务提供者的待遇不应低于其在国家具体承诺表中所同意和列明的条款、限制和条件。结合第16条及其注释规定，GATS市场准入义务有以下含义：（1）成员应按照协定规定的四种方式进入另一成员服务市场。（2）一成员除了在具体承诺表中确定的以外，不得在境内维持或采用各种对服务业进入的其他数量限制措施。[45] (3)具体承诺是受约束义务,是成员应该保持的允许外国服务业进入的最低水平,其履行义务不得低于这个承诺水平,但是对于没有承诺开放的领域,不排除成员根据自身情况采取主动开放市场措施。(4)如果一成员就通过跨境提供方式提供服务做出市场准入承诺,且资本跨境流动是该服务本身必需的部分,则该成员由此承诺允许此种资本跨境流动。如该成员就通过商业存在方式提供服务做出承诺,该成员由此已经承诺允许资本转移进入其领土(第16.1条注释)。

与国际货物贸易的市场准入不同,国际服务贸易中,市场准入本身就是需要谈判才能取得的权利。GATS实行逐步的、有保留的市场准入,该项义务属具体承诺义务,各成员采用正面清单列明开放服务业的范围,各自仅对承诺清单中列明的部门、分部门并根据其中列明的限制条件承担市场准入义务,除此以外无开放市场义务。但是,这并不意味着成员境内服务业市场开放仅维持在GATS中承诺的水平,成员可以根据自身情况,按自主决定的步骤主动开放市场,并按照最惠国待遇原则将新的开放举措适用于所有其他成员。

GATS国家具体承诺表(national specific commitments schedules)把各成员服务贸易具体承诺分为两大类:一类是总体承诺(horizontal commitments),亦称"水平承诺",涵盖所有服务贸易部门;另一类是部门承诺(sector specific commitments),仅涉及个别部门或分部门。两类承诺表都记录了各成员对市场准入的限制和对国民待遇原则的限制,并且各项限制都按服务贸易四种提供方式作了区分。各成员的承诺分为无条件限制(在表中填NONE)、有条件限制和非约束(在表中填UNBOUND)三种。第一种属于充分承诺,成员承担了相关服务领域市场准入或国民待遇的约束性义务,不得采取任何与市场准入和国民待遇义务不符的限制;第二种属于有限承诺,该成员应详细说明某服务领域将保留哪些与市场准入或国民待遇不符的措施,它只能采取列明的限制条件;第三种属于无承诺,表明该成员保留原有的与市场准入或国民待遇不符的措施,也保留采取新的限制的权利。限制条件既可以是非歧视性的,也可以是歧视性的,如规定"许可只授予5家新进入的外国银行"或"只有10家新建的本地或外国银行被授予许可"。无论如何,这些限制表明各成员在市场准入与国民待遇方面的最低保证而不是最高配额,一国准许设立5家外国银行意味着它可以发给超过5家的许可,但不能低于这个标准。

还应注意到,前述GATS普遍的永久性例外同样适用于市场准入与国民待遇这两项具体承诺义务。而国际收支平衡的例外仅适用于具体承诺的义务,GATS第12条指出,如发生严重国际收支和对外财政困难或其威胁,一成员可对其已经作出具体承诺的服务贸易,包括对与此类承诺有关的交易的支付和转移采取或维持限制。在实施此类限制时不得在成员之间造成歧视。程序上应通知理事会,并与国际收支限制委员会进行磋商,接受国际货币基金组织对磋商成员国际收支状况评估,评估结果应作为是否允许援用该例外的依据。

(八)国民待遇

GATS第17条规定,各成员应在国家具体承诺表所述的服务部门或分部门中,并且在遵守其中所述的任何条件和资格前提下,给予其他成员的服务和服务提供者不低于它给予本国同类服务和服务提供者的待遇。同市场准入义务一样,国民待遇也是各成员具体承诺的

---

〔45〕 市场准入限制实质上是限制外国服务提供者在东道国提供服务的能力。GATS第16条列举了六种数量限制方式,包括:限制服务提供者的数量;限制服务交易额和资产额;限制服务业务总数或产出量;限制服务提供者的雇员数量;对服务提供者公司形式要求;对外国服务提供者实行股权限制。

义务，要求各成员按具体承诺表列举的部门范围、限制条件给予外国服务和服务提供者国民待遇，确保其不受服务进口国国内法、国内措施的歧视待遇。对国家具体承诺表没有列明的部门、分部门或有关成员明确表示非约束的部门，该成员无义务给予其他成员这类服务和服务提供者国民待遇。

国民待遇处理外国服务和服务提供者与本国服务和服务提供者的关系，GATS 第 17 条所述“国民待遇”的标准也是“不低于”给予本国国民的待遇。如果一成员允许外国进入境内某项服务业市场并做出给予国民待遇的承诺，它首先应符合国际公法关于国民待遇的一般标准，使外国服务和服务提供者服从于与东道国国民一样的法律管辖和待遇规定，取消针对外国服务提供者基于外国人身份的法律上的歧视措施。而一旦发生这样的歧视，GATS 的全部要求就是改变这些法律或行政措施，使在法律上外国人的待遇与本国国民待遇等同，这种一般情况下的相同待遇是“不低于”给予本国国民待遇的应有之义。

但是，GATS 关于国民待遇的表述没有模仿关贸总协定相关规定，宣布将给予本国服务和服务提供者的待遇也给予外国服务和服务提供者（相同待遇），这是因为与货物贸易的待遇相比，服务贸易的待遇具有“名实不符”的特点，有时法律上给予外国服务提供者与本国服务提供者相同的待遇，其结果恰恰造成事实上的不公平；相反，有时法律上的区别对待，恰恰在事实上或结果上是公平的。仅仅符合一般国际法的国民待遇标准还不能保证对外国服务或服务提供者的公平待遇。正是考虑到这些情况，GATS 第 17.2 条规定：一成员可以通过给予其他成员的服务或服务提供者形式上相同或不同于本国类似服务或服务提供者的待遇，来满足第 17.1 条要求。这说明一旦成员做出给予外国服务和服务提供者国民待遇承诺，该成员就应给予其相对于本国服务或服务提供者实质上不差的待遇，提供实质平等的竞争条件。严格意义的非歧视待遇既要取消法律上的歧视，也应该取消表面上平等而事实上的歧视待遇，做到这一点相当困难，这意味着允许外国服务提供者拒绝接受表面上非歧视性的东道国法律，这涉及更大的公共政策问题。

（九）争端解决及例外条款

服务贸易争端由服务贸易理事会负责，按世界贸易组织争端解决的规则和程序处理。GATS 第 23 条允许各成员提起“非违法之诉”，允许使用交叉报复手段制裁不执行裁决方。

第五节 世界贸易组织争端解决机制

WTO 争端解决机制的法律渊源有三方面：（1）GATT 第 22 条、第 23 条规定；（2）列入框架协议附件 2 的 WTO《关于争端解决规则与程序的谅解》；（3）WTO 框架协议中许多单独协议本身规定的专门争议解决程序，这些单独协议的争议解决条款已经列入 DSU 附录。

WTO《关于争端解决规则与程序的谅解》由 27 条正文和 4 个附录组成，全面阐述了 WTO 争端解决的范围、原则和程序。新规则保留并继承了体现于 GATT 第 22 条、第 23 条中的原有的争端解决的核心内容，又是对 GATT 争端解决机制的全面修改、完善与更新。

一、DSU 适用的范围

根据 DSU 第 1 条的规定,DSU 的规则和程序适用于除《贸易政策评审机制》以外的包括《WTO 协定》以及 DSU 本身在内的所有 WTO 框架协议实施引起的争议解决。具体包括成员方根据以下协定中的争议解决规定提出的争议解决。(1)《马拉喀什建立世界贸易组织协定》(《WTO 协定》)。(2)多边贸易协定,包括附件 1A《货物贸易多边协定》;附件 1B《服务贸易总协定》;附件 1C《与贸易有关的知识产权协定》(TRIPS 协定);附件 2《关于争端解决规则与程序的谅解》。(3)诸边贸易协定,包括附件 4《民用航空器贸易协定》《政府采购协定》。

除 DSU 规定的争议解决规则和程序以外,WTO 框架协议中许多单独协议本身也规定了争议解决程序,这些单独协议的争议解决条款已经列入 DSU 附录 2。在处理 DSU 争端解决程序与单独协议中的争议解决程序关系问题上,DSU 规定特别程序优先,强调 DSU 争端解决程序的适用应遵守附录 2 中单独协议所含的特殊的或附加规则程序,两者发生冲突时,应以附录 2 中特殊或附加程序为准;当一个争端解决涉及多个协定或协议,且这些协定或协议的争端解决规则和程序相互冲突时,当事方应在专家小组成立后 20 天内就适用的规则、程序达成一致,或由 DSB 主席决定。

DSU 明确规定,其适用于"成员之间"在 WTO 框架协议下的争端解决,争议解决的当事人或主体是 WTO 成员(包括主权国家和单独关税领土成员)。[46] 只有经 WTO 成员中央政府合法授权的代表才有资格作为 WTO 争端解决的当事人,提起和被提起 WTO 争议解决。另外,DSU 的某些条款中还使用了"起诉方"(complainant)、"被诉方"(respondent)、"争端方"(disputant)等概念,都是指作为 WTO 争端解决当事人的有关 WTO 成员。

二、WTO 争端解决机制的原则和目标

(一)保护权利、义务原则

根据 DSU 第 3 条的规定,争端解决的目的是保护(preserve)成员依据现存协议的权利、义务,不得增加、减少或修改协议规定的权利、义务,保护 WTO 有效运作和成员权利、义务平衡。保护权利、义务就要先依据国际公法习惯规则解释和澄清现有协议义务。争端解决的申诉方起诉与被诉方答辩服务于这一目的;专家组和上诉机构报告最终澄清协议下的权利、义务,同时也澄清了法律。WTO 鼓励 DSB 专家组和上诉机构通过阐述规则发展 WTO 法,并且 DSU 默示承认专家组和上诉机构对适用协定的解释权。DSU 第 17.6 条规定,上诉限于专家组报告涉及的法律问题和专家组对法律的解释。这一原则适用的结果是:WTO 争端解决机构通过专家组和上诉机构裁决形成对 WTO 法的"先例"解释,发展了 WTO 法。

(二)一体化争议解决原则

DSU 第 23 条规定,WTO 成员在寻求纠正违反协定义务和纠正造成协定项下利益丧失或减损的情况时,应该援用并遵守 DSU 的规则和程序。除非通过依照 DSU 规则和程序进行的争议解决,各成员不得对违反义务已经发生、利益已经丧失或减损或适用协定的任何目标实现已

---

〔46〕《WTO 协定》的解释性说明指出,"本协定和多边贸易协定中使用的'国家'一词应理解为包括任何 WTO 单独关税区成员。对于 WTO 单独关税区成员,如本协定和多边贸易协定中的措辞被冠以'国家(的)'一词,则此措辞应理解为与该单独关税区有关,除非另有规定"。

受到妨碍作出确定。DSU 第 23 条规定事实上确立了 WTO 争端解决机构对于成员之间因 DSU 适用范围内框架协议引起的争议解决实行强制管辖。属于适用协议项下的争议，WTO 成员不得诉诸任何单边或未经授权的多边贸易体制以外的双边争议解决和报复制裁，只有经过 WTO 的争议解决才可以最终确定某一成员违反了协议项下的义务。

（三）协商原则

协商原则作为 GATT 争端解决的基本原则为 WTO 争端解决所接受和继承（DSU 第 3.1 条），贯穿 WTO 争端解决始终。当事方可以在争端解决的任何一个程序阶段寻求磋商或第三方的斡旋、调解和调停；DSU 强调在专家小组审理以前争议方必须经过协商，协商是争端解决必经的前置程序。WTO 鼓励当事方通过协商达成相互满意的解决方案，务实的政治解决的优势为：(1)通过让步有可能迅速达成妥协，及时解除贸易制裁或制裁威胁，这对于讲求时效的进出口贸易尤为重要；(2)避免诉诸 WTO 争端解决的负面作用，包括控辩所需的巨大人力和经济成本、时间耗费，DSB 审理期间的现状锁定（locks - in states）效应造成的贸易利益持续损失；(3)避免 DSB 裁决结果挑战更广泛的国内政策问题。[47] 目前争端解决机构受理的案件中有一半以上通过协商得以解决。

（四）公平合法性原则

DSU 试图确保争端解决的结果符合 WTO 规则。为了防止有实力的成员强迫弱小成员接受不公平的争议解决条件，DSU 要求磋商、争议解决中正式提出的所有事项和解决办法，包括仲裁裁决，均与所适用的协定相一致，且不得使任何成员根据这些协定获得的利益丧失或减损，也不得妨碍这些适用协定的任何目标的实现（DSU 第 3.5 条）。

WTO 争端解决机制的首要目的在于使争端得到积极的解决，被诉方取消和纠正被认定的与适用协定不符的措施，使之与协定相符。争端各方均可接受且与适用协定相一致的解决办法，这种办法无疑是首选办法（DSU 第 3.7 条），如不能达成这一解决方案，争端解决机制尽可能依次取得以下结果：(1)首要目标通常是保证撤销被认为与任何适用协定的规定不一致的有关措施。(2)违反协定的一方应给受损害方提供补偿。提供补偿只能在立即撤销有关措施不可行时方可采取，并且是作为在撤销与协定不一致措施前可采取的临时措施。(3)争端解决机制的最后手段是经争议裁决委员会（DAB）授权，胜诉成员采取报复措施，即对败诉成员中止实施适用协定项下的减让或其他义务。争端解决的另一目的是通过解释现存 WTO 规则明确成员的权利、义务，保护这些权利、义务和预期利益。

上述指向将来的目标导向体现了 WTO 争端解决不溯及既往、"既往不咎"的特点，一成员违反适用协定造成另一成员协定利益丧失或减损，争端解决的目的不是对受害方过往损失的利益进行补偿，而是要求败诉方自 DSB 裁决作出之日限期执行裁决，取消和纠正与《WTO 协定》不符的措施，这与国内的司法或仲裁救济的目的重在事后补偿有明显不同。[48] 在败诉方拒不执行 DSB 裁决，又不能就补偿达成协议情况下，争端解决机构可以根据请求授权起诉方采取报复行动，对败诉方中止实施适用协定下的减让义务，并且"DSB 授权的中止减让或其他

〔47〕 See Gavin Goh, *Tripping the Apple Cart: The Limits of Science and Law in the SPS Agreement after Japan - Apples*, Journal of World Trade Vol. 40:4, p. 678 - 679(2006).

〔48〕 参见韩立余：《既往不咎——WTO 争端解决机制研究》，北京大学出版社 2009 年版，第 52 页。

义务的程度应等于利益丧失或减损的程度”。[49] 其中参考过往利益丧失程度计算报复额度并不等于“既往必究”，不是为了补偿起诉方过去的贸易利益损失，而是为了确定合理的报复水平。合理的报复水平不要求与起诉方过去贸易利益损失额严格相符，要考虑与利益丧失、减损相关的和中止减让相关的更广泛的经济后果确定[DSU 第 22.3 条(d)项之二]。

三、WTO 争端解决程序

世界贸易组织争端解决的基本程序包括磋商、专家小组审理、上诉机构审理、裁决的执行及监督。(见图 6－2)

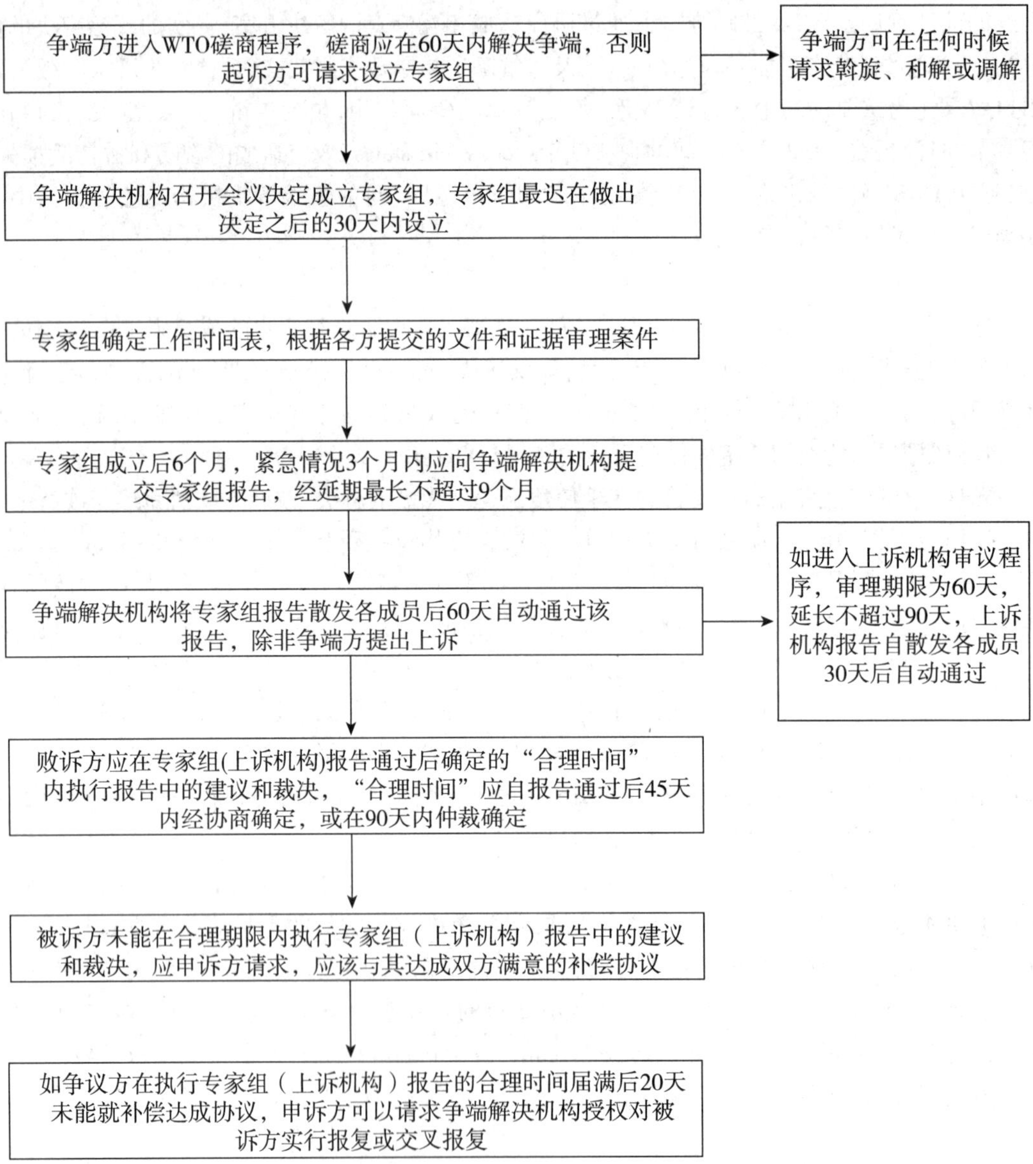

图 6－2　WTO 争端解决程序

---

〔49〕 DSU 第 22.4 条。

除基本程序外，当事方在自愿基础上，也可以采取仲裁、斡旋、调解和调停等方式解决争端。除非争端方另有协议，自 DSB 设立专家组之日起至专家组报告散发成员的期限不得超过 9 个月；如果提出上诉则诉讼程序不能超过 90 天。

（一）磋商；斡旋、调解和调停；仲裁

1. 磋商

磋商是争端解决的必经程序，DSU 第 2 条指出：“每一成员承诺对另一成员提出的有关在前者领土内采取的影响适用协定实施的措施的交涉给予积极考虑并给予磋商机会。”提出磋商的成员应按照适用协定以书面方式提出磋商请求，说明请求理由和法律依据，同时应将磋商请求通知 DSB 和相关理事会、委员会，这表明此类磋商已经进入了 WTO 争端解决程序。被提出磋商请求的成员应在 10 天内作出答复，如同意磋商，则磋商应在接到请求后 30 天内开始。如果被要求磋商方在接到磋商请求后 10 天内没有作出回应，或在收到磋商请求之后的 30 天内或相互同意的其他时间内未进行磋商，则要求进行磋商的成员可以直接向争端解决机构请求成立专家小组。如果在接到磋商请求之日后 60 天内未能解决争端，要求磋商方也可以请求设立专家小组。在紧急情况下，有关成员应在接到请求之日后 20 天内完成磋商，如未能解决争议也可以请求成立专家组。如果第三方认为其与拟举行的磋商有实质性贸易利益关系，可在争端解决机构散发该磋商请求后 10 天内，将加入磋商的意愿通知各磋商成员和争端解决机构。

2. 斡旋、调解和调停

斡旋、调解和调停是争端方经协商自愿采取的争议解决方式。争端方可随时请求进行斡旋、调解和调停，随时开始和终止。如果争端当事方均认为已经开始的斡旋、调解和调停不能解决争端，则申诉方可以在 60 日内请求设立专家组；如果争端方同意，则斡旋、调解和调停可在专家组程序进行的同时继续进行。

3. 仲裁

DSU 第 25 条规定，仲裁可以作为争端解决的另一种方式，适用于“解决涉及有关双方已明确界定的问题引起的争议”。其主要是成员间在履行专家组和上诉机构报告中的建议和裁决时发生的争议；实施报复引起的争议。

（二）专家小组审理

1. 专家小组成立

争议方向争端解决机构请求成立专家小组后，一旦此项请求被列入争端解决机构会议议程，专家组最迟应在这次会后的下一次争端解决机构会议上予以设立，除非在该会议上争端解决机构以“反向意思一致”的表决方式决定不设立专家组。争端解决机构应在当事方提出设立专家小组请求后 15 日内为此目的召开会议。专家小组被批准设立后，最迟应在此后 30 日内确定全部组成人员。

2. 专家小组的组成及职权

专家小组一般由 3 人组成，除非争端当事方同意专家小组改由 5 人组成。专家小组成员由秘书处根据其掌握的政府与非政府专家名单提出，除非由于无法控制的原因，争端当事方不得反对秘书处提名的专家小组人选。如果自决定设立专家组之日起 20 天内，争端当事方未能就专家小组人员组成达成一致，则应争端当事方请求，WTO 总干事在与有关方面磋商后任命合适的人选。争议涉及一发展中国家时，如果该发展中国家提出请求，则专家小组中至少应有 1 名来自发展中国家的 WTO 成员。专家小组的职权是根据争议方所援用的协定或协议的规定，对争端当事方请求审议的事项做出评估,包括对案件事实、所援用协定的适当性以及与适用协定的相符情况做出客观评估;协助争端解决机构提出建议或其他调查结果。专家小组应定期与争端各方协商,给他们充分的机会以形成双方满意的解决方案。

3. 专家小组的工作程序

专家小组一旦设立,一般应在6个月内(紧急情况下3个月内)完成工作,并提交最终报告。特殊情况下通知争端解决机构,可以延长至9个月内提交最终报告。将专家小组报告交争端解决机构散发给各成员20日后,争端解决机构才可考虑审议通过最后报告。在最后报告散发给各成员后60日内,除非争端当事方正式通知争端解决机构其上诉决定,或争端解决机构协商一致决定不通过该报告("反向意思一致"),否则该报告应在争端解决机构的会议上通过。

(三)上诉机构审理

DSU第17条规定,争端解决机构设立常设上诉机构,受理对专家组最终报告的上诉。常设上诉机构由7人组成,通常由其中3人共同审理上诉案件,其成员由争端解决机构任命,任期4年,可连任一次。上诉机构只审理专家组报告所涉及的法律问题和专家组所作的法律解释,可以做出维持、修改或撤销专家组的结论。上诉机构审理期限为自上诉之日起到上诉机构散发其报告日止,该期限一般不超过60日,特殊情况下最长不超过90日。争端解决机构应在上诉机构散发报告后30日内通过该报告,除非争端解决机构经协商一致决定不通过该报告("反向意思一致")。

(四)裁决的执行及监督

专家组或上诉机构如果认定争端当事方的某项措施与相关协议不符,则应在专家小组报告或上诉机构报告中要求有关成员使其措施与相关协议相符,还可提出如何执行报告中建议的办法。专家组报告或上诉机构报告一经通过,其建议和裁决对当事各方有约束力,争端当事方应无条件接受。争端解决程序规定了以下三种执行报告的方式:

1. 实际履行

在专家小组或上诉机构报告通过后30日内举行的争端解决机构会议上,有关成员应将执行争端解决机构建议和裁决的意向通知该机构。该建议和裁决应迅速执行,如不能迅速执行,有关成员应确定一个合理的执行期限。合理执行期限可以经有关成员提议,由争端解决机构批准,或者在没有批准时采用争端各方在裁决和建议作出后45天内经协商同意确定的期限;如不能协商确定,应该在裁决和建议作出后90天内由仲裁裁决确定执行期限。仲裁庭确定合理执行期限的指导方针是,最长时间不超过自专家组或上诉机构报告通过之日起15个月,在此基础上可以适当延长或缩短。[50]

根据DSU第21.5条的规定,如果有关成员就被诉方是否执行了专家组报告中的建议和裁决以及此类执行措施是否与适用的协议相一致的问题存在分歧,当事方可以求助于原专家组,专家组应在90天内审理完毕,散发其报告。在日本对美国苹果进口限制案中,专家小组认定日本针对原产于美国的评估检疫和进口限制措施不符合SPS协定。作为执行专家组报告的行动,日本修改了检疫限制措施,而美国又援用DSU第21.5条规定的程序,请求专家组认定日本经修改的检疫限制措施仍不符合SPS协定。2005年7月20日,专家组裁定支持美国的

〔50〕 参见DSU第21.3条(c)项。

诉求。[51]

2. 补偿

如果被诉方的措施违反了 WTO 规则,而且没有在前述合理的期限内执行争端解决机构的建议和裁决,使争议的措施符合相关协议,则被诉方应申诉方请求,必须在合理期限届满前与申诉方进行谈判,以期形成双方可以接受的补偿。补偿是指被诉方在贸易机会、市场准入等方面给予申诉方相当于其所受损失的减让。补偿是临时措施,只在被诉方未能实际履行争端解决机构的建议和裁决时适用,且应与 WTO 有关协议保持一致。

3. 授权报复

如果争端当事方未能在合理期限届满后 20 日内就补偿问题达成一致,申诉方可以要求争端解决机构授权对被诉方进行报复,即中止履行应承担的给予被诉方贸易的减让义务或其他义务。报复可分为同部门报复、跨部门报复和跨协议报复(交叉报复)三种。争端解决机构应在合理期限届满后 30 日内给予相应授权,除非争端解决机构经协商一致拒绝授权。被诉方如果反对提议中的报复水平或者认为其采取的报复不符合相关规则,可以就报复水平的适当性,提请 WTO 争端解决机构进行仲裁,仲裁由原专家组在合理期限结束之后 60 日内作出(DSU 第 22.6 条)。报复措施是临时性的,只要出现以下任何一种情况,报复措施即应终止:(1)被认定违反《WTO 协定》的有关措施已被取消;(2)被诉方对申诉方所受的利益损失提供了解决方法;(3)争端当事方达成了相互满意的解决办法。

争端解决机构应监督已通过的建议和裁决的执行情况。在建议和裁决通过后,任何成员可随时向争端解决机构提出与执行有关的问题,以监督建议和裁决的执行。在确定了执行的合理期限 6 个月后,争端解决机构应将建议和裁决的执行问题列入会议议程进行审议,直至该问题解决。

(五)非违法之诉

GATT 条款与一般国际条约的重要不同点是,它并不是把表面上与规则相符作为协定实施的根本目的和出发点,而是把协定项下的利益是否受到"丧失或减损",是否妨碍条约的目的的实现作为出发点。"GATT 争端解决机制的核心概念不是从违反总协定或其规定的义务出发,而是从更广泛意义上以剥夺了来自协定的利益,或损害了该协定总体或个别条款所追逐的目标为准。"[52] 按照 GATT 第 23.1 条的规定,另一成员采取的措施即使与 GATT 不抵触,如果导致一成员在该协定项下的利益丧失或减损,该成员仍可以提请争端解决,这就是所谓的"非违法之诉"。DSU 第 26.1 条规定了 WTO 成员提起 GATT 第 23.1 条(b)项"非违法之诉"应遵守的基本规则,是对 GATT 第 23 条重要补充。

四、WTO 争端解决机制的贡献和目前面临的困境

世界贸易组织建立以来,争端解决机构审理和裁决了大量成员间实施协议引起的争议,为和平解决国际争端、实现全球法治和"善治"做出卓越贡献。WTO 使国家间摆脱弱肉强食的丛林法则,避免"贸易战"演变为现实战争,人类得以用法庭上的沉闷法律而不是用战争来和平解

[51] See Gavin Goh, *Tripping the Apple Cart: The Limits of Science and Law in the SPS Agreement after Japan Apples*, Journal of World Trade, Vol. 40:4, p. 655 - 686(2006).

[52] 赵维田:《世贸组织(WTO)的法律制度》,吉林人民出版社 2000 年版,第 437 页。

决贸易争端,这是巨大社会进步。这首先得益于争端解决机制的强制管辖权,WTO 争端解决机制是一体化的争端管辖机制,其规则和程序适用于除贸易政策审议机制以外,WTO 管辖的全部框架协议引起的争议解决。另一重要因素是争端解决机制确立了一套"准司法"性的裁决机制,其程序设置具有时限和判决性。通过争端解决,历来被视为"软法"的国际公法规则具有了可执行性;政治和外交强权受到监督与制衡,使之服从国际法治和公理;弱小国家摆脱顾忌,有可能挑战大国的不符行为。"WTO 不断吸引全世界注意力的最主要原因是,WTO 第一次向世界提供有说服力的证据,证明的确存在某种值得被称为'国际法'的东西,因此也的确存在国际法治。"[53]

但是,WTO 规则包括其争端解决机制在实施和运行中也暴露出许多缺陷和不足,亟须改善和制度更新。在这期间,美国为实现本国政策目标,利用 WTO 决策机制中的法律漏洞,阻止争端解决机构中上诉机构成员正常遴选、任命,使上诉机构陷于事实上停止工作的困境中。根据 DSU 的规定,上诉机构成员由争端解决机构以"意思一致"方式遴选和任命。美国自 2017 年以来一直否决上诉机构甄选的新成员,到 2019 年 12 月 11 日,随着上诉机构最后 3 位成员中的 2 位(分别为来自美国的 Tom Graham 和来自印度的 Ujal Singh Bhatia)任期届满离职,WTO 上诉机构只剩下来自中国的最后一名成员,上诉机构也因不能组成合议庭而面临"停摆"。为摆脱困境,2020 年 3 月 27 日,中国和欧盟等 16 名成员签署《多方临时上诉仲裁安排》,共同约定在上诉机构"停摆"期间,适用 DSU 第 25 条规定的仲裁程序,审理各参加方提起的上诉案件。文件规定,多方临时上诉仲裁安排是上诉机构"停摆"期间的临时措施,最终目标是启动上诉机构遴选程序,恢复上诉机构正常运转 ,维护以规则为基础的多边贸易体制。目前成员已经向世贸组织通报了这项安排,推动其尽快实施。欧洲理事会已经于 2020 年 4 月 15 日正式批准《多方临时上诉仲裁安排》。

本章思考题

1. 如何正确理解 WTO 的宗旨、职能、法律地位?
2. 为什么我们需要自由开放的贸易体制? 加入 WTO 对中国有哪些影响?
3. WTO 成立以来在立法上有哪些实质进展?《贸易便利化协定》的主要内容和特点是什么?
4. 如何正确理解 WTO 规则的法律约束力?
5. GATT 最惠国待遇、国民待遇原则与 GATS 这类原则有何不同? 与其他国际经济交往中的这类原则有何不同?
6. 如何正确理解 GATT 第 20 条一般例外和第 21 条安全例外? 其适用范围和条件是什么?
7. WTO 规则对一成员采取反倾销、反补贴、保障措施提出哪些实体法和程序法要求?
8.《农业协定》和《信息技术协定》的主要内容和特点是什么? .
9. 如何正确理解《服务贸易总协定》的适用范围、权利和义务特点? 如何正确理解其一般义务和具体承诺义务?
10. WTO 争端解决的原则和主要程序有哪些? 该争端解决机制有何作用? 目前面临的困难是什么?

---

〔53〕 [美]詹姆斯·巴克斯:《贸易与自由》,黄鹏等译,上海人民出版社 2013 年版,第 336 页。

拓展阅读

一、著作资源

1. 石广生主编:《中国加入世界贸易组织知识读本》,人民出版社 2001 年版。
2. 赵维田:《世贸组织(WTO)的法律制度》,吉林人民出版社 2000 年版。
3. [美]詹姆斯·巴克斯:《贸易与自由》,黄鹏等译,上海人民出版社 2013 年版。
4. 对外贸易经济合作部国际贸易关系司、海关总署关税司编译:《乌拉圭回合协议商用指南》,法律出版社 1996 年版。
5. 肖伟主编:《国际反倾销法律与实务》(WTO 卷、美国卷、欧共体卷),知识产权出版社 2005 年版。
6. 韩立余:《既往不咎——WTO 争端解决机制研究》,北京大学出版社 2009 年版。
7. Gerard McLinden, Enrique Fanta, David Widdowson, Tom Doyle, *Border Management Modernization*, A Publication of the World Bank, 20 433.

二、网络资源

1. World Trade Organization 网,https://www.wto.org/,世界贸易组织官方网站信息具有准确性、时效性,是了解 WTO 法的最重要资料来源,从中可以查找 WTO 法律文件英文版、WTO 规则的解释说明以及 DSB 案例。
2. 中华人民共和国商务部网,http://www.mofcom.gov.cn/,中国商务部官网信息具有准确性和时效性,是了解中国与 WTO 信息的重要来源。
3. 国际商报(数字报),http://epaper.comnews.cn/,国际商报由商务部主管,提供最新的关于 WTO 法与中国对外贸易问题的时文。

第七章　国际技术贸易法

本章导读

现代的国际技术贸易严格地说应当被称为国际知识产权贸易或国际许可贸易，因为除了专利技术、专有技术等传统的交易对象外，大部分知识产权的客体，包括商标、计算机软件、集成电路布图设计、植物新品种、著作权等均已经成为国际技术贸易的对象。对国际知识产权贸易的法律调整包含了三个方面的内容：一是对知识产权国际贸易行为的法律调整；二是知识产权的国际法律保护；三是对技术进出口的管制。

第一节　国际技术贸易法概述

一、国际许可贸易和国际许可协议

在国际许可贸易的实践中，转让技术所有权的情况很少，绝大多数都只是转让技术的使用权。这种转让技术使用权的交易就是我们通常听说的国际许可贸易，而双方当事人为了完成这种交易签订的协议就是所谓的国际许可协议。

（一）国际许可协议的概念

国际许可协议（international license contract），又称国际许可合同，是指技术出让方将其技术使用权在一定条件下跨越国境地让渡给技术受让方，由受让方支付使用费的合同。从法律的角度讲，许可协议实质是一种“授权”协议，即技术所有人或持有人授予（许可）技术受让方在特定的范围内利用其技术。因此，合同中提供技术的一方通常称为“许可方”（Licensor），接受技术的一方被称为“被许可方”（Licensee）。

（二）国际许可协议的特征

和普通的国际货物买卖合同相比，国际许可协议具有如下显著的特征：（1）转让的客体是无形的技术（更准确地说是知识产权）。（2）转让方一般提供的是技术的使用权，而非所有权。（3）具有较强的时间性。在国际许可贸易中，合同的时间即合同有效期往往是当事人双方谈判的焦点之一。其原因是国际许可协议通常采用提成或入门费加提成的计价与支付方式，合同的时间和价格成正比，合同有效期越长，提成费越多，合同的总价也就越高。这一点是许可协议与普通商品买卖合同最大的不同之处。（4）具有明确的地域性。国际许可协议的种类很多，但无论哪种许可协议通常都要明确规定地域性条款，即被许可方在哪些地域范围内享有使用权、制造权和合同产品的销售权。（5）有严格的法律性。其法律性体现在两个方面：其一，国际许可协议涉及的法律内容非常广泛；其二，世界上多数国家都对国际许可协议有程序上的要求，即合同的有效成立必须经过国家有关部门的批准或备案等。

（三）国际许可协议的种类

在国际许可贸易中，依许可标的与范围的不同可将国际许可协议进行不同的分类。

根据标的不同，国际许可协议可分为：(1)专利许可协议；(2)商标许可协议；(3)著作权许可协议(包括计算机软件许可协议)；(4)专有技术许可协议；(5)混合许可协议(亦称“一揽子”许可协议)。

根据许可协议许可适用的地域范围以及使用权范围的大小，可将其分为以下五种：

1. 独占许可协议(exclusive license contract)：指在协议规定的时间和地域范围内，许可方授予被许可方技术的独占使用权，许可方不仅不能将该技术使用权另行转让给第三方，而且许可方自己也不能在该时间和地域范围内使用该项出让的技术。在独占许可协议中，被许可方所获得的权利最大。相应地，其支付的使用费也就越多。

2. 排他许可协议(又称独家或全权许可协议，sole license contract)：指在协议规定的时间和地域范围内，被许可方对受让技术拥有排他的使用权，许可方不能将该项技术使用权另行转让给第三方，但许可方自己仍保留在该时间和地域范围内对该项技术的使用权。

3. 普通许可协议(亦称非独占许可协议，simple or nonexclusive license contract)：指在协议规定的时间和地域范围内，被许可方、许可方和第三方都可使用该项技术。通过这种协议被许可方获得的权利最小。相应地，其支付的使用费也就越少。

4. 交叉许可协议(又称互换许可协议，cross license contract)：指技术许可方和被许可方在协议中规定，将其各自的技术使用权相互交换，供对方使用。这种许可可以独占，也可以排他，可以有偿，也可以无偿。交叉许可协议常使用于原发明的专利权人和派生发明的专利权人之间。

5. 分许可协议(也称为从属许可协议，sub - license contract)：指被许可方将其从许可方处获得的技术使用权再转让给第三方的合同。订立分许可协议必须经原许可方同意或在原许可合同中有明确的规定。

二、国际许可协议的主要内容

（一）不同标的许可协议的共有条款

通常情况下，国际许可协议都具备如下几项基本条款：(1)前言；(2)定义条款；(3)合同的范围条款；(4)价格与支付条款；(5)技术资料的交付条款；(6)技术服务条款；(7)考核和验收条款；(8)改进技术的归属和分享条款；(9)保证和索赔条款；(10)违约救济条款；(11)争议解决与法律适用条款；(12)合同的有效期和生效时间等。实践中，人们习惯将第(1)项、第(2)项、第(4)项条款称为商务性条款，第(3)项、第(5)～(9)项条款称为技术性条款，第(10)～(12)项条款称为法律性条款。其中，商务性条款是许可协议中最重要且最具特色的共有条款。

1. 合同的前言

前言是国际许可协议必不可少的开头语，它包括：合同名称、合同号、签约时间、签约地点、当事人双方的基本情况以及鉴于条款。

鉴于条款(Whereas Clause)是指合同正文开始处用以说明双方交易意图和转让技术合法性的条款。例如，“鉴于出让方拥有某项制造技术和生产某项产品的实践经验”“鉴于出让方能得到本国有关当局的许可,能够出让某项技术给受让方”等。鉴于条款不是可有可无的,这一条款不仅仅能说明双方的交易意图,其更主要的作用是要当事人双方(主要是许可方)在合同一开始就明确地作出某些法律上的保证,一旦发生纠纷,仲裁机构或法院可以根据这一条款判断责任归属。

2. 定义条款

在国际许可贸易中,由于当事人双方所在的国家、使用的语言和适用的法律不同,各方对同一词的解释和使用可能完全不一样。因此,为了避免在执行合同的过程中发生分歧,对一些关键性的重要词汇和各国法律以及习惯有不同理解的词汇,如“合同产品”“技术资料”“净销售价”“提成率”“投料试车”“会计年度”等,需要在合同中首先给出明确的定义。另外,对有些名词术语,如合同工厂、许可方、被许可方等在合同中要反复多次使用而全称又很长的,为了简明扼要,有时也在定义条款中规定出简称。

3. 价格与支付条款

合同价格条款亦称使用费条款,是整个许可协议的核心。在国际许可贸易的实践中,合同使用费的计算方式主要有以下三种:

第一种俗称为统包价格(lump sum price)、固定价格或一次总算价格。其是指在合同中一次算清一个明确的使用费数额,并在合同中固定下来,可由被许可方一次付清或分若干期付清。采用统包价格对被许可方来说风险最大,因此实践中使用不多。

第二种称为提成价格(royalty price)或滑动价格。其是指在合同中规定,在项目建成投产后,按合同产品的产量、净销售额或利润(统称为提成基础)提取一定百分比(提成率)的费用作为使用费。提成率有固定和滑动之分。前者在合同的有效期内是固定的,后者在合同有效期内将随着净销售额的增加或提成年限的推后而逐年降低。与此相应,提成也分为固定提成(fixed royalty)和滑动提成(sliding royalty)。此外,有的许可协议中还有最低提成和最高提成的规定。最低提成(minimum annual royalty)是指双方约定在一定的时期内,无论被许可方的生产销售情况如何,是否有盈利,都须向许可方支付固定数额的最低提成费。最高提成(maximum royalty)是指双方约定在一定时期内,当提成费达到一定金额以后,即使作为提成基础的产量、净销售额或利润增加,提成费也不再增加。采用提成的计价方式,除提成率和提成基础外,还要明确规定提成期限,而且在专利、商标或著作权(包括计算机软件)许可协议中,提成期限不能超过这些知识产权的有效期。采用提成价格对被许可方最为有利。

第三种称为入门费(initial payment)加提成的价格或固定和提成相结合的价格。其是指在合同中规定,在合同生效后被许可方立即支付入门费,在项目投产后一定期限内支付提成费。入门费通常占合同总价的10% ~20%,提成费占总价的80% ~90%。这种计价方式综合了统包价格和提成价格的优势,风险由双方分担,比较合理,因而成为最常用的计价方式。我国在国际许可贸易中也多采用此方式。

(二)不同标的许可协议的特有条款

1. 专利许可协议的特有条款

除上述各种标的许可协议的共有内容外,专利许可协议通常还包括维持专利有效性、不得反控和使用专利标记等特有内容。实践中,这些内容一般都作为几个独立的条款出现在合同之中。

维持专利有效性条款是指在合同中规定许可方有义务按照法律规定缴纳专利年费(或专

利维持费)，以维持专利的有效性。如果因为许可方未缴纳专利年费而导致专利失效，专利许可协议将因此而解除，被许可方将不再支付专利许可费用。在有些专利许可协议中，维持专利有效性条款还包括要求许可方对其权利承担持续有效的保证。即如果该项专利被宣布无效，被许可方不仅有权宣布该许可协议无效，而且还有权向许可方索回已付的许可费。

不得反控条款(no－challenge)，又叫作权利不争条款，是指被许可方在获得了许可方的专利技术后，在整个合同有效期内，不得对该专利提出异议或进行无效诉讼。对不得反控条款的效力，不同国家的法律有不同的规定。一些发展中国家和少数发达国家(如美国)通过法律规定或通过司法实践确定这种条款属于限制性条款，理由是其内容违背了公共利益；少数国家(如德国)的法律明文规定此条款属于合法有效的条款；而绝大多数国家(包括我国)的法律对不得反控条款没有任何规定，即为默示许可，也就是说被许可方是否有不得反控的义务，就看合同中是否订明这一条款。

使用专利标记条款一般要求被许可方在自己生产的专利产品上标明专利标记，其主要作用是警告他人不得仿造，否则构成侵权。在某些国家，专利标记的使用还可以作为专利侵权诉讼中的初步证据使用。

2. 商标许可协议的特有条款

商标许可协议的特有内容包括：使用商标的形式，明确许可方的质量监督权以及商标标识的管理等。

实践中主要有以下四种使用商标的形式供当事双方选择：单独使用许可方的商标；单独使用许可方的商标，同时注明生产国家和生产厂家；使用联结商标，即将许可方商标和被许可方商标中有代表性的部分联结起来，组成一个新商标(如“FUDA”“索华”)，在被许可方所在国另行注册，其所有权属于被许可方；使用双重商标，即将许可方的商标和被许可方的商标并列，如“上海－SANTANA”等。

质量监督条款是商标许可协议最具特色的条款。商标许可贸易使被许可方可以利用许可方有一定知名度的商标推销自己的产品，以获得经济效益。对许可方来说，一方面，通过商标许可可以获得使用费；但另一方面，他也要承担一旦被许可方的商品质量低劣，自己商标的信誉将受影响的风险。为把自己的风险降到最低，在商标许可协议中，许可方一般要求订入质量监督条款，即要求被许可方保证使用商标商品质量的一致性和符合合同规定的质量标准，许可方有权监督、检查被许可方的产品和原材料，有权到其工厂检查生产过程，有权要求其定期将产品样品送交许可方检查等。

商标标识的管理条款一般包括三项具体内容：第一，商标标识的获得。商标标识可以由许可方提供，但多数情况下由被许可方印制。如果约定由被许可方印制，则合同中应规定商标标识的式样、图形、色彩等，必要时应随附样品。第二，商标标识的使用。一般规定被许可方在首次出售载有许可方商标的产品前，应得到许可方的书面确认。不合格产品不得使用商标标识或不得销售，已经销售的许可方有义务追回。第三，合同终止后对商标标识的处理。通常规定合同终止时库存的尚未使用的商标标识，应当销毁或作价转让给许可方或其指定的第三方。在合同终止日前被许可方已生产的产品，如果载有该商标标识，则应允许其继续销售，直到售完为止。

3. 著作权许可协议的特有条款

著作权许可协议又称为版权许可协议，其特有的内容主要有以下几项：许可使用作品方式条款、许可使用性质条款等。

许可使用作品方式条款对被许可方以何种方式利用作品进行约定。著作权是一种独立的知识产权,但其本身又包含了多项具体的权利内容,著作权所有人有权将其著作权中的一项或多项权利内容许可给他人使用(通常许可他人使用的仅为著作财产权中的内容)。许可使用作品的方式主要有复制、表演、播放、展览、发行、改编、摄制成电影或电视、录像、翻译、网络传播等。

许可使用性质条款规定许可使用的权利是专有使用权还是非专有使用权。如属专有使用权,在合同有效期和约定的地域范围内,被许可方可以约定的方式独占地使用作品,包括著作权所有人在内的任何其他人不得以与之相同的方式使用同一作品。如属非专有使用权,被许可方还可以将同样的权利再许可给第三方使用。如果合同中未规定许可使用性质,通常会认为被许可方取得的是非专有使用权。

4. 专有技术许可协议的特有条款

详细的合同范围条款和技术保证条款是专有技术许可协议中不可缺少的内容。专有技术不同于专利技术。专利技术是公开的技术,被许可方可以在技术引进之前通过公开的专利文献充分了解专利的内容,自行判定其实施后的技术效果,因此单纯的专利许可协议是一种典型的"授权"合同,许可方只将其拥有的专利权授予被许可方使用,通常对于被许可方使用后的技术效果不负责任。因此,合同中涉及转让技术的具体内容非常简单,一般也没有专门的技术保证条款。

和详细的合同范围以及技术保证条款一样,保密条款也是专有技术许可协议不可或缺的内容。专有技术之所以具有经济价值,其根本原因在于其不公开性,因此,专有技术的被许可方承担保守专有技术秘密的责任是签订许可协议的前提或先决条件,即使合同中没有明确规定也应承担相应责任。但是,为引起被许可方对保密责任的重视,大多数专有技术许可协议中仍专门规定保密条款。

关于当事人对专有技术承担的保密责任,我国1985年的《技术引进合同管理条例》(已失效)和2002年开始施行、2020年修订的《技术进出口管理条例》都有原则性规定。《技术进出口管理条例》第25条规定,技术进口合同的受让人、让与人应当在合同约定的保密范围和保密期限内,对让与人提供的技术中尚未公开的秘密部分承担保密义务。但是,在保密期限内,承担保密义务的一方在保密技术非因自己的原因被公开后,其承担的保密义务即予终止。

由于上述法定义务规定得非常笼统和抽象,因此在专有技术许可协议中,通常还须订入内容详细、具体的保密条款。该条款主要包括以下内容:规定有关处理专有技术秘密文件的标准;接触有关资料的人员范围;使用分包方式时,应事先征得许可方同意,且分包商也应承担保密义务;雇员和分包商违反保密义务的,视为被许可方违反保密义务;被许可方雇员在退休或离职后一定时间内应承担保密责任等。

此外,在协议达成前的谈判阶段,保密义务也至关重要。所以,在谈判前,许可方往往要求与被许可方签订初期保密协议,其具体内容包括:明确规定被许可方有义务对从许可方处获得的一切技术情报予以保密;规定保密期限及被许可方的保密义务不因谈判的失败而解除;规定一定数额的保证金,即要求被许可方在初期保密协议签订后立即向许可方支付一笔款项作为其履行保密义务的保证。在正式签订许可协议时,保证金作为协议的预付款从合同总价中扣除。如果未能签订正式的许可协议,许可方须在规定的期限内退回保证金,但如果被许可方违反保密义务，许可方有权没收这笔保证金。

三、国际许可协议中的限制性商业条款

国际许可协议中的限制性商业条款（restrictive business clauses），又称为限制性商业行为、限制性商业惯例、限制性贸易做法、违背公平贸易条款等。在我国，国际许可协议中的限制性商业条款是指在国际许可协议中由技术许可方向被许可方施加的，法律所禁止的，造成不合理限制的合同条款。这些条款或者直接影响市场竞争，或者对国际技术贸易尤其是对发展中国家引进技术及其经济发展造成不利影响。

值得注意的是，在专利、商标、著作权许可协议中，这些法定专有知识产权的行使或多或少地会在合同中表现为一定的垄断或限制，如限制技术使用的地域范围；商标许可协议中，许可方禁止被许可方在质量不合格产品上使用其商标；专利许可协议中强制被许可方使用专利标记条款等。这些限制是基于转让标的特殊性质的正当限制，因而不属于限制性商业条款的范畴。

（一）发达国家和发展中国家关于国际许可协议中限制性商业条款的分歧

发达国家用以调整和管制国际许可协议中限制性条款的法律主要是一般性法律，即这些国家的反垄断法。由于在发达国家，反垄断立法起步普遍较早，而国际许可贸易却是后来才发展起来的一种新的贸易形式，因此，国际许可协议中出现的限制性商业条款自然地被纳入反垄断法的调整范围。和一般的货物贸易中的限制性做法一样，这些条款被禁止与否的标准仍然是看它是否妨碍了竞争，限制了自由贸易，这也就形成了发达国家判断国际许可协议中限制性商业条款的基本标准，即“竞争”标准。此外，由于和货物贸易相比，技术贸易有它自己的特点，单纯适用“竞争”标准来判定限制性条款可能不合实际，因此，在发达国家中又形成了一种“合理规则”作为“竞争”标准的补充，即法律根据“竞争”标准规定一些不合理的限制性条款，但一项具体的合同条款是否真的“不合理”，必须在纠纷发生时由法院或仲裁机构加以确认。这种“竞争”标准与“合理规则”的配套使用，从法理上来说虽然具有科学性，但同时具备不确定性的缺点，这对保护合同当事人的权利是不利的。

和发达国家不同，广大的发展中国家主要是通过制定专门的技术转让法规，设立专门的行政机构对国际许可协议进行登记、批准来控制各种限制性商业条款。发展中国家大多是 20 世纪中叶获得民族解放，实现政治独立的国家。这些国家在殖民统治时期，是各殖民者抢夺的市场，因而根本不可能有反垄断法存在的可能。在获得民族解放和政治独立以后，这些国家为了迅速地发展经济，开始大量引进国外的资金和技术。但是，在大量引进后不久，它们发现相当多的技术许可方在收取高额的许可费并把许多不公平、不合理的条款强加于本国技术引进方后，提供的技术却并不是先进的，有的甚至已落后或会引起严重的环境污染等恶果。鉴于这种原因，从 20 世纪 70 年代起，各发展中国家纷纷开始干预技术引进，其最主要的手段就是制定颁布专门的技术转让法（其中多为技术引进法）和成立专门机构对许可协议进行管理。相应地，在判断什么是限制性商业条款上，发展中国家大多以“发展”为标准，即看这种条款是否会形成任何对许可方的依附关系，而限制了技术引进方的生产和技术发展。在立法技巧上，发展中国家多使用列举的方法明确每一个限制性条款，同时给予主管机关一定的取舍权，即主管机关有权保留一些实际损害不大或者利大于弊的限制性商业条款。

由于在对国际许可协议限制性商业条款的调整上适用不同的标准，因此发达国家和发展

中国家在限制性条款问题上存在很大的分歧,这种分歧也成为从1978年10月16日就开始进行的《联合国国际技术转让行动守则》谈判至今没有正式结果的一个重要原因。

在国际技术贸易的实践中,必须搞清楚不同国家在限制性商业条款问题上的基本观点,根据交易的对象适当地调整协议内容,避开有关国家对限制性商业条款的禁止性规定,否则极有可能会影响协议的效力。

(二)我国对技术转让中限制性商业条款的法律管制

我国对技术转让中的限制性商业条款的法律管制最初见于1985年的《技术引进合同管理条例》,该条例以列举的方式规定技术引进合同中不得含有9项限制性条款。2002年1月1日《技术引进合同管理条例》被《技术进出口管理条例》取代,但后者也列举了技术进口合同中不得含有的7项限制性条款。2020年11月29日《技术进出口管理条例》进行了第三次修订,删除了上述技术进口合同中对限制性条款的规定。

在国内技术落后于国外技术的历史背景下,我国对技术进口合同中限制性条款的规定在保护我国引进技术的企业利益方面起到了积极作用。但随着我国企业参与国际竞争的能力以及国内技术水平的不断提高,《技术进出口管理条例》放宽了对技术进口合同内容的限制,我国企业得以在平等协商的基础上灵活地构建合同条款,符合中国科技和经济发展的长期利益。

第二节 知识产权的国际保护

一、知识产权国际保护的途径

知识产权客体的无形性使得知识产权极易被传播、流通到其他国家,而知识产权严格的地域性又使得知识产权在不同国家是否受到保护和受保护水平差异极大。因此,为了国际知识产权贸易的正常进行,知识产权的国际法律保护是必需的。

知识产权的国际保护主要通过互惠保护、双边条约保护和多边(国际)公约保护三种途径实现。互惠保护是一种附条件的保护,其含义是指某一外国若承认并保护依本国法确认的知识产权,那么本国亦承认并保护依该外国法确认的知识产权。互惠保护主要为一些知识产权立法滞后或差异悬殊的国家间采用。双边条约的保护是指双方通过签订双边协定的方式,相互保护对方的知识产权。此种保护方式在当代仍被广泛采用,如中国和美国就曾签订过三个涉及知识产权保护的双边协定。多边(国际)公约包括世界性公约和区域性公约(如欧洲专利公约、非洲专利合作条约等)两种,前者的适用范围没有区域限制,而且内容多系立法性的,规定各缔约国知识产权立法的最低水平,因此对知识产权国际保护影响最大;后者是为适应局部地区的特殊需要而产生,其对于协调区域内各国知识产权保护制度,维持相同的知识产权保护水平作用很大。多边(国际)公约是知识产权国际保护最主要的途径。

二、《巴黎公约》

《巴黎公约》于1883年3月20日在法国首都巴黎缔结,1884年7月7日正式生效。《巴黎公约》缔结后,曾先后进行了六次修正,目前绝大多数国家适用的是1967年斯德哥尔摩文本,中国于1985年3月15日正式成为《巴黎公约》的成员方。《巴黎公约》不仅是知识产权领域第一个世界性多边公约,而且是成员方最为广泛、对其他世界性和地区性工业产权公约影响最大的公约。很多工业产权公约,如《专利合作条约》《专利国际分类协定》《商标国际注册马德里协定》等都只对《巴黎公约》的成员方开放。

（一）《巴黎公约》的基本原则

概括来讲,《巴黎公约》的基本原则主要包括国民待遇原则、优先权原则、临时保护原则和独立性原则。

1. 国民待遇原则

《巴黎公约》原本就是为解决外国人在本国取得知识产权保护的问题而签订的,因此国民待遇原则自然成为其首要的原则。该原则包含以下几方面的含义:

(1)享有国民待遇的主体。其包括公约缔约国的国民和在一个缔约国领域内设有住所或真实有效的工商营业所的非缔约国国民。

(2)国民待遇原则的例外。各成员方在关于司法和行政程序、管辖以及选定送达地址或指定代理人的法律规定等方面,凡工业产权法有所要求的,可以明确地予以保留。

在实践中最常见的要求是:外国申请人必须委派当地国家的一名代理人代理申请,并指定送达文件的地址,以利于程序的进行。此外,在管辖权方面,可以在原告住所地或营业地所在国家的法院控告其他国家的国民等。

(3)《巴黎公约》对国民待遇原则的特别规定。《巴黎公约》第 2 条第 1 款规定:“一切都不应损害本公约特别规定的权利。”这也就是说,外国人除了享受国民待遇外,还有权享受公约在最低保护标准中所特别规定的权利。

作为一个实体性公约,《巴黎公约》除规定工业产权保护的基本原则外,另一个重要的成就是对工业产权保护的某些问题规定了缔约国必须尊重的最低保护标准。这些最低标准在各成员方的效力按照各国的宪法或宪法制度而有所不同。在那些承认有可能“自己执行”条约规定的成员方[1],其他参加《巴黎公约》的成员方的国民可以直接要求行政机关或司法机关适用公约最低保护标准;而在那些不接受条约规定自己执行性质的国家,就没有由行政机关或司法机关直接适用《巴黎公约》规定的可能性,但这些国家必须把这些最低保护标准纳入它们的本国法(《巴黎公约》第 25 条),因此,这些最低保护标准便在国民待遇原则之内。

2. 优先权原则

《巴黎公约》的优先权原则体现在该公约的第 4 条。其具体含义包括:

(1)优先权原则适用的范围。《巴黎公约》的优先权原则并不是对一切工业产权均适用,它只适用于发明专利、实用新型、外观设计和商品商标。在我国,优先权原则还适用于服务商标。

(2)优先权原则适用的条件。已在一个成员方正式提出申请发明专利、实用新型、外观设计或商标注册的人或其权利的合法继受人(继承人和受让人),在规定的期限内(发明专利和实用新型为 12 个月,外观设计和商标为 6 个月)享有在其他成员方提出申请的优先权。当然,优先权的获得不是自动的,需要申请人在其在后申请中提出优先权申请并提供有关证明文件。

在一个国家根据实用新型申请取得优先权后又申请外观设计时,实用新型的优先权期限应与对外观设计规定的优先权期限一样;在一国根据发明专利申请取得优先权后又提出实用

---

[1] 所谓“自己执行”,是指行政机关和司法机关可以无须国家立法的进一步干预,或者甚至可能不顾国家立法的不同规定而将公约的规定直接适用于当事人。我国即属于此种。

新型申请也是允许的,反之亦然,优先权期限以后一申请的期限为准。

(3)优先权原则的效力。其具体包括两方面内容:其一,在优先权期限内每一个在后申请的申请日均为第一次申请的申请日(亦称优先权日);其二,在规定的申请优先权期限届满之前,任何后来在公约其他成员方内提出的申请,都不因在此期间内他人所做的任何行为而失效。

(4)多项优先权、部分优先权和分案申请。《巴黎公约》规定,在后申请可以要求享受一项优先权,但也可以要求享受多项优先权或部分优先权。

所谓多项优先权,是指在后申请中的发明含有几个权利要求,这几个权利要求分别以不同的在先申请中的技术方案为根据,要求各该申请的优先权,只要符合发明的单一性条件(一发明一专利原则),是允许的。在这种情形下,在后申请的优先权期限,从最早的优先权日起算。但是,如果在后申请包含一个以上的发明,审批机关要求分案申请的,申请人可以将该申请分为若干申请。分案申请除可以保留原申请日外,享有优先权的,还可以保留优先权日。

所谓部分优先权,是指在后申请中加入了在先申请中所没有的、经过改进的技术内容,这些增加的新内容并不妨碍对在先申请中已有记载的内容要求享受优先权。这样,在后申请中,其权利要求的内容在在先申请的全文中已有明确记载的,应享有优先权,其余权利要求的内容在在先申请中没有明确记载的则不能享有优先权,所以这是部分优先权。

3. 临时保护原则

根据《巴黎公约》第 11 条的规定,缔约方应对在任何一个成员方内举办的或经官方承认的国际展览会上展出的商品中可以取得专利的发明、实用新型、外观设计和商标给予临时保护。如果展品所有人在临时保护期内申请了专利或商标注册,则申请案的优先权日不再从第一次提交申请案时起算,而从展品公开展出之日起算。这就是临时保护原则的含义。

由于公约只原则性地提出临时性保护要求,但对如何保护没有规定,因此保护方式可以由成员方自由确定。实践中,各国采用的方式主要包括两种:一种是对于展出的商品中可能获得专利的发明、实用新型和外观设计,规定在一定期限内不丧失新颖性;另一种则是承认展出人的在先使用权,以对抗第三者可能得到的权利。

4. 专利商标保护的独立性原则

《巴黎公约》要求,关于外国人的专利申请或商标注册,应由各成员方根据本国法律作出决定,不应受原属国或其他任何国家就该申请作出的决定的影响。

(二)《巴黎公约》对成员方知识产权保护的最低要求

《巴黎公约》明确要求成员方提供保护且规定有最低保护标准的工业产权客体包括:专利权、商标权、工业品外观设计、厂商名称、产地标志和反不正当竞争,其中规定最为全面的是对专利权和商标权的保护要求。

1. 对专利权保护的最低标准

《巴黎公约》主要在七个方面对成员方关于专利的保护提出要求,包括专利的独立性、发明人的署名权、法律禁止销售产品的专利性、进口不导致专利失效、方法专利权人对某些进口产品的权利、专利强制许可和国际运输工具上使用专利的问题。在此只具体解释较难理解的如下三个问题:

(1)法律禁止销售产品的专利性。即成员方不得以专利产品或依专利方法制造的产品的销售以受到本国法律禁止或限制为理由,而拒绝授予专利或使专利无效。

这一规定是针对下面两种情形提出的:其一,一项发明与一种产品的制造有关,但这种产品因不符合缔约国法律规定的安全或质量要求而被禁止销售;其二,有关缔约国已经将这种产品的制造或销售的垄断权或专属的特许权授予某个单位或组织,因而禁止他人制造或销售这种产品。但是,在上面两种情形下拒绝授予专利或使专利无效都是不公正的。在第一种情形下,该项发明可能已经证明禁止销售该项产品的法律规定已过时;而在第二种情形下,由于垄断权的权利人可能会得到利用该项发明的契约性许可或强制许可,因此不授予专利权也是没有道理的。因此《巴黎公约》才会强行规定法律禁止销售的产品仍然具有可专利性。

(2)进口和专利的维持。即专利权人将在任何成员方内制造的物品输入对该物品授予专利权的国家,不应导致该专利的取消(包括撤销和宣告无效)。

这一规定主要针对过去不少发展中国家对外国专利权人只进口专利产品但不在本国制造有抵触情绪而在法律中作出不利于外国专利权人的规定。不过在目前世界经济、科技一体化和世界贸易自由化的进程加快、国际市场和国内市场逐步融为一体的情况下,由于进口专利产品而给予外国专利权人歧视待遇的情况已基本不可能,因而这项规定的作用也逐步减弱。

(3)方法专利权人对某些进口产品的权利。即当一种产品输入对该产品的制造方法给予专利保护的成员方时,专利权所有人对该进口产品应享有进口国法律对该制造产品所给予的方法专利的一切权利。

目前,各国关于方法专利的效力有两种不同的规定:一种是规定方法专利的效力只包括方法本身的使用,不延伸及于依照该方法所获得的产品;另一种则规定方法专利的效力不仅包括方法本身的使用,而且延伸及于依照该方法所直接获得的产品的使用、销售和进口。根据《巴黎公约》的上述规定,如果进口国的法律采取上述第一种规定,那么方法专利权人对进口的该产品不享有任何权利;如果进口国法律采用的是第二种规定,那么方法专利权人对依其专利方法直接获得的产品的使用、销售和进口享有专有权,未经其许可对该产品的使用、销售和进口构成侵权。

2. 对商标权保护的最低标准

《巴黎公约》对商标权保护的最低标准涉及商标注册、使用和转让等诸多问题。

(1)商标独立性原则的例外。即在本国正式注册的商标,除非属于下列情况之一,否则其他成员方应按照在其本国的原样接受申请并给予保护:第一,商标具有侵犯第三人在申请受理国的既得权利的性质的;第二,商标缺乏显著特征,或者商标完全是商品的说明或商品的通用名称的;第三,商标违反道德或公共秩序,尤其是具有欺骗公众性质的;第四,商标的式样虽不属于上述情况,但构成不正当竞争行为的;第五,申请注册的商标,与其在本国注册的商标式样有实质性差别的。规定商标独立性的例外条款是因为商标所有人和公众的利益要求在相同的商品上使用同一个商标,即使这种商品在不同国家销售也一样。

(2)驰名商标的特殊保护。商标注册国或使用国主管机关认为一项商标构成已属享有公约利益的人所有并构成在该国驰名的商标的复制、仿造或翻译,且用于相同或类似商品上,易于造成混乱者,应依职权或应当事人的请求,拒绝或取消注册,并禁止使用。自注册之日起至少 5 年内,应允许提出取消这种商标的要求,允许提出禁止使用的期限可由各成员方规定。对以不诚实手段取得注册或使用的商标提出取消注册或禁止使用的要求的,不应规定时间限制。

(3)商品的性质和商标注册。《巴黎公约》规定,使用商标的商品的性质决不应成为该商标注册的障碍。

(4)如果成员方一个商标所有人的代理人或代表人,未经授权以自己的名义向一个或几个成员方申请注册该商标,商标所有人有权反对申请的注册或要求取消注册,或者如果该国法律允许,可以要求将该注册转让给自己。此外,无论商标是否已提出申请或批准注册,商标所有人如果没有授权使用,他也有权反对其代理人或代表人使用其商标。

(5)商标的转让。当依成员方法律,商标转让只有连同该商标所属厂商或牌号同时转让方为有效时,则只需将该厂商或牌号在该国有部分连带的被转让商标的商品在该国制造或销售的独占权一起转让给受让人,就认为其转让有效。如果受让人使用该商标事实上会引起公众对带有该商标的商品的原产地、性质或重要品质等发生误解时,上述规定并不强制使成员方承认该项商标转让为有效。

三、《保护文学艺术作品伯尔尼公约》

《保护文学艺术作品伯尔尼公约》(以下简称《伯尔尼公约》)是著作权领域第一个世界性多边国际条约,也是至今影响最大的著作权公约。我国于1992年10月15日正式加入《伯尔尼公约》,适用公约1971年巴黎文本。

(一)《伯尔尼公约》的基本原则

国民待遇原则、自动保护原则和版权独立性原则是《伯尔尼公约》的三项基本原则。

1. 国民待遇原则

《伯尔尼公约》现行文本中关于国民待遇原则的规定,受《巴黎公约》的影响很大,其最终形成于1967年。国民待遇原则贯穿于《伯尔尼公约》的大部分实体条文中,又集中体现在公约第3条、第4条和第5条第1款、第3款、第4款中。

(1)享受国民待遇的主体。其包括以下五种:第一,公约成员方的国民,其作品无论是否已出版,均应在一切成员方中享有国民待遇。这是公约的"作者国籍标准",又称为"人身标准"。第二,非公约成员方国民,其作品只要是首先在任何一个成员方出版,或在一个成员方或非成员方同时出版(30日之内),也应在一切成员方中享有国民待遇。这是公约的"作品国籍标准",又称为"地理标准"。第三,非公约成员方的国民(包括难民和无国籍人)而在成员方中有惯常居所,也适用上述"人身标准"。第四,对于电影作品的作者来说,只要有关电影的制片人的总部或惯常居所在公约成员方中,其作者也依据上述"地理标准"享有国民待遇。第五,对于建筑作品及建筑物中的艺术作品(必须和该建筑物不可分)的作者来说,只要有关建筑物位于公约成员方地域内,其作者也依据上述"地理标准"享有国民待遇。

(2)有关国民待遇的特殊规定。与《巴黎公约》相同,《伯尔尼公约》中所说的"国民待遇"包含两方面的含义:第一,享有公约各成员方依本国法现在给予和今后可能给予其本国国民的权利;第二,享有公约特别授予的权利,即公约提出的最低保护要求。

2. 自动保护原则

根据《伯尔尼公约》第5条第2款的规定,享有及行使依国民待遇所提供的有关权利时,不需要履行任何手续。按照这一原则,公约成员方国民及在成员方有惯常居所的其他人,在作品创作完成时即自动享有著作权;非成员方国民又在成员方无惯常居所者,其作品首先在成员方出版或在一个成员方和非成员方同时出版时即享有著作权。

作为自动保护原则的补充,公约第2条第2款允许成员方在国内法中保留"固定要求",即版权的享有及行使虽不需要履行任何手续,但成员方仍然可以"将所有作品或任何特定种类的作品以某种物质形式固定下来”作为获得版权保护的前提。

“固定要求”与自动保护原则并不矛盾，因为这项要求仅仅使成员方可以通过国内法排除对某些类型作品（如口述作品或演艺作品等）的版权保护，而并不是要求履行任何手续。美国等美洲国家大多有“固定要求”的规定，我国版权法仅要求版权作品必须具有“可复制性”，而没有“固定要求”。

值得注意的是，虽然《伯尔尼公约》规定享有及行使著作权不需要履行任何手续，但事实上，现在仍有一些公约的成员方（如阿根廷、智利等），甚至是公约的发起国（如西班牙）要求登记或交存作品，或要求加注标记，作为取得著作权的条件。那么，这些国家的做法是否违反了公约的规定呢？不是的。因为公约并没有要求这些国家在加入公约后必须修改本国的登记制度或在国内法中删除加注标记的条款，只要这些国家的上述手续只适用于其本国国民，而不适用于其他依据公约有权享有国民待遇的人，就不被认为是违反了《伯尔尼公约》的自动保护原则。

3. 版权独立性原则

《伯尔尼公约》第 5 条第 2 款规定，享有国民待遇的人在公约任何成员方所得到的著作权保护，不依赖于其作品在来源国受到的保护。在符合公约最低要求的前提下，该作者的权利受到保护的程度以及为保护作者权利而向其提供的司法救济方式等，均完全适用提供保护的那个成员方的法律。

版权独立性原则在实践中主要体现为如下三种情形：第一，公约成员方中，有些国家的版权法要求其国民的作品要履行一定的手续才能获得保护，那么有关作者在其他成员方要求版权保护时，其他国家不能因其本国要求履行手续而专门要求他们也履行手续；第二，对一位作者居住地和作品首次出版地都在某一成员方的作品，在该国若以某种方式利用作品不构成侵权，但在另一成员方以相同的方式利用却构成侵权，那么后一国不能因这种利用方式在作品来源国不视为侵权而拒绝受理有关的侵权诉讼；第三，不能因为作品来源国的保护水平低，其他成员方就降低对有关作品的保护水平。

（二）《伯尔尼公约》对成员方知识产权保护的最低要求

1. 保护客体

《伯尔尼公约》对成员方版权法必须保护的客体、可以选择予以保护的客体以及不应保护的客体均作了详尽的规定。

成员方必须保护的作品包括文学艺术作品、演绎作品以及实用艺术作品和工业品外观设计。可以选择给予保护的作品包括官方文件、讲演、演说或其他同类性质的作品以及民间文学艺术作品。《伯尔尼公约》明确规定版权保护不适用于日常新闻或纯属报刊消息性质的社会新闻，理由是这类东西缺乏构成作品条件的创造性因素。

2. 公约保护的权利内容

《伯尔尼公约》赋予权利主体以精神权利和经济权利。《伯尔尼公约》对作者精神权利的规定不是 1886 年就有的，而是 1928 年罗马修订会上增加的内容。其具体包括：其一，作者有主张自己是作品创作者的权利；其二，作者有反对对其作品进行任何有损其声誉的歪曲、篡改或其他更改，或者对作品有其他贬损行为的权利。这两项权利内容与我国著作权法中的署名权和保护作品完整权相当。

《伯尔尼公约》要求各成员方必须授予的经济权利共有八项。

（1）复制权：享有授权以任何方式和采取任何形式复制作品的专有权利。

（2）翻译权：在其原作的整个保护期内，享有翻译和授权他人翻译其作品的专有权利。

（3）公演权：戏剧作品、音乐戏剧作品和音乐作品的作者享有授权公开表演和演奏其作品，包括用各种手段或方法公开表演和演奏的专有权利；授权将其作品的演出向公众进行任何传送的专有权利。

（4）广播权：包括授权广播其作品，或以无线传送信号、声音或图像的任何方法向公众传播其作品；授权原广播组织以外的另一组织通过有线传送或转播的方式向公众传送广播的作品；授权通过扩音器或传送信号、声音或图像的任何其他类似设备向公众传送广播的作品。

（5）公开朗诵权：包括授权公开朗诵其作品，包括用任何手段和方法公开朗诵；授权将其作品的朗诵向公众进行任何播送。

（6）改编权：文学和艺术作品的作者享有对其作品、乐曲进行改编或其他变动的专有权利。

（7）电影权：包括授权将这些作品改编和复制成电影作品，以及发行经过如此改编或复制的作品；授权公开演出如此改编或复制的作品，并以有线方式向公众播送。

（8）录制权：成员方可根据其本国情况，对音乐作品作者及允许其歌词与音乐作品一同录音的歌词作者，授权将上述音乐作品以及有歌词的音乐作品进行录音的专有权利规定保留及其条件。

此外，在《伯尔尼公约》关于经济权利的列举中，还有一项“追续权”，其含义是作者或作者死后国家法律授权的人或机构，对于艺术作品原作、作家或作曲者的原稿，享有权利，即从作者第一次将作品转移以后的任何销售中享受利益。但公约同时规定，成员方对是否保护“追续权”有选择的自由，因此这项权利不是公约的最低要求。

3. 权利限制

“权利限制”指的是有的行为本来应属侵犯了版权人的权利，但由于法律把这部分行为规定为侵权的“例外”，从而不属于侵权。因此，有些国家的版权法中把“权利限制”称为“专有权所控制的行为之例外”。从本质上讲，版权法中的权利限制是对版权人利益和广大公众利益加以平衡的结果，因为为鼓励和促进人们的创造积极性，版权人的利益需要得到保护，但为使这种创作成果广为传播以及鼓励和促进在这些创造成果基础上的再创造，版权人的利益不应是无止境的。鉴于此，各国的版权法均程度不同地对版权人的专有权利作出限制。但是，如果各成员方无限扩大权利限制的范围，又会使有关公约提供的最低限度的保护水平受影响。因此，《伯尔尼公约》以及所有实质性版权公约都在对成员方提出最低要求的同时，把各国版权法权利限制的条款限定在一定范围内。在《伯尔尼公约》中，这种对权利限制的限制表现为下列几种情形。

（1）对“合理使用范围”的限制。公约允许的合理使用仅包括以下几种：其一，成员方法律可以允许在某些特殊情况下复制文学和艺术作品。“特殊情况”的范围由成员方确定。各国版权法通常规定为个人为学习、研究或欣赏的需要，图书馆为保存版本的需要，为教学和科研的需要等。其二，从一部合法公之于众的作品中摘出引文，包括以报刊提要形式引用报纸、期刊的文章，只要符合合理使用的惯例，在为达到目的的正当需要范围内，就属合法。但引用时应注明作品出处，如果原出处上有作者姓名，也应同时注明。其三，为教育目的利用作品，但也须符合合理使用的惯例以及须指明出处。其四，成员方的法律可以允许通过报刊、广播或向公众有线传播，复制报纸、期刊上的讨论经济、政治或宗教的时事性文章，或者具有同样性质的广播作品,但以对这种复制、广播或有线传播未明确予以保留的为限。并且,均应说明出处。其五,报道实事时使用作品。

(2)对广播权和录制权强制许可的限制。允许成员方立法以强制许可取代版权人享有的广播专有权和录制专有权,但不得因此损害作者的精神权利和获得合理报酬的权利。

所谓"以强制许可取代版权人享有的广播专有权和录制专有权",是指成员方可以通过立法规定广播和录制版权作品的条件。广播组织和录制者可以事先不经版权人许可,只要按法律规定的条件广播或录制版权作品,就视为已得到版权人的许可,不视为侵权。

4. 作品的保护期

对作品的保护期,《伯尔尼公约》在第7条针对不同作品作出了不同规定:(1)一般作品的保护期限为作者有生之年及其死后50年。(2)电影作品的保护期限为作品在作者同意下公之于众之日起50年。如果自作品完成后50年内尚未公之于众,则自作品完成后50年期满。(3)不具名作品和假名作品的保护期限为自其合法公之于众之日起50年。如果根据作者采用的假名可以毫无疑问地推定作者的身份,或者如果在公之于众后50年内作者身份公开,则保护期限为作者有生之年及其死后50年。但是,成员方没有义务保护有充分理由推定其作者已死去50年的不具名作品或假名作品。(4)摄影作品和作为艺术作品保护的实用艺术作品的保护期限不应少于自该作品完成之日算起的25年。

四、《与贸易有关的知识产权协定》

《与贸易有关的知识产权协定》(TRIPS协定)是关贸总协定乌拉圭回合谈判的21个最后文件之一,于1994年4月15日由各国代表在摩洛哥的马拉喀什签字,并于1995年1月1日起生效。由同时成立的世界贸易组织管理。

TRIPS协定由序言以及7个部分共73个条款构成。在序言部分,协定开宗明义地说明了其缔结的目的在于促进对知识产权有效和充分的保护,以减少对国际贸易的扭曲和阻力,同时保证知识产权执法的措施与程序不至于变成合法贸易的障碍。总的来说,TRIPS协定是一个高标准、严要求的协定,它的生效标志着知识产权国际保护制度进入了统一标准的新阶段,在推动各国知识产权立法和司法活动方面起了重要作用,同时协调了发达国家因对本国知识产权在域外受保护现状不满而与发展中国家产生的种种利益冲突。

(一)普遍义务和基本原则

1. 普遍义务

TRIPS协定第1条第1款规定:"成员均应使本协定的规定生效。"这一规定首先明确了协定的各项实质性规定均为成员知识产权国内立法的最低标准,其根本目的是要将各成员知识产权的保护水平提高到协定的水平上来。TRIPS协定强有力的争端预防和解决机制确保了这一目标的实现。

但是,由于在TRIPS协定的谈判过程中发达国家成员的主张始终占了上风,因此TRIPS协定更多体现的是发达国家成员的意志,这就给发展中国家成员特别是最不发达国家成员在配合TRIPS协定规定的知识产权保护的广度与深度上提出了很多的难题。为了给发展中国家成员以及最不发达国家成员在全面实施TRIPS协定之前有一个准备的时间,TRIPS协定第六部分特别规定了"过渡性安排"。其主要内容包括:(1)任何成员在《WTO协定》生效之日(1995年1月1日)以后的1年内,均无义务适用TRIPS协定的规定;(2)任何发展中国家成员和正处于从中央计划经济向市场经济过渡过程以及正在进行知识产权制度结构性改革,但面临知识产权法律的准备和实施的特殊问题的任何成员,有权再延迟4年(总共可延迟5年)适用TRIPS协定;(3)至于最不发达国家成员,不要求它们在《WTO协定》生效之日起10年内适用TRIPS协定;(4)考虑到TRIPS协定在产品专利保护方面有许多超前保护的内容,对发展中国家成员有可能构成一定的困难,所以,如果一个发展中国家成员根据TRIPS协定必须扩大其产品专利保护的技术领域,那么它在该技术领域适用TRIPS协定第二部分关于专利保护的规定可再延迟5年,即总共可延迟10年在该技术领域适用TRIPS协定关于专利保护的规定。

除享有上述权利外,在过渡期内,成员也必须履行下列义务:(1)不得增加或扩大各成员方内立法与TRIPS协定之间的不一致。即在TRIPS协定生效之后,立即"冻结"各成员方内立法与TRIPS协定之间的差距,并且在未来只允许缩小这一差距。(2)发达国家成员应向发展中国家成员及最不发达国家成员提供技术和财务合作。这类合作应包括协助后者制定保护知识产权、知识产权执法以及防止知识产权滥用的国内立法,还应包括支持建立或健全与此有关的国内官方及代理机构,其中包括对人员的培训。

2. 基本原则

国民待遇原则和最惠国待遇原则是TRIPS协定的首要基本原则。

TRIPS协定国民待遇原则的基本含义是:各成员在知识产权保护上,对其他成员之国民提供的待遇,不得低于其本国国民。但《伯尔尼公约》第6条和《保护表演者、录音制品制作者和广播组织罗马公约》(以下简称《罗马公约》)〔2〕第16条第1款(B)项所允许的成员方在特殊场合以互惠原则取代国民待遇原则的规定依然有效。

根据《伯尔尼公约》第6条,允许在非成员方版权保护水平太低的情况下,对其因"作品国籍"原应享有的国民待遇,代之以近似互惠的保护,即成员方对因"作品国籍"而应予保护的作品无须给予比首次出版国所给予的更广泛的保护。作出这一规定的原因是依据《伯尔尼公约》"双国籍国民待遇原则"中的"作品国籍标准",对作者为非成员方国民而首次出版于某一成员方的作品,成员方应为其提供国民待遇。而该作品作者所在国有的版权保护水平极低,甚至有的连版权法都没有,因此成员方的作品在这些国家可能肆无忌惮地被"盗版"。在这种情况下,要求成员方为其国民的作品提供完全的国民待遇似乎太不公平,因此公约作出上述以"近似互惠"取代国民待遇的规定。之所以采用"近似互惠"的提法,是因为如果完全互惠,即成员方提供的保护应与作者所在国给予成员方国民的保护相当,包括对无版权法之国的作品将完全不予保护,而不是公约要求的"无须给予比首次出版国所给予的更广泛的保护"。

《罗马公约》第16条第1款(B)项的内容与《伯尔尼公约》第6条相同,只不过受限制保护的主体不是作者而是广播组织,受限制的权利不是版权而是"向公众传播电视的权利"。

根据TRIPS协定的最惠国待遇原则,在知识产权的保护上,某一成员提供给其他国国民的任何利益、优惠、特权或豁免,均应无条件地适用于全体其他成员之国民。

但是,和WTO的最惠国待遇原则一样,TRIPS协定的最惠国待遇原则也有例外。具体地说,例外包括如下四项:(1)由一般性司法协助及法律实施的国际协定引申出的且并非专为保

---

〔2〕《罗马公约》是第一个对著作邻接权实施保护的国家公约,1961年10月26日在联合国国际劳工组织、教科文组织和世界知识产权组织的共同主持下缔结。该公约于1964年5月18日生效。中国没有加入《罗马公约》,但我国有义务遵守被TRIPS协定纳入的《罗马公约》的有关规定。

护知识产权的;(2)《伯尔尼公约》和《罗马公约》允许的按互惠原则提供的优惠;(3)TRIPS 协定未加规定的表演者权、录音制作者权和广播组织权;(4)《WTO 协定》生效之前业已生效的保护知识产权国际协定中产生的。

此外,上述关于国民待遇和最惠国待遇的规定不适用于由世界知识产权组织主持缔结的多边协定中有关获得或维持知识产权的程序。也就是说,这些多边协定中规定的给予缔约国在程序上的优惠待遇,没有加入这些多边协定的世界贸易组织的成员是不能依据国民待遇或最惠国待遇原则要求享受的。例如,如果一个成员是《国际承认用于专利程序的微生物保藏布达佩斯条约》的缔约国,它的国民在该条约另一个缔约国申请微生物发明专利时可以无须将微生物样品提交该缔约国的保藏单位收藏,而只要提交"国际保藏单位"收藏就可以了。但是,没有加入布达佩斯条约的成员的国民,不能要求享受这种程序上的优惠。

(二)成员保护知识产权的义务范围

在对成员保护知识产权的义务作出具体规定之前,TRIPS 协定首先将《巴黎公约》1967 年斯德哥尔摩文本第 1 ~ 12 条以及第 19 条,《伯尔尼公约》1971 年巴黎文本第 1 ~ 21 条以及公约的附件(第 6 条之二关于精神权利的规定除外),《罗马公约》以及《集成电路条约》第 2 ~ 7 条(第 6 条第 3 款关于强制许可的规定除外)、第 12 条及第 16 条第 3 款,全部纳入 TRIPS 协定中,成为世界贸易组织成员必须予以保护的最低标准。

但是,TRIPS 协定和《罗马公约》之间的关系受到最惠国待遇原则例外之三,即 TRIPS 协定未加规定的表演者权、录音制作者权和广播组织权属于最惠国待遇例外的限制,这也就是说,TRIPS 协定并未将《罗马公约》的全部实质性规定纳入。事实上,TRIPS 协定在版权的相关权利部分只对《罗马公约》的部分实质性规定进行了重复和少许的改变。这样,对相互寻求邻接权保护的 WTO 成员来说,如果双方均为《罗马公约》成员方,应相互提供《罗马公约》水平的保护;但如果双方或任何一方不是《罗马公约》的成员方,那么只需相互提供 TRIPS 协定水平的邻接权保护即可。

在上述被纳入的公约内容基础上,TRIPS 协定又在以下几个方面进一步明确了成员保护知识产权的最低水平。

1. 版权和相关权利

在版权保护方面,TRIPS 协定在以下几个方面对《伯尔尼公约》进行了补充:(1)在保护客体方面,将计算机程序和有独创性的数据汇编明确列为版权保护的对象。(2)在权利内容方面,增加了计算机程序和电影作品的出租权。(3)延长了某些作品的保护期。TRIPS 协定第 12 条规定:"除摄影作品和实用艺术作品外,如果某作品的保护期并非按自然人有生之年计算,则保护期不得少于经许可而出版之年年终起 50 年,若作品在创作后 50 年内没有出版,则保护期应不少于作品创作之年年终起 50 年。"而按照此前的《伯尔尼公约》,电影作品、不具名作品和假名作品的保护期为该作品合法公之于众之日起 50 年。而合法公之于众除出版外,还包括很多其他方式,如公开表演、公开朗诵或向公众传播,那么,如果有人采用非出版的方式将上述作品公之于众,按照《伯尔尼公约》则保护期已经开始起算,而按照 TRIPS 协定则保护期还没有开始起算,必须等到将来出版时才起算。

TRIPS 协定对版权相关权利(著作邻接权)的规定在很大程度上参考了《罗马公约》的内容。其首先规定:(1)对将表演录制在唱片之上,表演者有权禁止下列未经其授权的行为:录制其未录制的表演并翻录这些录制品;以无线方式广播和向公众播出其现场表演。(2)录音制品制作者应有权授权或禁止对其录音制品直接或间接的复制。(3)广播组织有权禁止未经其授权的下列行为:录制其广播;复制此录音制品;通过无线方式重播其广播;将其电视广播节目向公众传播。(4)允许成员在《罗马公约》允许的范围内,对上述的表演者、录音制品制作者和广播组织的权利规定条件、限制、例外和保留。这几方面的规定基本上是对《罗马公约》内容的重申。

在上述内容的基础上,TRIPS 协定又在两个方面提高了对版权相关权利的保护水平:(1)延长了权利保护期限。规定了对表演者和录制者的保护期限,应从录制或节目表演当年年底算起至少持续50 年;对广播组织的保护期限,应为从广播开始之年年底算起至少持续 20 年。(2)将《伯尔尼公约》第 18 条关于追溯力的规定比照适用于表演者权及录音制作者权。这就是说,对世界贸易组织的成员来说,对 TRIPS 协定对其生效之前已经进入该国公有领域的表演和录音制品,只要该表演和录音制品在其来源国仍受保护,该国就有保护这些表演和录音制品的义务。

2. 商标

与《巴黎公约》相比,TRIPS 协定扩大了对驰名商标的特殊保护,具体表现在两方面:一方面,《巴黎公约》第 6 条之二关于驰名商标的保护原则可以扩大适用于服务标记。确认某一商标是否驰名,要看相关公众对其的知晓程度,包括在该成员地域内因宣传而使公众知晓的程度。另一方面,将相对保护扩大为绝对保护,即驰名商标特殊保护的规定还应比照适用于与该商标注册的商品或服务不相类似的商品或服务。

在商标的转让问题上,TRIPS 协定完全允许商标权人自行决定是否连同商标所属的经营一道转让其商标。这一规定比《巴黎公约》更为灵活,对商标权人更为有利。因为《巴黎公约》还允许成员方要求转让商标的同时必须一同转让该商标所属的商誉或坐落在该国的商行,而 TRIPS 协定则完全允许商标权人自行决定是否连同商标所属的经营一道转让其商标。可以说 TRIPS 协定的规定进一步肯定了商标作为一种独立的无形财产的法律地位,这也是知识产权理论发展的一个体现。

3. 地理标志

地理标志(geographical indication)是指表示一种商品的产地在某一成员领土内,或者在该领土内的某一地区或地方的标志,而某种商品的特定品质、名声或者其特色主要是与其地理来源有关。

根据 TRIPS 协定的规定,各成员有义务对地理标志提供法律保护,使利害有关各方能阻止在商品的名称或外观上使用任何方法,以一种误导公众关于产地的方式明示或暗示有关商品来源于真正来源地以外的地区的行为以及《巴黎公约》(1967 年文本)第 10 条之二所规定的不公平竞争行为。

如果某些商品的商标含有地理标志或由地理标志组成,而该商品并非源于该标志所表示的地域而在某一成员国内。在这种商品上使用有这样标志的商标,对该商品的真正起源地具有误导公众的性质,那么该成员应拒绝该商标的注册或使注册无效。

鉴于对酒类商品的地理标志保护具有特别的重要性,TRIPS 协定特别要求各成员采用法律手段,防止任何人使用一种地理标志来表示并非源于该标志所指地方的葡萄酒或烈酒。

4. 工业品外观设计

TRIPS 协定要求各成员对独立创作的、具有新颖性或原创性的工业品外观设计提供保护。

各成员可以规定,外观设计的保护不应延及主要由技术或功能考虑所作成的外观设计。各成员应保证对纺织品外观设计获得保护的要求,尤其是关于费用、审查或公布的要求,不应不合理地损害求得这种保护的机会。

受保护的工业品外观设计的所有人应有权阻止第三人未经其许可,为商业目的而制造、复制或进口载有或体现有受保护的外观设计的复制品或实质上是复制品的货物。

成员可自行确定通过工业产权法或版权法来保护工业品外观设计,但其保护期至少为10年。

5. 专利

在TRIPS协定第二部分的谈判过程中,发达国家和发展中国家分歧最大的就是涉及专利保护的问题,可以说发达国家竭力把知识产权问题纳入乌拉圭回合的谈判议程的主要目的就是希望取得最终TRIPS协定第二部分专利一节所规定的内容。

(1)专利保护客体

关于这个问题TRIPS协定首先原则性地规定:除了某些例外或条件,对一切技术领域内具有新颖性和创造性,并能付诸工业应用的任何发明,无论是产品还是方法,均有可能获得专利。而且,专利的保护和专利权的享有,不能因发明地点、技术领域、产品是进口或在本地制造,而有任何歧视。

上述前半段的规定是针对在TRIPS协定之前,有相当一部分国家并不对一切领域的发明都授予专利,特别是对药品和化学物质不授予专利,而只授予药品和化学物质的制造方法专利权。这使得美国等少数工业大国极为不满,认为这使自己的利益蒙受了巨大损失。上述后半段的规定则主要针对两种情况:一种是针对美国的,因为美国对他国国民在美国领土外作出的发明给予歧视,使他们不能像美国人那样适用发明在先原则;另一种则针对发展中国家,原因是许多发展中国家对产品是进口而非在本国制造的外国人在本国享有的专利给予歧视。TRIPS协定的上述规定解决了所有这些问题,在某种程度上可以缓解有关国家由此可能发生的贸易摩擦。

尽管有上述原则性规定,但是在扩大专利保护客体范围和保护力度上发达国家和发展中国家之间仍然存在较大的分歧,尤其是在药品、食品和农用化学制品上。发展中国家要求对医药、化工、食品和动植物品种允许有例外,可以不予以专利保护,而美国则在谈判期间对巴西、中国等挥舞其“超级301”大棒,以制裁相威胁强迫发展中国家加大对知识产权的保护力度。在欧盟的同时加压下,发展中国家最终接受了除动植物品种外其他均予以专利保护的文本。不过,经发展中国家的一再坚持,以及考虑到发展中国家的实际困难,TRIPS协定在“过渡性安排”部分给予了发展中国家将专利保护扩大适用于新技术领域的10年过渡期。但是,这项过渡期安排又受到TRIPS协定第70条第8款和第9款的限制。

TRIPS协定第70条第8款就是所谓的“邮箱制度”。这一条款规定:对于那些原先专利制度不保护药品和农业化学产品的成员,即使根据协定“过渡性安排”可以延迟承担授予这些产品专利的义务,但也应在1995年1月1日即建立一个“邮箱”,存放这一方面的专利申请,并保证存放中的申请不会丧失新颖性。一旦这些国家的专利法开始保护药品和农用化学产品,存放在“邮箱”中的专利申请就可以立即进入专利审查阶段。

TRIPS协定第70条第9款被称为“独占销售权制度”。它要求对于已由一成员批准专利并且已在该成员方内销售的药品和农用化学产品,其他成员均应授予其在本国境内的“独占销售权”,而不管该成员是否根据协定“过渡性安排”尚不承担授予这些产品专利的义务。TRIPS协定规定“独占销售权”的期限是获得市场准入后5年,或是持续到该产品的专利申请被授予或被驳回之日,两期限以较短的为准。

作为专利客体的例外,TRIPS协定规定只能包含如下两项:第一,为人类或动物的治疗所用的诊断方法、治疗方法和外科手术方法;第二,植物和动物(不包括微生物)以及生产植物或动物的主要是生物的方法。但成员应对植物新品种提供法律保护。

(2)专有权的内容

和《巴黎公约》相比,TRIPS协定在专利权内容方面增加了专利进口权、提供销售权,并且还要求成员将对方法专利的保护至少延及依该方法而直接获得的产品。

专利进口权指的是进口国的专利权人有权阻止他人未经许可进口与其专利产品相同的产品,无论进口的产品在国外是否享有合法的专利权。并且,如果该商品在国外享有合法专利权,那么国外的专利权人与进口国的专利权人是否为同一个人也在所不问。

TRIPS协定的提供销售权和我国2000年专利法修正案中的“许诺销售权”是同一含义,通常是指在非法销售行为实际进行前所进行的一些特定行为,包括发布广告、展览、公开演示、寄送价目表、拍卖公告、招标公告以及达成销售协议等表明销售专利产品意向的行为。在没有这项权利之前,专利法只赋予权利人以“销售权”,但若仅有销售权,专利权人尚不足以制止侵权行为。因为,实践中专利权人对销售行为的控制是比较困难的,如果一定要等到销售行为完成才能采取措施,可能侵权产品早已扩散,要查明侵权产品的流向、控制侵权产品的流通,就将更加困难。即使是能够了解侵权产品的流向,对善意的再销售者或使用者,专利权人恐怕也无法要求其承担赔偿责任。而且,非法销售专利产品的人可能在完成销售行为后迅速撤离,专利权人又不知制造者是谁,因此其制止侵权行为的努力可能会两头落空。如果在销售行为未及实施,非法销售行为尚在准备阶段即采取措施,控制侵权行为的膨胀和蔓延,就将大大提高专利权人制止侵权的效率,降低制止侵权的成本,从而更加有效地维护专利权人的权利。鉴于此,TRIPS协定增加了“提供销售权”,以增加专利权人制止侵权行为的机会,以便更好地维护自己的合法权益。

至于对方法专利的保护,《巴黎公约》仅禁止他人未经许可使用该方法本身,却不禁止他人使用或者销售依照该方法直接获得的产品。TRIPS协定将对方法专利的保护扩大至依该方法直接获得之产品是非常必要的。此外,TRIPS协定规定“至少是依照该方法直接获得的产品”,说明TRIPS协定的这项规定只是最低要求,成员还可以通过国内立法将对方法专利的保护进一步扩大,如扩大到依照该方法所直接获得的原始产品经过加工后所得到的产品。

(3)专利的保护期

TRIPS协定规定应不少于自提交专利申请之日起的20年年终。

(4)专利强制许可

依据TRIPS协定的规定,成员可以在以下三种情形下颁发专利强制许可:第一,成员进入国家紧急状态或在其他特别紧急情况下;第二,为了公共利益的需要;第三,意图使用人已经努力向专利权人要求依合理的商业条款及条件获得许可,但在合理的期限内未获许可。在前两种情形下,无需事先以合理条件与专利权人协商,但有关人员应在获得强制许可后立即通知专利权人。在允许强制许可的同时,TRIPS协定也规定了成员批准强制许可的极为苛刻的条件。例如,强制许可必须不是独占的;除非与从事使用的那部分企业或商誉一并转让,否则强制许可不得转让;强制许可的目的应主要为供应批准许可的成员域内市场之需,不能供出口;强制许可应该是有偿的;等等。

6. 集成电路布图设计

对集成电路的布图设计专门立法实施知识产权保护,始于美国 1984 年的《半导体芯片保护法》,此后主要是在美国的推进下开始了国际化的进程。至今已有美国、日本、欧共体等 27 个国家和地区颁布了专门立法,此外还有两个重要的国际公约涉及集成电路布图设计的保护,这即是 1989 年在世界知识产权组织的主持下于华盛顿缔结的《集成电路条约》和 1991 年关贸总协定乌拉圭回合谈判达成的 TRIPS 协定。

《集成电路条约》的签字国有 8 个,全是发展中国家(包括中国),西方一些发达国家因对其中关于保护标准的规定不满意,拒绝签字。条约规定有 5 个国家批准即可生效,但迄今只有一个国家批准,因此该条约至今未能生效。然而,TRIPS 协定规定,世界贸易组织成员同意依照《集成电路条约》第 2 ~ 7 条(第 6 条第 3 款除外)、第 12 条以及第 16 条第 3 款对集成电路布图设计提供保护,并补充了一些规定。因此,尽管《集成电路条约》本身尚未生效,但是就世界贸易组织的成员而言,该条约由于 TRIPS 协定的规定而已经在成员中实施。

和《集成电路条约》相比,TRIPS 协定对集成电路布图设计保护水平的提高表现在以下几个方面:第一,扩大了权利保护范围。《集成电路条约》只保护布图设计和含有受保护布图设计的集成电路,但不保护含有受保护集成电路的物品,这与美国等发达国家的保护标准不一致,因此成为这些国家不参加《集成电路条约》的一个重要原因。TRIPS 协定在吸纳《集成电路条约》关于保护标准的规定时,顺应发达国家的要求,最终还是将保护对象扩大到了含有受保护集成电路的物品。第二,将《集成电路条约》规定的 8 年的保护期延长为 10 年。此外,TRIPS 协定还允许成员将布图设计的保护期限规定为自创作完成之日起 15 年。第三,对善意侵权作出了补充规定。TRIPS 协定规定善意侵权人在收到关于该布图设计系非法复制的明确通知后,仍可以就其现有存货或订单继续实施其行为,但有责任向权利持有人支付报酬,其数额应与根据自由谈判达成协议应支付的许可费相当。

7. 对未披露的信息的保护

根据 TRIPS 协定的规定,未披露的信息要得到保护必须符合三个条件:第一,信息是秘密的,即信息整体或者其组成部分的确切组合不是通常从事该信息行业界的人所普遍知悉或容易获得的;第二,该信息因为秘密而具有商业上的价值;第三,合法控制信息的人为了保守该信息的秘密性,已经根据情况采取了适当的措施。

如果成员要求将呈送未公开的试验或其他数据,作为批准农业化学产品上市销售的条件,而且这种数据的获得包含了相当大的努力,则有关成员应当加以保护,以防止不正当的商业使用或公开。

8. 许可协议中对反竞争行为的控制

TRIPS 协定明确规定,各成员可以立法规定在有关市场的特定情形下,在授予许可中某些对竞争有不利影响的惯例或条款构成对知识产权的滥用。各成员可以根据其有关法律和条例,采取适当措施,防止或控制这种惯例。

对于什么是"反竞争的惯例",各成员之间,尤其是在发展中国家和发达国家之间,一直存在很大的争议。TRIPS 协定没有对"反竞争的惯例"下明确的定义,而只以举例方式,列举了如下三个:排他性的返授(grantback)条款;阻止对知识产权的有效性提出异议的条款;强制性的

“一揽子”授予许可。

(三)知识产权的实施

《巴黎公约》和《伯尔尼公约》涉及知识产权实施的规定很少,而由于各成员的程序和执行制度不同,各公约的实体规定很可能因此而失去作用。基于这种原因,在欧美企业组织代表的要求下,TRIPS 协定第三部分专门涉及知识产权的实施,共有 21 条之多,这在知识产权国际公约中是一个创举。

1. 一般义务。各成员应保证其国内法能提供协定第三部分所规定的执法程序,以便能采取有效行动,制止任何侵犯协定所规定的知识产权的行为。这种执法程序必须包括迅速防止侵权的救济和遏制进一步侵权的救济。此外,知识产权的执法程序应当公平合理,不应当有不必要的复杂程序或花费过高,或者规定不合理的期限或不应当的拖延。

2. 民事和行政程序及救济。各成员应向权利持有人提供关于执行知识产权的民事司法程序,包括及时得到足够详细的书面通知、委托代理人、举证的权利、陈述的机会等。一旦发生侵权,成员的司法机关应有权责令停止侵权,向权利持有人支付损害赔偿,对侵权的商品进行处理,禁止其进入商业渠道或命令将侵权商品予以销毁。

3. 临时措施。各成员的司法机关应当有权在侵权行为发生之初采取临时措施,以制止侵权行为继续进行或防止有关证据被销毁。

4. 关于边境措施的特殊要求。权利持有人如果有适当的证据怀疑假冒商标的商品或盗版商品有可能进口,可以书面向进口国主管行政或司法当局提出,由海关中止放行被怀疑侵权的商品。申请人应提供保证金或相当的担保,其数额应足以保护被告和该主管机关,并防止滥用。申请人对因错误扣押商品而造成的进口方的损失应予以赔偿。

TRIPS 协定有关知识产权边境措施的规定在我国国内转化中主要体现为 1995 年首次发布的《知识产权海关保护条例》,该条例自 2004 年 3 月 1 日起被新的《知识产权海关保护条例》所取代。新条例于 2010 年和 2018 年被两次修订。

5. 刑事程序。各成员必须规定刑事程序和刑罚,而且应至少适用于具有商业规模的故意假冒商标或版权盗版案件。适用的救济包括:监禁,罚金,扣押、没收、销毁侵权产品以及主要用于犯罪的任何材料和工具。

(四)知识产权的取得、维持及相关程序

各成员可以要求将符合合理手续和遵守合理程序作为获得或维持知识产权的一个条件。但这些程序和手续应与 TRIPS 协定的规定相一致。

如果知识产权的获得需要经过授权或注册,各成员应保证,在符合获得权利的实质性条件的前提下,授权或注册的程序能在合理的期间内批准授权或注册,以免不正当地缩短保护期限。

(五)TRIPS 协定的修订

前文已经提到,TRIPS 协定在平衡药品专利权与公共健康需要的冲突时存在一系列的妥协,但并未从根本上解决这种冲突。因此,在 TRIPS 协定生效后药品专利和公共健康之争也一直没有停止,这种争论的结果集中地体现在《TRIPS 公共健康宣言》(以下简称《多哈宣言》)和《关于实施 TRIPS 协定与公共健康多哈宣言第六段的总理事会决议》(以下简称《总理事会决议》)以及 2005 年 12 月 6 日通过的《修改〈与贸易有关的知识产权协定〉议定书》中。

2001 年 3 月,60 个发展中国家联合发表了一份声明,指出 TRIPS 协定对药品专利的保护法则“不应与世贸成员方发展本国医疗卫生事业的愿望相抵触”。在此基础上，2001 年 11 月 14 日 WTO 第四次部长级会议通过了《多哈宣言》。宣言中主要明确了以下几个问题：（1）TRIPS 协定不会也不应阻止成员们采取保护公共卫生的措施，WTO 成员有权充分使用 TRIPS 协定中为此规定的灵活性条款；（2）每一成员有权发放强制许可，并有权决定发放此类许可所依据的理由；（3）对于医药制品，最不发达国家成员在 2016 年 1 月 1 日前，不必实施或适用 TRIPS 协定第二部分第五节和第七节或执行此两节下所规定的权利；（4）授权进行新一轮的关于药品专利和公共健康问题的谈判。

根据《多哈宣言》的上述授权，WTO 在多哈回合上启动了针对 TRIPS 协定的谈判，2003 年 8 月 30 日，WTO 总理事会在瑞士日内瓦通过了《总理事会决议》。该协议的核心内容是：（1）允许“符合条件的进口成员方”〔3〕可以以强制许可的方式，向“出口成员方”〔4〕进口非专利药品；（2）当“符合条件的进口成员方”对同一产品行使强制许可时，只要“出口成员方”已因这些产品向专利持有人支付过报酬，进口成员方可不履行 TRIPS 协定第 31 条（h）项的义务，即不需要再支付报酬；（3）为了公共健康目的，发达国家成员方保证依照 TRIPS 协定第 67 条提供技术协作，包括与其他相关政府间组织协作；（4）承诺 TRIPS 协定理事会将于 2003 年年底启动修改 TRIPS 协定的准备工作，并争取在 6 个月内完成对 TRIPS 协定的修改。

2005 年 12 月 6 日在香港举行的 WTO 第六次部长级会议上，各成员一致通过了《修改〈与贸易有关的知识产权协定〉议定书》，修订了 TRIPS 协定第 31 条（f）项“利用强制许可生产的产品应当主要为供应授权国的国内市场”的规定，即在 TRIPS 协定第 31 条后插入第 31 条之二，允许利用强制许可生产的药品出口到缺乏生产能力的国家。在《“TRIPS 协定”附件》的附录里规定了关于医药行业生产能力的评估，明确了“没有或缺乏医药生产能力”的含义。WTO 各成员应于 2007 年 12 月 1 日（后延长至 2009 年年底）前批准上述修正案。〔5〕

五、知识产权国际保护的新发展

（一）知识产权国际保护的新成果

知识产权国际保护在 TRIPS 协定生效时已经进入了高标准的时代，但是，由于 TRIPS 协定首次涉及知识产权的执法问题，相关规定比较原则化，因而制约力有限。为了进一步强化知识产权国际保护的严要求，知识产权多边合作也取得了一些新的进展，《反假冒贸易协定》（Anti-Counterfeiting Trade Agreement，ACTA）是其中最具有代表性的成果。此外，《跨太平洋伙伴关系协定》（TPP）和《区域全面经济伙伴关系协定》（RCEP）中涉及知识产权保护的内容，也进一步提高了知识产权国际保护的水平。

（二）《反假冒贸易协定》

2007 年 10 月 23 日，美欧表示将与一些主要贸易伙伴寻求谈判一个新的更高基准的知识

〔3〕“符合条件的进口成员方”是指任何最不发达成员方，以及任何向 TRIPS 协定理事会发出通知，表明其希望使用此制度作为进口方意愿的成员方。参见《总理事会决议》第 1 条第（b）项。

〔4〕“出口成员方”是指使用《总理事会决议》中确定的制度生产医药产品并将其出口到“符合条件的进口成员方”的成员方。参见《总理事会决议》第 1 条第（c）项。

〔5〕我国于 2007 年 11 月 30 日递交了通过该修订案的批准书。参见《中国递交〈修改“与贸易有关的知识产权协定”议定书〉批准书》，载人民网，http://world.people.com.cn/GB/57507/6595399.html。该议定书已于 2017 年 1 月 23 日正式生效。

产权执法协定,并强调该谈判不属于任何现有的国际组织的一部分。2010年10月,《反假冒贸易协定》草案文本主要争议方美国和欧盟迅速达成妥协,于2010年11月15日公布了最终草案文本,自2011年5月1日起开放签署。

ACTA共有六章45条,分别是“初始条款和一般定义”、“知识产权执法的法律框架”、“执法实践”、“国际合作”、“机构安排”和“最后条款”。根据ACTA的文本内容以及缔约方的期望,ACTA的目标是设定新的知识产权执法国际标准,期望通过促进国际合作和更有效的国际执法,来打击激增的假冒和盗版商品。因此,ACTA的核心是其第2章“知识产权执法的法律框架”,其条款在全部条款中占将近一半,这部分的内容具体包括:

1. 民事措施

(1)扩张适用于第三方的禁令和临时强制措施

就法院的最终禁令而言,TRIPS协定第44条虽然涉及禁令对第三方的适用,但仅是很有限的适用,即TRIPS协定规则下的禁令对善意第三方可不适用。对于临时强制措施,TRIPS协定第50条完全未提及第三方,据此完全可以推定这类措施仅适用于侵权嫌疑人。而ACTA第8条、第12条则分别将禁令和临时强制措施都扩展适用于侵权嫌疑人以外的任何第三方,且未规定需要考虑其是否“知道或应当知道”侵权。可见,无论是对最终禁令还是对临时强制措施,ACTA都扩大了适用范围。按照TRIPS协定的规定,各国仅对有主观过错的第三方才有义务颁布禁令。而此情形在多数国家实已构成第三人间接侵权,对其颁布禁令并无特别。但是,根据ACTA最终禁令直接施加于任何第三方而不考虑其主观过错,即包括善意第三方,其打击面远远广于TRIPS协定。这就意味着在侵权争端中权利人可借助司法资源限制乃至排除更多的相关方,并能更轻易地在更大范围内阻止有争议的产品进入市场。有学者甚至认为:“网络服务商作为第三方也在ACTA强制措施的打击范围之内。”

(2)更严厉的损害赔偿计算方法

ACTA的规定在不同层面超越了TRIPS协定所确立的标准,概言之有三:①它将TRIPS协定中的选择性制度规定为强制性义务,即成员方必须赋予司法机关权力以保证某些赔偿的实现,例如,权利人的利润损失、法定赔偿、律师费等。②对于版权和商标,新增了TRIPS协定未曾规定的更严厉的赔偿方法,如“侵权货物价值”“推定计算法”。尤其是后者,要求对权利人的补偿是“足够”而不只是TRIPS协定所规定的“能够”。③它要求“推定计算法”构成通常赔偿方法的替代方案供权利人选择。

依照ACTA,权利人在版权、商标等领域主张赔偿的能力得到了全面提升,这反映在两个方面:一方面,可供其选择的赔偿方法更多且更严厉。其中,以下两种计算方式备受质疑:一是根据“以市场价格得出的侵权货物价值”来计算权利人的利润损失。这种算法得出的赔偿额通常远高于权利人实际的利润损失,因为并非有多少侵权货物就代表权利人实际减少了多少以市场价售出的货物。二是“推定计算法”,即将“侵权货物总量乘以单位利润”的数额推定为权利人的损失,这也存在夸大损失的问题。因为很多被指侵权的货物可能尚未售出,在采取销毁等措施后并不会给权利人带来实际损失,却被计入赔偿基数。另一方面,ACTA使权利人能主动选择更有利于自己的赔偿方式,而选择上述两种计算方法都可使权利人避免本应承担的其所受实际损失的举证责任。

此外,ACTA还在禁令和赔偿以外的补充救济措施方面加大了力度,其第10条增加了对侵权物及相关原材料、工具采取销毁措施的情形而减少了“排除出商业渠道”的适用空间。后者在 TRIPS 协定中更是主要的选项。

2. 边境措施

(1)将知识产权的边境措施扩大适用于过境贸易

TRIPS 协定第三部分第三节是专门关于边境措施的规定。TRIPS 协定并不要求将边境措施适用于过境货物,只是要求根据进口国的法律判定侵权时才可适用。而 ACTA 则有针对性地扩大了边境措施的适用范围,使仅仅路过或在某国转口的产品也会受到该国立法的评判并进而被采取边境强制措施。事实上,在目的国合法的货物在过境国可能是非法的,但过境国作为中转地本不受该批货物的任何影响,赋予其查扣过境货物的权利反而会扭曲正常贸易。不过,ACTA 对其强势的边境规则也有限制,其第 13 条规定边境措施不适用于专利和未披露信息。

(2)降低海关"依职权"启动措施的门槛

TRIPS 协定第 58 条规定,成员方"可"赋予主管机关(海关等)依职权主动采取措施的权力,但以主管机关取得存在侵权的"初步证据"为前提。而根据 ACTA 第 16 条之规定,成员方"应"赋予海关依职权启动措施的权力,并且不需要"初步证据"而只需存在"怀疑"。可见,在 TRIPS 协定中赋予海关依职权启动的权力并非成员方的强制性义务,而在 ACTA 中则是强制性的。更重要的是,ACTA 将此类程序的启动门槛大幅降低,只需"怀疑"侵权,而该标准带有极强的主观因素,几乎不需任何客观依据。

3. 刑事措施

(1)宽泛界定"商业规模"以降低追究刑事责任的门槛

根据 TRIPS 协定第 61 条的规定,成员方采取刑事措施的基本门槛之一是针对具有"商业规模"的行为,但未界定何为"商业规模"。ACTA 第 23 条第 1 款进一步对"商业规模"作了界定,要求其至少包括"为了直接或间接经济或商业利益的商业活动"。

(2)扩大刑事措施的适用范围

根据 TRIPS 协定第 61 条的规定,成员方仅有义务针对假冒商标和版权侵权行为进行刑事处罚,至于其他种类的知识产权侵权则由成员方自行决定。而根据 ACTA 第 23 条的规定,成员方有义务采取刑事措施的情形大大增加。例如,进口、使用侵权商品标签和包装,侵犯邻接权,非法复制公开放映的电影等行为都是新增的受打击的行为。

4. 数字环境下的专门执法措施

TRIPS 协定完全没有针对网络行为的规定,ACTA 对此专门以一节规定了特别规则,其中具有突破性的主要是第 27 条第 4 款。该款规定成员方可对网络服务商施加以下义务:若权利人针对网络中的商标或版权和邻接权侵权提起合法请求,则网络服务商应针对有侵权嫌疑的账号迅速披露足以确定其用户身份的信息。这就为网络运营商设定了全新的义务,即使其未成为诉讼中的一方,也要承担某种提交证据的义务。该项规则不仅在 TRIPS 协定中难觅踪影,而且在其他条约中也极为罕见。

ACTA 在很大程度上突破了现有知识产权国际保护的一些规则,丰富了知识产权执法手段,强化了执法力度。从性质上讲,ACTA 并非一个全面的知识产权国际公约,其目的是通过加强合作和强化制裁以"改善知识产权执法实践"。但是,截至 2014 年年底,只有日本政府于 2012 年 10 月 5 日正式交存了已获国会通过的 ACTA 批准书,而根据 ACTA 第 40 条的规定,该协定在至少 6 个缔约国获得批准并交存批准书、接受书或同意书 30 日后才生效,因此,ACTA 的前景如何还尚待观察。

第三节　技术进出口管制法律制度

一、概述

(一)技术进出口管制的立法背景

技术进出口管制是指国家通过进口和出口管控的方式对技术以及包含技术的产品的国际交易进行管理和控制的行为,它是国家对国际技术转让进行管理的手段之一[6]。进出口管制法是指一国通过审批、许可、配额等方式对商品进出口实行直接的控制和管理的法律。根据这类法律,一国政府有权决定是否允许一项货物、技术或服务进出口的进行及按照何种条件进行。与其他管控方式相比,进出口管制法对国际技术转让的管理更加直接、效果更加明显,因此许多国家都已建立起相应的技术进出口管理制度。

技术转让不仅有利于增加技术的经济效益,而且有利于技术之间交融促进新技术的产生。但是,技术本身不仅具有科学属性,还兼具政治属性,尤其是在当今社会——科学技术成为现代国家的重要生产力和国际竞争力;另外,并非所有的技术都是有利于人类文明发展的,所以各国并不在技术转让领域奉行完全的自由主义,而是通过各种手段对技术转让,尤其是技术的国际转让,进行严格的监管。

国家通过进出口管制的手段对国际技术转让进行监管的主要动因包括政治、经济、公共秩序三个方面。政治动因主要是维护国家安全、贯彻本国的外交政策、维持本国的科技竞争优势等,国家会基于上述原因限制一些尖端技术或者包含相关技术的高科技产品的出口,或者限制本国的技术或技术产品流向与本国敌对的国家。经济动因主要是保证本国产业的合理结构、增加本国就业、提高技术在本国的使用率等。例如,我国《对外贸易法》第三章规定,国家可以基于保证国内供应、保护国内可能用竭的资源、建立或者加快建立国内特定产业、保障国家国际金融地位和国际收支平衡等原因限制有关货物或者技术的进口和出口。公共秩序动因主要是部分技术或者产品的引进或者输出可能会导致违反本国或者国际上的公共道德秩序,如一些禁止堕胎的国家会限制相关药物的进口,再如国际上普遍禁止各国向恐怖组织输出武器等。

如前所述,虽然国家可以通过税收、合同等多种手段对国际技术转让进行管理,但是进出口管制作为一种强有力的行政管理途径,具有许多不可替代的优越性。首先,进出口管制针对的对象广泛,不仅包括技术本身,还包括技术的载体——包含一定科学技术的高科技产品。其次,进出口管制方式的灵活性较强,能够适应不同形式的转让。再次,进出口管制的实施程序环节较多,为被管控技术和产品的进口和出口设置了多道关卡,管控效果良好。最后,进出口管制方式多属于行政途径,直接、快速、效率高。

(二)技术进出口管制的途径

1. 对技术本身进行管制

由于国际技术转让的主要方式是签订国际技术转让协议,因此,对技术本身实施进出口管

---

[6] 政府对国际技术转让实施管理的方式通常包括合同法管理、竞争法管理、税法管理、外汇法管理、知识产权法管理和进出口管理等。本节重点介绍的是国家对国际技术转让实行的进出口管理制度。

制的主要手段是对国际技术转让合同的缔约行为进行管制。各国一般将本国的技术按照是否可以或者多大程度上可以进口或者出口分为三类:自由进出口、限制进出口和禁止进出口。政府部门将技术按照上述分类编成目录,对不同类型采取不同的管理模式。以我国为例,我国《对外贸易法》中明确规定,“进出口属于自由进出口的技术,应当向国务院对外贸易主管部门或者其委托的机构办理合同备案登记”;“对限制进口或者出口的技术,实行许可证管理”。美国的《出口管理法》也有类似的规定。[7]

上述技术转让协议的概念是广义的,既包含国际技术转让合同,也包含国际技术许可合同。技术许可合同又可分为独占许可、排他许可和一般许可等类型。

另外,由于越来越多的国家允许权利人将技术作为投资引进或者输出,因此许多国家对技术转让实施进出口管制的相关制度也同样适用于技术投资的情况。

2. 对包含特定技术的产品进行管制

技术本身如果不投入应用和生产就无法产生经济价值,因此在当今社会,科学技术的发展水平和经济效应的产出情况并不直接通过技术本身反映出来,而是更多地体现在那些蕴含高技术含量的产品上。对于许多已经获得专利权的技术而言,获得技术的主要渠道就是与权利人签订技术转让合同。然而,对于那些没有获得专利权保护的技术秘密,要想获得该技术,可以采取的主要方式就是通过获得蕴含相关技术的产品之后,再通过“反向工程”攻克破解技术秘密。所以,各国在对技术本身实施进出口管制的同时,也不能忽视对相关技术产品的进出口管制。通过限制或者禁止蕴含某些技术的产品出口,进而限制或者阻断相应技术的外流。例如,我国的《两用物项和技术进出口许可证管理办法》中就有相关规定。

3. 其他途径

技术进出口管制的其他途径主要是指针对技术人员和技术资料所采取的管控措施。技术人员是技术的掌握者,因此对于那些掌握着限制或者禁止进出口技术的技术人员的跨国流动,各国也采取了相应的监管措施以防止技术以人员作为媒介输出或者输入本国。例如,有些国家的政府会限制高端技术科研人员出境或者入境。另外,作为一种重要技术表现形式的技术资料也是国家实施技术进出口管理制度的对象之一。技术资料上记录或者反映着技术,它可以是有形物,如图纸、操作指南;也可以是无形物,如技术服务、技术语言传播等。政府通过严格管控技术资料间接地管控技术的进出口。随着网络技术和移动通信技术的发展,信息的传播变得十分方便和快捷,而且通过网络传递信息并不必须伴随有形物的位移,因此对于技术信息通过网络传播途径跨国流动的监管逐渐成为各国监管技术进出口方面的重点和难点。

二、有关技术进出口管制的国际安排

(一)前巴黎输出管制统筹委员会

巴黎输出管制统筹委员会(Coordinating Committee for Multilateral Export Controls)(可简称巴黎统筹委员会,以下简称“巴统”),于1949年成立,成员主要是一些西方发达国家,其宗旨是限制成员方向社会主义国家出口战略物资和高技术。列入禁运清单的有军事武器装备、尖端技术产品和稀有物资等三大类上万种产品。被“巴统”列为禁运对象的主要是社会主义国

[7] 本节第三部分和第四部分将分别对美国等主要域外国家和中国的技术进出口管制法律进行详细的介绍,此处不再赘述。

家,总数共约30个。“巴统”由美国发起成立,总部设在法国巴黎,共有17个成员国,分别为美国、英国、法国、联邦德国(西德)、意大利、丹麦、挪威、荷兰、比利时、卢森堡、葡萄牙、西班牙、加拿大、希腊、土耳其、日本和澳大利亚。

“巴统”的主要组织机构有三个:咨询小组,是“巴统”的决策机构,由各成员国派高级官员参加;调整委员会,1950年成立,是对苏联、东欧国家实行禁运的执行机构;中国委员会,1952年成立,是对中国实行禁运的执行机构。“巴统”通过禁运货单来管控输出,将禁运货单分为四类:Ⅰ号货单为绝对禁运者,如武器和原子能物质;Ⅱ号货单属于数量管制;Ⅲ号货单属于监视项目;中国禁单,即对中国贸易的特别禁单,该禁单所包括的项目比苏联和东欧国家所适用的国际禁单项目多500余种。

“巴统”的禁运政策和货单常受国际形势变化影响,有时还把禁运限制同被禁运国家的社会制度、经济体制或人权联系在一起。“巴统”带有强烈的“冷战”色彩和意识形态。随着国际政治经济形势的变化和科技水平的提高,西方国家为了自身的经济利益,不断突破“巴统”的禁运限制,“巴统”不得不缩小其管制范围。1990年,“巴统”大幅度放宽对苏联和东欧国家的高技术产品出口限制,禁运项目由成立初期的400个减少到120个,1991年又减少2/3,受其禁运的国家也越来越少。

随着苏联解体及东欧剧变,世界格局发生重大变化,加上“巴统”的禁运措施与世界经济科技领域的激烈竞争形势也不相适应,一些西方国家又把“巴统”作为相互进行贸易战的工具。“巴统”成员国的高级官员1993年11月在荷兰举行会议,一致认为“‘巴统’已经失去继续存在的理由”。1994年4月1日,“巴统”正式宣告解散。然而,它所制定的禁运物品列表后来被《瓦森纳协定》所继承,延续至今。

(二)《瓦森纳协定》

随着“冷战”的结束和“巴统”正式宣告解散,包括“巴统”17个成员国在内的28个国家于1995年9月在荷兰瓦森纳召开高级官员会议,决定加快建立常规武器和双用途物品及技术出口控制机制,弥补现行大规模杀伤性武器及其运载工作控制机制的不足。1996年9月,在美国的主导下,以西方国家为主的33个国家在奥地利维也纳签署了《关于常规武器和两用物品及技术出口控制的瓦森纳安排》(The Wassenaar Arrangement on Export Controls for Conventional Arms and Dual - Use Good and Technologies,简称《瓦森纳协定》,又称瓦森纳安排机制),该协定是一种建立在自愿基础上的集团性出口控制机制,秘书处设在维也纳。其根本目的在于通过成员方间的信息情报制度,提高常规武器和双用途物品及技术转让的透明度,以达到对常规武器和双用途物品及技术转让的监督和控制。

瓦森纳安排全体会议是该安排的决策机构。该会议由所有成员方代表组成,会议主席在成员方之间进行年度轮换。截至2021年5月12日,《瓦森纳协定》共有42个成员方。全体会议通常每年举办一次,所有会议决定均以协商一致方式做出。维也纳联络点(Vienna Point of Contact)举行定期会议,以促进闭会期间各成员方与秘书处之间的交流。此外,全体会议有权召集特设会议就该协定运作有关的问题进行磋商,并且每年举行一次许可和执法人员会议(Licensing and Enforcement Officers Meeting)。目前,瓦森纳安排的主要附属机构包括:处理政策相关事项的一般工作组(General Working Group),以及处理与受控物品清单有关问题的专家组(Expert Group)。

瓦森纳安排制定“控制清单”(control list),但该清单只对各成员方的出口管制范围进行确定,出口管制的具体措施通过各成员方国内立法得以执行。此外,瓦森纳安排还制定了若干准则、要点和程序作为各成员方相关国内立法的基础。瓦森纳安排"控制清单"包括军用物品清单(munitions list)和两用物品及技术清单(list of dual - use goods and technologies)。军用物品清单涵盖22个条目,包括但不限于:小型武器和轻型武器;坦克及其他军用车辆;装甲及防护设备;航空器,无人驾驶飞机,航空发动机及相关设备。两用物品及技术清单涵盖9个类别:特殊材料和相关设备;材料加工;电子产品;计算机;电信及信息安全;传感器和激光器;导航和航空电子设备;船舶;航天及推进设备。在此基础上,部分两用物品及技术因其属性又进一步被纳入"敏感清单"(sensitive list)和"特别敏感清单"(very sensitive list)。成员方将定期审查和修订"控制清单"以反映技术发展和成员方需求。例如,在2003年12月,瓦森纳安排在维也纳就加强对便携式防空导弹进行控制达成协议,并对"控制清单"进行了修订。

此外,为了达成对常规武器和双用途物品及技术转让风险的共识,成员方定期交换一般性和特殊性的转让信息。对于向成员方之外的国家进行的转让,成员方必须每6个月报告其武器转让信息(arms transfer notifications)以及特定两用物品及技术的转让或拒绝转让信息(dual - use transfer/denial notifications)。在某些情况下,将适用更短的报告期限。

建立瓦森纳安排的主要目标是形成政府与政府之间的保障制度,并不损害民间的商业贸易往来。但显然,双用途物品及技术出口的控制同样引发了出口国技术转让公司与国家政府控制的矛盾。[8]

《瓦森纳协定》规定,申请加入《瓦森纳协定》的国家须满足以下条件:一是为武器或工业设备的生产国或出口国;二是遵守三大防扩散集团性制度("核供应国集团"、"导弹及其技术控制制度"和"澳大利亚集团")的不扩散政策、控制清单或准则,并遵守三大公约(《不扩散核武器条约》、《禁止生物武器公约》和《禁止化学武器公约》);三是实行完全有效的出口控制制度。2004年4月,中国与《瓦森纳协定》成员方在维也纳举行了首轮对话会,但尚不是《瓦森纳协定》的成员。

三、有关技术进出口管制的国内法规范

(一)概述

一般而言,发达国家属于具有技术优势的国家,在发达国家与发展中国家之间的国际技术转让中更多居于技术出口国地位,发达国家管理技术转让的规范侧重于对技术及产品出口行为的管制。其管制的动机是国家安全、国家利益和外交政策;管制的核心是控制敏感或高精尖技术及与之相关的产品出口;管制的目的在于限制或控制先进技术尤其是具有重大经济或军事价值的技术外流,避免培植潜在的竞争对手,进而使自己失去技术的垄断地位和经济、军事上的优势,以保证本国的政治、经济、军事和文化利益不因技术出口而受到损害。

由于发展中国家多数为技术水平相对处于劣势的国家,故发展中国家管理技术转让的规范侧重于对技术进口行为的管制。管制的手段不仅包括为防止本国经济利益在技术引进合同中受损,在引进技术之初通过对技术引进合同进行审批登记与明确限制性商业条款来规范本国的技术引进行为,还包括对引进技术本身的管制。对于发展中国家而言,先进外国技术的不断流入,会直接冲击企业对引进技术的消化、吸收与发展过程,甚至会将风险推进到本国企业

---

〔8〕 参见徐红菊:《国际技术转让法学》,知识产权出版社2012年版,第195页。

无法承受的程度。因此,要使本国企业形成独立的技术发展能力,发展中国家政府不仅要限制相关产品的进口,而且要限制外国技术的自由流入,防止来自国外现成技术的竞争。为此,“二战”后许多发展中国家都将技术进口限制在本国不具备替代技术的范围,限制外国公司进入本国已具有一定技术能力的生产部门或领域,并禁止外国公司收购本国企业。

(二)美国

美国作为发达国家的代表,对于技术及技术产品进口所持的立场最为开放和自由,对于外国技术及技术产品的输入几乎不加以任何管制。迄今为止,美国并没有建立技术进口的审批制度,在工业产权的保护以及外汇、税收等领域,美国也极少对技术及技术产品实行限制,因此总体而言,外国技术及技术产品进入美国几乎不存在任何障碍。在国际技术转让领域,美国没有制定专门的技术进口立法,调整国内技术转让关系的法律同样适用于国际技术转让,其主要体现于美国的专利法和反托拉斯法的有关规定中。其实,在经济全球化和贸易自由化不断深入的全球背景下,美国对于技术进口的政府管制主要体现于反托拉斯法的立法与实践中。美国1890年的《谢尔曼法》、1914年的《克莱顿法》和《联邦贸易委员会法》与众多的判例法共同构成了美国反垄断法体系,这是美国对于国际技术转让中的限制性商业行为采取的主要规制手段。但上述三部法律仅是一些原则性的规定,美国技术贸易中的某个具体的限制性做法是否构成垄断行为并触犯反托拉斯法,还需法院在个案中具体确定。

相对于技术进口的最为开放与自由,美国对于技术出口的管制在发达国家中可谓最为严格。美国对技术出口的管制主要通过三条渠道进行。第一,军火及与军火有关的技术的出口由国务院军火控制局管理。第二,军事技术的专利申请由原子能委员会或国防部管理。如果原子能委员会或国防部认为该项专利申请及技术需要保密,则申请人未经授权不得向外国申请专利。国防部及国务院对于此类技术会从国家安全及外交政策等方面进行考虑,拥有否决权。第三,依据美国《出口管理法》对技术进行出口管制,这也是技术出口管制中最经常性的方式,其中民用和军民两用的技术由商务部和财政部共同管理。综上可见,美国技术出口的主要管理机构是商务部工业和安全局(BIS),其他机构如国务院、国防部、能源部、财政部及专利商标局也参与对技术出口的管理,但各自有相对具体的分工。

美国的《出口管理法》将管理出口的权力托付给了美国总统,同时规定总统可以将这项权力委托给总统认为合适的机构。如前所述,自“二战”结束以来,美国总统管理出口的权力基本上是通过美国商务部来行使的。商务部虽无权行使军火、核装置、能源等方面的出口管辖权,但它是唯一行使一般出口管辖权的机构。根据《出口管理法》和总统的授权,美国商务部制定了一套十分详尽且时常修订的《出口管理条例》。美国《出口管理法》和《出口管理条例》构成了美国管理技术和产品出口的基本法律制度。为了实现《出口管理法》的立法宗旨,美国《出口管理条例》规定了下列出口管理制度。

1. 出口许可制度

出口许可制度是美国技术出口管制所采取的最主要措施。依照美国《出口管理法》和《出口管理条例》的规定,除向加拿大输出的多数技术和产品外,向其他国家或地区的技术出口均须由BIS签发出口许可;出口许可分为普通许可和特别许可两种。前者主要适用于可公开获得的技术以及向“自由世界国家”出口的某些非公开技术,其取得无须提交书面申请或经商务部逐件核准,发货人只要按照法律规定填写一份“发货人出口声明”,即可出口。后者由BIS逐项审查出口商申报的项目后签发,授权某一特定货物或技术可以为某一特定用途而输往某一特定国家或地区的特定购买方。

2. 对技术产品的管理制度

在技术产品方面，需要获得 BIS 许可的出口产品主要包括如下情形：(1) 产品产于或源于美国；(2) 为外国制造产品，但以美国原产地技术或软件为基础，且有意运往指定目的地；(3) 为美国以外工厂所制造，或为主要部门位于美国以外地区的工厂所制造，且该工厂或工厂主要部门制造某种美国技术或软件的直接产品，而且有意将产品运往指定目的地。以我国为例，据美国统计局统计，2018 年美国对我国出口的高新技术产品总值为 391 亿美元，较 2017 年增长 9.8%。但是，2018 年美国从我国进口的高新技术产品总值达 1738 亿美元，较 2017 年增长 1.6%。2018 年美国对华高新技术产品贸易逆差为 1347 亿美元。2013 ~ 2018 年，美中高新技术产品贸易在包括信息通信在内的多个领域存在逆差，这与美国所实施的对我国技术产品出口管制政策密切相关。[9]

3. 对技术资料的特别管理制度

根据美国《出口管理条例》的规定，所谓技术资料是指任何可以用来设计或制造物品的资料。它可以是有形物，如图纸、操作指南；也可以是无形物，如技术服务。技术资料的出口也必须按照一般许可或特别许可的程序进行。但与一般的商品输出不同，无形技术资料的输出不一定必须跨越国界方能完成，只要是技术资料的泄密者意识到该项资料将被输往国外，则泄露本身即构成出口。有时美国政府会拒绝外国的科学家去美国参加学术会议，就是为了防止技术资料的此种"出口"。

4. 输入国分类制度

在美国的出口管理活动中，某类货物或技术是否允许出口，以及可以按照何种形式出口，其依据之一就在于货物或技术是输往哪个国家或地区。美国将技术进口国编为 Z、S、Y、W、Q、T、V 七个组。上述顺序大体上反映了美国对不同组别国家的出口管理从严格到宽松的程度变化。需要指出的是，由于美国的输入国分类制度基本采用的是政治标准，所以苏联和东欧国家所发生的政治局势的改变必然要引起美国这一制度的变化。美国总统于 1990 年即已宣布将对其出口管制政策进行调整，随后便大幅度放松了对苏联和东欧国家的出口限制。即使不对国家的组别加以变更，美国也可以通过对不同组别、不同的国家制定特殊的出口管理政策而实际决定有关国家的待遇标准。美国自 1993 年起就将中国划为 V 组国家，但事实上，由于美国对中国规定了特殊的出口管理政策，使中国在多种场合下享受不到其他 V 组国家可以享受的待遇，因而中国从来就不是完全意义上的 V 组国家。

5. 程序规则与法律责任

美国《出口管理条例》对许可审批程序予以了具体规定。按照规定，美国商务部出口许可办公室在收到出口商申请后的 10 日内要做出是否接受申请的决定。如果认为申请材料不齐备，可将申请材料退回，并要求申请人加以补充。若商务部可以独自做出审批结论，出口许可办公室在收到申请后的 60 日内做出是否发放许可的决定。若商务部认为需要同其他部门进行协商，出口许可办公室则要在收到申请后的 20 日内将申请及全部必要的分析和建议一同提交给有关政府部门；其他政府部门在收到上述材料后的 20 日（最多不超过 40 日）内向商务部

---

〔9〕 参见 https://www.bis.doc.gov/index.php/documents/technology - evaluation/ote - data - portal/country - analysis/2441 - 2018 - statistical - analysis - of - us - trade - with - china - pdf/file，2021 年 5 月 15 日访问。

提出意见;商务部在接到其他政府部门意见后的60日内应颁发许可或拒绝当事人的申请。

为保证出口管制的实现,美国还规定了严格的法律责任,其中包括:中止或撤销已颁发的许可;取消违法者从事出口业务的资格;对违法者进行罚款,对于情节严重的违法者还可以追究刑事责任。

(三)日本

在技术进口管制方面,自20世纪80年代以来,日本的立场也变得相对开放与自由。对技术进口的管制由事先审查制度改为事后申报制度,除极少数涉及国家安全和社会公共利益的技术引进合同需要进行审查外,绝大多数技术引进合同都只接受日本《反垄断法》的事后监督,有关技术进口的现行立法的主要目的在于防止技术转让过程中的不正当竞争。

在技术出口管制方面,日本主要通过其对外贸易管制法对技术出口予以管制。就技术本身而言,日本《外汇及对外贸易法》规定,企业向外国转让专利或专有技术,特别是具有重要战略意义的尖端技术时,必须经大藏省或通产省的批准。近年来,日本又进一步加强了对技术出口的限制,尤其是对可能用作军事意图技术出口的控制。

就技术产品而言,日本《外汇及对外贸易法》规定,不正当出口包括可能侵犯受目的地国家保护的工业产权或版权的货物出口,以及与合同指定种类显著不同的货物出口。该法同时规定,向特定国家出口特定种类货物及服务,以及运用特定交易或结算方式的交易,应首先取得出口许可,并指出关于货物、服务出口的限制规定同样适用于技术转让。此外,日本《外汇及对外贸易法》修正案对于可能转为军用的出口货物,规定企业必须实施恰当的出口管理,对于管理混乱的企业,将加强惩罚。按照新的修正案,日本企业员工等通过电子邮件等方式向国外提供重要情报时也必须取得许可,对未经许可擅自“出口”的行为,将加大处罚力度。

(四)印度

冷战时期,印度作为不结盟国家目睹了出口管制的歧视性。因此,印度没有把出口管制看作是防扩散的有效措施,而是将其看作是歧视性的、由政治操控的机制,目的是妨碍技术转移,使印度难以获得外来技术。1974年以后,这种观点被进一步加强:印度继续被封锁禁运,“伦敦集团”或“核供应国集团”在两用项目,尤其是核技术和物资等方面对印度进行封锁禁运。一方面,印度在技术方面被实施封锁禁运;另一方面,印度却目睹其邻国引进大量先进技术。因此,印度开始积极发展本国高新技术,并对其实施出口管制,以免被其他国家所窃取,但是没有加入多边出口管制体系。

事实上,印度从其独立开始,就对其敏感项目的出口进行管制。1947年,印度在其成立一个月后,就开始对大规模杀伤性武器可用物资的出口实施管制。此后,印度政府制定了许多有关出口管制的立法,并对必要程序做了详细阐述,直到1991年才对这一体制进行修改。随着1991年印度经济改革,印度经济实力增长,有必要对现有的出口管制体系和机制进行改进和完善。在20世纪90年代早期,印度的科学、技术和工业能力已经较为成熟,成为两用物资、设备和技术的使用者和生产者。随着扩散可能性的增加,有必要建立更好的出口管制结构体系。1993年1月,印度签署了《禁止化学武器公约》,使其在管制非法交易、转让或使用两用化学品方面有了更多的责任。1991年经济自由化使国内外的私营部门进入核、航空和国防工业领域。印度有可能成为高端技术和系统的接受者,政府部门意识到有必要实施严格的出口管制,以让出口国确信,出口到印度的高技术或物资不会流入他国而被恣意使用。同时,由于印度一直为恐怖分子所困扰,实施严厉的出口管制对印度的国家安全至关重要。

2004 年，当联合国安全理事会第 1540 号决议强制所有国家建立或完善各自的出口管制机制以减少两用项目意外扩散的可能性时，印度已经有较完整的国内立法，包括 1962 年《原子能法》、1962 年《海关法》、1992 年《外贸法发展和规章》、1908 年《爆炸物资法》、1959 年《武器法》、1962 年《武器规则》、1986 年《环境保护法》、《化学武器法 2000》等。同时，印度还有一份管制清单，上面列明了只有获得政府出口许可才能交易的项目。1993 年，印度政府公布了一份需要申请出口许可的项目清单，并成立了第一个战略性出口管制小组。1995 年，该小组制定完成了一份特殊物资、设备和技术管制项目清单。这份清单上的物资要有许可才能出口。此外，1995 年，原子能部也依据 1962 年《原子能法》公布了一份清单，对需要申请出口许可的设备和物资作出了规定。

1999 年成立的第二个战略性出口管制小组对已有的系统执行情况进行了审查，进一步强化了这一体制。紧接着，2000 年，外贸局发布了一个更具综合性的特殊化学品、有机体、物资、设备和技术管制清单。所有两用项目和技术都在特殊化学品、有机体、物资、设备和技术管制清单中，分为 8 个不同的类别。这一管制清单直到 2005 年 7 月才进一步被修订，成为一份单一、统一的两用物项管制清单（DGFT 2005）。该清单包含 8 类，与"核供应国集团"和导弹及其技术控制制度管制清单保持一致。这一清单上的所有物项的许可审批程序都是一样的，都需要经过详细审查，授予许可与否取决于申请文件，包括最终用户和最终用途证明。在此之后，印度 2005 年《大规模杀伤性武器及其运输系统（禁止未经许可的活动）法 》的颁布进一步巩固了出口管制的立法基础。

四、中国的技术进出口管制法律制度

（一）管制依据

我国对于技术进出口管制的规定最先见于《对外贸易法》中，根据其第三章的规定，我国允许技术的自由进出口，但是基于国家安全、公共道德、经营秩序等第 16 条规定的原因可以限制或者禁止相关技术的进出口。此后，国务院为了规范技术进出口管理，根据《对外贸易法》的相关规定制定了《技术进出口管理条例》；为了加强和规范对两用物项、军品、核以及其他与维护国家安全和利益、履行防扩散等国际义务相关的货物、技术、服务等物项的出口管制，我国自 2020 年 12 月 1 日起开始施行了《出口管制法》。

（二）《技术进出口管理条例》

1. 管制主体

商务部负责全国的技术进出口管理工作。省、自治区、直辖市人民政府外经贸主管部门根据国务院外经贸主管部门的授权，负责本行政区域内的技术进出口管理工作。国务院有关部门按照国务院的规定，履行技术进出口项目的有关管理职责。

2. 管制制度

我国对技术进出口采取分类管理的方式，将进出口的技术分为禁止进出口的技术、限制进出口的技术和自由进出口的技术。其中，对限制进出口的技术采取许可证管理制度，对自由进出口的技术采取登记管理制度。限制进出口的技术在审查核准后，颁发进口或出口许可证，其进口或出口合同自进口或出口许可证颁发之日起生效。自由进口或出口合同自该合同依法成立时生效，不以登记为合同生效的条件。

技术进出口许可证有以下作用：(1)技术进出口许可证是技术进出口的批件。对属于限制进出口的技术,实行许可证管理,未经许可,不得进出口。(2)技术进出口许可证是技术进出口合同生效的条件。技术进出口合同自技术进出口许可证颁发之日起生效。(3)技术进出口许可证是技术进出口经营者办理外汇、银行、税务、海关手续的凭证。

(三)《出口管制法》

1. 适用范围

《出口管制法》适用于我国对两用物项、军品、核以及其他与维护国家安全和利益、履行防扩散等国际义务相关的货物、技术、服务等物项(包括物项相关的技术资料等数据)的出口管制。"两用物项"是指既有民事用途,又有军事用途或者有助于提升军事潜力,特别是可以用于设计、开发、生产或者使用大规模杀伤性武器及其运载工具的货物、技术和服务。"军品"是指用于军事目的的装备、专用生产设备以及其他相关货物、技术和服务。"核"是指核材料、核设备、反应堆用非核材料以及相关技术和服务。

2. 管制主体

国务院、中央军事委员会承担出口管制职能的部门(以下简称国家出口管制管理部门)按照职责分工负责出口管制工作。国务院、中央军事委员会其他有关部门按照职责分工负责出口管制有关工作。

3. 管制制度

出口管制制度主要包括出口管制清单、出口许可证以及最终用户和最终用途风险管理制度。

(1)出口管制清单制度

出口管制清单包括常规出口管制清单、临时管制清单和禁止清单三类。

常规出口管制清单由国家出口管制管理部门依据《出口管制法》和有关法律、行政法规以及出口管制政策,按照规定程序会同有关部门制定、调整,并及时公布。

临时管制清单是根据维护国家安全和利益、履行防扩散等国际义务的需要,经国务院批准,或者经国务院、中央军事委员会批准,国家出口管制管理部门对出口管制清单以外的货物、技术和服务实施临时管制,并予以公告。临时管制的实施期限不超过 2 年。临时管制实施期限届满前应当及时进行评估,根据评估结果决定取消临时管制、延长临时管制或者将临时管制物项列入出口管制清单。

禁止清单是根据维护国家安全和利益、履行防扩散等国际义务的需要,经国务院批准,或者经国务院、中央军事委员会批准,国家出口管制管理部门会同有关部门禁止相关管制物项的出口,或者禁止相关管制物项向特定目的国家和地区、特定组织和个人出口。

(2)出口许可证制度

国家对管制物项的出口实行许可制度。出口管制清单所列管制物项或者临时管制物项,出口经营者应当向国家出口管制管理部门申请许可。

(3)最终用户和最终用途风险管理制度

出口经营者应当向国家出口管制管理部门提交管制物项的最终用户和最终用途证明文件,有关证明文件由最终用户或者最终用户所在国家和地区政府机构出具。管制物项的最终用户应当承诺,未经国家出口管制管理部门允许,不得擅自改变相关管制物项的最终用途或者向任何第三方转让。出口经营者、进口商发现最终用户或者最终用途有可能改变的,应当按照规定立即报告国家出口管制管理部门。国家出口管制管理部门建立管制物项最终用户和最终用途风险管理制度,对管制物项的最终用户和最终用途进行评估、核查,加强最终用户和最终用途管理。对违反最终用户或者最终用途管理要求的进口商和最终用户,建立管控名单,出口经营者原则上不得与列入管控名单的进口商、最终用户进行交易。

本章思考题

1. 知识产权国际保护的途径有哪些? 各有什么特点?
2. 简述《巴黎公约》、《伯尔尼公约》和 TRIPS 协定的基本原则。
3.《巴黎公约》对专利和商标的保护有哪些最低要求?
4.《伯尔尼公约》保护的客体范围和权利内容是什么?
5. TRIPS 协定在著作权和专利保护方面有哪些更高水平的要求?
6. 为了适应 TRIPS 协定的要求,中国商标法在驰名商标的保护方面有了哪些新的规定?
7. 简述国际许可贸易的含义、特点、种类。
8. 不得反控条款是哪一类许可协议的特有条款? 中国对该条款的效力有何规定?
9. 各国对许可协议的限制性商业条款有哪些观点? 我国对此作何规定?

拓展阅读

一、著作资源

1. [奥]博登浩森:《保护工业产权巴黎公约指南》,汤宗舜、段瑞林译,中国人民大学出版社 2003 年版。
2. [美]罗纳德·V. 贝蒂格:《版权文化——知识产权的政治经济学》,沈国麟、韩绍伟译,清华大学出版社 2009 年版。
3. [日]富田彻男:《技术转移与社会文化》,商务印书馆 2003 年版。
4. [美]Jay Dratler Jr.:《知识产权许可》,王春燕等译,清华大学出版社 2003 年版。

二、网络资源

1. 中国知识产权裁判文书网,http://ipr.court.gov.cn/,可查询知识产权案例的裁判文书。
2. 世界知识产权组织网,http://www.wipo.int/portal/zh/index.html,可查询国际范围内知识产权保护的最新动向,知识产权国际公约和国际合作的最新发展。
3. 世界贸易组织 TRIPS 协定网,https://www.wto.int/english/tratop_e/trips_e/trips_e.htm,可查询 WTO 范围内知识产权保护的最新动向,WTO 知识产权协议和案例的最新发展。
4. 瓦森纳安排网,https://www.wassenaar.org,可查询《瓦森纳协定》的最新动向。

第八章　区域贸易协定

第一节　区域贸易协定概述

一、区域贸易协定的概念

全球法律多元化发展中，区域自由贸易安排显得格外突出。区域贸易协定（Regional Trade Agreements，RTAs）是相对于WTO全球多边贸易协定而言，指两个或两个以上的主权国家（单独关税区）之间为实现区域内贸易自由化缔结的条约，包括双边贸易协定和多边区域贸易协定。[1]

有些区域贸易协定伴随有相应的组织机构支持，朝着贸易、经济一体化甚至更高层次的超国家组织形式发展，如欧共体（欧盟）等。因此，按照一体化程度，在名称上，有的称自由贸易协定（FTA）、框架协议（framework agreement）、安排（arrangement）等；有的称联盟或共同体等。在GATT或《WTO协定》中，只提到关税同盟和自由贸易区协定。[2]

经济全球化之所以带来这些新现象，其原因可以归结为：

1. 主权国家的主导作用。经济全球化在促进世界各国经济贸易法律、政策协调、统一的同时，也促进法律多元化的发展。以WTO规则为例，全世界几乎没有哪个国家同意WTO规则在本国国内直接实施，大多是通过立法将WTO下的权利、义务转化为国内法予以实施。就国内法院来说，它们执行的是国内法而不是国际法。WTO在建立起统一的国际贸易规则的同时，丰富了各国国内法的内容，并在国家承担国际义务的条件下，实际上全面地强化了一国国内立法、执法、司法系统和措施。

2. 经济全球化给国际社会带来日益增多的复杂问题。妥善解决这些问题是对现有国际组织的组织机构和习惯规则提出的挑战。除了进一步完善或及时修改现有多边机制外，所有这些新问题的解决，只能或者通过国内立法，或者通过国家之间签订新的双边条约或区域性条约或新的全球多边条约的途径加以解决。改变旧机制不是一朝一夕或轻而易举能够实现的，作

---

[1] 区域贸易协定的含义可以有广义和狭义之分。广义理解是相对于WTO多边贸易协定而言，泛指两个或两个以上国家（单独关税区或国家集团）之间签订的自由贸易协定，包括双边贸易协定与多边区域贸易协定。狭义理解是指按照WTO对全球进行的11个区域的划分，区域贸易协定包括区域内自由贸易协定与跨区域自由贸易协定。前者是指某一区域内国家（或WTO成员）之间签订的自由贸易协定，后者指区域内成员与区域外成员签订的自由贸易协定。按WTO的分类标准，全球被分为北美地区、中美地区、南美地区、加勒比地区、欧洲地区、独联体地区、非洲地区、中东地区、西亚地区、东亚地区和大洋洲地区，共11个经济地理区域。为阐述问题方便，本节采用广义理解。

[2] 虽然WTO之后的区域贸易协定范围已远远超出GATT/WTO时代的贸易范围，涵盖了货物、服务、知识产权、投资、劳工、环境、竞争政策、电子商务等，本章标题仍采用了区域贸易协定的概念。

为替代，最简便而且高效的方法显然应当是签订新的双边或区域协定。[3]

3. 科学技术的飞速发展提出许多新的法律问题。实践证明，不是所有的问题都必须通过国内立法或国家之间签订条约来解决，通过民间机构、行业协会等非政府组织制定的一些自律性安排或示范性规则往往也可以成功解决许多棘手问题。民间机构或非政府组织在促进新的国际商业惯例形成中发挥的作用正在得到国际社会的广泛重视。

二、区域贸易协定的合法性

区域贸易协定或区域经济一体化的合法性来自 GATT 第 24 条规定的权利。GATT 第 24 条规定，GATT 不妨碍关税联盟或自由贸易区或者为成立关税联盟或自由贸易区而订立的临时协议的安排。按照第 24 条的解释，关税联盟是指联盟各组成区之间的大体上所有贸易或者原产于各该区产品的大体上所有贸易，取消了关税及其他限制性贸易规章（于必要时，为第 11～15 条、第 20 条所准许者除外）；该联盟每个成员对非该联盟区的贸易，适用大体相同的关税及其他贸易规章。自由贸易区则指两个以上关税区的群体，其组成区方对原产于各该区产品的贸易，大体上取消了关税及其他限制性贸易规章（于必要时，为第 11～15 条、第 20 条所准许者除外）。

1947 年 10 月 GATT 签署时，美英之间冲突的核心是英国坚持的英联邦帝国特惠制（Imperial Preference System），这一明显的针对美国的歧视性的安排，与美国极力推崇的 GATT 不歧视原则显然是背道而驰的。作为妥协，美国在 GATT 第 1 条中表达了其对不歧视原则的坚定支持，同时在第 24 条中允许把帝国特惠制等作为一个例外存在。美国的退让，主要是出于政治上的考虑，即"二战"后，美国需要一个稳定的欧洲，而这个目标的实现需要靠欧洲的经济一体化来推动。从经济上看，美国认为关税联盟是和 GATT 的多边主义、不歧视的目标相一致的。用美国在 GATT 的谈判官员克莱尔·威尔克柯斯（Clair Wilcox）的话来说："关税联盟创立了一个广泛的贸易领域，取消了竞争的壁垒，使得资源得到更为经济的分配，由此增加了生产，提高了生活水平——关税联盟在多边主义和不歧视的基础上，有助于扩大贸易。"[4]

经济学家从关税联盟的经济理论方面对其合理性进行的探讨，为关税联盟的合法性提供了理论基础。雅各布·维纳（Jacob Winen）在其 1950 年出版的《关税联盟问题》（*The Customs Union Issue*）一书中认为：数个国家或地区在结成关税联盟后，由于取消了内部关税，成员之间的相互进口增加，生产成本减少，产生出资源分配效率提高的生产利得和消费者福利增加的消费利得，从而使社会福利水准增加。这就是关税联盟的贸易创造效果（trade creation effect）。另外，在关税联盟成立后，成员方所得关税收入的一部分转给了外国的出口商，如成员方在联盟前是从价格较低的非联盟国进口，联盟后转为从价格较高的成员方进口，则进口总支出增加，社会福利水准下降。这就是关税联盟的贸易转移效果（trade diversion effect）。在不考虑其他因素的情况下，如贸易创造效果大于贸易转移效果，则关税联盟使成员方社会福利增加；反

---

〔3〕在美国，曾经有人惊呼：区域性多边或双边自由贸易协定不符合美国的最大利益。美国应结束促进区域贸易集团的做法，重振雄风，恢复"二战"后作为世界贸易领袖的作用。See Gordon，Bernard K.，*A High－Risk Trade Policy*，Foreign Affairs，Vol. 82，No. 4，2003，p. 105－118. 众所周知，目前美国已成为区域和双边贸易协定的最积极推动者。

〔4〕Jagdish Bhagwati，*The World Trading System at Risk*，Princeton University Press，1991，p. 63.

之,则关税联盟使成员方社会福利减少。因此,从关税联盟静态分析得出的结论是:联盟前,成员间关税水平越高,供需弹性越大,生产效率越高,则联盟后社会福利水准越有可能提高;而联盟与非联盟的进口需求弹性越低,贸易成本差异越小,联盟对外关税越低,参加联盟的国家越多,则贸易转移的损失越小。从关税联盟的动态效果来看,结成联盟后联盟之间虽竞争程度加强、专业程度加深,但市场扩大、投资机会增加、生产规模扩大,而风险和不确定性降低,反而吸引更多联盟外国家投资设厂,加速了联盟内的技术进步和经济增长。而对发展中国家来说,结成联盟后,通过优惠性开放市场,在联盟内形成规模经济,从而减少生产成本,提高竞争力。[5]

总之,无论从关税联盟的静态效果还是从关税联盟的动态效果分析,以及从 GATT 第 24 条生效后半个世纪以来的实践证明,关税联盟对于联盟内成员的社会福利的改善作出了巨大贡献。而对于联盟外的国家来说,按照 GATT 第 24 条的规定,对非成员的缔约方征收的关税及实行的其他贸易规章,大体上关税不得高于联盟成立前税率的总体水平。[6] 因此,至少可以推断,它们原来拥有的福利并未受到侵犯。

尽管就 GATT 第 24 条的本意来说,它要保留的是在内部实现大体上所有贸易(100%)消除关税壁垒的关税联盟;此外,对于临时性安排应有一个时间表,否则,等于事实上承认了低于 100% 的优惠安排。然而,第 24 条是妥协的产物,它本身的漏洞和缺陷实际上为不执行第 24 条的规定以及程序上的松弛打开了大门。[7] 自此以后,大大小小、形形色色一体化程度不同的双边与多边区域性安排此消彼长、层出不穷。其中,影响最大的多边区域安排主要有欧洲共同体

---

〔5〕 雅各布·维纳对关税联盟经济理论的分析,参见欧阳勋、黄仁德:《国际贸易理论与政策》,台北,三民书局 1983 年版,第 426 ~ 441 页。Jagdish Bhagwani, *The World Trading System at Risk*, Princeton University Press, 1991, p. 59 – 63. 该书提出贸易壁垒优先削减的理论,该理论由 4 套互相联系而又不同的分析方法组成,系统地阐述了关税联盟的合理性。

〔6〕 关于 GATT 第 24 条第 5 款(a)项、(b)项,参见 Murray Kemp 和 Henry Wan 的分析。See Jagdish Bhagwani, *The World Trading System at Risk*, Princeton University Press, 1991, p. 60 – 61.

〔7〕 对 GATT 第 24 条的详细分析和评论,请参阅赵维田:《最惠国与多边贸易体制》,中国社会科学出版社 1996 年版,第 60 ~ 61 页。关于欧洲煤钢共同体以及后来的《罗马条约》及其联系协定的合法性问题,在 GATT 成员中都发生过争议,有些争议不了了之,有些则以 GATT 的退让而结束。例如,GATT 第 25 条"缔约各方的联合行动"第 5 款规定,经缔约方全体半数中的 2/3 多数批准,可以免除某一缔约方的义务。See Ralph H. Folsom, Michael Wallace Gordon, John A. Spanogle Jr. , *Int l Business Transactions—a Problem Oriented Coursebook*, 3rd. , 1995, West Publishing Co. , p. 414. 在 GATT 历史上,理事会仅对 4 个区域贸易协定的审查形成不违反决定,对其他协定的审查或因资料不全或因问题复杂等种种原因拖延,最终不了了之。

(欧盟)、北美自由贸易区和亚太经合组织,这三个区域性组织的范围还有扩大的趋势。[8] 此外,还有国家之间签署的大量双边贸易协定,形成了世纪之交国际经济法发展中最为引人瞩目的现象之一。

WTO 报告提供的数据表明,截至 2013 年 7 月 31 日,曾向 WTO 通报的自由贸易安排(FTAs)共有 575 项,其中 379 项已经生效。其中双边贸易协定约占 90%。所涉 170 多个国家和地区中,不少国家和地区参加一个以上区域或双边自由贸易协定。其中 1/3 是在 1990 年至 1994 年缔结的。[9] 世界经济一体化与区域多边、双边经济一体化已构成 20 世纪 90 年代世界

---

〔8〕 欧共体(欧盟),除最初的 6 国外,1973 年英国加入,1977 年丹麦、爱尔兰加入,1981 年希腊加入,1986 年葡萄牙、西班牙加入,1990 年东德、西德合并,1995 年奥地利、瑞典、芬兰加入,2004 年吸收中欧、东欧、地中海的爱沙尼亚、拉脱维亚、立陶宛、波兰、匈牙利、捷克、斯洛伐克、斯洛文尼亚、马耳他、塞浦路斯 10 国加入,共计 26 国。2007 年保加利亚、罗马尼亚加入。2013 年 7 月 1 日克罗地亚正式加入联盟。截至 2014 年 9 月 16 日,成员共计 28 国。

在美洲,1994 年 1 月 1 日,北美自由贸易区建立后,美国又积极扩大其在美洲的势力范围,同年 12 月 34 个美洲国家首脑在佛罗里达迈阿密召开会议,商定在 2005 年建成美洲自由贸易区。但大多数经济基础脆弱、市场不完善、缺乏竞争力的拉美国家心怀疑虑,唯恐陷入灭顶之灾。由于拉美国家所持的谨慎态度,在 1994 年迈阿密会议以后,虽然进行了一系列的会谈,也取得了一定的成就,但至今美洲经济一体化并没有取得实质性的进展。

除北美自由贸易区协定外,1991 年 3 月阿根廷、巴西、巴拉圭、乌拉圭成立南锥共同体市场,1995 年实现 4 国间共同市场关税削减 54%。2011 年 11 月 22 日墨西哥与中美洲萨尔瓦多、洪都拉斯、危地马拉、尼加拉瓜、哥斯达黎加 5 国在萨尔瓦多首都圣萨尔瓦多签署自由贸易协定,取代了哥斯达黎加、尼加拉瓜、萨尔多瓦、危地马拉、洪都拉斯与墨西哥分别签署的自由贸易协定。

1989 年亚太经合组织在澳大利亚堪培拉成立。这是一个开放性的推动贸易自由化的论坛性组织。最初成员 12 个。1997 年亚太经合组织拥有了亚洲、太平洋地区 21 个成员之后,印度、巴基斯坦、蒙古、斯里兰卡、哥伦比亚、厄瓜多尔等也提出了加入申请。1991 年 11 月在“一个中国”和“区别主权国家和地区经济”的原则基础上,中国、中国香港、中国台北正式加入 APEC。截至 2014 年 12 月底,亚太经合组织 21 个国家和地区是:中国、中国香港、中国台北、泰国、马来西亚、印度尼西亚、新加坡、菲律宾、文莱、韩国、日本、澳大利亚、新西兰、美国、加拿大、智利、墨西哥、巴布亚新几内亚、秘鲁、俄罗斯、越南。此外,东南亚国家联盟(Association of Southeast Asian Nations, ASEAN)、太平洋经济合作理事会(PECC)和南太平洋论坛(SPF)[SPF 成立于 1971 年,1999 年 10 月 5 日改名太平洋岛国论坛(Pacific Islands Forum, PIF),常设机构为 PIF 秘书处]是 APEC 的观察员。APEC 按照全体成员协商一致原则接纳新成员。1997 年温哥华领导人会议宣布 APEC 进入十年巩固期,暂不接纳新成员。

〔9〕 在亚洲,除亚太经合组织外,还有 1967 年成立的东南亚国家联盟,简称东盟,前期多为政治合作,1976 年第一次首脑会议后开展经济合作。其创始成员方有新加坡、泰国、马来西亚、印尼、菲律宾。1984 年文莱、1995 年越南、1997 年缅甸和老挝、1999 年柬埔寨相继加入东盟,东盟扩大为 10 国。2001 年 1 月 1 日东盟自由贸易区正式启动。20 世纪 80 年代在世界经济普遍不景气的情况下,东盟创造出东亚奇迹。东盟自由贸易区的目标是实现区域内贸易的“零关税”。东盟成员之间的贸易关税已从 1993 年的 12.7% 下降至 2.4% ~ 3.5%。到 2010 年东盟创始成员 6 国已率先实现互免关税,2015 年东盟所有成员实现贸易自由化。南亚区域合作联盟成员有印度、巴基斯坦、斯里兰卡、尼泊尔、孟加拉国、不丹、马尔代夫,7 国之间的优惠安排已于 1995 年 12 月生效,享受优惠安排的商品达 750 个项目、1000 多种。该集团人口约 12 亿,但贸易额只占世界贸易额的 3.2%。2004 年 2 月 8 日,南亚和东南亚 6 国签署了自由贸易框架协议,按照该协议的规定,签字国的产品将分为“快行道”和“普通进度”两种:印度、斯里兰卡、泰国 3 个发展中国家在 2009 年 6 月 30 日前减免所有属于“快行道”产品的进口关税。缅甸、不丹、尼泊尔 3 个最不发达国家在 2011 年 6 月 30 日前对上述产品免除关税。对于列入“普通进度”的产品,印度、斯里兰卡、泰国在 2012 年 6 月 30 日前免除所有关税,缅甸、不丹、尼泊尔将在 2017 年 6 月 30 日前实现这一目标。最终在该区域实现贸易自由化。这显示出发展中国家、最不发达国家在区域合作中团结一致的决心。2005 年 11 月阿富汗被接纳为新成员。

在非洲,除成立于 20 世纪六七十年代的东非共同体、中非共同体、西非共同体、马哥里布集团外,南部非洲发展共同体(Southern African Development Community, SADC)于 20 世纪 90 年代成立,其前身是 1980 年成立的南部非洲发展协调会议(Southern African Development Co – ordination Conference, SADCC)。1992 年 8 月 17 日,南部非洲发展协调会议的成员方在纳米比亚首都温得和克(Windhoek)签署建立南部非洲发展共同体的条约、宣言和议定书三个文件,正式将该组织更名为南部非洲发展共同体。1996 年 8 月,SADC 各国签署贸易协定,2000 年 1 月生效,目标是到 2008 年成立 SADC 自由贸易区。SADC 成立的宗旨为:在平等、互利和均衡的基础上,建立开放型经

经济发展的两大趋势。1995 年 1 月 1 日成立的 WTO 标志着全球贸易以及与贸易有关的其他领域已纳入全球多边贸易体制的轨道,而与之几乎同时出现的欧盟、北美自由贸易区、亚太经合组织等区域集团以及大量的双边贸易协定则将区域经济纳入了与全球多边贸易体制并驾齐驱的区域性贸易体制的轨道,从而掀起了新一轮全球法律多元化、区域化、双边化发展的高潮。中国积极地投入这股多边与区域、双边贸易安排的大潮中,为促进全球经济一体化以及亚太区域经济一体化发展作出了贡献。

三、区域经济一体化与多边贸易体制的关系

目前,三大区域贸易集团以及无数双边贸易集团的形成与“二战”后 GATT 1947 签字时存在的关税联盟、自由贸易区时的情形已大不相同,主要表现在以下几个方面:

1. 1947 年的 GATT 与目前的《WTO 协定》相比,无论在内容还是适用范围上均不可同日而语。同样,目前的区域集团也已不仅仅停留在关税联盟和货物自由贸易区的规模,各种一体化程度不同的区域集团自身的扩张也早已突破了传统的地理边界的局限,形成了跨洲、跨洋的区域集团。

2. “冷战”前的各种区域集团多以国家的政治、军事、安全等因素为主,目前的区域集团以及双边贸易协定则多以国家之间的经贸关系为主,且由不同层次与不同经济发展水平的国家和地区组成。前者强调的是政治合作,后者强调的是经济上的互惠与互补。

3. 双边与多边区域经济的一体化发展反映了世界朝着多极化、多样化方向发展的大趋势,标志着世界政治、经济力量的重新分化和组合。在 GATT 实施的近半个世纪里,世界经济飞速发展。WTO 的建立有效地推动了世界贸易的自由化,但是事实证明,WTO 多边体制固有的局限性不能满足成员经济发展的需要。随着经济全球化发展带来的负面影响日益显现,发达国家与发展中国家之间的分歧日趋严重,WTO 多边谈判屡次受阻。随着各国之间竞争的加剧,保护主义不断加强,多边贸易体制不断遭受挑战,因此,发挥双边与多边区域的人力、资源、经济、技术优势,通过在资金、技术、劳务方面的合作,来取得比较利益,与 GATT 以及 WTO 的多

济,打破关税壁垒,促进贸易与投资以及货品和服务的自由往来,逐步统一关税和货币,最终实现区域经济整合。SADC 是非洲最具发展潜力和地区合作水准相对较高的区域性组织,自成立以来,积极推动南部非洲地区经济协调与发展。截至 2019 年 1 月,南部非洲发展共同体共有 16 个成员国,包括南非、斯威士兰、马拉维、刚果(金)、安哥拉、津巴布韦、纳米比亚、塞舌尔、博茨瓦纳、莱索托、赞比亚、毛里求斯、莫桑比克、坦桑尼亚、马达加斯加和科摩罗。

1991 年 6 月,非洲 32 国领导人签署了成立非洲经济共同体的条约,规定在 5 年内建立区域性经济集团。

1993 年 3 月,沙特阿拉伯、科威特、巴林、卡塔尔、阿曼、阿联酋 6 国建立海湾合作委员会国家统一关税、进口货物在 6 国间自由流动的共同市场。

1992 年 6 月,黑海地区沿岸 11 国在伊斯坦布尔签署《黑海经济合作宣言》,正式成立黑海经济合作区,为商品、劳务、资金的自由流动创造条件。1985 年由伊朗、土耳其、巴基斯坦组成“经济合作组织”,1992 年 11 月正式接纳乌兹别克斯坦、土库曼斯坦、吉尔吉斯斯坦、塔吉克斯坦、阿塞拜疆和阿富汗以及哈萨克斯坦成立穆斯林共同市场,逐步降低关税,消除贸易壁垒。

1996 年俄罗斯、白俄罗斯、哈萨克斯坦和吉尔吉斯斯坦 4 国签署关税同盟协议,并在此基础上成立了欧亚经济共同体。2010 年 1 月 1 日,在欧亚经济共同体框架内成立了俄罗斯、白俄罗斯、哈萨克斯坦三国关税同盟,并成立了一个超国家的关税同盟委员会。2014 年 5 月 29 日,俄罗斯总统普京、哈萨克斯坦总统纳扎尔巴耶夫、白俄罗斯总统卢卡申科在阿斯塔纳签署了成立欧亚经济联盟的条约,其自 2015 年 1 月 1 日正式生效。与之前的关税同盟相比,欧亚经济联盟统一关税政策和商品自由流通的贸易政策不变;3 国分配统一关税收入的比例也没变,即白俄罗斯 4.7%、哈萨克斯坦 7.33%、俄罗斯 87.97%。但在确保商品、劳务、资金、劳动力自由流通的义务,并在包括能源、工业、农业、交通运输在内的关键性经济领域,3 国将推行协调一致的政策。

边贸易体制的宗旨是一致的。从国家之间相互依赖、共存共荣的观点出发，多边贸易体制与双边及多边区域性经济一体化之间的关系不应是互相排斥的，而应是互惠互补、并行不悖的。由于目前双边及多边区域集团内成员多为WTO成员，如果区域内成员之间贸易自由化程度低于WTO，则因其违反《WTO协定》而为WTO所不容；而如果区域内成员之间贸易自由化程度高于多边贸易体制，由内部的开放推动外部的开放，由小区域的一体化扩展到更大区域的一体化，则将推动全球经济一体化进程，最终实现全球贸易的自由化。

当然，也应当看到，双边及多边区域安排原始的封闭性、排他性，必将导致区域内与区域外国家之间矛盾的加深、区域集团与区域集团之间矛盾的加深以及各区域集团内部之间矛盾的加深。这种不可避免的发展趋势往往与全球多边贸易体制的发展发生冲突，破坏多边贸易体制的纪律，削弱其宗旨和基本原则。区域经济一体化的这种消极性、破坏性的一面，是需要时时提高警惕，予以防范的。

中国“入世”后，面对复杂、多变的国际经济贸易形势，需要审时度势，善于研究分析、借鉴发达国家和发展中国家的做法，积极投入双边和区域经济合作中。以发达国家中的美国为例：区域经济一体化构成了美国全球经济战略的一个重要组成部分。目前三大区域贸易集团的形成，不是出现在“二战”后美国经济发展的鼎盛时期，而是在美国的经济地位由强转弱的时期出现的，是美国在难以控制多边贸易体制的情况下，转而求助于区域集团中的优势以保住既得利益。美国擅长打多边牌、双边牌和区域牌，多样手法，相互为用，互为补充，供其实现称霸世界、继续占据世界经济主导地位的野心。打多边牌时参加“游戏”国家众多，利益往往相悖，美国时感难于驾驭，不能随心所欲，达成的协议多流于空泛的形式；双边牌中，美国大多占有绝对优势地位，可谓随心所欲，无所不能，但如遇上欧盟、日本这样势均力敌的对手，双方如均态度强硬，则“游戏”往往处于僵持状态，一旦发生冲突，两败俱伤，风险太大；至于区域牌，其优劣均处于多边牌与双边牌之间，区域集团内成员之间虽有利益冲突，但总的目标相对一致，比较容易达成较为务实的协议。因此，美国在GATT乌拉圭回合谈判长达8年之久的过程中，一方面先与加拿大、后与墨西哥签订了北美自由贸易协定，并积极致力于亚太经合组织的活动，另一方面又不失时机地先后与以色列、约旦、新加坡、智利等签署双边贸易协定。双边及区域性经济一体化是其保住既得利益，且获取新的更为广阔的世界市场的有力工具。[10]

近年来，美国高调推进的TPP与《跨大西洋贸易与投资伙伴关系协定》(Transatlantic Trade and Investment Partnership，TTIP)谈判，再次印证了上述判断。“冷战”结束，多哈回合谈判的停滞不前，2008年次贷危机引发的世界性经济危机，中国的和平崛起以及在亚洲经济一体化中日益增强的作用，这一切引起美国的担忧。区域经济一体化安排越来越被美国“娴熟”地用来作为实现其全球战略意图的工具。作为美国“重返亚洲”战略的一部分，2009年美国正式宣布加入并主导了P4(TPP)谈判。2013年6月，美欧之间正式启动TTIP谈判。如果这两个谈判终能达成协议，则意味着美国将重掌21世纪全球经济话语权。美国将通过TTIP控制欧洲，通过TPP控制太平洋两岸的亚洲、美洲和大洋洲。这些区域内原有的自由贸易协定，欧盟、

〔10〕 2004年2月8日，美国和澳大利亚签署自由贸易协定，展示了两国之间的特殊关系。依据协议，双方将取消从对方进口的大部分工业产品、服务产品的关税。澳大利亚出口到美国的66%的农产品将被免除关税。美国将分阶段逐步增加进口澳大利亚的牛肉和奶制品。美国出口到澳大利亚的价值4亿美元的农产品将被免除关税。美国的电信、电脑、能源、旅游等行业将在澳大利亚取得更大的市场准入。这是继1988年和加拿大签署自由贸易协定后，美国首次与一发达国家签署的自由贸易协定。

NAFTA[11]、"东盟10+1"或APEC，都将被逐步虚化或成为空壳。所谓高标准的TPP和TTIP将取代WTO，成为未来指导国际贸易、国际投资等重要经济活动的法律规则。

总之，自从WTO成立以后，在国际贸易领域，WTO提出了各国贸易政策的最低或基本标准。在此基础上出现的各种双边贸易协定、区域贸易协定以及各国的国内法不过是国家间继续进行国际合作的不同表现形式，其内容有的单一、有的复杂，其自由化程度有高有低，但其宗旨是一致的。因此，它们之间不再是相互排斥，而是互补和相互促进的关系。事实证明，WTO无法照顾到各国、各地区的经济发展、产业保护和人民生活水平提高的需要；面对瞬息万变的世界，也无法高效率地在短期内协商出各国(地区)共同的行为规则以及对过时的规则及时进行修正。在促进贸易自由的大前提下，各种双边、区域安排的出现是不以人的意志为转移的全球经济一体化发展的必然趋势。它们的出现只要能促进贸易自由化，能实现WTO对资源合理配置、提高人民生活水平的宗旨，就是合法的。它们对WTO多边贸易体制的发展起着促进和推动作用，而不是一种倒退或阻碍作用。国内立法以及双边、区域多边和全球多边协定是世界各国之间多元政治、经济、文化等制度、利益和价值观存在趋同与差异的反映，趋同是相对的，差异是永存的。这是作为自然界一部分的人类社会要符合自然界生物多样化发展的规律所必需的。

第二节　区域贸易协定的新发展

世界进入21世纪，区域贸易协定有了长足发展。本节重点介绍《区域全面经济伙伴关系协定》(RCEP)、《全面与进步跨太平洋伙伴关系》(CPTPP)和《美墨加协定》(USMCA)。

一、《区域全面经济伙伴关系协定》(RCEP)

RCEP由东盟于2012年发起，历经8年、31轮正式谈判，于2020年在越南河内签署。RCEP共15个成员国，包括东盟十国、中国、日本、韩国、新西兰和澳大利亚。其总人口、经济体量、贸易总额均占全球总量约30%，成员中既有发达国家，也有众多发展中国家。RCEP的签署是东亚自贸区建设的里程碑式成果。按照协定文本，在东盟十国及其他5个国家的分别过半数成员完成国内手续的60日后，协定即可生效。

RCEP由序言、20个章节(包括初始条款和一般定义，货物贸易，原产地规则，海关程序和贸易便利化，卫生和植物卫生措施，标准、技术法规和合格评定程序，贸易救济，服务贸易，自然人临时流动，投资，知识产权，电子商务，竞争，中小企业，经济技术合作，政府采购，一般条款和例外，机构条款，争端解决，最终条款)、4个市场准入承诺表附件(包括关税承诺表、服务具体承诺表、投资保留及不符措施承诺表、自然人临时流动具体承诺表)组成。

---

〔11〕 值得注意的是，2018年11月30日，美国宣布与墨西哥、加拿大达成新的《美墨加协定》，该协定生效后取代自1994年生效的《北美自由贸易协定》。其中，《美墨加协定》第32条第10款规定，对想要与非市场经济国家达成贸易协定的缔约国而言，首先需要在开始谈判前3个月通知其他缔约国，其他缔约国有权在6个月通知期限后终止USMCA并以新的双边协定代替。这一被认为针对中国的条款被时任美国商务部长罗斯称为商业合同中的"毒丸"(poison pill)条款。

（一）货物贸易规则

1. 贸易自由化

15 方之间采用双边两两出价的方式对货物贸易自由化作出安排，协定生效后区域内 90%以上的货物贸易将最终实现“零关税”，且主要是立刻降税到零和 10 年内降税到零，使 RCEP 自贸区有望在较短时间兑现所有货物贸易自由化承诺。可以预见，随着原产地规则以及海关程序、检验检疫、技术标准等统一规则落地，取消关税和非关税壁垒效应的叠加将逐步释放 RCEP 的贸易创造效应，显著降低区域内贸易成本和产品价格，提升本地区产品竞争力，惠及各方企业和消费者。

2. 原产地规则

在原产地规则方面，RCEP 在本地区使用区域累积原则，使产品原产地价值成分可在 15 个成员国构成的区域内进行累积，来自 RCEP 任何一方的价值成分都会被考虑在内，这将显著提高协定优惠税率的利用率。例如，根据此前成员间双边自贸协定原产地规则不能算作某国原产的某一产品，经过区域价值累积后，将可能被认定为 RCEP 区域原产，享受 RCEP 优惠关税。这将有助于跨国公司更加灵活地进行产业布局，建立更精细、更完善的产业链分工体系，降低最终产品的生产成本，进而有助于扩大 RCEP 成员之间的贸易，还将极大地促进区域供应链、价值链的深度融合和发展。

同时，相较于以往的“东盟 10 + 1”协定，RCEP 进一步丰富了原产地证书的类型，在传统原产地证书之外，还将允许经核准的出口商声明以及出口商的自主声明。其标志着原产地声明制度将由官方授权的签证机构签发模式转变为企业信用担保的自主声明模式，极大地节省了政府的行政管理成本和企业的经营成本，进一步提高货物的通关时效。

3. 贸易便利化

RCEP 的贸易便利化措施主要包括海关程序和贸易便利化措施、卫生和植物卫生措施以及标准、技术法规和合格评定程序方面的措施。在海关程序和贸易便利化方面，RCEP 简化了海关通关手续，采取预裁定、抵达前处理、信息技术运用等促进海关程序简化的高效管理手段，在可能情况下，对快运货物、易腐货物等争取实现货物抵达后 6 小时内放行，促进了快递等新型跨境物流发展，推动了果蔬和肉、蛋、奶制品等生鲜产品的快速通关和贸易增长。整体水平超过了世界贸易组织《贸易便利化协定》。在卫生和植物卫生措施方面，为保护人类、动物或植物的生命或健康制定了一系列措施，并确保这些措施尽可能不对贸易造成限制，不对其他 RCEP 成员构成不合理歧视。在世界贸易组织《实施卫生与植物卫生措施协定》的基础上，RCEP 还加强了风险分析、审核、认证、进口检查以及紧急措施等规则的执行。在标准、技术法规和合格评定程序方面，RCEP 推动各方在承认标准、技术法规和合格评定程序中减少不必要的技术性贸易壁垒，并鼓励各方的标准化机构加强标准、技术法规以及合格评定程序方面的信息交流与合作。这些举措将大大缩短物流时间，提高域内货物贸易便利化水平，降低贸易成本，进一步促进形成区域一体化市场。

（二）服务贸易规则

1. 市场准入

日本、韩国、澳大利亚、新加坡、文莱、马来西亚、印尼等 7 个成员采用负面清单方式承诺，我国等其余 8 个成员采用正面清单方式承诺，并将于协定生效后 6 年内转化为负面清单。就开放水平而言，15 方均作出了高于各自在“10 + 1”自贸协定水平的开放承诺。中方服务贸易开放承诺达到了已有自贸协定的最高水平,承诺服务部门数量在我国“入世”承诺约100个部门的基础上,新增了研发、管理咨询、制造业相关服务、空运等22个部门,并提高了金融、法律、建筑、海运等37个部门的承诺水平。其他成员在中方重点关注的建筑、医疗、房地产、金融、运输等服务部门都作出了高水平的开放承诺。

2. 金融服务、电信服务和专业服务

金融服务附件首次引入了新金融服务、自律组织、金融信息转移和处理等规则,就金融监管透明度作出了高水平承诺,在预留监管空间维护金融体系稳定、防范金融风险的前提下,为各方金融服务提供者创造了更加公平、开放、稳定和透明的竞争环境。这些规则不仅将有助于我国金融企业更好地拓展海外市场,还将吸引更多境外金融机构来华经营,为国内金融市场注入活力。

电信服务附件制定了一套与电信服务贸易相关的规则框架。在现有的“10+1”协定电信服务附件基础上,RCEP还包括了监管方法、国际海底电缆系统、网络元素非捆绑、电杆、管线和管网的接入、国际移动漫游、技术选择的灵活性等规则。这将推动区域内信息通信产业的协调发展,带动区域投资和发展重心向技术前沿领域转移,促进区域内产业创新融合,带动产业链、价值链的提升和重构。

专业服务附件对RCEP成员就专业资质问题开展交流作出了一系列安排。主要包括加强有关承认专业资格机构之间的对话,鼓励各方就共同关心的专业服务的资质、许可或注册进行磋商,鼓励各方在教育、考试、经验、行为和道德规范、专业发展及再认证、执业范围、消费者保护等领域制定可以互相接受的专业标准和准则。

(三)投资规则

15方均采用负面清单方式对制造业、农业、林业、渔业、采矿业5个非服务业领域投资作出较高水平开放承诺,大大提高了各方政策透明度。中方投资负面清单反映了国内改革最新进展,这也是我国首次在自贸协定项下以负面清单方式对投资领域进行承诺,对完善国内准入前国民待遇加负面清单外商投资管理制度,锁定国内压缩外商投资负面清单改革成果,实现扩大外商投资市场准入具有重要意义。

在自然人移动方面,各方承诺对于区域内各国的投资者、公司内部流动人员、合同服务提供者、随行配偶及家属等各类商业人员,在符合条件的情况下,可获得一定居留期限,享受签证便利,开展各种贸易投资活动。与以往协定相比,RCEP将承诺适用范围扩展至服务提供者以外的投资者、随行配偶及家属等协定下所有可能跨境流动的自然人类别,总体水平均基本超过各成员在现有自贸协定缔约实践中的承诺水平。

RCEP有关投资的规则主要包括四方面内容,除了投资自由化相关规则外,还包括投资保护、投资促进和投资便利化措施。具体而言,“投资”章节中包含了公平公正待遇、征收、外汇转移、损失补偿等投资保护条款,以及争端预防和外商投诉的协调解决等投资便利化条款。

各方还约定在RCEP生效后的两年内就投资者与国家间投资争端解决机制进行讨论。RCEP有关投资的规则是对多个“10+1”投资协定的全面整合和提升,将为本地区投资者创造一个更加稳定、开放、透明和便利的投资环境。

(四)知识产权保护

RCEP涵盖著作权、商标、地理标志、专利、外观设计、遗传资源、传统知识和民间文艺等广泛内容,在兼顾各国不同发展水平的同时,显著提高了区域知识产权保护水平。在电子商务领域,RCEP 除规定了电子认证和签名、在线消费者保护、在线个人信息保护、网络安全、跨境电子方式信息传输等条款,我国还首次在符合我国法律法规的前提下在自贸协定中纳入数据流动、信息存储等规定。在贸易救济领域,在世贸规则基础上,RCEP 对反倾销、反补贴、保障措施作出详细规定,并首次在自贸协定中纳入“禁止归零”条款;同时借鉴国际高标准规则,以“最佳实践”清单方式显著提高反倾销和反补贴调查的技术水平和透明度。在竞争领域,RCEP 在促进反垄断、消费者保护等方面达到较高水平。在政府采购领域,各方就积极开展政府采购信息交流和合作、提供技术援助、加强能力建设达成共识。在合作领域,突出了 RCEP 各国借助自贸协定平台,加强对中小企业和经济技术合作的支持和投入,使 RCEP 各项内容能更好惠及中小企业和发展中经济体。

二、《全面与进步跨太平洋伙伴关系协定》(CPTPP)

《全面与进步跨太平洋伙伴关系协定》是在《跨太平洋伙伴关系协定》(Trans - Pacific Partnership Agreement,TPP)因美国退出而被搁置之后,由日本和越南主导,除美国外的 11 国在已经形成的 TPP 条文草案上继续谈判达成的新协定。为便于理解,以下重点介绍 TPP 的货物和服务贸易规则,之后介绍 CPTPP 对 TPP 所做变动。

《跨太平洋伙伴关系协定》,其自谈判到签订历时 13 年之久。2002 年在 APEC 墨西哥峰会期间,智利、新西兰、新加坡开始就缔结 FTA 开始了首轮谈判,至 2005 年三方达成了《跨太平洋战略经济伙伴关系协定》(TPSEPA),同年文莱加入该协定成为创始会员国,该协定又被称为“P4 协议”。随着美国“重返亚洲”战略的展开,2008 年 9 月美国高调宣布要加入“P4 协议”的谈判并积极邀请澳大利亚、秘鲁等国参与,直至此时该协议开始受到世界的广泛关注。此后历时 8 年,2016 年 2 月,TPP 历经数十次谈判终于在新西兰奥克兰完成了签署仪式,包含美国、日本、澳大利亚等共 12 个国家。2017 年 1 月 23 日,时任美国总统特朗普正式签署了相关行政命令退出 TPP,标志着 TPP 的最终流产。

(一)TPP 中的货物贸易规则

1. 国民待遇

TPP 第 2.3 条第 1 款规定:“每一缔约方应根据《1994 年关税与贸易总协定》第 3 条及其解释性注释,给予其他缔约方的货物国民待遇,为此,《1994 年关税与贸易总协定》第 3 条及其解释性注释经必要修改后纳入本协定成为本协定一部分。”第 2.3 条第 2 款又规定:“为进一步明确,一缔约方根据第 1 款给予的待遇,对于地区政府而言,指不低于该地区政府给予其作为一部分的该缔约方的任何相似、直接竞争或可替代货物的待遇的最优惠待遇。”这意味着美国某一州政府给予智利、新加坡等国家某种进口的货物的待遇可以大于或等于本州内同种相似或可替代货物的待遇,当然如果该州政府给予本州货物的待遇不为最优惠待遇,那么该进口货物的待遇需大于或等于该州政府对外能给予的最优惠的待遇。TPP 的国民待遇条款引进了 GATT 的条款,所以在适用上也需要同时符合 GATT 的原意范围,即包括国内措施但不包括边境措施。除此之外,TPP 第 2.3 条第 3 款规定:“第 1 款不适用于附件 2 - A(国民待遇和进出口限制)所规定的措施。”允许成员方为某些措施提供保留的声明。附件 2 - A 中的第二部分明确指出:“第 2.3 条(国民待遇)和第 2.11 条(进口和出口限制)不得适用于本附件规定措施所基于的任何法律、法规、法令或行政规章的延续、更新或修正,只要此种延续、更新或修正未降低第 2.3 条(国民待遇)和第 2.11 条(进口和出口限制)所规定措施的相符性。”例如,美国在附件2－A中声明“第2.3条(国民待遇)不得适用于1920年《商船法》、《客船法》以及美国法典第46卷第12108节项下现有条款所规定的措施,只要此类措施在美国加入《1947年关税与贸易总协定》(GATT 1947)时已经成为强制性法律,并且未经过可降低其与《1947年关税与贸易总协定》第二部分相符性的修改。”这说明了如果美国《商船法》进行更新或修正,但是该种修正并没有导致该法案中所规定的措施与TPP中国民待遇所规定措施的相符程度降低,那么此种修正后的法案所规定的措施依然可以作为美国在TPP中承诺的国民待遇的例外规定。

2. 关税和非关税措施

TPP第2.4条第1款、第2款规定:“除非本协定另有规定,否则任何缔约方不得对原产货物提高现行关税,或采用新的关税税率。除非本协定另有规定,否则每一缔约方应依照附件2－D(关税取消)中其减让表逐步取消对原产货物的关税。”该条款以及附件2－D体现了TPP的贸易自由化。基于各国经济发展水平的参差不齐,TPP并没有要求所有货物的关税立即全部取消,而是赋予了各成员方根据本国国情作出相应承诺的权利。各国将其进出口货物分类,每一类别的货物根据国情以及需要采取不同的关税免除进程,在相应的年限内达到全部货物关税免除的要求。TPP第2.4条第3款规定:“应任一缔约方要求,提出要求的该缔约方与一个或一个以上其他缔约方应通过磋商,考虑加快取消附件2－D(关税取消)减让表所规定的关税。”也就是可以通过磋商加速关税减让进程,并在第2.4条第5款中规定,成员可单方面加速本国的关税减让进程并及时通知。在关税免除方面,TPP第2.5条规定:“如关税免除直接或间接以满足实绩要求为条件,任何缔约方均不可采取任何新的关税免除,或将现行关税免除对现有获益者扩大适用,或将其适用扩展到任何新的获益者。任何缔约方均不得将延续现行关税免除建立在直接或间接满足实绩要求的条件之上。”在已经明确了各成员方的取消关税的进程后,这种类似于补贴的关税免除手段也就不再有存在的必要,TPP对其表示了明确的禁止。

在非关税措施方面,TPP第2.11条第1款中表明,除非另有规定,否则任何缔约方不得对进口另一缔约方的任何货物或向另一缔约方领土出口或为出口而销售任何货物采取或维持任何禁止或限制措施,除非符合GATT 1994第11条及其解释性注释;为此,GATT 1994第11条及其解释性注释经必要修改后纳入TPP成为TPP的一部分。在此问题上,TPP同样纳入了GATT 1994第11条的一般性取消数量限制的原则成为其文本的一部分,TPP第2.11条第2款指出:“各缔约方理解,在其他任何方式的限制均被禁止的情况下,第1款纳入的《1994年关税与贸易总协定》的权利和义务禁止缔约方实施或维持:(a)出口和进口价格要求,除在实施反补贴、反倾销令和价格承诺时允许;(b)以满足实绩要求为条件的进口许可;或(c)与《补贴与反补贴措施协定》第18条和《反倾销协定》第8.1条所实施的GATT 1994第6条不符的自愿出口限制。”TPP也在第六章规定了贸易救济措施,包括保障措施以及反倾销和反补贴等手段的实施。与国民待遇部分相同,在非关税措施也就是进出口限制这方面,TPP也允许各成员在附件2－A中对相应措施进行了保留。

3. 原产地规则

为了避免他国货物通过特殊手段享有TPP中的关税免除待遇,TPP中规定了详尽的原产地规则以区别能够享有成员国间关税优惠的原产货物。根据TPP规定,下列货物属于原产货物:(1)在一个或一个以上缔约方领土完全获得或生产。(2)完全在一个或一个以上缔约方领土内生产,仅使用原产材料,也就是说货物在一个或多个缔约方领土内生产并且所使用的材料均为缔约方领土内产生的。而关于原产材料的确定方式，若一种材料是由非原产材料进一步加工而符合原产材料的规定，那么在确定随后生产出来的货物的原产地时，就将该加工过的材料视为原产材料，此时无论该材料是否由该货物的生产商生产。(3)完全在一个或一个以上缔约方领土内生产，使用非原产材料，条件是该货物满足附件 3 – D(产品特定原产地规则)的全部适用规定。这说明此类原产货物是在一个或一个以上缔约方领土内，生产商使用非原产材料完全生产的货物，此种条件下，该货物所使用的非原产材料必须符合税则归类要求、生产工艺要求、区域价值成分要求或附件 3 – D 的其他要求。

在确定含有非缔约方成分的货物是否为原产货物时，区域价值成分(RVC)标准是否符合规定是判断标准之一，TPP 按照《商品名称和编码协调制度》(2007 年)根据其货物的不同分类也采用不同 RVC 的计算方法规定不同的百分比作为标准，只有该种货物的 RVC 根据公式得出的百分比高于标准时，该货物才为原产货物。具体计算方法包括价格法、扣减法、增值法以及净成本法，其中净成本法只适用于汽车产品。

4. 敏感商品贸易

(1)农产品贸易。关于农产品贸易，TPP 并没有以专章的方式作出规定，而是在第二章“货物的国民待遇和市场准入”中对缔约方可能采取的与农产品贸易相关的措施进行了规定。在 TPP 第 2.23 条中缔约方之间达成了一致，其共同目标在于多边取消对农产品的出口补贴，并且主张缔约方应共同努力在 WTO 项下达成协定取消此类补贴并防止以任何方式重新使用。

除了取消农产品出口补贴之外，缔约国还达成合意协同在 WTO 就农业出口国营贸易企业达成包含下列要求的协定：取消农产品出口授权方面的扭曲贸易的限制；取消 WTO 成员直接或间接给予国营贸易企业的任何特别融资，但此种国营贸易企业必须达到一定要求，主要指其出口销售在该成员一农产品的出口总额中占据显著份额，关于何为显著并未明确规定；以及就出口国营贸易企业的运作和维持实现更大的透明度。此外，TPP 第 2.11 条关于取消进出口限制的规定同样适用于农产品，但出现缔约方粮食短缺的情况，一缔约方可对粮食临时实施在其他情况下被 GATT 1994 第 11.1 条所禁止的出口禁止或限制，但同样需要满足《农业协定》第 12.1 条所规定的条件。在没有替代措施的情况下，一缔约方在由于粮食短缺实施进出口限制之前应在其措施生效日前将措施通知其他缔约方，且应在其措施生效日前至少 30 日将措施通知其他缔约方，除非造成严重短缺的事件有不可抗力因素。

(2)纺织品和服装贸易。TPP 设专章第四章规定了纺织品和服装贸易，主要是由于该种货物与生活关系密切，敏感度过高。TPP 为纺织品和服装的关税取消进程设置了 5 年的过渡期，此外还包括原产地规则的特殊说明。关于特定的手工或民间货物，如果一进口缔约方与出口缔约方达成同意，则该进口缔约方可将该特定纺织品或服装确定为适用免除关税或优惠关税待遇，主要包括家庭手工业制作的手工织物、使用蜡染技术绘制图案的手工印染织物、以手工织物或手工印染织物制成的家庭手工产品或传统民间手工纺织品。

由于纺织品和服装属于敏感商品，TPP 第 4.3 条规定了关于紧急措施的实施及相应要求，“在符合本条规定的前提下，如因根据本协定规定的关税削减或取消，正在进口至一缔约方领土的自本协定项下优惠关税待遇获益的一纺织品或服装的数量与国内市场相比绝对或相对增长，且对生产同类或直接竞争产品的国内产业造成严重损害或严重损害威胁，则进口缔约方可在防止或补救严重损害并便利调整所必需的限制和期限内，依照第 6 款采取紧急措施，措施包括将出口缔约方该产品的关税税率提高至下列水平中的较低水平”。该条款规定在第四章内不与 WTO《保障措施协定》、GATT 1994 第 19 条以及 TPP 第六章的贸易救济手段相违背。紧急措施的采取必须要慎重,进口缔约国在确定严重损害以及损害威胁时不得将进口缔约方的技术或消费者偏好的变化视为支持认定严重损害或严重损害威胁的因素,而是应该审查来自一个或多个出口缔约方的自本协定项下优惠关税待遇获益的一纺织品或服装的进口增加对特定产业状况的影响,此种影响可反映在产量、市场份额、就业、国内价格和投资等的变化中。TPP 要求任何紧急措施只能在过渡期内进行,并且不可以维持超过 2 年的时间,但是可以延长 2 年。紧急措施最多采取一次,结束后需恢复到无该措施时应实施的关税待遇,而不是该措施实施之前的关税待遇。紧急措施的实施方应与被实施方进行贸易补偿谈判,补偿形式可以是具有实质相当的贸易效果的减让,或与预计紧急措施所产生的额外关税价值相当的减让。

(二)TPP 中的服务贸易规则

1. 适用范围

TPP 致力于打开缔约国之间的服务贸易市场,开发更多服务部门的市场准入并要求非歧视待遇。TPP 第 10.2 条规定,服务贸易规则适用于一缔约方采取或维持的、影响另一缔约方服务提供者的跨境服务贸易的措施。此类措施包括影响下列方面的措施:(1)服务的生产、分销、营销、销售或交付;(2)服务的购买、使用或支付;(3)接入和使用与服务的提供有关的分销、运输或电信网络和服务;(4)另一缔约方的服务提供者在一缔约方领土内的存在;(5)作为提供服务的条件,提供保函或其他方式的财务担保。

TPP 在确定服务贸易范围的时候没有采纳 GATS 所确立的四种服务贸易类型,而是将跨境服务贸易或跨境服务提供确定为包括以下三种情况:(1)自一缔约方领土内向另一缔约方领土内提供服务;(2)在一缔约方领土内向另一缔约方的人提供服务;(3)一缔约方的国民在另一缔约方领土内提供服务,但不包括在一缔约方领土内通过涵盖投资提供服务。

2. 待遇和准入

(1)国民待遇和最惠国待遇。TPP 第 10.3 条规定了服务贸易领域的国民待遇,各缔约方应给予另一缔约方的服务和服务提供者不低于其在相似情况下给予本国服务和服务提供者的待遇。为进一步明确,缔约方所给予的待遇,就地区政府而言,该待遇不得低于该地区政府在相似情况下对其作为一部分的缔约方的服务提供者给予的最优惠待遇。例如,智利某一地区政府给予文莱的服务及服务提供者的待遇不应低于其给予的相似情况下本地区服务及服务提供者的最优惠待遇。TPP 第 10.4 条规定了最惠国待遇:各缔约方给予另一缔约方的服务和服务提供者的待遇不得低于其在相似情况下给予其他任何缔约方或非缔约方的服务和服务提供者的待遇。在个例中待遇是否符合这两处的“相似情况”要取决于整体情况,包括相关待遇是否基于合法公共福利目标对服务或服务提供者进行区分。

(2)市场准入及限制。与 GATS 正面清单的列举形式不同,在服务市场开放方面,TPP 采取了准入前国民待遇加负面清单的形式。TPP 要求各缔约国不得限制或要求服务提供者应通过特定类型法律实体或合营企业提供服务,并且各缔约国不得以数量配额、垄断、专营服务提供者或者以经济需求测试要求的形式,限制服务提供者的数量;不得以数量配额或经济需求测试要求的形式限制服务交易或资产总值;不得以配额或经济需求测试要求的形式,限制服务业务总数或以指定数量单位表示的服务产出总量;以及不得以数量配额或经济需求测试要求的形式,限制特定服务部门或服务提供者可雇佣的、提供具体服务所必需且直接有关的自然人总数。并且TPP规定不以另一缔约方的服务提供者设立或维持办事处或任何形式的企业或成为居民作为提供跨境服务的条件。TPP采取负面清单的形式,要求缔约国将服务贸易规则中不适用国民待遇、最惠国待遇、市场准入和当地存在要求的服务部门、分部门或者活动在附件中列明,作为每个国家服务市场的保留,这说明TPP的服务市场开放程度更高。

3. 职业性服务及承认

为了方便跨境服务业的开展,保证有关资格要求和程序、技术标准和许可要求的措施不致构成不必要的服务贸易壁垒,同时承认管理的权利,TPP要求缔约方在确认服务的能力和资格时依照客观公正的标准,并且不得使许可程序成为提供服务的限制,保证服务批准程序的公正、透明。在涉及服务提供者获得的授权、标准或准则时,一缔约方可承认在另一缔约方领土内或非缔约方领土内获得的教育或经历、满足的要求或授予的许可及证明,在此问题上TPP并没有要求缔约国之间必须互相承认相应资质,而是允许缔约国之间自动或者通过协议相互承认,并且一缔约国拒绝承认另一缔约国服务提供者的相应学历资质时,不得认为其违反了最惠国待遇原则。TPP在第10.10条规定了拒绝给予服务提供者利益优惠的情况,表现为另一缔约国的服务提供者为非缔约方的人拥有或控制的企业,并且该服务提供者在其他缔约国并没有相应的商业活动或者缔约方对该非缔约方或该非缔约方的人正在采取或维持禁止与该企业进行交易的措施,那么此时如果给予该企业利益,将会违反或规避上述措施。

4. 特殊服务部门

(1)金融服务。TPP第11章规定了金融服务规则。跨境金融服务贸易主要指自一缔约方领土向另一缔约方领土或另一缔约方的人提供服务以及一缔约方国民在另一缔约方领土内提供服务,投资形式除外。第11章金融服务规则适用于一缔约方对另一缔约方的金融机构以及投资者和在该缔约方领土内关于金融机构投资的管制,此外还有对跨境金融服务的管制,不适用于金融服务的政府采购、有关跨境提供金融服务的补贴或赠款、实施的构成公共退休计划或法定社会保障制度组成部分的活动或服务的措施以及代表缔约方,或以缔约方财政资源为担保或使用该缔约方财政资源而从事的活动或服务。争端解决方面,一缔约方可以就本协定产生的、影响金融服务的任何事项与另一缔约方进行磋商,并将磋商结果报告专门委员会,发生争议时同样适用TPP第28章的争端解决机制。

(2)电信。TPP在第13章中专门规定了电信服务规则,其适用范围主要包括有关接入和使用公共电信服务的任何措施、有关公共电信服务供应商义务的任何措施以及有关电信服务的其他任何措施,但是不应该包括有关广播或有线播放电台或电视节目的任何措施,除非涉及公共电信服务的接入和使用以及透明度原则。

在监管方面,缔约国要保证其电信监管机构与任何公共电信服务供应商分离且不对其负责以确保其独立性和公正性。获得更优惠待遇的供应商为该缔约方国家政府所有,任何缔约方不得因此给予其领土内的电信服务供应商高于另一缔约方的同类服务供应商的待遇。由此可见,在电信领域并没有要求完全最惠国待遇,允许政府所有的供应商享有高于其他供应商待遇的情况出现,但这也仅针对缔约国政府所有的电信服务供应商。

(三)CPTPP对TPP所做变动

根据TPP的规定,该协定需要全部12个缔约国完成国内批准程序之日起60日后方可生效,美国于2017年1月23日的正式退出标志着TPP的最终流产。此后,日本经济再生担当大臣茂木敏充与越南工贸部长陈俊英于2017年11月11日在越南岘港举行新闻发布会,共同宣布11国将签署新的自由贸易协定,新名称为《全面与进步跨太平洋伙伴关系协定》(CPTPP)。CPTPP在保留TPP超过95%的内容的同时,又大大降低了通过难度,该协定只需任意6个缔约国完成国内批准程序之日起60日后即可生效。2018年12月30日,CPTPP正式生效。

CPTPP对TPP的改动主要表现为以下几个方面:

1. 协定生效条件进一步放松

美国退出TPP后,2017年7月11国在日本神奈川县箱根召开会议,修改TPP生效条件为"占TPP经济总量的85%的六个成员方批准才能生效"。后因为这个条件也难满足,2017年11月新名称CPTPP改为:(1)只需6个成员方或者是超过50%的成员方批准就可以生效,无论国家大小。(2)修改并增加了一些附件,对成员方之间的利益博弈进行了更好的协调。比如,对文莱、马来西亚协定生效日期措辞的修改,使得两国的担忧得到解决;越南则通过附加的单边保证函和其他各国达成了协定;加拿大解决了对支持"加拿大艺术表演和内容的推广、创造、分配和发展"的灵活适用性的担忧,通过有关汽车标准承诺的单边保证函解决了日本和加拿大之间的汽车行业非关税壁垒的问题,以及通过有关汽车原产地规则承诺的单边保证函与马来西亚达成协定。

2. 对富有争议的条款进行搁置

CPTPP保留了TPP中2/3的原始文本,被搁置或修订最多的是与美国有关的22项条款,半数与知识产权保护相关,对投资条款删减也较为突出,此外还涉及海关监管与贸易便利化、服务贸易中的跨境交付、政府采购、透明度与反腐败等一般条款以及针对金融服务、电信服务、邮政服务和环境服务的特定部门条款。

TPP中的知识产权保护条款是美国意志的集中体现,其目的是竭尽所能地为成员国的知识产权保护提供规则支撑,最大限度地保护作者利益,并对盗版者或其他不利于知识产权保护的行为进行严厉的惩罚。CPTPP对TPP中的关键性知识产权条款进行了大幅删减,涉及国民待遇原则在知识产权中的运用、保护对象、保护期限和保护措施等方方面面。其中,缩短了创新药物的专利保护期和版权期限,缩小了信息保护范围等条款的搁置最为引人注目。

TPP涉及投资的条款删减得也较多,涉及投资协定的定义、投资仲裁、特定国家的例外条款。TPP中对投资条款规定得非常明确,删减之后一些关键性概念的界定和解释变得模糊不清,容易造成理解上的偏差。特别是投资仲裁部分,TPP对提交仲裁申请的条件、双方的权利和义务、仲裁庭适用的法律法规等都进行了明确规定,这些条款被删减将导致某些投资争端需要运用国内法规进行解决,对投资仲裁的效率和公平有负面影响。

值得一提的是,在CPTPP最终版本中,完整地保留了"电子商务"(对通过数字贸易创建的数据提供广泛保护),"政府采购"(规定向外国投标人同等开放政府采购合同),以及"国有企业和指定垄断"(主要体现在限制成员方政府补贴国有企业和限制成员方政府干预市场方面)等章节的原TPP条款。这是"国企条款"首次被纳入国际贸易协议,故广受西方媒体关注。总之,CPTPP最终文本发出了一个强烈信号,CPTPP成员方政府将努力为区内生产要素的最佳配置创造最优条件,从而更好地分享彼此的经济成长和发展机会,打造引领未来国际贸易规则走向的"风向标"。

三、《美墨加协定》(USMCA)

(一)《美墨加协定》的产生及其与相关国际协议的关系[12]

依据1994年生效的《北美自由贸易协定》(North American Free Trade Agreement,NAFTA),美国、加拿大、墨西哥三国建立了北美自由贸易区。20多年来,NAFTA的实施使三国之间实现贸易自由化,经过过渡期,三国间对货物贸易几乎取消了所有的关税限制,同时取消了针对货物、服务贸易的大部分非关税壁垒。NAFTA成员方之间的贸易总量比协定最初生效时增加了3倍多,基于规则的各种产业链在三国间形成。贸易的增长也为加拿大和墨西哥创造了更多的工作机会,使得区域内整体社会福利得以显著提升。

第45任美国总统唐纳德·特朗普上任后,坚定奉行所谓"美国优先"战略,在对外贸易方面采取保护主义政策,重塑美国主导的世界贸易秩序,其优先事项就是修订NAFTA。自2017年开始经过持续一年多的谈判,美国分别与墨西哥和加拿大就修订NAFTA达成一致意见,2018年11月30日,三国领导人在阿根廷布宜诺斯艾利斯正式签署《美墨加协定》,这一协定也被称作更新的NAFTA。2019年12月10日,缔约国三方签署《USMCA修订议定书》,对原文本中的争议解决、劳工与环境、知识产权保护、汽车行业中钢铝原产地要求等条款做进一步修订,此后的几个月内相继完成了国内议会批准程序。2020年7月1日,USMCA对缔约国正式生效,美墨加自由贸易区建立,它标志着北美自由贸易体制进入了新的历史时期。

USMCA是规模庞大的综合性的地区贸易协定,内容包括议定书、序言、34个独立章节、13份附件和16份附函。除了对三国之间货物、服务、投资自由和知识产权保护做出规制外,还调整数字贸易、国有企业、反腐败和汇率失衡等新议题。USMCA与其前身NAFTA之间是替代关系,《USMCA修订议定书》[13]第1条规定:"自本议定书生效之日起,作为本议定书附件的USMCA将取代NAFTA,但是这不影响USMCA相关条款对NAFTA的援引。"USMCA规定了16年有效期,这期间每6年对协议进行一次审议评估,该项审议不会导致协议失效,16年到期后需要审议和重新谈判,否则失效,较长有效期可以保持协定的稳定实施。WTO多边贸易法律制度仍然是USMCA的制度基础。USMCA第1.1条规定:"成员方按照符合GATT 1994第25条和GATS第5条规定的方式建立自由贸易区(美墨加自由贸易区)。"考虑到北美三国都是WTO的成员方,USMCA第1.2条重申成员方将继续履行在《WTO协定》中对彼此的义务。同时,USMCA还直接并入了许多GATT条款,使之成为协定的一部分。例如,GATT第3条(国民待遇)、第11条(一般取消数量限制)、第20条(一般例外)都已被并入,但是USMCA在有的方面对GATT规则的适用范围进行了调整。在与若干环境保护条约的关系方面,USMCA第1.3条第1款规定:"当成员方本协定下的义务与多边环境条约下的义务出现冲突时,本协定条款下的义务不能够妨碍成员方采取特定措施履行在这些环境条约下的义务,只要有关措

---

[12] 马万里博士对本部分撰写亦有贡献。——笔者注

[13] 该议定书的全称为"Protocol Replacing the North American Free Trade Agreement with the Agreement between the United States of America, the United Mexican States, and Canada"。

施的主要目的不是以隐蔽的方式对贸易施加限制。”[14] USMCA 与 CPTPP 有紧密联系,后者对前者有重要补充作用,虽然美国退出了 TPP,CPTPP 中许多内容为北美三国展开新协议谈判奠定基础,一些 NAFTA 没有包含的需要规制的新领域,USMCA 直接采纳或复制 CPTPP 的相关规定。

USMCA 第 32 条第 10 款规定,任何 USMCA 缔约国欲与非市场经济国家签订自由贸易协定时,必须在开始谈判之前 3 个月通知其他缔约国;同时应其他缔约国要求,提供与谈判目的相关的信息;在不迟于签订协议前 30 日给予其他缔约国审查自由贸易协定全文(包括附件和附属文件)的机会,以评估其对 USMCA 的影响(其他缔约国应要求对文本保密);与非市场经济国家实施自由贸易协定的成员应该允许其他(两个)缔约国自发出通知之日起 6 个月后终止与其实施的 USMCA;其他 USMCA 缔约国以双边适用的协定代替 USMCA,除非有关双方协议规定明确排除,所有 USMCA 条款对双边协议缔约国有效。USMCA 第 32.10 条所述“非市场经济国家”,是指在贸易救济法之下被定义为非市场经济国家,并且该国没有与任何 USMCA 缔约国达成自由贸易协定。

(二)USMCA 货物贸易规则

如前所述,NAFTA 实施以来,缔约国之间已经实质上取消了大部分产品进出口关税,新协定在法律上维持和意图扩大这一成果,USMCA 第 2.4 条第 1 款规定:“除非本协定另有规定,缔约国对原产于自由贸易区的货物不得增加现有关税,不得征收新的关税。”该条第 2 款规定:“除非本协定另有规定,缔约国对原产于另一缔约国的货物征收关税应当依照附件 2 – B 中的本国(关税减让承诺)清单的规定。”[15] 缔约国可以向其他缔约国提出请求,协商减免某些货物的关税和扩大关税减让承诺的范围,一旦缔约国之间达成协议,该协议就取代附件 2 – B 中所确定的关税税率(第 2.4 条)。但是,三国在关税减让清单中仍保留部分货物关税,美国主要保留了针对自加拿大进口的有关奶制品、花生产品、糖类产品、巧克力的关税,墨西哥保留了针对自加拿大进口的有关肉类产品和奶制品的关税,加拿大则保留了针对自美、墨进口的有关肉类产品、奶制品以及预制食物的关税。

关于非关税措施,USMCA 第 2.11 条规定,除非本协定另有规定,缔约国不得对来自另一缔约国的进口货物,或向另一缔约国出口的货物采取禁止或限制,除非这种禁止或限制与 GATT 第 11 条及其解释性说明相符。为此目的,GATT 第 11 条及其解释性说明并入本协议,并成为本协议的一部分。USMCA 第十章第一部分确立了保障措施的行动规则,以减少缔约国在全球范围内采取保障措施时对本区域内自由贸易的干扰。USMCA 第 10.2 条规定,缔约国保留在 GATT 第 19 条和《保障措施协定》下所享有的权利和义务,但其中关于补偿或报复等与本条不符的规定则不予保留。这一条款还对缔约国在《WTO 协定》下对另一缔约国进口产品

---

〔14〕 这些环境条约包括:《濒危野生动植物种国际贸易公约》(1973 年)、《关于消耗臭氧层物质的蒙特利尔议定书》(1987 年)、《关于 1973 年防止船舶污染国际公约之 1978 年议定书》(1978 年)、《特别针对水禽栖地之国际重要湿地公约》(1971 年)、《南极海洋生物资源养护公约》(1980 年)、《国际捕鲸公约》(1946 年)和《建立美洲热带金枪鱼委员会公约》(1949 年)。USMCA 第 1.3 条第 2 款还规定缔约国可以通过书面协议修改上述协议,包括增加新协议。

〔15〕 美国、墨西哥、加拿大三国均在附件 2 – B 下补充了本国的关税减让承诺清单,规定绝大多数原产地货物都可以享受“零关税”待遇,但是保留对一小部分货物征收关税。以美国为例,自加拿大进口的有关花生产品适用最惠国税率,但是美国承诺会在关税实施期间内以每年相同的幅度削减关税,直至在 USMCA 生效的第六年的 1 月 1 日完全取消关税。

采取保障措施进行限制。

USMCA 第 2.3 条第 1 款规定:“每一缔约国都应当依据 GATT 第 3 条及其解释性说明的规定,给予来自另一缔约国的进口产品国民待遇。为此目的,GATT 第 3 条及其解释性说明并入本协议,并成为本协议的一部分,但在细节上做必要的变通。”根据 USMCA 第 2.3 条,国民待遇意味着缔约国地方政府给予进口货物的待遇不低于它们给予任何本国(包括给予本地方和其他地方)类似产品、直接竞争或替代性产品的优惠待遇。如果加拿大某一省给予本地产品的待遇优于来自其他省产品的待遇,那么它也应给予从美国或墨西哥进口的产品至少同样优惠的待遇。但是,如果一省对来自本国另一省的货物实行歧视,它对来自另一缔约国的货物则不得歧视。USMCA 国民待遇条款是并入外来的 GATT 条款,理解和解释该条款应与 GATT 的原意相符。此外,这三国都保留了某些权利,使某些货物贸易免除第 2.3 条国民待遇和第 2.11 条取消数量限制条款的约束。

USMCA 第 4 章基本保留了 NAFTA 中一般性的原产地规则,但是调整了某些货物的原产地标准,[16] 在汽车及汽车零部件产品方面则提出更高原产地标准。除完全从美国、墨西哥、加拿大获得(不包括购得)或生产的货物属于原产于自由贸易区的货物之外,对于在缔约国境内生产的含有非缔约国产品成分的进口货物,USMCA 规定了“加工标准”、“价值含量标准”以及这“双重标准”决定货物的原产地。“加工标准”是指所有非原产地的原料或部件在美国、墨西哥、加拿大境内加工过程中发生实质性改变,已经变成完全新的不同的产品,这种变化依据《商品名称及编码协调制度》(HS)[17] 的分类,已经从加工前的某一类货物变为加工后的另一类货物。有些产品如汽车、机械设备、化工产品,采用“加工标准”无法衡量,USMCA 规定采用“价值含量标准”,即要求进口产品应含有一定比例(以百分比表示)的自由贸易区产品的价值含量。这个比例的一种计算方法是采用计算成交价格的办法算出,不低于 60%。有的产品其原产地要求既要符合一定的“加工标准”,又要符合一定的“价值含量标准”,才能作为自由贸易区原产地货物享有优惠。而对于汽车产品,USMCA 规定在 5 年过渡期内,一辆汽车原产于自由贸易区的零部件所占比例须从目前的 62.5% 逐步提高到 75%,要求汽车制造商至少 70% 的钢铁和铝原料必须来自美国、墨西哥、加拿大,这将促使汽车供应链逐步转移到这三个国家。USMCA 还规定乘用车高工资劳动占比(工资每小时 16 美元以上的工人生产)需要从 2020 年以前的 30%,逐步增加到 2023 年的 40%。

(三)USMCA 跨境投资规则

USMCA 第 14 章采用以资产为基础的投资定义,用概括定义和开放性列举相结合的方式界定外国投资范围。第 14.1 条规定,投资是指投资者直接或间接拥有或控制的具有投资特征的各种资产,这些资产具有但不限于如下投资特征:资本或其他资源的投入,对收益或利润的预期获得,或者对风险承担。第 14.1 条对投资的形式的列举没有使用 NAFTA 中的“指的是”(means)这一提法,而是指出投资“可以包括”(may include)若干形式,说明这种列举是非穷尽的,包括企业、企业中的股份、债券、期货与期权、工程建筑及生产经营合同利益、知识产权和特许权、其他有形资产和无形资产权利。既包括直接投资,也包括间接投资;直接投资企业包括

---

[16] 与 NAFTA 相比,针对一些产品,USMCA 取消了原产地含量要求。针对另外一些产品,则新增了原产地含量要求。

[17] 美国 1989 年采用了编码协调制度,依据本国情况作适当的变通,其税则称为《美国协调关税制度》(HISUS),加拿大、墨西哥两国也都采用了编码协调制度。

私人企业和国营企业。缔约国的投资者(investor of a Party)指的是来自某一缔约国的意图在或正在或已经在另一缔约国境内作出投资的缔约国国民或企业。

关于投资待遇,USMCA 第 14.4 条规定,在投资的新设、收购、扩大、管理、实施、运营、出售以及做其他处置方面,缔约国应当给予另一缔约国的投资者及其投资不低于其在相似情形下给予本国投资者及其投资的待遇。可见,USMCA 的国民待遇条款适用于外国投资进入前(pre - establishment)和进入后(post - establishment)阶段。根据第 14.5 条,缔约国应当给予另一缔约国的投资者及其投资不低于其在相似情形下给予任何第三国(包括缔约国和非缔约国)投资者及其投资的待遇(最惠国待遇)。最惠国待遇同样涉及前述外国投资活动的各个方面,包括外国投资的进入前和进入后阶段。第 14.6 条澄清了国际投资"最低待遇"标准,规定缔约国应当以符合习惯国际法的方式对待条约涵盖的投资,包括提供公平公正待遇以及全面的投资安全和保护。[18] 缔约国应允许与条约涵盖投资有关的资金以自由且无迟延的方式转入或转出其境内,包括出资额、投资所得和清算所得等(第 14.9 条)。USMCA 第 14.10 条规定,缔约国不得对本国境内其他缔约国或非缔约国投资者[19]的投资,在其建立、获得、扩大、管理、经营、运营、出售或做其他处置方面,施加以下的实绩要求:出口实绩和当地含量要求;购买本国货物或服务要求;贸易平衡与外汇平衡要求;技术转让要求;购买和使用本国技术要求。但是,允许缔约国在给予投资优惠待遇时实施以下实绩要求:(1)在特定地点进行生产;(2)提供服务;(3)提供培训或雇佣工人;(4)建造或扩展特定的设施;(5)进行研究和开发活动。USMCA 第 14.12 条允许缔约国保留某些与国民待遇、最惠国待遇、实绩要求和经营权要求不符的现存措施,这些措施涉及中央、地区和地方政府。其中,中央政府和地区政府的现存不符措施已经在协定附件一缔约国承诺清单中列明。

(四)USMCA 服务贸易规则

USMCA 没有采用 GATS 所定义的服务贸易类型,它强调服务贸易是跨境提供服务。第 15.2 条规定,第 15 章适用于缔约国采取或维持的与另一缔约国的服务提供者所提供的跨境服务贸易有关的措施,包括:(1)与一项服务的生产、分销、推广、出售和提供有关的措施;[20] (2)与一项服务的购买、使用和付费有关的措施;[21] (3)与获得和使用与一项服务提供相关联的分销、运输和通信系统有关的措施;(4)与另一缔约国的服务提供者在其境内的存在有关的措施;(5)与作为提供服务前提的提供保证或其他形式的财务担保有关的措施。根据第 15.1 条,跨境服务贸易或跨境服务提供包括以下形式:(1)从一缔约国的领土向另一缔约国领土提供服务;(2)在一缔约国的领土内,由该缔约国国民向另一缔约国国民提供服务;(3)由一缔约国国民在另一缔约国领土内提供服务。但是,由第 14 章所涵盖的外国投资实体在一缔约国境内提供服务则不属于跨境服务贸易。

第 15.3 条规定:"每一缔约国应当向另一缔约国的服务或服务提供者提供不低于其在相

---

〔18〕"公平公正待遇"包括按照全世界主要法律制度所奉行的正当程序原则,禁止在刑事、民事或行政审判程序中出现司法不公。"全面的投资安全和保护"要求缔约国提供达到习惯国际法所要求的公权力保护。

〔19〕禁止对非缔约国的投资者的投资施加实绩要求说明 NAFTA 在一定范围内保护第四方的投资,因为允许对境内第四方投资施加实绩要求(与贸易有关的),违反最惠国待遇原则。基于双边投资协定,自由贸易区内的投资措施不能像货物贸易措施那样享有 GATT 最惠国待遇豁免。

〔20〕包括通过电子途径进行的服务的生产、分销、推广、出售和提供。

〔21〕包括通过电子途径进行的服务的购买、使用和付费。

似情形下给予本国服务和服务提供者的待遇。”对于非中央层级政府来说，国民待遇条款意味着这些地方政府应当提供不低于在相似情形下给予本国服务和服务提供者的最优惠待遇。即如果缔约国的某一州或省给予本州或本省服务提供者的待遇优于别的州或省，它也应给予另一缔约国服务提供者同样的待遇。第15.4条规定："每一缔约国应当给予另一缔约国的服务或服务提供者不低于其在相似情形下给予其他缔约国或非缔约国的服务和服务提供者的待遇。”对于非中央层级政府来说，最惠国待遇条款要求这些地方政府应当提供不低于在相似情形下给予其他缔约国或非缔约国的服务和服务提供者的最优惠待遇。

关于市场准入，要求缔约国在其全部领土范围内不得采取或维持以下两类措施：其一，缔约国不得对下列事项实施限制：(1)服务提供者的数量，不论采取配额或者经济需求测试等形式；(2)服务交易或财产的总价值；(3)体现为一定数量单位的服务运营的总量或服务输出的总量；(4)特定服务业可以雇佣的自然人总数。其二，缔约国不得采取措施限制或要求服务提供者通过某一特殊类型的法律实体或合资企业提供服务。第15.6条还规定，缔约国不得对跨境服务提供施加本地商业存在限制，即要求在本地设立任何形式的企业或代表处。USMCA沿用NAFTA的“负面清单”保留方式，要求缔约国把所有与服务贸易规则中国民待遇、最惠国待遇、市场准入、本地商业存在要求不符的国内措施以及限制开放的服务业部门列入协议的附件一和附件二的清单中。未列入的范围是承诺开放的领域，受协定服务贸易规则全面约束，如有不符应在协定实施后改正。另外，USMCA没有GATS所谓一般义务与具体承诺义务的区分，除附件一和附件二列明的保留和限制以外，缔约国采取的所有与跨境服务贸易相关的措施都要受协定中服务贸易基本原则和规则的约束。

（五）USMCA调整的新领域

1. 数字贸易〔22〕

USMCA第19章专门规范美墨加自贸区的数字贸易，目的是促进数字贸易和信息的自由流通以及数据的法律保护；确保互联网的开放；实现数字货物、服务交易与实体货物、服务交易同等待遇；禁止数据本地化规制。根据第19.2条，USMCA的数字贸易章节适用于所有行业的交易，但是明确排除适用数字方式的政府采购以及与缔约国政府拥有或处理的数据相关的规定。第19.3条规定，缔约国不得对来自另一缔约国的双方通过电子途径进行的数字产品交易征收进出口关税或其他规费，但是这并不阻碍缔约国对通过电子途径传输的数字产品征收国内税费。在数字产品的非歧视待遇方面，第19章要求缔约国给予另一缔约国的数字产品（包括在商业用途上出现的新产品）以及产品提供者的待遇不得低于给其他类似数字产品和产品提供者的待遇。〔23〕第19.11条规定，为了保障数据自由流动，缔约国不得禁止或限制通过电子方式进行的信息（包括个人信息）跨境传输，只要这种传输是为了特定主体〔24〕从事的商业行

〔22〕根据美国贸易代表办公室的定义，数字贸易是一个宽广的概念，包括在网上销售消费品和提供服务，也包括为全球产业链赋能的数据流动，带来智能制造的服务和许多其他的平台和应用。中国《数字贸易发展与影响白皮书》(2019年)将其定义为：数字贸易是基于信息通信技术开展的线上宣传、交易、结算等促成的实物商品贸易，还包括通过信息通信网络（语音和数据网络等）传输的数字服务贸易，如数据、数字产品、数字化服务等贸易。

〔23〕“另一缔约国的数字产品”是另一缔约国国民在其境内制作、生产、发行、委托创作的数字产品；“另一缔约国数字产品提供者”是前述数字产品的作者、表演者、生产者、开发者或者所有者。“其他类似数字产品”包括非缔约国的数字产品，如广播服务产品（美国与其他国家签订的FTA没有包括这类产品）等。

〔24〕这些特定主体包括第1.5条定义的“涵盖的投资”，第14.1条定义的“缔约国的投资者”，以及第15.1条定义的“缔约国的服务提供者”。

为。但是,这并不阻碍缔约国采取或维持为实现合理的公共政策目标所必需的不符措施,只要这一措施不构成任意或不合理的歧视行为或对贸易的隐形限制,并且符合比例原则。此外,缔约国不得把特定主体使用本国境内的计算设施或者将计算设施安置在本国境内作为在其境内从事商业行为的条件。

2. 国有企业规制

USMCA 第 22 章的国企规则建立在 WTO《反补贴协定》基础上,借鉴了其中已被广泛接受的概念,包括"不利影响"、"严重损害"和"国内产业",重点规制缔约国政府做出的有利于本国国有企业却损害其他缔约国利益,扰乱其他缔约国市场竞争秩序的行为。协定禁止缔约国向国有企业提供对另一缔约国造成不利影响的非商业性支持,包括拨款、融资和资本注入等。这项禁止既适用于由政府或另一国有企业直接提供的支持,也适用于由非国有企业接受政府指示间接提供的支持。

3. 环境与劳工保护

NAFTA 通过分协议规制劳工和环境议题,是软性约束。USMCA 则以协定正文专章调整缔约国与贸易相关的劳工保护(第 23 章)和环境保护(第 24 章)问题,目的是防止缔约国用降低劳工保护标准或降低环境标准的方式吸引贸易和投资。在劳工权益保护方面,USMCA 要求缔约国不仅要实施本国的法律,还应当采纳并维持与《国际劳工组织关于工作中基本原则和权利宣言》[25]相关的特定国际法。USMCA 声明缔约国有管理本国环境和制定环境保护标准的主权,同时要受第 24 章所规定义务的约束。USMCA 首先要求缔约国有效实施本国的环境法[26],禁止以持续性地或反复地作为或不作为的方式拒绝有效实施环境法,用来吸引贸易或投资。USMCA 还要求或鼓励缔约国保护臭氧层,保护海洋环境免受船舶污染,鼓励保护并合理利用生物多样性,鼓励可持续的渔业管理。因为环境保护与劳工保护被纳入协定正文规制,缔约国之间因履行协定中劳工保护和环境保护义务产生争议,适用 USMCA 争端解决机制。

第三节　双边贸易协定的新发展

全球新一轮双边自由贸易协定高潮是从 20 世纪 80 年代末出现,90 年代末开始全球盛行。近年来,这一趋势发展得尤其明显,双边自由贸易协定在全球范围内如雨后春笋般发展起来,以一种新的姿态再度登上全球自由贸易的舞台,扮演着愈加重要的角色,并且呈现与过去不同的发展特点和趋势。

---

〔25〕《国际劳工组织关于工作中基本原则和权利宣言》是国际劳工组织大会于 1998 年 6 月 18 日在第 86 届会议上通过的一项政治宣言。根据宣言的规定,所有国际劳工组织的成员方在下列方面中都有义务:(1)保障结社自由和有效承认集体谈判权利;(2)消除一切形式的强迫或强制劳动;(3)有效废除童工;(4)消除就业与职业歧视。

〔26〕环境法是指为保护环境和为防止人类的生命和健康因环境而受到损害的法律和条例,包括为履行国际环境条约而采取的国内措施。

一、双边贸易协定的复兴背景

(一)WTO多边贸易体制面临新挑战

1. WTO谈判进程受阻

贸易自由化的必然结果是加速经济全球化的发展,而全球化带来的负面影响和新问题也日益增多。WTO协调和谈判的重点已经从传统的关税减让、市场准入等转变为各种非关税措施如技术标准、环境要求、劳工保护和高标准的知识产权保护等,但是由于多边贸易体制本身的成员数量的庞大,加上非歧视原则的贯彻,使得在既有体制内启动任何一项新的谈判并且获得结果都显得格外困难。1999年,WTO贸易部长会议在西雅图召开,试图启动新一轮的多边贸易谈判计划,但是由于遭到反全球化组织的强烈反对和干扰而夭折。反全球化的浪潮在全球范围内尤其是发达国家之间逐渐蔓延,使本身就进展缓慢的WTO谈判进程更加举步维艰。在WTO多哈回合坎昆部长级会议上,因为发展中国家与发达国家在农产品补贴问题上存在较大分歧,久争不下,最终谈判破裂。由于各国发展对外贸易的目标并未改变,所以WTO谈判进程缓慢是各国将贸易谈判政策导向双边自由贸易协定的主要原因。

2. WTO本身机制存在弊端

WTO已经成立了20多年,在运行过程中,逐渐暴露出许多问题。在实体内容方面,由于WTO是一个自给自足的封闭的法律体系,因此它不能囊括所有的贸易领域。虽然,乌拉圭回合谈判修改了部分条款,但是远远跟不上国际贸易形势的发展变化。另外,随着经济的发展,各国的经济和贸易政策关注点有所转向,WTO在竞争政策、劳工标准等问题上没有规定,上述领域日益增多的争议在WTO体制内却无"法"可循。

在程序方面,虽然WTO拥有被誉为"王冠上的明珠"的争端解决机制,但是该机制本身并非没有缺陷。一方面,程序本身烦琐,成员间的争端往往会经历旷日持久的拉锯战,成员不仅要承担巨大的时间损失,也要耗费巨大的人力、物力、财力来支持诉讼。再者,既往不咎的原则也使各成员的违反成本大大降低。另一方面,以强硬的经济制裁方式来保证争端裁决的执行,典型的是中止减让和交叉报复。这种方式在发达成员向其他发达成员或者部分发展较好的发展中成员实施时,效果还比较明显。但是,如果经济制裁的发出方是经济实力较弱的发展中成员,其制裁效果则会大打折扣。注重非歧视原则的WTO在这方面没有考虑到各成员发展程度之间的差异性。

(二)部分区域性多边自由贸易协定的进程缓慢

在全球化的背景下,穷国与富国之间的差距也在逐渐拉大,这种现象不仅表现在全球范围内,在区域范围内也逐渐显著。区域内部的各国往往具有较为相近的自然条件,但是由于政治、文化和历史的原因,各国发展也很不平衡。因此,各个区域内部也很难在许多发展程度差异较大的领域达成一致。例如,北美自由贸易区(NAFTA)自建立以来,墨西哥政府总是宣称自己在农牧业贸易领域损失巨大。另外,在经历了"马拉松式"的谈判后,《跨太平洋伙伴关系协定》(TPP)虽然最终达成了正式文本,但是由于美国的退出,该协定没有达到法定批准成员数量而未生效。区域性多边贸易协定所面临的困难,给双边自由贸易协定的发展带来了新的契机。

(三)各国重新调整自由贸易的政策导向

新形势下,各国开始重新审视自己的贸易政策,逐步从重视"多边"转变为重视"双边"或者"多边与双边并重",尤其是在WTO以及各个区域性多边自贸协定停滞不前的背景下,表现最为突出的是近年来在双边自由贸易协定方面相对落后的美国、日本和中国等。美国国会已经通过了《快速通道法案》,总统获得了“快速审批”的贸易谈判权,这对美国政府大力进行双边自由贸易协定谈判非常有利。另外,各国除关注传统的地缘性的双边贸易协定以外,更加注重跨区域双边协定的发展,这已经普遍成为各国全球战略和对外经济政策的重要组成部分,并被提升到与多边贸易目标同等甚至更加优先的地位。

二、双边贸易协定发展的新特点

传统双边自由贸易协定大多数从地缘政治出发,辅之以经济因素的考量,主要缔结于主权国家之间或者具有超国家性的区域集团(如欧盟)之间。由于双边自由贸易协定只涉及两个缔约方,并且二者往往具有高度的利益共同性,所以双边自由贸易协定呈现简便、易操作、执行力强等特点。

从20世纪末到21世纪初,双边贸易协定呈现如下新特点。

(一)双边贸易协定数量急剧增加[27]

世界范围内,根据世界贸易组织的统计,截至2021年5月12日,处于生效状态的区域贸易安排共有348个,其中将近80%属于双边协定。自2021年1月1日至2021年5月12日,仅仅5个月的时间内,就有10个双边自由贸易协定生效。

截至2021年5月,欧盟是签订双边贸易协定数量最多的地区,其参加的双边经济安排的数量近40个,且对象分布广泛,基本涵盖了世界各大地区。美国积极推进双边贸易协定的发展进程,一方面把推进美洲自由贸易区(FTAA)作为巩固其后方、提高与欧盟对抗实力的主要手段,另一方面也通过跨区域的双边贸易协定加强对中东地区和东亚地区的渗透。到目前为止,美国已经生效的双边自由贸易协定共有12个。

由于历史原因,日本虽是区域经济一体化的后来者,但近年来也在双边贸易协定领域大有进展,目前已经有生效的双边贸易协定17个。

自改革开放以来,中国大力推进与各国的经济贸易合作与往来,并且逐渐发展成为世界第二大经济体。一方面,中国政府积极参与到多边贸易体制中,既加入了全球性的多边贸易组织——WTO,也积极参与区域性的经济合作,如亚太经合组织(APEC)等,还抓住机遇提出了“一带一路”倡议。另一方面,中国政府也抓紧促进双边贸易协定的发展,通过与各国建立更为紧密的双边经济合作关系来巩固和促进整个经济的发展。根据WTO的数据统计,中国政府目前签署并且生效的双边经济安排协定已经达到15个,签署对象既有澳大利亚、韩国、秘鲁、智利等主权国家,也有东盟等区域性的国家联盟,还有中国香港特别行政区和中国澳门特别行政区等单独关税区。另外,中国与海湾阿拉伯国家合作委员会(海合会)、挪威、斯里兰卡、马尔代夫等地区或国家之间的双边贸易协定正在紧锣密鼓的谈判过程中。同时,中国还在积极研究与斐济、尼泊尔和印度等国家之间的双边贸易协定。

(二)双边贸易协定形式更加多样

传统的双边贸易协定通常缔结于两个主权国家之间,目前大部分双边自由贸易协定属于此种。随着区域集团化程度的发展,一些地区开始出现超国家性的区域性国家联盟,联盟内部的各个成员对外采取一致的贸易政策,因此区域性国家联盟也成为双边自由贸易协定的缔约

---

〔27〕 参见http://rtais.wto.org/UI/PublicSearchByCrResult.aspx,2021年5月12日访问。

方,比如"中国—东盟自由贸易区""欧盟—拉美自由贸易区""欧盟—地中海自由贸易区"等。另外,由于历史或者经济发展的原因,同一个主权国家内部可能会出现两个或两个以上的关税区,在两个单独关税区之间形成的与自由贸易有关的协定也属于双边自由贸易协定的一种,典型的如中国内地与中国香港特区、中国澳门特区签署的《更紧密经贸关系安排》(Closer Economic Partner Arrangement,CEPA)。

(三)双边贸易协定的政治情结明显

当今世界,国与国之间的竞争不再是单纯的经济力量的对比,而是包含政治、经济、军事、文化等多个方面在内的综合国力的竞争。因此,各国在制定对外贸易政策的时候,会综合考量各种因素,尤其是政治因素。双边贸易协定的其中一个重要作用是可以对抗来自第三国的威胁。因此,各国政府热衷于双边贸易协定的谈判也折射出了这种通过建立经济纽带来加强国与国之间的政治联系的目的。双边自由贸易协定由点到面的政治、经济作用在一定程度上已经成为一股外交力量,对协定外的国家具有相当的挟制作用。例如,日本,因为有侵略史的原因长期不为东南亚国家所信任,日本与新加坡签署自由贸易协定意在"投石问路",探测东南亚国家是否能够在"政治上接受"日本。又如,欧盟因在军事、政治领域长期受制于美国,回旋余地相对有限,因此积极地将双边自由贸易协定作为外交政策的替代品。综上,可以看出双边贸易协定与各国政治之间密不可分的联系。

(四)双边贸易协定的调整范围有所突破

近年来,新签署的双边贸易协定最大的特点就是在调整范围上对《WTO 协定》有较大的突破。许多在多边贸易协定中无法达成一致的棘手问题在双边贸易协定中得到解决。以欧盟和加拿大签订的《综合性经济贸易协定》(Comprehensive Economic and Trade Agreement,CETA)为例,该协定共 30 章,不仅涵盖了传统的货物贸易、服务贸易、知识产权贸易、关税与边境措施、倾销与反倾销、补贴、透明度等条款,而且包含了劳工、环境、投资、竞争政策、国有企业和争端解决等内容。双边贸易协定在调整范围上的新变化,一方面推进了相关国家间的贸易自由化,另一方面也可能为推行国内贸易保护主义提供潜在的借口。

三、双边贸易协定内容的新发展

(一)贸易与劳工核心标准及社会条款

劳工问题第一次出现是在 GATT 时代的 1952 年,当时正值日本加入 GATT,美国提出在 GATT 中加入禁止不公平劳动的条款。在接下来的半个世纪,劳工问题一直成为各方争议的焦点之一,但是直到世界贸易组织成立,问题仍未解决。发达国家认为,发展中国家较低的劳工标准属于不公平的贸易措施,给标准相对较高的发达国家造成了损失。原因是发展中国家低廉的劳动力价格和劳工用工福利标准的直接后果就是产品和服务价格的降低,使得发达国家在相关市场失去了价格竞争力,构成了所谓"社会倾销"或称"劳动力倾销"。另外,发展中国家过低的劳工标准也不符合人权保护的要求。但是,发展中国家则反对这种观点:首先,各国在劳工标准的立法问题上享有主权;其次,在经济全球化的背景下,作为市场要素之一的劳动力也是各国经济竞争的一个着力点,所以这是符合"比较成本说"和"要素禀赋说"的;再次,发展中国家在劳动力方面所拥有的优势能够被发达国家在其他方面所拥有的优势所抵消,这也是市场全球化前提下,各国发挥所长开展国际竞争的固有含义;最后,发达国家也经历过劳工标准极低的历史阶段,并且利用工业化和资本剥削的手段积极向外扩张,所以其对发展中国家的指控没有道理,其实质是针对发展中国家所设立的“蓝色壁垒”。正是因为发达国家与发展中国家在此问题上分歧很大,所以在许多多边贸易协定中都回避了劳工标准问题。

进入 WTO 时代以来,在 1996 年 12 月举行的新加坡部长级会议上,“劳工核心标准”作为新议题被纳入宣言当中。2001 年 11 月的多哈部长级会议上,也将贸易与劳工标准和社会条款问题作为重要议题之一,但是随着多哈回合谈判的破裂,劳工标准进入 WTO 的进程再度停滞。

与多边贸易协定不同,双边贸易协定因为只涉及双方缔约主体,所以具有更强的灵活性。缔约方可以根据双方在贸易的不同方面所拥有的比较优势进行协调,也可以用某一优势要素的让步作为换取某一劣势要素的发展空间的谈判筹码。因此,劳工标准问题以双边协定为载体又重新登上国际贸易谈判的舞台。

目前,贸易与劳工关系在双边贸易协定中取得了较大的进展。美国第一次在双边贸易协定中规定贸易与劳工条款是 2000 年与约旦签署的双边贸易协定。从贸易与劳工条款第一次进入双边协定以来,其内容也已经发生了巨大的变化。在此,以欧盟与加拿大签署的 CETA 为例简要介绍当前双边贸易协定中的劳工核心条款的情况。CETA 以专章纳入了劳工条款,主要内容包括:框架与目标、管控保护标准的权利、与多边劳工保护机制的协调、提高保护水平、增强程序和行政性管控机制的透明度、公开信息、合作行为、机构设置、咨询、专家组、争端解决等。其中第 3 条明确了缔约方应当使本国在劳工方面的立法与国际劳工组织的相关规定保持一致,并且列举了一些政府应当保障的劳动者权利,比如劳动者结社自由、集体斗争权利、工作环境健康良好的权利、工伤获得救济的权利等。同时规定了政府应当尽力去减少本国的就业歧视、义务性劳动以及童工的使用等。无论是欧盟还是加拿大,CETA 的缔约方都属于发达国家,因此两者间订立的双边贸易协定在一定程度上反映出了当前劳工问题在双边贸易协定的最高标准和未来的发展趋势。

(二)贸易与环境问题

在环境问题日益严重的今天,各国在制定贸易政策的时候会不可避免地涉及环境保护问题。世界贸易组织成立后,尽管在贸易与环境问题上自由贸易者和环境主义者之间仍旧存在不可调和的矛盾,但是在环境问题已经无法回避的大背景下,WTO 各成员还是在 2001 年达成一致,将贸易与环境议题纳入“多哈回合”作为谈判的一个新议题。冲突主要围绕以下三个问题:自由贸易是否会导致环境恶化?贸易政策是否有助于环境问题?多边环境协定中有关贸易的规则与 WTO 规则发生冲突时,孰先孰后?发达国家与发展中国家的主要分歧在于:国际环境保护与贸易的公平原则如何得到确认和落实,如何妥善处理国际贸易中的“绿色壁垒”以及在环境与贸易中寻找一个恰当的平衡点。

发达国家认为,在国际贸易中,绝大多数发展中国家以牺牲环境为代价发展经济,极低的生产资源成本和极低的环境污染成本使发展中国家的产品具有了相当的价格优势。而发展中国家则持截然相反的观点,主要有两方面的理由。一方面,从现实的角度出发,众多发展中国家的经济发展水平较低,主要原因就是经济结构不合理。而经济结构的调整和产业结构的优化升级并非一蹴而就的,一国的所有政策包括环境政策也应当符合本国的经济状况,因此环境保护的问题只能循序渐进地解决。另一方面,从历史的发展历程来看,发达国家也曾经经历过过度开发与严重污染的阶段,并且还趁着国际化的趋势将不良后果转嫁给发展中国家。而且发达国家的真正意图并非提高发展中国家的环境保护水平,而在于给发展中国家开展国际贸易设置“绿色壁垒”，违反国际贸易的实质公平原则。由于发达国家与发展中国家之间在环境问题与国际贸易问题上的重大分歧，导致了环境问题在多边贸易体制下长期停滞不前。这也为将贸易与环境问题纳入双边贸易协定中提供了契机。

美国政府最先尝试在双边贸易协定中解决环境问题，在其与约旦的双边协定中首次纳入了环境保护条款。日本作为亚洲的发达国家，在科技领域的较好发展为本国发展环保型经济提供了有力的支持，因此在其与许多贸易伙伴签订的双边协定中也散见一些与环境有关的条款。例如，日本与瑞士的双边经济协定的“总则”第9条规定“缔约方应当努力促进环保型产品和与环保相关的服务的贸易增长，以符合环境保护和发展的长远目标”。CETA对贸易与环境问题进行了规定，包括促进环境保护水平提高，与多边环境保护条约保持一致，缔约方在环保方面的救济措施与程序透明，林产品和渔业及水产养殖产品领域的贸易、环境问题合作及争端解决等内容。CETA在此问题上的规定已经算得上是目前的国际最高水平，无论是在调整范围方面还是规定力度方面都具有相当的超前性。但不得不说，在当下，这种极高的环保标准是众多发展中国家无法企及的。

（三）贸易与竞争政策

贸易政策和竞争政策规制的重点有所不同，贸易政策关注的是边境措施，贸易谈判集中于边境措施的自由化，以获得市场准入，而竞争政策则关注入境后的竞争状况。与边境/入境后的区别相对应，贸易政策关注公共行为，即政府措施；而竞争政策则关注企业和私人行为。

发达国家认为，发展中国家的国内竞争立法水平低下，竞争政策也缺乏公平性、透明度等。许多发展中国家在国际贸易中不仅大量使用倾销、补贴等手段，而且存在非常严重的垄断行为。这些对于发达国家的国际贸易是不公平的，因此极力主张将竞争政策纳入WTO的法律体制当中。但是，广大发展中国家对此坚决反对。主要理由是：发展中国家目前的经济水平尚未达到能够完全开展自由竞争的程度，许多行业正处于起步阶段，尤其是在部分高精尖技术产品的贸易和部分服务业领域，国内相关从业者的竞争力尚不足以同发展良好的国外同行业者竞争，因此仅仅以市场准入来调整相关贸易领域是不够的，还需要对外国产品和服务入境后的竞争进行一些限制。另外，发展中国家还主张，部分国内行业之所以采用垄断，既有事实上的原因，也有历史上的原因。一方面由于某些行业的经营事关国家重大安全，如通信服务、石油能源等。另一方面是因为相关产业投入巨大，客观上准入门槛较高，以及历史的原因，导致了事实上的垄断，如铁路运输业。当然，发展中国家并不反对在一个健全的竞争体制下开展国际贸易，但是目前将贸易与竞争问题强行塞入世界贸易组织的法律体制是不可行的。发达国家将贸易与竞争政策的问题纳入多边贸易体制的进程受到阻碍，不得不将双边协定作为新的突破口。

美国率先在双边贸易协定中纳入了有关竞争政策的内容，并且先后与欧盟、德国、澳大利亚、加拿大、新加坡等贸易伙伴签订了包含相关条款的双边协定。在美国与新加坡的双边贸易协定中，“限制竞争的商业行为”、“指定性垄断”和“国营企业”等内容被纳入竞争政策。CETA虽然在第17章规定了“竞争政策”，但是仅仅4个条文，并没有触及贸易与竞争问题的本质。而且大多数内容还停留在倡议性层面，表明“各缔约方已经认识到竞争政策的重要性，反竞争将会给国际贸易带来不良影响”，“缔约方之间应该积极推进竞争领域的合作”。但是，该章第4条却明确写道：“本章不适用本协议的争端解决条款。”这其实表明，欧盟和加拿大虽然作为发达国家,但是在竞争领域仍然尚未自信到完全交由市场的程度。目前,签署这种类似协定的国家主要是发达的市场经济国家,绝大多数发展中国家因为与发达国家之间的巨大差异,尚未引起发达国家在此领域与之进行谈判的兴趣。但是,这并不是绝对的,也有少许例外。比如,在2015年12月20日生效的《中国—韩国自由贸易协定》中,也有专门规定竞争政策的章节。虽然,中韩自贸协定也没有将竞争政策领域纳入整个协定的争端解决范围之中,但是也反映了我国双边贸易协定的发展趋势。

(四)贸易与投资措施

《与贸易有关的投资措施协定》(TRIMs)是WTO规则中直接涉及贸易与投资问题的法律文件,但是其调整的投资措施范围十分有限,仅限于与贸易有关的投资措施。由于各国资本市场条件存在巨大差异以及各国对外国投资的政策态度不统一,导致目前很难在世界范围内建立起真正意义上的多边投资协定。过去,资本输出国主要关注其资本能否进入更多的国家获取利润,即关注资本输入国的外资准入政策和规则。而现在,资本输出国在此基础上更加注重本国资本在进入外国之后所受到的待遇和保护水平。对于资本输入国而言,一方面,其希望能够引进更多的外国资本投入本国的建设中,增加就业岗位,推动经济的发展;另一方面,资本输入国也担心外国资本进入某些涉及本国核心利益的领域,可能会对本国经济、政治甚至国家安全造成不良的影响。因此,资本输出国与输入国的立场存在根本性差异,也增加了建立多边投资协定的困难。另外,在投资领域,各国一般不再采用发达国家和发展中国家的标准来对国家进行分类,而是采用资本输出国与输入国的分类标准。但是,资本输出国与输入国的概念是相对的,世界上没有任何一个国家或者地区是绝对的资本输出方或者输入方,因此各国在制定外国投资政策时往往更多地考虑具体对象的差异性,这也加大了建立多边投资协定的难度。所以,通过双边贸易谈判全面规范投资措施成为许多国家的选择,如日本已经与新加坡、马来西亚、菲律宾、瑞士、印度等10个国家签署了包含投资章节的双边贸易协定。

内容方面,以CETA为例,其第8章名为“投资”,共6小节45条,对双方与投资有关的问题进行了较为细致的规定。第一节“定义和范围”对“合格投资”的概念进行了定义。第二节“投资的建立”对资本的市场准入以及投资人的投资和相关行为进行了规定。第三节“非歧视待遇”纳入了国民待遇和最惠国待遇条款。第四节“投资保护”规定了缔约方进行投资管控应当坚持的原则,包括外国投资者在本国应当获得的待遇,涉及转让、征收、代位权、损失补偿等。第五节“保留与例外”规定了不适用本章部分条款的情形。第六节“投资者与国家之间的投资争端解决”是本章的亮点和重点,该节对一缔约方与另一缔约方的国民之间产生了投资争端时的解决程序进行了详细的规定,包括协商、斡旋、仲裁等。CETA引入了ICSID仲裁机制,详细规定了程序的启动、仲裁庭的组成、仲裁规则的选择等内容,并且在仲裁裁决结果的承认和执行方面吸收了联合国关于《承认和执行外国仲裁裁决的国际公约》(以下简称《纽约公约》)的成果。总体来看,CETA有关投资的规定内容详尽、制度设计健全,堪称目前有关投资的双边贸易协定的标准性范例,对各国有一定的参考意义。另外,中国近年来签订的许多双边贸易协定,比如中国—澳大利亚、中国—韩国、中国—瑞士、中国—冰岛等,都包含了有关投资的章节,具体内容,兹不赘述。但是,从总体上评价,中国的这些双边协定在制度设计与实际操作方面均尚存较大的进步空间。

(五)争端解决机制

除前文谈及的WTO争端解决机制存在的一些弊端之外,其不足之处还表现在以下方面。首先,磋商是必经程序,但这种方式存在两大弱点:一是当争端双方各执一词、互不相让时,就会久拖不决,国际社会也奈何不得;二是当争端双方的政治和经济实力相差悬殊时,谈判对弱者相当不利,给霸权和强权提供了可乘之机,容易酿成弱肉强食的恶果,很难建立公平合理的国际秩序。其次,专家组程序虽然在解决争端的过程中发挥了举足轻重的作用,但是也存在一些问题,如专家组成员组成积弊严重,专家组程序运作问题重重等。再次,上诉程序也表现出诸如上诉机构负担过重、上诉审限规定过于严格以及上诉审查范围过于局限等问题。最后,执行程序方面,也存在执行期限较长且执行效果具有明显的滞后性等问题。而且,DSU对于补偿方式的规定也过于笼统,缺乏确定性,交叉报复也存在实质不公平的弊端等。此外,WTO争端解决机制致力于解决国家间的争议,并未对个体利益进行调整。综上所述,由于WTO争端解决机制存在一些不足,各国在签署双边贸易协定的时候就会采用更加适合缔约双方的争端解决方式。

双边贸易协定的优点在争端解决方面更加凸显。首先,其争端解决的范围更广,且程序兼顾了不同争端的特殊性。其次,双边贸易协定中的磋商和谈判程序的作用更加明显。与多边贸易体制不同,双边贸易协定本就是建立在缔约双方平等协商谈判的基础上的,因此在争端解决方面,不会出现倚强凌弱、霸权主义等问题。再加上双边贸易协定的缔约双方通常都是政治关系较为良好的国家,故争端双方拥有相对良好的谈判基础。再次,双边协定不仅调整国家间的争端,也关注个体的利益。最后,在机构设置方面,双边贸易协定大多取消了专家组和上诉机构的区别,而是采用专家小组或者专业委员会的初始报告和最终报告。

综上所述,双边贸易协定在争端解决方面对WTO争端解决机制有所发展。由于在大多数情况下,争端当事双方都是WTO成员,由此产生当一项争议发生时哪个规则优先适用的问题。在目前签订的双边贸易协定中,大多数赋予双方当事人自由选择的权利,且这种选择是排他的。例如,美国—新加坡双边贸易协定中规定:"如果一项争议既属于本协定规定的范围,又属于WTO或者其他有当事双方参加的协定的范围,则起诉方可以选择一种争端解决机制。""一旦起诉方选择了某一特定的机制,则其具有排斥其他争端解决方式的效力。"

四、双边贸易协定新发展的评价以及前景展望

虽然双边贸易协定发展的主要原因之一是WTO进程缓慢,但是双边贸易协定和多边贸易协定的本质目标都是贸易自由化,只是二者所推动的层面和影响的范围有所不同而已。双边贸易协定是国际贸易发展过程中的阶段性产物,其最终都会走向多边以及世界贸易体制内。双边贸易协定虽然在一定程度上会影响多边贸易体制的进程,但是这种状况也只是暂时的,随着越来越多的双边协定的出现,越来越多的国家加入各种各样的双边协定中,各国在既有的WTO体制下又建立起一种更为紧密的贸易关系,这将在总体上有利于贸易自由化的发展。同时,双边协定的作用不仅及于缔约双方,还会对其他国家产生辐射作用。符合国际贸易发展趋势的双边协定能够起到良好的示范作用,这种作用的蔓延有助于国际贸易规则的进一步统一。

本章思考题

1. 简述区域贸易协定的合法性。
2. 简述区域贸易协定与全球多边贸易协定的关系。
3. 简述区域贸易协定的新发展。
4. 简述 RCEP、CPTPP、《美墨加协定》的主要内容。
5. 简述双边贸易协定的新发展。

拓展阅读

一、著作资源

1. 王开、靳玉英:《区域贸易协定发展历程、形成机制及其贸易效应研究》,格致出版社、上海人民出版社 2016 年版。
2. 王慧:《国际贸易法原理》,北京大学出版社 2011 年版。
3. 黄洁:《TPP 视野下的中国自由贸易区战略研究》,上海人民出版社 2016 年版。

二、文件资源

1. RCEP。
2. CPTPP。
3.《美墨加协定》。

三、网络资源

世界贸易组织网,https://www.wto.org/,可查询世界贸易组织的最新动态、《WTO 协定》的增改、WTO 案例等。

第九章 国际投资法

本章导读

国际投资法是国际经济法的一个重要分支。本章以国际投资法的基本框架为主线,概括介绍了国际投资法的基本概念、基本理论和基本知识。学生通过本章学习,可对国际直接投资的形式、保护投资的国际法制以及国际投资争议解决的全部内容及实践有较为完整的了解,同时关注国际投资协定的最新发展变化趋势,学会运用国际投资法基本原则和制度解决实践中的问题。

第一节 国际投资和国际投资法概述

国际经济一体化与多极化的格局表明,越来越多的国家和地区,已经开始自觉地将自身经济与区域经济乃至全球经济联为一体,以期在相互联系的国际经济运行机制中实现互利,谋求发展。国际直接投资作为跨国的经济活动,具有带动产品以及资金、技术、设备、管理等生产要素的全面转移的功能。从全球范围来看,国际直接投资促进了生产和资本的跨国流动,促进了国际分工与合作,促进了全球生产力的提高和经济增长。进入21世纪以来,全球化仍然是国际经济发展不可阻挡的浪潮,一方面全球范围内经济交流的频繁促使各个国家或地区之间国际投资、国际贸易乃至国际金融之间的互动、融合和变化,对于世界市场产生了不可估量的影响;另一方面国际投资法、国际贸易法和国际金融法之间相互交叉、渗透和融合,对于推进全球经济一体化、消除贸易壁垒、营造良好的投资环境无疑有重要价值。

一、国际投资概述

(一)国际投资的概念

"投资"这一概念,一般被视为为了预期的产出,而投入资本于特定行业或部门的经济活动。国际投资是一种超越国界或者关境的资本活动,是投资者为获取预期收益而从事的跨国或跨境的资本交易活动。它具有带动生产要素和产品转移的功能。对具体国家来说,国际投资包括本国的海外投资和本国接受的外国投资。在联合国贸发会议的《世界投资报告》中,多使用"经济体"(economies)这个概念,包括了主权国家和单独关税区。

(二)国际投资的类型

国际投资可按不同的标准予以分类。

1. 按投资主体分类,国际投资可分为政府(或官方)投资和私人(或企业)投资。政府投资是指投资方为一国政府或国际公共机构。私人投资是指投资方为私人或私人企业的民间投资。一般来说,国际私人直接投资在国际投资活动中占有主导地位,并对一国的生产与流通、经济与政治、科技与社会产生全面而深远的影响,因而对世界经济的发展起着举足轻重的作用。

2. 以时间长短为标准分类,国际投资可分为短期投资和长期投资。按国际收支统计分类,一年以内的债权被称为短期投资,一年以上的债权、股票以及实物资产被称为长期投资。此种分类的依据过于简单,且不能准确反映国际投资活动的实际情况。

3. 按投资形式与性质分类,国际投资可分为直接投资与间接投资。

(1)国际直接投资,也称外国直接投资(Foreign Direct Investment,FDI)是以拥有或控制企业经营管理权为核心,以获取长期利益为目的的投资活动。国际货币基金组织将"直接投资"定义为"一种跨境投资的分类,与在一个经济体的居民对居住在另一个经济体的企业拥有控制权或对其管理有重大影响相关"。[1] 世界贸易组织将"直接投资"的构成分为三类:股本/股权资本;利润再投资;涉及跨国公司和附属企业的短期或长期资金借贷的其他资本。

(2)国际间接投资,是指投资者通过购买外国股票、其他有价证券或提供贷款等方式使投资资本增值的经济活动。依据投资功能的不同,国际货币基金组织将投资分为:直接投资、证券投资、金融衍生工具(储备除外)、雇员股票期权、其他投资、储备资产。[2] 直接投资之外的投资通常被称为间接投资。

国际直接投资是与国际间接投资相对应的一种国际投资基本形式。国际直接投资注重对该企业在国外资产的控制权、所有权、经营权和剩余价值的索取权;而国际间接投资则注重投资的利息高低和收益的稳定性。[3]

二、国际投资法的概念、特征和渊源

(一)国际投资法的概念和特征

1. 国际投资法的概念

传统的国际投资法理论认为,国际投资法是指调整跨国私人直接投资关系的有关国内法和国际法规范的总称。随着投资自由化浪潮在全球范围内兴起,发达经济体已经尝试将国际投资法扩大适用到间接投资。例如,《美国2012年双边投资条约范本》(the 2012 US Model BIT)第1条"投资定义",在"资产"形式中增加了期货、期权,以及其他衍生金融工具,这是纯粹的间接投资。因此,当代国际投资法理论更强调以跨境投资为调整对象。

调整跨境投资的法律规范,其中国内法规范包括资本输入国的外国投资法和资本输出国鼓励和保护海外投资的规范;国际法规范主要是指国际习惯和国际条约,后者包括国家间基于投资促进和保护而签订的双边投资协定、区域性投资条约、世界性多边投资条约,以及主要包含投资条款的自由贸易协定、经济伙伴关系协定和区域协定。

2. 国际投资法的特征

国际投资法具有以下特征:

---

[1] 《国际收支平衡手册》第6版。

[2] 《国际收支平衡手册》第6版。

[3] 张为付:《国际直接投资(FDI)比较研究》,人民出版社2008年版,第4页。

(1)国际投资法调整的投资关系,主要是国际私人投资关系,即所涉及的是自然人、法人,其他民间组织、企业团体及机构(其活动是以商业目的为基础)所做的投资。虽然广义的国际投资关系,既包括各国政府之间或国际金融组织与国家之间的资金融通关系,如(政府)官方投资、国际货币基金组织或世界银行的贷款或援助等,也包括各国私人跨越国境的投资关系,即国际私人投资关系,但目前国际投资法调整的对象主要是后者。

(2)国际投资法主要调整国际私人直接投资关系。如前所述,国际私人投资可分为直接投资和间接投资。传统国际投资法的调整对象限于国际私人直接投资关系,而国际私人间接投资关系,一般由国际金融法和各国证券法等调整。随着资本市场的高度发展,大量对外投资行为既有直接投资的内涵,又有间接投资的手法和特点;同时,由于资本市场风险大、技术要求高,一些投资机构的国际投资行为往往兼有直接投资和间接投资的特征。外国直接投资和间接投资的这种融合趋势,成为当代国际投资法的一个显著标志。

(3)国际投资法既包括国内法规范,也包括国际法规范,两者相互补充,构成统一的国际投资法律关系体系。

国际投资法是国际经济法的重要分支之一,是调整国际投资关系的法律手段。其内容主要包括:外国投资和外国投资者,投资形式,国际投资准入,投资自由化和便利化,投资业绩要求,国际投资待遇,征收和补偿,投资转移,国际投资担保制度,国际投资争端解决等广泛领域。国际投资法既有实体法规范,又有程序法规范;既有公法规范,又有私法规范。

(二)国际投资法的渊源

国际投资法既然包括国内法规范和国际法规范,其渊源也就包括国内法渊源和国际法渊源这两个方面。

1. 国内立法。主要包括资本输入国的外国投资法、资本输出国的海外投资法,以及各国国内与投资相关的法律法规。

2. 国际条约和国际习惯。国际条约主要包括双边投资条约(Bilatcral Investment Treaties, BITs)和其他国际投资协定(International Investment Agreements, IIAs),后者又包括区域性多边投资条约、世界性多边投资条约,以及主要包含投资条款的自由贸易协定、经济伙伴关系协定和区域协定。国际习惯(international custom),也称习惯国际法(custom international law),根据《国际法院规约》第38.1条的规定,是指“作为通例之证明而经接受为法律者”。也就是说,国际习惯是经接受成为法律的一般实践、惯例或做法。国际习惯形成具有两个因素:一是物质要素,即有一般的实践或通例存在;二是心理要素,指一般的实践或通例被各国所接受为法律,即“法律确信”(opinio juris)。在1926年Neer案[4]中,美墨求偿委员会“对外国人的待遇,若要构成国际不法行为,则应达到暴行、恶意、故意漠视义务的程度,或政府的行为与国际标准相差甚远以至于任何理性公正的人都会轻易地认为该行为是不当的”的裁决,被视为国际最低标准里程碑式的判例。该案为东道国构成国际不法行为筑起了很高的门槛,直到现在仍有不少意见认为这种高标准正是习惯国际法上外国人待遇的最低标准。除此之外,外交保护、征收等方面还存在一定的习惯国际法。但是国际投资法规范中习惯国际法所占的比重很小。

3. 其他渊源。主要包括没有法律拘束力但促进国际投资进一步规范的,一些国际组织做

---

[4] L. F. H. Neer and Pauline Neer(USA) v. United Mexican States(15 October 1926), UN Reports of International Arbitral Awards, http://legal.un.org/riaa/cases/vol_IV/60-66.pdf.

出的有关决议和制定的有关指南、守则等。

三、国际投资法的体系

国际投资法是由调整国际投资关系的各国投资法和国际投资协定综合形成的一个法律体系。

(一)资本输入国吸收外资的法律(国内法规范)

资本输入国吸收外资的法律,也称外国投资法,是指资本输入国为吸收和利用外国投资而建立的有关保护、鼓励和管理外国投资的法律规范的总称。有关保护外国投资的法律制度主要涉及征收或国有化及其补偿、投资本金和利润的兑换和汇出、外国投资和外国投资者的待遇以及稳定性保证等规定。根据各国法律实践,各国国内立法赋予外国投资者的权利主要有投资选择权、企业经营管理的自主权、财产所有权、利润的处理权和汇出权、税收优惠权和诉讼请求权等。有关鼓励外国投资的法律制度,包括投资促进和投资便利化措施。投资促进主要包括税收优惠(免税、减税和低税率)和金融、行政以及关税返还方面的优惠。有关管理外国投资的法律制度主要包括外国投资准入,经营条件,安全审查,事前、事中和事后监管,利润转移及限制等制度。无论发达经济体(developed economies)还是发展中经济体(developing economies)都可能作为资本输入国,因此他们都有适用于外国投资的法律,但在内容和形式上却有区别。

1. 在形式上,发展中经济体和转型经济体(transition economies)较多颁布专门适用于外国投资的法律。例如,以统一投资法或投资法典形式出现的印尼、智利、墨西哥、阿根廷等国的《外国投资法》,刚果、突尼斯、加蓬等国的《投资法》,菲律宾的《外资企业管理法》,以及希腊的《投资及外国资本保护法》。然而发达国家适用于外国投资的法律主要是同样适用于国内外投资的一般性法律。例如,美国迄今没有一部正式的外国投资法,外国投资者与美国国民享受同等待遇,外国投资活动也是通过一般国内法来调整的。在发达国家中,除了日本、加拿大、澳大利亚等国有专门调整外国投资的法律,其余大部分发达经济体都是通过一般的国内法来调整外国投资活动的。

2. 在内容上,发展中经济体和转型经济体比较注意制定有关投资审批、外汇管制、税收课征等法律规范。例如,拉丁美洲国家在审查外国投资方面已形成较为完善的制度;然而发达经济体则着重制定有关国家安全、环境保护、人权和劳工、反垄断、反腐败等法律规范。又如,美国2017年《外国投资风险评估现代化法案》(Foreign Investment Risk Review Modernization Act, FIRRMA)作为美国《2019财政年度国防授权法案》(The John S. McCain National Defense Authorization Act for Fiscal Year 2019)的重要组成部分,于2018年8月13日生效。与《2007年外国投资与国家安全法案》(FINSA)[5]及其实施细则《2008年外国人合并、收购、接管规定》[6]相比,对美国现行外国投资国家安全审查制度进行了系统修改,授予美国外国投资委员会(CFIUS)更大的审查权力,扩大了受管辖交易对象范围、增加了审查考量因素、强化了审查程序、优化了CFIUS的资源配置。美国商务部工业和安全局参与CFIUS对交易中出口管制实体的评估,与CFIUS配合、确定投资安全审查中"关键技术"一直隶属BIS的业务范围。由于确

---

〔5〕 Foreign Investment and National Security Act of 2007, Pub. L. No. 110-49, 26 July 2007.

〔6〕 Regulations Pertaining to Mergers, Acquisitions, and Takeovers by Foreign Persons 2008, 31 C. F. R. Part 800.

定“关键技术”的任务量加大,2020 财年、2021 财年 BIS 连续要求增加预算,BIS 报告指出,其在确定涉及美国业务体的投资是否为“关键技术”中发挥重要作用。近年来,绝大多数发达国家出于国家安全考虑,加强了对战略性产业外国投资的审查。再如,美国的《反托拉斯法》,该法适用于所有发生在美国,或对美国市场构成影响但发生在美国领土以外的行为。

3. UNCTAD《2012 年世界投资报告》制定了《可持续发展投资政策框架》(Investment Policy Framework for Sustainable Development,IPFSD),供决策者在制定国家投资政策以及就国际投资协定进行谈判或审查时参考。IPFSD 由可持续发展的核心原则、各国投资政策指南和国际投资协定要素——政策选项,共三部分构成。其主要创新表现在从“偏重保护外资权益”到“促进东道国可持续发展”;从“偏重保护外资”到“平衡当事双方权利义务”;保护外资和管制外资从“各行其道”到“一体化”三个方面。[7] 各国投资政策指南从三个方面强调“可持续发展”:一是投资政策融入国家发展战略。表现在制定符合生产性能力建设(productive capacity building)的优先战略投资和投资政策,包括人力资源发展、基础设施、技术传播、企业发展的政策及敏感产业保护的投资政策等。二是投资政策结合可持续发展目标。强调“平衡”的具体投资政策和法规的设计和旨在最大限度地减少投资潜在负面影响等规定,具体表现在:(1)促进负责任投资(responsible investment)的政策,保证投资符合国际核心标准;(2)促进投资和优惠政策,促进包容性与可持续发展;(3)土地取得的政策,结合“负责任的能源投资原则”制定相关政策。三是确保投资政策的相关性和有效性。体现在公共治理和制度能力建设,政策有效性和具体措施有效性的评估,涉及量化投资的影响指标等。[8]

中国自改革开放以来,30 多年间建立了以《中外合资经营企业法》(已失效)、《中外合作经营企业法》(已失效)、《外资企业法》(已失效)即“外资三法”为基础的外资法体系。虽然“外资三法”为外商投资企业在我国发展创造了良好法治环境,对推动改革开放伟大历史进程发挥了重要作用,但是在新的形势下,“外资三法”已经难以适应新时代改革开放实践的需要。2020 年 1 月 1 日起施行的《外商投资法》及《外商投资法实施条例》不仅体现了内外双轨和“外资三法”的合一,而且从保护投资和公平竞争的角度出发,以法律的形式确立了今后中国外商投资准入、促进、保护、管理等方面的基本制度框架。《外商投资法》的立法目的是坚定实行高水平投资自由化便利化政策,保护外商投资合法权益,营造法治化、国际化、便利化营商环境,以高水平对外开放推动经济高质量发展。根据 UNCTAD 的《2021 年世界投资报告》,2020 年中国成为第二大资本输入国,反映了中国控制疫情后的经济快速复苏,也反映了中国相关科技行业、电子商务和研发的联合推动。[9]

(二)资本输出国对外投资的法律(国内法规范)

资本输出国的对外投资法律是指资本输出国为维护本国经济和社会利益而制定的有关保护、鼓励和管理本国私人境外投资的法律规范的总称。所谓“对外投资”,也称境外投资或海外投资(overseas investment),是国内资本再生产过程在国际范围的延伸,是生产资本国际运动的重要形式。

---

〔7〕 UNCTAD:World Investment Report 2012,Chapter Ⅳ Investment Policy Framework for Sustainable Development,Figure Ⅳ.1. Structure and Components of the IPFSD,104.

〔8〕 UNCTAD:World Investment Report 2012,Chapter Ⅳ Investment Policy Framework for Sustainable Development,Table Ⅳ.1. National Investment Policy Challenges,102.

〔9〕 UNCTAD:World Investment Report 2021—Investing in Sustainable Recovery,p.5.

资本输出国鼓励本国投资者对外投资的措施主要有财政性金融支持,如政府提供的优惠贷款;税收优惠政策,包括税收抵免、税收饶让抵免、免税政策或延期纳税等;信息服务,如投资情报和咨询服务措施;技术援助,如为海外投资企业培训技术人员等。美国早在1953年就成立了小企业管理局(Small Business Administration,SBA),主要为中小企业向海外发展中国家投资提供直接投资贷款,以及为到友好的发展中国家投资的合法投资人提供担保或保险贷款和直接贷款。[10] 日本国际协力银行(Japan Bank for International Cooperation,JBIC)将出口信贷和开发援助、支持进口和海外投资结合起来,通过提供股权和贷款两种形式对海外投资项目予以支持。[11]

海外投资保险制度是资本输出国保护和鼓励本国私人对外投资的重要法律制度。海外投资有各种风险,包括商业风险和政治风险。海外投资保险制度,是指资本输出国政府对本国海外私人投资者可能遇到的政治风险提供法律保证,一旦所担保的风险事故发生,投资者就可依照协议,在专门机构取得补偿。海外投资保险制度的目的是增强投资者的信心,从而扩大海外投资的进行。美国是最早实行这一制度的国家。

作为资本输出国的发达国家奉行“投资自由化”政策,除了对涉及国防、高新技术及一些敏感行业的投资会有严格限制外,一般不对本国的海外投资实行审批而是采用登记/备案制。例如,根据日本《外汇与外贸法》规定,对某些涉及国家安全(如武器、航空机械等)、共同秩序(如电力、自来水、铁路等)、公共安全(如生物学制剂制造业、保安业等)的特殊工业的外国直接投资要求事前申报,实行审查。但是,与“事前审批”相比,发达国家更注重“事后监管”。

中国对外投资的高速增长更加引人注目。自2012年至2018年,中国由全球第三大资本输出国跃升为第二大资本输出国。[12] 2019年中国降至第四大资本输出国。[13] 2020年中国成为第一大资本输出国,体现了中国跨国企业的持续扩张,以及“一带一路”项目的不断开展。[14] 目前中国对企业对外直接投资采取分级管理、多元核准、备案体制,主管部门包括国家发展和改革委员会(以下简称发改委)、商务部以及国家外汇管理局。2017年发改委发布了《企业境外投资管理办法》,取代了2014年的《境外投资项目核准和备案管理办法》。新办法旨在加强境外投资宏观指导,优化境外投资综合服务,完善境外投资全程监管,促进境外投资持续健康发展,维护我国国家利益和国家安全。商务部于2014年发布了《境外投资管理办法》,取代了2009年的《境外投资管理办法》,对境外投资的审批制度进行改革,将“全面核准”改为“备案为主,核准为辅”。国家外汇管理局2009年《境内机构境外直接投资外汇管理规定》目前仍然适用。

(三)国际投资协定(国际法规范)

1. 双边投资条约

双边投资条约,是指资本输出国与资本输入国之间签订的以促进、鼓励、保护国际私人投资为目的并约定双方权利与义务关系的书面协议,即以双边条约的形式确定投资者待遇,确保

---

〔10〕 孙元媛:《美国对外投资政策概述》,载《技术与市场》2008年第10期。

〔11〕 吕海彬:《金融机构支持“走出去”战略的经验比较及启示——就美日中政策性金融机构而谈》,载《北方经贸》2007年第6期。

〔12〕 UNCTAD:World Investment Report 2013 – 2019.

〔13〕 UNCTAD:World Investment Report 2020— International Production Beyond the Pandemic, p. 14.

〔14〕 UNCTAD:World Investment Report 2021— Investing in Sustainable Recovery, p. 7.

投资安全。20 世纪 90 年代以来，双边投资条约以前所未有的速度继续增长，发展中国家已经由过去纯粹作为资本输入国转变为兼具资本输入国与资本输出国双重身份，双边投资条约已经构成了现行国际投资法律框架的主要支柱。根据联合国贸发会议《2021 年世界投资报告》，截至 2020 年年底，世界上共有 2943 个双边投资条约。[15] 从 1980 年至今，中国对外签订生效的双边投资保护协定有 107 个。[16]

中美两国于 2008 年 6 月正式宣布启动中美 BIT 谈判。2016 年 8 月，中美双方在京举行第 28 轮中美 BIT 谈判，中美双方确认双边投资协定谈判取得重大成果。但是，特朗普总统执政后，中美 BIT 谈判遭到搁置。中国和欧盟于 2013 年 6 月启动了 BIT 谈判，2020 年 12 月 30 日谈判如期完成。中欧 BIT，又称中欧全面投资协定（CAI），旨在构建中欧双边投资制度安排，其核心内容包括：(1)保证相互投资获得保护，尊重知识产权，确保补贴透明性；(2)改善双方市场准入条件；(3)确保投资环境和监管程序清晰、公平和透明；(4)改善劳工标准，支持可持续发展。与传统的投资协定相比，在市场准入方面，CAI 采取的是准入前国民待遇加负面清单模式。中方首次在包括服务业和非服务业在内的所有行业以负面清单形式作出承诺，实现与外商投资法确立的外资负面清单管理体制全面对接。欧方也在协定中对中方承诺其较高的市场准入水平。2021 年 5 月 20 日，欧洲议会通过了冻结 CAI 的议案。

2. 多边投资条约

(1)《解决国家与他国国民之间投资争端公约》（Convention on the Settlement of Investment Dispute Between States and Nationals of Other States, the ICSID convention，以下简称《ICSID 公约》或《华盛顿公约》）

1962 年由世界银行主持起草了初步草案，经过数年的论战和反复修改，发达国家和发展中国家终于达成了妥协性的共识，拟定了公约的正式文本。1965 年 3 月 18 日，《ICSID 公约》由世界银行执行董事会通过，并在美国华盛顿开放签字。1966 年 10 月 14 日，《ICSID 公约》正式生效。中国政府于 1990 年 2 月 9 日签署了该公约，该公约于 1993 年 2 月 6 日正式对我国生效。截至 2022 年 1 月 11 日，《ICSID 公约》的签字国已有 164 个，其中正式缔约国为 156 个。[17]

(2)《多边投资担保机构公约》（Convention Establishing the Multilateral Investment Guarantee Agency, the MIGA convention，以下简称《MIGA 公约》）

1985 年 10 月在汉城（今首尔）召开的世界银行年会上通过，并于 1988 年 4 月 12 日生效。这是继《ICSID 公约》之后第二个正式有效的有关国际投资保护的国际公约。中国已于 1988 年 4 月 30 日批准了该公约，成为该公约的原始缔约国。截至 2022 年 1 月 11 日，《MIGA 公约》有 182 个成员，其中发达国家 25 个，发展中国家 157 个。[18] 多边投资担保机构理事会对该公约进行了修订，于 2010 年 11 月 14 日生效。[19] 根据《MIGA 公约》建立的多边投资担保机构（Multilateral Investment Guarantee Agency, MIGA），是世界银行的成员，它的主要任务是为到发展中国家参与直接投资的外国私人投资者提供非商业风险（政治风险）的担保；除此之外，机构

---

[15] UNCTAD: The World Investment Report 2021— Investing in Sustainable Recovery, p. 122.

[16] https://investmentpolicy.unctad.org/international-investment-agreements/countries/42/china.

[17] https://icsid-archive.worldbank.org/en/Pages/about/Database-of-Member-States.aspx.

[18] https://www.miga.org/member-countries.

[19] https://www.miga.org/miga-convention.

还开展辅助活动,以促进投资流动。

(3)世界贸易组织与投资有关的协议

世界贸易组织与投资有关的协议包括:①《与贸易有关的投资措施协议》(TRIMs)是乌拉圭回合多边贸易谈判的三个新议题之一,它是第一个对投资措施进行国际管制的多边条约,标志着各国引导和管辖外资的权力开始受到多边纪律的约束。但是,TRIMs并没有为外国投资者设立新的保护和救济,也没有为投资自由化制订计划或进程。多哈回合谈判不可避免地认识到投资议题的重要性,但是2004年"新加坡议题"遭到抛弃,WTO将投资问题整体纳入组织架构的努力终止。②《服务贸易总协定》(GATS)首次将服务贸易纳入多边管制,但它同时又相当于一个国际投资条约,它规定了以商业存在的方式提供服务必须遵守的多边纪律。所谓以商业存在的方式提供服务,实际上就是以任何类型的商业或专业机构在他国提供服务,是国际投资者拓展跨国服务的主要形式之一。③《与贸易有关的知识产权协议》(TRIPS协定)把对外国投资者的知识产权的认可和保护作为涉及外资待遇的一个首要问题,成为各国外资法的重要组成部分。由于知识产权日益成为重要的投资形式,知识产权的国际保护对于推动国际投资的发展,特别是技术密集型国际投资的发展,有着重大意义。④《反补贴协定》(SCM协定)主要针对的是向出口和替代进口活动中提供的补贴,但该协定的实施也会影响东道国的投资环境,进而影响国际直接投资。因为如果有关国家采取的投资激励措施是以外资企业的出口实绩或国内含量为条件而给予的补贴,或者该补贴对其他成员国的利益造成不利影响,都会受到该协议的制约。[20]

2021年,OECD、WTO和UNCTAD关于《G20贸易和投资措施报告》指出,G20必须确保为应对新冠疫情而采取的贸易限制措施是透明的(transparent)、相称的/比例的(proportionate)、有针对性的(targeted)和临时性的(temporary)。WTO在确保供应链保持开放和避免限制性贸易政策方面可发挥核心作用。尽管因疫情将继续面临挑战,但多边贸易体制保持了贸易的流动,正如国际金融危机期间一样,多边贸易体制的基础是坚实的。该报告认为,G20成员应当为国际投资提供便利和保持基本开放的投资政策,更要尊重《二十国集团全球投资政策指导原则》(G20 Guiding Principles for Global Investment Policymaking)、2009年经济合作与发展组织发布的《关于资本接受国与国家安全有关的投资政策指南》(2009 OECD Guidelines for Recipient Country Investment Policies relating to National Security)以及联合国贸发会议发布《可持续发展投资政策框架》(UNCTAD's Investment Policy Framework for Sustainable Development)等相关的投资政策。非歧视(non - discrimination)、透明度(transparency)、相称性/比例性(proportionality)和问责性(accountability)原则变得更加重要。国际投资可以为减轻新冠疫情对各经济体的影响作出重要贡献,各国政府需要为国际投资创造有利条件,以确保可持续的、惠及各方的复苏。[21]

(4)《能源宪章条约》(Energy Charter Treaty,ECT)

1991年12月17日于荷兰海牙签署的《能源宪章条约》(ECT),已于1998年4月生效,ECT是各国合作解决国际能源问题的一个里程碑,是目前能源领域唯一的多边公约。截至

---

〔20〕 卢进勇、余劲松、齐春生主编:《国际投资条约与协定新论》,人民出版社2007年版,第195页。

〔21〕 OECD,WTO,UNCTAD:Reports on G20 Trade and Investment Measures (Mid - October 2020 to Mid - May 2021),https://unctad.org/system/files/official - document/unctad_oecd2021d25_summary_en.pdf.

2016年1月,该公约有54个成员,包括欧盟和欧洲原子能共同体(Euratom),中国是观察员。该条约内容涵盖能源主权、能源投资、能源市场准入、能源过境运输等方面,旨在为建立开放和有效的能源市场创造有利条件,鼓励私人资本流向能源行业,同时也确认国家对自然资源的主权,主张有效利用能源和保护环境。在WTO没有对能源和资源的贸易单列规则的情形下,该条约的主要法律作用目标是为能源跨国投资者提供法律保障。条约框架下的投资仲裁机制,除了《解决国家与他国国民之间投资争端公约》、联合国国际贸易法委员会等普遍适用的机制之外,还列明了斯德哥尔摩商会仲裁院的选项。ECT为能源投资、能源过境、能源贸易提供了必要的法律保障,是同时覆盖投资保护和贸易的多边协定。2015年5月20日至21日,中国在能源宪章(Energy Charter)部长级会议上签署了新的《国际能源宪章宣言》。新宣言将能源宪章组织的关注范围扩大至能源减贫等新的领域。所有签署这一宣言的国家还会应邀参加对1994年《能源宪章条约》各个条款的修改工作,并就新的《国际能源宪章条约》达成共识。

(5)《多边投资协定》(草案)(Multilateral Agreement on Investment,MAI)

1995年5月,经济合作与发展组织(OECD)部长理事会作出决议,发起成立了由成员方代表组成的《多边投资协定》谈判组,他们试图使投资规则朝着约束力更强、更加自由化的方向发展,以便更多地体现资本输出国集团的利益,并最终使之成为在全球适用的国际投资规则,实现其在新的统一规则形成过程中起决定作用的目的。因此该协定也被称为"外国投资者的权利法案"。OECD就MAI的谈判虽于1998年失败,但发达国家仍意图将之"移师"WTO。2004年8月,多哈回合达成框架协议并就谈判进程规定了时间表,但仍然没有解决贸易与投资关系、贸易与竞争政策的相互作用以及政府采购透明度等问题,这表明在WTO框架下建立多边投资协议时机还不成熟,但有关多边投资立法的深层次的探讨仍在继续。

3. 传统的区域性投资条约

某一区域的一些国家或者国际组织,为了避免竞争,协同步调,采取共同立场,往往以区域性多边协定或条约的形式,制定用以调整涉及本区域的资本跨国流动的行为规范或行动准则。所以区域性多边投资条约是指区域性国际经济组织旨在协调成员方外国投资法律而签订的多边条约。此类条约主要涉及各国投资政策自由化、投资待遇标准、投资保护与投资争议解决以及与外国投资者经营相关的问题,如不正当支付、限制性商业惯例、信息公开、转移定价、环境保护、就业与劳资关系等。此外,还包括对发展水平较低的国家的一些例外和特殊承诺条款,主要有1970年安第斯条约组织签订的《安第斯共同市场外国投资规则》、1980年阿拉伯国家的《阿拉伯资本投资协议》和1981年伊斯兰会议组织的《伊斯兰会议组织投资协议》等关于资本自由流动的原则性规定以及1991年12月于海牙签署的《欧洲能源宪章》、1998年东盟国家签订的《东盟促进和保护投资协议》和《东盟投资区域框架协议》等。

4. 含投资条款的自由贸易协定、经济伙伴关系协定和区域协定

根据联合国贸发会议《2021年世界投资报告》,截至2020年年底,全球国际投资协定的数量有3360个,包括2943个双边投资协定(BITs)和417个主要包含投资条款的自由贸易协定、经济伙伴关系协定和区域协定,其中生效的国际投资协定(IIAs)有2646个。[22] 虽然在数量上,双边投资协定仍然占主导地位,但就对经济的重要性来讲,自由贸易协定、区域协定等,变得越来越重要。其谈判所涉问题的深度和广度日益增加,现有的国际投资协定中被越来越多

〔22〕 UNCTAD: The World Investment Report 2021 - Investing in Sustainable Recovery, p.123.

地添加新的议题。例如,在谈判中纳入可持续发展内容、为国际投资协定增添自由化特点、加强某些投资保护内容的条款,以及引入国际投资仲裁规则特别是投资者—东道国争端解决机制(Investor – State Disputer Settlement,ISDS)条款的改革。

(1)包含投资条款的自由贸易协定

20 世纪 90 年代以来,以推动贸易自由化和投资便利化为核心的全球区域经济合作发展迅猛。《北美自由贸易协定》(NAFTA)的内容已经突破传统的货物贸易范围,扩展到服务贸易、投资、竞争、政府采购、知识产权保护、环境保护以及劳工标准等领域。NAFTA 是第一个具有广泛和深远影响的含有投资章节的区域贸易协定(Regional Trade Agreements,RTAs)。NAFTA 投资规范的核心内容在第 5 部分第 11 章,共分三个部分:一是国际投资的实体性内容,二是投资者与东道国争端解决机制的程序性问题,三是定义。NAFTA 的实体投资规则主要由国民待遇、符合国际法的待遇标准、征用条件、最惠国待遇四大投资保护支柱及其例外所构成。投资者与东道国争端解决机制的程序规则是 NAFTA 的最创新之处,即规定了一缔约国的投资者无须其所属国卷入就可以在无仲裁协议的情况下就另一缔约国或其所属的地方当局违反 NAFTA 投资规则而导致其损害的行为提请仲裁。该投资者无论是以自己的名义还是以其拥有所有权或为其控制的位于东道国的企业的名义都可以提出申请。美墨加三国于 2018 年 9 月就更新《北美自由贸易协定》达成一致,新协定更名为《美国—墨西哥—加拿大协定》(USMCA,可简称《美墨加协定》),该协定添加了劳工权益保障、环境保护标准、数据跨境流动、金融服务准入等内容。USMCA 于 2020 年 7 月 1 日生效,在美国主导下达成的 USMCA 主要体现了“美国优先”的原则将成为“美国未来贸易协议的模板”。

2014 年 9 月 26 日,欧盟与加拿大达成了《全面经济与贸易协定》(Comprehensive Economic and Trade Agreement,CETA),也称《欧加贸易协定》。2016 年 10 月 30 日,欧盟和加拿大正式签署 CETA。该协定涉及各种贸易和投资政策领域的综合规则,也是欧盟第一个含有投资章节的 FTA,反映了国际投资协定发展的最新潮流。2017 年 9 月 21 日,CETA 的绝大部分条款开始“临时实施”(provisional application),一旦所有欧盟成员国批准 CETA,该协定将被完全实施。[23] CETA 的“投资规则”规定在第 8 章及其附件里,第 8 章共有 6 节 45 条,分别是:范围和定义,投资的设立(市场准入、禁止业绩要求等),非歧视待遇(国民待遇、最惠国待遇、高管国籍等),投资保护(公平和公正待遇、赔偿损失、征收等),保留和例外(例外、利益拒绝等),投资者—东道国争端解决机制。CETA 的投资规则超越了其成员方先前签订的 1400 多个双边投资协定(BITs)的传统欧式 BITs,借鉴了美国《2012 年双边投资条约范本》(可称《2012 年 BIT 范本》),如采用准入前国民待遇与负面清单模式,并且详细规定了 ISDS 条款,同时在实体和程序上均有不少创新。CETA 其他章节也含有与投资有关的内容。首先,与投资有关的一般例外、安全例外、税收例外等条款统一规定在 CETA 第 28 章“例外”中。其次,缔约双方之间与投资有关的争端解决规定在 CETA 第 29 章“争端解决”之中。最后,晚近一些投资协定中包括的劳工、环境、透明度等条款也规定在 CETA 其他章节(如第 23、24、27 章)。2019 年 2 月 1 日,《欧盟—日本经济伙伴关系协定》(EPA)生效。《欧盟—新加坡自由贸易协定》(EUSFTA)于 2019 年 11 月 21 日生效。《欧盟—越南自由贸易协定》(EVFTA)于 2020 年 8 月 1 日开始生效。欧

---

〔23〕 2017 年 9 月 21 日,CETA 进入“临时生效”的阶段,即目前适用 CETA 中关于货物、服务贸易自由化的相关规定,对投资章节中的争端解决机制等规定尚未适用,需要经过欧盟各成员国国内完成履批手续后,才能全面生效。

盟和南共市于1999年开始就双边贸易协定进行谈判，经过了20年才达成协定。此外，2019年6月28日，欧盟和南方共同市场(MERCOSUR，以下简称南共市)达成了自由贸易协定。

目前，中国签订的TIPs有24个，其中19个已经生效。[24] 例如，中国与东盟自由贸易区(China - ASEAN)是中国对外商谈的第一个自由贸易区，也是东盟整体对外商谈的第一个自由贸易区。2009年《中国—东盟自由贸易区投资协议》[25]对于自由贸易区投资法律制度的设计是符合国际投资协定的发展趋势的。2019年10月，中国—东盟自由贸易区升级议定书对所有协定成员全面生效，在原产地规则、贸易通关规定、服务贸易、投资领域等方面都降低了门槛。再如，2015年12月20日正式生效的《中韩自由贸易协定》(China - Korea FTA)对两国间贸易投资起到了积极的促进作用。

(2)超大型/超级区域协定(mega-regional agreements)

近年来，超大型区域国际投资协定不断涌现，将对未来国际投资规则的制定产生重大影响。超级区域协定是一组国家之间的广泛经济协定，它们加在一起具有重大的经济总量(economic weight)，投资只是其中涉及的几个主题之一。例如，《非洲大陆自由贸易区可持续投资议定书》(the Sustainable Investment Protocol of the African Continental Free Trade Area, AfCFTA)、《欧盟—英国贸易与合作协定》(the EU - United Kingdom, TCA)、《中欧全面投资协议》(the China - EU Comprehensive Agreement on Investment, CAI)、《区域全面经济伙伴关系协定》、《美墨加协定》，以及《全面与进步跨太平洋伙伴关系协定》，虽然它们对待投资义务的方式不同，但是，所有这些协定都趋向于包括旨在确保投资保护和各国管理权利之间的平衡的面向改革的规定。[26]

《跨太平洋伙伴关系协定》(TPP)是由环绕太平洋的国家主导的一项区域贸易协定。该协定在2002年由智利、新西兰和新加坡三国发起，2005年7月签署贸易协定，2005年8月文莱作为创始国加入。2008年美国加入后，在其推动下，成员方增加到12个，还包括澳大利亚、加拿大、马来西亚，墨西哥、秘鲁、越南和日本。2016年2月，TPP经过8年谈判在新西兰签署，缔造了世界上最大的自由贸易区。TPP不仅是美国“重返亚太”战略经济中的重要一环，而且它的高标准化、新兴价值化、美式价值化等特点，也体现了它重塑全球贸易规则的目标。2017年1月，时任美国总统唐纳德·特朗普签署了关于美国退出TPP的法令。2018年3月8日，剩余的11个成员方继续进行谈判，签署了《全面与进步跨太平洋伙伴关系协定》(CPTPP)。CPTPP基本沿用TPP的原有协定结构和承诺范围，对20项条款予以冻结。这些条款涉及投资者—东道国争端解决机制中与东道国主权相关的内容，与金融服务、电信监管机构仲裁、药品或医疗设备、快递装运、邮政专营、政府采购、知识产权以及野生动植物贸易相关的条款。

《跨大西洋贸易与投资伙伴关系协定》(TTIP)谈判将创建世界上最大的自由贸易协定，并可能重振自“冷战”结束以来的跨大西洋关系。2013年2月13日，欧盟领导人和时任美国总统奥巴马利用八国集团(G8)峰会的机会，共同发表声明启动TTIP谈判，最终目标是建立美欧自由贸易区(FTA)，其范围包括欧盟的27个成员国以及美国。议题涉及服务贸易、政府采购、原

---

〔24〕 https://investmentpolicy.unctad.org/international - investment - agreements/countries/42/china。

〔25〕 2009年8月15日，时任中华人民共和国商务部部长陈德铭与东盟十国的经贸部长共同签署了《中国—东盟自由贸易区投资协议》。2010年1月1日，中国—东盟自由贸易区正式启动，它是世界第三大自由贸易区、人口最多的自由贸易区，也是发展中国家之间最大的自由贸易区。

〔26〕 UNCTAD: The World Investment Report 2021 - Investing in Sustainable Recovery, p. 123 - 124.

产地规则、技术性贸易壁垒、农业、海关和贸易便利化等。如果达成,TTIP 就将成为新的国际贸易、投资规则的基础,进而影响整个全球化规则制定。但 2016 年谈判陷入停滞。

2012 年 11 月,《区域全面经济伙伴关系协定》(RCEP)谈判正式启动,参加方包括东盟十国、中国、澳大利亚、印度、日本、韩国、新西兰共 16 方,后来印度退出谈判。RCEP 已于 2020 年 11 月 15 日签署,标志着全球规模最大的自由贸易协定正式达成。签署 RCEP,是地区国家以实际行动维护多边贸易体制、建设开放型世界经济的重要一步,对深化区域经济一体化、稳定全球经济具有标志性意义。RCEP 的法律文本包括前言、正文 20 章和 4 个市场准入的附件。涵盖货物贸易、贸易救济、原产地规则、政府采购等方面。RCEP 的特点是:(1)各成员方在 RCEP 中对 WTO 涵盖的部门领域的条款作出了更新或超越;(2)RCEP 从广度和深度两个层面拓展了此前许多"中国—东盟'10+1'协定"中未涉及的领域,例如在市场准入方面,RCEP 成员方承诺在所有实质性的商品贸易和服务贸易中逐步取消或减少关税和非关税壁垒,并且扩大了投资领域的范围;(3)RCEP 汇集了发展水平各异的国家,通过为最不发达国家成员提供额外的灵活性、加强各成员方之间的技术合作和能力建设,最大限度地确保经济发展水平不同的经济体、规模不同的企业,以及更广泛的利益相关者都可以受益;(4)RCEP 支持各成员方参与全球和区域供应链的诉求,通过贸易和投资授权规则对市场准入承诺进行了补充,既有利于商业发展,又维护了合法的公共政策目标。

(四)习惯国际法以及国际组织的有关决议和有关指南、守则等

首先,有关国际组织作出的涉及跨国投资法律问题的决议最主要的是联合国大会通过的建立国际经济新秩序的决议。例如,1974 年通过的《各国经济权利和义务宪章》。其次,一些国际组织制定的有关国际法律问题的"指南"。例如,世界银行和国际货币基金组织在 1992 年颁布的《外国直接投资待遇指南》也是国际投资法的重要渊源。最后,联合国经济与社会理事会在 1982 年起草的《跨国公司行动守则(草案)》是直接规范跨国公司活动的。从 1993 年起,由联合国贸发会议接手该守则的谈判事项,但至今没有实质性进展。

第二节 国际投资的企业形式

一、国际直接投资的类型

(一)绿地投资(greenfield investment)

绿地投资,也称新建企业,是指外国投资者向东道国输出资本(包括自有资本或中长期信贷资本),直接创办新企业,并对该企业的经营管理拥有管理权或控制权。通过这种方式组建的新企业,可以是合资经营企业、合作经营企业,或是外商独资企业。其特点是:投资金额大,建设周期长,投资风险高。

(二)跨国并购(cross – border M& As)

跨国并购,又称国际并购或越界并购,是指外国企业为了某种经济目的,通过一定的渠道、手段或支付方式,兼并或收购东道国企业的全部或者部分股份或资产,对东道国企业参股、相对控股或控股,最终取得东道国企业的经营管理权或实际控制权的企业经济行为。20 世纪 90 年代以来,发达国家之间、发达国家与发展中国家以及发展中国家之间的以创建为主的跨国投

资方式发生了实质性变化，越来越多的国际直接投资采取了并购形式。跨国并购的优势在于：一是并购大幅度降低了企业发展的风险和成本，因为企业通过并购避免了小规模的成本劣势以及高额的转付成本，从而有效地降低了进入新行业的壁垒；二是企业也摆脱了筹措资金方面的限制；三是跨国并购可有效利用被并购企业的相关经营资源，如分销渠道，还可获取被并购企业的商标、商誉等无形资产，以及利用企业特有资产等。全球范围内跨国并购重组，谋求扩大企业规模已成为当今诸多产业的发展趋势。

1. 从结构上看，跨国并购可以分为跨国兼并（合并）和跨国收购。

（1）兼并（merger）是指两个或两个以上的公司，通过法定方式重组，重组后只有一个公司继续保留其合法地位。这是兼并的狭义解释，相当于公司法中的“吸收合并”。合并（consolidation）是指两个或两个以上的公司通过法定方式重组，重组后原有的公司法人资格都不再保留，而是组成一个新的公司。这是合并的狭义解释，相当于公司法中的“新设合并”。

（2）收购（acquisition）是指一家公司在证券市场上用现金、债券或股票购买另一家公司的股票或资产以获得对该公司的控股权。收购在公司法中一般是指对企业的资产和股份的购买行为。因此，根据收购的对象不同，收购可分为股权收购和资产收购。如果以目标公司的股东是否同意被收购进行分类，收购可分为善意收购和敌意收购。

（3）跨国兼并（cross – border merger）是指在当地或国外企业的资产或运营活动被融入一个新的实体或并入已经存在的企业。跨国收购（cross – border acquisition）是指在已经存在的当地和外国附属企业获得占有控制权的份额。兼并和收购的区别在于，兼并最终结果是两个或两个以上的法人合并成为一个法人，而收购的最终结果不是改变法人的数量，而是改变被收购企业的产权归属或经营管理权归属。但兼并和收购都是试图通过产权交易，达到控制其他公司企业的目的，故我们习惯上将其统称为“并购”（mergers and acquisitions，M&A）。

《美国反托拉斯法》习惯用广义的“兼并”来表述“并购”的概念，不仅包含新设和吸收合并，也包含收购的内容。《欧盟竞争法》则使用“集中控制”的概念，规范企业并购行为。广义的合并其实是与广义的兼并同义，所以我们经常称美国或欧盟的“企业并购指南”为“合并指南”。中国《反垄断法》使用了“经营者集中”的概念，即经营者合并，经营者通过取得其他经营者的股份、资产以及通过合同等方式取得对其他经营者的控制权，或者能够对其他经营者施加决定性影响的情形。这样既可以厘清企业合并、企业结合、企业兼并等概念之间纠缠不清的关系，避免语义上的歧义，又能够清楚地表述反垄断法所关注的核心与实质问题，符合竞争法的立法宗旨和目标。

2. 从功能或目的上看，跨国并购可以分为横向（水平）并购、纵向（垂直）并购以及混合并购。

（1）横向并购是指同一类生产部门或同一类产品经营部门之间的公司发生的并购行为，也就是处于同一经营环节上的相关企业的并购。横向并购的目的是实现规模经济和占有更大的市场份额。

（2）纵向并购是指生产过程或经营环节相互衔接、密切联系的公司之间，或者具有纵向协作关系的专业化公司之间的并购，主要是加工制造企业同与他有联系的原材料、运输、贸易公司之间的并购。纵向并购也就是同一生产过程中的相关环节的企业并购。

（3）混合并购是指生产经营上无任何联系或联系很少的不同行业之间的企业的合并，是横向并购与纵向并购相结合的企业并购。混合并购的目的是拓展企业的产业结构，实现多样化经营，分散企业经营风险。

(三)国际项目融资(international project finance)

项目融资(project finance)通常是指为大型的工程项目(如大型的采矿、能源开发、运输交通以及动力、化学、冶金企业等建设)融通资金。[27] 从金融学的角度来说,狭义的项目融资,就是指债权人对借款人抵押资产以外资产没有追索权或仅有有限追索权的融资活动。区别于传统融资/企业融资(corporate finance)。[28] 本章所说的"国际项目融资"是指通过跨国项目来融资,也称"特许经营项目融资",是包含间接投资的直接投资模式。国际项目融资通常是通过国际项目贷款(international project loan)[29]来实现融资的。根据 UNCTAD 的《2021 年世界投资报告》,2020 年大多数项目融资都是在基础设施方面,包括交通基础设施、发电和配电以及其他公用事业。由于新冠疫情的影响,可再生能源项目持续增长,电信领域基础设施项目增加,但是能源、运输的国际项目融资都大幅度减少。[30]

1. BOT 方式

BOT 是英文 Build - Operate - Transfer 的缩写,即建设—运营—移交,是一种特许权项目融资方式,即政府通过合同授予私营企业一定期限的特许经营权,许可其融资和建设特定的公用基础设施,并准许其进行经营管理和商业利用,如通过向用户收取费用或出售项目产品等方式来清偿贷款、回收投资并赚取利润,特许期届满时将基础设施无偿移交给政府。世界上著名的 BOT 项目是英吉利海峡隧道项目。我国第一次 BOT 模式的实践运用是在 1984 年,当时深圳以中外合作方式从国外引进商业贷款,成功兴建了广东沙角电厂。从 1995 年开始,原国家发展计划委员会批复广西来宾电厂二期工程采用 BOT 模式建设,使该项目成为我国第一个经国家批准的 BOT 试点项目。目前,BOT 方式在国内基础设施或公共工程建设上应用非常普遍。不仅如此,柬埔寨甘再水电站还是中国水电建设集团公司首个以 BOT 模式进行的境外水电投资项目,也是柬埔寨国内最大的引进外资项目。在中国,BOT 已经成为政府通过外商或私营企业签订特许权协议吸引外资或民间资本加快国内基础设施建设的一种手段,所以 BOT 也称为"特许权或特许经营招标"或"法人招标"。[31]

国际 BOT 项目,是指私人投资者是一个或两个以上的外国投资者,或者数个投资者中有一个是外国投资者。其法律特征如下:(1)BOT 方式适用于规模宏大、投融资风险高、收入来源稳定,且通常为东道国带有垄断性经营的基础设施项目。(2)政府允许外国投资者以 BOT 方式进入,实质上就是东道国政府授予外国投资者特许权,以特许协议的方式将本属于政府的一部分社会管理职能在一定期限内转给项目公司。(3)BOT 方式是一种高风险的投资、贷款活动,其筹资方式是将传统的股本投资与项目融资结合在一起的一种较新型的国际投融资方式。(4)BOT 方式围绕项目投融资、建设、运营、移交,构成一项复杂的系统工程。(5)BOT 方式可随时变形,非常灵活。随着 BOT 方式在不同国家和地区的应用,又演变出 20 多种变种 BOT。如 BOO(Build-Own-Operate,建设—拥有—运营),BOOT(Build-Own-Operate-Transfer,

---

〔27〕 龚维新主编:《国际融资》,立信会计出版社 1997 年版,第 8 页。

〔28〕 王守清、柯永建编著:《特许经营项目融资(BOT、PFI 和 PPP)》,清华大学出版社 2008 年版,第 6 页。

〔29〕 项目贷款是指对某一特定的工程项目发放的贷款,以项目建成后的经济收益还本付息。项目贷款是为了适应国际上一些大型工程项目,如石油、天然气、煤炭等自然资源开发以及交通运输、电力、农林等项目的巨额资金的需求而逐步发展起来的,是目前国际上最常用的融资方式之一。

〔30〕 UNCTAD: The World Investment Report 2021 - Investing in Sustainable Recovery, p. 11.

〔31〕 王守清、柯永建编著:《特许经营项目融资(BOT、PFI 和 PPP)》,清华大学出版社 2008 年版,第 19 页。

建设—拥有—运营—移交)，BOLT(Build-Own-Lease-Transfer，建设—拥有—租赁—移交)，BRT(Build-Rent-Transfer，建设—出租—移交)等。

BOT项目牵涉许多关键的相互协调与合作的关系人，主要有：(1)政府及其授权部门；(2)项目联营集团(项目主办人)；(3)项目公司；(4)项目贷款人(银行或财团)；(5)项目工程建筑承包商；(6)项目原材料供应商；(7)项目工程设计公司；(8)项目投资回报和贷款偿还的担保人；(9)保险公司；(10)项目的经营管理人；(11)项目产品、服务的购买人或设施使用人；(12)其他可能的参与人。

BOT项目是由一系列的法律文件组合而成的有机整体，包括招投标文件、特许协议、安慰函(就政府表示支持、承诺、保证等所做的相关的法律解释)、股东协议、项目融资文件、设计合同、物资供应合同、保险合同、产品购买合同、转让移交合同等。其中政府与项目公司之间的特许协议是最基本的，构成了国际BOT运作方式的核心，也是签订其他相关合同的前提。

2. PPP模式

PPP即Public Private Partnerships的缩写，译为“公私合作制”或“公私伙伴关系”，其实质是政府通过给予私营公司长期的特许经营权和收益权来加快基础设施建设及有效运营。PPP项目是一种特许权项目，是政府和企业之间长期的合作。广义的PPP泛指公共部门与私营部门为提供公共产品或服务而建立的合作关系；而狭义的PPP更强调政府在项目中的所有权(有股份)，以及与企业合作过程中的风险分担和利益共享。[32] 公共产品或公共服务领域的项目，具体包括基础设施(如市政道路、高速公路、电厂)、市政公用类(如自来水厂及配套管网、固废处理和收运设施)以及社会事业类(如文化体育场馆、医疗和教育服务设施)。[33] 例如，1998年英国政府采用PPP方式保证了伦敦地铁网络在未来30年拥有足够的投资。PPP模式没有固定的投资模式，根据每个项目的特点、所在地的投资环境、各参与主体的具体情况，形成每个项目自身的投资模式，包括服务合同、管理合同、租赁合同、特许、BOT、BOO、BOOT、反转BOOT、混合经营、出售。

PPP模式在我国被称为“政府和社会资本合作”模式。根据2017年7月21日国务院法制办公室发布的《基础设施和公共服务领域政府和社会资本合作条例(征求意见稿)》[34] (以下简称《PPP条例》)，它是指政府采用竞争性方式选择社会资本方[35]，双方订立协议明确各自的权利和义务，由社会资本方负责基础设施和公共服务项目的投资、建设、运营，并通过使用者付费、政府付费、政府提供补助等方式获得合理收益的活动。例如，北京地铁4号线项目、北京奥运国家体育场“鸟巢”的建设都是比较典型的PPP模式。除了PPP模式专门立法，《基础设施和公用事业特许经营法》作为我国PPP领域第一部上位法已经列入全国人大常委会立法规划。此外，与之衔接的法律还有：预算法、政府采购法、招标投标法、土地管理法、城乡规划法、国有资产管理法、担保法、价格法、公路法、铁路法、电力法和环境保护法等。2020年3月31日，财

---

[32] Francois Lichere, Boris Martor: *On the Development of Public－private Partnerships in Africa: Current Reforms and Future Prospects*, International Business Law Journal, 2007.

[33] 济邦投资咨询有限公司组织编写:《基础设施PPP与操作实务》，化学工业出版社2016年版，第51页。

[34] 该征求意见稿是在原建设部的特许经营管理办法、发改委的《基础设施和公用事业特许经营管理办法(征求意见稿)》、国务院的《基础设施和公用事业特许经营管理办法(征求意见稿)》，以及财政部的《政府和社会资本合作法(征求意见稿)》等框架基础上制定的。

[35] 本条例所称社会资本方，是指依法设立，具有投资、建设、运营能力的企业。

政部发布《政府和社会资本合作(PPP)项目绩效管理操作指引》(以下简称《PPP 指引》),明确PPP 项目绩效管理内容和评价标准,旨在提高公共服务供给质量和效率,保障项目合作各方合法权益,让 PPP 项目更好地实现物有所值、按效付费。目前在我国,除了央企和地方国企主导,各级政府开始鼓励民营资本更多参与 PPP 项目,重点鼓励金融机构精准对接民营资本参与PPP 项目的融资需求。[36]

在 PPP 模式中,政府部门或地方政府通过政府采购的形式与中标单位组建的特殊目的公司签订特许合同(特殊目的公司一般是由中标的建筑公司、服务经营公司或对项目进行投资的第三方组成的股份有限公司),由特殊目的公司负责筹资建设及经营。政府通常与提供贷款的金融机构达成一个直接协议,这个协议不是对项目进行担保的协议,而是一个向借贷机构承诺将按与特殊目的公司签订的合同支付有关费用的协定。这个协议使特殊目的公司能比较顺利地获得金融机构的贷款。

相比早年较为流行的 BOT 模式,PPP 模式的含义更为广泛,且更强调政府在项目中的参与(如所占股份),更强调政府与企业的长期合作与发挥各自优势,共享收益、共担风险和社会责任。在典型的 BOT 项目中,私人部门按政府指定的技术规格和业主要求建设有关资产并进行营运,再向资产的最终使用者收取费用。在 PPP 项目中,公共部门购买的是服务,而非资产,公共部门根据私人部门是否有达到政府所列明的服务水平要求而向该私人部门付款。PPP 模式是一种优化的项目融资与实施模式,以各参与方的"双赢"或"多赢"作为合作的基本理念。

3. 特许协议的法律问题

(1)特许协议(Concession Agreement)的概念

特许协议,又称特许经营权协议,是东道国政府与外国投资者之间签订的通常为自然资源的开发或公用事业的建设为目的的一种协议,是获得特许经营权的核心法律文件。联合国国际贸易法委员会工作组关于《私人融资基础设施项目示范立法条文》对特许协议所下的定义是:特许协议是指订约当局与特许公司之间签订的规定实施某一基础设施项目的范围和条件的有法律约束力的合同。

BOT 特许协议主要条款包括:签字各方的法定名称与地址;特许内容、方式及期限;东道国政府和特许各方的权利和义务;项目工程设计、建筑施工、经营和维护的标准规范;项目的组织实施计划与安排;项目转让、抵押、征管、终止条款;项目风险承担及保险;特许期届满时项目移交标准及程序;罚则;协议的仲裁及所适用的准据法等。在协议的各项条款中,东道国政府和特许各方的权利义务条款尤为重要,要求具体、明确地规定。如政府在设计阶段对项目公司提交方案的审查、修改和取消权,在施工阶段的监理权、变更审批权,在竣工验收阶段的检测验收权和最终确认权,在运营阶段的监察权、劳务政策制定权以及最终接管权等;同时承担为项目公司提供施工用地、水电原(燃)料供应等各种条件,承诺实现项目收益,以及提供临时资金的义务。项目公司享有收费权、税收优惠权、优先受让权、外汇平衡权、申请政府援助和保护权等;同时承担按政府审查批准确认的规范设计项目、按批准的设计方案建设项目、按规定的收费标准经营并保证项目移交时的完好性义务等。

---

〔36〕《政府与社会资本合作项目实际效果如何评价 PPP 绩效管理　让钱花得更值》,载河南日报网,https://www.henandaily.cn/content/2020/0402/223118.html。

(2)特许协议的法律性质

关于特许协议的法律性质问题有以下五种主张:准国际协议(quasi-international agreement);跨国契约(transnational contract);当事人法(law of the parties);行政契约(contract administrative);政府契约(government contract)。

关于特许协议的法律性质虽有多种学说,但争论的焦点在于:特许协议是国内法契约还是国际协议。绝大多数国家,特别是广大发展中国家普遍主张特许协议属于国内法协议。这一主张是符合国际法的一般原则的。一方面,根据当代国际法,条约是国际法主体间就权利义务关系达成的一种协议,因此原则上只有国际法主体才具有缔约能力。而现在为国际法所承认的国际法主体有国家、政府间的国际组织和争取独立的民族。除以上国际法主体具有完全或不完全的缔约能力以外,国际法还承认某些非主权实体也有一定的缔约能力,如联邦成员国、高度自治地区。但是,个人、公司甚至跨国公司都不是国际法主体,所以外国个人、公司和国家所订立的特许协议不具有国际法上的合意,不能纳入国际法的范畴之内,而必须以国内法为基础,作为具有国内法性质的协议。另一方面,特许协议是根据东道国的法律确立,并经东道国政府依法定程序审查批准,当事人的权利义务关系又涉及东道国的自然资源和公共建设,因此无论从协议的订立地、履行地或物之所在地等标志来看,特许协议在客观上都具有与东道国最稳定、最集中、最密切的实质联系。所以,特许协议是国内法性质的协议。

在国内法契约基础上,特许协议是公法性质还是私法性质的契约,这个问题在理论界一直有争议。例如,法国国内法上有"公法契约"之说,英、美国内法上有"私法契约"之说。此外,还有"混合协议"之说,一些学者认为,特许协议兼有"公法"和"私法"两种因素,因而具有两重性。

研究特许协议法律性质之争的实际意义,在于解决作为协议一方的当事国基于公共利益的需要而中止或改废特许协议时,其不履行或者违反协议的行为,是否应负国际法上的国家责任?主权国家行使主权权利(如立法权、行政权)时,不应受同个人之间契约的约束。约定必须信守、尊重,既得权并不是一项绝对的权利,它们的行使最终仍需服从于国家的主权权利。国家可以为公共利益的目的,用立法和行政措施来改变或废止原来协议的全部或部分,这不是违反上述原则也不是违反国际法的行为,不需要负国际责任。

(四)国际合作开发

国际合作开发是国家利用外国投资共同开发自然资源的一种国际合作形式,通常由资源国政府或国家公司同外国投资者签订协议、合同,允许外国投资者在资源国指定的开发区以及一定的年限内,同资源国合作,进行勘探、开采自然资源,并共同生产,按约定比例,承担风险,分享利润。国际合作开发应当是多方面的,但尤以石油和其他矿产资源的开发最为常见。国际合作开发的合作方式大多为特殊的契约式合营。

中外合作开发项目,是指外国公司依据中国《对外合作开采海洋石油资源条例》和《对外合作开采陆上石油资源条例》,同中国的公司合作进行石油、天然气和煤层气资源勘探开发的项目。根据《对外合作开采陆上石油资源条例》第7条的规定,中国石油天然气集团公司、中国石油化工集团公司(以下简称中方石油公司)负责对外合作开采陆上石油资源的经营业务;负责与外国企业谈判、签订、执行合作开采陆上石油资源的合同;在国务院批准的对外合作开采陆上石油资源的区域内享有与外国企业合作进行石油勘探、开发、生产的专营权。根据《对外合作开采陆上石油资源条例》第30条的规定,对外合作开采煤层气资源由中联煤层气有限责任公司、国务院指定的其他公司实施专营,并参照本条例执行。根据《对外合作开采海洋石油资源条例》第6条第1款、第2款的规定,中华人民共和国对外合作开采海洋石油资源的业务,由中国海洋石油总公司全面负责。中国海洋石油总公司是具有法人资格的国家公司,享有在对外合作海区内进行石油勘探、开发、生产和销售的专营权。

根据这两个条例的规定,中方石油公司在国务院批准的对外合作开采陆上石油资源的区域内,按划分的合作区块,通过招标或者谈判,与外国企业签订合作开采陆上石油资源合同。[37] 中国海洋石油总公司就对外合作开采石油的海区、面积、区块,通过组织招标,采取签订石油合同方式,同外国企业合作开采石油资源。[38] 两类合同经中华人民共和国商务部批准后,方可成立。除法律、行政法规另有规定或者石油合同另有约定外,应当由石油合同中的外国企业一方(以下简称外国合同者)投资进行勘探,负责勘探作业,并承担全部勘探风险;发现商业性油(气)田后,由外国合同者同中方石油公司或者中国海洋石油总公司双方投资合作开发,外国合同者并应负责开发作业和生产作业,直至中方石油公司或者中国海洋石油总公司按照石油合同规定在条件具备的情况下接替生产作业。外国合同者可以按照石油合同规定,从生产的石油中回收其投资和费用,并取得报酬。[39] 外国合同者为执行陆上石油合同从事开发、生产作业,应当依法在中华人民共和国境内设立分公司、子公司或者代表机构;为执行海洋石油合同,外国合同者应当设立分公司或者代表机构,但要履行登记手续。[40] 对外合作开采陆上石油资源,应当依法纳税。参与合作开采海洋石油资源的中国企业、外国企业,都应当依法纳税。[41]

(五)主权财富基金

经济合作与发展组织认为,主权财富基金是由一国政府直接或间接拥有和管理的,并以实现特定国家目标为投资目的的一系列资产组合。国际货币基金组织下设的主权财富基金工作组将主权财富基金定义为,由一国政府为了实现宏观经济目标而创建和拥有的、具有特殊目的的投资基金或安排。它通常由政府创建,为实现某一金融目标而持有、经营或管理资产,并运用一整套包括投资外国金融资产在内的投资战略,以此为基础来进行资产管理和运作。主权财富基金的定义排除了出于传统国际收支或货币政策目的而由货币当局持有的外汇储备资产、传统意义上的国有企业、政府雇员养老基金(由雇主/雇员出资)或为个人利益而管理的资产。

主权财富基金引起了各种争论,以至于国际社会于2007年10月请求基金组织和其他国际组织分析主权财富基金的一些关键问题,并与主权财富基金和接受主权财富基金投资的国家开始对话。2008年6月4日,OECD在巴黎举行的经济合作与发展组织部长级理事会上,经过30个成员方及3个非成员方(智利、爱沙尼亚、斯洛文尼亚)与会部长的共同签署,形成并发布了《经合组织关于投资东道国应对主权财富基金政策的指导方针》。2008年10月,主权财富基金工作组在智利首都圣地亚哥开会,通过了一套关于主权财富基金的"普遍接受的原则与做法",即所谓的《圣地亚哥原则》(Santiago Principles)。其目标是,帮助维护一个稳定的全球金融体系以及资金和投资的自由流动;遵守其所投资国家所有适用的监管与披露要求;从经济和

---

〔37〕 参见《对外合作开采陆上石油资源条例》第8条。

〔38〕 参见《对外合作开采海洋石油资源条例》第7条。

〔39〕 参见《对外合作开采陆上石油资源条例》第13条、《对外合作开采海洋石油资源条例》第8条。

〔40〕 参见《对外合作开采陆上石油资源条例》第17条、《对外合作开采海洋石油资源条例》第15条。

〔41〕 参见《对外合作开采陆上石油资源条例》第11条、《对外合作开采海洋石油资源条例》第10条。

金融风险以及相关的收益考虑出发进行投资；制定一套透明和健全的治理结构，以便形成适当的操作控制、风险管理和问责机制。

二、国际投资的企业形式

（一）国际合营企业

1. 概念

合营企业（joint venture），是指两个或两个以上当事人，为实现特定的商业目的，共同投资、共同经营、共担风险、共负盈亏的一种企业形式。国际合营企业则是由一个或多个外国投资者（法人或自然人）同东道国的政府、法人或自然人按法定或约定的比例共同出资、共同经营特定业务、共同分享利润、共同承担亏损的企业。[42] 这类企业的合资各方通常以长线投资为目标，而不是仅就某项交易或较短时间的合作为最终目的。

关于合营企业的法律性质，英美法系国家认为，合营者之间的关系是一种人合关系，而非资合关系，因此，合营企业在法律上是一种合伙，是一种非法人性质的商业组织形式，有关其权利与义务关系应适用（或类推适用）关于合伙的规定。与此相反，不少大陆法系国家认为，合营企业在法律上属于法人，而不是合伙，因此把合营企业纳入公司法范畴。例如，比利时、德国和日本。另外，有些国家如法国、科威特等认为，合营企业是"经济利益的组合"，具有合伙与法人双重特性，即合营企业是一种独立的法人实体，但合营者对企业的债务负无限连带责任。还有些国家对合营企业的法律性质则不做限定，允许合营企业根据实际需要，采取各种法人或非法人的组织形式，如波兰、匈牙利。

2. 类型

根据联合国工业发展组织编写的《发展中国家合营企业协议指南》，合营企业依其法律性质的不同可以分为以下两种基本类型：

（1）股份式合营企业（equity joint venture），是指由合营者相互协商为经营共同事业而组成的法律实体。这种类型的合营企业，具有独立的法律人格；合营者的出资分成股份，各方按照自己出资的比例对企业行使一定的权利，承担一定的义务；企业有一定的管理机构，作为法人的代表。

（2）契约式合营企业（contractual joint venture），是指合营各方根据合营契约经营共同事业的经济组织。这种类型的合营企业，往往不具有法人资格，合营各方不是以股份形式出资，也不按股份分担风险和盈亏，而是根据合营契约的约定对企业享受一定的权利和承担一定的义务，并对其所出资产保留其合伙的权利。[43] 契约式合营企业各方的出资可不必折算成统一的货币单位，各方利益、风险及损失的分担可以通过合营合同的约定来进行。例如，合同安排由外国投资者向政府或当地投资者提供资金、设备、工业产权、技术援助和技术秘密，并根据生产、销售、利润等情况，从中取得使用费。我国的中外合作经营企业就吸收了国际上契约式合营企业的特点，但它又有别于契约式合营企业。

3. 组织形式

由于各国法律对合营企业的法律性质的认定各不相同，因而，举办合营企业所采取的组织

---

[42] 余劲松、吴志攀主编：《国际经济法》，北京大学出版社、高等教育出版社 2000 年版，第 208 页。

[43] 余劲松：《国际投资法》（第 5 版），法律出版社 2018 年版，第 36 页。

形式也各式各样,大体上可归纳为公司(corporation)和合伙(partnership)两类。在国际投资的实践中,组成公司的合营企业主要采取有限责任公司(limited corporation)和股份有限公司(joint stock company)两种基本形式。如德国的相关法律规定,外国合营者与德国合营者举办的合资企业,可以组成股份有限公司或有限责任公司。

合营企业采取合伙形式,强调的是“人的联合”。各国法律虽不尽一致,但基本原则是相同的。英美等国认为,合营企业虽与合伙有所不同,但合营企业不是法人实体,类似合伙,合营企业各方的权利义务关系适用或类似适用有关合伙的规定。〔44〕 如美国的相关法律规定,美国合营企业受美国合伙人法律的规范,然而有些适用于合伙人组织的法律和原则则不一定同样适用于合营企业。根据法国和英国的法律,所有合营企业不论其业务范围宽窄,均应被视为合伙人组织并受相应的法律规范。〔45〕 在实践中,非法人式中外合作经营企业通常采取合伙或准合伙形式。

(二)外商投资企业

中国《中外合资经营企业法》《中外合作经营企业法》《外资企业法》(以下统称“外资三法”)是改革开放之初到20世纪80年代制定的。《中外合资经营企业法》不仅承担了外资管理的功能,而且承担了中国第一个正式的企业法的组织功能。根据“外资三法”的规定,中国外商投资企业的形式有中外合资经营企业、中外合作经营企业(cooperative enterprise)和外资企业。中外合资经营企业的形式为有限责任公司;中外合作经营企业可以是有限责任公司,也可以是不具有法人资格的合作企业;外资企业的组织形式为有限责任公司,经批准也可以为其他责任形式。外资企业在中国是指全部资本由外国投资者所有的企业。

长期以来,虽然外商投资股份有限公司实质上是一种特殊形式的中外合资经营企业〔46〕,但《中外合资经营企业法》及其实施细则未作专门的规定,而是在1995年1月10日原对外贸易经济合作部(现中华人民共和国商务部)发布的《关于设立外商投资股份有限公司若干问题的暂行规定》给予了认可。由于“外资三法”对外商投资企业的公司治理结构作出特殊规定,导致内外资企业的公司治理被割裂。2005年《公司法》虽然原则性规定“外商投资的有限责任公司和股份有限公司适用本法”,但仍保留了1993年《公司法》“有关外商投资的法律另有规定的,适用其规定”的例外。

根据1997年《合伙企业法》的规定,外国企业或者个人在中国境内设立合伙企业的管理办法由国务院规定。2009年《外国企业或者个人在中国境内设立合伙企业管理办法》规范了外国企业或者个人在中国境内设立合伙企业的行为,便于外国企业或者个人以设立合伙企业的方式在中国境内投资,扩大对外经济合作和技术交流。

此外还有外国公司、金融机构在华设立从事经营活动的分支机构,如境外公司分公司、境外银行分行等,还包括在境内注册的企业对外发行股票,由境外投资者以外币认购后单个外国投资者在企业所占股权比例超过10%(含10%)的资金。例如,IBM中国公司总部就设在北京。

---

〔44〕 徐景和等主编:《中国利用外资法律理论与实务》(上·总论篇),人民法院出版社1999年版,第96页。

〔45〕 王贵国:《国际投资法》(第2版),法律出版社2008年版,第218页。

〔46〕 外商投资股份有限公司与其他中外合资经营企业一样,是依中国法律在中国境内设立的外商投资企业,是由中外投资者共同投资、共同经营、共担风险的企业,是股份式合营企业。

《外商投资法》不再将外商投资企业的组织形式和经营活动作为主要规范对象。《外商投资法》与《公司法》职能分工明确，前者只规定管理外商投资的法律制度和规则，后者适用于包括外商投资企业在内的所有公司。外商投资企业与公司的关系得以明晰，其组织形式和经营活动，按照内外资一致的原则，统一适用《公司法》《合伙企业法》等，不再适用独立的制度。

《外商投资法》实施后，"外资三法"即被废止。根据《外商投资法》第42条第2款的规定，"本法施行前依照《中华人民共和国中外合资经营企业法》、《中华人民共和国外资企业法》、《中华人民共和国中外合作经营企业法》设立的外商投资企业，在本法施行后五年内可以继续保留原企业组织形式等。具体实施办法由国务院规定"。

第三节　管理投资的国内法律制度

外国投资法是资本输入国（东道国）制定的关于调整外国私人直接投资关系的法律规范的总称，其主要内容包括东道国的基本投资政策、对外资的管理保护与鼓励措施、外国投资者及其设立企业的法律地位、投资争议及解决等。各国关于外国投资的法律体系，除了专门的外资立法外，还受其他各种特别法规的调整，如外汇管理法、税法、公司法、证券法、劳动法、知识产权法、竞争法等。

对外投资法，或称海外投资法，是指资本输出国（投资者母国）保护、鼓励和管理海外私人投资的法律规范的总称。与外国投资法相比，各国关于海外投资的规定较为分散，是由有关专门法规和有关法律中的某些规定组成的，几乎没有一部统一的法律。

一、外国投资法的主要内容

（一）外国投资者和外国投资的定义

投资者可以是自然人或法人（广义），投资是否来源于国外主要取决于投资者的国籍。中国《外商投资法》规定的外国投资者是指在中国境内直接或者间接进行投资活动的外国的自然人、企业或者其他组织。

《外商投资法》采取宽泛的"投资"定义，包括：(1)外国投资者单独或者与其他投资者共同在中国境内设立外商投资企业；(2)外国投资者取得中国境内企业的股份、股权、财产份额或者其他类似权益；(3)外国投资者单独或者与其他投资者共同在中国境内投资新建项目；(4)法律、行政法规或者国务院规定的其他方式的投资。[47]

（二）外资准入和经营条件

外资准入，也称投资准入，属于市场准入的一部分。从东道国角度看，是指一国允许外国投资进入的自由程度，包括允许接受何种投资、投资的领域、投资准入的条件以及对外国投资的审批等内容；从投资者角度看，就是指国际直接投资进入东道国管辖领域的权利和机会。外资准入问题在传统国际投资法上，属于东道国对其本国境内跨国投资活动进行管制的经济主权的重要内容。负面清单管理是发达国家市场上一种比较主流和成熟的外资准入管理做法，

〔47〕 参见《外商投资法》第2条和《外商投资法实施条例》第3条。

被投资者广泛接受,目前至少有100多个国家对外商投资准入实施负面清单管理。

2015年10月,国务院《关于实行市场准入负面清单制度的意见》,按照先行先试、逐步推开的原则,从2015年12月1日至2017年12月31日,在部分地区试行市场准入负面清单制度,从2018年起正式实行全国统一的市场准入负面清单制度。2020年1月1日实施的《外商投资法》确立了准入前国民待遇加负面清单管理制度。同时实施的《外商投资法实施条例》作为《外商投资法》的配套行政法规,在《外商投资法》的框架内,明确和细化了相关法条规定、增强了法律的可操作性。[48] 外商投资准入特别管理措施与《外商投资法》共同构成了与外商投资准入管理有关的规则和措施。《外商投资准入特别管理措施(负面清单)(2020年版)》和《自由贸易试验区外商投资准入特别管理措施(负面清单)(2020年版)》,自2020年7月23日起施行,进一步缩减外商投资准入负面清单,其中全国外商投资准入负面清单由40条减至33条,自贸试验区外商投资准入负面清单由37条减至30条。其主要变化是:(1)加快服务业重点领域开放进程。在金融领域,取消证券公司、证券投资基金管理公司、期货公司、寿险公司外资股比限制;在基础设施领域,取消50万人口以上城市供排水管网的建设、经营须由中方控股的规定。(2)放宽制造业、农业准入。在制造业领域,放开商用车制造外资股比限制,取消禁止外商投资放射性矿产冶炼、加工和核燃料生产的规定。在农业领域,将小麦新品种选育和种子生产须由中方控股放宽为中方股比不低于34%。(3)继续在自贸试验区进行开放试点。在全国开放措施基础上,自贸试验区继续先行先试。在医药领域,取消禁止外商投资中药饮片的规定。在教育领域,允许外商独资设立学制类职业教育机构。

《海南自由贸易港外商投资准入特别管理措施(负面清单)(2020年版)》于2020年12月31日发布,自2021年2月1日起施行。自由贸易港负面清单共27条,主要措施包括:(1)推进增值电信、教育等重点领域开放。(2)扩大商务服务对外开放。(3)放宽制造业、采矿业准入。该负面清单目的是提高海南自由贸易港投资自由化便利化水平,加快形成具有国际竞争力的开放政策和制度,支持海南自由贸易港打造成为引领我国新时代对外开放的鲜明旗帜和重要开放门户。

信息报告制度是一项旨在掌握外国投资信息的制度,是为了及时、准确、全面掌握全国外国投资情况和外国投资企业运营情况,并为制定和完善法律法规和政策等提供依据。根据《外商投资法》第34条第1款的规定,国家建立外商投资信息报告制度。外国投资者或者外商投资企业应当通过企业登记系统以及企业信用信息公示系统向商务主管部门报送投资信息。

(三)安全审查

1. 美国

美国《2007年外国投资与国家安全法》(FINSA)将涉及美国关键基础设施(critical infrastructure)、关键技术(critical technology)的外资并购项目和涉及外国政府直接或间接参与的外资并购项目都包括在审查范围内。《2017年外国投资风险审查现代化法案》(FIRRMA),则将涉及关键基础设施、关键技术及敏感个人数据(sensitive personal data of United States citizens)的对美国企业的"任何其他投资"(any other investments)均纳入了"受辖交易"的范围。首先,FIRRMA将CFIUS的管辖范围在特定领域中扩大至非控制性投资。其次,CFIUS首次被授权在一定条件下对房地产交易进行审查。最后,FIRRMA还将可能引发外国主体权益变动的交

〔48〕 参见《外商投资法》第4条和《外商投资法实施条例》第4条。

易(any change in the rights)纳入 CFIUS 审查范围。CFIUS 对于任何“结构设计旨在回避或规避”CFIUS 审查的交易、转让、协议或安排,均有权管辖。这一条款可以在很大程度上提升与国家安全仅有微弱联系的投资交易方主动向 CFIUS 提交声明或者通知的概率,也对意图规避外资安全审查的交易方具有一定威慑性。[49] 与 FINSA 中所规定的考量因素相比,FIRRMA 新增了“特别关注国家”(country of special concern),是指某些带有战略性目标来获取关键技术或基础设施的国家。此外,还增加了“关注外国投资者的历史背景,审查其是否有遵守美国法律法规的历史;关注交易是否有可能直接或者间接地暴露美国公民的个人身份信息、基因信息或其他敏感信息;关注网络安全的威胁”。

2. 欧盟

欧盟委员会于 2017 年 9 月 13 日公布了《关于制定建立外国对欧直接投资审查框架条例的建议》(以下简称《外资审查框架建议》)。2019 年 2 月 14 日,经欧洲议会、欧盟理事会以及欧盟委员会多轮三方会谈后,欧洲议会正式表决通过了《关于制定建立外国对欧直接投资审查框架的条例》(以下简称《欧盟外资审查框架条例》),确立了关于外商对欧直接投资的审查框架,将于 2020 年 10 月 10 日起生效。至此,欧盟层面协调统一的外资审查框架基本成型。《欧盟外资审查框架条例》在以保护欧盟和各成员方内的“安全与公共秩序”为主要审查目标时,应考虑的主要因素包括:(1)关键基础设施(实体或虚拟),包括能源、运输、水务、医疗、通信、媒体、数据处理或存储、航空航天、国防、选举或金融基础设施和敏感设施,以及对使用该等基础设施至关重要的土地和房地产;(2)关键技术和军民两用物项,如人工智能、机器人、半导体、网络安全、航空航天、国防、能源储存、量子和核技术以及纳米技术和生物技术;(3)关键原材料的供应,包括能源或原材料,以及粮食安全;(4)包括个人信息在内的敏感信息访问权限,或者控制敏感信息的能力;(5)新闻自由和媒体多元化(the freedom and pluralism of the media)或控制费;(6)媒体的自由和多元化。[50] 尽管该条例在欧盟法层面上建立了外资审查框架,但是欧盟各成员方可以继续保留自己的安全审查制度或修订或重新建立新的安全审查制度,只要各成员方能与该条例所规定的基本原则性内容保持一致,即从是否影响安全与公共秩序出发对外资进行审查。[51] 例如,德国两次修改《外国贸易和支付法令》中的外资安审制度,英国发布《国家安全与投资》立法建议白皮书。总体趋势是外资安审涵盖范围扩大、对国家安全的理解更加全面,并将外资安全审查作为产业政策防御工具。

3. 日本

日本 2019 年新修订的《外汇及外国贸易法》使外商在日投资将面临更为严格的审核标准,包括增加受限制的外商直接投资范围,列出了根据日本《外汇及外国贸易法》进行外商投资审查的行业,包括 IT、电信技术制造、软件开发和基础设施建设等。该修正案的目标是防止关键技术泄露到国外并加强网络安全。[52]

---

〔49〕 漆彤、汤梓奕:《美国〈2018 年外国投资风险审查现代化法案〉介评》,载《经贸法律评论》2019 年第 3 期。

〔50〕 Regulation(EU)2019/452 of the European Parliament and of the Council of 19 March 2019 establishing a framework for the screening of foreign direct investments into the Union, Art. 4.

〔51〕 Regulation(EU)2019/452 of the European Parliament and of the Council of 19 March 2019 establishing a framework for the screening of foreign direct investments into the Union, Art. 3.

〔52〕《日本将扩大外商投资审查范围》,载搜狐网,https://www.sohu.com/a/326528774_284463。

4. 中国

为防止外国投资对国家安全造成或者可能造成危害,《外商投资法》第35条规定:"国家建立外商投资安全审查制度,对影响或者可能影响国家安全的外商投资进行安全审查。依法作出的安全审查决定为最终决定。"这一规定将安全审查的对象从并购投资扩及并购投资和新设投资,以统一立法的形式整合了我国目前在外资并购领域实行安全审查制度的相关立法。

《外商投资法》通过前,我国有关外资国家安全审查制度主要体现于国务院办公厅《关于建立外国投资者并购境内企业安全审查制度的通知》和商务部《实施外国投资者并购境内企业安全审查制度的规定》。2015年国务院办公厅又通过《关于印发自由贸易试验区外商投资国家安全审查试行办法的通知》在自贸试验区内将外资安全审查的可能范围扩大至所有新设投资。

2020年12月19日,为了适应推动形成全面开放新格局的需要,在积极促进外商投资的同时有效预防和化解国家安全风险,根据《外商投资法》《国家安全法》及相关法律,发改委和商务部联合发布了《外商投资安全审查办法》,于2021年1月18日施行。该办法规定,国家建立外商投资安全审查工作机制,由发改委、商务部牵头,负责组织、协调、指导外商投资安全审查工作。国家安全审查限定在投资军工、军工配套等关系国防安全的领域,以及在军事设施和军工设施周边地域投资;投资关系国家安全的重要农产品、重要能源和资源、重大装备制造、重要基础设施、重要运输服务、重要文化产品与服务、重要信息技术和互联网产品与服务、重要金融服务、关键技术以及其他重要领域,并取得所投资企业的实际控制权。[53] 该办法的实施表明,中国将按照必要、合理原则,精准审查影响或可能影响国家安全的外商投资,在保护外商投资合法权益的同时,有效预防和化解国家安全风险。

(四)投资待遇

外资待遇标准问题的实质是外资的法律地位问题,它构成了一国投资法律环境的基础和核心,并一直受到各国投资者的关注。一般而言,国民待遇是一个相对性概念,即使是发达国家也没有在外资准入方面给予外资以绝对的国民待遇。随着国民待遇由货物贸易引入投资领域,从外资运营阶段扩展到外资准入阶段,国际上出现了"国民待遇加负面清单"的投资管理趋势。中国《外商投资法》强调准入前国民待遇,就是在投资准入阶段给予外国投资者及其投资不低于本国投资者及其投资的待遇。外国投资主管部门仅对特别管理措施目录(负面清单)列明领域内的投资实施准入许可,审查对象也不再是合同、章程,而是外国投资者及其投资行为。[54] 《外商投资法》的这一规定,充分考虑了晚近国际投资法的发展趋势并与中国国际投资条约谈判实践相一致。

(五)投资促进和投资保护

强化政府在投资促进方面的职能,是当前世界各国外资立法和政策的一个新趋势。为建

---

〔53〕 参见《外商投资安全审查办法》第4条第1款。

〔54〕 《外商投资法》第4条规定,国家对外商投资实行准入前国民待遇加负面清单管理制度。前款所称准入前国民待遇,是指在投资准入阶段给予外国投资者及其投资不低于本国投资者及其投资的待遇;所称负面清单,是指国家规定在特定领域对外商投资实施的准入特别管理措施。国家对负面清单之外的外商投资,给予国民待遇。负面清单由国务院发布或者批准发布。中华人民共和国缔结或者参加的国际条约、协定对外国投资者准入待遇有更优惠规定的,可以按照相关规定执行。《外商投资法》第28条规定,外商投资准入负面清单规定禁止投资的领域,外国投资者不得投资。外商投资准入负面清单规定限制投资的领域,外国投资者进行投资应当符合负面清单规定的条件。外商投资准入负面清单以外的领域,按照内外资一致的原则实施管理。

立完善的投资促进机制和提高投资促进专业化水平，提升利用外资的质量和水平，《外商投资法》第二章“投资促进”规定了外资企业平等适用国家支持政策（《外商投资法》第 9 条）；外资企业平等参与标准化工作（《外商投资法》第 15 条）；通过公平竞争参与政府采购方面的平等待遇（《外商投资法》第 16 条）；外资企业在中国国内发行股票和公司债券（《外商投资法》第 17 条）等内容。《外商投资法》的投资促进还表现为为企业提供服务（《外商投资法》第 11 条）；鼓励引导外资等条款制定的实质性外资鼓励政策（《外商投资法》第 14 条）；办事程序的简化（《外商投资法》第 19 条）。

为保护外国投资者及其投资的合法权益，《外商投资法》第三章“投资保护”从以下四个方面作了规定：（1）加强对外商投资企业的产权保护（《外商投资法》第 20 条〔55〕、第 21 条〔56〕、第 22 条〔57〕），包括对外国投资者的投资不实行征收，利润可以依法以人民币或外汇自由汇入汇出，强调对知识产权的保护；（2）强化对制定涉及外商投资规范性文件的约束（《外商投资法》第 24 条〔58〕）；（3）促使地方政府守约践诺（《外商投资法》第 25 条〔59〕）；（4）建立外商投资企业投诉工作机制（《外商投资法》第 26 条、第 27 条〔60〕）。总之，《外商投资法》及《外商投资法实施条例》从征收、转移、知识产权保护等方面，全面加强了对外国投资者及其投资的保护体系。

二、投资者母国管理对外投资的主要法律制度

（一）政策和立法

综观各国关于海外投资的国内法，主要包括以下两类法律：一类是管理对外投资的专门法律，主要是确定投资或资本进出基本规则的法律和有关对外投资政策（含投资促进）及其管理的法律；另一类是针对所有企业的法律适用于所有企业对外直接投资行为，如税法、公司法、证券法、竞争法、知识产权法、行业法和反腐败法、刑法等。

---

〔55〕《外商投资法》第 20 条规定，国家对外国投资者的投资不实行征收。在特殊情况下，国家为了公共利益的需要，可以依照法律规定对外国投资者的投资实行征收或者征用。征收、征用应当依照法定程序进行，并及时给予公平、合理的补偿。

〔56〕《外商投资法》第 21 条规定，外国投资者在中国境内的出资、利润、资本收益、资产处置所得、知识产权许可使用费、依法获得的补偿或者赔偿、清算所得等，可以依法以人民币或者外汇自由汇入、汇出。

〔57〕《外商投资法》第 22 条规定，国家保护外国投资者和外商投资企业的知识产权，保护知识产权权利人和相关权利人的合法权益；对知识产权侵权行为，严格依法追究法律责任。国家鼓励在外商投资过程中基于自愿原则和商业规则开展技术合作。技术合作的条件由投资各方遵循公平原则平等协商确定。行政机关及其工作人员不得利用行政手段强制转让技术。

〔58〕《外商投资法》第 24 条规定，各级人民政府及其有关部门制定涉及外商投资的规范性文件，应当符合法律法规的规定；没有法律、行政法规依据的，不得减损外商投资企业的合法权益或者增加其义务，不得设置市场准入和退出条件，不得干预外商投资企业的正常生产经营活动。

〔59〕《外商投资法》第 25 条规定，地方各级人民政府及其有关部门应当履行向外国投资者、外商投资企业依法作出的政策承诺以及依法订立的各类合同。因国家利益、社会公共利益需要改变政策承诺、合同约定的，应当依照法定权限和程序进行，并依法对外国投资者、外商投资企业因此受到的损失予以补偿。

〔60〕《外商投资法》第 26 条规定，国家建立外商投资企业投诉工作机制，及时处理外商投资企业或者其投资者反映的问题，协调完善相关政策措施。外商投资企业或者其投资者认为行政机关及其工作人员的行政行为侵犯其合法权益的，可以通过外商投资企业投诉工作机制申请协调解决。外商投资企业或者其投资者认为行政机关及其工作人员的行政行为侵犯其合法权益的，除依照前款规定通过外商投资企业投诉工作机制申请协调解决外，还可以依法申请行政复议、提起行政诉讼。《外商投资法》第 27 条规定，外商投资企业可以依法成立和自愿参加商会、协会。商会、协会依照法律法规和章程的规定开展相关活动，维护会员的合法权益。

1. 美国

美国有关对外投资监管及政策主要有三类基本的法律:《对外援助法》《出口管理法》及其相关规定和《国际投资和服务贸易调查法》,这些法律是以《对外援助法》为中心而形成的多层次、多领域管辖的法律体系。这三类法分别明确了美国对外投资监管、支持政策、信息统计的基本规则。《出口管理法》及其相关法的法律是指《1979 年出口管理法》和《出口管理条例》,其中《1979 年出口管理法》已于 2001 年到期,但根据 2001 年美国第 13222 号总统令,有关出口管理规章仍然有效。2020 年 4 月 28 日,美国商务部工业和安全局发布两项最终规定〔61〕和一项拟议规定〔62〕,对《出口管理条例》进行修订。《对外援助法》规定了海外投资保险制度和直接金融支持与财政优惠政策,后者包括贷款、投资鼓励措施、针对资源性企业和中小企业的政策。《对外援助法》经过多次修订,鼓励、促进和保护私人海外投资的安全与利益,是美国政府始终一贯的基本政策态度。〔63〕《国际投资和服务贸易调查法》授权美国商务部经济分析局(Bureau of Economic Analysis,BEA)为美国国际投资和服务贸易的首要统计机构和首要发布机构,并授权 BEA 进行包括吸引外资和对外投资的国际直接投资与各行业服务交易的强制性调查。信息是监管的基础,因此该法是有关美国对外投资监管及政策管理最重要的基本法律。

2. 日本

日本在 20 世纪 60 ~ 70 年代开始实施对外直接投资监管自由化。进入 21 世纪后,在获得 10% 以上的外国资本时,需要事先申报的产业包括武器制造业、渔业、皮革产业、麻药制造业。日本对于商业上的国际直接投资持中立立场,在税制和金融上没有优惠;但是,日本对中小企业的海外直接投资提供信息。日本管理对外投资的国内法律法规体系是以《外汇及外国贸易法》为基本框架的法律,由普适性法律、政策管理和组织机构法或专门法共同构成的。《外汇及外国贸易法》是规范日本企业对外投资的基本法律,对海外投资的管理体系等方面都有详细规定,如针对不同条件的对外投资确立分别采用"事先批准"、"事先备案"或"事后报告"的监管体系。〔64〕 2019 年 11 月 25 日,日本国会正式通过修订后的《外汇与外国贸易法》。相关普适性法律是适用于所有企业的,其有关的规定涉及企业对外直接投资行为,如税法、证券法、刑法等。例如,对于对外投资中的避税问题,《租税特别措施法》中就有关于外国子公司合算税制的规定〔65〕;涉及境外并购等交易时,还有可能涉及《独占禁止法》(《反垄断法》)或《金融商品交易法》中的相关规定等。对外投资政策(包括支持服务政策)及政策管理的法律,如《贸易保险法》,规范有关的政策及实施管理的规则,这类法调节对象往往只限于对外投资行为。组织机

〔61〕 最终规定:2020 年 6 月 29 日开始实施的《加强对中国、俄罗斯和委内瑞拉的出口管制》(85 FR 23459);2020 年 6 月 29 日开始实施的《取消民用最终用户许可证例外》(85 FR 23459)(License Exception Civil End Users, CIV)。

〔62〕 拟议规定:《修改再出口许可证例外》(Additonal Permissive Reexports, APR)(征求意见截至 2020 年 6 月 29 日)。

〔63〕 陈继勇:《美国对外直接投资研究》,武汉大学出版社 1993 年版,第 77 页。

〔64〕 参见[日]井上武:《施行された改正外為法》,载《金融・資本市場制度改革の潮流》,http://www.nicmr.com/nicmr/report/repo/1998/1998spr04.pdf#search = %E5%A4%96%E7%82%BA%E6%B3%95%E5%A4%89%E9%81%B7。

〔65〕 日本《租税特别措施法》第 66 条之 6 规定:外国子公司合算税制主要就是针对利用设立在税率低的国家或地区的子公司等进行操作,从而不当地回避了在正常的直接国际交易下产生的法人税赋的租税回避行为。它的具体内容是将外国子公司的所得,按照日本母公司所有的股权比例计算出的金额与日本母公司所得进行合算予以课税。但是为了避免由于外国子公司合算税制阻碍日本企业的海外投资,该制度还规定了一些例外事项,即对于具备独立法人实体,且在外国的经营活动被认为具有足够的经济合理性时,不成为合算税制的对象。

构法或专门法是明确有关管理部门职责的法律，如日本财务省、经济产业省设置法和有关的组织机构法以及同时明确有关的政策及管理组织机构职责的专门法。

3. 中国

改革开放几十年以来，中国对外投资合作实现了跨越式发展。随着发展阶段不断变化，中国对外投资合作的相关政策法律体系和对外投资促进体系，需要与时俱进重新设计，引导境内企业“走出去”实现高质量发展的方向。当前，围绕发改委《企业境外投资管理办法》、商务部《境外投资管理办法》，以及国家外汇管理局《境内机构境外直接投资外汇管理规定》，相关部委联合或单独发布了一系列法律文件。例如，2018 年 1 月 18 日，商务部、中国人民银行、国务院国有资产监督管理委员会等联合发布《关于印发〈对外投资备案（核准）报告暂行办法〉的通知》（商合发〔2018〕24 号）。该办法旨在实现对外投资事前、事中、事后全流程管理，推进对外投资健康规范可持续发展，更好地服务“一带一路” 建设和对外开放大局。2018 年 7 月 13 日，国务院国有资产监督管理委员会发布《中央企业违规经营投资责任追究实施办法（试行）》（国务院国有资产监督管理委员会令第 37 号），进一步明确了中央企业违规经营投资责任追究的范围、标准、责任认定、追究处理、职责和工作程序等，针对违规经营投资问题集中的领域和环节，明确了集团管控、风险管理、购销管理、工程承包建设、资金管理、固定资产投资、投资并购、改组改制、境外经营投资和转让产权、上市公司股权、资产以及其他责任追究情形等 11 个方面 72 种责任追究情形。2018 年 11 月 2 日，国务院国有资产监督管理委员会发布《关于印发〈中央企业合规管理指引（试行）〉的通知》，该指引要求强化中央企业海外投资经营行为的合规管理。要深入研究投资所在国法律法规及相关国际规则，明确海外投资经营行为的“红线”、底线；健全海外合规经营的制度、体系、流程，重视开展项目的合规论证和尽职调查，依法加强对境外机构的管控，规范经营管理行为；要定期排查梳理海外投资经营业务的风险状况，重点关注重大决策、重大合同、大额资金管控和境外子企业公司治理等方面存在的合规风险，妥善处理、及时报告，防止风险扩大蔓延。2018 年 1 月 2 日，国家税务总局《关于境外投资者以分配利润直接投资暂不征收预提所得税政策有关执行问题的公告》（国家税务总局公告 2018 年第 3 号，现已失效）。2018 年 9 月 25 日，证监会发布《证券公司和证券投资基金管理公司境外设立、收购、参股经营机构管理办法》（证监会第 150 号令）支持具备一定实力、运作规范、风控能力较强的境内证券基金经营机构在境外设立经营机构，更好服务“一带一路”建设和中国企业“走出去”。该办法主要包括四个方面的内容：（1）维持适当门槛，支持机构“走出去”；（2）规范业务范围，完善组织架构；（3）督促母公司加强管控，完善境外机构管理；（4）加强持续监管，完善跨境监管合作。国家外汇管理局按照《关于进一步引导和规范境外投资方向指导意见的通知》（国办发〔2017〕74 号）要求，积极支持境内企业“走出去”。[66]

（二）海外投资管理制度

《关于印发〈对外投资备案（核准）报告暂行办法〉的通知》作为新时代对外投资管理的重要基础性制度，在备案（核准）报告信息统一汇总、事中事后监管等方面推出了一系列创新性改革举措：（1）建立了“管理分级分类、信息统一归口、违规联合惩戒”的对外投资管理模式；（2）明确对外投资备案（核准）按照“鼓励发展 + 负面清单”进行管理；（3）明确对外投资备案

〔66〕 中华人民共和国商务部：《中国对外投资发展报告 2019》，载商务部，http://images.mofcom.gov.cn/fec/202005/20200507111104426.pdf。

（核准）实行最终目的地管理原则；（4）明确“凡备案（核准）必报告”的原则；（5）明确对外投资事中事后监管的主要方式；（6）明确强化信息化手段开展对外投资管理工作。

2014年，发改委《境外投资项目核准和备案管理办法》（现已失效）和商务部《境外投资管理办法》对境外投资的审批制度进行改革，将“全面核准”改为“备案为主，核准为辅”。商务部方面，企业境外投资涉及敏感国家和地区、敏感行业的，实行核准管理〔67〕，其中地方企业通过省级商务主管部门，向商务部提出申请，中央企业向商务部提出申请；不属于核准范围的，中央企业向商务部进行备案，地方企业向省级商务主管部门申请。2014年年底，发改委进一步下放了权限，将核准的范围仅限于敏感类项目。2016年2月，省级发改部门对上报国家发改委的境外投资项目核准、备案初审被取消，简化了境外投资审批的程序。〔68〕

2017年8月4日，国务院办公厅转发国家发展改革委、商务部、人民银行、外交部《关于进一步引导和规范境外投资方向指导意见的通知》（国办发〔2017〕74号）。该意见按“鼓励发展＋负面清单”模式引导和规范企业境外投资方向，明确了鼓励、限制、禁止三类境外投资活动：（1）鼓励类方面，该意见在基础设施、产能和装备、高新技术和先进制造、能源资源、农业、服务业等方面提出六类鼓励开展的境外投资，是为了进一步支持国内有能力、有条件的企业按照商业原则、国际惯例，积极参与国际经济竞争与合作，主动融入全球产业链和价值链，为经济全球化发展作出积极贡献。（2）限制类方面，近年来在房地产、酒店、影城、娱乐业、体育俱乐部等领域，部分企业频频出手、大额收购，引起市场和舆论广泛关注。该意见将此类境外投资纳入限制类，并要求相关主管部门实行核准管理，就是为了强化政府的政策引导，提示企业审慎参与。此外，该意见对使用落后生产设备以及不符合投资目的国环保、能耗、安全标准的境外投资作出明确限制。（3）禁止类方面，当前我国面临复杂多变的安全和发展环境，境外投资风险因素明显增多。该意见提出禁止企业参与危害或可能危害国家利益和国家安全的五类境外投资活动，旨在为我国企业“走出去”划清“红线”、明确“禁区”，更好维护国家利益和安全。

2017年12月26日，《企业境外投资管理办法》正式发布。首先，该办法在便利企业境外投资方面推出三项改革：（1）取消项目信息报告制度；（2）取消地方初审、转报环节；（3）放宽投资主体履行核准、备案手续的最晚时间要求。其次，该办法在规范企业对外投资方面推出三项改革：（1）补齐管理短板，将境内企业和自然人通过其控制的境外企业开展的境外投资纳入管理框架，采取精准化的管理措施；（2）创新监管工具，改进协同监管和全程监管；（3）完善惩戒措施，建立境外投资违法违规行为记录。最后，该办法在服务企业境外投资方面推出两项改革：（1）充实服务内容；（2）推行在线办理。〔69〕

（三）对外投资促进

发达国家为鼓励本国企业对外投资，纷纷建立完整的制度以鼓励和促进对外投资，如美国、日本均建立起包括对外投资的信息服务、金融服务、保险服务和税收优惠制度。

---

〔67〕 参见《境外投资管理办法》第6条第2款。

〔68〕 2016年2月3日，国务院颁布了《国务院关于第二批取消152项中央指定地方实施行政审批事项的决定》（国发〔2016〕9号）。

〔69〕 中华人民共和国国家发展和改革委员会：《统筹推进“放管服”改革　促进境外投资持续健康发展——国家发展改革委有关负责人就〈企业境外投资管理办法〉答记者问》，载发展改革委网，https://www.ndrc.gov.cn/xwdt/xwfb/201712/t20171226_954762.html。

1. 美国

美国对外投资鼓励政策包括信息与技术援助、金融支持、投资保险和财政优惠。

（1）信息与技术援助为企业寻找投资机会并给予一定的援助。美国的对外投资信息服务主要包括五个方面：第一，一般的信息服务，为对外直接投资提供有关东道国宏观经济、法律制度、行政管理制度和要素成本等信息，通过本国对外直接投资企业数据库等方式为发展中国家企业服务，以便双方企业寻找合作者；第二，组织投资招商团，即通过政府机构的出版物、研讨会、投资洽谈会等方式为本国企业提供服务，或组建赴海外投资考察团，为投资行为"牵线搭桥"，寻找投资机会；第三，提供某些东道国特定产业和特定投资项目的信息，为本国企业寻找投资机会；第四，提供可行性分析以及所需部分资金；第五，为本国小企业在项目开发初期提供诸如准备法律文书、融资咨询、改进技术适应东道国特殊要求和人员培训等的技术援助。

（2）金融支持政策包括两类，分别是海外私人投资公司（Overseas Private Investment Corporation，OPIC）提供的贷款和投资鼓励措施与针对资源性企业和中小企业的政策。在第一类中，美国私人对外直接投资资金主要靠企业自有资金或商业资金，但政府的优惠贷款也有重要的补充作用。美国进出口银行与海外私人投资公司在这方面扮演重要角色。近年美国海外私人投资公司所提供的服务不断增多，远超过提供资金的作用，如分担企业海外市场开拓和投资试验的费用、提供情报咨询和可行性分析等服务。根据美国《对外援助法》第 234 条第 3 款"直接投资"的规定，为美元贷款能用美元或是其他外国货币偿还，OPIC 可自行决定提供贷款的条款和条件。这种贷款只放给由美国小企业或合作社发起或显著参与的项目。OPIC 可将此条款下不超过贷款 25% 的资金分配给美国新科技、新产品、新服务的发展或应用，并且上述应用应当用于促进欠发达国家经济和社会发展的项目贷款。2011 年 5 月，美国通过 OPIC 向埃及提供了 10 亿美元的贷款担保以促进埃及基础设施的发展，创造就业机会。根据美国《对外援助法》第 234 条第 4 款"投资鼓励"的规定，OPIC 可自行决定通过财政参与、奖励津贴或者其他方式发起并支持、查明、评估、调查和促进私人投资机会。第二类是对于资源性企业，除提供融资支持、贷款保证和投资保险之外，美国还针对资源开发的不确定性，由政府出面，建立和维护全球矿产资源信息系统，利用地质勘查技术优势，向跨国企业提供信息服务。美国政府对中小企业的扶持主要有：第一，支持科技型小企业技术创新；第二，提供管理指导和信息咨询服务；第三，强化金融机构信贷扶持；第四，立法帮助小企业在联邦政府采购中获得公平份额。美国《对外援助法》第 231 条第 3 款规定，为实现其目的，OPIC 应当利用广泛标准承保并明确：优先考虑对由美国小企业发起或参与的项目保险、再保险或担保；增加对美国小企业发起或主要参与项目的承保比例，该比例应达到公司对所有项目签发保险、再保险或担保的 30% 以上。《对外援助法》第 240 条专门规定了"小企业发展的一般规定"，明确 OPIC 应与美国政府部门、机构及与私营或其他组织合作，鼓励美国小企业、小型合伙和其他美国小型投资者参与在欠发达的友好国家发展小型私营企业。

（3）关于海外投资保险立法，美国《对外援助法》第 231 ~ 239 条规定了海外投资保险的申请要求与类型，该要求包括合格的投资者、合格的投资和投资形式、合格的东道国以及承包的险别，内容非常详细。

2. 日本

日本建立针对投资家的信息服务、对外投资之政策性金融和对外投资保险制度以及对外投资的税收优惠政策，构成完整的鼓励与促进对外投资政策。该制度内容如下所述：

(1)投资的信息服务。投资家获得对外投资相关信息的渠道多样化,包括日本驻东道国的大使馆、银行、中介组织、日本"研究所"和各种新闻媒介:第一,通过投资东道国的日本大使馆获得相关信息。第二,银行:在日本,政策性银行(国际协力银行、投资政策银行等)、商业银行为开发和维护客户一般都会开设对会员的免费咨询窗口,如果客户有进一步需要,则可以另行正式委托律师或会计师。此外,银行还为会员开设网上交流平台,定期发布一些对会员有用的信息。例如,向会员提供国际买卖协议、技术许可协议的范本,有时还请专业人士写一些文章(如在中国签订买卖合同要注意哪些问题等)。第三,中介服务组织:日本的中介服务组织可谓数不胜数。在日中经贸、投资方面较为有名的几个中介组织是:日本贸易振兴机构(Japan External Trade Organization,JETRO)、日本国际协力机构(Japan International Cooperation Agency,JICA)、日本国际贸易促进协会、日中投资促进机构(Japan China Investment Promotion Organization/Agency,JCIPO)、财团法人日中经济协会、社团法人日本贸易会等,另外,还有法律事务所、会计师事务所以及咨询公司等。第四,研究所包括政府门下的和大企业或银行/证券公司专设的。他们虽然不直接面对从事海外投资的企业或个人,但其研究成果对政府制定相关政策以及跨国企业制定海外投资战略具有十分重要的参考价值,如向日本企业提供东道国的宏观经济情况、企业成本要素、与对外投资有关的法律框架等基本资料。第五,政府还通过各种媒介,如政府出版物、海外投资研究会、远距离通信会议和各种交易展览会等,从各个方面向准备海外投资的企业提供必要的信息。

(2)投资的政策性金融制度中,日本至少有 8 家相关机构参与对外直接投资的促进活动,而且多与发展援助相结合,如国际协力银行和投资政策银行。日本政府对对外投资企业进行了大幅度的资金扶持,通过国内的政策性金融公库和商业银行向其提供了各种优惠贷款。并且,日本政府致力于改善银行的经营环境,帮助银行防范风险,并为国内政策性银行提供各项免税待遇,保证其低成本运营,以期它们能够长期有效地为企业的海外投资提供贷款支持。

(3)对外投资保险方面,日本的《贸易保险法》规定日本的海外投资保险采用单边投资保险制,即海外投资保险完全以国内法的形式而存在,不需要投资对象国与日本事先签订投资保护协定,从事对外投资的日本自然人、法人都可以申请海外投资保险。该保险有三种险别[70],其中还有特别针对中小型企业的海外投资保险制度。针对中小企业的海外投资保险,例如,日本规定给予由于母公司加入国际分工而被迫进行对外投资的中小企业限额两亿日元的保险,1972 年又创设了旨在开发进口海外矿物资源的投资保险制度。中小企业因海外投资而需要从银行贷款时,可以向各都道府县的信用保证协会申请使用"海外投资关系信用保证制度",享受政府提供的担保服务。

(4)税收优惠政策。该政策间接促进了对外投资规模的扩大,主要有两个特色:一是采取

---

〔70〕 三种险别分别是:(1)提前支付险。当日本企业向海外的合资企业、合作生产企业提前支付资金或物质,而对方以产品偿还时,可以申请这种保险。(2)中间保险。当日本企业在为海外附属机构、合资企业或合作生产企业的贸易充当中间人时,为了防止拒付风险,可以申请这种保险。(3)海外投资保险。目前的海外投资保险除了承担政治风险外,还把与对外直接投资相关的商业风险纳入其业务范围。

体现资本输出中性原则的税收抵免法[71]；二是设立海外投资等亏损准备金制度，使企业和政府共同承担海外经营风险。[72] 另外，日本也制定了延迟纳税与受控外国公司(Controlled Foreign Corporation，CFC)法规。[73]

3. 中国

从各部门规章的名称与规定可以看出，以前我国对外投资的规定更侧重于管理方面，而没有强调鼓励与促进对外投资的目标。目前，《企业对外投资管理办法》第二章专门规定了“境外投资指导和服务”。例如，投资主体可以就境外投资向发改委咨询政策和信息、反映情况和问题、提出意见和建议(《企业对外投资管理办法》第8条)。发改委在国务院规定的职责范围内，会同有关部门根据国民经济和社会发展需要制定完善相关领域专项规划及产业政策，为投资主体开展境外投资提供宏观指导(《企业对外投资管理办法》第9条)。发改委在国务院规定的职责范围内，会同有关部门加强国际投资形势分析，发布境外投资有关数据、情况等信息，为投资主体提供信息服务(《企业对外投资管理办法》第10条)。发改委在国务院规定的职责范围内，会同有关部门参与国际投资规则制定，建立健全投资合作机制，加强政策交流和协调，推动有关国家和地区为我国企业开展投资提供公平环境(《企业对外投资管理办法》第11条)。发改委在国务院规定的职责范围内，推动海外利益安全保护体系和能力建设，指导投资主体防范和应对重大风险，维护我国企业合法权益(《企业对外投资管理办法》第12条)。

第四节　国际投资保险制度

一、海外投资保证制度的概念和特征

(一)海外投资保证制度的概念

为了保护本国的私人海外投资免受东道国的政治风险的影响，第二次世界大战后，各主要资本输出国都先后建立了为私人海外投资的政治风险提供担保的海外投资保证制度。现在，海外投资保证制度已经成为资本输出国保护与鼓励私人海外投资的重要的国内法制度。

海外投资保证制度，一般又可称作海外投资保险制度，是指资本输出国政府对本国海外投资者在海外投资可能遇到的政治风险提供保证或保险，投资者向本国投资保险机构申请保险

[71] 税收抵免法的内容如下：(1)制定间接抵免适用性的规定，即在一定的限额以内，日本企业在国外缴纳的所得税可以在国内法人税中予以抵免。(2)综合限额采用排除海外经营亏损的综合限额抵免，在计算综合抵免限额时，允许企业将海外经营亏损额除外，以增大抵免限额，减轻企业税负。(3)税收饶让，在国内税法中规定税收饶让条款，把发展中国家为吸引日本企业投资所给予的税收减免优惠视为已纳税款，允许从国内法人税中抵扣，并根据税收条约和缔约对象国的国内法，把利息、股息和使用费等投资所得的减免额列为抵免对象。

[72] 该制度的核心内容是：满足一定条件的对外直接投资，可将投资额按一定比例(如特定海外工程经营管理费用的7%，大规模经济合作和合资事业投资的25%)记入准备金，享受免税待遇，一旦投资受损，可从准备金得到补偿，如果没有损失，准备金积存5年后从第6年开始，将准备金分成5份，逐年合并到应纳税所得中进行纳税。

[73] 为防止国外子公司留存利润逃避纳税，日本1978年采用CFC法规，规定符合一定条件的国外子公司，可将其留存金按国内股东的持股比例计算，与该股东的所得合并纳税，这部分股息适用外国税收抵免，可从国内股东的法人税中抵扣。

后,若承保的政治风险发生,致使投资者遭受损失,则由国内保险机构补偿其损失的法律制度。海外投资保证制度不同于普通的民间保险制度。

(二)海外投资保证制度的特征

从实质上看,海外投资保证制度是一种政府保证,具有以下显著特征:(1)海外投资保险是由政府机构或公营公司承保的,它与私营保险公司不同,不是以营利为目的,而是以保护投资为目的。海外投资保险责任的真正承担人不是一般的民间保险机构,而是国家,国家通过授权其特设机构具体办理有关业务,以最终实现海外投资保证的任务。(2)海外投资保险的对象,仅限于符合特定条件的海外私人直接投资。例如,作为保险对象的海外投资不仅需经东道国批准,而且还必须对资本输出国经济有利。(3)海外投资保险的范围,只限于国有化或征收险、外汇险、战争险等政治性风险。(4)海外投资保险的任务,不只是同普通民间保险一样进行事后补偿,而更重要的是事前防患于未然。

二、国别海外投资保证制度

(一)海外投资保险机构

依据各国的立法与实践,实施海外投资保险业务的有政府机构、公共机构或公营公司等。

OPIC 是美国投资保险的执行机构,根据 1969 年修订的《对外援助法》成立。《对外援助法》第 231 ~ 240 条规定了 OPIC 的设立目的、组织管理、投资保险和其他业务,保险签发权限,直接投资权限和储备金,收入和收益,保险担保和融资项目的一般条款、定义,一般规定和权力,小企业发展等事项。OPIC 是联邦政府中一个独立的、自负盈亏的政府机构,不隶属于任何其他行政部门。它为美国私人企业在 154 个发展中国家(地区)和新兴经济体的投资提供政治风险担保、项目融资以及其他服务。OPIC 主要在以下四个方面帮助美国私人投资者扩大海外投资范围,减少相关风险:(1)提供贷款和贷款担保为企业融资;(2)支持那些为美国公司投资海外项目而投入的私人基金;(3)为投资可能产生的一系列政治风险提供担保;(4)为美国工商界提供尽可能多的海外投资机会。美国海外私人投资公司除以投资保险为主业外,还按公司规定的条件对私人投资提供资助,尤其是鼓励美国中小企业在发展中国家进行海外直接投资,以开发正在成长中的市场潜力。《对外援助法》第 234 条第 1 ~ 8 款对其具体经营范围有所规定。2018 年 10 月 5 日,美国总统特朗普签署《有效利用投资引领发展法案》(Better Utilization of Investments Leading to Development Act, BUILD),将美国国际开发署(United States Agency for International Development, USAID)与 OPIC 合并,成立国际开发金融公司(US International Development Finance Corporation, DFC)。DFC 将利用更多工具(政治风险保险、债务融资、股权融资等)、更大的灵活性和更广阔的运营空间(上限 600 亿美元),开启美国开发性金融的新时代,确保美国在全球范围内发挥更大影响力。根据 BUILD, DFC 由一个 9 名成员组成的董事会管理,该董事会由 DFC 的首席执行官、4 名美国政府官员(国务卿、国际开发署署长、财政部长和商务部长,或是他们的指定成员)和 4 名私营部门成员共同构成。DFC 拥有自己的监察长,而此前 OPIC 则受美国国际开发署监察长的监督。DFC 的重点是促进世界最不发达国家的包容性经济增长。

德国部际联合委员会（Interministerieller Ausschuss，IMA）[74]负责出口信用保险和投资担保的审批工作，同时授权普华永道德国审计公司（Price waterhouse Coopers，PwC）和裕利安宜信用保险公司（Euler Hermes），作为执行机构共同处理联邦政府的出口信用保险和对外投资担保的具体事宜。事实上，联邦德国财政部是法定保险人，只有财政部批准，才能承担保险责任。德国主要是债权保险业务，承保股东贷款和具有投资性质的银行贷款，不承保普通的银行贷款。

日本在2001年4月成立“出口和投资保险组织”（Nippon Export and Investment Insurance，NEXI）以前，由原通商产业省贸易局承办投资保险业务。该局是一个政府机构，但在财政上具有独立性，其宗旨是担保国际贸易和其他对外交易中其他普通保险者所不能承保的风险，以促进国际经济交往的发展。该局所承担的保险业务，除海外投资保险外，还有其他多种风险，如普通出口保险、出口收入险、出口票据风险、出口证券保险、外汇风险保险等。NEXI成立后，作为独立的管理贸易保险的机构，使贸易保险完全从政府的直接经营中脱离出来。NEXI直接运营保险业务的承保和理赔，为了更好地增强自身的抗风险实力，NEXI向日本经济产业省进行再保险。这样一来，日本经济产业省只负责制定保险政策并由贸易经济协力局负责再保险业务，成为一个真正的管理者。

法国也实行官办保险，经济与财政部为其真正保险人，但它实行海外工业投资保证与海外商业投资保证两种体制并存的双轨保险制，授权法国外贸银行和法国外贸保险公司分别为其代理相应保险业务。法国对外贸易保险公司（Coface）建立于1946年，由法国政府建立，1994年私有化，2002年为法国大众银行集团Natixis控股，在经营信用保险业务的同时，也代表政府承保大额的民事、军事出口合同。法国对外贸易保险公司在全球67个国家建立了子公司和分支机构，通过专业经纪人、信用联盟等方式在其他32个国家建立商业代理处。政府信用担保由公共担保理事会（Direction De La Guarantee Pubilc，DGP）负责管理，由国家财政支出，盈利入国家财政账户。从职能上看，法国对外投资保险是由保险人法国对外贸易保险公司和融资支持机构Natixis来完成的。

中国出口信用保险公司（以下简称中国信保）成立于2001年12月18日，是“从事政策性出口信用保险业务的国有独资保险公司”。根据中国信保《海外投资保险业务管理办法》，海外投资保险是指中国信保为鼓励中国企业对外投资，为中方股东或金融机构提供的，承担因政治风险导致的股权损失或债权损失的出口信用保险产品。

（二）承保条件

1. 合格的投资者

（1）本国国民，是指根据本国法律取得本国国籍的自然人。有的国家还附加对国民的住所或居所的要求。例如，德国和英国。

（2）本国公司、合伙或其他社团。大多数国家都允许依据本国法律设立的、具有或不具有法人资格的、营利或非营利的公司、企业、合伙或其他社团作为投保人，如美国、英国、德国等。

---

[74] 德国部际联合委员会是由德国联邦经济与技术部牵头，联邦财政部、外交部和联邦经济合作与发展部参加，其成员由普华永道德国审计公司和裕利安宜信用保险公司，以及来自对外经济领域和银行业界以及联邦审计署的专家代表组成。

但日本只限于法人可以投保。[75] 此外,还必须符合资本控制要求等。

(3)符合一定条件的外国公司、合伙、社团。外国公司、合伙、社团作为投保人,一般有严格的限制。根据美国《对外援助法》第238条第3款的规定,依外国法设立的外国公司、合伙、社团,其资产的全部或至少95%为美国公民、公司、合伙或社团所有者,才可作为合格投保者。有些国家则不允许外国公司、合伙或社团投保。根据法国相关法律的规定,投保人须是法国法承认地向国外投资的项目持续3~20年的企业或者银行。由于我国没有专门的海外保险立法,中国信保的相关业务规定便成为投资保险的唯一依据。目前中国信保规定的合格投资者为境内(不含港、澳、台地区)注册成立的非金融机构法人;在境外(含港、澳、台地区)注册成立的非金融机构法人,其实际控制权由中资法人掌握;境内外金融机构;其他经批准的法人和自然人。

2. 合格的投资

(1)合格的投资一般只限于新项目的投资。例如,根据美国《对外援助法》第231条第2款的规定,OPIC承保条件承保下列投资:一是新项目的投资,但在一定条件下旧企业的扩大、扩建和发展投资,也可视为新项目的投资;二是经美国总统同意的在不发达友好国家和地区进行并由私人投资公司认可的投资;三是同美国订有投资保护协定的国家和地区的投资项目并经东道国政府批准的项目。根据法国《保险法》的规定,对于已经实施的投资项目,在实施24个月内申请投资担保也是可以的,但要求该项投资投保时与投资之初的风险没有明显变化。[76]

(2)合格的投资必须符合投资者本国的利益。几乎所有的国家都规定了投资项目必须符合本国的经济、政治和社会利益,这也是被保险人投保的前提条件。例如,美国法律规定,OPIC在承保一项投资时,必须考虑该项投资项目最终是否有利于美国经济,包括对美国工人就业、国际收支平衡及美国经济发展目标的有利影响。另外,为了避免本国经济利益的损失以及出于一些政治目的的考量,美国、法国和日本等国家还规定了一些不能参保的投资项目。例如,根据美国《对外援助法》第231条的规定,OPIC可以拒绝承保的投资有对环境、健康、安全有重大损害的投资项目等。当然,一些国家法律中也要求投资项目能够促进东道国的经济发展,加强两国间的友好关系。例如,美国、德国、日本。

(3)合格的投资形式上多样化,几乎没有限制。首先,根据美国《对外援助法》第238条规定,"投资"包含资金、货物、服务、专利、工序、技术的贡献或承诺,包括如下形式:①对已批准的项目发放的一笔或多笔贷款;②对该项目所有权份额进行的收购;③对该项目特许权使用费、收入或利润分配的参与;④根据租约或其他合同提供的商品或服务。其次,德国承保的投资形式包括德国企业以资金、实物或其他方式参股境外企业、德国企业境外分公司或工厂的增资、为境外企业提供类似参股的贷款(基础设施行业和能源开发项目)、参股及类似参股的贷款、赢利回收等。申请担保之前的投资及利润回收不在担保范畴内。此外,参股项目利润回收风险担保限制在每年10%,最高50%,整个担保期贷款项目的利润回收风险担保限制在100%。原则上,投资担保没有项目金额和国别的限制。最后,中国信保承保,海外投资的适保投资主体通过独资新设、合资新设、收购、兼并、参股、注资、增资、再投资、股权置换及其他方式在中国境外设立企业或取得既有企业所有权、经营管理权、产品支配权及其他相关权益的经济活动可投

---

〔75〕 余劲松主编:《国际投资法》(第3版),法律出版社2007年版,第203页。

〔76〕 法国《保险法》R442-9-1第4款第2项明显将风险加剧的情形排除在外。

保海外投资保险。[77]

3. 合格的东道国

从各国的海外投资的法律规定和实践来看，东道国的合格与否首先取决于各国的对外投资的保险制度模式。例如，美国规定，只有在符合以下条件的国家里的投资才可予以承保：(1)必须是事先已与美国政府签订有双边投资保证协定的国家，保证一旦保险事故发生，美国政府可依条约向东道国行使代位求偿权。(2)美国鼓励私人资本和技术参与到欠发达国家和地区，以及从非市场经济向市场经济转型国家的投资。当然，美国还规定投资必须事先经过东道国批准同意，投保才视为合格。法国则较为灵活，规定原则上应当以法国与投资东道国签订的保护投资条约作为法国对外贸易保险公司承保的前提，但是可以根据个案情况而有所背离。再如，德国规定更为灵活：(1)德国与投资所在国签订有双边投资促进与保护协定；(2)虽没有此类保护协定，但相关国家现行的法律法规使该项投资可享有充分的法律保护；(3)投资所在国当前经济政治形势及德国外交机构的评价；(4)被担保人须取得投资项目必需的许可，并遵守德国及相关国家现行的法律法规。

4. 承保险别

目前各国的投资保证或保险的范围主要限于国有化或征收险、外汇险、战争暴力险等政治性风险。

美国《对外援助法》第 234 条第 1 款规定，“投资保险”包括：(1)禁止汇兑险(currency inconvertibility)，指东道国货币不能自由兑换成外汇的风险。主要包括以下情况：东道国实行外汇管制，或因其他突发事变而无法进行外汇业务，致使投资人在东道国的投资收益或因变卖投资财产而获得的当地货币不能兑换成美元汇回美国。(2)征收险(expropriation)，指东道国执行征用、没收、国有化等政策，在投资人并无过错的情况下，单方执行对投资项目部分资产的征用、没收，致使该项目受到重大的不利影响，难以继续经营，从而造成投资方损失的风险。(3)战争暴力险(political violence)，指东道国内部发生革命、战争、内乱、暴动或骚乱而使投资者的有形资产遭到损失的风险，并不包括无形资产和证券、档案文件、债券及现金的损失。(4)由前述三项造成的营业中断的损失(losses due to business interruption)。美国国际开发金融公司除OPIC 原来承保的禁止汇兑险、征收险和战争暴力险之外，还承保资本市场违约(breach of contract for capital markets)、再保险(reinsurance)和投标、业绩、预付款及其他担保范围(bid, performance, advance payment and other guaranty coverage)。

法国对外贸易保险公司承保的风险有政治风险和汇兑风险，包括：(1)所有权受到侵犯，即无法实施与投资相关的权利、权利部分或全部受损，以及无法正常运营；(2)不支付或者资金不能汇出的风险。

德国承保的政治风险主要指：(1)投资所在国有关法律法规出现根本性改变，如将投资收归国有、没收财产或其他侵害造成与没收财产相当的结果；(2)投资所在国国家或国家主导及控制的部门违背承诺；(3)投资所在国发生战争、其他武装冲突、叛乱及动乱；(4)投资所在国实

---

〔77〕 具体包括：(1)股权类投资，包括货币、实物、知识产权或技术等出资方式的股本投资以及股东贷款、股东担保等。(2)债权类投资，包括境内外金融机构为海外(来华)投资提供的各种形式的融资以及中资(外资)金融机构对中国境外(境内)项目的融资等。(3)其他投资，包括合作经营、产品分成、管理合同、技术服务以及其他经批准的投资形式。

行收支禁止,拖延债务清偿;(5)外汇汇兑困难等。

中国信保主要承保对外直接投资中的汇兑限制[78]、征收[79]、战争及政治暴乱[80]、政府违约[81]等政治风险。中国信保适用的海外投资保险产品包括两大类:海外投资(股权)保险[82]和海外投资(债权)保险,后者包括股东贷款适用和银行贷款适用两类。[83]

三、多边投资担保机构的投资担保制度

多边投资担保机构(Multilateral Investment Guarantee Agency,MIGA)的业务主要包括两大类,即投资担保和投资促进。前者是核心业务,即MIGA对国际投资所遇到的政治风险予以担保。后者是指由MIGA开展的对发放担保有辅助作用的活动,属于非担保业务,主要有:开展跨国投资研究;传播有关发展中国家成员方的投资机会的信息;经成员方请求,提供旨在改善投资条件的技术援助和咨询;与国际金融公司等促进国际投资的机构协作,消除存在于成员国之间阻碍投资流动的障碍;鼓励友好解决投资者与东道国之间的争议,促进和推动在成员国之间缔结投资保护条约等。2009年,MIGA对其业务政策和机构公约进行修订,这次修订将被保险人范围扩展到资本市场贷款人,并且将其担保产品的应用范围扩展到在资本市场再融资,这极大提升了私人企业在政治风险较高的发展中国家的投资意愿。

(一)承保范围

《MIGA公约》在第11条(a)(b)项中规定了MIGA主要承保以下五种风险:

1.货币转移险(currency transfer risk)。由于东道国政府的责任而采取的任何措施,限制将其货币转换成可自由使用货币或担保权人可接受的另一货币,并汇出东道国境外,包括东道国政府未能在合理的时间内对该保险人提出的此类汇兑申请做出行动。东道国政府的限制措施,是指限制转移的一切新措施,无论是直接的还是间接的,法律上规定的或是事实上存在的;同时,东道国的这些措施既包括积极的行为,也包括消极的不作为。此外,MIGA在其《业务政策》(Operational Policies)[84]还规定,MIGA对于投资者在东道国货币兑换成其他货币时可能

---

[78] 汇兑限制,是指东道国政府或代表东道国政府从事外汇交易管理的机构禁止、限制被保险人或项目企业将当地货币兑换成保单货币及任何可自由兑换货币,或将上述保单货币或可自由兑换货币汇出东道国,或者向被保险人或项目企业实行歧视性汇率;或者东道国由于战争、制裁(联合国安全理事会制裁除外)导致上述结果。

[79] 征收,是指东道国政府以国有化、没收、征用及与前述行为具有同等效果的其他行为,造成全部或部分剥夺被保险人或项目企业对投资项目的所有权或经营权、对投资项目资金或资产的使用权或控制权、被保险人在项目企业中的股权,且没有给予及时、充分、有效的补偿。

[80] 战争及政治暴乱,是指东道国参与的任何战争(无论是否宣战)或东道国国内发生的革命、骚乱、政变、内战、叛乱、恐怖活动或保险人认定的政治暴乱,不包括民众为获得就业、就学或达到其他非政治目的而采取的行动。

[81] 违约指东道国政府或经保险人认可的其他主体违反或不履行与被保险人或项目企业就投资项目签署的具有法律约束力的协议和合同,且被保险人或项目企业已经获得有管辖权的法院或仲裁机构就上述所涉事宜作出的对东道国政府的不利裁决,且裁决书中规定了具体赔偿金额。

[82] 海外投资(股权)保险承担投资者对项目企业的股权投资因政治风险造成的损失。投资形式包括货币、实物、服务、技术或知识产权等。

[83] 海外投资(债权)保险,是指中国信保为鼓励中国企业为其海外投资项目提供股东贷款、金融机构为中国企业海外投资项目提供贷款,以及中国信保认可的其他投融资形式,向企业或金融机构提供的承担其债权因政治风险造成的损失的保险产品。

[84] 经多边投资担保机构董事会批准的《业务政策》于2015年1月6日生效,取代了原来的《业务规则》(Operational Regulations)。参见https://www.miga.org/Documents/Operational-Policies.pdf。

受到的汇率歧视也予以担保。[85]

2. 征收和类似措施险(risk of expropriation and similar measures)。由于东道国政府的责任而采取的任何立法或行政措施,或懈怠行为,其作用为剥夺担保权人对其投资的所有权或控制权,或剥夺其投资中产生的大量效益。但政府为管理其境内的经济活动而通常采取的普遍适用的非歧视性措施不在此列。[86] 由此可见,MIGA 所认为的征收险中不仅包括对资产的征收、国有化、征用、没收、查封、扣押和冻结这些东道国政府所进行的直接征收措施;同时也包括阻碍担保权人行使对这些权利和行使的措施即类似措施,也就是间接征收措施。[87]

3. 违约险(breach of contract)。东道国政府对担保权人违约或毁约,并且具有下列三个条件之一者:第一,投资者无法求助于司法或仲裁机关对违约作出裁决;第二,司法或仲裁机关未能在合理的期限内(不得少于两年)作出判决或裁决;第三,虽有裁决或判决,但无法执行。[88] 违约险是 MIGA 的一个创新,目的在于加强东道国和投资者之间合同的稳定性。但违约险主要是针对程序方面的,即东道国政府不仅违反了投资合同,而且拒绝司法。[89] 其他国内投资担保机构,如美国海外私人投资公司等,没有这一险别,而将其列入征收险中。

4. 战争和内乱险(war and civil disturbance)。指 MIGA 对东道国领土内的任何军事行动或内乱提供担保。军事行动既包括不同国家间的战争行动,也包括一国内相互竞争的政府的武装力量之间的战争行动,还包括经宣战或未经宣战的战争行动。而内乱通常是指直接针对政府的、以推翻政府或将其驱逐出某个特定的地区为目的的有组织的暴力行动,包括革命、暴乱、叛乱和军事政变,对于骚乱和民众动乱等形式的内乱也可以承保。根据 MIGA《业务细则》第 1.50 条的规定,为促进工人、学生或其他特定利益所采取的行动以及针对担保权人的恐怖行为、绑架或类似行为,不具有作为内乱而予以担保的资格。根据 MIGA《业务细则》第 1.51 条的规定,战争和内乱并不以发生在东道国境内或以东道国政府参加为前提,行为发生在东道国境外,如果其影响或后果及于东道国国境之内,就被视为发生在东道国境内。由于战争险是非东道国所能控制的,东道国政府对此一般不负责任,所以 MIGA 在向投资者支付保险金之后,一般不能向东道国索赔。

5. 其他非商业风险(other non - commercial risk)。《MIGA 公约》在第 11 条(b)项对承保范围作了灵活性的规定,即应投资者与东道国政府联合申请,董事会经特别多数票通过,可将本公约的担保范围扩大到上述(a)项中提及的风险以外的其他特定的非商业风险。随着政治风险的日益多样化,经 MIGA 董事会批准,MIGA 推出了主权不履行财务责任(Non - Honoring of Sovereign Financial Obligations,NHSFO)和国有企业不履行财务责任(Non - Honoring of Financial Obligations by a State - Owned Enterprise,NHFO - SOE)两项保险产品,为 MIGA 业务注入了活力。但是,MIGA 只为信用评级合格的政府/国有企业提供上述担保。[90] 根据《业务政策》第 1.53 ~ 1.55 条,前者是指如果东道国政府(the host government)没有任何理由未能履行

---

〔85〕 多边投资担保机构《业务政策》第 1.25 条(原《业务规则》第 1.23 条)。

〔86〕 多边投资担保机构《业务政策》第 1.37 条(原《业务规则》第 1.36 条和第 1.30 条)。

〔87〕 多边投资担保机构《业务政策》第 1.32 条(原《业务规则》第 1.30 条)。

〔88〕 多边投资担保机构《业务政策》第 1.44 条(原《业务规则》第 1.43 条)。

〔89〕 拒绝司法的行为包括:(1)被保险人无法求助于司法或仲裁机关对其提出的有关诉讼作出裁决;(2)该司法或仲裁机关未能根据机构细则所规定的在合理期限内对担保合同作出裁决;(3)虽有这样的裁决但未能执行。

〔90〕 韩立余主编:《国际投资法》,中国人民大学出版社 2018 年版,第 159 页。

无条件支付义务或担保下的到期付款义务,则 MIGA 对该风险造成的损失给予赔偿,而且不要求投保人提供仲裁裁决。后者是指如果国有企业(state - owned enterprise)或公共机构(public authority)没有任何理由未能履行无条件支付义务或担保下的到期付款义务而导致投保人损失时,MIGA 也给予赔偿。但是,该国有企业或公共机构必须是由东道国控制、履行公共服务(public service)或政府职能(governmental function)的。

根据 MIGA《业务政策》第 1.57 条,在任何情况下不包括货币的贬值或降低定值。

此外,《MIGA 公约》在第 11 条(c)项中还明确规定了担保例外:第一,投资者认可或负有责任的东道国政府的任何行为或懈怠;第二,担保合同缔结之前发生的东道国政府的任何行为、懈怠和其他任何事件。

(二)合格的投资(eligible investment)

合格的投资,是指可申请成为 MIGA 担保合同标的的投资,依据《MIGA 公约》的规定,投资要具有承保的资格,必须在投资类型、投资资产、投资时间以及投资的东道国几方面符合一定的要求并符合规定的标准。

1. 投资类型

依据《MIGA 公约》第 12 条(a)项之规定,MIGA 承保的合格投资既包括股权投资,其中包括股权持有人发放或担保的中长期贷款,也包括非股权直接投资。同时,依《MIGA 公约》第 12 条(b)项之规定,除上述(a)项中提及的贷款外,属于合格投资的范围的贷款,包括:(i)如果贷款是用于融资或者与一项有一些其他形式的直接投资的具体投资或者项目有关(无论是否由机构提供担保,不管这些投资什么时候进行);(ii)由董事会特别多数票通过批准的其他投资。根据《MIGA 公约》第 12 条(c)项之规定,董事会经特别多数票通过,可将合格的投资扩大到其他任何中长期形式的投资。

2. 投资资产

依据《MIGA 公约》业务细则的规定,合格的投资可以是《MIGA 公约》第 3 条(e)项规定范围内的任何可自由使用的货币[91],或在作出发放担保决定时可自由兑换的其他任何货币。合格的投资除货币投资外,还有实物投资,可以是向投资项目提供的任何具有货币价值的有形或无形资产,如机器、专利、工艺流程、技术、技术服务、管理诀窍、商标以及销售渠道等。

3. 投资时间

依据《MIGA 公约》第 12 条(d)项之规定,MIGA 担保的投资限于要求机构给予担保的申请收到之后才开始执行的那些投资,或者机构收到有意向从机构获得担保的投资的其他令人满意的证据。这类投资包括:(i)为更新、扩大或者发展现有投资所汇入的外汇,在这种情形下,无论是原来的投资还是追加的投资,两者都视为属于担保机构合格投资的范围;(ii)现有投资产生的、本可汇出东道国的收益;(iii)一位新的合格投资者对现有资产的并购;(iv)合格投资者在现有投资中寻求一批现有或者新投资的担保;(v)由合格投资者拥有的现有投资中,有对基础项目的提高或加强或者投资者证明对项目有中期或长期的贡献,并且符合机构对该项目对东道国有持续性的高速发展影响的要求;(vi)其他由董事会以特别多数票通过而批准的

[91] 《MIGA 公约》第 3 条(e)项中的"可自由使用货币"是指:(1)国际货币基金组织随时指定的可自由使用的任何货币;(2)为本公约的目的而指定的其他任何可自由取得和有效使用的货币,由本公约第 30 条所指的董事会经与国际货币基金组织协商,并取得该货币发行国同意之后确定。

投资。MIGA 承保的投资通常限于新投资,即投保申请注册之后,才开始执行的投资。《业务政策》第 1.13 条细化了新投资时间判断的规则,就《MIGA 公约》第 12 条(b)项之规定而言,投资的实施时间一般应当由资金或其他资源投入投资项目的时间和程度确定。另外,机构在决定哪些是新投资或现有投资时,应考虑申请担保的登记日期。申请人应视为已在该日提交申请,如果机构收到有意向从机构获得担保的投资的其他令人满意的证据(尤其是通过信件或邮件)。如某项目涉及多个投资者,则一项新投资或现有投资的范围应由每个投资者申请担保的登记时间分别决定。对于收购现有项目的投资,如果该投资依据第 1.14 条(a)项(iii)属于合格投资,机构应在收购完成之日前登记担保申请。

2009 年修订后的公约放宽了担保申请的时间要求,意味着只要投资者能提供令人满意的证据也可以不受原来的时间限制,即收到担保申请以前已经运行的投资也有获得机构担保的可能,这样就扩大了承保对象合格投资的范围和机构的自由裁量权。而且,无论是原来的投资还是追加的投资,两者都视为属于担保机构合格投资的范围。此外,还有兜底条款,即"其他由董事会以特别多数票通过而批准的投资",扩大了 MIGA 的权限。

4. 投资标准

《MIGA 公约》在第 12 条(e)项中规定了 MIGA 在担保一项投资时,应对投资项目的经济合理性、合法性进行审查。其审查的标准为:(1)该项投资的经济合理性及其对东道国的贡献;(2)该项投资是否符合东道国的法令;(3)该项投资与东道国宣布的发展目标和重点是否相一致;(4)东道国的投资条件,包括该项投资是否得到公正与公平待遇及法律保护。[92] 如果东道国与投资者母国之间订有双边投资条约,则可认为构成了充分的法律保护。[93]

5. 合格东道国(eligible host countries)

依据《MIGA 公约》第 14 条和第 15 条的规定,合格投资所在的东道国必须同时满足以下条件:(1)必须是一个发展中国家会员国,因为 MIGA 只对发展中国家会员国领土内所做的投资予以担保。(2)必须是一个同意担保特定投资风险的国家。《MIGA 公约》规定,在东道国同意就指定的风险予以担保之前,MIGA 不得缔结任何担保合同。

(三)合格投资者(eligible investors)

《MIGA 公约》第 13 条从投资者的类型、国籍、投资者的所有权以及投资者的经营方式等方面规定了合格投资者应满足的条件。

1. 投资者的类型

《MIGA 公约》规定,凡符合下列条件的自然人和法人,都有资格取得 MIGA 的担保:(1)该自然人是东道国以外一会员国的国民;(2)在东道国以外的一会员国注册并设有主要业务地点的法人;(3)多数资本为东道国以外的一会员国或几个会员国或这些会员国国民所有的法人;(4)该法人无论是否为私人所有,均在商业基础上营业。由此可见,只有自然人和法人才可作为合格投资者,而对于不具有法人资格的其他经济实体,如合伙、非法人社团和分支机构则不具备这种资格。[94] 但是,以商业方式经营的国有企业属于合格投资者,非营利组织以商业方式

---

〔92〕 多边投资担保机构《业务政策》第 3.18 条(原《业务规则》第 3.15 条)。

〔93〕 多边投资担保机构《业务政策》第 3.19 条(原《业务规则》第 3.16 条)。

〔94〕 合伙、非法人社团和分支机构不具有这种资格。在这些情况下,合格性限于个别合伙人、社团的成员或分支机构的所有人。如果其中一部分投资者具有合格性而另一部分投资者不具有合格性,在这种情况下对该投资项目内与合格投资者的股份相应的投资部分可签发担保。

进行投资时也是合格投资者。

2. 投资者的国籍

《MIGA 公约》关于自然人投资者国籍的认定,原则是东道国以外任何一个会员国的国民。《MIGA 公约》关于法人投资者国籍的认定采用两个标准:(1)复合标准,即注册登记地和主要经营场所说,旨在避免投保的法人在一会员国登记,但在该会员国没有真正的业务地,也没有在该国的经营投资项目。(2)资本控制标准,即只要法人的多数资本为会员国或其国民所拥有,其他资本由谁拥有则无关紧要。关于国籍的积极冲突问题,《MIGA 公约》第 13 条(b)项规定,如果投资者有一个以上的国籍,会员国国籍应优于非会员国国籍,东道国国籍应优于其他任何会员国国籍。

此外,《MIGA 公约》第 13 条(c)项规定了国籍的例外,即特定条件下东道国投资者的资格。此特定条件应包括:(1)经投资者和东道国联合申请;(2)董事会经特别多数票通过;(3)所投资产应是从东道国国外移入的。

3. 投资者的所有权

根据《业务政策》第 1.19 条的规定,在确定投资者所有权时,承保签署权人应注意受益所有权而非登记所有权。就股份公司而言,如果一个人的股份自然对其产生利益并且他具有回收其股份的权利,这个人应被认为是该股份公司的受益所有权人。例如,在经纪人或银行为其客户持有股票的情况下,该客户不是中间人而应被认为是受益所有权人。

(四)担保合同与代位求偿权

一旦 MIGA 承保的各种非商业风险发生,就会出现两个方面的问题:一方面,投资者根据他与 MIGA 订立的担保合同向其索赔;另一方面,MIGA 支付或同意支付保险金后,根据《MIGA 公约》有权代位向有关东道国索赔。

1. 担保合同

担保合同是由 MIGA 与投资者之间订立的规定双方权利和义务的法律文件。MIGA 在缔结担保合同之前,就其指定的承保风险予以担保应取得东道国政府的同意。担保合同在董事会指导下由 MIGA 总裁批准。担保数额由承包人与投保人约定,但不得超过最高担保额。至于最高担保额的多少则依投资类型不同而异。合同中所规定的担保期限,不应少于 3 年,也不应多于 15 年,在特别情况下经承保人与投保人商定可以为 20 年,或与投资所批准的较短期限相适应。

公约发布的担保合同的格式合同有以下类型:(1)股权投资担保合同(Contract of Guarantee for Equity Investments)。(2)股东贷款担保合同(Contract of Guarantee for shareholders Loans)。(3)非股东贷款担保合同(Contract of Guarantee for Non – Shareholder Loans)。(4)非股东贷款担保合同(国有企业不履行财务责任)(Non – Honoring of a Financial Obligation by a State – owned Enterprise)。(5)非股东贷款担保合同(主权不履行财务责任,包括政府作为担保人和借款人):Non – Honoring of a Sovereign Financial Obligation (Government Guarantor); Non – Honoring of a sovereign Financial Obligation (Government Borrower)。(6)小型投资项目——股权投资担保合同(Small Investment Program – Contract of Guarantee for Equity Investments)。(7)小型投资项目——股东贷款担保合同(Small Investment Program – Contract of Guarantee for Shareholder Loans)。

2. 索赔

投资者在向 MIGA 索赔之前要履行一些义务，如寻求当地救济[95]；遵守东道国的法律与法令；对其投资项目加以控制，以避免或减少可能产生的损失；妥善地保存索赔的文档记录，保留投资项目在投保期的账目等。[96] MIGA 支付赔偿的最终决定由总裁根据赔偿委员会的建议作出，赔偿委员会由总裁任命组成，由 MIGA 的首席法律官员主持。赔偿额不得超过投保总额和投资者的实际损失。投保人自己至少应承担投资额的 1% ~5% 的风险。[97]

3. 代位求偿权

MIGA 一经向投保人支付或同意支付赔偿，即代位取得投保人对东道国或其他债务人所拥有的有关承保投资的各种权利或索赔权。担保合同应对代位的条款和条件作出规定。各会员国都应当承认 MIGA 的此项权利。MIGA 的代位求偿权是整个《MIGA 公约》机制的核心。MIGA 作为代位者所获得的东道国货币的数额，在其使用和兑换方面所享有的待遇，应与投保者取得这种资金时所享有的待遇相同。[98] 根据《业务政策》第 4.17 条的规定，MIGA 取得的权利、索赔权及其他利益应相当于与该项担保所承保的投资部分相对应的那部分相关权利、索赔权以及其他利益。例如，如果一项担保承保一项投资的 90%，则机构代位和受让的应为该项投资的 90% 的权利。如果 MIGA 追回的款项超过其支付给投资者的，应在扣除必要费用后退还投资者。

第五节　双边投资条约及其发展趋势

一、双边投资条约的类型

(一) 友好通商航海条约

友好通商航海条约(Friendship Commerce and Navigation Treaty, FCN)(以下简称 FCN 条约)是指缔约国间就商业活动和航海自由事宜而签订的双边条约，这类条约的最初含义是全面建立和发展国家间商人往来及经济合作的协议，并非保护投资的专门性条约。美国是历史上最早采用友好通商航海条约的国家，同时采用的时间也最长。1778 年美国和法国签订了第一个 FCN 条约。第二次世界大战以前的友好通商航海条约重点是保护商人，而不是保护工业投资者。第二次世界大战后，国际投资发展迅速，为适应海外私人投资保护的需要，条约的结构发生了根本性的变化，开始逐渐转变为主要规定有关投资者的投资活动，其内容可归纳为：(1)外国投资者的入境、旅行与居留；(2)个人基本自由权；(3)关于投资者的待遇标准；(4)关于外国投资者财产权的保护和尊重；(5)管理与经营企业的权利；(6)对外国投资者的税收待遇；(7)外汇管制与资金转移；(8)关于争议的处理与管辖权。

FCN 条约作为促进和保护国际投资的一种方式，曾发挥过一定作用。但由于其本身存在

---

[95] 《MIGA 公约》第 17 条。
[96] 多边投资担保机构《业务政策》第 2.14 条、第 2.15 条。
[97] 多边投资担保机构《业务政策》第 2.09 条。
[98] 多边投资担保机构《公约解说》第 27 条。

的一些缺陷,如有关条款较模糊、抽象,争议解决机制软弱,法律效力难以得到确认,程序性规定缺乏等,使美国在20世纪60年代以后不再缔结此类条约,从而结束了FCN条约的时代。

(二)投资保证协定

投资保证协定(Investment Guarantee Agreement)因是美国首创并推行,故也称"美国式的投资保证协定"。第二次世界大战以后,为了实施复兴欧洲经济的马歇尔计划,美国率先启动了海外投资保险制度。为了配合国内投资保险制度的实施,以美国为代表的一些国家纷纷同发展中国家签订投资保证协定,以担保缔约国投资者在另一缔约国境内投资的政治风险。除了美国外,加拿大也采取这种形式。这种协定通常采用换文的形式。其主要内容为:(1)承保的范围限于投资的政治风险;(2)被保证的投资必须是经资本输入国政府根据协议审查批准的投资项目,而且只限于该协定以后的新项目;(3)确定了代位求偿权,即对于承保国保险机构所承保的财产遭受损失后,可由承保国给予先行补偿,承保国因此而取得代位求偿权,代替投资者向资本输入国提出赔偿要求;(4)对本协定的解释及发生的争议,应协商解决,协商不成可通过仲裁方法解决。

这种投资保证协定只涉及在投资者母国根据其投资保险制度给予投资者赔偿后对投资者母国的救济,因而其保护的对象只是单方面的投资,而不是相互的投资。1980年10月30日,中国与美国签署了《中华人民共和国政府和美利坚合众国政府关于投资保险和投资保证的鼓励投资的协议及有关问题的换文》,规范了美国投资者在中国境内进行投资以及投资保险和保证问题,授权美国海外私人投资公司执行投资保险。1984年1月18日,中国与加拿大签署了《中华人民共和国政府和加拿大共和国政府关于投资保险协议》,规范了加拿大投资者在中国境内进行投资的政治风险保险问题,授权加拿大出口发展公司(Export Development Canada, EDC)负责对在中国境内的投资予以保险。

(三)促进与保护投资协定

促进与保护投资协定(Agreement for Promotion and Protection of Investment)最初是欧洲一些发达国家与发展中国家签订的双边投资保护协定,其中以德国最为典型,因而又称为"德国型的促进与保护投资协定"。这种协定的特点是:(1)程序正式,即须通过正式的立法程序,以政府的名义签订,由最高权力机构批准;(2)适用广泛,这种投资侧重于对相互投资的保护,是双向的保护;(3)内容具体,通常由序言、正文和结尾三部分组成;(4)规范全面,其既有实体法,又有程序规范。当代各国签署或者重新签署的双边投资条约几乎都是这种类型。

二、当代双边投资条约的变化趋势

历史上第一个双边投资条约是1959年德国和巴基斯坦签订的,之后发达国家和发展中国家签订了大量的BIT。传统的双边投资条约的核心在"保护",受益人是投资者。通常由三部分组成:第一部分规定定义,特别是对"投资"和"投资者"的定义。第二部分由对投资、投资者的实质性保护条款构成。主要包括:投资准入,公平公正待遇,充分保护和安全,保证不采取武断、歧视性待遇,国民待遇和最惠国待遇的保证条款(MFN条款),征收条款,自由汇兑的保证。第三部分涉及争端解决。多数BIT在争端解决上包含两种不同的规定,一种规定东道国与外国投资者争端解决的仲裁程序(投资者—国家仲裁),另一种BIT争端解决方式规定了两缔约国的仲裁(国家—国家仲裁)。

近10年来,以美国、欧盟、日本为代表的发达经济体,已经不满足于传统意义上的"保护投资”,而开始以投资协定中的“国民待遇”条款为突破口,强调投资准入,逐步推行投资自由化的目标,为缔约一方的投资者在缔约另一方创设更具预见性和透明度的投资环境。美国《2012 年双边投资条约范本》对《2004 年双边投资条约范本》的修改集中于两大方面:一方面是强调东道国在施行各种管理措施时(如标准制定、金融监管)应当保证透明度和公众参与;另一方面是防止缔约方在环境和劳工方面低标准而产生的不正当竞争。

过去几十年间,传统 BIT 只解决外国投资的问题。近来的趋势是将外国投资有关条款置于更广泛的语境中协商,即自由贸易协定(FTA)和超大型/超级区域协定。伴随目前各国更愿意在 WTO 全球规则外缔结双边或区域贸易协定的趋势,各国倾向于在经济合作上缔结广泛的区域或双边协议,而不仅仅只针对贸易或外国投资问题。近年来,国际社会逐渐认识到促进国际投资活动必须兼顾可持续发展。2017 年 12 月 18 日,UNCTAD 发布《国际投资体系改革综合方案》(UNCTAD's Reform Package for the International Investment Regime,RPIIR)。该改革方案以《UNCTAD 可持续发展投资政策框架》(UNCTAD's Investment Policy Framework for Sustainable Development,IPFSD)和 UNCTAD 近 20 年来对于国家和国际投资政策制定的政策分析为基础,将 UNCTAD《2015 年国际投资协定改革路径》的政策选择和《2017 年国际投资协定改革(第二阶段)》综合为一份文件。该综合方案纳入了国际投资协定最新实践,有 10 个政策选项供各国参考,包括共同解释条约规定、修正条约规定、替换过时的条约、整合国际投资协定网络、管理并存条约之间的关系、参照全球标准、多边接触、放弃未批准的第一代条约、终止现有的第一代条约,以及退出多边条约。第二阶段改革的主要任务就是实现现有第一代条约的现代化,减轻国际投资协定制度的碎片化。越来越多的国家正在解释、修订、取代或终止过时的协定。

三、双边投资条约的主要内容

(一)投资及投资者的定义

1. 投资的定义

现有双边投资协定的国际实践中,“投资”的定义并未直接规定“直接投资”还是“间接投资”,而是采用“基于资产”(asset based)或“基于企业”(enterprise based)的定义模式,将投资表现形式具体化。

广泛的“基于资产”的投资定义在绝大多数国际投资协议和双边投资协议中占主导地位。首先,这样的定义表述为“投资包括‘各种资产’”,表明这个术语包括但不限于一切具有经济价值的东西。还有一些双边投资协议甚至表述为“各种经济利益”,试图在“资产”和“利益”之间寻找区别,这就更宽泛了。其次,这样的投资定义都包含一个主要投资类型的说明性清单。典型的投资协定的投资定义通常包括以下五类:(1)动产和不动产及其他财产权,如抵押权、留置权、质押权;(2)公司股份、股票和债券以及任何其他财产权益;(3)金钱请求权或者任何具有经济价值的请求权;(4)知识产权和商誉;(5)根据法律或合同赋予的商业特许权,包括勘探、耕作、提炼和开发自然资源的特许权。当然这五类投资定义并没有穷尽“各种资产”,因而这种投资定义是“开放式”的。例如,中国所签订的双边投资协议和自由贸易协议的投资条款大多也遵循这一模式。其中关于“投资”定义的概括性说明都是这样描述的:“投资”一词系指缔约一方投资者依照缔约另一方的法律和法规在缔约另一方领土内所投入的各种财产,包括但不限于……如 2004 年中国—芬兰 BIT、2008 年中国—新西兰 FTA 等。

"以企业为基础"的投资定义,起初是将"投资"包括新建或收购一个商业企业,以及拥有使投资者对该企业进行控制的股份。它把投资限定为企业,显然这是将投资定义为直接投资,从而排除了证券投资。后来,NAFTA 将投资者拥有或控制的"企业"作为一种投资的类型,并且还将那些和企业活动相关联的传统类型的资产列了一个清单,例如,包括企业的股本或债券。可见,其包含了证券投资。例如,中国—加拿大 BIT 的投资定义属于"基于企业"、封闭式定义类型。

美国《2012 年 BIT 范本》中的"投资"定义实际上是将"基于资产"和"基于企业"两种结合起来的模式,既有将"投资"定义为"资产"的一般性概念,又有"封闭式"的清单。首先,美国范本在"投资"的一般性概念中将"资产"限定为具有投资的性质,对投资可采取的形式几乎没有限制。例如,美国《2012 年 BIT 范本》第 1 条规定,"投资"是指投资者直接或间接拥有或控制的各项资产,该资产具有投资性质,包括资本或其他资产承担、收益或利润预期或风险承担。其次,美国 BIT 范本具体内容参照了 NAFTA 第 1139 条的列举清单,并取消了限制条件。最后,美国 BIT 范本在"资产"形式中还增加了期货、期权,以及其他衍生金融工具,这是纯粹的间接投资。CPTPP 的投资定义除多了一句"但投资不包括司法或行政诉讼中的命令或判决"外,其"投资定义"基本上和美国 BIT 范本表述一致。[99] USMCA 的投资定义是 NAFTA 和 TPP 的结合。RCEP 的投资定义结合了美国 BIT 范本和 CPTPP 的定义,但是并不完全相同。CAI 并没有直接对什么是其所调整的"投资"进行定义。

2. 投资者的定义

现有双边投资条约定义的"投资者",一般是指具有缔约国国籍的自然人和法人。就自然人而言,缔约一方国民的典型定义是指缔约一方国内法承认为国民或公民的自然人。例如,《中墨双边投资协定》中的定义是,"在缔约另一方领土内已拥有投资的,根据缔约一方可适用的法律,具有其国籍的自然人"。《中德双边投资协定》中的定义是,"'投资者'一词,在德意志联邦共和国方面,系指:德意志联邦共和国基本法意义上的德国人;在中华人民共和国方面,系指:根据中华人民共和国的法律,具有其国籍的自然人"。

就法人而言,在双边投资条约中的定义是很广泛的,包括各种法律实体,如公司、合伙、合营企业、独家业主和托拉斯等。[100] 例如,《中德双边投资协定》中,在德国方面,系指:"任何住所在德意志联邦共和国境内的法人,具有或不具有法人资格的、营利或非营利的商业公司、其他各种公司和社团。"在中国方面,系指:"经济实体,包括根据中华人民共和国的法律法规设立或组建且住所在华境内的公司、协会、合伙及其他组织,不论其是否营利也不论其为有限责任或无限责任。"在《中刚双边投资协定》中使用的是"经济实体"概念,包括根据任一缔约方的法律组建、住所在其境内的公司、协会、合伙及其他组织,不论是否具有营利性或是否采取有限责任形式。

目前,国际投资协定主要有三种投资者的定义,分别是"注册地"、"住所地"和"控制"标准。[101] 跨国企业经常通过涉及多个实体的多层次的所有权结构网络控制其海外分支机构,外国投资者"国籍"变得日益模糊;在复杂的所有权架构下,外资企业直接所有者与最终所有者国

〔99〕 韩立余主编:《跨太平洋伙伴关系协定》(全译本导读)(上),北京大学出版社 2018 年版,第 214 页。

〔100〕 曾华群:《变革期双边投资条约实践述评》,载《国际经济法学刊》2007 年第 3 期。

〔101〕 United Nations Conference on Trade and Development, World Investment Report 2016, June 2016, p. 173.

籍可能不同,形成“事实上的控制”。例如,Renée Rose Levy and Gremcitel S. A. v. Republic of Peru 案〔102〕、Philip Morris Isia Limited v. Australia 案〔103〕的裁决涉及投资者的国籍、所有权和控制问题,包括仲裁庭采用的方法、裁决的影响以及政策挑战。联合国贸易和发展会议提出建议,在国际投资协定中引入新的条款,如“利益拒绝条款”(denial of benefits)〔104〕、“实质商业活动条款”(substantial business activities)〔105〕等,防止外国投资者利用壳公司或复杂的所有权结构,滥用国际协定给予外国投资者的权利。此外,也可考虑在协定中收紧对外国投资及外国投资者的定义。

(二)投资及投资者的待遇标准

外资待遇又称国际投资者待遇,是指外国投资者(包括投资)在东道国从事投资活动享有权利和承担义务的状况,它明确了外国投资者在东道国的法律地位、权利义务的标准、投资及其收益等管理上的保护程度,以及在特殊情况下国家征用投资财产时的补偿标准等。外资待遇体现于各种双边国际投资条约、区域性投资条约和全球性投资立法中,是这些国际投资立法的重要部分,是国际投资立法的核心条款。由于国际投资涉及国家对外政策、国内政治、经济、社会各方面复杂的利益关系,各国出于对自身利益的考虑,给予外资的待遇标准是不同的。目前关于外资待遇的标准在各种投资条约中主要体现为两类:一类是绝对待遇标准,包括公正与公平待遇(Fairand Equitable Treatment,FET)、充分的保护与安全、最低待遇标准(Minimum Standard of Treatment,MST);另一类是相对待遇标准,包括最惠国待遇和国民待遇。

1. 公正与公平待遇及最低待遇标准

与最惠国待遇和国民待遇不同,由于“公正与公平”是一个弹性的概念,公平、公正待遇没有明确的参照标准,它属于绝对待遇标准,在执行中就有可能被滥用。特别是东道国某些基于对本国环境、公共利益的维护而采取的正当措施也会因适用门槛过低的公正与公平待遇标准而变成违反条约义务的行为,从而极大且不合理地限制东道国行使主权。国际投资协定中 FET 的表述主要分为两部分:一部分条约中明确规定,公平公正待遇的内涵应等同于习惯国际法上关于外国人待遇的最低标准;另一部分条约中仅笼统地规定了 FET,并未表明 FET 与习惯国际法的关系如何。将习惯国际法作为“公平公正原则”的上限而非底线,是美国《2004 年 BIT 范本》的一大创举,早先范本表述为要求东道国“决不得给予低于国际法要求的待遇”,而今却向有利于东道国方向转变。美国《2012 年 BIT 范本》与之相同。USMCA 第 14.6 条和 CPTPP 第 9.6 条前 3 款和美国《2012 年 BIT 范本》第 5 条表述是一致的;USMCA 第 14.6.4 条和

〔102〕 ICSID Case No. ARB/11/17, Award, 9 January 2015.

〔103〕 PCA, Case No. 2012 - 12, Award on Jurisdiction and Admissibility, 17 December 2015.

〔104〕 利益拒绝条款是指国际投资协定所规定的,缔约一方拒绝将国际投资协定中的全部或部分利益授予缔约另一方投资者的条款。它是缔约国防止投资者通过国籍筹划,获得更有助于保护其投资的国际投资协定下利益的规定。其适用情形主要有两种,一是国籍筹划下第三国国民控制的空壳公司或者返程投资,二是外交政治因素的特殊情形。

〔105〕 例如,印度 BIT 范本规定,企业应当具有如下“真实且实质的商业活动”(real and substantial business operations)的全部要素:(1)在东道国有真实且长期的资本投入;(2)在东道国境内雇用了一定数量的员工;(3)通过其运营和技术工艺流程的转让对东道国做出了一定的贡献;(4)根据东道国法律开展所有的运营活动。排除范围为:(1)主要目的、战略或安排或其中之一是基于避税;(2)消极持有股票、土地或其他财产;(3)在贸易或某一商业领域中使用的不动产或其他个人财产所有权或租赁前述财产。

CPTPP 第 9.6.4 条表述是一致的;[106] CPTPP 第 9.6.4 ~ 9.6.5 条与美国范本表述不同。[107]

欧盟—越南 FTA 第 2.5.2 条列举了违反公正公平待遇的措施:(1)在刑事、民事或行政诉讼中拒绝司法;(2)在司法和行政程序中根本违反正当程序;(3)明显地专断;(4)基于性别、种族或宗教信仰等明显错误理由的有针对性的歧视;(5)虐待,如胁迫、滥用权力或类似的不诚实行为;(6)违反双方按照第 3 款通过的公正与公平待遇义务的任何其他因素。

许多双边投资协定都确立了投资者与东道国的仲裁管辖机制,使违反 FET 条款的请求能够得到国际裁判;随着越来越多的投资者援引双边投资协定中的 FET 条款提起争议解决程序,公正与公平待遇标准在实践中的运用得到加强,由此也引来对公正与公平待遇的解释的争论。[108] 迄今为止,国际投资争端解决中心的仲裁案件已经归纳出几项公正与公平待遇适用的具体判断标准。此外,ICSID的仲裁案件经常采取目的解释的方法,从双边或多边投资协定的缔约目的出发分析公正与公平待遇的内涵。在 ICSID 仲裁实践中不考虑将公正与公平待遇视为国际习惯法最低标准待遇的一部分的情况下,它往往能够通过协定的缔约目的来推论出公正与公平待遇的内涵——稳定的法律和商业环境与投资者合法期待,这也是在 ICSID 体制下仲裁、裁决的一个特点。例如,Tecmed v. United Mexican States 案[109]以及 UNCITRAL 仲裁规则下的 Saluka v. The Czech Republic 案。[110]

20 世纪 80 年代以来,由于投资自由化的浪潮以及发展中国家为吸引外资而做出让步的原因,许多亚洲和拉美国家开始在他们参加的双边投资协定中订立公正与公平待遇条款。例如,2012 年中国—加拿大 BIT 第 4 条最低待遇标准的规定:(1)任一缔约方应按照国际法,赋予涵盖投资公正和公平待遇并提供充分保护和安全;(2)第 1 款"公正与公平待遇"和"充分保护和安全"(Full Protection and Security)[111]的概念并不要求给予由被接受为法律的一般国家实践所确立之国际法要求给予外国人的最低待遇标准之外或额外的待遇;(3)一项对本协定的其他条款或其他国际协定条款的违反,不能认定对本条款的违反。一方面,公正与公平待遇标准的具体内容不断得到丰富;另一方面,适用条件公正与公平待遇标准的日趋严格。

在公正与公平待遇和充分保护与安全方面,RCEP 作出了的必要澄清和严格限制。除了习惯国际法最低待遇标准和习惯国际法两要素的限制,RCEP 还作出了进一步明确和限定。其中,"充分保护和安全要求每一缔约方采取合理的必要措施确保涵盖投资的有形保护与安全",这要求东道国承担合理审慎(due diligence)义务,采取必要的治安措施,以保护涵盖投资的有形安全,而排除了无形的法律保护与安全义务。这种做法符合充分保护与安全条款改革的主流趋势。

---

[106] CPTPP 第 9.6.4 条规定,为进一步明确,缔约方采取或未采取可能与投资者的期待不一致的行为这一事实本身,不构成对本条的违反,即使存在涵盖投资受损的结果。

[107] CPTPP 第 9.6.6 条规定,为进一步明确,缔约方没有发放、没有延续、没有维持某一补贴或补助,或缔约方改变或减少补贴或补助,这一事实本身并不构成对本条的违反,即使存在涵盖投资受损的结果。

[108] 经济合作与发展组织组织在 2004 年发布的题为《国际投资法中的公正与公平待遇》的工作报告中确定了该标准所包含的 5 项要素:(1)适当注意及保护义务;(2)正当程序(due process),包括不得拒绝司法(denial of justice)和不得专断(arbitrariness);(3)透明度要求(transparency);(4)善意原则;(5)自治性的公正要素。

[109] Técnicas Medioambientales Tecmed, S. A. v. United Mexican States [ICSID Case No. ARB(AF)/00/2].

[110] Saluka Investments BV v. The Czech Republic, UNCITRAL Arbitral Partial Award, 17 Mar. 2006.

[111] 充分保护与安全是对习惯国际法的强调,即国家力量不应用于侵害外国投资者及其投资。当外国投资者的利益受到暴力侵害,且此种侵害可以被合理预见时,国家应为其提供保护。一般只限于物理意义上的安全。

2. 国民待遇和最惠国待遇

与绝对待遇相比,相对待遇标准更具实质性意义。在国民待遇和最惠国待遇下,外国投资者实际得到的待遇水平取决于东道国给予本国投资者和第三国投资者的待遇水平,这样就有了一个参照系数,便于实际确认。如今,国民待遇和最惠国待遇制度已为多领域的双边条约及多边条约所采用。但对于国民待遇的范围在双边投资条约中差别较大。首先,美国《2012 年 BIT 范本》将国民待遇和最惠国待遇分别规定;国民待遇和最惠国待遇的适用对象既包括另一方的投资者也包括另一方的投资;国民待遇和最惠国待遇适用于企业的准入阶段;国民待遇不仅适用于双方的中央政府,也适用于双方的地区性政府。但是,美国 BIT 范本并没有像 NAFTA 一样,将国民待遇与最惠国待遇"捆绑"在一起,"依其中更优惠者适用"[112],后者向投资者提供了更高的保护。USMCA 和 CPTPP 国民待遇条款和最惠国待遇条款都使用了"涵盖投资""在其领土内的投资"这些新表述。其次,USMCA、CPTPP 国民待遇条款前 3 款规定与 NAFTA 基本一致,但是删除了 NAFTA 第 1102 条第 4 款;USMCA 和 TPP/CPTPP 最惠国待遇条款前 2 款规定与 NAFTA 一致。USMCA 国民待遇条款和最惠国待遇条款第 3 款、第 4 款表述相同,都将 CPTPP 第 9.4 条脚注 14 作为第 4 款。[113] 国际投资领域绝大多数投资协定都以"同类/类似情形"(in like circumstances)为国民待遇和最惠国待遇标准适用的前提,例如,NAFTA 第 1102 条和第 1103 条、《能源宪章条约》第 10 条、中国—东盟全面经济合作框架协议、美国 BIT 范本、CPTPP、USMCA 等。当然,何为"同类/类似情形下"在实践中判定复杂,并不是属于相同的经济部门就可证明属于"同类/类似情形",而需要根据个案的具体情况进行检验,比较情形应达到最大程度、实质上的"相似"。不仅如此,还要适用一个整体考虑的标准,而且如果东道国出于维护公共福利的目的采取了歧视性措施,也不应当被认定为违反国民待遇或最惠国待遇。USMCA 将这一规定作为正式条款而不是 TPP 文本中的脚注。最后,CPTPP 第 9.5 条明确规定,最惠国待遇不适用于争端解决程序或机制,如其 B 节投资者—东道国争端解决机制。

在国民待遇条款方面,RCEP 新增了国民待遇条款在同级政府之间才可以相互比较,而之前的协定中都没有。CAI 的国民待遇条款在给予国民待遇的范围上,只明确规定了另一缔约方的投资者"在投资的设立和运营"两个方面可享受国民待遇,而 RCEP、TPP、CPTPP、USMCA 均规定"在投资的设立、取得、扩大、管理、经营、运营、出售或其他处置方面"可享受国民待遇。CAI 和我国《外商投资法》规定的准入前国民待遇加负面清单模式实现了全面对接。最惠国待遇条款方面,CAI 沿袭了我国一贯的立场,也就是最惠国待遇条款不适用于争端解决程序,这里还专门提到了不适用投资者—东道国争端解决机制。《中加协定》第 5 条"最惠国待遇"第 1 款和第 2 款直接移植了加拿大 FIPA 范本。关于最惠国待遇条款是否适用于争端解决程序的经典案例有 Maffezini v. Spain 案[114]和 Plama v. Bulgaria 案。[115]

---

[112] NAFTA 第 1104 条待遇标准规定:每一缔约方给予另一缔约方投资者或投资者之投资的待遇,应当选择第 1102 条和第 1103 条规定的待遇中较优惠者。

[113] USMCA 第 14.4.4 条规定,为进一步明确,是否根据本条在"同类情形下"授予待遇,取决于整个情形,包括相关待遇是否给予合法的公共福利目标在投资者之间或投资之间进行区分。

[114] Emilio Agustín Maffezini v. Kingdom of Spain (ICSID Case No. ARB/97/7), award, 13 November 2000.

[115] Plama Consortium Limited v. Republic of Bulgaria (ICSID Case No. ARB/03/24), award, 27 August 2008.

(三)征收的限制性条件以及间接征收的认定标准问题

1. 国有化、征收的限制性条件

国有化、征收及其补偿问题历来是国际投资法中的重大理论和实践问题,也是南北双方存在激烈争议和深刻分歧的问题。近年来的双边投资协定实践表明,东道国对外资实行国有化及征收的权利已在事实上被剥夺了,因为绝大多数双边投资协定规定东道国不得直接或间接通过等同于征收或国有化的措施,对所涉投资进行征收或国有化,除非:(1)为了公共利益或公共目的;(2)采取非歧视的方式;(3)依照正当法律程序;(4)给予及时、充分、有效的补偿。根据双边投资条约的实践,下列国有化法律要件中,依使用的频率排序,依次为赔偿、公共目的、非歧视、正当法律程序、不违反具体承诺、全部使用(catch all)、透明度、公平待遇。

2. 间接征收的认定标准问题

直接征收(direct expropriation),是指投资被国有化,或者通过正式转移所有权或直接没收的形式进行的征收。间接征收(indirect expropriation),也称管制征收、逐渐征收、事实征收、变相征收、推定征收、蚕食性征收,是指东道国政府采取干预外国投资者行使财产权的各种措施,从而导致其失去实质效用的行为。间接征收认定的构成要素包括行为效果标准和行为性质标准。间接征收构成要素的选择具体表现为单一效果标准、单一性质标准、兼采效果和性质标准。

当前国际投资仲裁实践表明,东道国被指控实施征收时绝大多数指的就是间接征收,直接的、一次性的传统国有化逐渐被间接征收所代替。为了尽可能地保护其海外投资,发达国家对外签订的多数双边投资条约都有间接征收的规定,并且倾向于扩大间接征收的范围。但是,近年来,一些主要发达国家也逐渐认识到不应无限扩大间接征收的范围,片面强调对外国投资者权益的保护。例如,Metalclad 诉美国案[116]、S. D. Myers 诉加拿大案[117]都涉及间接征收,使这些国家也遭到巨额索赔请求。于是,加拿大在其《2003 年 BIT 范本》附录 B 第 13 条对"间接征收"的含义及其认定标准作出专门规定,明确了三个问题:(1)间接征收产生于东道国的措施;(2)是否构成间接征收需要通过个案、基于事实的调查认定,考虑的因素包括该措施或该系列措施的特性、经济影响,以及对明确、合理的投资预期的干预程度;(3)一般而言,缔约一方旨在和适用于保护合法的公共福利目标,如健康、安全、环境的非歧视措施,不构成间接征收,但不能被合理地视为已善意采取和实施的此类措施,不在此限。[118] 美国《2012 年 BIT 范本》附录 B 中也有类似规定。CPTPP 第 9.8 条第 1 ~ 5 款与美国 BIT 范本表述一致[119],USMCA 第 14.8 条第 1 ~ 4 款和第 6 款与 CPTPP 前 5 款一致,USMCA 附件 14 - B 征收也与 CPTPP 附件9 - B 一致。[120] CAI 没有征收的规定。

关于征收补偿的标准,USMCA、CPTPP、RCEP 是一致的,规定要按照征收发生前被征收投资的公平市场价值进行补偿,且该价值不应因已知征收要发生而发生变化,并且该补偿应当可

---

[116] Metalclad Corporation v. United Mexican States [ICSID Case No. ARB(AF)/97/1].

[117] S. D. Myers Inc. v. Government of Canada, http://www.naftaclaims.com/disputes_canada_sdmyers.htm.

[118] 曾华群:《变革期双边投资条约实践述评》,载《国际经济法学刊》2007 年第 3 期。

[119] CPTPP 第 9.8.6 条规定,为进一步明确,(a)若无法律或合同规定的具体承诺提供、延续或维持补贴或补助;(b)根据提供、延续、维持补贴或补助的决定本身,或修改或减少补贴或补助的决定本身,不构成征收。

[120] USMCA 第 14.8.5 条规定,为进一步确定,一方的一项措施或一系列措施是否构成征用,应根据本条第 1 款和附件 14 - B 确定。

自由转让和变现。当公平市场价值以可自由使用的货币计算时,补偿金应当不低于征收之日的公平市场价值,并且要加上征收之日至支付之日按商业上合理的利率计算的利息。当公平市场价值不能以自由使用的货币计价时,对折算汇率后的付款货币的补偿金额有最低要求。征收都不适用于知识产权相关的权利和变更。

(四)投资争议的解决

双边投资条约区分缔约国双方关于条约解释和适用问题的争议和缔约国一方与缔约国另一方国民之间的投资争议,分别规定了适用不同的争议解决方式。通过国际仲裁解决投资者与东道国之间的争议是当前的主要趋势,这类争议所涉及的范围也越来越宽泛。鉴于投资者与国家争端解决案件的数量不断增加,设计这一机制的初衷是为确保提供一个中立的论坛,使投资者能够在独立、合格的法庭面前得到公平审理,为解决投资争端提供一项快速、廉价和灵活的程序。然而,投资条约之下的投资者—国家争端解决机制的实际运作可能证明仲裁并不能兑现本来有望提供的诸多好处。实际上,投资者—国家争端解决机制的系统性缺陷开始浮现:正当性、透明度、国籍规划、仲裁裁决的一致性、错判、仲裁人的独立性和公正性、资金风险等。2015 年 2 月 25 日,联合国贸易和发展会议一次关于“国际投资协定制度改革:前进方向问题”专家会议上总结出 5 条改革路线:(1)推广替代性争端解决方法;(2)对现有制度进行量身改制;(3)限制投资者诉诸投资者—国家争端解决机制;(4)设立一个上诉机构;(5)成立一个常设国际投资法院。大会提出了旨在改革国际投资制度的 4 条行动路线:(1)维持现状;(2)脱离该制度;(3)引入选择性调整;(4)开展系统性改革。[121]

1. 解决投资者和东道国之间争议的国际仲裁

根据美国《2012 年 BIT 范本》的规定,投资者和东道国间的争议规定在 B 节第 24 条第 3 款,投资者与东道国仲裁规则可以是 ICSID 的程序规则,或者“ICSID 附加便利规则”,或者是联合国国际贸易法委员会的规则,还可以是双方同意的其他规则。根据不同仲裁规则组成的仲裁庭应是独立的,只针对具体个案存在,作裁决时在法律上也不受先例的约束。根据美国《2012 年 BIT 范本》B 节第 25 条规定,东道国如果在双边投资协定中作出同意后,外国投资者就可以直接将争端提交国际仲裁庭,而无须东道国另行专门表示同意。除此之外,美国认为,还应当建立一种仲裁上诉机制,因为只有第二审才能有效改正第一审的错误。这一建议规定在美国《2012 年 BIT 范本》B 节第 28 条第 10 款中,但未再纳入专门的上诉机制附件,表明美国认为国际社会尚未准备接受专门性的投资仲裁上诉机制。

2015 年 12 月 28 日印度政府公布了新的 BIT 范本,ISDS 仲裁条款规定得非常详细,包括了 ICSID 仲裁、ICSID 附加便利规则仲裁及 UNCITRAL 特设仲裁,并且规定了用尽当地救济作为前置程序,规定了设立上诉机构的可能,并且对投资者的可诉范围进行了限制。[122]

根据 TPP 第 9 章的规定,投资者提出仲裁申请,必须同时提交书面的弃权声明,放弃其他争端解决程序,例如,法院程序、行政审查程序或其他争端解决程序,但申请临时保全措施除外。TPP 委员会对协定条文作出的解释决定,对仲裁庭有约束力,仲裁庭作出的任何决定或裁决须与该解释决定相一致。总之,TPP 投资章 ISDS 条款在导向上强化了对东道国利益的保

〔121〕 参见联合国贸易和发展会议:《国际投资协定制度改革》。

〔122〕 韩立余主编:《国际投资法》,中国人民大学出版社 2018 年版,第 206 页。

护。[123] 对比 TPP,CPTPP 冻结了原文本中投资授权和投资协议部分[124],投资协议和投资授权往往颇具争议,将其所引发的投资争端排除在 ISDS 机制之外,限制了投资者绕开东道国法律体系向其发难的权利,为缔约国政府争取了更大的国内投资政策措施的制定实施空间。

根据 USMCA 第 14 章,第一,美国和加拿大之间取消了 ISDS 机制,这意味着投资者需要通过东道国国内诉讼或者外交保护来解决争端,但是有 3 年过渡期。第二,美国和墨西哥之间是由附件 14 - D 专门规定,这个附件虽然允许 ISDS 仲裁,但无论在实质性条款还是在程序性条款中,都对 ISDS 机制进行了限制。例如,外国投资者只能针对直接征收、国民待遇和最惠国待遇提起 ISDS 仲裁,并且后两者的保护范围不包括投资的"设立"(establishment)和"取得"(acquisition);在程序方面,它要求提起 ISDS 仲裁之前必须有 30 个月的国内救济。另外,附件 14 - E 第 1 条规定,如果投资者被东道国认为是被非市场经济国家的人控制或者所有的,那么这个投资者不能提起投资争端。第三,在加拿大和墨西哥之间适用 CPTPP。相较于 NAFTA,USMCA 虽然在实体上明确了投资者保护范围、防止投资者权利的滥用,来保护东道国的规制权,但是三个国家之间适用的投资仲裁规则互不相同,造成了各个国家间投资仲裁规定的支离破碎。

2014 年初步达成的 CETA 纳入了欧盟之前设想的对 ISDS 的改革措施,包括仲裁程序透明度要求、仲裁员行为准则、败诉方支付原则、国家在条约解释上的控制权等,制定了更为复杂先进的程序规则;之后的欧盟—新加坡 FTA 亦引入类似的改良版 ISDS 机制。然而,改良后的 ISDS 机制仍然遭到了欧盟内部的抵制。2015 年 9 月 16 日,欧盟委员会发布《跨大西洋贸易与投资伙伴关系协定》投资章节草案,倡导建立两审终审的常设性投资法庭体制(Investment Court System,ICS)以替代 ISDS 机制。虽然 TTIP 谈判止步不前,但 2016 年的《欧盟—越南自由贸易协定》(EVFTA)以及最终版 CETA 均在正式文本中延续了 TTIP 的欧盟实践,明确将 ICS 纳入"投资"章节。ICS 模式通过败诉方支付原则、上诉机制、法庭成员守则等来确保判决的公正及中立,从而保护东道国公共利益和规制权,标志着欧盟提出的设立常设多边投资法庭和上诉机制的构想开始迈向实践。

CAI 中关于 ISDS 机制方面没有具体规定,而是采取类似于 RCEP 中的约定,即缔约方承诺在该协议签署后的 2 年内完成 ISDS 机制的谈判。中欧双方在 CAI 中还特别承诺,该 ISDS 机制的设立将会考虑联合国国际贸易法委员会(UNCITRAL)组织下的 ISDS 改革方面获得的相关工作成果。CAI 只规定了国与国争端解决(state - state dispute settlement)问题,主要特点如下:(1)CAI 更加强调争端的避免或预防;(2)CAI 纳入了调解,规定得特别具体;(3)CAI 没有规定提交国际法院,寻求国际诉讼。

2. 最惠国待遇标准是否适用于投资争议解决的程序事项

前文已经提到,很多双边投资条约包含最惠国待遇条款,在此条款下,东道国给予涵盖投资和投资者的待遇不得低于给其他任何国家的优惠待遇。但是,"投资者是否可以基于最惠国条款援引比其待遇更优惠的第三方的双边投资协议争端解决条款?"这个问题在国际投资仲裁

---

[123] 韩立余:《TPP 协定的规则体系:议题与结构分析》,载《求索》2016 年第 9 期。

[124] CPTPP 搁置了 TPP 第 9.1 条"投资契约""投资授权"定义及脚注;TPP 第 9.19 条第 1、2、3 段与"投资契约""投资授权"有关内容;TPP 第 9.22 条第 5 段;TPP 第 9.25 条第 2 段及脚注;ISDS 机制中关于投资授权和投资协议的部分,以及附件 9 - L 投资协议部分。

实践中一直有争议。目前最好的解决办法是在国际投资协定中明确“不予适用”。例如,前面提到的 CPTPP 第 9.5.3 条规定。再如,欧盟—日本 FTA 第 8.9.4 条规定,为进一步明确,第 1 款和第 2 款所指待遇不包括其他国际协定所规定的投资者对国家的争端解决程序。

3.“保护伞”条款

“保护伞”条款(The Umbrella Clause)是指在现代双边投资条约中通常有专门条款规定,缔约方应该遵守其对另一缔约方国民或公司所作出的任何承诺。由于该条款引发了是否可以把东道国在合同中的承诺一并放在双边投资条约下加以保护这一问题,所以被称为“保护伞”条款。该条款实质是把合同性争议“提升”为双边投资条约争议来扩大 ICSID 管辖权,使 ICSID 仲裁庭认为东道国违反与外国投资者签订的投资合同即构成违反 BITs 的可能性大大增大了。[125]

4.“岔路口”条款的概念

在解决国际投资争议的过程中,越来越多的国家选择签订有“岔路口”条款(Fork in the Road Clause)的双边投资条约。这种条款规定:在国际投资争议产生后,投资者有权利在东道国当地救济和国际仲裁之间进行选择;一旦投资者做出选择,即为终局。也就是说,投资者选择了东道国当地救济,不论东道国做出的结论是否有利于投资者,投资者都不得再向国际仲裁庭寻求救济;如果选择了国际仲裁,就不得再在仲裁结果做出的同时或之后寻求东道国当地救济的方法去解决争议。东道国国内法院和国际仲裁,就像摆在投资者面前的通往不同方向的两条路,投资者一旦做出选择,就不能回头再走另外一条,所以这种条款才被形象地称为“岔路口”条款。例如,2012 年《中华人民共和国政府、日本国政府及大韩民国政府关于促进、便利及保护投资的协定》(China - Japan - Korea Trilateral Investment Agreement,以下简称中日韩 TIA)。中日韩 TIA 第 15 条第 5 款规定:“争议投资者一旦将投资争议提交争议缔约方的管辖法院或本条第 3 款规定的仲裁之一,则争议投资者所做选择应当是终局的,争议投资者之后不得再将同一争议提交本条第 3 款规定的其他仲裁。”再如,中国—法国 BIT 第 7 条规定:“缔约一方与缔约另一方投资者之间有关投资的任何争议,应由双方当事人友好解决。如争议自一方或另一方提出争议之日起 6 个月内未能解决,争议应按照投资者的选择提交:作为争议一方的缔约方有管辖权的法院,或;根据《联合国国际贸易法委员会仲裁规则》设立的专设仲裁庭,前提是争议所涉缔约一方可要求有关投资者在提交仲裁前,用尽该缔约方法律和法规所规定的国内行政复议程序,或;依据 1965 年 3 月 18 日在华盛顿开放签署的《解决国家和他国国民之间投资争端公约》设立的解决投资争端国际中心,前提是争议所涉缔约一方可要求有关投资者在提交仲裁前,用尽该缔约方法律和法规所规定的国内行政复议程序。一旦该投资者将争议递交给作为争议一方的缔约方国内有管辖权的法院,或者根据联合国国际贸易法委员会仲裁规则设立的专设仲裁庭,或者解决投资争端国际中心,则其三选一的选择将是终局的。仲裁庭的裁决是终局的,对争议当事双方具有拘束力。缔约双方都应执行该裁决。”

按照 ICSID 仲裁庭的严格解释,只有在诉之于国际仲裁之前,相同当事方之间的相同争端(包括诉讼请求相同和诉讼争执点相同)已经被提交给东道国的国内法院或者行政法庭,“岔路口”条款才能予以适用,也才会导致丧失寻求国际救济权利的结果。[126]

---

〔125〕 陈安主编:《国际投资法的新发展与中国双边投资条约的新实践》,复旦大学出版社 2007 年版,第 232 页。

〔126〕 陈安主编:《国际投资法的新发展与中国双边投资条约的新实践》,复旦大学出版社 2007 年版,第 226 页。

(五)一般例外

近年来,国际投资协定中的例外条款,大多与具体义务有关,如国民待遇例外,国家根本安全例外,公共秩序、审慎措施或税收,其共同特点是较为抽象。例如,加拿大《2003年外国投资协定范本》(Canada's New Model Foreign Investment Protection Agreement, FIPA)、加拿大—秘鲁BIT、中国—加拿大BIT都有一般例外条款。一般例外的价值主要在于确保东道国公共政策空间,并允许国家在特定情况下降低投资保护水平。附清单的一般例外条款把这些特定情况成文化,为仲裁庭裁判提供明确指引,以确保东道国对公共事务的规制权利,而仲裁庭在条约解释时就需要在东道国投资保护义务与公共政策目标间建立适当平衡。但是例外条款究竟能为东道国提供多少公共政策空间其实是难以预知的。

根据中国—加拿大BIT第33条规定:"一般例外清单"包括文化多样性、不违反本协定的东道国法律实施、保护人类及动植物生命及健康和不可再生的自然资源、金融安全、国家安全、不扩散核武器、执行联合国宪章及决议和世界贸易组织决定、国家机密、个人隐私、受竞争法保护的商业秘密。凡是对这些因素具有负面影响的跨国投资行为,都不受本投资协定的保护,缔约国有权采取措施对有关投资行为予以干预或阻止。但是,中国—加拿大BIT的"一般例外条款"不具有可仲裁性,亦无须补偿,唯一受制于本条第2款规定"只要相关措施不以武断或不合理之方式适用,或不构成对国际贸易或投资之变相限制",这对于东道国极为有利。另外,该条关于金融安全的例外,赋予国家金融机构在货币、信贷和汇率政策方面以极高的裁量权,这对东道国来说,无疑也具有重大意义。

美国《2012年BIT范本》第18条"基本安全"提出因"保护根本安全利益"而采取例外措施,其标准非常高。该条规定,本条约不应被解释为要求缔约方提供或允许使用其确定,如果披露则会违背其根本安全利益的任何信息;或阻止缔约方使用其认为是履行有关维护或恢复国际和平与安全义务,或保护其自身根本安全利益的必要措施。该条并未对何为"根本安全利益",何为"必要"等做出明确定义。也就是说,东道国采取的有关措施是否属于"基本安全例外",只要缔约国主观上"认为必要"即可,并没有规定其他客观条件。由此可见,美国对保留其本国的基本安全例外权是极其重视的,是可以自行解释和单方认定的。此外,美国《2012年BIT范本》在金融领域还专门设计了"审慎监管例外",可排除协定中任何条款所强调的缔约一方所应当履行的义务。该条款是目前BITs领域中较为全面的规定。根据美国《2012年BIT范本》第20条规定:"尽管有本协定的其他条款,但这不得阻止一方出于审慎而采取或维持有关金融服务的措施,包括保护投资者、储户、保单持有人或者以金融服务提供者为受托人的信托委托人利益的措施,或者是确保金融体制完整和稳定的措施。如果上述措施不符合本协定的规定,那么他们不能用作该方逃避其在本协定下承诺和义务的手段。"

TPP"投资"章中的履行要求条款,是代表投资规则新发展的一个条款,是迄今为止所含禁止性内容最多的履行要求条款。尽管如此,在TPP第9.1条和第9.2条正面规定缔约方义务后,该条其他4款用了更多的篇幅提供了该义务的各种例外情形;同时还特别对文莱作出了进一步的例外性规定。

(六)透明度

目前国际上尚未对国际投资仲裁中透明度规则进行明确一致的定义。国际投资仲裁中透明度规则通常包括三个方面:(1)对仲裁程序信息的获取;(2)体现为对仲裁程序的参与和监督;(3)仲裁实体裁决的公开。2014年12月10日联合国贸易法委员会起草的《投资者与国家间基于条约仲裁透明度公约》(United Nations Convention on Transparency in Treaty – based Investor – State Arbitration),也称为《毛里求斯透明度公约》(The Mauritius Convention on Transparency),旨在扩大《投资者与国家间基于条约仲裁的透明度规则》(以下简称《透明度规则》)[127]的适用范围,提高国际投资仲裁透明度的国际条约,在联合国大会获得通过。该公约已于2017年10月18日生效,表明在国际投资仲裁领域透明度改革取得了重大突破,大大促进国际投资仲裁领域透明度的进程。

美国《2012年BIT范本》在沿袭《2004年BIT范本》中对透明度规则的同时,也对部分内容进行了修订和完善,增强了透明度和公众参与的力度,对于保护投资者的利益是很有利的。例如,美国《2012年BIT范本》对东道国在制定规章、条例的过程中,公众参与的具体方式进行了规定:(1)东道国拟采用的法律、决定必须公布于"单一的全国性发行的期刊"上;(2)东道国拟采用的规章最少的公布时间为60天,在此期间东道国为公众对其评论提供便利条件;(3)要求东道国解释其制定规章、条例的目的与理由,让公众对其发表看法,并在采用最终的规章、条例时,在其政府期刊或网站上对相关规章、条例的修改加以说明。《2012年BIT范本》还增加了有关标准制定的条款,要求缔约一方在标准制定或其非政府组织制定标准时允许另一缔约方的人员参与,但卫生与植物卫生措施和公共采购除外。[128]

(七)劳工与环境章节

美国是最早将劳工标准纳入区域贸易体制的国家,也是最早将劳工标准条款纳入区域投资体制的国家,其区域投资体制中的劳工标准的出现甚至早于其区域贸易体制中的劳工标准。根据美国《2004年BIT范本》第13条规定:通过削弱或降低劳工法律的保护标准来鼓励投资是不适当的。2005年之后,美国与乌拉圭、卢旺达签订的BIT所包含的劳工标准条款不仅在序言中强调"投资目标应与尊重国际公认的劳动权利相一致"的宗旨,还在正文中规定了"不降低要求"等内容。美国《2012年BIT范本》比《2004年BIT范本》新增加了3款规定,并对其原有的两款规定进行了不同程度的修改。首先,该条中增加了第1款用于重申缔约各方在国际劳工组织(International Labour Organization,ILO)条约中的义务,直接涉及的内容有以下四点:结社自由和有效承认集体谈判权利,消除一切形式的强迫和强制劳动,有效废除童工,消除就业与职业歧视等。其次,变化后的投资劳工条款确保劳动法的有效执行,强化其保护力度,增加了缔约国对于劳工保护的义务。再次,扩大了"劳动法"的定义,从而扩大了保护劳工权利的范围。增加的内容有以下三点:对集体谈判权的有效承认,有效地废除童工,消除关于雇佣与职业的歧视。最后,新的范本将原第1款中的有关磋商机制的规定进行了修改并独立出来,规定了缔约一方应当在收到另一缔约方磋商请求后30天内对磋商请求作出回应。此后,缔约各方应进行磋商,并努力达成一个双方满意的解决方案。但是总体上讲,美国现行有效的BIT中的劳工标准不如美国现行有效的FTA中适用于投资问题的劳工标准那么强硬,同时也缺乏旨在帮助缔约国提高拉动标准的实施能力的软法机制。例如,美国与秘鲁FTA、哥伦比亚FTA、巴拿马FTA、韩国FTA在强制实施义务、私人救济、程序保障、信息公开和提高公众认识等方面都作了比较详细的规定。

---

[127] 2014年4月1日生效的《透明度规则》是一套程序规则,规范如何向公众提供关于投资条约下所发生的投资人与国家间仲裁的信息。

[128] 美国《2012年BIT范本》第11.3条、第11.8条。

美国《2004 年 BIT 范本》第 12 条第 1 款规定,通过削弱或降低国内环境法中的保护标准来鼓励投资是不适当的。首先,美国《2012 年 BIT 范本》将多边环境保护协定纳入缔约方不得放弃和减损其国内环境法的范围之中,扩大了该条款的适用范围。其次,《2012 年 BIT 范本》弥补了《2004 年 BIT 范本》中没有规定如何在缔约各方间执行环境法这一缺陷,扩大了各缔约方在环境保护方面的义务,将缔约方的义务从文字层面上升到了实质层面。最后,《2012 年 BIT 范本》还对与环境有关的争端的磋商程序作出规定,并要求各缔约方,在处理有关本条款的各种事项时,为公众参与提供机会。

CPTPP 第 19 章劳工(沿袭 TPP 原文)要求缔约国的劳工法和国际劳工标准接轨,强调禁止强迫劳动产品的贸易,鼓励建立公众参与的劳工法实施监督机制,体现了新一代国际贸易协定在自由贸易和现代劳工治理标准之间寻求平衡的新趋势。CPTPP 第 20 章环境(沿袭 TPP 原文),凸显了新一代自由贸易协定对环境议题的重视,也体现了国际贸易协定实现环境保护目标范式的转变。CPTPP 规定劳工和环境争议可以诉诸该协定的争端解决机制,从而强化了劳工和环境规则的约束力,这在之前的自由贸易协定中是没有的。在劳工章中,确认劳工享有的国际劳工组织宣言所含的四项权利,要求各缔约方不得为了鼓励贸易和投资而放松劳工法的要求,不得放松劳工执法,鼓励企业自愿承担社会责任。该章就公众认知、社会参与、劳工问题合作机制与对话、劳工理事会等作出具体规定。环境章除规定各缔约方的一般性承诺、确认实施多边环境协定外,专就一些具体环境保护问题作出规定,如臭氧层保护、船舶污染的海洋环境保护、生物多样性、外来入侵物种、海洋渔业捕捞。环境章规定了较为详细的环境问题的磋商、合作等事项。需要特别注意的是,在欧盟主导的 FTA 中,环境和劳工体现在可持续发展主题之中。

在 CAI 的“劳工”和“环境”章节,中国承诺不降低保护标准以吸引投资,不将劳工和环境标准用于保护主义目的,尊重其在有关条约中的国际义务。中国将支持企业承担社会责任。中国还承诺致力于批准未获批的国际劳工组织的基本公约,并就劳工组织尚未批准的两项关于强迫劳动的基本公约作出具体承诺。CAI 还包括环境和气候方面的承诺,包括有效实施《巴黎气候协定》。

CAI 设立可持续发展专章,将各方约束在以可持续发展为原则的基于价值的投资关系中,包括权利保护水平,环境对话与合作,多边环境协定的问题,投资促进绿色增长的问题,气候变化的问题等,相关条款有专门的执行机制,以在高透明度和全民社会的参与下解决分歧。

第六节 世界贸易组织有关投资的协议

一、《与贸易有关的投资措施协定》的法律框架

《与贸易有关的投资措施协定》(Agreement on Trade – Related Investment Measures, TRIMs)是 1994 年签署的 GATT 乌拉圭回合谈判“一揽子”协定中的一个重要协定,由序言、正文和附件组成。正文有 9 个条款。所谓“投资措施”是指为了促使外国投资者达到某种业绩标准而采取的政策。“与贸易有关的投资措施”是指由东道国政府通过政策法令直接或间接实施的与货物贸易有关地对贸易产生限制和扭曲作用的投资措施。

（一）宗旨和适用范围

TRIMs 的序言部分阐明了该协议的宗旨，即为避免投资措施给贸易带来的限制和扭曲，从而促进世界投资贸易的扩展和逐步自由化，并促进跨国投资，在确保自由竞争繁荣的同时，达到增进所有贸易伙伴尤其是发展中国家成员的经济增长的目的。根据 TRIMs 第 1 条的规定，协议并非涉及所有的投资措施，而仅适用于与贸易有关的投资措施，即仅对各成员方制定的投资措施中涉及货物贸易进出口的部分作了界定和限制。

（二）鉴别与贸易有关的投资措施的原则

TRIMs 的核心内容，就是规定禁止每个成员方实施那些违反 GATT 第 3 条（国民待遇原则）或第 11 条（一般取消数量限制）的与贸易有关的投资措施。为了明确哪些投资措施应被禁止使用，TRIMs 附件的“解释性清单”（也称“例示清单”）中列举了五种投资措施。[129] 其中两种是违反国民待遇原则的与贸易有关的投资措施：（1）当地含量要求，即要求企业购买或使用最低限度的国内产品或任何国内来源的产品。具体表现为，规定有关国内产品的具体名称，规定企业购买或使用国内产品的数量或金额，规定企业在生产中必须使用的有关国内产品的最低比例。（2）贸易平衡要求，即要求企业购买或使用的进口产品数量或金额，以企业出口当地产品的数量或金额为限。

另外三种是违反一般取消数量限制原则的与贸易有关的投资措施：（1）贸易平衡要求，即总体上限制企业当地生产所需或与当地生产相关的产品的进口，或要求企业进口产品的数量或金额以出口当地产品的数量或金额为限。（2）进口用汇限制，即将企业可使用的外汇限制在与该企业外汇流入相关的水平，以此限制该企业当地生产所需或与当地生产相关的产品的进口。（3）国内销售要求，即限制企业出口或供出口的产品销售。

（三）例外规定

（1）根据 TRIMs 第 3 条的规定，GATT 1994 中的所有例外都可以视具体情况适用于该协议。

（2）根据 TRIMs 第 4 条的规定，发展中国家成员方可以享受特殊优惠。考虑到发展中国家在贸易和投资方面的实际情况和特殊要求，他们有权暂时背离关于投资措施方面的国民待遇和一般取消数量限制的义务，但其背离的程度及采取的方式，应遵守 GATT 1994 第 18 条“政府对经济发展的援助”、《1994 谅解》，以及“东京回合”通过的《关于为国际收支目的而采取的贸易措施宣言》中有关允许成员背离国民待遇和普遍取消数量限制的规定。[130]

（四）通知与过渡安排

依据 TRIMs 第 5 条，各成员方应在 WTO 生效后 90 天内将各自正在实施的与协议不符的一切与贸易有关的投资措施，通知货物贸易理事会，并在一段确定的时间内取消这些投资措施。考虑到各成员方不同的经济发展水平，TRIMs 规定了不同的过渡期，发达国家为 2 年，发展中国家为 5 年，最不发达国家为 7 年。根据《中国加入工作组报告书》的规定，中国代表确认自加入 WTO 起，按《入世议定书》所列，中国将全面遵守 TRIMs，不援用其中第 5 条，并将取消

---

〔129〕 各国在达成 TRIMs 时列举了十三种不符合 GATT 第 3 条和第 11 条规定的投资措施，作为 TRIMs 的例示清单。但作为 TRIMs 正式附件使用的主要是上述描述性的例示清单中有约束力的规定，即五种禁止性的投资措施。

〔130〕 石广生主编：《中国加入世界贸易组织知识读本》（一），人民出版社 2001 年版，第 157 页。

外汇平衡要求、贸易平衡要求、当地含量要求和出口实绩要求。[131] 中国在加入 WTO 前后,已对外资立法进行了全面修改与补充,凡含有不符合《WTO 协定》规定的投资措施的条文均已被取消。

(五)透明度原则

根据 TRIMs 第6条的规定,首先,各成员方应重申《1994 谅解》第10条"贸易条例的公布与实施"项下承诺的透明度和通知义务,并遵守 1979 年 11 月 28 日实施的《关于通知、协商、争议解决与监督协议》以及 1994 年通过的《关于通知程序的部长决议》中所包含的"通知"义务[132];其次,各成员方还应向世界贸易组织通告可以找到与贸易有关投资措施的出版物,包括各级政府所使用的相关出版物。但各成员方可不披露会导致妨碍执法、违背公众利益或损害特定企业合法商业利益的信息。

(六)管理执行机构

根据 TRIMs 第7条的规定,WTO 成立了与贸易有关的投资措施委员会。该委员会向所有成员方开放。委员会每年至少应召开一次会议。应缔约方的请求,可随时开会。其职责是:执行货物贸易理事会分配的任务,并向成员方提供与 TRIMs 运行和执行有关的任何问题的咨询服务;同时负责监督 TRIMs 的运行和执行情况,并每年向货物贸易理事会报告这方面的情况。[133]

(七)协商和争议解决

《1994 谅解》第 22~23 条和《关于争端解决规则与程序的谅解》的规定,适用于 TRIMs 实施中产生的争议,有关争议均可提交 WTO 争议解决机制处理。

二、《服务贸易总协定》

《服务贸易总协定》对服务贸易的定义包括了投资,作为服务贸易的一种重要提供方式就是商业存在[134],即服务性投资。和商品一样,服务既可以通过对外直接投资也可以通过出口贸易进入外国服务业市场。与商品相比较,许多服务必须通过其设在国外附属企业的当地生产才能提供外国服务市场。[135] 根据是否投资于金融机构,人们将投资分为金融类投资和非金融类投资,金融类投资既是一般意义上的投资,又是服务贸易这一特定领域的投资,因而涉及一般投资规则和金融服务贸易。因此,WTO 框架下 TRIMs 和 GATS 有着内在的关联。

GATS 所确立的有关投资的多边纪律,事实上已经适用于各国服务投资领域了。例如,根据 GATS 的规定,各国应尽可能地开放国内服务业市场,承担相互给予跨国服务和服务提供者以最惠国待遇和政策法规透明度的一般义务(GATS 第3条),同时以具体承诺的方式明确外国服务和服务提供者能享受市场准入的具体部门、分部门或服务提供方式(GATS 第16条);凡属市场准入的领域,成员方应给予外国服务和服务提供者以国民待遇(GATS 第17条);各成员方不得要求外国服务提供者必须通过特定的法人实体或合营企业才可提供服务,也不得

---

[131] 孙南申:《国际投资法》,中国人民大学出版社 2008 年版,第 179 页。

[132] 曹建明、陈治东主编:《国际经济法专论》(第4卷),法律出版社 2000 年版,第 43 页。

[133] 卢进勇、余劲松、齐春生主编:《国际投资条约与协定新论》,人民出版社 2007 年版,第 187 页。

[134] 根据 GATS 第28条规定,"商业存在"是指任何类型的商业或专业机构,包括为了提供服务而在另一成员方境内:(1)组建、收购或维持一法人;(2)创建或维持一分支机构或代表处。

[135] 孙南申:《国际投资法》,中国人民大学出版社 2008 年版,第 183 页。

对参加投资的外国资本限定最高股权比例或对个人的或累计的外国资本投资额予以限制。

2013 年,WTO 的部分成员着手《服务贸易协定》(TiSA)的谈判来促进服务贸易的自由化,TiSA 谈判在 2014 年以后止步不前。就服务贸易而言,CPTPP 第 10 章至第 14 章都是服务贸易的内容,与 GATS 相比,CPTPP 具体细化分为跨境服务贸易、金融服务、商人临时入境、电信和电子商务 5 章。CPTPP 第 9 章投资、第 10 章跨境服务贸易和第 11 章金融服务是有交叉关系的,而且有明确解决适用冲突的规定。

本章思考题

1. 国际直接投资与国际间接投资的区别是什么?
2. 简述国际投资法的概念和渊源。
3. 什么是绝对待遇和相对待遇标准?
4. 简述跨国并购的含义和特征。
5. 简述 BOT 的概念、主要法律关系和法律文件。
6. 简述特许协议的概念和性质。
7. 简述国有化、征收的概念和补偿标准。
8. 资本输出国保护海外投资的法律制度主要有哪些?
9. 简述多边投资担保机构公约的法律地位与主要业务。
10. 哪些投资措施是为 TRIMs 所禁止的?

拓展阅读

一、著作、论文资源

1. [德]鲁道夫·多尔查、[奥]克里斯托弗·朔伊尔编:《国际投资法原则》,祁欢、施进译,中国政法大学出版社 2014 年版。
2. 漆彤主编:《中国海外投资法律指南》,法律出版社 2019 年版。
3. 单文华、[英]娜拉—伽拉赫:《中外投资条约研究》,魏艳茹、李庆灵译,法律出版社 2015 年版。
4. 陈安主编:《国际投资法的新发展与中国双边投资条约的新实践》,复旦大学出版社 2007 年版。
5. M. Sornarajah, *The International Law on Foreign Investment*, fifth edition, Cambridge University Press, 2021.
6. 刘笋:《论国际投资仲裁中的先例援引及缔约国的干预和引导》,载《法学评论》2021 年第 3 期。
7. 梁丹妮、戴蕾:《国际投资仲裁上诉机制可行性研究》,载《武大国际法评论》2020 年第 6 期。
8. 沈伟:《构建"一带一路"高水平投资协定:基于征收条款的考察》,载《兰州大学学报(社会科学版)》2021 年第 3 期。

二、网络资源

1. 商务部官网,http://www.mofcom.gov.cn/。
2. 发改委官网,https://www.ndrc.gov.cn/。
3. 国家市场监督管理总局官网,http://www.samr.gov.cn/。
4. 国家外汇管理局官网,https://www.safe.gov.cn/。
5. 联合国贸易和发展会议官网,https://unctad.org/。
6. 解决投资争端国际中心官网,https://icsid.worldbank.org/。
7. 多边投资担保机构官网,https://www.miga.org/。
8. 世界贸易组织官网,https://www.wto.org/。
9. 经济合作与发展组织官网,https://www.oecd.org/。

三、案例链接

1. 外国投资者对中国政府索赔的案件:

(1)马来西亚依佳兰公司诉中国案。[Ekran Berhad v. People's Republic of China (ICSID Case No. ARB/11/15).]

(2)韩国安城房地产公司诉中国案。[Ansung Housing Co., Ltd. v. People's Republic of China (ICSID Case No. ARB/14/25).]

(3)德国香料和食品加工剂制造商海乐公司诉中国案。[Hela Schwarz GmbH v. People's Republic of China (ICSID Case No. ARB/17/19).]

(4)日本 Macro Trading 诉中国案。[Macro Trading Co., Ltd. v. People's Republic of China (ICSID Case No. ARB/20/22).]

2. 中国投资者对外国政府索赔的案件:

(1)中国黑龙江国际技术合作公司等三家公司诉蒙古国案。(China Heilongjiang International Economic & Technical Cooperative Corp., Beijing Shougang Mining Investment Company Limited and Qin huangdao Qinlong International Industrial Co., Ltd. v. Republic of Mongolia, PCA Case No. 2010-20, Award, 30 June 2017.)

(2)平安保险公司诉比利时案。[Ping An Life Insurance Company of China, Limited and Ping An Insurance (Group) Company of China, Limited v. Kingdom of Belgium (ICSID Case No. ARB/12/29).]

(3)北京城建诉也门案。[Beijing Urban Construction Group Co., Ltd. v. Republic of Yemen (ICSID Case No. ARB/14/30).]

(4)冯振民诉韩国案。[Feng Zhenmin v. Republic of Korea (ICSID Case No. ARB/20/26).]

3. 香港特别行政区和澳门特别行政区投资者对外国政府索赔的案件:

(1)谢业深诉秘鲁案。[Tza Yap Shum v. Republic of Peru (ICSID Case No. ARB/07/6).]

(2)渣打银行诉坦桑尼亚电力有限公司案。[Standard Chartered Bank (Hong Kong) Limited v. Tanzania Electric Supply Company Limited (ICSID Case No. ARB/10/20).]

(3)香港渣打银行诉坦桑尼亚案。[Standard Chartered Bank (Hong Kong) Limited v. United Republic of Tanzania (ICSID Case No. ARB/15/41).]

(4)世能公司诉老挝案。[Sanum Investments Limited v. Lao People's Democratic Republic (ICSID Case No. ADHOC/17/1).]

第十章　国际金融法

本章导读

本章主要介绍了国际金融法的概念和特点。讲解了国际货币制度的产生和变化，阐释了主要的融资方式包括国际贷款融资、国际证券融资、国际融资租赁以及国际融资协议的共同条款。并概述了国际金融监管的协调与合作制度。

第一节　国际金融法概述

一、国际金融法的概念

国际金融法是调整国际间货币金融交易关系的法律规范的总和，是国际经济法的重要组成部分。

国际金融原本附属于国际贸易，仅仅是为国际贸易活动提供融资和清算业务的。因此，早期国际间货币资金流动，是作为国际商品交换的媒介而出现的，受国际贸易的规模大小、发展速度等因素的制约。后来，由于资本主义的不断发展，国际贸易和金融业务不断扩大，国际金融市场不断开拓，金融工具不断创新，国际金融才逐渐脱离出来，形成一个独立的体系。与此相适应，调整国际金融关系的法律也就应运而生。

对于国际金融法的概念，可从以下几方面来理解：

1. 国际金融法是调整国际间货币金融交易关系的国际法规范和国内法规范的总和。国际金融法以国际间货币金融关系为其调整对象，规范国际金融活动，并随着国际间货币金融关系的不断发展而发展，逐步走向完善。由于金融资产跨越国境流动、交易，就必然涉及一个以上国家和地区的法律规定，还可能涉及国际公约、区域性协定和公认的国际惯例等。因此，对其进行法律调整就不能仅仅依赖于少数几个或几种法律规范，相反，应该通过由众多法律规范组成的法律规范群来完成，在这众多的法律规范中，不仅包括每一个主权国家以国内法形式表现出来的约束其在本国进行涉外金融交往行为的规范，而且还包括有关的国际金融组织以国际公约等形式表现出来的，约束所有国家和地区或特定的国家和地区进行国际金融行为的规范。同时，还包括国家间双边或多边条约以及在长期实践中自发形成的，有着一定内容又为各国所普遍认可的国际惯例等，所以说，国际金融法是由众多的法律规范组成，是各种形式的法律规范的总和。

2. 国际金融法是调整国际货币金融关系的公法规范和私法规范的总和。国际金融活动是在一定的国际货币制度下展开的。现在一般认为国际货币法和国际金融法因其主体和规范的对象不同,应为两种法律,但同时这两种法律又是紧密联系的,构成了统一的整体。基于这种认识,就有了广义的国际金融法与狭义的国际金融法之分。国际货币法是指调整国家之间因国际货币管理活动而产生的国际货币关系的法律规范的总和,它规定的是关于国际货币的兑换、流动和汇率方面的法律规则,它是一国国际货币金融制度的基础,具有典型的公法性质。狭义的国际金融法主要是调整不同国家民事主体之间发生的跨国金融交易活动而产生的国际金融关系,规定的是关于国际贸易融资、国际贷款融资、国际证券融资、国际租赁融资等金融交易的法律规则。尽管在不同国家的法律中,此类法律制度往往也可能包含有一定的管制法内容,但它在本质上具有私法性质。广义的国际金融法不仅包含狭义的国际金融法,而且还调整政府间发生的国际货币关系,不仅有私法规范,也有公法规范。本文所称国际金融法指广义的国际金融法。

3. 国际金融法是国际经济法的重要组成部分。国际货币金融关系是当代国际经济关系的重要组成部分,国家与国家之间乃至整个国际社会经济交往的目标及要求,往往是通过国际金融关系体现出来的,而国际金融关系的细微变化,将直接造成国际经济关系的变化与动荡。货币金融以外的其他国际经济关系,多与国际货币金融关系息息相关,且往往表现为以一定数量的货币转移为中心的国际金融关系。因此,国际金融法历来被视为国际经济秩序的基本内容和重要支柱。一方面,这一制度构成各国对外贸易法制和对外投资法制的基础;另一方面,它又为非贸易性国际金融交易和投资银行跨国业务的发展提供了法律形式。所以,对国际金融关系的规范与调整,说到底就是对国际经济关系的规范与调整,因此,以国际经济关系作为其调整对象的国际经济法应该包含调整国际金融关系的国际金融法,国际金融法是国际经济法中不可缺少的组成部分。

国际金融法作为国际经济法的有机组成部分,应该反映出国际经济法中一些最基本的要求,如国际经济法的基本原则、特征、法的渊源等,与国际经济法的其他组成部分,如国际贸易法、国际投资法、国际税法等具有较多的共性并且彼此间相互关联、相互促进、共同作用于国际经济法的发展。但是,应该看到,国际金融关系中需要研究和解决的问题较之其他领域内的国际经济关系而言,具有其自身的特性。因此,调整国际金融关系的国际金融法必然存在自己的特点,对此,无论是从其具体的内容、法律规范、法律约束力等方面,还是从其研究方法、研究手段等方面均能明显地体现出来。所以,国际金融法又具有相对的独立性。

综上所述,国际金融法是有关国际间货币金融关系的国际法规范和国内法规范、公法规范和私法规范的总和,是国际经济法的一个重要组成部分。

二、国际金融法的特点

国际金融法作为上层建筑,反映了货币资金超越国境而流动的国际性或跨国经济关系的性质。国际金融法的本质特点体现在以下几个方面。

(一)主体的广泛性

主体即发生法律关系的当事者。国际金融法的主体,既有国家、地区和国际组织,也有从事国际金融交往和国际金融活动的自然人、法人和其他经济组织。因此,国际金融关系不仅包括国家之间、国际经济组织之间、国家与国际经济组织之间所发生的金融关系,而且包括分属于不同国家的自然人、法人之间以及他们与国家、国际经济组织之间发生的金融关系。

国家是国际金融关系的重要主体。国家一方面可以基于其主权者身份,通过其政府或有关当局对涉外货币金融事务有关的活动依法进行管理、调控、监督等，另一方面也可以平等交易者的身份参与各类融资活动。

政府间国际货币金融组织也是国际金融法律关系的重要主体。这类国际组织能成为国际金融法律关系的主体，是由设立它们的有关国际条约所规定的，其主体地位源于其成员的共同赋予。由于这类国际组织所享有的权利和承担的义务由有关国际条约具体规定，其法律地位受制于主权国家的制约，因而它们会因为与其成员之间从事金融交易活动而成为权利和义务主体，也会因其监督成员是否履行条约所规定的义务而成为权利主体，还可能因其按条约规定与成员的私人进行某种国际金融交易活动而成为权利和义务主体。简言之，政府间国际货币组织可以基于三种国际金融关系而成为国际金融法律关系的主体：与成员发生的金融交易关系；与成员发生的金融管理关系；与成员的私人所发生的金融交易关系。[1]

一个地区能否成为国际金融活动的主体是有条件的，须视其是否具有相对独立的货币金融制度而定。如中国香港特别行政区，由于具有相对独立的货币金融制度，因此，无论其是同英国还是同中国其他地区的货币金融往来，既不被视为英国的，也不被视为中国的国内往来，而是作为国际货币金融往来。[2]

自然人能否成为国际金融法律关系的主体，除了取决于主体民事权利能力和民事行为能力外，还取决于其从事外汇买卖、从事与国际金融有关的跨国活动和使用外汇的资格与能力。[3]

法人和其他非法人组织能否成为国际金融法律关系的主体，取决于它们与自然人成为国际金融法律关系主体相似的资格与能力。

（二）客体的复杂性

国际金融法律关系的客体是指国际金融法律关系主体权利义务所指向的对象。主要包括货币、货币资产和行为三类。

货币，作为国际金融法律关系中最基本的客体，包括本国货币、外汇和跨国运转中的货币资金等。货币作为国际金融法的客体，必须在国际间具有可兑换性。如果是不能自由兑换的货币，其充当国际金融法客体的媒介作用就被极大地限制住了。

货币资产，是指以货币形式表现或确定的各项财产或财产权益，包括：政府公债、国库券、企业债券、股票、息票等有价证券，各种形式的存款，货币支付凭证和其他货币资产。并非所有的货币资产都是国际金融法律关系的客体，能成为国际金融法律关系客体的货币资产须具备一定的条件，即跨境流通或以非本国货币表现。以本国货币表现且不跨境流动的货币资产只能为国内金融法律关系的客体，如果跨境流动，则是国际金融法律关系的客体。以非本国货币表现的货币资产通常要跨境流动，即使不跨境流动，也是国际金融法律关系的客体。[4]

行为，是指国际金融法律关系的主体为了实现一定的经济目的而进行的各种金融活动，主要包括国际金融交易行为和国际金融管理行为。

---

[1] 邓瑞平主编：《国际金融法》，重庆大学出版社 2002 年版，第 11 页。

[2] 刘丰名：《国际金融法》，中国政法大学出版社 1996 年版，第 7 页。

[3] 在无外汇管制或管制较少的国家，自然人可以自由进行外汇兑换，自由使用外汇，自然人是国际金融法律关系的主体。但在实行外汇管制的国家，个人从事国际金融活动有关的活动取决于国内法的规定。

[4] 邓瑞平主编：《国际金融法》，重庆大学出版社 2002 年版，第 11 页。

(三)内容的实践性

国际金融法规定的是关于涉外货币管理活动和跨国金融交易活动的规则,它在内容和功能上均具有实践性和技术性特征,它实际不仅仅为一国既定的国际贸易政策和国际投融资政策提供了法律框架和法律工具,其作用还在于建立和维护国际金融秩序,提供保障国际金融安全的手段。

无疑,国际金融法作为一门较为新型的学科,仍处于不断地发展、变化之中,由于国际金融的不断发展、更新,其速度相当之快,致使已有的法律规范乃至法学研究常常落后于实际需要。因此,对国际金融法的研究不可不注重实践的发展。

第二节 国际货币制度

国际货币制度是国际货币关系的集中反映,它构成国际金融活动总的框架。各国之间的货币金融交往,在各个方面都要受到国际货币制度的约束。由于世界上还没有统一的货币,主要以一些主权国家的货币作为国际货币。为了维护国际货币的正常运行,所以国际货币制度就应运而生了。这种货币制度既可以是自然缓慢发展的结果,也可以是在短期内通过国际协议确定的制度。

一、国际金本位制

最早出现的国际货币制度是国际金本位制。它的基础是各国金本位制度。1816 年英国建立了金本位制度,在 19 世纪后期由于西方各国普遍实行了金本位制[5],因而这种货币制度具有了国际性质。它是在各国自发实行金本位制的基础上形成的。

(一)金币本位制

金币本位制是金本位制的最初形态,也是最典型的金本位制,狭义上所称的金本制就是指金币本位制。它的主要特点是:(1)黄金作为本位货币。用黄金来规定货币的价值量,即每一单位的货币都有其法定的含金量(gold content),各国货币按其含金量来确定彼此间的比价。(2)金币可以自由铸造,任何人都可以按本币的含金量将金块交给国家造币厂铸成金币。(3)自由兑换。在市面上流通的其他金属辅币和银行券可以自由地兑换成金币或者等量的黄金。(4)自由输出入。由于黄金是各国唯一的国际储备资产,国际间的结算也使用黄金,黄金可以自由输出与输入。各国政府规定的自由铸造、自由兑换与黄金自由输出入是这个货币制度的三个特点。

建立金本位制是以国内立法为基础,由各国颁布法令自行确定本国货币的含金量和对外国货币的比值。要让国际金本位发挥作用,各国必须遵守三项规则:一是要把本国货币与一定量的黄金固定下来,并可以随时兑换黄金;二是黄金可以自由输出入;三是中央银行或货币当局发行钞票必须有一定的黄金准备。

基本上各国是在自愿的基础上遵守一定的国际规则,而并没有正式在国际上承担法律义

---

〔5〕 1871~1879 年,德国、瑞典、意大利、美国等欧美资本主义国家也建立了金本位制度。

务。因此,一旦出现特殊情况,各国出于本国利益的考虑也可以不遵守这些规则。实际上,国际金本位制作为一种国际货币制度并不是建立在国际法律基础上,没有条约规定各国必须承担一定的国际义务。所以,在上述三项规则中,第三项规则常常被放弃,没有被严格遵守。

从 19 世纪 70 年代到"一战"爆发,国际金本位制经历了约 35 年的"黄金"时期。国际金本位制作为第一个世界性的国际货币制度,并不是由各国共同制定成文的国际法规所确定的制度,而是由各国自发地实行大致相同的金本位制并且是逐渐形成的制度。因此,国际金本位制表现出两个特征:共同性和松散性。

国际金本位制的形成,使黄金充分发挥出世界货币的职能作用,对于生产的发展,汇率的稳定,国际收支的自动调节,国际资本的流动,国际贸易的发展,各国经济政策的协调,都起到了积极的作用。总之,它在当时以平衡的金融秩序促进了世界经济的发展。

(二)金块本位制

"一战"期间,各国禁止黄金外流,实行浮动汇率,币值很不稳定。战争结束后,各国都需要恢复遭到战争破坏的经济,首先是建立稳定的货币制度。1922 年世界货币会议决定恢复金本位制。但是,由于当时各国之间黄金分配不均,供应量远远不能满足需要,参战各国的黄金储备大量减少,特别是"一战"前最大的金融帝国英国和曾经拥有巨额金融资本的法国,它们的经济实力都遭到很大削弱。因此,真正有条件继续实行金本位制的国家只有美国,而英国和法国则不得不采取有限制的金本位制,即金块本位制。在这种制度下:(1)金币已退出流通界,专门担当大宗国际收支清算的任务;(2)国家以一定数量的黄金做准备,发行代表法定含金量的银行券;(3)银行券进入流通,具有本位币的无限法偿性,但银行券只有在一定的条件下才能兑换成黄金,如英国法令规定每一次必须兑换 400 盎司黄金,即 1700 英镑,法国规定持有 215,000 法郎才能向发行银行兑换黄金。对兑换的最低数额加以规定,大大限制了民间的兑换,缩小了自由兑换的基础,这实际上是在黄金储备不足的条件下企图继续保证币值稳定的一种变通办法。

金块本位制的实行,节约了国内需要的黄金,但也使黄金不再像过去那样充分发挥货币的职能,这就严重削弱了国际金本位制的基础。

(三)金汇兑本位制

"一战"后,有些国家直接采取了金汇兑本位制,亦称虚金本位制。在这种制度下:(1)禁止铸造和流通金币;(2)定有含金量的银行券作为本位币参加流通,持有者不能将其兑换成黄金,但可用以购买外汇,凭外汇到其发行国兑换黄金;(3)实行金汇兑本位制的国家,在金块本位制国家或金币本位制国家存放外汇准备基金,并规定本国货币与该国货币的法定汇价,居民可按这一汇价无限制地购买外汇,在所联系的国家兑换黄金;(4)禁止黄金的输出输入。

这是在黄金和外汇储备不足的情况下,避免兑换黄金,而依靠自由汇兑作为同金本位制维持联系的一种形式。"一战"以后的战败国和其他一些国家曾分别同美元、英镑或法郎挂钩,形成一种货币依附关系,使黄金和外汇更加集中于少数几个国家。比如德国,由于国库黄金被用于战争赔款,1924 年由战前的金币本位制直接改行金汇兑本位制。

这三种金本位制有个重要的特点是黄金逐步与货币失去直接联系,特别是金汇兑本位制下,黄金存放国外,实际上扩大了信用创造能力,使货币进一步摆脱了黄金数量的束缚。但黄金存在国外并不安全,本国货币币值要受联系国货币价值波动的影响;在国际经济发生危机时,各国纷纷将外汇兑换成黄金运回本国,引起联系国信用紧缩,使危机加剧。

19 世纪 30 年代的大危机是经济危机与金融危机相互交织的全球性危机,西方各国之间贸易战与货币战达到了空前激烈的地步。这个大危机摧毁了西方国家普遍实行的金块本位制和金汇兑本位制,统一的国际金本位制度也随之瓦解。在西方各国普遍实行纸币流通制度的情况下,它们的货币信用制度危机加深,矛盾重重,建立不起统一的国际货币制度,而纷纷成立货币制度,如英镑、美元集团和法郎集团。在货币集团内部以一个主要国家的货币作为中心,并以这个货币作为集团内部的储备货币,进行清算,集团内部外汇支付与资金流动完全自由,但是对集团外的收付与结算则受到严格管制,常常要用黄金作为国际结算手段。西方国家从统一的国际货币制度分裂为若干货币集团,各货币集团内部的货币比价,货币波动界限及货币兑换与支付均有统一严密的规定,而对集团外的国际支付则采取严格管制,集团之间壁垒森严,限制重重,在这一时期不存在统一的国际货币制度。

二、布雷顿森林制度

"二战"即将结束时,为了整顿和改变国际货币领域的混乱局面,保证战后经济的顺利恢复,建立稳定的世界货币秩序,各国迫切要求建立一个政府间国际金融机构来协调国际间的货币政策,加强国际间货币合作。在英美两国的策动下,于 1943 年与 1944 年之交召集三十多国专家在纽约集会讨论英国提出的凯恩斯方案(Keynes Plan)与美国提出的怀特方案(White Plan),1944 年 4 月达成《国际货币基金共同声明》,形成国际货币基金协定草案蓝本,该蓝本最终以怀特方案为基础,吸收了一些凯恩斯的主张形成。1944 年 7 月 1 日至 22 日,美、英、法、苏、中等 44 国代表在美国新罕布什尔州布雷顿森林会议通过了以"怀特计划"为基础的《国际货币基金协定》和《国际复兴开发银行协定》,合称《布雷顿森林协定》。

《国际货币基金协定》,又称《布雷顿森林货币协定》,其 1944 年文本确立的国际货币制度被称为"布雷顿森林制度",实际上是以美元为中心的金汇兑制度。这是世界货币史上第一次在世界范围内通过国际协议正式建立的货币制度,第一次通过法律文件的形式明确规定了国际货币制度的基本要求,各国的权利、义务以及国际货币关系的行为准则,说明国际货币金融关系已经发展到有条件也有必要建立统一的世界货币制度的程度,突破了长期认为金融货币领域应该保持自由调节和灵活机动的特点的传统观念,为国际货币关系进入统一法律秩序开辟了新纪元。因此,尽管布雷顿森林体系是在主要金融大国的操纵下建立的,但从完全不受国际法规约束到承认若干基本原则和行为准则,不得不说是向前迈进了意义重大的一步。

1944 ~ 1971 年,这个体系建立后一直在顺利运行。在这期间,它对整顿和改变世界货币领域的混乱局面,保证战后各国经济恢复,建立稳定的世界货币秩序起到了积极作用。

(一)布雷顿森林体制的主要内容

布雷顿森林体制建立了一个以美元为中心的国际货币制度,其主要内容包括多个方面:

1. 建立了一个永久性的国际金融机构。即国际货币基金组织,旨在促进国际间货币合作,其各项规定构成了"二战"后国际金融领域的基本秩序。

2. 实行以美元为中心的国际金汇兑本位制。布雷顿森林体制以黄金储备为基础,以美元为主要国际货币,并实行"双挂钩"制度:首先,美元与黄金挂钩,各成员方有义务确认美国法定的"35 美元等于 1 盎司黄金"的官价,同时有权随时按此官价以美元向美国政府兑换黄金;其次,其他成员方的货币与美元挂钩,即这些国家的货币对美元的汇率可按各自的含金量来确定,或者不规定含金量而径行确定与美元的比价。这种以黄金为基础、以美元为主要储备货币的黄金——美元本位制度,也称为国际金汇兑本位制。

3. 确立可调整的固定汇率制。各成员方货币对美元的汇率仅被允许在固定汇率的上下各1%的幅度内波动。本国货币对美元固定汇率,未经基金组织同意,不得随意加以改变。成员方对此固定汇率有责任维持,以保证外汇行市的稳定。除非为消除本国国际收支的严重不平衡,否则各成员方不得对本国货币采取贬值或升值措施。

4. 提供资金调节国际收支。基金组织的宗旨之一是为成员方提供资金,以帮助其调整国际收支不平衡,而不致采取有害于本国或国际繁荣的措施。

基金组织向各会员国政府提供贷款,贷款的额度与该会员国缴纳的份额成正比,贷款主要用于解决国际收支不平衡。基金组织提供普通资金账户内贷款的基本做法是:会员国用本国货币向基金组织换购它们所需要的外汇,此举称为购买(purchase)或提取(drawing),该会员国还款时,用黄金或外汇买回货币,此举称为购回(repurchase)。

5. 力图取消经常项目的外汇管制。根据《国际货币基金协定》第8条的规定,除有该协定允许的例外,各成员方不得限制经常项目的支付,不得采取歧视性的货币措施,并应实行多边支付制度等。

《国际货币基金协定》把协助成员方建立经常性交易的多边支付制度作为其宗旨之一,这对发展多边贸易具有意义。普遍做到自由的多边结算,需要各国取消,至少是放松在货币兑换和收付方面的外汇管制。因此,《国际货币基金协定》的宗旨同时规定了取消阻碍国际贸易发展的外汇管制。为实现这一宗旨,《国际货币基金协定》在题为"成员方一般义务"第8条作了如下规定:(1)各会员国未经该组织核准,不得限制经常性交易的支付;(2)未经基金组织核准,也不得采取歧视性的差别汇率措施和复汇率制度;(3)任何会员国对其他会员国在经常性交易中积存的本国货币,在对方为支付经常性交易而要求兑换时,应用黄金或对方货币换回。基金组织把同意履行《国际货币基金协定》第8条规定的义务而取消外汇管制的国家称为第8条成员方,并承认第8条成员方货币为可兑换货币,可以在国际外汇市场上自由买卖。

由于"二战"期间近90%的国家都实施外汇管制,《国际货币基金协定》在第14条规定了一个"过渡办法",即成员方在必要时可以维持和实施外汇管制,一旦情况许可,即应取消。申请加入基金组织的国家,都得与基金组织商定参加条件。对接受第14条规定的"过渡"办法而实施外汇管制的国家称第14条成员方,第14条成员方货币为不可兑换货币,在国际外汇市场上不能自由买卖。第14条成员方的过渡期为5年,但至今,仍有少数国家实际上或多或少地继续实行外汇管制。

目前,184个成员方里的165个成员方已通知国际货币基金组织接受第8条的义务,其中有95个成员方是在1992年至2005年通知基金组织,开始接受第8条义务的。[6]

(二)《国际货币基金协定》的第一次修订

"二战"后国际货币关系发生了一系列重大变化,美元危机频繁发生,美元的国际货币地位动摇。为了阻止美国黄金大量外流,同时为了解决国际清偿力不足难以满足世界贸易增长的需要等问题,基金组织于1969年9月第二十四届年会上通过了设立"特别提款权"(SDR)的决议。这是基金组织成立以来对《国际货币基金协定》的第一次修订,这次修订被称为《特别提款权协定》,该协定共12条,主要包括以下内容。

---

〔6〕 IMF, Article Ⅷ Acceptance by IMF Members: Recent Trends and Implications for the Fund, p. 2, 26 May 2006.

1. 特别提款权的概念

特别提款权是国际货币基金组织在原有的普通贷款权之外,按各国认缴份额的比例分配给会员国的一种使用资金的特别权利,是基金组织创设的一种用于补充成员方官方储备的国际储备资产。

2. 特别提款权的使用

各会员国可以凭特别提款权向基金组织提用资金,因此,特别提款权可与黄金、外汇一起作为国际储备。与普通提款权相比,特别提款权的使用不受条件限制(普通提款权的使用是有条件限制的,而且进入的档次越高限制越严)。成员方在基金组织开设特别提款权账户,作为一种账面资产或记账货币,可用于办理政府间结算,偿付会员国国际收支逆差。但它不能兑换黄金,也不能当作现实的货币用于国际贸易和非贸易的支付。此外,特别提款权还可以用以偿还基金组织的贷款,或用于援助、捐赠或作为偿还贷款的担保等。但是,必须注意,特别提款权只能在各会员国的金融当局和基金组织、国际清算银行等官方机构之间使用,私人企业不能持有和使用特别提款权。

3. 特别提款权的性质与定值

特别提款权不是货币,而是一种权利,一种记账单位,它只存在于基金组织的账面上。

特别提款权在创设时是一种以黄金定值的记账单位,35 单位特别提款权与 1 盎司黄金等值,即 1 单位特别提款权含金量为 0.888671 克,与 1971 年 12 月贬值的 1 美元等值,人称“纸黄金”(Paper Gold)。由于规定特别提款权与美元挂钩,对其他货币比价按美元与其他货币比价进行套算,显然不符合特别提款权作为一种独立国际储备单位的原则。特别是由于美元的两次贬值及主要资本主义国家货币实行浮动汇率制,为了保持特别提款权的稳定,发挥其定值作用,从 1974 年 7 月 1 日起,基金组织宣布特别提款权与黄金脱钩,按“一揽子”货币定值。当时选择货币篮子中的 16 种货币的标准是 1968 ~ 1972 年,这 5 年内商品和劳动出口额占世界总出口额 1% 以上的国家的货币才可以入选。每种货币在篮子里的比重,大体根据该国出口额占世界总出口额的比例而定,同时还考虑其他经济因素。

1978 年 7 月 1 日,基金组织对个别货币作了调整,并建立了 5 年调整一次的制度。为了简化计算手续,便于管理和保持特别提款权价值相对稳定的特点,基金组织自 1981 年 1 月 1 日起,采取五种货币代替过去十六种货币,作为计算特别提款权价值的基础。同时规定,确定特别提款权篮子的组成,应选择以 5 年为期的每一期结束前的 12 个月内,占国际出口与服务比例最大的 5 个基金成员国的货币,组成特别提款权货币篮子。1996 ~ 2000 年,其货币比重分别为美元 39% 、德国马克 21% 、日元 18% 、法国法郎 11% 、英镑 11% 。为适应国际贸易和欧元启动的新需要,基金组织决定 2001 ~ 2005 年,特别提款权由美元、欧元、日元和英镑四种货币构成。

在 2015 年 11 月结束的上一次检查中,基金组织执行董事会决定,中国人民币(RMB)满足纳入特别提款权篮子的标准。根据此决定,自 2016 年 10 月 1 日起,人民币与美元、欧元、日元和英镑一起,构成特别提款权篮子货币。在 2015 年检查中,执董会还批准采用一个新的公式(货币发行国的出口和综合金融指标具有相同的权重)来确定特别提款权篮子中的货币权重。

(见表10－1)[7]

表10－1　特别提款权篮子货币权重

货币	2015年检查中确定的权重	货币单位的固定数量,为期5年,自2016年10月1日起
美元	41.73	0.58252
欧元	30.93	0.38671
人民币	10.92	1.0174
日元	8.33	11.900
英镑	8.09	0.085946

注:Review of the Special Drawing Right (SDR) Currency Basket,6 April 2016,http://www.imf.org/en/About/Factsheets/Sheets/2016/08/02/19/35/Review－of－the－Special－Drawing－Right－SDR－Currency－Basket.

这种以多种货币定值的方法,可以利用各种货币汇率之间升降相互抵消,较之以一种货币定值更能保持特别提款权的相对稳定。正因如此,特别提款权作为一种计价和定值单位,已得到广泛运用。不仅基金组织计算份额使用特别提款权定值,其他一些国际组织进行国际清算,以及私人公司、企业发行证券、签订贷款协议等,也使用特别提款权作为计价单位。此外,特别提款权还被用作国际民事责任索赔的计算标准。例如,1978年《汉堡规则》第6条和第26条就规定海上货物运输责任事故索赔权的计算标准为特别提款权。此外,一些实行钉住浮动汇率制度的国家也选择特别提款权作为货币定值标准。

4. 特别提款权的分配

根据《国际货币基金协定》(第15条第1款和第18条),基金组织可以按成员方在基金组织份额的比例向其分配特别提款权。这种分配向每个成员国提供了一项无成本、无条件的国际储备资产。

特别提款权的普遍分配必须以补充现有储备资产的全球长期需要为基础。并且得到IMF成员方的广泛支持(分配建议需要理事会以总投票权的85%多数批准)。一旦商定,拨款将按各成员方在基金中的份额比例分配给它们。

基金共拨款6607亿特别提款权(约合9357亿美元),包括4项一般性拨款和1项一次性特别拨款。具体地说:(1)1970～1972年,分配了93亿特别提款权。(2)1979～1981年,分配了121亿特别提款权。(3)2009年8月28日分配了1612亿SDR。(4)2009年9月9日,一项215亿特别提款权的一次性特别分配建议生效,以纠正1981年以后加入IMF的成员方从未获得分配的事实(第四修正案的特别分配)。[8] (5)2021年8月2日,国际货币基金组织理事会批准了一项总额为6500亿美元(约4560亿SDR)的特别提款权分配,以提高全球流动性。这是国际货币基金组织迄今为止规模最大的一次特别提款权分配(2021年8月23日生效),旨在满足全球对外汇储备的长期需求,帮助建立信心,增强全球经济的韧性和稳定性,并支持流动性受限的国家应对自2019年新冠疫情的影响(见图10－1)。[9]

[7] Special Drawing Rights (SDR),6 February 2021,https://www.imf.org/en/About/Factsheets/Sheets/2016/08/01/14/51/Special－Drawing－Right－SDR.

[8] Questions and Answers on Special Drawing Rights (imf.org).

[9] https://www.imf.org/en/About/Factsheets/Sheets/2016/08/01/14/51/Special－Drawing－Right－SDR.

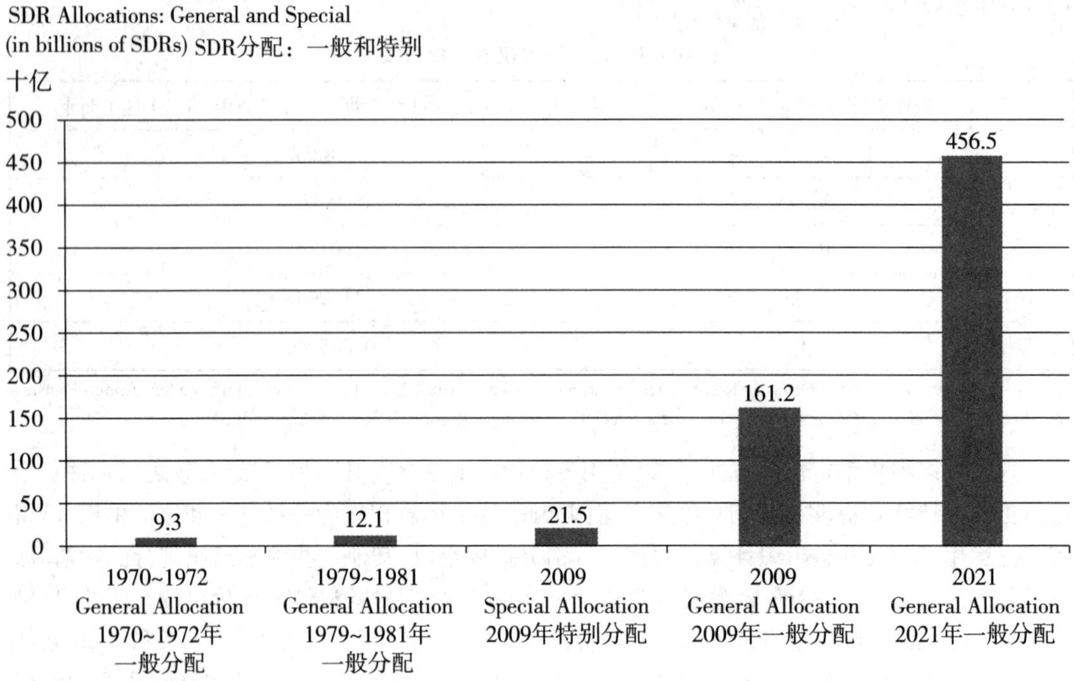

图 10－1　特别提款权分配

三、牙买加制度

20 世纪 70 年代初,美元与黄金挂钩,各国货币与美元挂钩的布雷顿森林体系彻底瓦解,《基金协定》的某些条款已无法实施,必须进行修改,以适应变化了的国际货币关系。基金理事会于 1976 年 4 月依照其下属的“国际货币制度临时委员会”的提议对《基金协定》进行了第二次修订,其主要内容如下:

1. 确认浮动汇率制的合法化。包括:(1)成员方可以自由选择汇率制度,基金组织承认固定汇率制度和浮动汇率制度并存;(2)成员方的汇率政策,应受基金组织的监督,防止采取竞争性货币贬值措施;(3)经总投票权 85% 的多数通过,认为国际经济条件已经具备时,基金组织可以决定采取稳定而可调整的货币平价制度,即固定汇率制度。

2. 削弱了黄金的国际货币作用。废除了原协定中所有黄金条款,实行黄金非货币化,目的是使黄金与货币完全脱离关系,让黄金成为一种单纯的商品。按照新规定,基金组织为实现黄金非货币化采取了四项措施:(1)废除黄金官价和对成员方中央银行处理黄金的限制(在旧协定中规定货币当局不得以低于官价卖出,以高价买进),成员方中央银行可按市价从事黄金交易;(2)黄金不再作为各国货币定值的标准,改由特别提款权表示;(3)废除了增缴资金等与基金组织在交易时使用黄金的义务;(4)基金组织持有的黄金将以市价出售其 1/6,再把 1/6 归还成员方,剩余部分依成员方决议处理。

3. 提高了特别提款权的国际储备地位。确认未来将以特别提款权作为主要的国际储备资产,逐步取代美元和黄金的地位;各成员国间的特别提款权的交易和转移无须取得基金组织的同意;成员国之间或对基金组织的某些支付可用特别提款权;不仅在基金组织的一般业务中扩大了特别提款权的使用范围,并且尽量扩大了特别提款权的其他业务使用范围。

4. 扩大对发展中国家的资金融通，放宽对成员方贷款的比例和数额。《基金协定》第二次修订又被称为《牙买加协定》，已于 1978 年 4 月 1 日生效。它为国际货币关系的调整或安排提供了相当大的弹性，有学者认为是没有制度（non – system），这是不完全正确的，尽管布雷顿森林体系的某些基本规则已经被否定，但基金组织和《基金协定》仍有效存在，并在许多方面仍然发挥着重要作用。进入 20 世纪 90 年代后，基金理事会根据国际货币关系变化的状况，分别于 1990 年和 1997 年对《基金协定》进行了第三次和第四次修订，但所涉及的问题有限。现行的国际货币制度正是在 1944 年《基金协定》的基础上经过四次修订而形成的。

第三节　国际融资的法律制度

国际融资，是指在国际金融市场上，运用各种金融手段，通过各种相应的金融机构而进行的资金融通。目前，国际融资已成为一国融资的重要手段之一。其主要的融资方式包括国际贷款融资、国际证券融资、国际融资租赁等，构成国际金融法的核心内容。

一、国际贷款融资的法律制度

（一）国际贷款概述

1. 国际贷款的概念

20 世纪 80 年代以前，国际信贷是国际融资的主要方式。国际贷款又称“国际借贷”“国际信贷”，是指不同国家当事人之间基于信用授受而进行的货币资金的有偿让渡，是资金使用权的跨国交易活动。[10] 国际贷款一般是通过订立国际贷款协议而进行的。所谓国际贷款协议，是指位于不同国家的当事人之间为一定数额货币的借贷而订立的，明确相互关系中的权利与义务的书面协议。

2. 国际贷款的基本特征[11]

（1）国际贷款的借款人与贷款人分属于不同的国家或地区，有关贷款协议的订立、履行和争议解决受到国际惯例、意思自治原则或相关国家法律的支配，这不同于国内贷款。

（2）国际贷款通常使用可兑换货币，而不局限于借款人或贷款人国家的货币。所谓可兑换货币，是指可以自由支付国际收支经常项目，并由该货币发行国承担兑换义务的国际货币。

（3）国际贷款协议还涉及许多复杂的法律问题，如由主权国家政府的借贷行为引起的主权豁免问题，由跨国界交易产生的法律适用和司法管辖问题，由国际贷款交易的特殊性导致违约救济、债权担保的复杂化等。

国际贷款协议从不同的角度可作不同的划分，如按贷款期限的长短，国际贷款协议有长期、中期和短期之分；按贷款有无担保可分为有担保贷款和无担保贷款；按借款人数量的多少可分为独家贷款协议和银团贷款协议；按贷款利息的种类，国际贷款协议可分为固定利率贷款协议和浮动利率贷款协议；按照贷款资金的来源，国际贷款协议可分为外国贷款协议和欧洲货

---

〔10〕 李仁真主编：《国际金融法》，武汉大学出版社 1999 年版，第 158 页。

〔11〕 董安生：《国际货币金融法》，中国人民大学出版社 1999 年版，第 72 – 73 页。

币贷款协议。由于分类标准不同,一种国际贷款可分别属于几个不同的种类。通常有意义的划分是按贷款主体划分,可分为国际金融机构贷款、政府贷款和国际商业银行贷款。

(二)国际金融机构贷款的法律制度

国际金融机构贷款是指国际金融机构对成员方政府、政府机构或公私企业的贷款。从事国际贷款的国际金融机构可分为全球性国际金融机构和地区性金融机构。全球性金融机构如国际货币基金组织、世界银行集团[包括国际复兴开发银行(IBRD)、国际开发协会(IDA)、国际金融公司(IFC)]。地区性国际金融机构目前主要有亚洲开发银行、非洲开发银行、泛美开发银行等。本文主要介绍两个全球性金融机构——国际货币基金组织和世界银行的贷款制度。

1. 国际货币基金组织的贷款制度

国际货币基金组织是以成员方入股形式组织起来的企业性组织。发放贷款仅是其达到促进国际货币合作、调整国际收支失调的手段之一。因此,基金组织的贷款有许多自己的特点:

(1)贷款对象。国际货币基金组织发放贷款的对象仅仅限于成员方政府,不对私人企业组织贷款。它只与成员国的财政部、中央银行或类似的财政机构往来。

(2)贷款的目的。国际货币基金组织发放贷款的目的是满足成员方国际收支调整的资金需要,但近年来已增设了一些用于成员方经济结构调整及改革的贷款。

(3)贷款方式。基金组织提供普通资金账户内贷款的基本做法是:成员方用本国货币向国际货币基金组织申请换购他们所需要的外汇,还款时以外汇购回本国货币的方式。因此,基金的业务术语中不称成员方向国际货币基金组织“借款”,而称“购买”,或称“提存”,成员方还款时称“购回”。普通资金账户之外的贷款方式与一般意义上的贷款方式相同。

(4)贷款的种类。主要有普通贷款、中期贷款、出口波动补偿贷款、缓冲库存贷款、补充贷款。另外,国际货币基金组织还设立了结构调整贷款、加强结构调整贷款、补偿和应急贷款。

(5)贷款限额。成员方能申请的贷款,与其在基金中所分得的股份或认缴的股份成正比。各种贷款一般都规定借用的最高限额。

2. 世界银行集团的贷款制度

世界银行集团(World Bank Group)包括国际复兴开发银行(IBRD)、国际开发协会(IDA)和国际金融公司(IFC)三个金融机构,还包括两个非金融机构,即依1965年《华盛顿公约》成立的国际投资争端解决中心(ICSID)和依1985年《汉城公约》成立的多边投资担保机构(MIGA)。这里仅论及前三个金融机构的贷款问题。

世界银行集团的三个金融机构均属于联合国的专门机构。虽然它们的成立依据和具体职责各不相同,但其基本宗旨是一致的,即通过向成员方特别是发展中国家成员国提供资金和技术援助,以促进其经济发展。实践中,三者在业务上密切联系,但各自依其组织章程的规定开展活动,各司其职。其中,国际复兴开发银行主要向发展中国家提供中、长期贷款;国际开发协会专司向低收入的发展中国家提供长期无息优惠贷款;国际金融公司负责向发展中国家的私人企业提供贷款或直接投资。

世界银行集团自形成以来,通过开展其业务活动,在促进成员方特别是发展中国家的经济发展方面起了十分重要的作用。我国于1980年5月15日恢复在国际复兴开发银行、国际金融公司和国际开发协会的代表权,并从1981年开始利用世界银行贷款,目前,利用世界银行贷款的规模日益扩大,已见成效。世界银行贷款成为我国利用外资的一个主要渠道。

世界银行集团的贷款特点如下:

（1）贷款对象。主要是发展中国家。只限于成员方政府、政府机构或由政府担保的公私企业。国际开发协会信贷只贷给会员国政府，但可以由其转贷。贷款只提供给有偿还能力的成员方。

（2）贷款一般只对成员国的特定项目发放。世界银行的贷款具有明显的开发性，一般只用于成员国的特定开发或建设项目，其重点投放于农业、乡村建设、交通运输、通信、教育、卫生等经济效益低、建设期限长的基本建设项目。只有在特殊情形下，世界银行才发放非项目贷款，即为支持成员方完善现有的生产设备或实现一定的经济计划而提供的贷款，如结构调整贷款或部门调整贷款、技术援助贷款以及用于支持灾后重建和恢复生产的应急借款等。

（3）贷款期限长，贷款条件较为优惠，并含有一定的宽限期。三者的贷款原则和运作程序基本相同。区别主要在于：国际复兴开发银行偏重向中等收入国贷款，费率较高但比商业银行低，俗称"硬贷款"；国际开发协会着重向低收入国提供长期优惠贷款（IDA Credit），俗称"软贷款"；而国际金融公司的主要业务是向成员方私人企业贷款，但不像世界银行和国际开发协会贷款一样需要政府担保，因而贷款期限较短，利息和费用较高。

（4）贷款的发放通常根据各自的组织章程及有关文件的规定进行，其条件一般比较优惠，但其程序一般比较严格。

（三）政府贷款的法律制度

政府贷款是指一国政府利用财政资金向另一国政府提供的优惠性贷款，是贷款国与借款国之间进行国际经济合作的重要形式，也是援助国向受援国提供经济发展援助的重要形式。

政府贷款自"二战"后发展迅速。美国1948年实施"马歇尔计划"，对西欧的恢复、发展和美国资本、商品的输出，起到了重要的作用。20世纪60年代以后，发达国家的政府贷款主要流入发展中国家。1974～1981年，随着石油美元的兴起，石油输出国援助非产油发展中国家550亿美元，其中68%是双边性质的赠与，开创了"南南援助"的先河。

1. 政府贷款的主要特点

（1）贷款期限长、利率低，贷款条件优惠，具有援助性质。政府贷款的期限一般都长达20～30年，而且还有一定年限的宽限期。利率一般较低，有的为无息或含有一定比例的赠与成分。

（2）限定用途。政府贷款一般都对贷款的使用目的有明确规定，如规定贷款只能用于特定的项目工程，或规定贷款的全部或一部分只能用于购买贷款国的商品、技术和劳务，以增加贷款国的出口贸易。

（3）政府贷款的程序较复杂。一般先由借款国提出有关贷款的计划建议书，经过贷款国专家实地考察、评估后，才开始谈判。谈判成功后，签订贷款协议书。从协议谈判、签约到使用贷款，往往需要较长时间。

2. 政府贷款机构组成单位

（1）确定贷款的机构。负责选择确定项目，多为政府职能部门，如法国、奥地利为财政部，加拿大、丹麦、意大利为外交部。也有由专职的对外援助机构承担，如澳大利亚的国际发展援助局，芬兰的国际开发署等。有的国家需要几个部门共同研究确定提供贷款的项目，如比利时由外交部、外经贸部和发展合作部共同决定，英国由贸工部、海外开发署、出口信贷担保局共同决定。

（2）负责签订贷款协议的执行机构。一般由银行代理。如奥地利监督银行、比利时通用银行、意大利中央中期信贷银行、英国皇冠代理银行。也有由国家的非银行金融机构承担，如澳大利亚出口信贷保险公司、加拿大出口发展公司等。还有的国家专门有担保机构,如芬兰的信贷担保局、英国的出口信贷担保局等,负责对贷款进行担保。

(四)国际商业银行贷款的法律制度

国际商业银行贷款又称国际银行贷款,是指分属于不同国家的商业银行贷款人与借款人之间的贷款。国际商业银行贷款是国际金融市场上的重要融资形式,对促进各国经济的发展起着十分重要的作用。国际商业银行贷款的贷款人往往是一国的大商业银行或大型跨国银行,借款人可以是各国的银行、公私企业、政府机构、国际机构。从国际资本市场的流动来看,国际贷款的主要形式为商业银行贷款,从商业银行贷款来看,其中又以银团贷款和项目贷款最为典型,它体现了现代国际融资中国际贷款的基本特点和基本发展方向。

1. 国际银团贷款

国际银团贷款,是指由数家直至数十家各国银行联合起来,组成一个银行集团(银团),按统一的贷款条件向同一借款人提供贷款。国际银团贷款适于一些资金额度大、期限长、风险大、技术性强的借贷交易。采用这种贷款方式具有其他贷款方式无法比拟的优点:对借款人来说,他可以从多家银行获得贷款,容易筹集到巨额资金;对各贷款银行来说,与银团其他成员共同提供这笔贷款,既可以使自己的资金得到充分利用,又避免承担过大的贷款风险。

银团贷款自20世纪60年代以来已成为国际上筹集中长期资金的主要途径。组织银团贷款一般要经过以下几个步骤:

(1)选择牵头银行。组织银团贷款的第一步是借款人选出一家牵头银行,由该银行负责组织贷款事宜。牵头银行择定以后,借款人通常要交给牵头银行一份委托书,委托其代为物色愿意提供贷款的银行。牵头银行收到委托书以后,则要向贷款人递交一份义务承担书,表明其愿意承担组织银团贷款的义务。

(2)征求参加者。牵头银行和借款人一起起草一份关于借款人经济状况的信息备忘录,分发给那些对贷款感兴趣的银行,邀请这些银行参与贷款。

(3)谈判借贷条件,签订贷款协议。由牵头银行把愿意参加银团贷款的银行召集在一起,组成一个银团,然后和借款人具体谈判借款条件,双方就具体贷款条件达成一致以后,签署贷款协议。

国际银团贷款基本上可以分为直接式银团贷款和间接式银团贷款两种方式。

直接式银团贷款是指在牵头银行(或经理银行)的组织下,各个贷款银行或通过其代理人分别和借款人签订贷款协议,按照协议所规定的统一条件向借款人发放贷款。各个贷款银行与借款人直接发生借贷法律关系,仅就各自承诺的贷款份额向借款人负责,相互之间不负连带责任。

间接式银团贷款是指由牵头银行(或经理银行)单独与借款人签订贷款协议,向借款人提供贷款,然后由牵头银行把参与贷款权分别转让给其他愿意提供贷款的银行,这些银行即成为参与贷款银行,它们以持有的参与证书作为债权证明文件。在间接式银团贷款中,借款人、牵头银行与参与银行之间的关系取决于转让贷款参与权的方法。牵头银行将参与贷款权转让给其他银行的方法通常有以下几种:

(1)合同更新(novation)或替代(substitution)。由借款人、牵头银行和参与银行三方就贷款的转让达成一项协议,约定牵头银行在贷款协议项下的部分义务改由参与银行来承担。这种做法实际上是借款人与参与银行订立新的贷款协议,以参与银行承担的贷款义务更新或替代牵头银行在原贷款协议项下的部分贷款义务。这时，借款人和参与银行之间基于新的贷款协议形成债权债务关系；牵头银行和参与银行虽然都是借款人的债权人，但它们各自与借款人存在独立的合同关系，相互之间不负连带责任。

(2)转贷款(sub-loan)。转贷款是指牵头银行以借款方式将参与贷款权授予其他贷款银行。在这种方式下，参与银行所承担的贷款不是直接贷给借款人，而是贷给牵头银行。据此，只有牵头银行与借款人之间存在直接的合同关系，各参与银行与借款人之间并不存在直接的合同关系。牵头银行与参与银行之间则依贷款合同形成债权债务关系。需要注意的是，参与银行向牵头银行提供的贷款通常都约定为无追索权贷款，即以借款人还本付息作为牵头银行向各参与行履行还本付息的前提。如果借款人拒不还款，各参与银行均无权向牵头银行追索，当然更无权追诉借款人。反之，只要借款人依约还款，牵头银行即应将借款人的偿还额在各参与银行之间按各自的参与比例分配，即使牵头银行破产，各参与银行也有权就借款人的偿还款优先受偿。

(3)让与(assignment)。让与方式是指牵头银行将其根据贷款协议应获得的收益或可以行使的请求权部分或全部转让给其他参与银行。一般来说，让与并不需要取得债务人的同意，但让与人只能将其权利让与受让人，而不能转移其对债务人的义务。

(4)隐名代理(undisclosed agency)。牵头银行受银团其他成员之托，但不披露其代理人的身份，以本人的身份与借款人签订贷款协议，因此只有牵头银行与借款人之间存在直接的权利义务关系。一旦发生借款人违约，只有牵头银行有权行使救济权；反之，如果牵头银行违约，借款人也只能对牵头银行行使请求权。但是，如果这种隐形代理关系被公开或被揭露，借款人即可选择向牵头银行或参与银行要求履行贷款义务。

2. 项目贷款

项目贷款(project loan)，是指对某一特定的工程项目发放的贷款，以项目建成后的经济收益还本付息。项目贷款是为了适应国际上一些大型工程项目，如石油、天然气、煤炭等自然资源开发以及交通运输、电力、农林等项目的巨额资金的需求而逐步发展起来的，是目前国际上最常用的融资方式之一。由于这类项目所需的资金往往高达数十亿美元，风险也很大，传统的融资方式已难以满足这类大型项目对资金的需求，由此便产生了这种新的筹资方式。

项目贷款与传统的贷款方式的主要区别是：

(1)从贷款对象来看，传统的贷款方式是贷款人把资金贷给借款人，借款人有权自主决定将资金投入某一项目，偿还贷款的义务由借款人承担。进行项目贷款时，项目主办人一般都专门为该项目的筹资和经营成立一家新的公司，此公司在项目所在国登记注册并且受当地法律的管辖。贷款人把资金贷给项目公司，由该项目公司承担偿还贷款的义务，而不是直接贷给该项目的主办人。

(2)从还款来源来看，在传统的贷款方式中，贷款人看重的是借款人的信用，而不是用贷款所兴建的项目的成败。虽然项目的成败会影响借款人的还债能力，但对贷款人来说，借款人的其他资产也可供还债。项目贷款的主办人则是以项目建成并投入营运以后所得的收益作为还款来源，因此，项目贷款人所看重的是该项目的经营及其所取得的收益，项目的成败对于项目贷款人是否能收回贷款具有决定性的意义。项目主办人一般只在项目中投入自己的部分资产，并将项目资产同自己的其他资产相分割。即使项目的日后收益不足以还清贷款，项目主办人也不承担从其所有的其他资产和收益中偿还全部贷款的义务，而仅以其投在该项目公司中的资产偿还。

(3)从贷款担保来看,在传统的贷款方式中,以银行或政府提供的信用担保居多,在项目贷款中,通常是以主办项目的资产和收益为项目贷款人设定担保。由此可见,项目贷款的主办人已经将原来应由他承担的还债义务,部分地转移到该工程项目上,也就等于把本应由借款人承担的风险部分地转移给项目贷款人,由借贷双方共同承担项目风险。

项目贷款既可以由单独一家银行承担,也可以采用银团贷款方式。在国际商业贷款实务中,由于大型工程项目所需资金数额巨大、期限长、风险大,单独一家银行承担全部贷款较困难,所以,比较常见的项目贷款是银团贷款。项目贷款可以分为无追索权项目贷款和有限追索权项目贷款两种类型:

(1)无追索权项目贷款。无追索权项目贷款或称纯粹项目贷款,是指项目贷款人对项目主办人没有任何追索权,即由项目贷款人将资金提供给项目主办人专为该项目而成立的公司,以项目建成后所产生的收益作为还本付息的来源。项目贷款人可以在该项目的资产上设定担保权益,但无权再要求项目主办人提供任何信用担保,如果项目中途停建或经营失败,其资产或收益不足以清偿全部贷款,项目贷款人亦无权向项目主办人追索。由于无限追索权项目贷款对项目贷款人的风险太大,因此项目贷款人一般很少采用这种方式。

(2)有限追索权项目贷款。在这种项目贷款方式下,项目贷款人为了减少贷款的风险,除要求以贷款项目的收益作为偿还债务来源,并在该项目资产上设定担保物权以外,还要求与项目有利害关系的第三人提供各种担保,当项目不能完工或经营失败,项目本身的资产或收益不足以清偿债务时,项目贷款人就有权向项目主办人和这些担保人追索。项目主办人和担保人对项目债务所负的责任,仅以贷款合同和担保合同所规定的金额为限。

二、国际证券融资的法律制度

自20世纪80年代以来,国际金融市场表现出"融资证券化"的特征,即融资由银行贷款转向具有流动性的债务工具,筹资者除向银行贷款外,更多的是通过发行债券、股票及其他商业票据等方式,在证券市场上直接向国际社会筹集资金。

(一)国际证券的概念和特点

国际证券(international securities)既是国际间接投资的一种重要形式,也是国际融资的一种重要手段。近年来,随着世界经济一体化、国际投资证券化以及国际借贷证券化趋势的形成和发展,国际证券作为一种融资手段在国际金融领域日益占据重要地位。

国际证券,是指发行人在其本国境外或国际金融市场上发行并流通的,以发行地所在国货币或其他可兑换货币为面值的证券。它除了具有证券的一般特征,还具有一些与国内证券不同的特点,主要表现在以下几方面:

1. 证券的发行人和投资者分属于不同的国家。在通常情况下,国际证券的发行人即筹资者是一国的政府、金融机构或公私企业,其购买者是属于另一国法律管辖的投资机构或个人。因此说,国际证券是一种国际融资工具。而国内证券一般是本国政府和本国公司面向本国投资者发行的证券,故属于一种国内融资手段。

2. 证券的发行地不在发行人所在国境内。国际证券一般不是在发行人所在国的国内市场发行并流通的证券。它通常是由一国的政府、金融机构、公司企业在本国境外或国际金融市场上市并流通的。

3. 证券以发行地所在国货币或其他可兑换货币为面值。国际证券与国内证券不同，它一般不以发行人所在国货币确定面值，而是以发行地所在国货币或某一种(或多种)可兑换货币确定面值，故属于外汇的范畴。

(二)国际证券的种类

国际证券可依不同的标准作不同的分类。依其持有人所享权利性质的不同，国际证券可分为国际股票和国际债券两类。

1. 国际股票

国际股票，是指各国股份公司在境外发行并交易的股票。这类股票的发行人大都是在世界各地设有分支机构或子公司，业务规模巨大的国际托拉斯和跨国公司，如美国的通用汽车公司、埃克森石油公司、国际商用机器公司、国际电话电报公司等。我国公司发行的境内上市外资股和境外上市外资股均系国际股票。国际股票多在国际金融中心，如纽约、伦敦、东京等地交易所挂牌交易。

2. 国际债券

国际债券，是指一国政府机构、金融机构，工商业或国际金融组织，为筹集资金在国际金融市场上发行的债券。按面值货币与发行地的关系，国际债券可分为外国债券与欧洲债券两大类。

外国债券(foreign bond)，是指发行人在其本国以外某一个国家发行的，以发行地所在国货币为面值的债券。其特点是债券发行人在一个国家，债券面值货币和发行市场属另一个国家，如中国在日本发行的日元债券就属于外国债券。

欧洲债券(euro bonds)，是指一国发行人在外国的离岸市场(off – shore market)发行的，不以发行地所在国货币计值的债券。欧洲债券是 20 世纪 60 年代以后才开始出现的一种新型国际债券，其最初表现形式为在欧洲发行的以美元为计值货币的债券，即欧洲美元债券。现欧洲债券发行的地域范围已不限于欧洲。它除了欧洲金融中心的债券市场，还包括亚洲等地区的国际债券市场。因此，经济合作与发展组织在《金融市场趋势》一书中将欧洲债券定义为“在两个或两个以上国家的金融市场发行的，可以用任何一种货币面值的债券”。如中国在伦敦市场发行的美元债券就属于欧洲债券。

外国债券与欧洲债券相比，两者具有以下不同点：

(1)在发行市场方面，外国债券由一国的发行人到另一国传统的国际债券市场上发行；而欧洲债券一般是在债券面值货币发行国以外的国家的离岸市场上发行的，它通常涉及三个以上国家，即债券发行人所在国、债券发行地所在国、债券面值货币发行国，而且，往往是在两个或两个以上国家的资本市场上同时发行。

(2)在发行方式方面，外国债券一般由发行地所在国的证券公司、金融公司或银行承销；而欧洲债券则由欧洲债券市场一家或几家大银行牵头，组成一个由十几家或几十家国际性银行和证券公司参加的世界范围的承销辛迪加，同时在一国或多国发行销售。

(3)在面值货币方面，外国债券只能使用发行地所在国货币；而欧洲债券的发行则可以根据货币的汇率、利率和集资的用途，从发行地所在国货币以外的自由兑换货币中选择任何一种合适的货币。

(4)在法律管制方面，外国债券的发行必须接受发行地所在国有关法律的管制和约束，并须经过发行人所在国有关当局的批准或注册，手续较烦琐；而欧洲债券实际上是一种无国籍债券,各东道国对这种以外币计值的债券,在发行上往往没有特别的登记、披露等要求,而货币母国(除日本、德国、比利时等)对于使用其货币计值但在境外发行的债券一般也不予限制。但在债券发行协议中都明确规定发生纠纷时以哪国法律为准。

(5)在税收方面,外国债券的发行及投资者所获利息的税收问题,受发行地所在国有关税收法令调整;而欧洲债券的发行则无须纳税,也没有利息预扣税。

不过,也存在一些例外情形。例如,美国规定,除非在美国履行注册手续,否则不得在该国率先发售一笔欧洲债券。有的国家禁止或限制使用本国货币计值发行欧洲债券,如比利时。

(三)国际证券的发行

国际证券的发行有私募发行和公募发行之分,与二者相关的法律制度也互不相同。

1. 国际证券的私募发行(private placement)

这种发行方式又称国际证券的直接发行,是指证券发行人直接向特定投资者销售证券的证券发行方式,通过私募方式发行的证券不得公开向其他投资者销售,发行后也不得进入公开的证券市场流通、买卖。国际证券的私募发行是与国际证券市场投资团体化发展的趋势相一致的一种发行方式,其发行对象一般不是社会公众投资者,而是一些机构投资者。如投资银行、保险公司、投资基金会等机构。它们都是熟悉证券市场情况的专家,一般均能自行对发行人的资信状况和财务状况进行调查,并对投资风险有较强的判断能力。因此,各国法律对私募发行的法律管制较为宽松,一般不要求发行人就证券发行向证券管理部门登记或注册,也不要求发行人在发行证券之前对与自己和发行有关的情况作充分的披露。另外,证券私募发行的筹备时间短,费用低,手续简单,比证券公募发行方式简便易行,这是私募发行的好处。但私募发行也存在须向投资人提供高于市场平均条件的特殊优厚条件、发行者的经营管理易受干预、证券难以转让等缺点。

2. 国际证券的公募发行(public placement)

这种发行方式又称"证券的公开发行",是指证券发行人公开向社会公众即不特定的投资者推销证券的证券发行方式。公募发行的证券可以在公开的证券市场流通、买卖。由于公募发行涉及的投资者范围广泛,一些大众投资者可能与发行人毫无联系,事先并不了解发行人和证券发行的真实情况。因此,从保护投资者利益出发,各国证券法或公司法对证券的公募发行都有比较严格的要求,如要求发行者必须具有较高的社会信誉,发行时必须向政府主管部门提出申请,呈交发行证券的说明书,并进行登记。发行人在说明书中要如实披露其财务状况和经营状况以及证券发行条件等重要事实。投资者凭借发行人披露的情况,作出是否购买证券的决定。如果发行人对有关重要情况作了不正确的说明或有欺诈行为,须承担民事乃至刑事责任。

虽然公募发行证券的这些限制和要求会增加发行人的发行成本,但是它可以提高发行人在国际证券市场上的知名度,扩大社会影响,可以分散债权或股权,避免大的债权人或持股者干预、控制集资者,可以筹集到巨额资金。并且由于公募发行的证券可以在流通市场进行买卖转让,具有较高的流动性,因而易于被社会投资者接受。

三、国际融资租赁的法律制度

(一)融资租赁的产生

随着商品经济的发展,租赁的形式和内容也处于不断变化之中。现代意义上的租赁与古老的、以不动产为主要内容的传统租赁相比已不大相同，它是将金融信贷、商品交易和出租三者结合在一起，通过租物的形式达到融资的目的。由于它具有融通资金的机能，因而被称为融资租赁。

美国是现代租赁业的发源地。1952 年 5 月，世界上第一家专业性租赁公司——由美国人H. 叙思费尔德创立的美国租赁公司诞生，开创了通过融通资金为企业提供新设备的出租方式。20 世纪 60 年代初，租赁业务跨出美国国界，相继传到西方一些发达国家，如英、法、德、日等国，并进而扩展到一些发展中国家。[12]

1981 年 2 月，中信公司与日本东方租赁公司合资成立了我国第一家租赁公司——中国东方租赁公司；同年 7 月，中信公司与国内有关单位合资成立了国营的中国租赁公司，这标志着现代租赁业在我国的诞生。

融资租赁业在我国产生、发展的 20 年来，为我国引进外资渠道多方面引进国外先进技术及设备、促进企业产品销售、探索企业融资新渠道等作出了积极有益的尝试和巨大贡献。

（二）国际融资租赁的概念和特点

融资租赁亦称金融租赁，是指出租人根据承租人对租赁物的特定要求和对供货人的选择，出资向供货人购买承租人已经选定的机器设备，出租给承租人使用，并按双方商定的租赁期限收取租金。租期内，出租人拥有法律上的所有权，承租人以按期支付租金为条件享有该设备的使用权，并负责设备的维修、保养及保险。租赁物以动产为主，租期较长，约为设备使用年限的80%。租赁期满，承租人可按约定选择退租、续租和留购租赁物。

当上述融资租赁业务跨越国界，在分属于两个或两个以上国家的租赁三方当事人之间进行时，就成为国际融资租赁（international financial lease）。国际融资租赁有三种情况：一是出租人和承租人在同一国家，而设备供应商在另一国家；二是出租人和设备供应商在同一国家，而承租人在另一国家；三是出租人、承租人和设备供应商分属三个不同的国家。

国际融资租赁除了具有当事人分属不同国家、租赁标的物作跨国流动这些涉外因素，与一般意义上的融资租赁并无本质的区别，它具有如下法律特征：

1. 具有鲜明的信贷融资性质。这是融资租赁最根本的特性。当企业需要筹借资金添置设备时，出租人并不是直接向其提供贷款，而是根据企业的选择购入设备，出租给企业使用，将商品信贷和资金信贷相结合，以融物的形式达到融资的目的，它可以提供一般中、长期信贷所不能提供的融资便利。所以，国际融资租赁在当今国际经济活动中，已被企业当作一种获得资本设备使用权的筹资方式，一种采用信贷方式融通中、长期资金的有效手段。

2. 租赁设备的所有权与使用权相分离，在国际融资租赁业务中，租赁设备是由出租人融资购买，出租人是租赁设备的所有权人，在租赁期内，其所有权不可侵犯。承租人以按期支付租金为条件，在租赁期内享有使用权，设备的所有权和使用权相分离。只有在租赁期满后，由承租人按设备残值作价买下，设备所有权才转移给承租人。如果租赁期满后，承租人采取续租或退租方式，则设备所有权仍属于出租人。

3. 国际融资租赁是自成一类的三边贸易。一项国际融资租赁交易至少同时涉及三方当事人，即出租人、承租人和供货人，并至少由两个合同即国际贸易合同和国际租赁合同将三方当事人有机地联系在一起，形成自成一类的三边贸易。租赁合同的订立是供货合同签订的前提，

---

〔12〕 参见刘敬东：《国际融资租赁交易中的法律问题》，中国人民公安大学出版社 2002 年版，第 28 页。

即“有租才有买”。而同时,供货合同的履行又是租赁合同履行的前提,即设备交付之后才可能发生租赁。租赁和贸易密不可分。

4. 国际融资租赁业务在税收及会计处理上具有独特性。在国际融资租赁业务中,作为设备所有权人的出租人可享受到投资减税的优惠待遇。而承租人支付的租金也可作为费用在成本中列支,承租人可以此减低应纳税所得额,获得纳税方面的好处。在财会处理上,承租人承租使用的设备,一般不视为资产购入,通常也不体现在资产负债表中,因而不会影响企业对外举债的能力。

第四节 国际融资协议的共同条款

一、陈述与保证条款

陈述与保证条款是借款人就其与贷款协议有关的事实,包括其法律状况、财务及商务状况等作出说明,并保证其所作说明的真实性的条款。由于所陈述的内容是涉及贷款协议是否有效和可强制执行及贷款人的各项权利能否实现的重要事实,因此,贷款人十分关心这一条款的订立和履行。借款人陈述与保证的事项越多,对贷款人就越有利。

借款人关于法律事项的说明,是为了使贷款人确信该项贷款的效力在法律上不会遇到来自借款人方面的阻碍。比较常见的说明事项如:借款人是依法成立、有效存在且具有良好信誉的法律实体,具有订约资格;贷款协议的签订和履行不违反法律、法规、借款人的公司章程及对借款人有拘束力的其他合同;贷款协议是合法有效的,并可按其条款的规定强制执行;若借款人是政府或政府机构,往往需要保证其借款行为属于商业行为。

借款人关于其财务和商务状况的说明,是为了使贷款人确信借款人有良好的资信和还款能力。常见的如:不存在对借款人的财产构成重大不利影响的诉讼,也不存在此类诉讼的威胁;经过审计的财务报表真实反映了借款人的财务状况,不存在未披露的重大负债等。

如果借款人的实际情况与行为和他所作的陈述与保证不相符合,这就构成违约,贷款人有权中止提供贷款或要求提前还款。

二、先决条件条款

先决条件,是指贷款人发放贷款须以借款人满足有关约定的条件为前提。从国际贷款协议的履行过程来看,贷款人一开始就必须履行提供资金的义务,而借款人偿还债务(还本付息)往往需要比较长的时间。为了保护自己的利益,贷款人都要求在贷款协议中规定某些先决条件,只有借款人满足这些先决条件,贷款人才履行贷款的义务。

先决条件应在贷款协议中明确规定,尽管其范围因具体协议而异,但其内容通常可分为两类。

(一)涉及贷款协议项下全部义务的先决条件

这类先决条件,是指只有某些条件成熟,才能使贷款协议生效或要求贷款人开始履行全部的贷款义务。这部分先决条件多为借款人必须提供落实陈述与保证各项具体内容的书证和文件等。为此,借款人通常需要准备下列法律文件:借款人的组织章程和营业执照,主要用来证明其经营性质和范围;借款人最高权力机构(如股东大会或董事会的决议)批准该贷款协议的文件,用以证明借款人已获得合法授权;借款人所在国外汇主管当局的批准书,用以证明借款人从国外借款没有违反本国的外汇管理法;贷款人要求提供的保函或其他担保文书,以及由借款人所属国律师和起草该贷款协议律师出具的法律意见书等。

(二)涉及提供每一笔款项的先决条件

国际贷款协议往往规定贷款人分期提供贷款。在第一次放款之后,借款人的有关状况可能会朝着不利于贷款人的方向变化。鉴于此,贷款人往往在贷款协议中规定,在借款人提取每一笔款项之前,还必须满足以下各项先决条件:借款人在订约时所作的陈述和保证,仍保持真实无误;借款人的财务状况和经营状况没有发生实质性的不利变化;没有发生违约事件或可能构成违约的其他事件;没有出现任何情况使借款人履行贷款协议项下的义务受到限制等。

三、约定事项条款

约定事项是借款人在贷款期限内承诺的作为或不作为义务。约定事项的内容因借款人或贷款事项的不同而有所不同,其中有些事项是各类贷款人所共同要求的,对双方当事人都是利益攸关的,主要包括多个方面。

(一)消极担保条款(negative pledge)

消极担保条款规定,借款人在偿还全部贷款之前,不得在自己(有时还包括其子公司)的资产及收益上,为其他债权人维持或设定任何担保物权。消极担保条款意在限制借款人为另一债权人设定担保权益,从而使无担保权益的贷款人在受偿顺序上位于其他担保权益的债权人之后。

消极担保条款的约定对于保持贷款人的有利受偿地位及保持借款人的清偿能力都起到了较强的保障作用,但消极担保条款在适用上往往受到一些例外的限制,如借款人在为其他债权人设定担保物权时,也按比例给予贷款人同等的担保权益;在订约前已设定的担保物权;在借款人资产上存在的法定留置权;等等。

(二)平等位次条款(pari passu)

在国际贷款协议中,平等位次条款往往与消极担保条款同时存在,互为补充。消极担保条款旨在使贷款人的受偿权不逊于其他有担保权益的债权人;而平等位次条款则是为了使贷款人的受偿权不落后于其他无担保权益的债权人。因此,平等位次条款要求借款人保证无担保的贷款债权人至少应与借款人的其他无担保债权人处于按比例平等的受偿地位,不得以任何借口不适当地歧视贷款人的受偿权利。

平等位次条款的作用主要在于当借款公司破产时,应保证所有的无担保债权人处于平等的受偿地位。当然,法律另有规定的,应依法律规定。如许多国家的法律都规定,国家税收和职工工资应优先于其他任何债权,如果借款人是政府或政府机构,平等位次条款的作用则在于防止将其有限的外汇全部支付给其他无担保债权人,使贷款人未能获得同等的受偿机会。

(三)财务约定事项(financial covenant)

财务约定事项主要规定借款人应定期向贷款人报告自身的财务状况和经营状况,并遵守各项约定的财务指标。如保证其负债率不超过一定比率,而使其净资产值保持在一定数额以上;保证其资产的流动比率和速动比率不低于一定比值,以使其始终具有足够的流动资产支付流动负债,而不必变卖固定资产还债;保证其最低周转资本(流动资产减去流动负债后的余额)不低于一定数额,以保持其应付日常周转的净流动资产需要;保证其每年对股东的分派利润不超过其可分配利润的一定比例,以防止其分光现金资产,影响还贷条件等。

(四)贷款的用途

除某些用于特别目的的贷款外,国际商业贷款一般都不限制用途。但从法律的角度考虑,对贷款的用途应注意以下问题:贷款不能用于非法目的,如用于资助法律禁止的进口,用于资助危及某一友好国家的军事行动等。根据某些国家的判例,用于非法目的的贷款应认定为无效;贷款不能用于收购公司;不能用于资助侵权行为及违约行为等。如果借款人利用贷款从事上述违法活动,必然导致贷款协议无效,使其无法得到强制执行。

(五)保持资产条款

保持资产条款又称"限制资产处置条款"。订立该条款的目的在于要求借款人以适当的方法维持其现有及将来取得的财产,并对其处分资产及收益行为作适当的限制,使借款人保持较强的清偿能力。依此条款,借款人须承诺以下义务:(1)非经贷款人同意,借款人不得出售、转让、出租或以其他方式处置其资产的全部或大部,但借款人为日常经营而从事的商品处分或类似财产处分不在此限;(2)借款人有义务对其企业资产向保险公司投保,以保障其资产不因意外危险而损失。限制资产处置条款意在防止借款人不适当地转移、贬损或丧失其资产,使贷款人的受偿利益受到威胁。

除以上各项条款外,比较常见的约定事项还有:(1)未经贷款人书面同意,借款人不得改变其经营性质和范围,因为贷款人在提供贷款时已将借款人的经营性质和范围作为证明其还款能力的重要依据。如果随意改变,可能导致借款人经营状况和财务状况的恶化,或招致有关部门的处罚。(2)禁止借款人与其他公司、企业合并,以免借款人的资信、资产和负债发生重大变化,对偿还贷款产生不利影响。(3)禁止借款人过度举债等。

四、违约事件

违约事件条款是国际贷款协议中最重要的债权保障措施之一,只要发生贷款协议所规定的任何违约事件,贷款人即可根据违约的程度采取相应的救济措施,以便及时、有效地保护自身的利益。

(一)违约事件的种类

违约事件大致可分为实际违约和预期违约两类。

1. 实际违约

实际违约,是指借款人违反贷款协议本身的规定,包括:(1)到期不能还本付息。依约定的日期还本付息是借款人最基本的义务,违反该项约定,即构成借款人的根本违约。但在实践中,对于借款人轻微的违约行为,只要其财务状况仍然良好,贷款人通常给予借款人一定的宽限期,以便借款人作出适当的补救。(2)违反陈述与保证条款,但在许多情况下,不包括微小失实的情形。(3)违反约定事项,并且在贷款人指定的宽限期内未能纠正该违约状态。(4)其他事件。除上述明确列举的违约事件外,贷款协议通常还将违反协议规定且未能在一定的期限内做出适当补救的其他事件总括性地规定为"其他违约事件"。

2. 预期违约

预期违约又称先兆性违约。虽然借款人并非实际违约,但这些事件的发生足以表明借款人的财务状况正在恶化,最终势必导致实际违约,因此贷款协议也将此类事件规定为违约事件,以便贷款人据此及时采取救济措施,以充分保护自己的贷款权益。

预期违约主要表现在:(1)连锁违约。又称交叉违约或串连违约,是指借款人虽未直接违反本贷款协议,但由于其在其他债权债务关系中违约,或其他债务被宣告加速到期,因此也视为对本贷款协议的违反,构成本贷款协议的违约事件。订立交叉违约条款,可以防止借款人的其他债权人从借款人处优先受到清偿,并使同一种类的债权人处于同等地位。(2)借款人丧失清偿能力。借款人被宣告破产或以书面承认自己无力清偿到期债务或主动向其他债权人转让其财产等都已明显地构成借款人丧失清偿能力的预期违约事件。此外,如果借款人的其他债权人已通过法院取得对借款人财产的扣押令状或强制执行命令,也视为借款人丧失清偿能力。因为借款人丧失清偿能力之后,必然导致实际违约。(3)借款人的财产被征用。借款人的企业或其主要财产被征用或国有化,往往无法及时获得充分和有效的补偿,其履约能力必然受到严重影响,甚至导致无力履约。(4)借款人的状况发生重大的不利变化。这是对事先无法预料的违约事件所作的总括性规定。即规定无论是政治、经济还是金融方面的原因,使借款人的状况发生重大不利变化,从而可能导致实际违约事件时,可以将这种不利变化作为违约事件。如借款人所在地发生军事行动或经济严重不景气,对借款人的业务活动造成重大影响等。

(二)对违约事件的救济

一旦发生违约事件,贷款人可同时或单独采取合同上的救济和法律上的救济。

当出现借款人违约事件时,贷款人可以采取合同上的救济措施,即进行内部救济;也可以采取法律规定的救济措施,即外部救济。

内部救济是在贷款协议中规定的,当出现违约事件时,贷款人可以采取的救济措施,包括:(1)对尚未提取的贷款暂时中止提取或取消;(2)对已提取但尚未到期的贷款,可宣告贷款加速到期,要求借款人立即偿还;(3)对已经到期仍不偿还的贷款,可要求借款人支付违约利息。

外部救济即法律规定的救济方法,包括:(1)解除贷款协议。借款人的违约行为属根本性违约,贷款人可解除贷款协议。(2)请求损害赔偿。损害赔偿请求可单独提出,也可与其他救济方法合并运用。如果借款人的违约未达到根本违约程度,贷款人只能请求损害赔偿。(3)请求实际履行。如借款人拒不偿还到期贷款本息,贷款人有权提起诉讼,请求法院判令借款人实际履行,支付已到期的贷款本息。

国际贷款协议中常订有"累加救济"条款,主要规定协议中约定的救济方法是累加在法律规定的救济方法之上的,以防止借款人把内部救济方法解释为唯一的救济方法而排除外部救济的可能。此外,有的贷款协议和一些国家的法律往往还规定,对未按期偿还的借款,如果贷款行持有借款人的存款,那么,可以将未偿还贷款和借款人的存款互相冲抵,这就是所谓的"抵消救济"方式。

在实践中,如果借款人只有轻微的违约行为,对贷款人的权利未造成严重损害,而其信用良好,贷款人一般不立即采取上述救济措施,而是放弃其可以主张的权利,以免借款人陷入交叉违约的困境。贷款人放弃权利可以用书面形式表示,也可以用口头方式或行动来表示。例如,贷款人明知借款人的某种违约事件,而仍旧提供贷款,这种行为可以视为弃权。

第五节 国际金融监管的协调与合作制度

一、国际金融监管协作的成因与特点

(一)国际金融监管协调与合作的成因

自20世纪90年代以来,全球范围、地区范围以及双边范围内各个层次上的国际金融监管的协调与合作都得到了空前发展。这主要归因于多个因素:

1. 金融全球化的必然反应。金融监管的国际协作是对金融全球化进程的反应。随着金融自由化和金融全球化,大量金融机构跨国境快速扩张和发展,各种金融创新层出不穷,传统金融市场之间的分界线变得越来越模糊不清,资本的国际流动不断加快,国与国之间的金融渗透、金融依赖关系日趋紧密,金融风险在国家之间相互转移、扩散的趋势不断增强,金融全球化要求实现金融监管本身的国际化,单凭传统的以国别为基础的金融监管方式已不足以控制风险。另外,各国监管政策的不一致,客观上为跨国金融机构利用遍布全球的分支机构逃避各国监管、从事高风险甚至非法的经营活动创造了条件。正因如此,加强金融监管的国际合作和协调势在必行。

2. 金融电子化的要求。随着电脑、网络、电子商务等技术的迅猛发展,利用网络发展金融业已成大势所趋。网络金融业经营成本低,依赖网络技术突破了传统的地理边界,可以在全球范围内多领域、跨国界进行低成本扩张。而对网络化的全球金融市场和全球化经营的跨国金融机构进行监管,势必要求在全球范围内加强政府间的国际协调与合作。

3. 金融危机的影响。金融全球化进程中的一系列事实表明,大多数旨在加强国际金融监管的重要举措和合作协议都是在迫于个别或系统危机的压力的背景下出台的。频发的金融危机在国际社会引起了巨大反响。每当一场国际金融风波过后,都会引起国际金融业监管措施的改进和调整。[13] 1997年亚洲金融危机发生之后,金融监管的国际合作问题,更引起了国际社会的高度重视,越来越多的国家和组织加入跨国监管的合作中来。巴塞尔委员会的监管文件就是在一次又一次危机过后,不断地丰富和完善起来的。同时,监管合作的范围也逐渐从传统的货币汇率和银行业方面,扩展到包括银行、证券、保险、外汇、金融衍生产品等在内的整个金融活动领域,内涵不断地丰富。

(二)国际金融监管协调与合作的特点

1. 合规性监管和风险监管并重,进入全方位持续监管阶段。金融监管方式从单一合规性监管转向合规性监管与风险性监管并重。合规性监管,是指监管当局对金融机构执行有关政策、法律、法规情况所实施的监管。合规性监管注重事后的补偿与处罚,不能起到风险预测和防范的作用,使监管者长期扮演"救火队"的角色,监管效率低下。风险性监管是指监管当局对金融机构的资本充足程度、资产质量、流动性、营利性和管理水平所实施的监管,以求最大限度地减少金融风险及其影响。风险监管较之于合规性监管的最大优点在于它侧重于对风险的事前防范,能够及时地有针对性地提出监管措施。国际银行监管组织相继推出了一系列以风险

---

〔13〕 胡继红:《全球化视野下现有国际金融监管法律制度的局限及其克服》,载《法学评论》2003年第3期。

监管为基础的审慎规则，对信用风险、市场风险、国家和转移风险、利率风险、流动性风险、操作风险、法律风险、声誉风险实施全面风险管理。

2. 金融监管法制趋同化和国际化。金融监管法制的趋同化是指各国监管模式及具体制度上相互影响、相互协调而日趋接近，由于经济、社会文化及法制传统的差异，金融监管法制形成了一定的地区风格。如英国模式以自律监管著称，而美国模式以立法管制闻名，但日益激烈的全球金融竞争，使各国在金融实践中注意优势互补，积极引进他国先进立法，竞相采行金融惯例规则，以重塑或改善本国的金融环境，促进金融交易安全与繁荣，避免本国金融业遭受歧视性待遇。同时，双边协定、区域范围内监管法制统一化，尤其是巴塞尔委员会通过的一系列协议、原则、标准等在世界各国的推广和运用，也促进了各国金融交易规则和监管制度的趋同。

3. 金融监管国际协调与合作的主体不断增加，功能不断完善。从国际货币基金组织到巴塞尔委员会，从国际证监会组织和国际保险监管者协会，再到1995年开始正式运行的WTO，金融监管国际协调与合作的主体在不断增加，它们之间的协调与合作也越来越频繁。例如，巴塞尔委员会1999年2月公布的《多元化金融集团监管的最终文件》就是巴塞尔委员会、国际证券委员会组织与国际保险监管者协会自1993年开始合作的研究成果。

4. 世界贸易组织等在未来的金融监管国际协调与合作中将发挥更加重要的作用。1995年1月1日，世界贸易组织成立，掀开了经济全球化的一个新篇章。WTO取代GATT，基本延续与保持了GATT的原则条款，更重要的是它把管辖范围进一步扩大到服务贸易等其他领域，其中，于1997年12月达成的《金融服务贸易协定》，标志着WTO已正式介入全球金融服务领域。该协定涉及全球95%的金融服务贸易范围，参加成员统一对外开放银行、证券、保险和金融信息市场。该协定的主要内容包括：界定金融服务的范围；允许外国公司在国内建立金融服务公司并按竞争原则运行；外国公司享有同国内公司同等的进入国内市场的权利；取消跨边界服务的限制，允许外国资本在投资项目中所占比例达50%等。目前共有一百多名成员承诺在此领域逐步实施自由化，占全球金融服务贸易的65%，而只要承诺并遵循《金融服务贸易协定》，就意味着这些国家和地区必须遵循世界贸易组织的一般性原则，如最惠国待遇原则、国民待遇原则、透明度原则、发展中国家逐步自由化原则等，该协定已于1999年3月生效。可见，随着服务贸易自由化的新发展，WTO在未来的金融监管国际协调与合作中将发挥更加重要的作用。〔14〕

二、国际银行监管的协调与合作

对国际银行监管的国际协调与合作，主要体现在巴塞尔银行监管委员会的成立及它制定与实施的一系列协议和规则上。

（一）巴塞尔体制

1975年2月，根据英格兰银行总裁理查森的提议，在国际清算银行的发起和主持下，由“十国集团”的成员方比利时、英国、加拿大、法国、荷兰、意大利、日本、瑞典、德国、美国，再加上瑞士和卢森堡共12个国家中央银行的首脑，在瑞士的巴塞尔聚会，讨论跨国银行的国际监督与管理问题，会议决定成立一个监督常设委员会——银行管理和监督实施委员会（Committee on Banking Regulations and Supervisory Practices，以下简称巴塞尔委员会）。该委员会设立的目的，是为了国际间进行更紧密的合作，就银行业监督问题提供一个正式的讨论场所，达成一致

〔14〕　白钦先主编、朱孟楠著：《金融监管的国际协调与合作》，中国金融出版社2003年版，第94页。

意见或协议,并且努力改善有关从事国际银行活动的银行监督工作。为此,委员会的工作主要是致力于:第一,改善对国际银行监督技巧的效能;第二,提出任何影响从事国际银行业务的问题;第三,为改善全世界银行监管工作,同世界各国监管机构交换信息和意见。

巴塞尔委员会自1975年成立以来,对跨国银行的监管提出了一系列原则、规则、标准和建议,统称为巴塞尔体系。主要包括:1979年《对银行国际业务的并表监管》、1980年《银行外汇头寸的监管》、1983年《对银行国外机构的监管原则》(Basel Concordat,又称《巴塞尔协议》)、1986年《银行表外风险管理》、于1988年7月颁布1997年4月修订的《关于统一国际银行资本衡量与资本标准的协议》、1991年《大额信用风险的衡量与管理》、1990年《银行监管当局的信息交流》(《巴塞尔补充协定》)、1991年《将一般储备金/一般呆账金纳入资本的建议》、1992年《对国际银行集团及其境外机构的最低监管标准》、1994年《衍生产品风险管理准则》、1996年《跨国银行监管》、1997年《有效银行监管的核心原则》、1997年《利率风险管理原则》,等等。

巴塞尔委员会发表的各类监管文件大致可分为两类,一是最低标准,二是最佳做法。所有这些文件都不具备法律效力。在重大监管问题上,若各成员方能达成一致,委员会则努力形成最低标准,如《对银行国外机构的监管原则》。若各国监管方式各异,且无法求同,委员会在总结各国成功的监管经验的基础上,制定出仅具指导意义的最佳原则,供有关各方参考。

(二)《巴塞尔资本协议Ⅰ》的主要内容

1.1988年《关于统一国际银行资本衡量与资本标准的协议》,即《巴塞尔资本协议Ⅰ》

(1)资本的组成。《巴塞尔资本协议Ⅰ》将银行资本分为核心资本(core capital)和附属资本(supplementary capital)。核心资本包括实收资本(已发行并缴足的普通股,永久非累积性优先权)和公开储备;附属资本包括未公开的储备、资产重估储备、普通准备金或普通呆账准备金,债务性资本工具及初级长期债券。核心资本在各国银行的账目上公开发表,其价值相对稳定,同银行的盈利率和竞争能力密切相关,能作为衡量资本充足率的基础。所以《巴塞尔资本协议Ⅰ》规定在资本构成中,核心资本所占比重不得低于50%。

(2)《巴塞尔资本协议Ⅰ》规定了银行各类资产的风险权重。银行资产的性质不同,风险的大小也不相同,如库存现金无风险可言,信用贷款比抵押贷款的风险高,对政府机构的贷款比对普通企业贷款的风险低。所以协议将表内项目的风险划分为从“无风险”到“十足风险”四级。

《巴塞尔资本协议Ⅰ》还将表外业务纳入监管范围,按表外业务的信用换算系数分为“无风险”到“十足风险”四级,即0、20%、50%和100%。这是国际银行监管领域的一大突破。

(3)《巴塞尔资本协议Ⅰ》的核心内容是确立统一的资本充足率标准。所谓资本充足率,为资本与风险资产之比,即资本充足率=资本/风险资产×100%。协议将银行资本与风险资产的目标标准比率定为8%,其中核心资本至少为4%,要求各银行在1992年年底达到这一水准,资本对资产的比率越高,意味着资产的安全性越高,构成其资产来源的负债拥有更为可靠的保障。提高银行资本对资产的比率,可以限制银行从事过度的资产扩张或持有高风险的资产,从而达到保证银行经营安全的目的。

(4)过渡期和实施的安排。为顺利过渡到新的监管体系,《巴塞尔资本协议Ⅰ》规定了一个5年期的过渡期,即从1987年年底至1992年年底,并且确立了一个在1990年年底实现的中期目标,以便让各银行调整和建立所需的资本基础。

2.《有效银行监管核心原则》(Core Principles for Effective Banking Supervision)

经过多年的实践,巴塞尔委员会制定的一系列原则、规则、标准和建议已被许多国家广为接受,但是国际金融市场风险频频发生,一些国际知名银行(如巴林银行)倒闭案说明,仅仅靠达到资本充足率的规定,不足以充分防范金融风险。为此,巴塞尔委员会于1997年9月发布了《有效银行监管核心原则》[15],强调应对银行业进行全方位、多角度的风险监控,将建立银行业监管的有效系统作为实现有效监管的重要前提,并注重建立银行自身的风险防范约束机制。

(1)有效银行监管的先决条件。《有效银行监管核心原则》第1条明确规定,一个有效的银行监管体系中,参与银行组织监管的每个机构必须要有明确的责任和目标,并享有工作上的自主权和充分的资源;必须具有关于银行监管的适当法律框架,包括银行机构的许可规则和持续性监管规则、监管者实施法律和执行审慎监管权的规定以及对监管者的法律保护,此外,还应建立监管信息分享安排及信息保密制度等。

(2)发照程序和对机构变动的审批。为了形成一个健康的金融体系,避免不合格者进入银行业市场,《有效银行监管核心原则》第2~5条从市场准入管制的角度对新设银行机构的许可程序及现存银行结构变化的审批两个方面确立了四项基本原则,具体包括:第一,明确界定银行业务范围原则。这一原则要求,有效银行监管必须明确界定被监管对象,包括明确规定已获得执照并接受银行监管的各类机构可以从事的业务范围,严格控制"银行"一词的使用。第二,严格许可和审批标准原则。这一原则要求,发照机关必须有权制定许可标准,并拒绝一切不符合标准的申请。许可程序至少应包括审查银行的所有权结构、审查董事和高级管理人员的资格,审查经营计划和内部控制以及审查包括资本金在内的预计财务状况等;当报批的所有者是外国银行时,还应事先获得其母国监管当局的批准。第三,控制银行股权转让原则。依此原则,银行监管者必须有权审查和拒绝银行向其他方面转让大量股权或控制权的申请。第四,控制银行的重大收购与投资原则。依此原则,银行监管者必须有权建立标准,用以审查银行的重大收购与投资,并确保其附属机构或组织结构不会给银行带来过高的风险或影响有效的监管。

(3)持续性银行监管的安排。《有效银行监管核心原则》第6~21条是关键部分,包括三个方面:第一,审慎法规与要求的制定与实施,可细分为资本充足率、信用风险管理、市场风险管理、其他风险管理和内部控制等。指出银行监管的一项重要任务,就是要通过制定并实施审慎监管法规与要求,确保银行管理层能够识别、监测与控制其业务的内在风险。第二,持续性银行监管方法,可以通过现场检查或非现场检查或聘用外部审计人员、综合并表监管等方法来实施。银行监管者都应与银行管理层保持经常性接触,全面了解该机构的经营情况,必须具备在单个和并表的基础上收集、审查和分析各家银行的审计报告和统计报表的手段,必须有办法利用外部审计师在现场检查中对监管信息进行核实。第三,银行机构的信息要求,银行监管者必须确保银行根据统一的会计政策和做法保持完备的会计记录,从而使监管者能客观而公正地了解银行的财务状况和盈利水平。

(4)监管者的正式权力。为了加大银行监管的力度,将监管贯穿于银行运行的全过程,《有效银行监管核心原则》突破了巴塞尔体制的现有框架,正式而明确地涉及问题银行的处理和市场退出管制,并对银行监管者的正式权力提出了原则要求。它规定,银行监管者必须掌握完善

---

〔15〕 巴塞尔委员会分别于2006年和2012年对该原则进行了修订,2012年版本详见Core Principle for Effective Banking Supervision, http://www.bis.org/publ/bcbs230.htm。

的监管手段,以便在银行未能满足审慎要求(如最低资本充足率)或当存款人的安全受到威胁时采取及时的纠正措施和行动。在紧急情况下,这些措施应包括吊销银行执照或建议吊销其执照。

(5)跨国银行业。《有效银行监管核心原则》要求银行监管者实施全球性并表监管,母国与东道国建立联系,交换信息,加强监管的国际合作,确保对跨国银行进行充分地监管。第一,母国监管者的责任。作为实施并表监管的一部分,银行监管者必须对其活跃的国际性银行实施全球性并表监管,必须对这些银行组织在世界各地从事的所有业务,尤其是其外国分行、附属机构和合资机构从事的各项业务,进行充分地监控并适用适当的审慎准则。并表监管的一个关键因素是与各有关监管者,特别是东道国监管当局建立联系并交换信息。第二,东道国监管当局的责任,《有效银行监管核心原则》从审慎监管的角度,要求东道国银行监管者必须要求外国银行按东道国国内机构所遵循的同样的高标准从事当地业务,并有权分享母国监管当局为实施并表监管的目的所需的信息。

(三)《巴塞尔资本协议Ⅱ》(Basel Ⅱ: International Convergence of Capital Measurement and Capital Standards: a Revised Framework, June 2004)

1988年《巴塞尔资本协议Ⅰ》无疑对提高商业银行信用风险和市场风险管理能力具有划时代的意义。然而,随着技术进步和金融创新,巴塞尔委员会认识到有必要对协议进行大刀阔斧地修改。首先,自1988年《巴塞尔资本协议Ⅰ》出台以来,商业银行防范风险的能力、监管部门的监管方法和金融市场的运作方式都发生了巨大的变化,新的风险管理技术快速发展已经使该协议明显过时。其次,众多的金融创新常常被用来规避资本协议的规则,金融创新的出现降低了协议的有效性。事实上,在发达国家中,该协议已逐渐丧失了约束力。

1999年6月3日,巴塞尔委员会公布了《新资本充足率框架征求意见稿》,通常人们称为新资本协议。该协议是对1988年《关于统一国际银行资本衡量与资本标准的协议》的第二次修订,这次修订的目的是"旨在改进监管部门规定的资本标准对风险的反映方式,更好地应付近年来的风险创新,也旨在肯定在风险衡量和风险控制方面已经取得的进展"。此后巴塞尔委员会又于2001年1月和2003年4月相继发布了经过修正的两个征求意见稿,在全球范围内征求银行界与监管部门的意见,最终在2004年6月定稿,确定了新的银行监管框架,即《巴塞尔资本协议Ⅱ》,并决定于2006年年底在十国集团开始实施。

与1988年《巴塞尔资本协议Ⅰ》相比,《巴塞尔资本协议Ⅱ》的内容更广、更复杂,推出了具有开创性内容的三大支柱:最低资本要求(minimum capital requirements)、监管部门监督检查(supervisory review process)和市场纪律(market discipline),要求资本监管更为准确地反映银行经营的风险状况,进一步提高金融体系的安全性和稳健性。

1. 第一支柱——最低资本要求

相对于1988年的《巴塞尔资本协议Ⅰ》,《巴塞尔资本协议Ⅱ》中的最低资本要求仍然包括三个方面:资本的定义、最低资本充足比率和风险的衡量。其中,前两个方面基本维持1988年《巴塞尔资本协议Ⅰ》的规则,而将风险衡量的范围拓展到包括信用风险、市场风险、操作风险在内的三大风险。它要求授权机构根据其信用风险、市场风险和操作风险持有最低要求的资本,这就使得风险的测量方法更全面、更精细。

2. 第二支柱——监管部门监督检查

巴塞尔委员会认为,监管当局的监督检查是最低资本规定和市场纪律的重要补充。具体包括:(1)监管当局监督检查的四大原则。原则一:银行应具备与其风险状况相适应的评估总量资本的一整套程序,以及维持资本水平的战略。原则二:监管当局应检查和评价银行内部资本充足率的评估情况及其战略,以及银行监测和确保满足监管资本比率的能力。若对最终结果不满足,监管当局应采取适当的监管措施。原则三:监管当局应希望银行的资本高于最低监管资本比率,并应有能力要求银行持有高于最低标准的资本。原则四:监管当局应争取及早干预从而避免银行的资本低于抵御风险所需的最低水平,如果资本得不到保护或恢复,则须迅速采取补救措施。(2)监管当局检查各项最低标准的遵守情况。银行要披露计算信用及操作风险最低资本的方法。作为监管当局检查内容之一,监管当局必须确保上述条件自始至终得以满足。巴塞尔委员会认为,对最低标准和资格条件的检查是第二支柱下监管检查的有机组成部分。(3)监管当局监督检查的其他内容包括监督检查的透明度以及强化银行账薄利率风险的处理。

3. 第三支柱——市场纪律

《巴塞尔资本协议Ⅱ》在总结市场实践的基础上,对市场纪律提出了更加严格和清晰的要求。市场纪律约束的潜在作用在于强化资本监管和保障金融体系安全性和稳健性。市场纪律能使银行提高自动进行资本合理调控内部风险的能力。市场纪律可以促使银行保证雄厚的资本基础来防范潜在的风险损失,推动银行和金融体系的稳定发展。有效的市场纪律当然要求银行建立一定的信息披露制度,以便投资者充分估计银行的风险管理水平和债务清偿能力。应该披露的相关信息包括银行当前的资本充足率、财务状况、经营业绩、战略管理等,这显然有助于银行不断加强自身的风险管理与内部控制。

(四)《巴塞尔资本协议Ⅲ》(Basel Ⅲ: International Framework for Liquidity Risk Measurement, Standards and Monitoring)

2007 年以来的金融危机暴露了现行国际金融监管体系的内在缺陷,并在全球范围内引起了对既往监管理念、监管方式和监管有效性的深刻反思。

为了进一步加强对银行部门的监督和风险管理,巴塞尔银行监督委员会以《巴塞尔资本协议Ⅱ》为基础,制定了一套全面的改革措施,即《巴塞尔资本协议Ⅲ》。2010 年 9 月 12 日,巴塞尔银行监管委员会召开央行行长及监管当局负责人会议,就《巴塞尔资本协议Ⅲ》的基本框架达成一致[16],2010 年 11 月,二十国集团领导人首尔峰会正式通过了该框架。2011 年 6 月发布了第三版巴塞尔协议,《更具稳健性的银行和银行体系的全球监管框架》(Basel Ⅲ: A Global Regulatory Framework for More Resilient Banks and Banking Systems – Revised Version June 2011)。[17] 2013 年 6 月,巴塞尔委员会发布了由其中央银行行长和监管当局负责人小组(the Group of Central Bank Governors and Heads of Supervision, GHOS)授权的修订后的流动性覆盖率(Liquidity Coverage Ratio, LCR)文本,即《流动性风险覆盖率和流动性监测工具》(Basel Ⅲ: The Liquidity Coverage Ratio and Liquidity Risk Monitoring Tools)[18],流动性覆盖率(LCR)是巴塞尔委员会改革的一个重要组成部分,这是 G20 领导人批准地对银行资本充足率和流动性

〔16〕 Group of Governors and Heads of Supervision Announces Higher Global Minimum Capital Standards, http://www.bis.org/press/p100912.htm.

〔17〕 Basel Ⅲ: A Global Regulatory Framework for More Resilient Banks and Banking Systems – revised version June 2011, http://www.bis.org/publ/bcbs189.htm.

〔18〕 Basel Ⅲ: The Liquidity Coverage Ratio and Liquidity Risk Monitoring Tools, http://www.bis.org/publ/bcbs238.htm.

的国际监管标准。这两份文件共同构成了巴塞尔委员会为增强银行体系稳健性而进行的全球资本和流动性监管制度改革的方案的主要内容。

1. 提高资本充足率监管标准。在最低资本金比率方面,全球各商业银行的一级资本充足率下限将从4%上调至6%,其中由普通股构成的"核心"一级资本占银行风险资产的下限将从2%提高至4.5%。总资本充足率仍为8%。《巴塞尔资本协议Ⅲ》对一级资本提出了新的限制性定义,规定一级资本只包括普通股和永久优先股,并要求各家银行最迟在2017年年底完全接受针对一级资本的最新定义。

待新标准实施后,正常情况下,商业银行的普通股、一级资本和总资本充足率应分别达到7.0%、8.5%和10.5%。(见表10-2)

表10-2 《巴塞尔资本协议Ⅲ》关于资本充足率的要求(资本要求和留存缓冲)

单位:%

标准	普通股(扣除之后)/风险加权资产	核心资本/风险加权资产	总资本/风险资产
最低资本要求	4.5	6.0	8.0
资本留存缓冲	2.5		
最低资本要求+资本留存缓冲	7.0	8.5	10.5
逆周期缓冲范围	0~2.5		
系统重要性银行资本要求	1.0		

注:Source from"Basel Committee on Banking Supervision, Group of Governors and Heads of Supervision Announces Higher Global Minimum Capital Standards", Sep. 12, 2010.

2. 资本留存缓冲纳入资本框架。为进一步提高银行自身应对风险的能力,以保证发生危机时不必依靠政府救助,《巴塞尔资本协议Ⅲ》要求银行必须设立资本缓冲资金。按照规定,银行需保留不低于银行风险资产2.5%的资本缓冲资金,如达不到要求,则银行的派息、回购股票和发放奖金等将受到限制。此规定从2016年1月开始执行,于2019年1月完全生效。

3. 引入了逆周期资本要求的概念。巴塞尔委员会还特别提出了一个逆周期的资本缓冲要求,要求各银行须设立不低于风险资产2.5%的资本留存缓冲,即在经济繁荣时期,银行应额外划拨0~2.5%的逆周期缓冲资本,以防止信贷过度增长,同时在经济不景气时帮助吸收亏损风险,此部分资本由普通股和其他可完全吸收亏损的资本构成。逆周期缓冲是基于宏观审慎目标——要求银行在信贷过分充足的情况下居安思危、未雨绸缪。

4. 引入杠杆率监管标准。本危机之前,金融工具创新以及低利率的市场环境导致银行体系积累了过高的杠杆率,使得资本充足率与杠杆率的背离程度不断扩大。危机期间商业银行的去杠杆化过程显著放大了金融体系脆弱性的负面影响。为此,巴塞尔委员会决定引入基于规模、与具体资产风险无关的杠杆率监管指标,作为资本充足率的补充。2009年12月发布了杠杆率计算方法的征求意见稿,2010年7月巴塞尔委员会就杠杆率计算方法与监管标准达成共识,自2011年年初按照3%的标准(一级资本/总资产)开始监控杠杆率的变化,2013年年初开始进入过渡期,2018年正式纳入第一支柱框架。

5.强化了流动性监管。《巴塞尔资本协议Ⅲ》引进了流动性覆盖比率[19]和净稳定融资比率[20]两个检测指标,以及其他一些辅助性的监测工具,以更好地获得关于银行现金流、资产负债结构的信息。新的流动性监管框架和逆周期、注重系统性风险防范的思路一起,从宏观和微观两方面为审慎监管奠定了良好基础。并分阶段做了渐进安排,其中,流动性覆盖率(LCR)自2011年进入观察期,并于2015年达到最低标准;净稳定资金比率(NSFR)自2012年进入观察期,并在2018年以前达到最低标准。巴塞尔委员会将在过渡时期制定严格的报告程序并进行监控,在必要时发布这些结果。

6.确定新监管标准的实施过渡期。鉴于目前全球经济复苏存在不确定性,为防止过快引入新的银行监管国际标准对经济复苏潜在的不利影响,按照G20领导人的要求,巴塞尔委员会从宏观和微观两个层面对国际新监管标准实施可能带来的影响进行了评估。根据评估结果,2011年9月12日召开的中央银行行长和监管当局负责人小组(GHOS)会议决定设立为期8年(2011~2018年)的过渡期安排。各成员国应在2013年之前完成相应的国内立法工作,为实施新监管标准奠定基础,并从2013年年初开始实施新的资本监管标准,随后逐步向新标准接轨,各项规则的最终落实期虽有所不同,但最晚均于2019年1月1日实施。

《巴塞尔资本协议Ⅲ》体现了微观审慎监管与宏观审慎监管有机结合的监管理念,按照资本监管和流动性监管并重、资本数量和质量同步提高、资本充足率与杠杆率并行、长期影响与短期效应统筹兼顾的总体要求,确立了国际银行业监管的新标杆。

三、国际证券监管的协调与合作

证券市场的国际化使证券市场的有效监管不再是一国监管当局所能胜任的,证券的跨境交易要求各国监管当局必须加强监管合作与协调。通过严格监管和相互协助,来共同对国际证券市场进行有效监管,保证国际证券市场的公平、公正、公开。因此,国际合作成为国际证券监管的重要内容。在证券市场交易与管理方面的国际协调与合作的标志,是1984年国际证券监督管理委员会的创设。其前身为成立于1974年的证监会美洲协会。它是目前国际社会唯一的一个多边证券监管组织。现在国际证监会、巴塞尔委员会、各国中央银行与证券委员会、证券交易所等组织之间的监管合作成为国际证券市场监管的重要趋势。

(一)证券监管的双边合作

在证券监管的国际合作中,最基本、最常见的形式是双边合作,即两国证券主管机关之间就证券管理的一些法律性、技术性问题开展交流与协作。主要通过以下两种方式来实现:

1.通过法律互助协定进行监管合作与协调

法律互助协定(mutual legal assistance treaties,MLATs),是各国通过外交途径签订的具有法律效力的双边协议。MLATs一般都包括下列内容:法律协助的种类、法律协助请求必须满足的条件、请求执行的方法、允许使用已调取信息的范围以及拒绝法律协助请求的情形。[21]

---

[19] 流动性覆盖率主要描述短期(30天以内)特定压力情境下,银行所持有的无变现障碍的、高质量的流动性资产数量,以此应对资金流失的能力。

[20] 净稳定融资比率主要考核的是银行中长期(1年以上)的流动性,即各项资产和业务融资,至少具有与它们流动性风险状况相匹配的满足最低限额的稳定资金来源。

[21] Carolin A. Greene, *International Securities Law Enforcement: Recent Advances in Assistance and Cooperation*, Vanderbit Journal of Transnational Law, Vol. 27, No. 3, October 1994, p. 641.

法律互助协定虽不是专门针对证券监管问题而签订的,但其内容大都明确包含了证券法律事务方面的协助,特别是涉及证券违法行为如内幕交易的查处事宜。[22]

世界上第一个有关证券的MLATs是由美国和瑞士在1973年签订的。中国亦先后同法国、意大利、罗马尼亚、泰国、埃及、土耳其、希腊、加拿大、保加利亚等国家签订了法律互助协定,其他国家之间也相继签署了有关证券的MLATs。这些协定为缔约国一方证券法在域外适用时获得外国有关当局的协助带来了极大的便利,从而有利于缔约国之间携手共同打击证券违法犯罪活动与过度投机行为。

2. 通过谅解备忘录进行监管合作与协调

双边合作的另一个重要途径是谅解备忘录(Memorandum of Understandings,MOUs)。与法律互助协定不同的是,谅解备忘录仅是双方就某些特定类型的案件所作的一种无法律上约束力的意向声明,且大多数主要针对内幕交易。由于这些谅解备忘录是各国对证券市场负有直接监管责任的监管部门之间达成的,因此它在获取有关证券违法和犯罪的情报方面比法律互助协定更为有效,更具有预见性。

世界上最早的谅解备忘录是美国与瑞士在1982年达成的。目前已为世界上许多国家(地区)以及一些国际组织普遍采用。中国证监会自成立以来,已先后同美国、新加坡、澳大利亚、英国、日本、马来西亚、巴西、法国、卢森堡等国以及我国香港特别行政区证券及期货事务监察委员会等签订了监管合作谅解备忘录。

(二)证券监管的区域合作

在国际证券监管的区域性合作方面,欧盟的实践最具有代表性。

为有利于欧洲统一市场的形成,欧盟发布了一系列证券监管的指令:《证券上市指令》《上市说明书指令》《中期报告指令》《招股说明书指令》《内幕交易指令》等。[23] 这些指令旨在确立一套管理证券发行、上市与交易等方面的原则、标准和制度,以消除欧盟各成员方之间因证券监管的冲突所带来的欧共体内部的监管障碍,同时加强对欧共体证券市场的审慎监管。根据《罗马条约》和《马斯特里赫特条约》的规定,欧盟的指令对于各成员方有约束力,只是实施的方式、方法由各成员方主管当局选择。因此,欧盟有关证券监管的指令所确立的监管原则、标准在各成员方内均具有普遍约束力,并优于国内法。

(三)证券监管的多边合作

在证券监管的国际合作与协调中,国际证券监督管理委员会(IOSCO)发挥了重要作用。国际证券监督管理委员会成立于1983年,作为专业性的国际组织,IOSCO致力于:制定国际公认的监管准则和执法标准并推动其得到一致实施,以保护投资者,维护市场的公平、高效、透明,应对系统性风险;通过加强在执法、市场及中介监管方面的信息交流和合作,加大投资者保护力度,增强投资者对证券市场诚信的信心;为成员在全球和地区层面进行经验交流提供平台,以协助市场发展,推动市场基础设施建设,实施适度监管。

IOSCO是证券监管领域的国际标准制定机构,负责推动国际公认证券监管准则的实施,同时积极配合G20集团与金融稳定理事会(FSB)开展全球金融监管改革方面的工作。

截至2021年5月底,IOSCO共有129个正式会员、32个联系会员和67个附属会员,覆盖

---

〔22〕 李仁真主编:《国际金融法》,武汉大学出版社1999年版,第284页。

〔23〕 李仁真主编:《国际金融法》,武汉大学出版社1999年版,第286页。

了全球 95% 以上的证券市场。[24] 根据 IOSCO 章程的规定，同一司法辖区只能有一个监管机构成为其正式会员。一个辖区如已有正式会员，其他监管机构可成为联系会员（无选举权和被选举权）。交易所、自律组织及国际组织可成为 IOSCO 的附属会员。

中国证监会是 IOSCO 的正式会员。上海证券交易所、深圳证券交易所、中国金融期货交易所、中国证券登记结算有限责任公司、中国证券投资者保护基金有限责任公司和中国证券业协会是 IOSCO 的附属会员。[25]

证券市场一体化的发展使证券监管面临以下趋势：(1)市场中介机构在广为分散的各个地域从事经营活动；(2)跨境投资活动的不断增长；(3)跨境市场的发展使监控难度加大。在这样一个现实情况下，不同国家的监管者需要更加互相支持，在监管机构之间建立起强有力的联系并保证有足够的资源发挥协同作用，监管者必须相互信赖，并为达成共同的目标建立起相应的机制，建立一套共同的指导原则和可以共享的监管目标是一项树立“信心”的重要举措。[26] 在此背景下，IOSCO 于 1988 年发布了《证券监管目标和原则》（Objectives and Principles of Securities Regulation），后于 2003 年、2008 年、2010 年进行了三次修订。[27] 文件确立了证券监管的三项目标，分别是保护投资者，确保市场的公平、效率和透明度，减低系统风险。

为实现上述监管目标，文件制定了 38 条原则，分为九类，分别涉及监管机构(8 条)，自律组织(1 条)，证券监管的执行(3 条)，监管合作(3 条)，发行人(3 条)，审计师、信用评级机构和其他信息服务商(5 条)，集合投资计划(5 条)，中介机构(4 条)和二级市场(6 条)。

《证券监管目标和原则》具有较强的专业性和指导性，但并不具备强制效力。IOSCO 成员可以根据这些目标和原则，结合各自市场的特点和发展水平，自主实施相应监管，开展跨境监管与执法合作。

随着全球金融市场日益融合，跨境证券活动不断增加，IOSCO 于 2002 年 5 月制定了《关于咨询、合作与信息交换的多边备忘录》（Multilateral Memorandum of Understanding Concerning Consultation and Cooperation and the Exchange of Information，IOSCO MMoU）[28]，在 2005 年，IOSCO 将 IOSCO MMoU 作为证券监管机构之间合作的基石，制定了到 2010 年扩展 IOSCO MMoU 签署网络扩展的战略和目标，为成员机构调查处理跨境证券类案件提供了便利，从而促进跨境合作，缓解全球系统性风险，保护投资者，确保公正、高效的证券市场。

截至 2021 年 5 月，已有 124 个成员机构签署 IOSCO MMoU。[29] 中国证监会于 2007 年签署了 IOSCO MMoU。

---

〔24〕 See Ordinary Members of IOSCO, https: https://www.iosco.org/about/? subsection = membership&memid = 1.

〔25〕 See Affiliate Members of IOSCO, https://www.iosco.org/about/? subsection = membership&memid = 3.

〔26〕 Michael Taylor、张文：《IOSCO〈证券监管目标和原则〉述评》，载《证券市场导报》2004 年第 8 期。

〔27〕 See Objectives and Principles of Securities Regulation, June 2010.

〔28〕 Multilateral Memorandum of Understanding Concerning Consultation and Cooperation and the Exchange of Information, http://www.iosco.org/library/pubdocs/pdf/IOSCOPD386.pdf.

〔29〕 IOSCO MMoU: Appendix A (current signatories) – 124, https://www.iosco.org/about/? subSection = mmou&subSection1 = signatories.

本章思考题

1. 国际金融法的调整对象是什么？它有哪些特点？
2. 国际间的资金融通有哪些方式？试就各种方式的特点、利弊作分析。
3. 试述国际证券的种类和发行方式。
4. 国际融资协议有哪些共同条款？
5. 为什么要加强国际金融监管的协调与合作？它包括哪些内容？

拓展阅读

一、论文资源

1. 李仁真:《当代国际金融法发展的基本特征与走势》,载《武汉大学学报(哲学社会科学版)》2007 年第 1 期。
2. 徐冬根:《新世纪中国国际金融法学术研究成果评析》,载《河南省政法管理干部学院学报》2005 年第 5 期。
3. 贺小勇:《国际金融立法的新趋势与中国金融法的完善》,载《上海社会科学院学术季刊》2002 年第 4 期。
4. 韩龙:《美国汇率反补贴新规之国际合法性研判》,载《法学》2020 年第 10 期。
5. 杨松:《国际金融法研究应注意的几个问题》,载《法学研究》2004 年第 2 期。
6. 廖凡:《全球金融治理的合法性困局及其应对》,载《法学研究》2020 年第 5 期。
7. 漆彤:《国际金融软法的效力与发展趋势》,载《环球法律评论》2012 年第 2 期。

二、文件资源

1.《国际货币基金协定》。
2.《国际复兴开发银行贷款协定和担保协定通则》及《提款指南》。
3. 1988 年《关于统一国际银行资本衡量与资本标准的协议》。
4. 1997 年《有效银行监管的核心原则》。
5.《巴塞尔资本协议Ⅱ》(Basel Ⅱ:International Convergence of Capital Measurement and Capital Standards:A Revised Framework, June 2004)。
6.《巴塞尔资本协议Ⅲ》(Basel Ⅲ:International framework for liquidity risk measurement, standards and monitoring, December 2010)。

三、网络资源

1. 国际货币基金组织(International Monetary Fund, IMF),http://www.imf.org/external/index.htm。
2. 巴塞尔银行监管委员会(Basel Committee on Banking Supervision),http://www.bis.org/bcbs/index.htm。
3. 世界银行集团(The world bank),http://www.worldbank.org/。
4. 国际证监管理委员会(International Organization of Securities Commissions, IOSCO), http://www.iosco.org/。

第十一章　国际税法

本章导读

国际税法作为国际经济法的一个组成部分,以国际税收关系为调整对象。这种税收关系主要体现为两个或两个以上的主权国家与纳税人相互之间在跨国征税对象上产生的经济权益分配关系。在各国对跨国征税对象行使税收管辖权方面,有属人税收管辖权和属地税收管辖权之分。大部分国家在向跨国征税对象征税时既行使属人税收管辖权,也行使属地税收管辖权。由于各国在行使本国税收管辖权时存在相互之间的冲突,因此,产生了国际重复征税的问题,为纳税人带来不合理的负担。为解决国际重复征税问题,很多国家采取了不同的方法解决,如免税法、抵免法、扣除法、减税法等。此外,一些纳税人为了减轻纳税负担,采取逃税或避税的方式,国际社会为此也进行了多方面的合作。国际税法的渊源与国际经济法的其他部门一样,既有国际渊源,也有国内渊源。其中双边税收协定是调整各国之间涉外税收关系的主要途径。同时,经济合作与发展组织制定的《关于对所得和财产避免双重征税的协定范本》以及联合国经济及社会理事会制定的《关于发达国家与发展中国家避免双重征税的协定范本》对各国签订的双边税收协定具有重要的影响。

中国已经和世界上的许多国家签订了双边税收协定。《多边税收征管互助公约》是中国签署的第一份多边税收协议。

第一节　国际税法概述

一、国际税法的产生和发展

国际税法是随着国际税收关系的产生与发展而形成的一个新的法律部门,是国际经济法的一个新分支。国际税收关系的出现有两个前提:一是国际经济交往的发展,二是所得税制度在各国的建立。19 世纪末,随着各种间接和直接的跨国投资的不断增加与扩大,货物、资金、技术和劳动力等经济要素的跨国流动日趋频繁,从事跨国投资和其他经济活动的企业与个人的收入及财产的国际化现象普遍存在和发展,为国际税收关系和国际税法的产生奠定了经济基础。同时,作为现代直接税标志的所得税制度和一般财产税制度在当时各主要资本主义国家相继确立,则为国际税收关系和国际税法的产生与发展奠定了必要的法律基础。从 19 世纪末到"二战"爆发前,是国际税法的萌芽阶段。国际税法作为一个相对独立的法律部门或体系是在"二战"结束后才逐渐形成和发展起来的。"二战"结束后,国际政治、经济形势发生了重大的变化,这种变化使各国在国际税收分配关系上的矛盾和冲突更加普遍和激化,从而推动了国际税法的形成和发展。

特别需要指出的是,20 世纪 90 年代以来,随着 WTO 的建立,国际贸易、金融和投资自由化政策的广泛推行,欧盟的成立和欧元的启动,以及计算机互联网络技术在商业上的应用,导致全球经济一体化趋势明显加强,从而使国际税法的发展呈现一些新特点:

1. 各国为维护其税收权益,进一步加强对国际交易活动的税收征管。一些在所得税课税原则上实行严格属地主义的国家,先后改为兼采属地和属人相结合的课税原则,开始对本国居民来源于境外的所得征税。美国、英国、德国、加拿大等发达国家相继进一步改革、完善有关转移定价、资本弱化和利用避税港基地公司的国内反避税管制措施。中国、韩国、南非、巴西和墨西哥等发展中国家对关联企业的转移定价行为也相继作出了立法管制规定。

2. 国际税收的协调与合作有了更大规模和更高层次的发展。经济合作与发展组织为了加强各成员方在管制跨国公司转移定价行为方面的相互协调和理解,于 1995 年发布了《多国企业和税收征管的转让定价准则》。欧共体和后来的欧盟先后发布了《欧共体情报交换指令》、《公司兼并条例》和《母子公司条例》等一系列法令,且其各成员方相互间签订的《税收仲裁公约》和《税务征管协助公约》也在 1995 年先后生效并实施。2017 年 6 月 7 日包括中国在内的 67 个国家和地区联合签署了《实施税收协定相关措施以防止税基侵蚀和利润转移(BEPS)的多边公约》(Multilateral Convention to Implement Tax Treaty related Measures to Prevent Base Erosion and Profit Shifting/Convention multilatérale pour la mise en uvre des mesures relatives aux conventions fiscales pour prévenir l'érosion de la base d'imposition et le transfert de bénéfices, BEPS)。该公约是税收协定历史上规模最大、范围最广的一次多边合作与协调,旨在为"一揽子"修订全球 3000 多个彼此之间存在差异的税收协定提供法律工具。该公约达到了原则性和灵活性的统一,其原则性能帮助各国快速有效地落实 BEPS 最低标准,灵活性体现在最大限度地包容协定之间的差异,有利于打开一扇又一扇国际税收合作之门。标志着 G20 集团国际税改取得重大成果,有可能成为打开国际税收协调之门的"金钥匙"。中国在该公约的起草过程中,作为工作组第一副主席国,为公约的制定作出了贡献。

3. 有关国际组织开始着手对税收协定范本及其注释进行经常化的修订工作。经济合作与发展组织对 1977 年《关于对所得和财产避免双重征税的协定范本》(以下简称 OECD 范本)及其注释,先后于 1992 年、1994 年、1995 年和 1997 年进行了多次修改,目前使用的范本是 2010 年 7 月 22 日的《OECD 范本》。1980 年联合国《关于发达国家与发展中国家避免双重征税的协定范本》(以下简称《联合国范本》)已于 2011 年修订。

4. 国际税收征管协作进一步加强。2010 年 5 月 27 日,经济合作与发展组织与欧洲委员会响应 G20 集团号召,按照税收情报交换的国际标准,通过议定书形式对《多边税收征管互助公约》进行了修订,并向全球所有国家开放。修订后的《多边税收征管互助公约》于 2011 年 6 月 1 日生效。截至目前,全球约有 60 多个国家已经或承诺签署该公约。2013 年 8 月 27 日我国签署了《多边税收征管互助公约》。

二、国际税法的概念和法源

国际税法是适用于调整在跨国征税对象(跨国所得和跨国财产价值)上存在的国际税收分配关系的各种法律规范的总称。这种国际税收分配关系,是两个或两个以上的主权国家与纳税人相互之间在跨国征税对象上产生的经济权益分配关系,是有关国家之间的财权利益分配关系和它们各自与纳税人之间的税收征纳关系的统一体。

调整在跨国征税对象(跨国所得和跨国财产价值)上存在的国际税收分配关系的国际税法,是一个由国内法规范和国际法规范共同组成的综合性的法律体系。其国内法渊源包括各国政府单方面制定的可以适用于对纳税人的跨国所得和跨国财产价值征税的所得税法和一般财产税法,以及普通法系国家的法院作出的税务案件判例。这类规范的主要功能在于确定国家对跨国征税对象的税收管辖权、征税范围和程度以及课税的方式和程序。国际税法的国际法渊源,主要指各国相互之间为协调对跨国征税对象的课税关系而签订的双边或多边国际税收条约和各国在国际税收实践中普遍遵行的国际税收习惯。这类规范的主要作用在于协调各国税收管辖权之间的冲突,避免国际重复征税和确立国际税务行政协助关系。

必须指出,用来调整国际税收关系的国际法规范和国内法规范并不限于实体法规范,还包括冲突法规范。这样,国际税法在范围上不仅包括国际法规范和国内法规范,而且在这两者中,都既含有实体法规范,又含有冲突法规范。

三、国际税收法律关系的特征

与传统意义或纯粹的国内税收关系相比,国际税收关系在主体、客体和内容上都有其自身的特点。

在主体方面,虽然国际税收关系的主体和国内税收关系的主体一样,包括征税主体和纳税主体两类,但国内税收关系中的征税主体仅限于一个国家,而且该国家只享有征税权利,不负担义务;而国际税收关系中的征税主体往往有两个或两个以上的国家,且这些国家既享有征税权利,同时也负有相应的义务。国际税收关系中的纳税主体即纳税人,虽然与国内税收关系中的纳税主体一样,都是由自然人、企业法人或其他社会团体组成,但国际税收关系中的纳税人往往要就同一笔跨国征税对象向两个征税国家负有纳税义务,而国内税收关系中的纳税人仅对一个征税国家负有纳税义务。

在客体方面,国际税收关系的客体即征税对象,是纳税人的跨国所得或跨国财产价值。虽然它们在表现形式上与国内税收关系的客体并无区别,都体现为一定的货币价值或实物形态,但在国内税收征税对象上产生的国内税收关系,涉及的只是一国政府与其管辖下的纳税人之间的经济利益分配关系,并未影响其他国家的经济权益,而在国际税收征税对象上产生的国际税收关系,却牵涉两个国家和跨国纳税人三方主体的经济利益分配关系。

在内容方面,国内税收关系中主体之间的权利与义务总体上讲是不对等和非互惠的,作为征税主体的国家并不对具体的纳税人承担任何经济上等价、有偿性质的义务;而国际税收关系由于是国家间的财权利益分配关系和国家与纳税人之间的税收征纳关系的融合体,主体之间的权利与义务并非仅具有强制、无偿的特点,也还有对等、互惠的内容。具体来说,两个征税主体和纳税人之间的权利与义务内容,反映出非对等的强制、无偿的性质,而两个征税主体之间的权利与义务内容,则是建立在对等互惠基础上的。

四、国际税法的宗旨和原则

国际税法的基本宗旨是实现对跨国征税对象的公平、合理的税收权益分配关系,促进国际贸易和投资的正常发展。公平、合理的税收权益分配关系既包含对跨国纳税人征税的公平、合理,又包含有关国家相互之间在跨国征税对象上的权益分配、协调的公平、合理。这两方面的公平、合理不可偏废,否则,均会对国际贸易和投资活动产生消极的、不利的影响。实际上,国际税法的宗旨就是国内税法的宗旨在国际经济层面上的反应。实现对跨国纳税人的公平征税,既保证其不受不必要的税负歧视,又防止其享有不合理的税收优惠,这归根结底是为了确保本国经济的跨国发展,使其在国际经济竞争中的地位不受本国或他国不合理的税收政策的削弱,并最终使本国的税收主权得以维护和贯彻。

为了实现上述宗旨,各国在国际税收实践中必须遵守下列六项基本原则:

1. 税收管辖权独立自主原则。一国政府有权通过制定法律,确定自己行使征税权的对象、范围、程度和方式,并对一切属于其管辖范围的人和物进行征税。国家独立自主的征税权力,不受任何外来意志的干预。对国家税收管辖权的限制,只能按照国际法或通过国家相互间自愿达成的协议实现。

2. 国际税收分配公平原则。主权国际在税收管辖权独立自主原则的基础上,公平地参与国际税收利益的分配。这是国际法公平互利原则在国际税法领域里的具体体现。该项原则的实现关键是对各国之间税收管辖权的合理划分。在一项跨国所得中,一般至少要涉及两个国家,即所得来源地国和所得纳税人的居民地国。由于两国国家同时可根据来源地税收管辖权和居民税收管辖权对同一跨国所得进行征税,如没有公平合理的划分税收管辖权,则导致双重征税现象。

3. 避免国际重复征税原则。各国政府有义务通过单边立法或签订双边协定的方式,对彼此冲突的税收管辖权加以协调和限制,在一定程度上放弃各自的财税利益,以保证跨国纳税人能获取合理的利润份额。

4. 涉外纳税人税负公平原则,即消除对外国人的税收歧视原则。缔约国一方国民在缔约国另一方负担的税收义务和条件,不应与缔约国另一方国民在相同情况下负担或可能负担的税收义务和条件不同或比其更重。但该原则的贯彻执行,应该考虑到发达国家与发展中国家在国际经济交往中所处的不同实际地位,防止出现形式上的平等掩盖实质上的不公平竞争的结果。

5. 国际税收中性原则。既不鼓励也不阻碍纳税人在国内或国外的投资选择、就业选择和消费选择,不应对涉外纳税人跨国经济活动的区域选择以及企业的组织形式等经济规则的选择产生影响。该原则可以从来源地国和居民地国两个角度进行衡量。从来源地角度看,就是资本输入的中性,从居民地国角度则是资本输出的中性。国际税收多边或双边协定中的税收中性原则主要体现的是资本输入的中性。

6. 防止国际逃税和避税原则。各国政府有义务采取措施,以行政效率和经济效率为基础,切实有效地保护税源,其税收制度不应该加剧纳税人避税和逃税的意图,例如,高额税率对市场经营者经营积极性的打击和对逃税避税的企图的激励等。同时还应共同采取措施防范和制止纳税人的各种国际逃税和避税行为,以实现国际税收公平、合理的宗旨。

第二节　税收管辖权

税收管辖权是指一国政府决定对哪些人征税、征收哪些税和征收多少税的权力。从经济的角度看,它是各国政府凭借其统治社会的政治权力,强制地、无偿地参与纳税人的收入和财富的分配,取得财政收入的一种手段或方式。从国际法的角度讲,国家行使税收管辖权的根据,在于国家在国际法上享有的主权地位。税收管辖权是国家主权在税收方面的体现,是国家管辖权的重要内容。

在国际法实践中,一般确认主权国家行使管辖权,主要有属人管辖权和属地管辖权两方面内容。作为国家管辖权在税收领域的体现的税收管辖权,各国政府在主张行使这一权力时同样也应依循属人或者属地管辖的原则,即只能对与本国存在人身隶属关系或地域联系因素的那些人和对象客体,主张行使税收管辖权。在各国税收立法实践中,各国政府实际上是基于某种属人性质或属地性质的连结因素确立和行使税收管辖权的。

一、属人性质的税收管辖权

属人性质的税收管辖权是指征税国依据纳税人与该国之间存在某种人身隶属关系性质的法律事实而主张行使的征税权。在所得税和一般财产税方面,各国政府主张的属人性质的税收管辖权具体有居民税收管辖权(resident tax jurisdiction)和国籍税收管辖权(tax jurisdiction based on citizenship)两种表现形式。

(一)居民税收管辖权

居民税收管辖权是征税国基于纳税人与征税国存在居民身份关系的法律事实而主张行使的征税权,亦称居民课税原则。这种居民身份关系事实,是指征税国税法中规定的居民身份构成要件。符合该征税国税法规定的居民身份构成条件的人(包括自然人和企业法人),即属于该征税国税法意义上的居民纳税人;而这个征税国也相应地称作该纳税人的居住国。凡不具备某个征税国税法规定的居民身份构成要件的人,则为该征税国税法意义上的非居民,而这个征税国相对于非居民而言则是他的非居住国。由于居民纳税人与居住国存在居民身份这样的人身隶属关系,居住国政府基于主权的属人性,可以主张对居民纳税人来源于或存在于居住国境内和境外的各种所得或财产价值征收所得税或一般财产税。在征税国的居民税收管辖权下,纳税人承担的是无限的纳税义务(unlimited tax liability),即纳税人不仅要就来源于或存在于居住国境内的所得和财产承担纳税义务,而且还要就来源于或存在于居住国境外的所得和财产向居住国履行有关所得税或财产税的纳税义务。

由上可知,纳税人居民身份关系事实的存在,是征税国对其行使居民税收管辖权的前提,因此,对纳税人的居民身份的确认,是各国居民税收管辖权的重要内容。以下分别说明在确定自然人和法人的居民身份问题上,各国税法实践中通常采用的主要标准。

1. 自然人居民身份的确认标准

关于自然人居民身份的确认,各国主要采用以下标准:

(1)住所标准(domicile criterion)。住所标准就是以自然人在征税国境内是否拥有住所这一法律事实,决定其居民或非居民纳税人身份。采用该标准的主要有中国、日本、法国、德国和瑞士等国家。由于住所具有永久性和固定性的特征,采用这种标准易于确定纳税人的居民身份。但是,在当今各类人员跨国交流频繁的时代,住所并不一定代表一个人的真实活动场所,不能反映纳税人的实际居住地和经济活动所在地,因而单纯依照住所标准确定个人的居民或非居民身份显然有一定的缺陷。

(2)居所标准(residence criterion)。居所标准就是以自然人在征税国境内是否拥有居所这一法律事实,判断其是否属于居民纳税人。居所一般是指一个人在某个时期内经常居住的场所,但并不具有永久居住的性质。采用居所标准的国家,主要有英国、加拿大、澳大利亚等国家。相对于住所标准,居所标准能在更大程度上反映个人与其实际工作活动地之间的联系,但其缺陷在于一个人经常居住的场所往往缺乏某种客观、统一的识别标志,从而在实际适用中具有较大的弹性,容易引起纳税人与税务当局之间的争议。

(3)居住时间标准(the criterion of resident period)。居住时间标准是以自然人在征税国境内居留是否达到和超过一定的期限,认定其居民或非居民纳税人身份,并不考虑个人在境内是否拥有财产或住宅等因素。这种标准实际上是把居住期限和居所两种标准相结合,因而具体、明确,易于在实践中掌握、执行,成为国际上最常用的确定居民身份的方法。但采用该标准的各国,其税法上对居住期限的长短规定不尽一致:有些国家规定为半年(6个月或183日),如英国、印度和印度尼西亚等国家;有些国家则规定为1年,如日本、中国、巴西、菲律宾和新西兰等国家。

居住期限有时也和住所标准相结合,例如,《美国国内收入法典》第6362节第7款规定,在某一征税年度内,自然人在其住所内住满30日,则应对其行使居民税收管辖权。

2. 法人居民身份的确认标准

在公司、企业和法人团体的居民身份确认上,各国采用的标准主要有以下三种:

(1)法人注册成立地标准。按此标准,法人的居民身份决定于法人按何国法律注册成立。该标准易于确定法人的居民身份,但法人的注册成立地往往并非它的实际经营地。美国、瑞典、墨西哥等国家都实行这一标准。1924年美国的国家纸张与铅字公司诉鲍尔斯一案,是实行法人注册成立地标准的典型案件。

(2)实际控制和管理中心所在地标准。按此标准,企业法人的居民身份决定于其实际控制和管理中心设于何国。所谓法人的实际控制和管理中心所在地,是指作出和形成法人的经营管理重要决定与决策的地点。一般来说,董事会或股东经常召集开会的地点,是判断法人实际控制和管理中心所在地的重要标志。同注册成立地标准相比,这一标准在确定法人居民身份方面难度较大,在董事会或股东开会的地点常有变换的情况下,困难更多。英国、印度、新西兰和新加坡等国家都实行这种标准。在1906年的比尔斯联合矿业公司诉荷奥一案中,原告公司的注册成立地与实际控制和管理中心所在地不在一国,英国法院按实际控制和管理中心所在地标准确定该公司的居民身份。

(3)总机构所在地标准。按此标准,法人的居民身份取决于它的总机构所在地,即总机构设在哪一国,便认定为是该国的居民。所谓法人的总机构,一般是指负责管理和控制法人的日常经营业务活动的中心机构,如总公司、经理总部或主要事务所等。中国和日本均采用这一标准。

对于上述确认自然人和法人居民身份的诸种标准,各国在税法实践中并非仅限于采用其中的一种,许多国家往往同时兼用两种以上标准,以尽可能扩大自己的居民税收管辖权范围。例如,荷兰、丹麦、西班牙、加拿大和英国都同时实行法人注册成立地标准与实际控制和管理中心所在地标准;法国兼采法人注册成立地标准和总机构所在地标准;意大利则同时实行法人注册成立地、实际控制和管理中心所在地与总机构所在地三种标准。

有的国家除主张居民税收管辖权外,还兼行国籍税收管辖权。

（二）国籍税收管辖权

国籍税收管辖权，亦称公民税收管辖权，是征税国依据纳税人与征税国之间存在国籍这种身份隶属关系的法律事实所主张的征税权。在这种税收管辖权下，凡具有征税国国籍的纳税人，不管其与征税国之间是否存在实际的经济或财产利益关系，征税国都要对其世界范围内的一切所得或财产价值征税。因此，纳税人在这种税收管辖权下负担的也是无限的纳税义务。

对自然人来说，征税国以其具有本国国籍而主张对其世界范围内的财产或所得行使征税权，从法律上讲虽然有充分的根据，但在当今人才跨国流动频繁的时代，却欠缺经济上的合理性。因为在现代社会里，具有一国公民身份的个人离开国籍国而长期居住在他国经商、求学或就业，已经是十分普遍的现象。个人的国籍往往不如住所或居所等能在更大程度上反映个人与征税国存在实际的人身或经济利益联系。因此，在所得税和财产税实践中，仅有美国、墨西哥和保加利亚等少数国家主张对自然人依据国籍身份行使征税权。1924 年美国的柯克诉泰特一案，是实行国籍税收管辖权的典型案件。

但对公司、企业等法人团体来说，目前仍有为数不少的国家主张依据国籍联系行使税收管辖权，如美国、加拿大、墨西哥和菲律宾等国家。关于法人国籍的确认，多数国家一般采取法人注册成立地标准，认定凡依一国法律登记设立的企业，即属于该国的国民。

二、属地性质的税收管辖权

属地性质的税收管辖权，是指征税国基于征税对象与本国领土存在某种地域上的连结因素而主张行使的征税权。这类属地性质的税收管辖权，在所得税方面的主要表现形式有所得来源地税收管辖权（income source tax jurisdiction），在财产税方面则有财产所在地税收管辖权（tax jurisdiction of property situation）。

（一）所得来源地税收管辖权

所得来源地税收管辖权，亦称来源地课税原则或领土课税原则，是指征税国基于作为课税对象的所得是来源于本国境内的法律事实而主张行使的征税权。在这种属地性质的税收管辖权下，征税国只是依据课税对象与本国领域存在地域上的联系这一事实而主张课税，并不考虑纳税主体的居民或国籍身份的归属。因此，纳税人承担的是有限的纳税义务，即纳税人仅限于就来源于征税国境内的那部分所得，向该征税国政府承担纳税责任。

在所得税法中，纳税人的各项所得或收益一般可以划分为四类，即营业所得、劳务所得、投资所得和财产收益。以下分别阐述各国税法对各类所得来源地的确认通常采用的标准。

1. 营业所得来源地的确定标准

营业所得，通常是指纳税人从事各种工商经营性质的活动所取得的利润，亦称经营所得或营业利润。关于营业所得来源地的认定，各国税法一般都采用常设机构原则，即征税国只能对非居民设在本国境内的常设机构来源于本国的营业所得征税。所谓常设机构，是指外国法人在收入来源地国境内设立的可以从事全部或部分营业的固定场所，例如，分支机构、办事处、工厂、作业场所、自然资源的开采场所、达到一定期限的建筑工地及建筑、装配或安装工程等。常设机构具有三个特征：（1）有一个营业场所，包括房屋场地与机器设备等，自用或租用均可；（2）该营业场所必须是固定的；（3）该固定场所必须从事营业性的活动。

按常设机构原则征税，必须将常设机构视为独立企业。因为常设机构与国外总机构是同一法人，依通例，总机构应将国外常设机构的所得并入总所得向其居住国纳税。因此，收入来源国只有将常设机构视为独立的纳税实体,令其独立地计算盈亏,把作为独立企业应取得的利润都归之于常设机构,才能有效地实行收入来源地税收管辖权。

将所得划归常设机构,必须遵循一定的原则。在国际上,通用两项归属原则:一是实际联系原则,即只能对与常设机构本身活动有实际联系的所得从源征税,例如,常设机构本身的营业利润及对其他企业投资、贷款的股息、利息等。二是"引力原则",即如果非居民公司在收入来源地国从事属于其常设机构营业范围内的经营活动,则收入来源地国可以将其所得引归常设机构,行使收入来源地税收管辖权。显然,实行"引力原则",征税面较大,对收入来源地国是有利的。《联合国范本》列入了这项原则,《OECD 范本》则未列入。

中国也实行常设机构原则,同时实行实际联系原则。至于"引力原则",由于中国疆土辽阔,执行较难,也由于这项原则对国际经济和贸易往来有一定的影响,没有采用。

2. 劳务所得来源地的确定标准

劳务所得,一般是指纳税人因对他人提供劳动服务而获得的报酬。企业所获得的劳务报酬在各国税法上通常认定为营业所得,个人所获得的劳务报酬可以区分为独立劳务所得和非独立劳务所得两类:前者指个人以自己的名义独立从事某种专业性劳务和其他独立性活动而取得的收入,后者则指个人由于受雇于他人从事劳动工作而取得的工资、薪金、各种劳动津贴和奖金等。在各国税法中,对于独立个人劳务者,按照一般原则,或者在征税国境内设有诊疗所之类的固定基地,或者在一个纳税年度内在征税国境内连续或累计停留达到征税国税法规定的天数,其所得均可从源征税。至于停留天数,各国规定不一,但在各项双边税收协定中,大多规定为 183 日以上。对于非独立个人劳务者,国际上通行的原则是非居民在另一国受雇取得的工资、薪金等收入,可以由另一国从源征税。但是,如果同时具备下列三个条件的,则应当由其居住国征税:(1)在一个纳税年度内连续或累计停留不超过 183 日;(2)其报酬的支付人不是另一国的国民;(3)其报酬不是由雇主设在另一国的常设机构或固定基地负担。其他人如董事、艺术家、运动员、教师、科研工作者、学生等,对其所得是否从源征税,由各国在双边税收协定中分别加以规定。但是,为本国政府提供的劳务,无论提供劳务的地点何在,一般均视为来源于本国的所得。

3. 投资所得来源地的确定标准

投资所得主要包括纳税人从事各种间接性的投资活动而取得的股息、红利、利息、特许权使用费和租金收益。这类投资收益都具有权利所得的性质。投资所得是在非居民没有在收入来源地国境内设立常设机构的情况下取得的,或者虽然设有常设机构,但这些所得按实际联系原则却不应归属于该常设机构。各国确认投资所得的来源地,主要采用以下两项原则:一是投资权利发生地原则,即以这类权利提供人的居住地为所得的来源地;二是投资权利使用地原则,即以权利或资产的使用或实际负担投资所得的债务人居住地为所得来源地。对于投资所得,收入来源地国一般采取预提的方式征收所得税。

需要注意的是,常设机构本身的投资所得应当并入营业利润缴纳所得税,而不应按照投资所得缴纳预提税。

4. 财产收益来源地的确定标准

财产收益,又称财产转让所得或资本利得,是指纳税人因转让其财产的所有权而取得的所得,即转让有关财产取得的收入扣除财产的购置成本和有关的转让费用后的余额。对转让不动产所得来源地的认定,各国税法一般都以不动产所在地为所得来源地。但在转让不动产以外的其他财产所得来源地的认定上,各国主张的标准不一。

(二)财产所在地税收管辖权

财产所在地税收管辖权,是指征税国在财产税方面基于作为征税对象的财产或财产价值存在于本国境内的事实而主张行使的征税权。与所得来源地税收管辖权的性质相类似,在财产所在地税收管辖权下,征税国主张课税的事实依据是作为课税对象的财产或财产价值坐落于或存在于本国境内,不考虑纳税人的居民或国籍身份归属。因而纳税人负担的是一种有限的纳税义务,即仅限于就存在于征税国境内的那部分财产或财产价值对征税国负有纳税义务。关于各种财产的所在地或财产价值存在地的认定,各国税法对于土地、房屋等不动产,都是以其实际坐落地为准;对于各种动产,一般是以其实际存在的地点为准;对于船舶、飞机、汽车等交通运输工具这类动产,多以其注册登记地或价值存在地为准。

第三节 国际重复征税及其解决方法

一、国际重复征税的概念范围

完整的、广义上的国际重复征税概念,是指两个或两个以上的国家,对同一纳税人或不同纳税人的同一种征税对象或税源,在相同期间内课征相同或类似性质的税收。应该指出的是,在国际税法理论上,人们对国际重复征税这一概念的认识存在一定的分歧:有人认为国际重复征税的概念,仅限于法律意义上的国际重复征税(international double taxation in the legal sense);有人认为除了法律意义上的国际重复征税外,还应包括所谓经济意义上的国际重复征税(international doubletaxation in the economic sense)。下面介绍法律性质和经济性质这两种不同类型的国际重复征税现象。

(一)法律性质的国际重复征税

目前,关于法律性质的国际重复征税概念,各国普遍接受的是经济合作与发展组织在1963年发布的《关于对所得和财产征税的协定范本草案的报告》中所作的定义:“法律性的国际重复征税是指两个或两个以上的国家,对同一纳税人就同一征税对象,在同一时期内课征相同或类似的税收。”据此,法律意义上的国际重复征税必须具备以下五项构成要件:(1)征税主体存在两个或两个以上的国家。在多数情况下,这两个征税主体中,一个是纳税人的居住国政府,另一个是征税对象的来源地或所在地国政府(纳税人的非居住国)。但也可能两个征税主体都主张各自是纳税人的居住国或课税对象的来源地国。(2)纳税主体同一,即同一个纳税人对两个或两个以上国家的税务机关负有纳税义务。同一个纳税人,包括同一个自然人和属于同一个法人的总机构与分支机构。是否是同一个纳税人直接就某种征税对象对两个国家征税主体负纳税义务,是法律性质的国际重复征税区别于经济性质的国际重复征税的界限标志。(3)课税对象同一,即两个或两个以上国家征税主体对同一个纳税人的同一笔所得或财产价值主张税收管辖权。如果两个或两个以上国家征税主体就不同的征税对象(如营业额和利润额)对同一纳税人同时征税,就不构成国际税法上所要消除的国际重复征税现象。(4)征税期间同一。两个或两个以上国家征税主体均是按同一个纳税期间对纳税人取得的所得或拥有的财产价值征税,而并不是两个征税主体对纳税人具体征缴税款同时进行。(5)课征相同或类似性质的税收。两个或两个以上国家征税主体对同一个纳税人分别课征的税收,必须是属于同种性质或类似性质的税收。如果甲国对其课征的是流转税性质的税收,而乙国对其课征的是所得税性质的税收,由于两国分别课征的税收并不具有相同或相似性质,因而并不构成国际重复征税。所谓相同或类似性质的税收,并不要求两国课征的税收名称相同、征税对象的范围完全一致,而是只要属于所得税或一般财产性质的税收即可。应该注意的是,这种法律性质的国际重复征税,是目前各国通过制定单边性的国内立法和签订双边性的税收协定所努力克服并解决的核心问题。

(二)经济性质的国际重复征税

经济性质的国际重复征税,亦称国际重叠征税或国际双层征税,是指两个或两个以上的国家对不同的纳税人就同一课税对象或同一税源在同一期间内课征相同或类似性质的税收。与法律性质的国际重复征税相比,经济性质的国际重复征税除了不具备同一纳税主体这一特征外,其余四项构成要件都与法律性质的国际重复征税相同。经济性质的国际重复征税现象,主要表现在两个国家分别、同时对在各自境内居住的公司的利润和股东从公司获取的股息征税。

主张国际重复征税概念范围狭义说的国家和学者,之所以把国际重复征税的概念范围限定在法律意义上的国际重复征税,是因为他们认为:从法律的角度看,公司和公司的股东是各自具有独立的法律人格的不同的纳税人。公司通过经营活动取得的营业利润和股东从公司分配获得的股息,分属于两个不同的纳税人所得。因此,一国对属于其境内居民的公司的利润征税和另一国对在其境内居住的股东从上述公司取得的股息征税,在法律上均属合法、有据,并非对一个纳税人的重复征税。但是,主张国际重复征税概念范围广义说的学者和国家认为:两个国家分别对公司的利润和股东的股息征税,从经济的角度看不合理。因为公司实质上是由各个股东所组成的,公司的资本是各个股东持有股份的总和。公司的利润是股东分得股息的源泉,两者是同一事物的两个不同侧面。因此,一方面对公司的利润征税,另一方面对作为公司税后利润分配的股息再征税,这明显是对同一征税对象或同一税源进行了重复征税。而且从结果看,对公司利润征收的所得税,最终还是按股份比例落到各个股东身上,由各个股东承担。这与对同一纳税人的同一所得重复征税实质上并无区别。加之,目前绝大多数国家都已经通过各种税收措施避免和消除在一国范围内发生的经济性重复征税问题。在这种情形下,如果不承认在国际范围内发生的经济性重复征税现象同样是应予以减轻或消除的国际重复征税问题,就会造成国内投资与跨国投资之间税负不公平的结果,妨碍国际投资的正常发展。事实上,对于国际范围内存在的经济性重复征税现象,当前已经有越来越多的国家正通过国内税法措施或在双边税收协定中规定相应的间接抵免方法,在一定程度和范围内加以避免和消除。例如,中国对外签订的许多双边税收协定中都含有这类旨在避免和消除对跨国股息收益经济性双重征税的条款。因此,我们赞同将经济性的国际重复征税纳入国际重复征税的概念范围,国际重复征税概念应该包括法律性质和经济性质的两种不同类型的重复征税现象。

二、国际重复征税的成因与危害

(一)国际重复征税的成因

国际重复征税现象形成的根本原因,是有关国家各自主张的税收管辖权在纳税人的跨国所得或财产价值上发生重叠、冲突。国际重复征税的实质是国家税收管辖权的冲突。国家税收管辖权之间的冲突,主要有以下三种情况:

1. 居民税收管辖权与来源地税收管辖权之间的冲突。这是造成当今大量国际重复征税的最普遍的原因。目前,除少数国家或地区外,绝大多数国家在所得税和一般财产税方面,既按属人课税原则对本国居民来自居住国境内和境外的一切所得与财产价值行使居民税收管辖权,同时又根据属地课税原则对非居民(其他国家的居民)源于境内的各种所得和存在于境内的财产价值主张来源地税收管辖权,因此,在一国居民所取得的来源于居住国境外的跨国所得上,势必会发生一国的居民税收管辖权与另一国的所得来源地税收管辖权之间的冲突。从理论上说,清除目前普遍存在的这两种税收管辖权冲突引起的国际重复征税的最佳途径是,规定世界各国在所得税或一般财产税上统一行使同一种属人性质或属地性质的税收管辖权。但是,在发达国家和发展中国家于国际经济交往中所处之地位不同以及绝大多数国家出于保证各自财权利益而扩大其课税权的今天,这实际上是一种不可能实现的理想。因此,在国际税收实践中,目前各国只是通过双边或多边税收条约或协定对彼此间的居民税收管辖权与来源地税收管辖权的冲突,在一定范围内和程度上进行协调、限制。

2. 两个国家的居民税收管辖权之间的冲突。国际重复征税也可能因两个国家各自主张的居民税收管辖权之间的冲突而产生。由于各国在确定自然人的居民身份上采用的标准有住所、居所和居住期限等标准的差异,一个在采用住所标准的国家拥有住所的自然人,如果前往一个采用居住期限标准的国家工作,并且停留的时间达到了该国税法中规定的构成居民纳税人身份的时间界限,这个自然人将被两个国家同时认定为它们各自的居民纳税人,对这个自然人来自全球范围内的所得,两个国家都要主张行使居民税收管辖权,从而造成国际重复征税现象。同样,由于有关国家税法中认定法人的居民身份也有法人注册成立地标准、总机构所在地标准与实际管理和控制中心所在地标准的不同,一个在采用总机构所在地标准的国家设有总机构的法人,如果又在采用实际管理和控制中心所在地标准的国家设有管理和控制中心,那么,该法人将被两个国家同时认定为它们各自的居民纳税人,而对其来自全球范围内的所得主张行使居民税收管辖权,从而引起国际重复征税现象。

3. 两个国家的来源地税收管辖权之间的冲突。各国税法对同一种类所得的来源地认定标准可能不一致,也会引起有关国家的来源地税收管辖权之间的冲突,导致对同一笔所得的国际重复征税现象。例如,在劳务所得来源地的识别上,有的国家采用劳务履行地标准,有的国家则以劳务报酬支付人所在地为标准。假设甲国的某家公司聘请丙国的某个居民个人到乙国境内从事技术指导工作,这个丙国的居民个人在乙国工作的工资是由甲国境内的公司支付的。如果甲国税法采用的是劳务报酬支付人所在地标准,乙国税法却是以劳务履行地为标准,那么,上述丙国居民个人的工资所得将被甲、乙两国税务机关分别认定为来源于其境内的所得而主张征税。

(二)国际重复征税的危害

国家间税收管辖权的冲突,尤其是因此造成的国际重复征税现象,对国际经济的发展将产生消极的影响。

1. 从税法角度讲,国际重复征税使从事跨国投资和其他各种经济活动的纳税人相对于单纯从事国内投资和其他各种经济活动的纳税人,承受了沉重的双重税收义务负担,违背了税负公平原则和税收中立原则。税负公平原则要求具有同等纳税能力的人应负担同等的纳税义务,纳税能力不同的人应负担程度相应不同的纳税义务。税收中立原则,亦称税收中性原则,要求税收不应干预或影响纳税人的投资取向和经营决策,纳税人对投资区域、行业和经营方式的选择,主要应由价值规律和市场竞争因素支配和制约。

2. 从经济角度看,国际重复征税造成税负不公平的结果,使跨国纳税人陷于劣势竞争地位,势必挫伤其从事跨国经济活动的积极性,从而阻碍国际资金、技术、文化和人员的正常流动、交往。这不仅对需要吸收外国投资和引进技术的广大发展中国家不利,对那些急于为国内剩余资金和技术找到出路的发达资本输出国来说,也是不愿看到的结果。

3. 国际重复征税为国际逃、避税收敞开了方便之门。国际避税正是利用了税收管辖权上的真空所提供的可能性,例如,A 国实行属地主义,对来源于本国的所得征税,而 B 国采用居民管辖,对其居民来源于境内外的所得征税。一个 B 国居民很可能主动改变为 A 国居民,同时可能通过所谓的“导管公司”将收入吸入 A 国,从而避税。这种结果虽然是当事人主观积极行为造成的,但利用的却是国家间税收管辖权的消极冲突。

正是鉴于国际重复征税的上述危害性,各国政府都意识到应努力采取措施予以避免和消除。解决国际重复征税问题,也就成为协调国际税收关系的国际税法中的一个核心问题。

三、国际重复征税的解决方法

各国签订的避免双重征税协定仅限于少数跨国所得项目,如国际运输企业利润、退休金所得和政府雇员工资等,采用独占征税原则将征税权完全划归缔约国一方行使,从而避免了征税权冲突问题。而在绝大多数的跨国所得项目上,则是实行优先征税原则或税收分享原则,即对这些所得项目,作为来源地国的缔约国一方可以在一定的条件下和范围内优先依照其国内税法规定或适用协定中的限制税率行使来源地税收管辖权,而作为纳税人居住国的缔约国另一方也有权主张其居民税收管辖权,因而缔约国双方的征税权冲突问题并没有完全解决,只是在程度和范围上有所缓和或减轻。因此,要消除国际重复征税,避免双重征税协定还必须同时规定作为居住国的缔约国一方,在对其居民纳税人的上述跨国所得征税时,应承担义务采取适当的消除双重征税的措施。就目前各国签订的双边税收协定来看,此类协定通常都只是就居住国一方应当采取的消除重复征税的方法作出原则性的规定,至于这些方法的适用范围、条件和程序以及计算方式和规则等具体事项,则取决于缔约国国内税法中有关此种方法的具体规定。各国国内所得税法采用的解决国际重复征税问题的措施,具体可以分为免税法、抵免法、扣除法和减税法四种。

(一)免税法

免税法,亦称豁免法,是指居住国一方对本国居民纳税人来源于来源地国另一方的已经向来源地国纳税的跨国所得,在一定的条件下放弃行使居民税收管辖权,允许不计入该居民纳税人的应税所得额内、免予征税的方法。实行免税法的国家或地区可以分为两种类型:一类是在所得税的课税原则上仅主张单一的属地课税原则,只对其居民或非居民纳税人来源于其境内的所得课税的国家或地区,例如,南美的巴拿马、阿根廷、委内瑞拉等。另一类是虽然在所得税方面同时主张居民税收管辖权和所得来源地税收管辖权两种课税原则,但对本国居民来源于境外的特定范围内的所得(如营业利润、独立劳务或非独立劳务所得、财产收益等),在一定的条件下免予征税的国家或地区,如德国、法国、西班牙、荷兰、瑞士、奥地利、挪威、瑞典等欧洲国家。

在居住国所得税实行累进税率制度的情况下,采用免税法解决双重征税有全额免税法和累进免税法两种不同的计算办法。

全额免税法，是指居住国在对居民纳税人来源于居住国境内的所得计算征税时，其适用税率的确定，完全以境内这部分应税所得额为准，不考虑居民纳税人来源于境外的免予征税的所得数额。其计算公式为：

居住国应征所得税额 = 来源于居住国境内的所得额 × 居住国所得税税率

所谓累进免税法，是指居住国虽然对居民纳税人来源于境外的所得免予征税，但在对居民纳税人来源于境内的所得确定应适用的累进税率时，要将免予征税的境外所得额考虑在内。其计算公式为：

居住国应征所得税额 =（来源于居住国境内应税所得 × 居住国适用累进税率 + 来源于非居住国的应税所得 × 居住国适用累进税率）× 来源于居住国境内所得 ÷（来源于居住国境内所得 + 来源于非居住国所得）

在此举例说明这两种免税计算方法的不同效果。假定有甲国居民 A 公司在某纳税年度内获得营业所得 1000 万元，其中来源于居住国甲国境内所得为 600 万元，来源于乙国境内所得为 400 万元。甲国实行超额累进税率，纳税人年所得额未超过 600 万元的部分，适用税率为 30%；年所得额在 600 万元以上至 1000 万元的部分，适用税率为 35%。再假定来源地国乙国实行比例税率，分别为 20% 或 40% 两种情况。

在乙国所得税税率为 20% 的情况下，A 公司就来源于乙国的所得 400 万元应纳乙国所得税额为 80 万元（400 万元 ×20%）；在乙国所得税税率为 40% 的情况下，A 公司就来源于乙国的所得 400 万元应纳乙国所得税额则为 160 万元（400 万元 ×40%）。

在居住国甲国采用全额免税法条件下，按前述全额免税法计算方法，甲国对其居民 A 公司应征税额为：600 ×30% ＝180（万元）；在居住国甲国采用累进免税法条件下，按前述累进免税法，甲国对其居民 A 公司应征税额为：（600 ×30% ＋400 ×35%）×600 ÷（600 ＋400）＝192（万元）。

这两种免税法计算的结果表明：在采用累进免税法情形下，居住国甲国对居民纳税人 A 公司所适用的税率比在采用全额免税法条件下适用的税率要高，所征的税额也比在采用全额免税法条件下所征的税额要多。因此，采用免税法的国家多主张实行累进免税法，极少适用全额免税法。

作为一种消除国际重复征税的措施，免税法的优点主要表现在：首先，采用免税法能够彻底消除国际重复征税。其次，在来源地国税率低于居住国税率的情况下，居住国采用免税法，能使居民纳税人实际享受到来源地国政府给予的低税负或减免税优惠，从而有利于促进跨国投资。最后，实行免税法在税务征收管理上较为简便易行，因为居住国的税务机关无须对居民纳税人在来源地国的经营收支状况和实际纳税情况进行困难和费时的调查、核实工作。但是，免税法的缺陷也是显而易见的，主要表现在：首先，这种方法是建立在居住国放弃对其居民的境外所得的征税权益基础之上的，未能在消除国际重复征税问题上均衡兼顾居住国、来源地国和跨国纳税人这三方主体的利益，使居住国的权益受到一定的影响。其次，由于采用免税法，居住国对本国居民的境外所得或财产价值免予征税，在来源地国税率水平低于居住国税率水平的情况下，将造成有境外所得或财产价值的跨国纳税人的税收负担低于仅有同样数额的境内所得或财产价值的国内纳税人的税收负担的结果，从而有悖税收公平原则，容易为跨国纳税人提供利用各国税负差异进行逃税和避税的机会，促使居住国境内的资本或利润不正常地转移到低税负国家或避税地去。正是由于免税法存在上述缺陷，在国际税收实践中采用这种方法解决国际重复征税的国家相对于采用抵免方法的国家为数较少。

(二)抵免法

抵免法,是指居住国按照居民纳税人的境内外所得或一般财产价值的全额为基数计算其应纳税额,但对居民纳税人已经在来源地国缴纳的所得税或财产税额,允许从向居住国应纳税额中扣除,即以纳税人在来源地国已经缴纳的税额抵免其应汇总计算缴纳给居住国的相应税额的一部分。这是目前大多数国家采用的避免国际重复征税的方法。

抵免法有全额抵免法与限额抵免法之分,又有直接抵免法与间接抵免法之分。

1. 全额抵免法与限额抵免法

根据居住国采用抵免法允许纳税人抵免的已缴来源地国税额是否有一定的限额限制,抵免法可以分为全额抵免法和限额抵免法两种不同方式。全额抵免法是指居住国允许纳税人已缴的来源地国税额可以全部用来冲抵其居住国应纳税额,没有限额的限制。限额抵免法则是指居住国规定纳税人可以从居住国应纳税额中抵扣的已缴来源地国税额,有一定限额的限制,即不得超过纳税人的境外来源所得按居住国税法规定税率计算出的应纳税额。

抵免法是在居住国坚持其居民税收管辖权原则的同时,承认所得来源地国或财产所在地国的属地课税权的优先但非独占地位。全额抵免法与限额抵免法各有利弊:在来源地国税率水平低于或等于居住国税率水平的情况下,采用全额抵免法或限额抵免法对居住国和其居民纳税人而言实际效果并无差别。如果居住国对居民纳税人就其境外来源所得实际缴纳来源地国税额允许从纳税人应纳居住国税额中全部抵扣,就彻底消除了国际重复征税现象。而且,对于纳税人已缴来源地国税额低于抵免限额的那部分差额,居住国仍然行使居民税收管辖权,要求纳税人补缴给居住国,从而保证了从事境内投资活动的纳税人与从事跨国投资活动的纳税人的税负平衡一致,避免了境内所得和境外所得税负不公平的弊病;此外,还兼顾了来源地国、居住国和跨国纳税人三方面的利益。在来源地国税率水平高于居住国税率水平的情况下,适用全额抵免法的结果是会影响居住国对居民纳税人境内所得本来应有的税收利益,而采用限额抵免法虽然不至于造成居住国国内税收利益外流的不利后果,但高于抵免限额的来源地国那部分税款因居住国不准抵扣,从而又未能消除国际重复征税的现象。不过,有些实行限额抵免制的国家为了妥善地解决这一问题,往往在国内有关税法中规定了所谓超限额结转制度,即规定纳税人当年度超过抵免限额未能扣除的这部分外国税额,可以结转在以后纳税年度内在外国税额扣除未超过抵免限额的余额内补扣。目前,在采用抵免法解决国际重复征税的国家中,绝大多数都实行限额抵免制度,全额抵免法只被极少数国家采用。中国现行企业所得税法和个人所得税法在解决国际重复征税问题上,也采用限额抵免法。

在绝大多数国家采取的限额抵免法中,外国税收的抵免限额是一个非常重要的概念。所谓抵免限额,是指居住国允许居民纳税人从本国应纳税额中扣除的其就来源于境外的非居住国的所得已向非居住国缴纳的外国税款的最高限额。这个限额以不超过居民纳税人的外国来源所得按照居住国税法规定的适用税率计算出的应纳税额为限。

抵免限额的一般计算公式为:

外国税收抵免限额 = 居住国境内外应税所得总额 × 居住国税率 ×(境外应税所得额 ÷ 境内外应税所得总额)

2. 直接抵免法与间接抵免法

(1)直接抵免法

所谓直接抵免法,是指居住国对同一个居民纳税人在来源地国缴纳的税额,如同一居民个人就其来源境外的工资、薪金所得在来源地国已缴纳所得税额，或同一个法人企业的境外分支机构在所在地国缴纳的所得税额，允许用来直接抵免该居民个人或企业的总机构所应汇总缴纳给居住国的相应税额的方法。这种方法是用来解决法律意义上的国际重复征税问题的。

在采用限额直接抵免法解决双重征税的情况下，居住国计算居民纳税人就其境内和境外来源所得最终应缴纳居住国税额的公式为：

应纳居住国税额=(居住国境内所得额+来源地国所得额)×居住国税率-允许抵扣的来源地国税额

在直接抵免法下，限额抵免又有分国限额抵免与综合限额抵免、分项限额抵免与不分项限额抵免之分。

①分国限额抵免与综合限额抵免

所谓分国限额抵免，是指在多国税收抵免条件下，居住国对居民纳税人来自每一个非居住国的所得，分别计算出各个非居住国的抵免限额，然后根据纳税人在每个非居住国实缴税额与该国的抵免限额的关系，确定允许居民纳税人从居住国应纳税额中给予抵免的该非居住国税额。在居住国实行分国限额抵免条件下，对各个非居住国的税收抵免限额分别计算，不准彼此调剂使用，居民纳税人在一个非居住国发生的超限额税款，不能在另一个非居住国出现的剩余限额中抵扣。

分国抵免限额的计算公式如下：

分国抵免限额=(居住国境内外应税所得总额×居住国税率)×(某个非居住国的应税所得÷居住国境内外应税所得总额)

在居住国实行比例税率条件下，上述分国抵免限额计算公式可以简化为：

分国抵免限额=来源于某个非居住国应税所得×居住国税率

所谓综合限额抵免，是指居住国将居民纳税人来源于各个非居住国的所得汇总相加，按居住国税率计算出一个统一的抵免限额，纳税人在各个非居住国已缴税额的总和，如果低于或等于上述综合限额，可以全部得到抵免；如果高于上述综合限额，则超过部分不准抵免。

综合抵免限额的计算公式如下：

综合抵免限额=来源于居住国境内外应税所得总额×居住国税率×来源于各个非居住国的应税所得之和÷来源于居住国境内外应税所得总额

在居住国采用比例税率情况下，上述公式可以简化为：

综合抵免限额=来源于各个非居住国的应税所得之和×居住国税率

在此举例分析分国限额抵免和综合限额抵免的不同效果。现假设甲国的居民A公司某纳税年度内有来源于居住国境内所得1000万元，甲国的公司所得税税率为40%的比例税率；另有来源于乙国的B分公司的利润100万元和丙国的C分公司的利润200万元，乙、丙两国的企业所得税税率分别为50%和30%的比例税率。A公司通过其B分公司已缴乙国税额为50万元，通过其C分公司已缴丙国税额为60万元。

在甲国实行分国限额抵免方法的情况下，根据前述公式，有关抵免限额和A公司最终应缴居住国甲国的税额计算如下：乙国抵免限额=100×40%=40(万元)，丙国抵免限额=200×40%=80(万元)。

A公司通过B分公司已缴乙国税额50万元，超过上述乙国抵免限额，因此，甲国只允许按限额40万元抵免，超过部分的10万元不能抵免。另外，A公司通过C分公司已缴丙国税额60

万元,低于上述丙国抵免限额,但甲国在此情况下只允许按其实际已缴税额60万元进行抵扣。至于丙国限额的剩余额20万元,由于采用分国计算,甲国不允许A公司将在乙国发生的超限额未抵扣的10万元税款,调剂到丙国限额的结余额度内抵扣。因此,A公司最后汇总计算应缴居住国甲国的税额为:应纳甲国税额 = (1000 + 100 + 200) × 40% - (40 + 60) = 420(万元)。

在甲国采取综合限额抵免方法的情况下,有关抵免限额和A公司最终应纳税额的计算结果如下:综合抵免限额 = 40 + 60 + 20 = 120(万元),A公司已纳外国税额合计为:50 + 60 = 110(万元)。

由于A公司已缴外国税额110万元,低于上述综合抵免限额,故居住国甲国允许其全部抵免。因此,A公司最终应缴甲国的税额为:应纳甲国税额 = (1000 + 100 + 200) × 40% - 110 = 410(万元)。

从上例的计算结果可知,在居住国不采取任何措施消除双重征税的情况下,A公司就其境内外总所得1300万元本应缴甲国税额为520万元,加上分别已缴乙、丙两个非居住国税额110万元,实际承担的总税负为630万元。在甲国采用分国限额抵免方法的情况下,A公司最终应纳甲国税额为420万元(其中就境内所得缴纳税款400万元,就境外所得补缴税款20万元),实际总税负为530万元,消除境外所得重复征税额100万元。与A公司已缴两个非居住国税额110万元相比,尚有10万元的外国税额未能抵扣,这是在分国限额抵免条件下,A公司在乙国的实缴税额有10万元的超限额不能抵免的结果。在甲国采用综合限额抵免方法的条件下,A公司最终应纳甲国税额为410万元(其中就境内所得缴纳税款仍为400万元,境外所得补缴税款10万元),实际总税负520万元。消除境外所得重复征税额110万元,比在分国限额抵免条件下多10万元。这是甲国实行综合限额抵免,A公司在乙国发生的超限额税款10万元,已在丙国限额结余的额度内补扣的结果。

采用分国限额抵免或综合限额抵免,在不同的情况下,对跨国纳税人和其居住国来说,其利弊、作用、结果各不相同:当纳税人在高税率国和低税率国均有盈利,居住国实行综合限额抵免时对纳税人较有利,因为纳税人可以将在高税率非居住国发生的超限额与在低税率非居住国出现的不足限额互相抵补,从而使抵免限额全部得到利用,使在某个非居住国超限额的税款也能得到抵免。而在分国限额抵免条件下,纳税人在各个非居住国的抵免限额不能相互调剂利用,其在高税率国发生的超限额税款不能得到抵免。但纳税人在各个非居住国的分支机构有盈有亏的情形下,采用分国限额抵免更为有利,因为按分国限额抵免方法,各个非居住国的盈利与亏损不能相抵,从而不会减少纳税人在盈利的非居住国的抵免限额。如果采用综合限额抵免方法,则盈亏相抵,减少了境外应税所得额,从而降低了外国税收抵免限额。但是,从居住国的角度来看,则上述情形下的结论恰好相反。

②分项限额抵免与不分项限额抵免

所谓分项限额抵免,亦称专项限额抵免,是指居住国针对非居住国基于贯彻经济政策的需要,对纳税人的某些特定种类所得,例如,利息、特许权使用费或资本利得等,适用较低的优惠税率课税这类情形,为了防止居民纳税人利用这些在外国适用低税率的所得项目出现的不足限额与其他适用正常的高税率的所得项目发生的超限额相互抵补以增加外国税收抵免限额,对这类低税率所得项目单独计算抵免限额。

其计算公式是:

专项抵免限额 = 来源于居住国境内外应税所得总额 × 居住国税率 × 来源于非居住国的专

项所得÷来源于居住国境内外应税所得总额

所谓不分项限额抵免，是指居住国对居民纳税人的各种境外来源所得不加区别地综合计算统一的抵免限额的方法。在对纳税人的特定所得项目实行专项限额抵免制的情况下，居住国对纳税人其他所得的综合限额抵免计算公式应作相应的调整：

其他所得的综合抵免限额=来源于居住国境内外应税所得总额×居住国税率×来源于非居住国的全部应税所得－来源于非居住国的专项所得额÷居住国境内外应税所得总额

居住国实行专项限额抵免方法，使居民纳税人来源于境外的某些低税率项目所得的不足限额与高税率项目所得的超限额不能互相冲抵，从而使纳税人可以从居住国应纳税额中得到抵扣的外国税额，较之在不分项限额抵免方法下可予以抵扣的外国税额要少。这对于维护居住国的税收权益较为合理、有利，因为居住国本来对居民纳税人来源于非居住国的适用高税率的项目所得发生的超过抵免限额的那部分外国税额是不应承担抵扣义务的。但从跨国纳税人的角度考虑，居住国在这种抵免制下，对纳税人来自境外的高税率项目所得发生的超限额不予抵免，而对低税率项目所得出现的不足限额却要补征税款，这样的外国税收抵免结果不尽公允、合理。

(2)间接抵免法

所谓间接抵免法，是指母公司所在的居住国允许母公司间接通过其外国子公司缴纳的相应于股息所得的那部分外国公司所得税冲抵母公司应缴居住国所得税的一部分。这种方法旨在解决跨国母、子公司之间股息分配存在的经济性重复征税问题。

间接抵免法的基本计算原理与直接抵免法是一致的，其复杂性主要在于先应从母公司收取的外国子公司支付的股息中计算出与这部分股息相应的外国子公司税前所得额及已经承担的外国所得税税额。由于股息本身是子公司缴纳了所在国的公司所得税后的净利润分配，子公司从税后利润中分配、支付给母公司的股息并不完全等于母公司来自子公司的所得，后者需要通过股息间接地计算出来。属于母公司的这部分子公司所得额一旦确定，即可按前述有关抵免限额的计算公式确定母公司就其来源于外国子公司的这部分所得额可获得的居住国抵免限额，并根据抵免限额与母公司实际应承担的外国子公司已缴税额的大小比例关系，确定母公司居住国实际允许抵免的外国子公司税额。母公司实际承担的外国子公司已缴税额低于或等于抵免限额，允许从母公司从应纳居住国税额中全部扣除；如果超过抵免限额，只能按抵免限额扣除，超过部分则不能抵免。母公司已承担的外国子公司所得税额和母公司来自外国子公司的所得额的计算公式如下：

母公司承担的外国子公司所得税额 = 母公司所得股息×外国子公司已纳所得税÷外国子公司税后所得

母公司来自外国子公司所得额=母公司分得的股息+母公司承担的外国子公司所得税额

在外国子公司所在国的公司所得税实行单一的比例税率的情况下，母公司来自外国子公司的所得额，也可以采用下列公式计算：

母公司来自外国子公司所得额=母公司分得的股息÷(1－外国子公司所得税税率)

另外，在国际税收实践中，子公司所在国除了对子公司的所得征收公司所得税外，通常在子公司对母公司支付股息时还要对母公司的股息所得征收预提所得税，即由支付股息的子公司作为扣缴义务人，在向外国母公司支付股息时代为扣缴。子公司所在国征收的这种预提所得税的纳税主体是收取股息的母公司，母公司的居住国允许直接抵免，但条件是这部分由母公司直接承担的子公司所在国预提所得税与前述母公司间接承担的子公司所得税额之和,不得超过母公司来自子公司的所得按母公司居住国税率计算出的抵免限额。

现举例说明间接抵免方法的计算原理。现有甲国母公司A某纳税年度内有来自甲国境内所得150万元,甲国的公司所得税税率为40%。A公司拥有设在乙国的子公司B的50%的股份,已知子公司B在该纳税年度内获利100万元,并按乙国公司所得税率30%缴纳税额30万元。子公司B从税后利润中按股权比例分配母公司A股息35万元,并在支付股息时按乙国预提所得税税率10%代扣缴3.5万元预提所得税。现计算在甲国实行间接抵免法条件下,居民A公司就其境内外所得最终应缴甲国的所得税额。

按照前述公式计算应由甲国母公司A承担的乙国子公司B已缴乙国公司所得税额为:30×35÷(100-30)=15(万元)。

母公司A来自乙国子公司B的所得额为母公司分得的股息加上母公司应承担的子公司所得税额,即35+15=50(万元)。或按前述相应公式计算:35÷(1-30%)=50(万元)。

按甲国税率计算的抵免限额为:(150+50)×40%×50÷(150+50)=20(万元)。

母公司A就其来自乙国子公司B的所得直接和间接承担的乙国所得税额为18.5万元(母公司A直接承担的乙国预提所得税3.5万元+母公司A间接通过子公司B承担的乙国公司所得税额15万元),低于上述抵免限额,因此,甲国允许全部从母公司应纳税额中抵扣。母公司A最终应纳居住国甲国税额为:(150+50)×40%-18.5=61.5(万元)。

以上所述的是适用于跨国母、子公司之间一层参股关系的间接抵免方法。有些国家还允许对母公司通过子公司从外国孙公司取得的股息所承担的外国所得税,实行间接抵免。这种适用于解决母公司以下各层公司的重复征税的抵免方法,称为多层间接抵免方法。多层间接抵免方法的计算原理与单层间接抵免方法相同,只是在计算步骤上多了一些层次。例如,在二层间接抵免情况下,首先需要按上述一层间接抵免的计算公式计算外国子公司应承担的外国孙公司所得税额,其次再按下列补充公式计算母公司应承担的外国子公司和孙公司缴纳的外国所得税额:

母公司应承担的外国子公司和孙公司已缴外国所得税额=(外国子公司已缴所在国所得税额+外国子公司应承担的外国孙公司已缴所在国税额)×母公司从子公司分得的股息÷外国子公司的税后利润

在计算出母公司应承担的外国子公司和外国孙公司已缴外国所得税额后,加上母公司从外国子公司分配取得的股息额,即为母公司来自外国子公司和孙公司的所得额。进一步计算母公司的境外来源所得的抵免限额,确定母公司居住国实际允许母公司抵免的外国子公司和外国孙公司已缴外国所得税额的公式和方法,与前述一层间接抵免的有关公式和方法相同。

(三)扣除法

扣除法,是指居住国在对居民纳税人的境内外所得征税时,允许居民纳税人从应税所得额中扣除在来源地国已缴纳的外国所得税额,就扣除后的余额适用税率计算征收所得税的方法。其基本公式为:

向居住国的纳税额=(境内外全部应税所得-境外已纳税额)×居住国税率

(四)减税法

减税法,是指居住国对本国居民纳税人来源于境外的所得,单独适用较低的税率征税或按境外所得额的一定比例计税给予减征税款的照顾,从而在一定程度上减轻了跨国所得的国际税负重叠问题。

在上述四种避免国际重复征税的方法中,前两种是主要的,后两种是辅助性的。因为扣除法和减税法并没有从根本上解决居住国的居民税收管辖权与来源地国的属地征税权的冲突、重叠问题,不能完全消除国际重复征税,只能在一定程度上减轻跨国纳税人的税收负担,所以,联合国和经济合作与发展组织的两个范本均建议各国在双边税收协定中采用免税法和抵免法消除国际重复征税的问题,这两种方法也是目前绝大多数国家国内税法中规定的消除国际重复征税的方法。

四、税收饶让抵免

(一)税收饶让抵免的概念和意义

税收饶让抵免是一种特殊的外国税收抵免制度。按照外国税收抵免制的规定,只有在收入来源地国实际缴纳的所得税税款才能在居住国得到抵免。如果外商因来源地国的税收减免并未实际纳税,就必须向居住国如实补缴。这就使他们不能从收入来源地国的税收减免中得到实惠,同时,收入来源地国还把自己原来可以征收的税款拱手送给了居住国,它们为了吸引外资所采取的税收优惠政策也起不到应有的作用。为了避免这种不利的后果,国际上实行税收饶让这种特殊的抵免制度。

税收饶让抵免,是指居住国对其居民因来源地国实行减免税优惠而未实际缴纳的那部分税额,应视同已经缴纳,同样给予抵免。由于在税收饶让抵免方法条件下,居住国给予抵免的是居民纳税人并未实际缴纳的来源地国税收,所以,又称为“虚拟抵免”或“影子税收抵免”。它和一般的外国税收抵免有重要的区别:第一,税收饶让抵免是为了配合所得来源地国吸引外资的税收优惠政策得到实施,鼓励对来源地国的投资,而不是像一般的外国税收抵免那样为了避免和消除国际重复征税。第二,税收饶让抵免必须通过双边税收协定作出规定和安排才能得到实施,而一般的外国税收抵免虽然也要通过双边税收协定,但由于有些国家实行单边抵免,在没有双边税收协定的情况下,其居民也能享受抵免的待遇。第三,在一般的外国税收抵免方面,各国的做法基本相同,而在税收饶让抵免方面,各国的做法则有较大出入,例如,通过双边税收协定确定所采用的税收饶让方式和给予饶让抵免的范围就有很大的不同。

实行税收饶让抵免具有重要的意义:对作为资本输入国的发展中国家来说,有利于鼓励外国投资;对作为资本输出国的发达国家来说,也并不影响其原有的权益,因为居住国同意给予饶让抵免的这部分税收,本来属于来源地国的属地税收管辖权范围内应征而未征的税款;从消除南北贫富差距、实现国际经济新秩序的目标来看,实行税收饶让抵免也是那些发达的资本输出国应该承担的国际义务和责任。因此,自20世纪60年代以来,许多发达国家同发展中国家之间的双边税收协定都含有饶让抵免条款。只有美国等少数国家认为,税收饶让抵免会造成境内投资与境外投资的税负不平衡,有悖税收中立原则,因而拒绝在税收协定中实行饶让抵免。值得注意的是,进入20世纪90年代后,随着经济全球化的发展和各国传统的贸易与投资壁垒的逐渐降低和消除,一些发达国家认为,税收饶让是一种不适当地援助发展中国家经济发展的措施,税收协定中的饶让抵免条款容易被纳税人滥用进行国际税收安排。随着一些发展中国家经济地位的提高,资本输出国与输入国之间的界限已经不再有明显的区别,实行饶让抵免的基本前提已经逐渐改变,因而,发达国家阵营内否定实行税收饶让的作用和意义的倾向有所发展。

(二)税收饶让抵免的形式

综合各国税收协定实践,居住国给予税收饶让抵免的具体做法,大体可以分为以下三种类型:

1. 普通饶让抵免。普通饶让抵免,亦称一般饶让或传统的饶让抵免,是指居住国对本国居民纳税人在缔约国对方获得的税法规定的各种减免税优惠,只要是符合税收协定规定适用的税种范围,不区分所得的种类性质,均视同纳税人已经实际缴纳而给予抵免。这种类型的饶让抵免对纳税人取得的境外所得种类限制较少,适用范围较宽,因而在国际税收协定实践中得到多数国家的采用。

2. 差额饶让抵免。差额饶让抵免,是指在缔约国对方税法规定的税率高于双方在税收协定中规定的限制税率的情况下,缔约国一方对本国居民纳税人在缔约国对方按税收协定限制税率缴纳的税额与按缔约国对方税法规定税率计算的税额之间的差额,视同纳税人已经实际在缔约国对方缴纳,给予抵免。例如,甲国国内税法规定,对非居民来源于境内的特许权使用费所得适用的预提所得税税率为20%,但甲国与乙国之间的税收协定规定此类特许权使用费所得的限制预提税率为10%。在乙国对甲国实行差额饶让抵免的情况下,尽管甲国对乙国居民纳税人取得的来源于甲国境内的特许权使用费实际上是按协定中的限制税率10%课征预提所得税,但乙国对其居民纳税人的上述所得仍视同在甲国已经按20%税率纳税,给予抵免。相对于普通饶让抵免而言,差额饶让抵免的适用范围较窄,通常仅限于对股息、利息和特许权使用费等投资所得。

3. 定率饶让抵免。定率饶让抵免,是指居住国一方不考虑本国居民纳税人在缔约国对方实际获得多少减免税优惠,均按照双边税收协定中确定的固定抵免税率给予税收抵免。税收协定中的固定抵扣税率就是确定税收饶让的界限标准,而不管纳税人的所得在缔约国对方实际缴纳税额的多少。与差额饶让抵免相比,定率饶让抵免能较好地控制跨国纳税人取得饶让抵免的受益程度,防止从事境内投资活动的纳税人与从事境外投资的纳税人的税负产生较大的不平衡。因此,它在各国双边税收协定实践中也得到了广泛的采用。

第四节 国际逃、避税及其法律管制

一、国际逃税与避税的区别

国际逃税,是指跨国纳税人故意或有意识地违反税法规定,采取向有关税务当局隐瞒、谎报、虚报等非法手段,减轻或逃避有关国家税法或税收协定所规定的要求其承担纳税义务的行为;或者跨国纳税人因疏忽或过失而没有履行法律所规定的要求其承担纳税义务的行为。前者称为国际偷税,后者称为国际漏税,两者的区别仅在于跨国纳税人的主观过错形态不同。

国际避税,是指跨国纳税人利用各国税法或税收协定规定的欠缺或含混之处,采取某种公开的或形式上不违法的方式,减轻或规避法律要求其承担的纳税义务的行为。

从上述概念可知,国际逃税与避税这两种行为在性质、表现形式和可能对行为人产生的法律后果等方面,都存在比较明显的区别:(1)从性质上看,国际逃税行为属于法律明确禁止的违法行为;而国际避税行为,尽管也是出自行为人的主观故意,但并不具有明显的违法性质。

(2)从表现形式看,从事国际逃税的跨国纳税人或者故意采取错误陈述、谎报和隐瞒有关财产或收支情况等手段,或者因疏忽或过失,达到少缴或不缴税款的目的;而从事国际避税的跨国纳税人往往是公开地利用了某种合法的形式安排。(3)从法律后果看,从事国际逃税的跨国纳税人根据逃税情节的轻重,要受到各国法律的民事、行政甚至刑事制裁;而从事国际避税的跨国纳税人并不承担法律责任,各国有关当局只能通过修改与完善有关税法,堵塞可能为纳税人利用的漏洞,或者以禁止滥用税法、实质优于形式等法律原则,否定避税行为安排的合法性,恢复跨国纳税人本应承担的纳税义务。

应当指出的是,从一国税法角度讲,行为方式的违法与否可以作为区别国际逃税与避税的界限标志。但从国际范围来看,这种区别只是相对的。由于各国管制逃税与避税的立法差异和发达程度不同,在一国被认为是违法的逃税行为,在另一国则可能属于避税安排。而且,随着各国反避税立法的逐步健全,原先属于避税性质的行为,也可能转化为违法的逃税行为。因此,有学者认为,国际逃税与避税两者之间并无明显的界限区别,亦无严格区分的必要。

二、国际逃税与避税的主要方式

(一)跨国纳税人从事国际逃税的主要方式

跨国纳税人从事国际逃税的手法是多种多样的,比较常见的有以下三种:

1. 隐报应纳税所得。跨国纳税人通过隐匿在国外的租金、股息和利息收入以及转让资产所得,或者用无记名证券的形式进行投资,或者不向税务机关提交纳税申报单等,逃避纳税义务。

2. 谎报所得和虚构成本费用等扣除项目。跨国纳税人谎报所得的真实性质,利用股息在所在国税法中比利息享有更多优惠的规定,把他对国外子公司的贷款当作投资股份申报;或者跨国纳税人利用有关国家关于利息可以作为费用扣除的规定,将股息分配伪报成利息支付。跨国纳税人还采取在成本支出上以少报多、无中生有、多摊折旧扣除,或虚构有关佣金、技术使用费和交际应酬费等开支,以减少应税所得额。

3. 伪造账册和收付凭证。跨国纳税人往往设置两套账簿:一套账簿登记虚假的经营项目,应付税务机关的审查;另一套则反映真实的经营状况,但严格对外保密,使税务机关无法了解其真实的利润水平。跨国纳税人还通过在购入时多开发票、在售出时少开发票甚至不开发票等办法,达到逃税的目的。

(二)跨国纳税人从事国际避税的主要方式

跨国纳税人从事国际避税的方式也花样繁多,但常用的方式可以归纳为以下三类:纳税主体的跨国移动、征税对象的跨国移动、滥用税收协定。

1. 通过纳税主体的跨国移动进行国际避税

通过自然人、法人改变其住所、居所等税收连结点,达到规避原先适用的对其不利的居民税收管辖权,选择对其有利的居民税收管辖权的目的。其客观表现形式就是跨国纳税人(纳税主体)与税收管辖权(一般表现为不同国家)之间连结因素的变化。例如,一个居住在甲国的股东,当他准备转让在甲国某企业中的大笔股份时,为了规避在甲国承担较高的税负,他可以暂时移居到对资本利得征税较低的乙国。只要甲、乙两国间的税收协定规定这类资本利得仅在纳税人居住国征税,那么,这个股东在乙国出售他在甲国企业中拥有的股份,就可以达到减轻税负的目的。法人亦可以采取改变董事会地点等方式把企业的实际经营管理中心转移到低税国家,或事先选择在低税国或避税港注册登记的方法,达到规避在某个国家作为居民纳税人的目的。

2. 通过征税对象的跨国移动进行国际避税

主要通过调整经营所得或成本费用、营业损失等可扣除项目在不同税收管辖权之间的分布,改变在不同税收管辖权之下的应纳税所得,从而达到调整利润、减轻税负的目的。其客观表现形式就是征税对象(应纳税所得)在不同国家之间的移动。这类国际避税方式又可以具体分为以下四种:

(1)跨国联属企业通过转移定价进行国际避税

所谓跨国联属企业,是指分处在两个以上国家境内,在资金、经营、购销等方面彼此间存在直接或间接的拥有或控制关系的企业群,包括在上述方面直接或间接地同为第三者所拥有或控制的企业。例如,母公司与子公司、总公司与分支机构,以及同受母公司或总公司直接或间接拥有或控制的子公司或分支机构之间,都属于联属企业的范畴。所谓转移定价(transfer pricing),是指跨国联属企业之间从事内部交易时采取的价格。

跨国联属企业出于全球经营战略的目的,往往在企业内部通过调拨产品、资本及劳务等形成内部交易,以实现对资源的最优配置和最佳利用。这种内部交易的出现,并不是一种偶然的现象,而是跨国联属企业利用内部交易价格实现整体经营和集团利润最大化的动机的必然反映。尽管转移定价本身并不必然代表避税行为,但其毕竟为跨国联属企业进行国际避税提供了方法和途径:跨国联属企业可以通过转移定价调整位于不同国家(亦即不同税收管辖权)的企业之间的利润分配,从而实现其纳税最小化、利润最大化的目标。当转移定价与市场价格一致时,转移定价只反映跨国联属企业的一种内部经营和管理策略;当转移定价与市场价格不一致时,转移定价不仅反映上述策略,更可能产生避税的结果。因此,国际避税意义上的转移定价,主要是指位于不同国家之间的联属企业内部价格与国际市场价格之间存在差异,进而存在避税可能的情况。各国处理转移定价也就集中在认定转移定价是否与市场价格相偏离,而非强调纳税人在动机上是否存在逃避税收的企图。

由于各国税率水平高低不一,税基的计算规定差异较大,跨国联属企业通过转移定价将设在高税率国的企业的利润人为地转移到位于低税率国的某个企业实体,避免在高税率国承担较高的所得税义务,从而使联属企业的总体税负大大减少。例如,在母公司所在国税率高于子公司所在国税率的情况下,母公司往往采取将出售给子公司的货物价格人为地压低到极少盈利甚至亏损的程度的方法,使这批货物的利润转移到子公司的账上。子公司也可能通过人为地抬高向母公司提供劳务或技术价格的办法,以达到同样的目的。相反地,如果总公司所在国税负低于分支机构所在国税负水平,总公司可以通过把那些与分支机构的经营活动无关的管理费用大量分摊至该分支机构的办法,人为地降低分支机构的盈利水平,使分支机构的利润转移到税率较低的总公司所在国纳税。这样人为地将联属企业各实体的利润安排在低税率国纳税,从跨国联属企业整体利益考虑显然更为有利。

(2)跨国纳税人利用避税港进行国际避税

所谓“避税港”(tax heaven),一般是指那些对财产和所得不征税或按很低的税率征税的国家或地区。像拉丁美洲的巴哈马、开曼群岛、哥斯达黎加,澳洲的瓦努阿图、瑙鲁,欧洲的瑞士等国家和地区,在有关国家的税法中一般都被列为避税港。避税港政治稳定,国际航空和通信服务便利,外汇管制及政府干预宽松,银行秘密与商业秘密保护严格,与很多国家签订税收减免协定等,这些因素都为跨国纳税人利用避税港进行避税提供了条件。

跨国纳税人利用避税港实现国际避税,主要是通过在避税港设立基地公司,将在避税港境外的财产和所得汇集在基地公司的账户下,从而达到逃避国际税收的目的。所谓基地公司,是指那些在避税港设立而实际受到外国股东控制的公司,这类公司的全部或主要的经营活动在避税港境外进行。具体地说,跨国纳税人或者以基地公司作为控股公司,将联属企业在各地的子公司的利润以股息形式汇集到基地公司账下,逃避母公司所在国对股息征税;或者利用基地公司虚构中转销售业务,实现利润的跨国转移(例如,居住在甲国的纳税人,为了规避甲国的较高税负,通过事先压低对乙国客户的售价,然后由基地公司抬价把产品出售给乙国客户的办法,将利润转移到基地公司的账上,从而获得免税或减税的好处);或者以基地公司为信托公司,将在避税港外的财产虚构为基地公司的信托财产,从而把实际经营这些信托财产的所得,挂在基地公司的名下,并逐步转移到避税港,以达到免税或少纳税的目的。

(3)跨国投资人有意弱化股份投资进行国际避税

所谓资本弱化(thin capitalization),是指跨国投资人有意弱化在国外联属企业中的股份投资而增加贷款融资比例,从而达到避税的目的。这种避税方法产生的基础是,对股东股份投资的股息和贷款融资的利息在税收待遇方面的区别。也就是说,跨国投资人,尤其是那些跨国集团公司,利用股份和贷款两种融资方式的国际税负的差别,对本应以股份形式投入的资金采用贷款方式提供,有意弱化股份投资而增加贷款融资比例,从而逃避或减轻其本应承担的国际税负。

股份融资和贷款融资在税收待遇上的主要区别是:第一,股东通过股份投资方式取得的股息,在多数情形下不能从公司的应税所得额中扣除;而投资人以提供贷款形式收取的利息,在各国税法中一般都属于可列支的费用,允许从公司的应税所得额中扣除。第二,通过股份资本取得的收益往往经历两次重叠征税:一次是作为分配股利的公司的应税所得部分课征公司所得税,另一次是作为股东参股所得被再次课税。而贷款融资不致受到这样的多重征税。第三,对跨国股息的分配一般要征收预提所得税,且这种预提所得税在收款人的居住国可能得不到抵免;而对支付给非居民的利息,虽然在许多国家也课征预提税,但税率往往比股息的预提税率要低,还有不少国家给予免税待遇。

(4)跨国公司利用公司内部重组、收购、兼并或清理进行国际避税

跨国公司进行跨国境的内部重组、收购、兼并或清理活动,固然主要动机为资源重新配置,但也不能排除附带地享受由此带来的税收好处,甚至纯粹以避税为目的。由于海外子公司具有独立法人资格,跨国公司之母公司或其他子公司完全可以对其进行收购或兼并,从中谋取税收利益。当某一子公司或分支机构出现亏损时,通过重组其结构形式或清理其现存资产、宣布破产,也可以在税收方面获得意想不到的好处。

例如,假设跨国公司母公司 A 在 1995 年会计年度中通过股票交换的方式收购了其两家海外子公司 B 与 C 的全部股份。其中 B 公司当年盈利 100 万元,C 公司当年亏损 100 万元。通过收购,B 公司的股票溢利必须留待 A 公司将其持有的全部股票卖出之后才算实际实现,方可计入 A 公司的应税所得;C 公司的亏损可以在当年的公司集团合并报表中抵消集团的应税所得,从而获得双重的税收利益。

3. 通过滥用税收协定进行国际避税

通过利用第三国与另一国签订的税收协定享受协定所规定的优惠待遇,使纳税人从另一

国获得他本来无法享受的优惠待遇。其特点是,通过在一个缔约国组建中介性的投资公司或控股公司(conduit company,以下简称导管公司),并将来源于对方缔约国的所得转移到这些公司账户上,再通过其他途径将所得转移到纳税人的真正居住国。

滥用税收协定的手段有两种:(1)设置直接导管公司避税。假设乙国与丙国订立双边税收协定,乙国居民从丙国取得的股息收入可以享受税收协定中的优惠待遇。甲国A公司有来源于丙国B公司的股息收入,但甲国与丙国没有签订税收协定。根据甲国与乙国订立的税收协定,或者根据乙国国内税法,甲国居民从乙国取得的收入可以享受相当可观的优惠。于是,甲国居民A公司就在乙国设立子公司C公司,将来源于丙国B公司的股息收入转移给C公司,然后在适当的条件下再转移回甲国。这样,甲国A公司利用乙国与丙国的税收协定优惠所承担的税负,要比它直接从丙国获取股息所承担的税负轻得多,从而达到避税的目的。乙国C公司这类导管公司,就是所谓的直接导管公司。(2)设置间接导管公司,即踏脚石式导管公司避税。假设乙国与丙国缔结双边税收协定,甲国A公司有来源于丙国B公司的股息收入,但甲国与乙国、丙国之间均未签订税收协定,无法享受税收优惠或采取直接导管公司的形式。同时,按照乙国国内法的规定,乙国C公司支付给母公司甲国A公司的投资所得允许作为费用扣除并按常规税率计征预提税。这时,如果甲国A公司在与甲国有税收协定并提供减免预提税优惠的丁国设立一个子公司D公司,那么来源于丙国的股息收入就可以先从B公司转移到乙国的C公司,再由C公司支付给丁国的D公司。这样,一方面,B公司可以在计税所得中大量扣除股息、利息、特许权使用费及佣金、报酬等支出,从而将税负减至最低,而且B公司在乙国缴纳的预提税又可以在丁国得到抵免;另一方面,丁国向甲国A公司支付的收入还可以享受甲国与丁国之间税收协定提供的优惠低税率。丁国D公司这类"第二道"的导管公司,就是所谓的踏脚石式导管公司。

三、国际逃税与避税的国内法管制措施

国际逃税与避税不仅严重地损害了有关国家的税收利益,而且可能导致国际资金的不正常转移,使有关国家的国际收支出现巨额差异。因此,各国主要通过国内立法措施管制跨国纳税人的国际逃税与避税行为。

(一)管制国际逃税与避税的一般国内法措施

各国税法管制国际逃税与避税的一般国内法措施有:

1. 加强国际税务申报制度。许多国家在国内税法中特别对跨国纳税人规定了申报国外税务情报资料的义务。例如,《美国税法》和《1970年银行秘密法》对跨国纳税人与各种外国实体的交易和相互关系,规定了一系列特别的申报制度。为了防止美国纳税人逃、漏税,加强海外查税力度,奥巴马政府于2010年批准了《外国账户税收遵从法》(Foreign Account Tax Compliance Act,FATCA)。根据该法,凡是有美国来源所得或者美国来源所得的财产交易所得的国外金融机构或者一般企业,都需要协助美国国税局查税,并主动向美国政府申报其拥有美国护照或者绿卡的客户与投资者的资料信息。

2. 加强情报收集工作。各国税务机关加强了通过国内法律或双边税收协定收集情报。例如,美国一方面从国内立法的角度强制规定了纳税人对可疑交易的披露义务,另一方面采取外交手段终止与拒绝提供足够信息的国家之间的税收协定,并力图在新签订的税收协定中加入切实可行的情报交换条款。

3. 强化税务审查制度。许多国家通过有关法律规定公司、企业尤其是股份有限公司的财务报表,必须经注册会计师审核签字,或应附送当地注册会计师的查账报告。例如,新加坡政府的经济发展局、商业犯罪调查局等部门均拥有检查、监督外资企业常年账目的权力。

4. 实行评估所得征税制度。许多国家对那些由于不能提供准确的成本费用凭证,或由于经营活动的复杂性而无法正确计算应税所得的纳税人,采取评估所得征税的方法。例如,比利时和法国对某些小型个体企业、商号和自由职业者的经营状况,就采取按照同行业纳税人的正常或平均利润水平,核定其应税所得的办法。

(二)管制国际逃税与避税的特别国内法措施

1. 各国管制纳税主体跨国移动的法律措施

许多国家为了维护本国的税收利益,通过在法令中作出特别规定,对本国居民移居国外的自由施加各种限制:(1)大多数国家的法律都要求本国居民在移居国外前,必须缴清全部应缴税款,以防止纳税人规避在本国的应纳税款。例如,美国规定任何人申请出境,都必须交验税款缴讫的证明。(2)各国对纯粹出于税收目的移居国外的行为,制定了特别的规定。例如,《荷兰所得税法》第 2 条第 1 款规定,放弃荷兰居所的个人,如果在不满 1 年的期限内又迁回荷兰,而在其他地方并未拥有税收居所时,则应连续视为荷兰居民。(3)有些国家在相关法律中规定了判断法人居所的双重标准。例如,在实行注册登记地标准的国家,在税法中同时规定了实际管理和控制中心标准,判断法人的税收居所。

2. 各国管制征税对象跨国移动的法律措施

(1)对跨国联属企业通过转移定价进行国际避税的法律管制

各国针对日益复杂和突出的转移定价问题,普遍采用了正常交易原则(principle of arms length)作为税务处理的基本原则。所谓正常交易原则,是将联属企业之间的经济交往当作独立竞争的企业之间的关系处理,即联属企业之间的内部交易(又称受控交易)应按照独立企业之间的可比交易(又称非受控交易)定价。由于独立企业之间的非受控交易定价遵循市场规则,可以反映该类交易的公平市场价格,因此,如果联属企业的受控交易定价中有人为抬价或压价现象发生,致使其偏离非受控交易价格,则税务机关可以重新调查联属企业在内部交易中的应得收入和应承担费用,进而调整其应税所得。

根据正常交易原则,针对联属企业内部进行的贷款、劳务、租赁、技术转让和货物销售等各种交易往来,各国制定的管制转移定价税制规定了一系列判断其公平市场交易价格的方法。下面以联属企业内部进行的货物销售为例,说明各国的转移定价税制对其是否符合正常交易原则的判断方法。经济合作与发展组织国家(以下简称 OECD 国家)与美国均采取以下五种方法:第一,可比非受控价格法。将联属企业内部货物交易价格与独立企业之间相同或相似的货物交易价格相比较,并以后者作为判断联属企业内部货物交易价格是否符合公平市场交易价格的标准。判断两种交易价格是否可比以及是否有差异的参考因素是:产品质量、销售数量、市场情况、交易发生的区域市场、交易日期、涉及的无形资产部分、买卖双方可供选择的商业替代安排等。1985 年的美国 Eli Lilly 案是运用可比非受控价格法的典型案例。第二,转售价格法。在可比非受控价格无法取得的情况下,依据联属企业一方在购进货物后再出售给无关联的第三方的价格(转售价格),扣除转售方(内部交易中的购方)适当的毛利润额(进销差价)后的价格,作为确定联属企业之间货物交易的公平市场价格标准。这是一种价格与利润相结合的方法,从内部交易购方的角度出发,通过扣除其转售的合理毛利润还原出售方的正常交易价格。1979 年的美国杜邦公司案是适用转售价格法的典型案例。第三,成本加价法。在无法采用上述两种方法时,依货物的制造成本加合理费用和利润的办法,确定其公平市场交易价格。该方法也是价格与利润的结合体。第四,可比利润法和利润分劈法。可比利润法是以资产收益率、销售毛利润或其他类似的财务比率,作为衡量联属企业内部交易的营业利润与具备相似功能的独立企业营业利润的指标,如果代表内部交易营业利润水平的财务比率偏离独立企业营业利润水平,则说明联属企业在内部交易中利用转移定价的制定影响了营业利润的分配,从而有必要进行相应的调整。这实质上是将具备相似功能的独立企业的利润水平作为正常交易的衡量标准。利润分劈法是按独立企业从事类似交易的利润分配情况确定内部交易所得营业利润在联属企业之间的分配。这种方法不考虑联属企业与独立企业交易事项上的价格差异,所以,不依赖于可比价格或可比利润水平。利润分劈法与可比利润法的一个明确的区别在于,前者强调利润在内部交易双方之间的分配,而后者强调联属企业内部交易中一方企业的营业利润。第五,其他方法。在上述四种方法都无法采用时,由税务机关决定采用其他适当的方法确定正常交易价格。必须指出的是,与 OECD 国家不同,1994 年《美国转移定价法》中对上述方法的适用顺序作了灵活规定,根据其最佳方法原则(the best method principle),任何方法只要能够达到调整转移定价的最佳效果,即可采用该方法。

正常交易原则通过受控交易价格与非受控交易价格的比较判断转移定价是否合理,在联属企业内部交易主要以货物买卖为主的时期是具有可操作性的。但是,该原则已经受到新情况、新发展的强烈挑战,这些挑战是:联属企业间技术交易的迅猛增长;高科技产品和服务的大量出现;许可证贸易与转让复杂技术的程度大大提高;从事国际贸易的方式已经过技术革新(如 EDI 方式)等。传统的联属企业内部交易类型和方式的改变,意味着越来越多的内部交易无法找到可与之相比较的独立企业交易。尤其是在无形资产交易和服务贸易方面,联属企业内部拥有的独特技术、商标、专利等无形资产以及提供的特殊性质的服务,几乎无法在其他独立企业之间找到可比交易价格,而且联属企业也很少将其内部交易的无形资产或服务再对外提供。由于缺乏独立企业交易的可比价格,正常交易原则适用的范围便大打折扣。因此,必须对传统的正常交易原则进行改革。

(2)对跨国纳税人利用避税港进行国际避税的法律管制

各国对利用避税港进行国际避税的法律管制可以分为三种类型:第一,通过法律制裁阻止基地公司的设立。典型的是 1988 年《英国所得税和公司税法》第 765 节的规定,根据该节规定,未经财政部的批准,英国居民公司不得擅自迁出英国(主要指怀有逃避税收目的的迁出)。如果违反该节规定,不仅仍按英国居民公司依法征税,而且还将给予刑事处分,例如,对公司负责人处以 2 年监禁和对公司处以罚金。第二,禁止非正常的利润转移以阻止基地公司的设立。典型的是 1973 年《比利时所得税法》第 24 条的规定,根据该条规定,比利时公司向国外关联企业转移的利润,如果属于非正常转移,则在计算应纳税所得额时一律不予扣除。并且,这一规定适用于对避税港和低税国的非正常利润转移。第三,取消基地公司的税收利益以阻止基地公司的设立。基地公司的最大税收利益在于,当其未将利润以股息形式分配给国内股东时,该股东在国内承担的应纳税所得中不包括该部分应取得而尚未实际取得的利润。这种延期纳税的好处是设立基地公司的主要动机。为此,以美国为代表的一些国家通过取消延期纳税,使基地公司在税收上无利可图,以打击设立基地公司的积极性。《美国国内收入法典》F 部分就是针对避税港基地公司的。

(3)对跨国投资人有意弱化股份投资进行国际避税的法律管制

针对这种国际避税行为,一些国家已经采取措施,通过特别的税收立法和税收征管规定,或者运用正常交易原则和税法中有关防止滥用法律行为等反避税的一般规则,限制股东对公司过高的贷款融资安排。其作用在于限制在以贷款融资掩盖股份融资的情况下,公司支付给贷款股东的利息不得从公司应税所得中扣除,而股东取得的贷款利息应视为股息处理。例如,《美国国内收入法典》第 163 条(j)规定,如果向联属企业支付利息的公司负债/资本比例超过 1.5∶1,或该公司支付的利息超过其支付前收入的 50%,则上述利息不能从该公司的所得中扣除。英国税法规定,向外国股东(出资 75%以上)支付的利息视同支付股息利润,而且在以下三种情况下,有关贷款利息可以视为利润分配:有关贷款可以转换为对公司的参股;利息的支付以公司盈利为条件;支付给外国姐妹公司的利息数额超过银行正常的贷款利息。

(4)对跨国公司利用公司内部重组、收购、兼并或清理进行国际避税的法律管制

这方面的法律管制,以美国、英国、法国的规定为例说明。在美国,《美国国内收入法典》第 368 节规定享有免税待遇的收购、兼并活动必须满足以下三个条件:第一,收购公司用股票交换目标公司(被收购公司)的财产时,可以不认定其资产利得或损失;第二,收购公司必须承担目标公司的纳税基础,并在一定的期间内持有目标公司的股票或财产;第三,收购公司继承目标公司的营业净损失,但必须限制其利用该损失。只要是某一子公司被跨国公司集团内另一子公司收购,总公司对此的纳税基础就是被收购子公司的净资产价值。在英国,居民公司与非居民公司组成集团时,不得享受集团税收待遇,成员间的盈利与损失不得相互冲抵;清算中的居民公司将资产转让给非居民公司,或交换发行给居民公司股东的股份时,其资本收益税不能延付;受让公司或被转让的子公司为非居民公司时,不适用对居民公司的各项规定。在法国,当改组涉及法国公司被外国公司合并,或法国公司以其资产缴付换取外国公司的股份时,应按适用于合并的一系列税务规定执行,并须经法国财政部批准;本期应纳税利润仍由被合并公司承担纳税义务,对合并前的亏损也准予核销;但是,所转让的资产必须保留在法国境内,并必须列入外国公司在法国的分支机构的资产负债表中。

3. 各国管制滥用税收协定的法律措施

目前大多数国家主要是通过在税收协定中设置反滥用税收协定条款管制滥用税收协定行为的,仅有瑞士、美国等少数国家在国内税法中制定专门的管制措施。不过,这些特别国内法措施与税收协定中采取的措施基本相似,因此,我们将在下文论述防止国际逃税与避税的国际合作时予以介绍。

四、防止国际逃税与避税的国际合作

国际逃税与避税现象的日益严重,促使各国不仅从国内法着手,更从国际合作的角度寻求解决途径。

(一)国家与国家之间的合作

目前,各国采取双边或多边合作的形式,通过签订有关公约或协定来达到防止国际逃税与避税的目的。

1. 建立情报交换制度

许多国家根据《OECD 范本》与《联合国范本》建议的原则和方法,在对外签订的双边税收协定中规定了互相提供税收情报,尤其是防止逃税所需要的情报资料的制度。各国通过谈判,

在协定中具体确定了交换情报的种类和范围,以及交换情报的方法。

2. 相互协助国际税收管理

国际税收管理的相互协助,主要是一国的税务机关接受另一国的税务机关的委托,代为执行某些征税行为,例如,代为送达纳税通知书,代为实施税收保全措施和追缴税款等。

3. 在税收协定中增设反滥用协定条款

鉴于滥用税收协定行为大多采用设置导管公司的方法,各国及有关国际组织反滥用税收协定措施中,关键是如何确定判断导管公司的标准。大体说,这些标准可以分为主观标准法与客观标准法两大类。所谓主观标准法,是指在税收协定中规定将那些非出于真实的生产经营目的,而仅仅是为了谋取税收协定优惠的纳税人排除在协定优惠的适用范围之外。例如,《荷兰与英国的税收协定》第11条指明,协定不适用于只是为了谋取协定优惠,而非为了"善意"的商业往来需要的利息支付。客观标准法有以下五种:(1)回避法。一国政府避免同避税港或那些实行低税政策的国家和地区缔结双边税收协定。正因如此,一些国际上知名的避税地,例如,巴拿马、列支敦士登和摩纳哥等就没有或只有很少几项税收协定。(2)排除法。明确规定协定的优惠不适用于缔约国一方某些享受免税或低税待遇的公司,以防止第三国居民在缔约国选择设置这类特殊的公司以取得更多的税收优惠利益。最典型的排除法条款是卢森堡同外国签订的税收协定不适用于根据卢森堡法律设立的控股公司。(3)透视法。缔约国的居民公司是否享受协定的优惠待遇,取决于控制或拥有该公司的股东(受益所有人)是否也是缔约国的国民,而不再仅仅依据该公司是否为缔约国居民这一表面标准。例如,1977年OECD《关于对所得和财产避免双重征税的协定范本》引入"受益所有人"概念,规定只有股息、利息、特许权使用费的受益所有人才有权主张税收协定的优惠。(4)渠道法。缔约国一方居民公司支付给第三国居民的股息、利息、特许权使用费等款项,不得超过其总收入的一定比例,否则,不得享受协定的优惠待遇。例如,1962年瑞士一项法规规定,对于根据双边税收协定可以得到免税优惠的全部或部分所得,瑞士居民不得将超过50%的部分用于对瑞士之外的居民支付利息、特许权使用费和顾问费用、开发研究费用以及其他超额费用。与税收协定优惠有关的所得必须与其他所得严格区分,与其他所得相联系的费用只能在其他所得中扣除,不得在协定保护的所得中冲销。(5)征税法。规定纳税人享受协定对某些种类所得的减、免税优惠,必须以这类所得在纳税人的居住国被征税为前提条件。例如,《奥地利与英国税收协定》第10条规定,缔约国一方居民来源于缔约国另一方的股息,可以在收入来源地国征税;此项股息也可以依据居民所在国的法律,在该国征税。作为收入来源地的缔约国,预提税的标准税率为15%,协定限制的优惠税率为5%,收款人居住缔约国在征税时予以抵免。关于享受低税率的条件,除缔约国一方居民要拥有缔约国另一方居民公司25%以上的股权以外,公司居住国还必须对其征税,否则,收入来源地国不予提供5%的低税率优惠。

(二)国家与跨国公司之间的合作

防止国际避税的国际合作,目前集中在转移定价方面。防止跨国联属企业之间通过转移定价进行国际避税的最好办法,是事先预防联属企业内部交易中产生不符合正常交易原则的转移定价,从根本上消除国际避税的基础。这种事先预防的途径,具体表现为目前某些国家与跨国公司之间实行的双边预约定价制(Bilateral Advance Pricing Agreement,BAPA)。

双边预约定价制,是指跨国纳税人事先取得其内部交易所涉及国家税务主管当局对转移定价的价格的认可,并遵照由此签订的预约定价协议所规定的条款进行交易,以避免各国税务当局对转移定价进行事后调整。自从 1991 年美国颁布指导预约定价制的“税收程序第 91—22 号令”以来，据统计，世界上采用预约定价制的国家已经包括 OECD 国家、韩国、新西兰、墨西哥等近 20 个国家和地区。

（三）国家与外国金融机构或一般企业之间的合作

这方面的创新是美国奥巴马政府于 2010 年通过的《外国账户税收遵从法》（FATCA），2014 年正式实施。根据该法，自 2013 年 1 月 1 日起，凡是有美国来源所得或者美国来源所得的财产交易所得的国外金融机构或者一般企业，都需要协助美国国税局查税，并主动向美国政府申报其拥有美国护照或者绿卡的客户与投资者的资料信息。FATCA 越过各国政府，直接通过与外国金融机构签署协定（Foreign Financial Institution Agreement，FFIA），要求外国金融机构配合提供美国公民的海外账户资料。一般而言，银行、经纪人、保险公司、避险基金、证券机构和私募股权基金等非美国机构均被视为外国金融机构（Foreign Financial Institution，FFI），被列为该法的适用对象。

但是，如果外国金融机构不签署 FFIA、不按时申报或申报不实，除了不得在美国设立分支机构外，美国将对该金融机构在美国操作资金的资本利得（包含利息、股利、租金、劳务所得等其他可确定金额的定期所得等）征收 30% 的重税。假如具有美国公民身份的客户拒绝申报，外国金融机构必须关闭该客户的账户。

2012 年 2 月 8 日，美国与法国、德国、意大利、西班牙和英国发表共同声明，表示以与这些国家的双边税收协定取代 FATCA 中有关申报和扣缴方面的规定，以打击国际逃避税行为。作出上述共同声明的国家将采用政府间方法（inter - government approach）处理 FATCA 引起的争议，即各国首先请自己国家的金融机构就 FATCA 所规定的资料信息汇报给本国政府，由本国政府将通过信息分享的方式交予美国税务机关。这样一来，上述 5 国的金融机构无需分别于美国税法机关签订 FFIA。预期未来国际上将会有越来越多的国家与美国合作采用政府间方式处理 FATCA 中的信息分享问题。

第五节 国际税收协定

一、国际税收协定的概念、分类及规范化

（一）国际税收协定的概念

国际税收协定，是指两个或两个以上主权国家，为了协调相互之间的税收分配关系和加强税务行政方面的合作，按照国际法有关主权和平等原则，经过一定程序所签订的，对于签约各国具有拘束力的一种书面协议。就狭义而言，国际税收协定仅指那些专门协调缔约国之间在对跨国纳税人的跨国所得和财产价值征税时的税收权益分配关系和税务行政合作关系的国际税收协定。广义的国际税收协定还包括虽然不以跨国所得课税的国际协调为主要调整对象，但有专列条款处理所得税征纳方面之矛盾与冲突的国际条约或协定。例如，中国与古巴于 1980 年 12 月 20 日签订的《政府贸易协定》，就有互免企业所得税和其他任何形式税收的规定。另外，2013 年 8 月 27 日中国第一次签署了一个国际多边税收协定——《多边税收征管互助公约》。为了公平合理的分配税收权益和打击国际逃税和避税行为，国家之间的税收合作进一步

加强。2017 年 6 月 7 日中国又签署了《实施税收协定相关措施以防止税基侵蚀和利润转移(BEPS)的多边公约》。该公约的签署,实现了国际税收合作的多重目标,既能应对税基侵蚀和利润转移,保护国家税基安全,又为多边税收合作提供法律框架,为跨境纳税人提供税收确定性,增进跨国投资者的信心。

(二)国际税收协定的分类

国际税收协定根据不同的分类依据,可以划分为不同的类型。

按照缔约方的数目,国际税收协定可以分为双边税收协定和多边税收协定两种类型。前者通常是指由两个国家缔结的协调相互间税收关系的条约,例如,我国近年来同其他国家签订的避免双重征税的国际协定。后者是指由两个以上国家参加缔结的协调相互间税收关系的协定,例如,丹麦、芬兰、瑞典、挪威和冰岛于 1972 年签订的税收协定,适用的税种有所得税、财产税、遗产税、赠与税、社会保障税以及增值税。除了避免和消除双重征税外,还包括税收行政协作,其范围包括交换税收情报、提供税收报表、协助征税、调查税务事项以及互送税收文件等。

按照协定所涉及的内容范围,国际税收协定可以分为综合性税收协定和单项性税收协定两种类型。前者是为全面协调国家间的税收管辖关系而缔结的税收协定,最为典型的便是避免对所得和财产国际双重征税的协定。后者是为了协调有关国家对跨国所得和财产课税过程中某一特定税收问题而缔结的书面协议,例如,中国和澳大利亚于 1985 年 11 月签订的《关于空运企业在国际空运中取得的所得和收入避免双重征税的协定》。

(三)国际税收协定的规范化

国际税收协定的产生是由于国际政治、经济形势的演变,其发展也是增进税收协调、合作的实际需要。最早的国际税收协定是 1843 年法国与比利时签订的《关于税务合作和税收情报交换协定》。而国际税收协定的大发展却是"二战"以后的事。在国际税收协定的发展史上,一个重要的问题便是协定的规范化。在协定规范化方面的重要成果,便是 OECD 和联合国关于国际税收协定的范本。

1.《OECD 范本》。1963 年,OECD 首次公布了《关于对所得和财产避免双重征税的协定范本(草案)》,得到许多国家的认可,并被作为协调国际税收关系的重要参考文件。1967 年,OECD 税务委员会着手对该草案进行了修订,并于 1977 年正式通过了修改后的范本及其注释。该范本虽然在某些方面也承认收入来源地国的优先征税权,但其主体思想是强调居民税收管辖权。1977 年《OECD 范本》及其注释,先后于 1992 年、1994 年、1995 年和 1997 年进行了多次修改,目前使用的范本是 2010 年 7 月 22 日的《OECD 范本》。

2.《联合国范本》。《OECD 范本》偏重居民税收管辖权,未能顾及在国际税收分配关系中多处于来源地国地位的广大发展中国家的财政利益,为此,联合国专家小组于 1977 年拟定了《关于发达国家与发展中国家避免双重征税的协定范本(草案)》,并在 1979 年专家小组第八次会议上经重新审议获得通过,1980 年正式公布。其体例结构虽然与《OECD 范本》相同,但其有关条款较为注重来源地国税收管辖权,因而在广大发展中国家的税收协定实践中得到普遍采用。1980 年《联合国范本》已于 2011 年修订。

《OECD 范本》和《联合国范本》的产生,标志着国际税收条约已经进入了规范化的发展阶段。两个范本为国家之间税收协定的签订奠定了基本框架,在国际税收协定的缔结并使之规范化方面起到了重要的作用。截至 2023 年,全世界双边税收协定总数已超过 3000 项。

二、避免国际双重征税协定

国际税收协定的核心问题是避免国际双重征税，这里以避免国际双重征税协定阐述国际税收协定的主要内容。由于前述《OECD 范本》与《联合国范本》在推动避免双重征税协定内容的规范化发展方面发挥了重要的作用，自 20 世纪 60 年代以来，各国之间签订的双边性的双重征税协定的基本结构和主要内容已经趋向统一。在通常情况下，这类双边税收协定的主要内容包括三个方面。

（一）协定的适用范围

协定的适用范围，主要是指协定对哪些人和哪些税种适用，以及协定在时间上和空间上的效力问题。

1. 对人的适用范围

现行的《避免双重征税协定》，通常在其第 1 条就开宗明义地表明："本协定适用于为缔约国一方或缔约国双方居民的人。"协定对任何第三国居民无约束力，第三国居民也不能要求享受基于协定所产生的税收优惠待遇。这是因为，对于不是缔约国一方或双方居民者，在缔约双方国家之间，不存在居民税收管辖权与来源地税收管辖权的交叉，因而不会产生缔约国之间的双重征税问题，自然没有必要将第三国居民列入协定的适用范围。另外，基于协定所产生的税收待遇往往是缔约国之间在对等的基础上相互给予的，第三国居民无权要求享有协定待遇，即在这一问题上并不适用最惠国待遇原则，目前这已经成为国际社会的共识。

在此类协定中，"缔约国一方居民"这一协定概念用语具有十分重要的法律意义，它关系到协定对人的适用范围，即什么样的人能享受协定待遇；同时，它也关系到缔约国双方中哪一方将作为某个特定纳税人的居住国对其行使居民税收管辖权，并对该纳税人就来源于缔约国对方境内所得已缴纳的缔约国对方所得税款，承担协定中规定的采取消除双重征税措施的义务。因此，协定中对"缔约国一方居民"这一关键用语都要作出明确的定义解释。

按照两个范本中的定义解释，协定中的"缔约国一方居民"这一用语，"是指按照该国法律，由于住所、居所、管理场所或其他类似性质的标准，负有纳税义务的人"。这一定义表明，判断一个人是否为缔约国一方居民：首先，应根据该缔约国税法规定的居民身份确认标准进行识别，双重征税协定原则上并不改变缔约国双方各自国内税法确定的居民认定标准。其次，它明确地限定了居民身份原则上应依住所、居所、管理场所或其他类似居住状态性质的标准确定。虽然协定在居民身份的确认问题上以遵从缔约国各方国内法规定为主，但取得缔约国一方居民身份的纳税人，即可享受协定的优惠待遇，缔约国另一方对他的征税就要受协定的限制、约束，这关系到缔约国另一方的权益，因而也不能完全以缔约国各自的国内法规定为准，协定还要对缔约国各方税法规定的居民身份确认标准作适当的范围限制，即限于目前绝大多数国家普遍采用的属于居住状态性质的标准，不包括少数国家采用的国籍、注册成立地这类法律性质的标准，以防止协定待遇被滥用。最后，按照这个定义，能够适用协定的人，还必须是在缔约国一方由于居民身份而负有无限纳税义务的人。不在缔约国负有无限纳税义务的人，不能享受协定的待遇，尽管他具有缔约国一方居民的身份。

缔约国双方各自税法规定的居民身份确认标准不同，而协定在缔约国居民确认方面原则上又遵从缔约国各方税法规定的标准，这样，在协定的适用实践中不可避免地会出现同一个纳税人，按缔约国一方税法标准应认定为其居民，但根据缔约国另一方的税法规定，也可以认定为另一方的居民。在发生这种"双重居民身份冲突"的情况下，缔约国双方必须确定这个纳税人的居民身份究竟应归属于哪一方,否则,双重征税协定无法对该纳税人适用。根据两个范本建议的系列冲突规则,解决自然人的双重居民身份冲突的选择顺序是:首先应认定这个自然人属于他拥有的永久性住所所在国一方的居民,其次应认定他属于其中与本人和经济关系更为密切的重要利益中心所在国一方的居民。所谓个人的重要利益中心地,一般应根据个人的家庭社会关系、职业和社会活动,以及个人从事经营活动和财产关系所在地等因素综合判断。如果无法判定这个人的重要利益中心地在哪一方,则认定他属于其习惯性居所所在地国一方的居民;如果这个人在缔约国双方都有或都没有习惯性居所,应认定其为国籍所属国一方的居民;如果这个人具有缔约国双方的国籍或都不具有国籍,最终应由缔约国双方协商解决其居民身份的归属。在企业法人发生双重居民身份冲突的情形下,按两个范本建议,应以法人团体的实际管理机构所在地国一方为其居住国。

还应该指出,虽然双重征税协定原则上适用于具有缔约国一方居民身份的纳税人,但由于跨国纳税人滥用税收协定进行国际避税的现象日益猖獗,近年来,为了防止第三国居民通过在缔约国一方境内设置所谓导管公司套取协定的优惠待遇,许多国家在双重征税协定中增设了反滥用协定条款,根据这类反滥用协定条款,如果缔约国一方居民公司被证实属于第三国居民设置的旨在套取协定优惠待遇利益的导管公司,则协定中有关减、免税和其他优惠条款并不适用于这种居民。

2. 对税种的适用范围

避免双重征税协定一般仅适用于以所得为课税对象的税种。但在纳税人财产国际化的情况下,以一般财产价值为课税对象的财产税也会出现国际双重征税问题,因而有时也把财产税列入协定适用的税种范围,甚至一些国家缔结的避免双重征税协定还扩大适用于社会保障税。

为了避免在协定实施过程中对适用税种的理解出现分歧,缔约各方往往均在协定中明确地列举所适用的各自税种名称,具体做法有两种:一是先按征税对象作出概括性的说明,然后再分别列出双方各自适用协定的现行税种名称;二是不作概括性的说明,而是直接列出适用协定的缔约国双方各自的现行税种名称。

由于各国的税收制度和现行税种名称通常随着本国经济的发展而有所变化,因此,协定列举所适用于的税种名称之后还应写明:“本协定也应适用于本协定签订之日以后增加或代替现行税种的任何相同或实质相似的各种税收。”

3. 在时间上的效力范围

协定在时间上的效力范围是指协定条款有效适用的起止期间。在这方面应注意区别协定文件的生效和协定开始适用这两个不同的时间概念。前者是指协定文本自身发生法律效力的时间规定,一般都规定缔约各方完成各自宪法规定的法律程序后,通过外交途径通知对方后的一定期限后生效。后者则是协定的有关实体条款从何时开始约束缔约国的征税行为的规定,通常规定为在协定本身生效后的下一个纳税年度起适用,属于协定在时间上的效力范围内容。双重征税协定一般长期有效,但缔约双方往往也规定在协定生效若干年(一般为 5 年)后可以单方面通知对方终止协定。

4. 对空间的适用范围

协定在空间上的效力范围是指协定适用的地域范围。避免双重征税协定一经签订并生效后,应当适用于缔约国各方主权管辖范围以内的全部领土和水域,包括领海以及根据国际法,缔约国有管辖权和有效实施有关税收的法律的所有领海以外的区域,包括海床和底土。

与空间效力范围相关联的另一个问题是，税收协定生效后，如果出现某一缔约国领土的扩大，那么现有的协定是否自动地适用于扩大的区域呢？《OECD 范本》第 28 条就“区域的扩大”问题专门提供了处理意见，即协定通过其全部或任何必要的修改，可以扩大实施到协定中具体未包括的某一缔约国领土的任何部分，或由某一缔约国负责其国际关系的任何国家和地区，而该国家和地区所征收的税收又与协定适用的税收性质相同。任何这种扩大，应从缔约国双方通过外交途径的换文或按照其宪法规定的章程的方式指定的和同意的日期生效。

（二）避免双重征税协定的解释及与缔约国国内税法的关系

1. 避免双重征税协定的解释

避免双重征税协定的解释，是指缔约国为了具体实施和执行有关协定，而对协定中的某一条款或用语的准确含义予以阐明的行为。

避免双重征税协定的缔约国各方，针对避免双重征税协定作为条约的一种，其解释规则当然要符合业已生效的《维也纳条约法公约》之有关规定，即其第 31 条：“条约应就其用语按照上下文并参照其目的和宗旨所具有的通常意义，善意地予以解释。”只有在适用这一规则进行解释所得到的意义仍属于不明或难解，或显然荒谬和不合理时，为了确定某一用语的意义，《维也纳条约法公约》第 32 条才允许使用补充的解释资料，包括条约的准备资料及条约缔结的情况。除此之外，避免双重征税协定的解释规则在实践中还形成自己的特色。《OECD 范本》和《联合国范本》第 3 条第 2 款规定：“缔约国一方实施本协定时，对未经本协定明确定义的用语，除上下文另有要求外，应当具有该缔约国关于适用本协定税种的法律所规定的含义。”按照这种解释规则，避免双重征税协定的解释依据就不限于协定条文本身及其上下文的联系，而且在一定的条件下还允许缔约国一方运用其国内有关税法所赋予的含义。将国内法的内容视为协定解释的依据，无疑是条约解释实践方面的一种新的发展和突破，也是避免双重征税协定解释规则区别于其他条约解释的重要特征。目前，两个范本所确立的协定解释规则，已经为各国对外缔结避免双重征税协定时所普遍采纳。

根据避免双重征税协定的上述解释规则，一般认为避免双重征税协定的解释应遵循以下顺序：首先，凡属协定本身已有明确定义的用语，即具有最高的权威性，应当予以严格执行，任何一方不得以国内税法另有规定为由排除其适用。其次，对未经协定明确定义的用语，应依照协定的上下文联系并参照协定的目的和宗旨进行解释。最后，如果从协定的上下文联系仍无法明确协定某一用语的含义，始可依据缔约国国内税法中的有关概念进行解释。

2. 避免双重征税协定与缔约国国内税法的关系

避免双重征税协定与缔约国国内税法之间的关系，实质上是国际法和国内法关系的一个侧面。两者既相互独立，又相互配合、相互补充，共同调整国际税收法律关系。具体地说，两者的关系应从以下三个方面理解：

（1）协定的缔结与实施以国内税法为基础。避免双重征税协定就国际税收法律关系作出的原则性规定，有赖于缔约国国内税法加以补充，使其具体化，否则，便难以落实执行；避免双重征税协定往往还明确某些术语的含义应以缔约国国内法律的规定为准；在协定实施过程中，对未经协定明确定义的用语，除上下文另有要求外，也应当具有缔约国关于适用该协定税种的法律所规定的含义。

（2）国内税法的适用应受协定条款的约束。避免双重征税协定的缔结，旨在运用冲突规范划分缔约国之间的征税权，并最终实现对跨国纳税人的公平征税。为此，协定一方面要求限制缔约国一方对有关跨国所得或财产价值行使来源地税收管辖权的程度或范围,另一方面也规定纳税人为其居民的缔约国另一方对其居民获得的业经缔约国一方课税的所得或财产行使居民税收管辖权时应采取必要的消除双重征税措施。例如,对作为非居民的外国企业在中国境内从事建筑、装配或安装工程,我国税法规定不论日期长短,均应缴纳企业所得税。但我国对外缔结的双边税收协定一般均规定,此类活动连续超过一定的期限(通常为6个月)才征税。因此,在缔约国对方的居民企业来华从事建筑、安装或装配活动是否应予课税问题上,国内税法的规定此时只能让位于协定条款的限制要求。

(3)协定不能干涉国内税法的修改和补充。避免双重征税协定的功能在于调整、协调缔约国双方之间的税收管辖关系,并在征税权限上作出一些为双方所能接受的必要限制,但征税权的创设、课税对象范围和课税程度的确定,仍留待各国国内税法规定。协定既不能为缔约国创设征税权,也不能扩大或提高缔约国国内税法本身规定的课税范围及程度。

(三)国际双重征税问题的解决

国际双重征税的产生,乃是各国税收管辖权重叠和交叉的结果。因此,避免双重征税协定的首要任务就在于公平、合理地划分缔约国之间针对跨国纳税人各项所得的征税权。这部分内容通常要占整个协定条款的3/5～4/5。划分的原则主要有三项:一是独占征税原则,即将某类所得的征税权排他地划归某一缔约方单独行使;二是优先征税原则,即由某一缔约方(通常是来源地国)对某类所得首先行使征税权;三是税收分享原则,即某类所得虽然由某一缔约方首先行使征税权,但其所适用的税率应予以限制,以保证另一缔约方亦能分享利益。

征税权的划分固然可以在一定程度上缓解国际双重征税问题,但在优先征税或税收共同分享的情况下,国际双重征税现象依然存在。为此,避免双重征税协定的另一项任务便是在划分征税权的基础上,要求作为居住国的缔约方承担义务,对跨国纳税人来源于另一缔约国的所得提供免税或抵免的方法,这样才能更好地达到消除国际双重征税的目的。

1. 禁止税收歧视

根据《OECD范本》和《联合国范本》的有关规定,实行税收无差别待遇,避免跨国纳税人受到歧视,主要包括四个方面的内容:(1)国籍无差别待遇。缔约国一方国民在缔约国另一方负担的税收或者有关条件,不应与缔约国另一方国民在相同情况下负担或可能负担的税收或者有关条件不同或比其更重。(2)常设机构无差别待遇。缔约国一方企业设在缔约国另一方的常设机构的税收负担,不应高于缔约国另一方进行同样业务活动的企业。(3)支付无差别待遇。缔约国一方企业支付给缔约国另一方居民的利息、特许权使用费和其他款项,在确定该企业应纳税利润时,应与在相同条件下支付给本国国民一样,准予列支扣除。(4)资本无差别待遇。缔约国一方企业如果为缔约国另一方居民全部或部分、直接或间接地拥有或控制,则该企业所负担的税收或有关条件,不应与该缔约国同类企业有所不同或比其更重。

2. 相互协商程序和税收情报交换

相互协商程序是顺利实施避免双重征税协定的重要保证,也是解决国际税务争议的主要方法。缔约国双方税务主管当局进行协商的目的:一是解决协定在实施过程中所发生的困难或疑义;二是处理跨国纳税人所提出的不符合协定征税的申诉;三是消除协定未作规定的国际双重征税现象。相互协商程序是一种非外交途径的国际争议解决方式,由协定直接授权缔约国双方税务主管当局进行接洽。相互协商程序是否发起,也完全由缔约国双方的有关税务主管当局决定。不过,相互协商程序可能是无结果的,问题一直得不到解决,这是其缺陷所在,所以,有些税收协定开始引进仲裁解决方式。

税收情报交换是加强国家间税务行政合作和防止国际逃税、避税的重要措施。协定明确的情报交换范围包括:(1)实施税收协定的规定所需要的情报,如纳税人在居住国和所得来源地国的收入情况、市场价格等。(2)与税收协定所涉税种有关的国内法律情报,尤其应包括单方面防止国际偷、漏税的法律措施,以及国内税法的变动情况。(3)防止税收欺诈或偷、漏税收的情报。协定在明确缔约国双方交换情报范围的同时,往往还就情报交换的方法、对交换情报的保密义务和使用所交换情报的方式等,作出必要的限制。

三、两个国际税收协定范本之比较

正如前文所述,两个国际税收协定范本是指于 1977 年公布的《OECD 范本》和 1979 年通过的《联合国范本》。两个范本的内容大部分相同,其不一致的方面也比较明显。

1. 两个范本制定的出发点的差异。《OECD 范本》是为了协调发达国家之间的税收分配关系,促进相互间投资的增长而制定的。其偏向居住国,主要维护发达国家的利益。《联合国范本》则是为了协调发达国家与发展中国家的税收分配关系而制定的。其强调收入来源地国,主要维护发展中国家的利益。《联合国范本》之所以会向发展中国家倾斜,是有其政治、历史背景的。从 20 世纪 60 年代起,许多发展中国家纷纷独立,经济关系方面也逐步从依附发达的资本主义国家走向摆脱其控制,寻求经济独立,在国际经济事务方面发挥着日益重要的作用。因此,反映发达国家利益的《OECD 范本》当然不能为广大发展中国家所接受,反映发展中国家利益的《联合国范本》就应运而生了。

2. 两个范本结构方面的差异。两个范本虽然都分为 7 章,但是,《联合国范本》共有 29 条,《OECD 范本》共有 30 条,《OECD 范本》比《联合国范本》多了一项条文,多的这项条文的内容是关于“区域的扩大”,即税收协定也适用于有的国家拥有的“海外领土”或者有的国家在国际关系上负有国际责任的“国家和地区”。《联合国范本》考虑到发展中国家基本上不存在“海外领土”或对其他“国家和地区”负有国际责任的实际情况,因此没有列入该条文。

3. 两个范本对确定常设机构的差异。虽然两个范本都把常设机构定义为“一个企业进行全部或部分营业的固定场所”,但是体现在具体的标准上却有不同:(1)在建筑、安装工程构成常设机构的时间限度上,《OECD 范本》规定,对建筑、安装工程,其施工期达到连续 12 个月以上的,才构成常设机构;而《联合国范本》则规定,对建筑、安装工程,施工期达到连续 6 个月以上的就构成常设机构。《联合国范本》注释中还指明在某些特殊情况下,可以根据双方谈判的情况,把施工期的标准缩短为 3 个月。(2)在常设机构的范围方面,《OECD 范本》规定,常设机构不包括专为储存、陈列和交付本企业货物或商品的设施;而《联合国范本》取消了其中的“交付”货物不作为常设机构的规定,明确指出,经常交付货物或商品的固定营业地点构成常设机构。此外,《联合国范本》还规定了保险企业通过其雇员在某国从事保险业务,则认为该保险企业在该国设有常设机构,而这一规定是《OECD 范本》所没有的。从上述差异可以看出,在常设机构认定的标准方面,《OECD 范本》比《联合国范本》严格。由此可见,《OECD 范本》限制了地域税收管辖权的行使范围,而《联合国范本》则使地域税收管辖权的行使范围有所扩大。

4. 两个范本对居民定义的差异。《联合国范本》对居民的定义是:按照该国法律,由于住所、居所、管理场所或其他类似性质的标准,负有纳税义务的人。《OECD 范本》对居民的定义是:按照缔约国法律,由于住所、居所、管理场所或其他类似性质的标准,负有纳税义务的人,但是这一用语不包括仅仅由于来源于该国的所得或位于该国的财产在该国负有纳税义务的人。由此可见,《OECD 范本》关于居民的定义比《联合国范本》多了一句话。联合国税收专家组认为后一句话不可取,因为这句话是为了处理某些特殊情况而设立的。如果当特定的纳税人依照该国国内法被认定为居民,按《OECD 范本》的定义,仍要将之视为非居民,承担有限的纳税法律责任,那么在这种情况下很容易造成该人被视为非居民而丧失享受协定优惠的权利。

5. 两个范本对营业利润征税范围的差异。这方面的差异主要表现在征税范围的大小。《OECD 范本》认为,常设机构所在国可以征税的利润应以"属于该常设机构的为限",即根据"归属原则";而《联合国范本》却认为,既可以采取"归属原则",也可以采取"引力原则",对于并不通过常设机构,但经营的品种或进行的业务与常设机构相同或类似所取得的利润,也可以由常设机构所在国征税,这样做可以遏制避税。

6. 两个范本对利息征税规定的差异。《OECD 范本》规定,当缔约国一方居民收到来源于缔约国另一方的利息时,缔约国双方都可以对这笔利息征税,但来源地国对这笔利息所得征收的税款不应超过利息总额的 10%。《联合国范本》则规定,对利息的预提税率由缔约国双方协商确定。《联合国范本》的这一规定是由于联合国税收专家小组不能对利息的限制税率达成一致意见。联合国税收专家小组在讨论利息限制税率时,各成员国之间的分歧很大:发达国家的一些成员认为,投资者的居住国享有独占对利息征税的权力,这样可以促进资金的国际流动;还有一些发达国家的成员则认为,投资者居住国应对利息拥有主要征税权,来源地国也可以对利息征税,但要限制在较低水平;部分发展中国家的成员认为,对利息的征税权应完全或主要划给收入来源地国,这样既可以增加来源地国的财政收入,也可以减少外汇外流。这样,由于意见很不相同,最终没有规定限制税率,而采取由缔约国自行协商的办法。

7. 两个范本对股息征税规定的差异。两个范本在股息征税问题上的差异,主要表现在股息的限制税率方面。《OECD 范本》规定,股息受益人是直接持有支付股息公司至少 25% 资本的公司时,支付股息的公司所在国只能对这笔股息征收 5% 的预提所得税;当股息受益人拥有支付股息公司的资本低于 25% 或股息受益人是自然人时,则支付股息的公司所在国可以对这笔股息征收 15% 的预提所得税。而《联合国范本》则规定,来源地国征收预提税的税率由缔约国双方谈判确定。《联合国范本》认为《OECD 范本》的规定会使发展中国家所受损失过多、限制过大,所以作了与《OECD 范本》不同的规定。

8. 两个范本对国际运输收入征税规定的差异。《OECD 范本》规定国际运输收入的征税权一律归属于企业的实际管理机构所在国,强调居民税收管辖权的独占行使地位。而《联合国范本》则采用了可以由缔约国选择的 A 和 B 两种做法,A 部分与《OECD 范本》的规定相同,B 部分则将国际空运收入和船运收入分别处理:对空运收入,规定仅由居住国征税;对船运收入,规定原则上应由居住国征税,但当这类船运活动经常发生在来源地国的情况下,来源地国也享有征税权。《联合国范本》所采用的 A 与 B 选择法,是出于保护发展中国家利益的目的,这与《OECD 范本》仅主张居民税收管辖权独占行使的规定有明显的差异。

9. 两个范本对财产收益征税规定的差异。《OECD 范本》规定:(1)转让不动产和转让常设机构营业财产部分的动产,或者转让固定基地的动产而取得的收益,居住国(国籍国)和来源地国均拥有征税权。(2)转让船舶、飞机的收益,应由企业实际管理机构所在国独占行使居民税收管辖权。(3)转让其他财产取得的收益,应由转让者为其居民(公民)的国家独享征税权。《联合国范本》采用了《OECD 范本》的规定,同时还增加了两方面的内容:(1)转让公司股本的股份而取得的收益可以在来源地国或居住国(国籍国)征税;(2)转让上述股本以外的股份而取得的收益,在该项股份达到协定国一方居民公司股权的某一百分比(由谈判双方确定该百分比)时,来源地国和居住国均有征税权。

10. 两个范本对特许权使用费征税规定的差异。《OECD 范本》规定,特许权使用费的征税权由居住国(国籍国)独占行使居民(公民)税收管辖权。《联合国范本》对特许权使用费的征税权作了调整:规定来源地国和居住国(国籍国)对特许权使用费都拥有征税权;规定来源地国对特许权使用费征收预提税时,应接受限制税率的约束,限制税率的高低由缔约国谈判确定;扩大了特许权使用费定义的范围,明确使用或者有权使用无线电或电视广播的胶片、磁带的版权而支付的费用应当包括在特许权使用费中;规定若接受特许权的单位所从事的活动与常设机构进行的经营活动相同或类似,则应当将该项特许权使用费收入并入常设机构的营业利润征收企业所得税,而不适用预提税的规定。

11. 两个范本对个人劳务所得征税规定的差异。《OECD 范本》规定,对独立个人劳务所得,其居住国(国籍国)对其取得的收益可以独占征税权,但是如果该人是通过设在另一国的固定基地从事劳务活动的,该固定基地所在国政府可以对仅属于该固定基地的所得征税。联合国范本采用了上述规定,并且还增加了两条内容:一是如果从事独立个人劳务的人在来源地国有关财政年度中停留期累计不少于 183 日,即使没有固定基地,来源地国也可以对其在本国从事该项劳务所取得的所得征税;二是如果某人在来源地国从事独立个人劳务活动取得的报酬超过了一定数额(该数额由缔约国谈判决定),来源地国可以征税,但条件是该项报酬是由来源地国居民支付或由设在该国的常设机构或固定基地负担。《联合国范本》还对公司董事费的征税事项作了扩大,即不仅对于公司董事会成员取得的董事费和其他类似款项居住国(国籍国)和来源地国都可以征税,而且对公司高级管理人员取得的工资、薪金和其他类似的报酬,居住国(国籍国)和来源地国都可以行使征税权。

12. 两个范本对情报交换和协商程序规定的差异。虽然两个范本都列有"情报交换"的专门条款,但是《联合国范本》突出了缔约国相互交换"特别是防止欺诈或偷、漏税收的情报",要求"主管当局通过协商创造有关交换情报的适当条件、办法和技术手段,并及时地交换有关逃税的情报"。在相互协商程序方面,两个范本比较一致,只是《联合国范本》中删除了《OECD 范本》中关于缔约国主管当局在达成协议需要口头交换意见时的权力,而顺应了有些国家认为不应该通过税收协定赋予主管当局这种权力,在这方面应当更多地参照有关缔约国国内法的规定。另外,《联合国范本》规定了一款新的内容:"为执行本条规定的相互协商程序,主管当局应当通过协商确定适当的双边程序、条件、方法和技术。此外,主管当局可以设法采取合适的单方面程序、条件、方法和技术,以促进上述双边行动和相互协调程序的执行。"

四、《多边税收征管互助公约》

2013 年 8 月 27 日我国签署了《多边税收征管互助公约》,由此成为该公约的第 56 个签约方。瑞士也于 2013 年 10 月 15 日正式签署该公约,成为第 58 个签约方。

《多边税收征管互助公约》是一项旨在通过开展国际税收征管协作,打击跨境逃避税行为,维护公平税收秩序的多边条约。该公约由经济合作与发展组织与拥有 47 个成员国的欧洲委员会于 1988 年 1 月在法国斯特拉斯堡共同发起,并向两组织的成员开放,1995 年 4 月 1 日生效。近年来,该公约影响快速上升,正日益成为开展国际税收征管协作的新标准。

2010年5月27日,经济合作与发展组织与欧洲委员会响应G20集团号召,按照税收情报交换的国际标准,通过议定书形式对《多边税收征管互助公约》进行了修订,并向全球所有国家开放。修订后的《多边税收征管互助公约》于2011年6月1日生效。截至目前,全球约有60多个国家已经或承诺签署该公约。

《多边税收征管互助公约》共6章32条,规定的征管协作形式包括情报交换、税款追缴和文书送达。2013年7月,G20集团财长与央行行长会议支持经济合作与发展组织将《多边税收征管互助公约》框架内的税收情报自动交换作为全球税收情报交换的新标准。所谓税收情报自动交换,是指各国税务主管当局之间根据约定,以批量形式自动提供有关纳税人取得专项收入的税收情报的行为,专项收入主要包括利息、股息、特许权使用费收入;工资薪金,各类津贴、奖金,退休金收入;佣金、劳务报酬收入;财产收益和经营收入等。

《多边税收征管互助公约》是中国签署的第一份多边税收协议。这一协议在中国经济转型升级之际签署,标志着中国税收领域的改革开放进一步深化和扩大,具有重要积极意义。近年来,中国政府积极参与国际税收合作,展现了一个负责任大国的形象。《多边税收征管互助公约》的签署将有利于中国进一步扩大国际税收征收网络,拓展国际税收合作的广度和深度,有利于提高中国对跨境纳税人的税收征管和服务水平。

瑞士签署这一公约是国际税务合作取得的重要进展,这意味着瑞士银行保密制度走向终结。全球加强打击跨境逃避税行为将是一个“不可逆转”的趋势。

五、国际税收合作的新发展

防止国际税收欺诈、保护国家税收体系不受侵害的最有效的方式就是各国国家税务行政机关之间的合作。而这种合作最根本、最直接有效的方法则是各国对自己金融机构所掌握的金融信息相互进行定期、批量交换,尤其是在居住地国和收入来源国之间进行。OECD在这方面做了大量的工作,采取各种政策鼓励信息交换,加大银行信息的透明度。从2008年到2010年,OECD成员国的纳税人主动申报隐匿资产信息的额度高达370亿美元。[1] 在落实国际税收领域透明度的诉求和背景下,G20国集团首脑于2013年9月决定授权OECD起草制定国际统一规则。

2014年7月21日,OECD公布了新的完整的国际规则,规定国家之间相互交换本国金融机构所掌握的个人与实体的银行账户信息,旨在防止国际避税和逃税行为和现象,结束了在税收方面对银行秘密的保护。该标准全称为《涉税金融账户信息自动交换标准》(Standard for Automatic Exchange of Financial Account Information in Tax Matters/ La Norme d'échange automatique de renseignements relatifs aux comptes financiers,AEOI)。根据该标准,经济合作与发展组织成员国国家主管机构可以要求本国的金融机构提供其客户的账户方面的详细信息,并自动地每年一次与其他成员国交换这些信息。标准是在G20集团委托授权下起草,并经过OECD理事会批准通过。

AEOI界定了需要申报的金融账户的信息、所涉纳税人的账户种类,以及金融机构应该遵守的合理的尽职程序。根据该标准,OECD成员国所交换的信息主要是自然人以及实体(包括

---

〔1〕 经济合作与发展组织2010年《境外自愿披露:比较分析、指南和政策建议报告》(Offshore Voluntary Disclosure: Comparative Analysis,Guidance and Policy Advice)。

基金和信托)的银行账户中的余额、利息、分红以及金融机构向主管机构申报过的金融资产转让方面的收入。新规则包含的附件中有对国家主管机关和金融机构的使用指南和解释、细化的协议模板、统一的技术处理方案和信息技术系统,以及安全的信息传送标准化格式。技术规定非常详细,便于操作实施。标准极大地降低了缔约国搜集信息、参与信息交换的成本。标准对发展中国家还规定了援助和支持措施,以确保这些国家能够享受到国际税收体制透明化所带来的利益。

2017 年 5 月 4 日,《遵守 BEPS 报告之行动纲领 13 的最低标准、根据国与国的主管机关相互交换信息宣言多边协议的规定激活双边信息交换关系的诸多宣言》问世。从 2016 年到 2017 年,700 多个双边交换信息关系确立。OECD 网站随时更新新的双边信息交换申明。

与 AEOI 标准制定并行的是另一个国际公约制定、谈判和签署。2016 年 11 月,100 多个国家和地区签署了《实施税收协定相关措施以防止税基侵蚀和利润转移(BEPS)的多边公约》。[2] 该公约旨在迅速实施国际税收协定中规定的一系列措施、更新国际税收规则、防止和减少跨国企业的逃税行为,又被称为多边工具(Multilateral Instrument, MI),于 2018 年 7 月 1 日生效,89 个缔约国覆盖所有大洲和各种不同发展阶段的国家和地区。

MI 修改了几千个已经签署的双边税收条约,极大地减少了双重征税的情况;向缔约国政府提供了许多具体的措施,封堵了现存国际税收规则中的缺口和漏洞;落实了 OECD 的 BEPS 目标计划范围所规定的措施;同时,制定了防止滥用税收公约的最低标准,改善了争议解决方式,保证有足够的灵活性实施税收公约的特殊税收政策。MI 的英语和法语两个文本具有同样的法律效力。

防止税基侵蚀和利润转移是全球各国税务机构的首要任务。早在 2013 年 OECD 成员方和 G20 集团就达成了一个包含 15 点内容的行动纲领,决定在平等的基础上统一行动,防范和狙击 BEPS,保护可征税基不受侵蚀,为纳税人提供纳税的可预见性和确定性。2016 年 OECD 与 G20 集团创建了 BEPS 涵盖式"一揽子"框架,使其他国家和地区可以和 OECD 及 G20 集团国家共同发展与 BEPS 有关的规则,同时以协调一致的方式监督 BEPS"一揽子"措施的实施。100 多个国家和地区加入了该"一揽子"框架。

2018 年的中期报告强调了数字经济对税收体系带来的影响和挑战,为各国税收当局提供了新的政策实施工具,改善了对纳税人的服务活动,提高了征税的效率和发现逃税漏税的敏感度。该报告是对 2015 年报告中 BEPS 计划行动纲领 1 的落实情况的总结,明确了到 2020 年在经济数字化和国际税收规则方面的行动方向。

总之,AEOI 规则和反 BEPS 的多边工具 MI 是国际社会各国税收合作的重要里程碑,其在防止国际双重征税、国际避税和逃税方面起到了重要作用。同时,也意味着自动信息交换被确立为国际税收透明度新标准,反跨国逃避税领域的税收监管合作进入了以自动情报交换为主的新阶段。

---

[2] 2017 年 6 月 7 日中国签署了《实施税收协定相关措施以防止税基侵蚀和利润转移(BEPS)的多边公约》。

第六节 中国对外税收协定

一、中国对外税收协定的种类

(一)多边公约

我国签订的多边税收条约有《多边税收征管互助公约》《金融账户涉税信息自动交换多边主管当局间协议》《实施税收协定相关措施以防止税基侵蚀和利润转移(BEPS)的多边公约》。[3] (见表11-1)

表11-1 我国签订的多边税收公约

名称(Designation)	签署日期(Signed on)	生效日期(Effective from)	执行日期(Applicable since)
《多边税收征管互助公约》	2013.8.27	2016.2.1	2017.1.1
《金融账户涉税信息自动交换多边主管当局间协议》	2015.12.16	2017.5	2017.7
《实施税收协定相关措施以防止税基侵蚀和利润转移(BEPS)的多边公约》	2017.6.7	—	—

(二)双边条约

中国对外签署的双边对外协定包括避免双重征税协定和税收情报交换协定。

1. 避免双重征税协定

中国同其他国家谈判、签订对于所得避免双重征税和防止偷、漏税的协定是在实行对外开放以后,于1981年年初与日本谈判开始的。1981年1月,我国首先同日本就缔结一项旨在避免对所得双重征税和防止偷、漏税的协定进行谈判,并最终于1983年9月6日正式签订,自1985年1月1日起执行。这是我国对外缔结的第一项综合性的税收协定。截至2023年5月,我国已经先后同107个国家签署了关于避免对所得双重征税和防止偷税漏税的协定,其中同100个国家签订的协定已经生效,未生效国家包括乌干达、肯尼亚、加蓬、刚果(布)、安哥拉、阿根廷等6个国家。中国内地和我国香港特别行政区、澳门特别行政区签署了税收安排。中国大陆与我国台湾签署了税收协议,但该协议尚未生效。

2. 税收情报交换协定

中国已与10个国家或地区正式签署税收情报交换协定,分别是巴哈马、英属维尔京群岛、马恩岛、根西、泽西、百慕大、阿根廷、开曼、圣马力诺、列支敦士登。[4]

---

〔3〕 我国签订的多边税收条约,载国家税务总局官网,http://www.chinatax.gov.cn/chinatax/n810341/n810770/index.html。

〔4〕 我国签署的税收情报交换协定"一览表",载国家税务总局官网,http://www.chinatax.gov.cn/chinatax/n810341/n810770/index.html。

二、中国对外税收协定的原则

总结我国缔结对外税收协定的实践，可以看出我国始终坚持以下四项原则：

1. 坚持所得来源地国与居住国共享征税权的原则。在国际经济交往中，发展中国家经常是资本输入国，发达国家则经常是资本输出国。尽管双边协定的条款规定双方对等适用，但由于经济发展和科技水平的差异以及由此形成的资金流向和技术输出量不同，发展中国家与发达国家受到的征税的限制实际上是不对等的。我国是发展中国家，坚持收入来源地国与居住国共享征税权的原则，能够在协定的基础上保障我国的税收权益。故在我国缔结的对外税收协定中，除国际运输和政府职责等个别条款外，我国不接受任何居民管辖权处于无条件的独占地位的要求，坚持收入来源地国优先征税以及来源地国与居住国共享征税权的原则。对来源地税收管辖权的征税范围和预提税的税率，我国虽然可以接受某些合理范围内的限制，但从不放弃所得来源地的优先征税权。为了坚持共享征税权的原则，我国在签订对外税收协定时，一般比较倾向于参照能够较多地照顾到来源地国征税权的《联合国范本》。

2. 坚持税收待遇对等的原则。税收待遇对等是平等互利原则在税法领域的体现，国家应以互惠为基础。这一原则在国际经济交往中，意义尤其重大。互利互让、对等协商是顺利进行签订工作的思想基础，也是最终达成协定的必要条件。中国在对外签订的税收协定中，本着税收待遇对等的精神，将双方的权利和义务按对等的原则写进税收协定或协定议定书。例如，我国国内税法规定股息的预提税税率为20%，协定税率一般降为10%，但有的国家根据本国的惯例，股息预提税税率并不适用10%的协定税率，这样在与该国签订税收协定时对我国协定的预提税税率也相应进行调整，以体现税收待遇对等原则。比如澳大利亚、新西兰、挪威、巴西等国家对外签订税收协定时股息预提税税率一般定为15%，经过商谈，我国接受这些国家15%的股息预提税税率，我国在与这些国家缔结税收协定时也采用15%的股息预提税税率。

3. 重视税收饶让的原则。中国为吸引外资，引进技术，颁布了许多减、免税的规定。为了让中国税收上的优惠和签订税收协定所作出的让步使投资者得到实惠，切实起到鼓励投资的作用，中国坚持对其税法所规定的减、免税和在税收协定中按受限制税率所减少的税收，要求对方国家视同已征收，给予抵免。从已经签订的税收协定来看，除中美和中马（马来西亚）税收协定之外，其余的税收协定基本上都实现了中方的意图。其中，法国、德国、比利时、瑞典等国家，在同中国签订的税收协定中，都承担了对其居民从中国取得的营业利润和个人劳务所得（其中瑞典对个人劳务所得仅限于独立个人劳务所得），凡是按协定规定应在中国征税的，都不再征税的义务，即对其居民在中国取得的营业利润和个人劳务所得实行免税方式。这种方式比将减、免税视同已征收、抵免更有利于鼓励外国投资者来中国投资。另外，上述对投资所得减、免税视同已征收、抵免，除中马（马来西亚）税收协定之外，都是由对方国家单方面承担的协定义务。总之，在税收协定中，解决好减、免税视同已征收、抵免问题，是中国通过谈判签订税收协定取得的重要成果之一，它直接关系到中国税收鼓励措施的实际效果，关系到签订税收协定能否切实起到促进双方国家发展经济、技术合作的重要作用。

4. 中国在谈判中也充分考虑了国际上通行的做法和对方的合理要求。由于各国的经济现状以及所实行的法律制度不同，在谈判签约时，往往会基于其国内法提出一些要在协定中作出特别明确规定的问题。例如，德国为了缓和对股东的股息所得双重征税，其国内法规定，对居民公司的保留利润与分配利润的税率为36%，为了避免把因此而减少征收的公司税过多地让给外国政府征收，要求在协定中明确规定对其居民公司的保留利润与分配利润的公司所得税税率相差达到15%或者更多时,可以对对方居民取得的股息,由限制税率10%提高到15%征收。对此类问题,作为特殊情况,都由双方协商,按照双方权利对等的原则,在协定的议定书中加以规定。尽管中国税法没有对公司的自留利润与分配利润实行差别税率的规定,但是条文表述要对等,应适用于双方。这样做,有利于税收协定的长期执行,一旦中国税法作出上述类似情况的变动时,能够及时享有协定规定的权利。

三、涉外税收协定待遇的设置

我国涉外税收协定在设置税收待遇方面一般是优于国内税法待遇的。概括起来,这些税收协定待遇主要反映在以下方面。

(一)对营业利润的征税以设有常设机构为限

所谓常设机构,是指企业进行全部或部分业务活动的固定营业场所。对于建筑、装配或安装工程和与工程项目有关的监督管理活动,一般是限于连续6个月以上的,视为有常设机构。其起止日期,应从实施合同之日起,至作业全部结束,交付使用之日止进行计算。对于为同一工程项目或相关联的工程项目提供劳务,包括咨询劳务,一般是限于在任何12个月中连续或累计超过6个月,视为设有常设机构。

对于专为本企业进行准备性或辅助性活动的场所,可以不视为常设机构。凡是按照税收协定规定,没有构成或可以不视为常设机构的,其营业利润都可以仅由取得者为其居民的签约国征税。

(二)对投资所得征税

在来源地国家拥有优先征税权的基础上,实行限制税率,降低征税。按照平等互利原则,双方国家都不谋求独占税收,使签约国双方都能够有适当的税收分享。但同每一个国家所确定的限制税率相等,一般是分别不超过股息、利息、特许权使用费总额的10%。而且限制税率仅适用于收益所有人为缔约国居民的情况。

(三)对个人劳务报酬和薪金所得征税

这种征税参照国际税收的通常做法,分两种情况处理:

1. 对个人从事专业性劳务取得的所得,原则上可以仅由该个人为其居民的国家征税,但其有下列两种情况之一的,可以在来源地国征税:设有经常使用的固定基地;在有关历年中停留连续或累计超过183日。有关历年,是指公历年1月1日至12月31日止。“连续或累计超过183日”的计算,限于一个历年,不能跨年度计算。

2. 对个人取得的薪金、工资和其他类似报酬,应由受雇活动所在国家征税,但对同时具备以下三个条件的,可以例外处理,允许仅由个人为其居民的国家征税:(1)该个人在有关历年中在签约国另一方停留连续或累计不超过183日;(2)其报酬不是由作为签约国另一方居民的雇主支付或代表该雇主支付;(3)该报酬不是由雇主设在该签约国另一方的常设机构或基地所负担。

本章思考题

1. 试述国际税法的概念和渊源。
2. 国际税收法律关系的特征有哪些?

3. 试述税收管辖权的概念和意义。
4. 试述属人税收管辖权的基本理论。
5. 试述属地税收管辖权的基本理论。
6. 试述国际重复征税的概念和产生。
7. 国际重复征税的解决方法有哪些?
8. 试述税收饶让抵免的概念和形式。
9. 试述国际逃税和国际避税的概念与区别。
10. 试述国际逃税与国际避税的方式。
11. 试述各国对国际逃税、避税的法律管制。
12. 试述国际税收协定的概念、分类及规范化。
13. 试述避免国际双重征税协定的主要内容。
14. 试述两个国际税收协定范本的主要内容及比较。
15. 试述中国对外税收协定的主要内容和特点。
16. 简单介绍《多边税收征管互助公约》。
17. 简单介绍《实施税收协定相关措施以防止税基侵蚀和利润转移(BEPS)的多边公约》。
18. 简单介绍《涉税金融账户信息自动交换标准》的内容。

拓展阅读

1.《中华人民共和国企业所得税法》。
2.《中华人民共和国企业所得税法实施条例》。
3.《中华人民共和国个人所得税法》。
4.《中华人民共和国个人所得税法实施条例》。
5. 经济合作与发展组织《关于对所得和财产避免双重征税的协定范本》。
6. 联合国《关于发达国家和发展中国家间双重征税协定范本》。

第十二章　对限制性商业做法的法律管制

本章导读

限制性商业做法是国际贸易中的常见行为，在一定程度上对国际贸易流动造成不利影响，因而受到国际和国内立法的限制。本章旨在澄清限制性商业做法在法律上的含义和表现形式、各国管制限制性商业做法的立法模式和主要内容、我国对限制性商业做法的管制立法及主要制度、各国达成的管制限制性商业做法的国际条约以及相关文件。本章的学习重点是：限制性商业做法的界定；限制性商业做法的表现形式；管制限制性商业做法的国内法包含的主要内容；管制限制性商业做法的国际文件。

第一节　限制性商业做法概述

一、限制性商业做法的概念

限制性商业做法（restrictive business practice，RBPs）也称“限制性商业惯例”。[1] 根据联合国大会通过的《一套多边协议的控制限制性商业惯例的公平原则和规则》（The Set of Multilaterally Agreed Equitable Principles and Rules for the Control of Restrictive Business Practices，以下简称《联合国竞争原则和规则》）的规定，限制性商业做法是指企业的下述活动或行为：通过滥用或谋取和滥用市场力量的支配地位，限制进入市场或以其他方式不适当地限制竞争，从而对国际贸易特别是对发展中国家的国际贸易及其经济发展造成或正在造成不利影响；或通过企业之间的正式或非正式、书面或非书面的协议或安排造成类似影响。概括而言，限制性商业做法泛指阻止、限制或妨碍其他企业和个人参与市场竞争并对国际贸易造成不利影响的行为。

二、限制性商业做法的表现形式

限制性商业做法有多种表现形式，但是各国在分类上存在较大差异。例如，日本将限制性商业做法分为私人垄断、不当交易限制和不公正交易方法，匈牙利则将垄断和限制竞争做法纳入不正当竞争行为。常见的做法是将限制性商业做法分为垄断行为、限制竞争行为和不正当竞争行为。但是，由于限制竞争行为与垄断行为和不正当竞争行为联系密切，实践中很难区分，一些国家在竞争法中对垄断行为和限制竞争行为不进行严格划分，而是作交叉规定，也就

〔1〕 以色列将其称为“限制性贸易做法”（restrictive trade practice），并将其定义为公司的限制性安排、垄断或兼并。参见以色列《限制性贸易做法法》（Restrictive Trade Practices Law）第1条。

是将竞争法分为反垄断法和反不正当竞争法两大类，反垄断法中包含反限制竞争的规定。[2]

（一）垄断行为

垄断行为（Monopoly），是指经营者自身或者通过与其他企业合并等方式，对市场拥有独占或控制权。垄断行为从不同角度可以分为以下类型。

1. 自然垄断行为与法定垄断行为

根据垄断行为的形成方式，可以将垄断行为分为自然垄断行为与法定垄断行为。

（1）自然垄断行为（natural monopoly），也称经济垄断行为，是指企业的经营规模达到一定程度后形成的独占或控制地位。自然垄断行为主要是在市场的激烈竞争中通过企业自身的努力形成或者与其他企业的联合行为形成。但是，自然垄断行为随时面临其他企业的挑战和竞争，垄断地位并不稳定。当某一行业形成自然垄断或者垄断者采取垄断价格进而造成资源配置的扭曲时，各国政府通常对此进行管制。

（2）法定垄断行为（statutory monopoly），也称行政垄断行为，是指由于政府发布限制竞争的行政命令所形成的企业独占或控制地位。通常情况下，政府通过采取限制市场准入措施使某些企业获得独占经营地位，这些获得法定垄断地位的企业主要是政府的公用企业。法定垄断行为限制了竞争，容易形成高额垄断价位，并有可能产生价格同盟、掠夺性定价、价格歧视、指定购买、搭售等情况。法定垄断不仅排斥了正当竞争，同时也容易滋生腐败，从而损害政府的威信。

法定垄断行为与自然垄断行为在以下方面存在不同：①形成条件不同。法定垄断通过限制竞争的行政行为形成垄断地位，自然垄断则是企业在积极参与竞争的过程中形成，它是市场竞争的结果。②滥用优势的形式不同。自然垄断基于企业经济优势的滥用而形成，法定垄断则基于行政权力的滥用形成。③市场准入限制的形态不同。自然垄断表现为企业获得独占进入市场的机会，法定垄断则表现为企业拥有进入市场和进行竞争的机会，并在给予其他经营者机会时实施不平等待遇。

法定垄断行为与自然垄断行为在以下方面存在共性：①经济基础相同。不管是滥用经济优势的自然垄断还是滥用行政优势的法定垄断，垄断行为或垄断状态的形成都是源于一定优势的占有者或者行政权力的优势占有者。②本质相同。二者均限制了竞争行为。③目的相同。二者均以谋求经济利益为目的。谋求经济利益是所有经济组织的根本动力和最终目标，经济组织的一切经营行为（包括限制竞争的行为）都是为了巩固市场优势，并借此获得超额利润。④危害相同。二者均损害了竞争者和消费者的利益，阻碍了市场经济体制的建立。自然垄断和法定垄断限制了其他竞争对手的竞争，导致某种或某几类产品长期占据统治地位，产品品种单调、质量不能提高、价格居高不下等情况，最终使消费者处于被动地位。

2. 卡特尔、辛迪加、托拉斯和康采恩

根据垄断联合体的表现形式，可以将垄断行为分为卡特尔、辛迪加、托拉斯和康采恩。

（1）卡特尔（Cartel）：指同类产品的生产企业为了获取高额利润，在市场划分、商品产量、商品价格等方面通过达成一致协议所形成的垄断联合体。卡特尔的各成员在生产、销售和财务上保持各自的独立性，但在某些方面则采取一致行动或联合。卡特尔消除了企业之间本应进行的竞争，限制了企业的经营活动。卡特尔这种垄断形式在“二战”前非常盛行，遍及各个经济

---

〔2〕 曹天玷主编、国家工商行政管理局条法司著：《现代竞争法的理论与实践》，法律出版社1993年版，第18页。

部门。在“二战”后,私人卡特尔的数量大幅度减少,但是,跨国公司在经营活动中仍然经常采用卡特尔方式。常见的卡特尔有价格卡特尔、数量卡特尔和分割销售市场的卡特尔。价格卡特尔是指生产同类产品的企业对产品的销售价格进行协商,规定最高销售价格或最低销售价格。数量卡特尔是指同类产品的企业通过协商对产品的生产数量和销售数量进行限制。由于增加产品的产量将导致价格下降,从而影响价格卡特尔的安排,因此,数量卡特尔通常与价格卡特尔联系在一起。分割销售市场的卡特尔(也称地域卡特尔)是指企业通过相互之间的协议约定在各自的销售地域保持垄断地位,以维持产品的价格。

(2)辛迪加(Syndicat):指同类产品的生产企业通过订立统一采购原材料和销售商品的协议实现垄断联合的联合体。辛迪加的各成员只是在生产上保持各自的独立性,在购销方面没有独立性,只能由辛迪加统一管理。购销垄断可以使垄断企业以低价购进原材料,并以高价销售其产品。

(3)托拉斯(Trust):指同类产品的生产企业通过从生产到销售的各个环节进行全面合并所形成的垄断联合体。与卡特尔和辛迪加不同,托拉斯的成员不具有独立法律地位,只是托拉斯的股东,并按股权比例获得利益。

(4)康采恩(Konzern):指以某一大企业为核心形成的不同生产企业的垄断联合体。这种联合多以金融控制为基础,核心企业通过持股等方式控制其他企业,以实现企业之间的垄断联合。

3. 独占行为和兼并行为

根据垄断方式,可以将垄断行为分为独占行为和兼并行为。

(1)独占行为:指经营者在特定市场上没有能够与之竞争的对手或者取得了压倒性地位和排除竞争的能力。由于独占企业很容易滥用市场优势,损害消费者和其他经营者的利益,许多国家作出禁止性规定。

(2)兼并行为:指两个或两个以上企业基于长期经营目的组成新的企业。兼并行为很容易造成经济力量过于集中,从而形成垄断,妨碍竞争。因此,许多国家规定,企业之间进行兼并必须提出申请并经批准,以防止出现垄断实体。

(二)限制竞争行为

限制竞争行为,是指经营者滥用经济优势或者多个经营者通过签署协议等联合方式,损害竞争对手利益的行为。限制竞争行为主要表现为以下形式:(1)限制转售价格:指生产企业要求批发商或零售商必须按其确定的价格销售其生产的产品。这种做法限制了批发商或零售商之间的竞争。(2)掠夺性定价:指企业以低于成本的价格销售产品,以打垮竞争对手,取得市场竞争的优势。这种行为不仅损害了竞争对手的利益,从长远上也损害了消费者的利益。(3)价格歧视:指企业对条件相同的若干买方实行不同的售价。这种做法妨碍了买方之间的竞争。此外,限制竞争行为还包括搭售、附加不合理的交易条件、强制交易、价格联盟、生产联盟等。

(三)不正当竞争行为

不正当竞争的早期含义是指诚实的生产者和经营者所不会实施的行为。现代意义的不正当竞争则是指经营者在违背商业道德和善良风俗的情况下进行的竞争行为,包括侵害竞争对手的行为、“搭便车”、投机取巧或者损害消费者权益的其他不正当商业行为。具体而言,不正当竞争行为主要表现为以下形式:(1)经营者采用欺骗或胁迫的手段从事交易;(2)经营者诋毁竞争对手的商业信誉或商业声誉;(3)经营者做虚假广告或使人误解的广告;(4)经营者从事巨额奖金的销售;(5)经营者从事商业贿赂,以获得交易机会;(6)经营者采取不正当手段获取或泄露或使用他人的商业秘密。

早在19世纪初,一些国家在商标法、广告法、专利法、民法、商法等法律中就对不正当竞争问题作出了规定。值得注意的是,经营者之间是否存在竞争关系并不是判断不正当竞争行为的要件。大多数国家的反不正当竞争法所禁止的不正当竞争行为有以下三种类型:(1)行为人与他人之间存在竞争关系,但却采用不道德的方式排挤竞争对手的商业行为。(2)经营者虽未排挤竞争对手的竞争,但是通过不正当手段获取竞争优势的行为。例如,搭没有竞争关系的经营者的便车或者误导消费者以获取竞争优势。(3)以不正当手段破坏他人竞争优势的行为。

不正当竞争行为不同于垄断行为。垄断是一种反竞争行为,即不允许其他企业与垄断企业进行竞争。不正当竞争则是经营者积极参加到众多企业的竞争中,但却采用违背商业道德和善良风俗的手段对付竞争对手。

三、管制限制性商业做法的国内立法

(一)对限制性商业做法进行管制的经济学基础

竞争在古代就已存在,进入商品经济之后,竞争更加激烈。竞争可以最大限度地调动生产者和经营者的积极性,促使其采用新技术和新工艺,提高产品质量,增加产品品种,不断完善经营管理,降低生产经营成本,提高产品竞争力。竞争还可以带来巨大的社会效益,它可以优化配置社会资源,带动行业发展以及国民经济的提高,还可以保护消费者的利益。可以说,竞争是市场经济制度的核心。

值得注意的是,商品经济越发达,竞争就越为激烈。竞争的优胜劣汰作用很容易导致一部分企业亏损甚至破产、工人失业等。竞争将导致生产和资本的集中,产生垄断现象。在竞争的压力下,企业极易采取限制竞争的行为以维持其竞争优势或减少竞争,不正当竞争等妨碍竞争的现象将大量出现。一些企业为了在竞争中取得优势,往往不惜实施违背商业道德和善良风俗的各种行为,排斥和打击竞争对手。有的甚至通过各种方式的联合,垄断生产和销售市场,以获得高额利润。总之,垄断和不正当竞争行为的出现严重损害了绝大多数诚实的生产者或经营者以及广大消费者的利益,妨碍了正当竞争的开展和市场的良好秩序。因此,许多国家建立了保护竞争机制,采取法律手段制止企业之间妨碍竞争的行为,对于垄断行为和不正当竞争行为予以规范。

目前,大多数国家制定了反垄断法或反不正当竞争法。虽然各国立法各有特点,但都是基于相同的经济学理论:如果一个企业在市场所占的份额过大,这个企业就会抬高产品价格,减少对市场的供给,从而影响消费者利益。值得注意的是,各国竞争法并没有禁止企业的所有竞争行为,而仅仅是对妨碍竞争的行为进行管制。

(二)管制限制性商业做法国内立法的产生

早在古罗马时期,就已存在与管制限制性商业做法有关的国内法律。到17世纪,各国开始制定保护竞争关系的法律,但没有形成体系。现代意义上专门管制限制性商业做法的国内法律在19世纪产生。19世纪末20世纪初,西方各国的资本和生产迅速集中,垄断现象日益严重,不正当竞争、滥用经济优势和限制竞争的行为大量出现。尤其是在英国、法国、德国等欧洲国家,不正当竞争行为更加突出。1850年,法国法院根据《法国民法典》第1382条作出判决,首

次使用了“不正当竞争”的概念。[3] 1889年,加拿大制定了世界上第一部专门规范限制性商业做法的法律——《禁止限制贸易合并法》。随后,美国于1890年制定了《谢尔曼法》,德国于1896年制定了世界上的第一部《反不正当竞争法》等。

“二战”后,各国经济逐渐恢复和发展,限制性商业做法越来越多,对经济发展产生了阻碍作用。于是,已经制定管制限制性商业做法法律的国家对先前立法予以修改和补充,没有制定管制限制性商业做法法律的国家则开始制定这方面的法律。例如,日本在1947年颁布了《关于禁止私人垄断和确保公平交易的法律》,英国于1948年制定了《垄断和限制性做法(调查和管制法)》,美国于1950年颁布了《赛密勒—凯弗维尔法》,德国于1957年重新制定了《反对限制竞争法》(也称为《卡特尔法》),澳大利亚在1974年制定了《反垄断法》,韩国在1981年制定了《竞争法》,南非在1998年通过了《竞争法》,俄罗斯在1991年颁布了《反垄断法》,中国在2008年施行《反垄断法》等。

到目前为止,制定竞争法的国家已经有100多个,发达国家基本上都制定了管制限制性商业做法的法律,有些发展中国家也已制定或正在制定这方面的法律。发达国家希望发展中国家通过制定竞争法提高市场开放程度和透明度,发展中国家则希望通过制定竞争法抵抗跨国公司的国际垄断行为,维护其经济安全。

此外,联合国贸发会议、世界贸易组织、经济合作与发展组织等国际组织一直致力于推动竞争法的国际化和协调。

(三)各国管制限制性商业做法的立法模式

大多数国家制定的管制限制性商业做法的立法主要是规范垄断行为、限制竞争行为和不正当竞争行为。有些国家则在立法上没有严格划分上述三种行为,例如,美国法律对垄断和限制竞争的行为作出交叉规定。德国的《反对限制竞争法》则对限制竞争和垄断行为都作了规范。总体而言,大多数国家将现代竞争法分为两大部分,即反垄断法和反不正当竞争法。

管制限制性商业做法的立法模式有三种:(1)专门制定管制限制性商业做法的法律:例如,以色列制定了《限制性贸易做法法》。(2)制定统一的竞争法模式:将反垄断、反限制竞争和反不正当竞争问题在一部法律中作出规定,因为其立法目的都是相同的。例如,美国制定的《谢尔曼法》、印度制定的《竞争法》就采取该模式。(3)分别立法模式:分别制定反垄断法律、反限制竞争法律和反不正当竞争法律。例如,德国制定了《反不正当竞争法》和《反对限制竞争法》。日本制定了《不正当竞争防止法》和《关于禁止私人垄断和确保公平交易的法律》。目前,大多数国家分别制定限制垄断以及制止不正当竞争的法律,少数国家仅制定反垄断法或反不正当竞争法。反垄断法和反不正当竞争法各有侧重,反垄断法主要维护自由竞争的市场结构,反不正当竞争法主要维护商业伦理。但是二者的最终目的都是维护良好的市场竞争秩序和保护消费者的利益。

(四)管制限制性商业做法法律的基本框架

无论采取哪种立法模式,实体法和程序法都是其重要组成部分。实体法主要规定禁止的垄断行为、限制竞争行为和不正当竞争行为,程序法则主要规定执法机构以及罚则。

1. 实体法规定

实体法主要规定禁止的限制性商业做法,这些做法通常包括:

---

[3] 曹天玷主编、国家工商行政管理局条法司著:《现代竞争法的理论与实践》,法律出版社1993年版,第5页。

(1)禁止的垄断行为。绝大多数国家的竞争法并不禁止垄断地位本身,而是禁止滥用垄断地位的行为。只要具有垄断地位的企业不滥用其垄断地位,法律就不会干预。因此,竞争法不会阻碍经济发展。但是也有个别国家的竞争法对垄断地位加以禁止,只要企业具有垄断地位,无论是否实施了妨碍竞争的行为,其垄断地位本身就构成竞争法所禁止的对象。各国竞争法对滥用垄断地位有以下两种处理方式:第一,只禁止和制裁滥用垄断地位的行为本身,并不分拆垄断企业。欧盟等大多数国家的反垄断法采取该做法。第二,可以分解垄断企业,以便消除滥用垄断地位的基础。美国采取该做法。

综观各国的反垄断法律,并不是所有垄断行为都是法律所禁止的。有些行为虽构成垄断,但不在禁止之列。尤其是某些经济部门,根据经济发展需要必须实行垄断经营。例如,美国《反托拉斯法》允许在农业银行、保险运输业、通信事业等重要部门实行垄断经营。日本则允许铁路、电力、煤炭等行业实行垄断经营。概括而言,各国通常允许在下列条件下实施垄断或限制竞争行为:第一,某些特定经济部门。例如,电力、煤气、通信、银行、铁路、保险、石油、农业等涉及国计民生的重要行业。第二,特定时期、特定情况下以及具有特定内容的某些行为。例如,经济危机时期、严重自然灾害时期等。而对于不正当竞争行为,各国通常均予以严格禁止,没有豁免的规定。[4]

对于垄断行为的认定,有些国家采用列举方式,不对垄断行为予以定义。有些国家则采用定义和列举式相结合的方法。一般情况下,各国只对使正当竞争遭受实质上限制或损害的垄断行为加以禁止,这些行为主要包括:第一,限制竞争的行为,私人垄断和卡特尔协议是限制竞争的常用手段。私人垄断是指个人、公司或财团通过合并、收买等手段,排挤其他竞争对手,取得市场上的支配地位。卡特尔协议是指企业之间以垄断市场并获得高额利润为目的,就生产、销售等方面达成的一致协议。例如,日本《反垄断法》规定,构成私人垄断必须具备两个要件:在规模上达到垄断状态;从事了不公正交易行为。第二,经济力量过度集中的行为,主要体现为兼并行为。兼并是指一家企业购买另一家企业的资产、股份或与其他企业联合等行为。如果兼并使企业的经济力量过度集中,就会形成垄断。第三,滥用市场优势的行为,指在市场上居支配地位的企业凭借其优势,控制其他企业,迫使其他企业接受不合理的条件等,从而妨碍竞争的进行。例如,德国法律规定,滥用市场优势的行为是指已达到一定实力标准并拥有市场支配地位的企业不公平地阻碍竞争的行为,包括歧视行为、抑制行为、剥削性滥用和隐匿性滥用等行为。

(2)禁止的不正当竞争行为。在各国立法中,对于不正当竞争的理解,有的国家规定了明确的定义,有的国家则采用列举方式,还有的国家采用定义与列举相结合的方式。概括而言,各国禁止的不正当竞争行为主要有以下几种:第一,不正当地诱惑顾客。例如,利用欺骗、引诱、道义上强迫、主动拨打电话作广告宣传等手段诱惑顾客。第二,不正当的干预竞争者。例如,采用联合抵制、掠夺性定价、歧视等方法干预竞争。第三,不正当的利用竞争者的作品、成就或荣誉。例如,不正当的仿制他人产品等。第四,发布令人误解的广告等。事实上,各国的反不正当竞争法不可能罗列所有的不正当竞争行为,因此,各国都授权反不正当竞争执行机构根据实际情况作出具体判断。

---

[4] 曹天玷主编、国家工商行政管理局条法司著:《现代竞争法的理论与实践》,法律出版社1993年版,第18页。

2. 程序法规定

竞争法在市场经济国家占有相当重要的地位，素有"经济宪法"之称，为此，一些国家设立了专门的执法机构。例如，日本设立了"公平贸易委员会"，英国设立了"公平贸易署"，德国设立了"卡特尔局"，瑞典设立了"竞争管理局"等。也有一些国家由多个机构分别负责竞争法的实施问题。例如，美国联邦一级的执法机构是司法部和联邦贸易委员会。

由于反竞争行为对于市场秩序具有重要影响，各国对违反竞争法的行为规定了较为严格的处罚措施，这些处罚措施包括民事制裁、行政制裁和刑事制裁。在民事赔偿方面，有的国家采用过错责任，有的国家采用无过错责任，有的国家采用实际赔偿制度，有的国家采用三倍赔偿制度。在行政责任方面，各国大多规定了责令停止违法行为、罚款、责令停业整顿、取消经营资格的处罚措施。关于刑事责任，大多采用罚金和监禁的方式进行惩罚。从处罚程度看，各国对垄断行为的处罚严于对不正当竞争行为的处罚。除规定巨额罚金外，往往还对严重违法的个人追究刑事责任。不正当竞争行为在各国多视为民事侵权行为，因不正当竞争行为遭受损害的人可以行使下列权利：要求停止不正当竞争行为；要求赔偿因不正当竞争造成的损失；要求排除或恢复因不正当竞争造成的信誉损害。例如，德国《反不正当竞争法》规定，行为人在商业交易中以竞争为目的而违背善良风俗，可向其请求停止行为和损害赔偿。

(五) 中国管制限制性商业做法的立法

中国采取分别立法模式规范限制性商业做法，其中，最主要的法律就是《对外贸易法》《反不正当竞争法》《反垄断法》。[5] 在我国，管制限制性商业做法的一般规定体现在《反不正当竞争法》和《反垄断法》中。对外贸易法律没有特殊规定的，执行一般规定。

1. 对外贸易法律中管制限制性商业做法的规定

《对外贸易法》是规范我国对外贸易活动的基本法，该法第六章专门规定了"对外贸易秩序"，其中涵盖了对限制性商业做法的管制。这些管制要求包括如下方面：(1)在对外贸易经营活动中，不得违反有关反垄断的法律、行政法规的规定实施垄断行为。在对外贸易经营活动中实施垄断行为，危害市场公平竞争的，依照有关反垄断的法律、行政法规的规定处理。存在上述违法行为，并危害对外贸易秩序的，商务部可以采取必要的措施消除危害。(2)在对外贸易经营活动中，不得实施以不正当的低价销售商品、串通投标、发布虚假广告、进行商业贿赂等不正当竞争行为。在对外贸易经营活动中实施不正当竞争行为的，依照有关反不正当竞争的法律、行政法规的规定处理。存在上述违法行为，并危害对外贸易秩序的，商务部可以采取禁止该经营者有关货物、技术进出口等措施消除危害。(3)在对外贸易活动中，不得有下列行为：伪造、变造进出口货物原产地标记，伪造、变造或者买卖进出口货物原产地证书、进出口许可证、进出口配额证明或者其他进出口证明文件；骗取出口退税；走私；逃避法律、行政法规规定的认证、检验、检疫；违反法律、行政法规规定的其他行为。

---

〔5〕 我国《技术进出口管理条例》(2011年修订)在第29条规定，技术进口合同中，不得含有下列限制性条款：(1)要求受让人接受并非技术进口必不可少的附带条件，包括购买非必需的技术、原材料、产品、设备或者服务；(2)要求受让人为专利权有效期限届满或者专利权被宣布无效的技术支付使用费或者承担相关义务；(3)限制受让人改进让与人提供的技术或者限制受让人使用所改进的技术；(4)限制受让人从其他来源获得与让与人提供的技术类似的技术或者与其竞争的技术；(5)不合理地限制受让人购买原材料、零部件、产品或者设备的渠道或者来源；(6)不合理地限制受让人产品的生产数量、品种或者销售价格；(7)不合理地限制受让人利用进口的技术生产产品的出口渠道。2019年4月23日，国务院《关于修改部分行政法规的决定》发布，将上述条款删除，目的是与WTO规则保持一致。

2.《反不正当竞争法》中管制限制性商业做法的规定

《反不正当竞争法》由全国人大常委会于 1993 年 9 月 2 日通过（自 1993 年 12 月 1 日起施行，2019 年最新修订），这是我国第一部规制不正当竞争行为的综合性法律。该法共有 33 条，内容包括总则、不正当竞争行为、对涉嫌不正当竞争行为的调查、法律责任以及附则。工商行政管理部门负责对不正当竞争行为进行监督检查。

根据《反不正当竞争法》的规定，不正当竞争行为是指经营者在生产经营活动中，违反法律规定，扰乱市场竞争秩序，损害其他经营者或者消费者的合法权益的行为。经营者，是指从事商品生产、经营或者提供服务的自然人、法人和非法人组织。

我国《反不正当竞争法》明确禁止以下不正当竞争行为：

（1）经营者不得实施下列混淆行为，引人误认为是他人商品或者与他人存在特定联系：①擅自使用与他人有一定影响的商品名称、包装、装潢等相同或者近似的标识；②擅自使用他人有一定影响的企业名称（包括简称、字号等）、社会组织名称（包括简称等）、姓名（包括笔名、艺名、译名等）；③擅自使用他人有一定影响的域名主体部分、网站名称、网页等；④其他足以引人误认为是他人商品或者与他人存在特定联系的混淆行为。

（2）经营者不得采用财物或者其他手段贿赂下列单位或者个人，以谋取交易机会或者竞争优势：①交易相对方的工作人员；②受交易相对方委托办理相关事务的单位或者个人；③利用职权或者影响力影响交易的单位或者个人。经营者在交易活动中，可以以明示方式向交易相对方支付折扣，或者向中间人支付佣金。经营者向交易相对方支付折扣、向中间人支付佣金的，应当如实入账。接受折扣、佣金的经营者也应当如实入账。经营者的工作人员进行贿赂的，应当认定为经营者的行为。但是，经营者有证据证明该工作人员的行为与为经营者谋取交易机会或者竞争优势无关的除外。

（3）经营者不得对其商品的性能、功能、质量、销售状况、用户评价、曾获荣誉等作虚假或者引人误解的商业宣传，欺骗、误导消费者。经营者不得通过组织虚假交易等方式，帮助其他经营者进行虚假或者引人误解的商业宣传。

（4）经营者不得实施下列侵犯商业秘密的行为：①以盗窃、贿赂、欺诈、胁迫、电子侵入或者其他不正当手段获取权利人的商业秘密；②披露、使用或者允许他人使用以前项手段获取的权利人的商业秘密；③违反保密义务或者违反权利人有关保守商业秘密的要求，披露、使用或者允许他人使用其所掌握的商业秘密；④教唆、引诱、帮助他人违反保密义务或者违反权利人有关保守商业秘密的要求，获取、披露、使用或者允许他人使用权利人的商业秘密。经营者以外的其他自然人、法人和非法人组织实施上述违法行为的，视为侵犯商业秘密。第三人明知或者应知商业秘密权利人的员工、前员工或者其他单位、个人实施上述违法行为，仍获取、披露、使用或者允许他人使用该商业秘密的，视为侵犯商业秘密。商业秘密，是指不为公众所知悉、具有商业价值并经权利人采取相应保密措施的技术信息、经营信息等商业信息。

（5）经营者进行有奖销售不得存在下列情形：①所设奖的种类、兑奖条件、奖金金额或者奖品等有奖销售信息不明确，影响兑奖；②采用谎称有奖或者故意让内定人员中奖的欺骗方式进行有奖销售；③抽奖式的有奖销售，最高奖的金额超过 5 万元。

（6）经营者不得编造、传播虚假信息或者误导性信息，损害竞争对手的商业信誉、商品声誉。

（7）经营者利用网络从事生产经营活动，应当遵守《反不正当竞争法》的各项规定。经营者不得利用技术手段,通过影响用户选择或者其他方式,实施下列妨碍、破坏其他经营者合法提供的网络产品或者服务正常运行的行为:①未经其他经营者同意,在其合法提供的网络产品或者服务中,插入链接、强制进行目标跳转;②误导、欺骗、强迫用户修改、关闭、卸载其他经营者合法提供的网络产品或者服务;③恶意对其他经营者合法提供的网络产品或者服务实施不兼容;④其他妨碍、破坏其他经营者合法提供的网络产品或者服务正常运行的行为。

经营者违反《反不正当竞争法》规定,给他人造成损害的,应当依法承担民事责任。经营者的合法权益受到不正当竞争行为损害的,可以向法院提起诉讼。此外,《反不正当竞争法》还规定了行政和刑事处罚措施。当事人对监督检查部门作出的决定不服的,可以依法申请行政复议或者提起行政诉讼。

总体而言,《反不正当竞争法》的实施对于维护市场秩序、建设社会主义市场经济体制起到了重要的保障作用。

3.《反垄断法》中管制限制性商业做法的规定

2007 年 8 月 30 日,全国人大常委会通过了《反垄断法》,2008 年 8 月 1 日起施行。这是我国第一部反垄断法律,该法的实施对于预防和制止垄断行为,保护市场公平竞争,提高经济运行效率,维护消费者利益和社会公共利益,促进社会主义市场经济健康发展,具有重要意义。为执行该法,国务院设立“反垄断委员会”,负责组织、协调、指导反垄断工作。

《反垄断法》共有 57 条,有如下 8 章内容:总则;垄断协议;滥用市场支配地位;经营者集中;滥用行政权力排除、限制竞争;对涉嫌垄断行为的调查;法律责任;附则。凡是中国境内经济活动中的垄断行为以及中国境外的垄断行为但对境内市场竞争产生排除、限制影响的,适用该法。但是,下列情形不适用《反垄断法》:(1)经营者依照有关知识产权的法律、行政法规规定行使知识产权的行为。但是,经营者滥用知识产权,排除、限制竞争的行为,适用该法。(2)农业生产者及农村经济组织在农产品生产、加工、销售、运输、储存等经营活动中实施的联合或者协同行为。

根据《反垄断法》的规定,国家规制的垄断行为包括:

(1)经营者达成垄断协议。垄断协议是指排除、限制竞争的协议、决定或者其他协同行为。《反垄断法》禁止具有竞争关系的经营者达成下列垄断协议:①固定或者变更商品价格;②限制商品的生产数量或者销售数量;③分割销售市场或者原材料采购市场;④限制购买新技术、新设备或者限制开发新技术、新产品;⑤联合抵制交易;⑥国务院反垄断执法机构认定的其他垄断协议。此外,《反垄断法》也禁止经营者与交易相对人达成下列垄断协议:①固定向第三人转售商品的价格;②限定向第三人转售商品的最低价格;③国务院反垄断执法机构认定的其他垄断协议。经营者能够证明所达成的协议属于下列情形之一的,不在禁止之列:①为改进技术、研究开发新产品的;②为提高产品质量、降低成本、增进效率,统一产品规格、标准或者实行专业化分工的;③为提高中小经营者经营效率,增强中小经营者竞争力的;④为实现节约能源、保护环境、救灾救助等社会公共利益的;⑤因经济不景气,为缓解销售量严重下降或者生产明显过剩的;⑥为保障对外贸易和对外经济合作中的正当利益的;⑦法律和国务院规定的其他情形。行业协会不得组织本行业的经营者从事上述禁止的垄断行为。

(2)经营者滥用市场支配地位。市场支配地位是指经营者在相关市场内具有能够控制商品价格、数量或者其他交易条件,或者能够阻碍、影响其他经营者进入相关市场能力的市场地位。《反垄断法》禁止具有市场支配地位的经营者从事下列滥用市场支配地位的行为:①以不公平的高价销售商品或者以不公平的低价购买商品；②没有正当理由，以低于成本的价格销售商品；③没有正当理由，拒绝与交易相对人进行交易；④没有正当理由，限定交易相对人只能与其进行交易或者只能与其指定的经营者进行交易；⑤没有正当理由搭售商品，或者在交易时附加其他不合理的交易条件；⑥没有正当理由，对条件相同的交易相对人在交易价格等交易条件上实行差别待遇；⑦国务院反垄断执法机构认定的其他滥用市场支配地位的行为。有下列情形之一的，可以推定经营者具有市场支配地位：①一个经营者在相关市场的市场份额达到1/2的；②两个经营者在相关市场的市场份额合计达到2/3的；③三个经营者在相关市场的市场份额合计达到3/4的。有后两种情形的，其中有的经营者市场份额不足1/10的，不应当推定该经营者具有市场支配地位。被推定具有市场支配地位的经营者，有证据证明不具有市场支配地位的，不应当认定其具有市场支配地位。

（3）具有或者可能具有排除、限制竞争效果的经营者集中。经营者集中是指下列情形：①经营者合并；②经营者通过取得股权或者资产的方式取得对其他经营者的控制权；③经营者通过合同等方式取得对其他经营者的控制权或者能够对其他经营者施加决定性影响。经营者集中达到国务院规定的申报标准的，经营者应当事先向国务院反垄断执法机构申报，未申报的不得实施集中。经营者集中有下列情形之一的，可以不向国务院反垄断执法机构申报：①参与集中的一个经营者拥有其他每个经营者50%以上有表决权的股份或者资产的；②参与集中的每个经营者50%以上有表决权的股份或者资产被同一个未参与集中的经营者拥有的。经营者集中具有或者可能具有排除、限制竞争效果的，国务院反垄断执法机构应当作出禁止经营者集中的决定。但是，经营者能够证明该集中对竞争产生的有利影响明显大于不利影响，或者符合社会公共利益的，国务院反垄断执法机构可以作出对经营者集中不予禁止的决定。国务院反垄断执法机构应当将禁止经营者集中的决定或者对经营者集中附加限制性条件的决定，及时向社会公布。对外资并购境内企业或者以其他方式参与经营者集中，涉及国家安全的，除进行经营者集中审查外，还应当按照国家有关规定进行国家安全审查。

行政机关和法律、法规授权的具有管理公共事务职能的组织不得滥用行政权力，限定或者变相限定单位或者个人经营、购买、使用其指定的经营者提供的商品。行政机关和法律、法规授权的具有管理公共事务职能的组织不得滥用行政权力，以设定歧视性资质要求、评审标准或者不依法发布信息等方式，排斥或者限制外地经营者参加本地的招标投标活动。行政机关和法律、法规授权的具有管理公共事务职能的组织不得滥用行政权力，采取与本地经营者不平等待遇等方式，排斥或者限制外地经营者在本地投资或者设立分支机构。行政机关和法律、法规授权的具有管理公共事务职能的组织不得滥用行政权力，强制经营者从事《反垄断法》规定的垄断行为。行政机关不得滥用行政权力，制定含有排除、限制竞争内容的规定。行政机关和法律、法规授权的具有管理公共事务职能的组织不得滥用行政权力，实施下列行为，妨碍商品在地区之间的自由流通：①对外地商品设定歧视性收费项目、实行歧视性收费标准，或者规定歧视性价格；②对外地商品规定与本地同类商品不同的技术要求、检验标准，或者对外地商品采取重复检验、重复认证等歧视性技术措施，限制外地商品进入本地市场；③采取专门针对外地商品的行政许可，限制外地商品进入本地市场；④设置关卡或者采取其他手段，阻碍外地商品进入或者本地商品运出；⑤妨碍商品在地区之间自由流通的其他行为。

第二节　对限制性商业做法的国际管制

一、管制限制性商业做法的国际立法

为了协调各国管制限制性商业做法的立法,联合国、世界贸易组织、世界知识产权组织等国际组织做出了许多努力。尤其是联合国贸发会议发挥了重要作用。[6]

(一)联合国的立法行动

随着竞争关系的加剧,许多国家意识到,缺乏有效竞争法的自由化已经对其经济发展带来了问题。随着所有权和控制权在全球范围更大程度的集中,消费者和弱小的生产商以及发展中国家越来越容易受到跨国公司滥用反竞争行为的冲击,这就要求在国内、区域和多边层面强化竞争政策。因为由单个国家对全球垄断导致的滥用做法进行管制是不可能的,除非这个国家(如美国或者欧盟国家)拥有很大份额的市场。尤其是对于发展中国家和最不发达国家而言,这是一个非常严重的问题,因为它们缺乏管制能力,并且经常成为跨国公司反竞争行为和不公平做法的目标。[7] 因此,在联合国层面开展的管制限制性商业做法活动主要就是在发展中国家的推动下进行的,形成的相关文件成为"二战"后建立国际经济新秩序的重要组成部分。

1.《联合国竞争原则和规则》

关于竞争问题的国际立法工作在20世纪初期就已经开始。早在1927年,国际联盟国际经济会议产业委员会就曾经考虑过制定统一竞争规则多边公约的可能性,但是,由于各国管制限制性商业做法的法律制度存在较大差异,各方对制定统一法未能达成一致。

"二战"结束之后,对卡特尔进行规制成为各方共识。1947年,联合国贸易与就业会议在其起草的《哈瓦那宪章》中纳入对"限制性商业做法"的专章规定[8],要求缔约方采取适当措施,阻止私人或公共商业企业采取抑制竞争、限制市场准入或者垄断控制,并对国际贸易产生影响的商业做法。由于该宪章未能获得通过,建立多边竞争规则的努力最终失败。

1951年,联合国经济与社会理事会设立了限制性商业做法专门委员会,起草了《国际反垄断协议(草案)》,由于各国更希望通过国内立法对限制性商业做法予以规制,该协议也未能获得通过。

1957年,法国、德国、意大利、比利时、荷兰和卢森堡签订的区域一体化协定——《欧洲经济共同体条约》在第85条和第86条对限制竞争行为的规制作出了详细规定,统一的竞争规则首次在区域层面得到确立。

到20世纪60年代,频繁使用限制性商业做法的现象越来越普遍,对国际贸易尤其是对发展中国家的贸易发展造成了很大的不利影响。尽管一些国家制定了竞争法,但是,由于各国立

---

[6] 联合国贸发会议是联合国大会在1964年设立的政府间常设机构,总部设在瑞士日内瓦。它是联合国秘书处的组成部分,向联合国大会和联合国经社理事会报告工作,但是拥有独立的成员资格、组织机构和预算。联合国贸发会议还是联合国发展小组的组成部分。

[7] Pradeep S. Mehta, *The Doha Development Agenda: The Road Ahead*, Canadian Development Report - 2003.

[8] 内容涉及规范限制性商业惯例的一般政策、磋商程序、调查程序、与限制性商业惯例有关的研究、成员方的义务、合作性的救济安排、对限制性商业惯例采取的国内措施、与服务有关的特殊程序、解释和定义。

法存在较大差异,企业难以适应,而且各国对影响国际贸易的限制性商业行为缺乏具体规定,因此,1964 年成立的联合国贸发会议在联合国经济与社会理事会前期工作的基础上,在 1972 年召开第三次会议,设立了限制性商业做法"政府间专家小组"。

1978 年 12 月 20 日,联合国大会召开限制性商业做法会议,要求在政府间专家小组工作的基础上进行谈判,并就对国际贸易具有不利影响的限制性商业做法的管制制定多边规则。1979 年 11 月 19 日至 12 月 8 日,联合国贸发会议在日内瓦召开限制性商业做法问题第一次会议,对限制性商业做法对国际贸易特别是对发展中国家国际贸易和经济发展造成不利影响达成了共识,并提出了制定多边国际协议以消除限制性商业做法的建议。[9]

政府间专家小组起草了《联合国一套多边协议的控制性商业惯例的公平原则和规则(草案)》。1980 年 4 月 8 日至 22 日,联合国贸发会议再次召开限制性商业做法的第二次会议,通过了《联合国竞争原则和规则》,并提交给联合国大会。1980 年 12 月 5 日,联合国大会第三十五届会议以决议的形式通过了该文件(The UN Set)。

值得注意的是,虽然该文件规定,接受的国家应该在国内或区域层面采取适当措施履行承诺,但是,该文件是建议性的,不具有强制性约束力。[10] 其适用和执行有赖于接受该文件的各个国家的意愿。[11]

根据该原则和规则的要求,联合国贸发会议每隔 5 年召开一次会议,对该规则的所有方面进行复审。复审会议的召开为各国竞争主管机关提供了建立直接联系、开展合作以及交换信息的机会,同时,复审会议也对能力建设和技术援助问题进行探讨,以促进各国竞争法和双边与区域合作安排的有效执行。2000 年 9 月进行的第四次复审通过决议,建议将公约简称为《联合国竞争原则和规则》。[12]

根据《联合国竞争原则和规则》的规定,联合国贸发会议秘书处在 1984 年制定了《竞争法联合国范本》(UNCTAD Model law on competition),并多次修改。该范本有两个部分,第一部分载明了竞争法的实质要素,共有 13 条,主要规定了法律的目标和宗旨;定义和适用范围;限制性协议或安排;构成滥用市场支配地位的行动或行为;申报;关于对集中市场产生影响的兼并的申报、调查和禁止;竞争管理机构与监管机构;消费者保护问题;管理机构及其组织;管理机构的职能和权力;制裁和补偿;上诉;请求、损害赔偿的诉讼。第二部分载明了对各章的评论以及现有立法的做法。此外,联合国贸发会议还制定了《竞争立法手册》(Handbook on Competition Legislation),收录了部分国家的竞争法律,每年更新。

鉴于各国消费者保护组织的长期呼吁,国际消费者协会(Consumers International)在 1975 年于澳大利亚悉尼召开的会议上建议联合国制定消费者保护的示范法。1977 年,联合国经济与社会理事会指示联合国秘书长对各国在消费者保护领域的立法和主管机构情况进行梳理。

---

[9] Benson, Stuart E., *UN Conference on Restrictive Business Practices*, The American Journal of International Law 74, No. 2 (1980), p. 451 - 53.

[10] Mr. Brian L. Johns, *Evaluation of the Programme of Technical Cooperation Activities on Competition Law and Policy*, TD/B/WP/119, 22 July 1999.

[11] Intergovernmental Group of Experts on Restrictive Business Practices, Competition Policy and Restrictive Business Practices, Unctd, TD/B/RBP/INF. 36, 29 January 1996.

[12] United Nations Conference on Trade and Developmen, the United Nations Set of Principles and Rules on Competition, TD/RBP/CONF/10/Rev. , 2000.

1981 年,联合国经济与社会理事会要求联合国秘书长就消费者保护问题继续进行磋商,以便制定一套消费者保护的通用指南。1982 年,指南草案提交给各国政府进行评议,1983 年提交给联合国经济与社会理事会。1985 年 4 月 16 日,联合国大会在通过了《联合国消费者保护指南》(United Nations Guidelines for Consumer Protection, UNGCP)。1999 年 7 月 26 日,联合国经济与社会理事会对该指南予以重要扩充,将可持续消费问题纳入其中。2012 年 7 月,消费者保护专家会议建议对指南进行修改,为了做好修改工作,联合国贸发会议秘书处还发布了《联合国消费者保护指南执行情况的报告》(1985—2013)。2015 年 12 月 22 日,联合国大会对该指南进行最新修改。该指南适用于企业与消费者的交易,包括国有企业为消费者提供产品和服务。《联合国消费者保护指南》规定了目标;适用范围;总则;良好商业做法的原则;准则(包括保护消费者权益的国家政策、人身安全、促进和保护消费者的经济利益、消费品和服务的安全与质量标准、基本消费品和服务的分销设施、争议解决与补救、教育和宣传方案、促进可持续消费、电子商务、金融服务、涉及具体领域的措施、食品、水、药品、能源、公用事业、旅游业);国际合作;国际机制作出的详细规定。

2.《技术转让行动国际守则》(草案)

1978 年 10 月,联合国贸发会议起草了《技术转让行动国际守则》(草案)(International Code of Conduct on the Transfer of Technology, TOT),对国际技术转让中的限制性商业行为作出了规定。但是,由于各国对草案的分歧很大,至今未获得通过。

(二)WTO 的立法活动

早在 1947 年试图建立"国际贸易组织"(ITO)时期,联合国贸易与就业会议就在其起草的《哈瓦那宪章》中对"限制性商业做法"做出了专章规定(第五章),但遗憾的是,该宪章未能获得通过,也未被纳入临时生效的《关税与贸易总协定》。GATT 乌拉圭回合谈判期间,发展中国家提出对限制性商业做法制定多边规则的建议,未能成功。

WTO 成立后,在新加坡召开的首届部长级会议(1996 年)设立了"贸易与竞争政策之间关系工作组",对贸易与竞争政策之间的关系包括反竞争做法进行研究,以便澄清由 WTO 可能考虑的任何领域。[13] 在 2001 年召开的多哈部长级会议上,各成员方的部长们承认竞争政策对国际贸易和发展的促进作用以及在竞争政策方面提供技术援助和能力建设的必要性,同意在第 15 届部长级会议(坎昆会议)作出决定后展开竞争规则谈判,并指示"贸易与竞争政策之间关系工作组"在坎昆会议召开前对如下问题进行研究:核心原则,包括透明度原则、非歧视原则和程序公正原则;核心卡特尔条款;自愿合作的形式;竞争规则在发展中国家的执行等。[14]

在 2003 年召开的坎昆部长级会议上,各方就是否启动竞争规则谈判进行磋商,因没有达成一致,竞争规则未能纳入多哈回合的谈判议题。[15] "贸易与竞争政策之间关系工作组"也因此停止了工作。之所以出现这种结果,主要是基于成员方对乌拉圭回合所达成协议和多边贸易体制作用的不满,许多发展中国家不再坚持制定多边竞争规则,因为他们担心在以扩大市场准入为宗旨的多边竞争规则下,大型跨国公司将吞并本地公司从而在其经济中占主导地位。

---

〔13〕 Singapore Ministerial Declaration, para. 20, 13 Dec. 1996.

〔14〕 Doha Ministerial Declaration, Adopted on 14 November 2001, para. 23 – 25.

〔15〕 Text of the "July package" – the General Council's post – Canctin decision of 1 August 2004.

而且在 WTO 成立时,只有 50 个国家制定了竞争法。[16]

尽管 WTO 对竞争规则和限制性商业做法的管制没有达成专门协定,但是,一些协定对其管辖领域内影响国际贸易中的限制性商业做法是有规定的。例如,为了维护公平竞争,《关税与贸易总协定》、《反倾销协定》、《反补贴协定》、《保障措施协定》、《与贸易有关的投资措施协定》、《技术性贸易壁垒协定》、《服务贸易总协定》、TRIPS 协定等允许各成员方采取抵制反不正当竞争的措施。

(三)世界知识产权组织的立法活动

为管制国际技术转让中的限制性商业做法,《巴黎公约》布鲁塞尔修订本(1900 年)对工业产权领域的限制性商业做法作出了规定。

《巴黎公约》于 1883 年在巴黎外交会议上由 11 个国家缔结,1884 年生效,中国于 1985 年加入。该公约是知识产权领域最早达成的多边协议,它对工业产权的保护作出了详细规定。公约的最初文本并没有规定反不正当竞争问题,但是到 1900 年布鲁塞尔修订本,反不正当竞争的规定纳入其中,并在此后的修订中逐步完善。《巴黎公约》之所以将制止不正当竞争作为保护工业产权的重要手段,主要是因为侵犯工业产权已经成为一种常见的不正当竞争行为,保护知识产权与反不正当竞争具有不可分割的联系。[17]

《巴黎公约》第 10 条是关于不正当竞争的规定。该条载明,各成员方有义务对各该国国民保证给予制止不正当竞争的有效保护。凡在工商业事务中违反诚实的习惯做法的竞争行为构成不正当竞争的行为。下列各项特别应予以禁止:(1)具有不择手段地对竞争者的营业所、商品或工商业活动造成混乱性质的一切行为;(2)在经营商业中,具有损害竞争者的营业所、商品或工商业活动商誉性质的虚伪说法;(3)在经营商业中使用会使公众对商品的性质、制造方法、特点、用途或数量易于产生误解的表示或说法。对于上述不正当竞争行为,各成员方应该采取适当的法律救济,有效制止这些行为。上述规定是对各国反不正当竞争立法和司法实践的总结,对其他国家特别是公约成员方的反不正当竞争立法起到了重要的推动作用。

二、《联合国一套多边协议的控制限制性商业惯例的公平原则和规则》

《联合国一套多边协议的控制限制性商业惯例的公平原则和规则》(简称《联合国竞争原则和规则》)是有关国际贸易领域竞争政策的多边文件,它为各国管制国际贸易领域限制竞争的行为提供了一套原则和规则。该文件不仅充分考虑了竞争法律和政策与经济发展的关系,尤其是与发展中国家经济发展的关系,还建立了国际合作和信息交换的多边机制。为了促进该文件的执行,竞争法与政策问题政府间专家组(IGE)还在每一年召开会议,沟通执行情况。

(一)目标和宗旨

《联合国竞争原则和规则》基于以下目标和宗旨订立:(1)确保限制性商业做法不会妨碍或抵消因消减不利于世界贸易尤其是发展中国家贸易和发展的关税和非关税壁垒所应获得的利益;(2)根据国家的经济和社会发展目标以及经济结构,通过形成竞争以及鼓励和保护竞争、对资本和/或经济力量的集中进行管制、鼓励创新等方式,进一步提高国际贸易和发展尤其是发展中国家贸易和发展的效率;(3)保护和促进社会福利,尤其是发达国家和发展中国家的消费

---

〔16〕 Pradeep S. Mehta, *The Doha Development Agenda: The Road Ahead*, Canadian Development Report - 2003.

〔17〕 曹天玷主编、国家工商行政管理局条法司著:《现代竞争法的理论与实践》,法律出版社 1993 年版,第 139 页。

者利益;(4)消除跨国公司或其他企业的限制性商业做法对贸易和发展造成的不利影响,从而实现国际贸易利益尤其是发展中国家贸易和发展利益的最大化;(5)在国际层面提供一套多边协议的管制限制性商业做法的公平原则和规则,以便推动各国在国内和区域层面制定和加强管制限制性商业做法方面的法律和政策。

(二)适用范围

对于管制限制性商业做法统一规则的适用范围,发展中国家和发达国家存在分歧。发展中国家认为,统一规则应该仅适用于跨国公司,发展中国家无需适用统一规则。[18] 发达国家则认为,统一规则应该适用于所有公司,无论其国籍和性质如何。而且进出口卡特尔已经阻碍了市场准入,尽管有些卡特尔并不是跨国公司,但有规范的必要。[19] 在对上述立场进行折中考虑的基础上,《联合国竞争原则和规则》规定,它适用于企业采取的对国际贸易(包括货物贸易和服务贸易)尤其是发展中国家的国际贸易及其经济发展造成不利影响的限制性商业做法,包括跨国公司的限制性商业做法。无论限制性商业做法涉及一个国家的企业还是多个国家的企业,该文件也予以适用。同时,该文件适用于所有国家和所有类型的企业,无论从事交易、活动或行为的当事人是谁。《联合国竞争原则和规则》不适用于政府间协议或者由这类协议直接引起的限制性商业做法。

(三)限制性商业做法的界定

对于制定管制限制性商业做法统一规则的目的,发展中国家认为不是为了维护和促进国际竞争,而是为了促进经济发展。发达国家则认为,立法目的应该是维护和促进市场竞争。[20] 这一分歧直接影响对限制性商业做法的界定。发展中国家建议采用广义定义,以便规制其对贸易和发展的影响。[21] 发达国家则主张,对贸易和发展的影响不应构成限制性商业做法。[22] 从《联合国竞争原则和规则》关于限制性商业做法的定义看,是将两种观点予以折中处理。

《联合国竞争原则和规则》规定,限制性商业做法是指企业通过滥用或者谋取和滥用市场力量的支配地位,限制市场准入或以其他方式不适当地限制竞争,并对国际贸易尤其是对发展中国家的国际贸易及其经济发展造成或正在造成不利影响的活动或行为,或者企业通过相互间的正式或非正式、书面或非书面协议或安排造成类似影响的活动或行为。其中,企业是指从事商业活动的各类法律实体,无论其设立模式如何,也无论是归谁控制或所有。市场力量的支配地位是指一个企业自身或者与其他企业联合行动后可以控制某一货物或服务或一组货物或服务的市场。"企业"是指公司、合伙、其他协会、自然人、法人或任何形式的联合。

(四)管制限制性商业做法的原则

《联合国竞争原则和规则》未对管制限制性商业做法的统一规则作出全面规定,而是仅仅制定了最低标准,各国在此基础上有权制定更加严格的标准。关于对限制性商业做法的管制原则,发展中国家希望在充分考虑其特殊经济状况的基础上给予优惠待遇。发达国家则认为,

---

〔18〕 Dale A. Oesterle, *United Nations Conference on Restrictive Business Practices*, 14 CORNELL INT'L L. J. 1, (1981).

〔19〕 Stuart E. Benson, *The U. N. Code on Restrictive Business Practices: An International Antitrust Code is Born*, 30 AM. U. L. Rev. 1036(1981).

〔20〕 Dale A. Oesterle, *United Nations Conference on Restrictive Business Practices*, 14 CORNELL INT'L L. J. 1,(1981).

〔21〕 Dale A. Oesterle, *United Nations Conference on Restrictive Business Practices*, 14 CORNELL INT'L L. J. 1, (1981).

〔22〕 Debra L. Miller & Joel Davidow, *Antitrust at the United Nations: A Tale of Two Codes*, 18 STAN. J. INT'L L. 347 (1982).

应该本着普遍适用的原则,也就是对所有国家一视同仁。《联合国竞争原则和规则》最终采取了折中做法。

1. 一般原则

各国应遵守如下原则:(1)应该在国内、区域和国际层面以相互配合的方式采取适当行动,消除或有效应对不利于国际贸易尤其是发展中国家国际贸易及其经济发展的限制性商业做法,包括跨国公司的限制性商业做法。(2)各国政府应该在双边和多边层面进行合作,以促进对限制性商业做法的管制。(3)应该在国际层面建立适当机制或者改进现有国际机制,以促进各国政府相互交换和传播有关限制性商业做法的信息。(4)采取适当手段,促进各国就有关管制限制性商业做法的政策问题进行多边协商。(5)《联合国竞争原则和规则》的规定不得解释为根据国内或区域立法被视为违法的企业行为具有了合法性。

2. 适用《联合国竞争原则和规则》时的相关因素

为了确保公正和平等地适用该文件,各国在铭记有必要确保全面适用该文件的同时,应该适当考虑企业(无论是否由国家设立或受国家控制)的行为被法律或法规接受的程度,并且这些法律法规应该是清晰的、对外公开和可获得的,或者企业行为被国家要求的程度。

3. 给予发展中国家优惠或差别待遇

《联合国竞争原则和规则》是发展中国家要求建立国际经济新秩序的产物。因此,给予发展中国家优惠待遇成为该文件的重要组成部分。《联合国竞争规则和原则》规定,为了保证该原则和规则的公平适用,各国特别是发达国家在管制限制性商业做法时,应该考虑到发展中国家特别是最不发达国家的发展、资金和贸易需求,以便促使发展中国家建立或发展国内产业和其他经济部门的经济发展,通过发展中国家之间的区域或全球性安排促进其经济发展。

(五)适用于企业(包括跨国公司)原则和规则

这些原则和规则包括如下方面:

1. 企业应该遵守营业地所在国家的限制性商业做法的法律和其他法律中有关限制性商业做法的规定。如果根据这些法律进入有关诉讼,应该接受营业地所在国家法院和有关行政机关的管辖。

2. 企业应该与受不利影响国家的主管当局在管制限制性商业做法方面进行磋商和合作。企业应该提供相关信息,尤其是限制性安排的细节,包括存放在外国的资料。信息的提供应该建立在自愿基础上。

3. 企业在市场上从事竞争性或者有潜在竞争性的活动时,如果是通过正式或非正式、书面或非书面协议或安排的形式进行,并且这些做法将限制市场准入或者不适当地限制竞争,从而对国际贸易特别是对发展中国家的国际贸易及其经济发展造成或将要造成不利影响,应该避免采取这些做法。但是当经济实体相互交往时是处于共同控制下(包括通过所有权)或者不能独立行事时除外。不得采取的做法包括:(1)协议订价(包括进口价格和出口价格);(2)串通投标;(3)市场或顾客的分配安排;(4)通过定额分配销售量和生产量;(5)采取集体行动以执行安排,如联合起来抵制交易;(6)联合起来拒绝向潜在的进口商提供货物;(7)集体拒绝他人参加对竞争关系至关重要的安排或协会。

4. 如果通过滥用或谋取和滥用市场力量的支配地位将限制市场准入或不适当地限制竞争,从而对国际贸易特别是对发展中国家的贸易及其经济发展造成或将要造成不利影响,企业应该避免在相关市场采取行动或行为:(1)对竞争者的掠夺性行为,例如,使用低于成本的价格消灭竞争者。(2)在供应或购买货物或服务时,歧视性定价(不合理的区别对待)或订立歧视性条款或条件,包括在关联企业的交易中使用定价政策,这些所购买或提供的货物或服务价格通常高于或低于关联企业之外的类似或可比交易的价格。(3)合并、接管、合资经营或通过横向、纵向或联合方式获得控制权。(4)规定出口货物在进口国的再销售价格。(5)为保持高价,限制如下货物的进口:在国外有合法商标,该商标与进口国受保护的相同或同类货物的商标相同或类似,且为同一来源,例如属于同一所有人或供在经济、组织、管理或法律上相互依存的企业使用。(6)不是为了确保实现正当商业目的,例如,质量、安全、充分销售或服务等所采取的如下做法:①部分或全部拒绝按企业的惯用商业条件进行交易;②以接受对竞争性货物或其他货物的经销或生产限制为提供货物或服务的条件;③对所提供货物或其他货物再转售或出口的目的地、买方、交易形式或数量进行限制;④将向供应商或其指定的人购买其他货物或服务作为提供某种货物或服务的条件。

(六)适用于国内、区域和次区域层面的原则和规则

适用于国内、区域和次区域层面的原则和规则包括:(1)各国应该在国内层面或通过区域集团制定、改进以及有效执行相关法律,并为管制限制性商业做法规定司法和行政程序。(2)各国立法应该以下列原则为基础消除或有效应对企业的下列行为:通过滥用或谋取和滥用市场力量的支配地位,以限制市场准入或不适当限制竞争,从而对各国贸易或经济发展造成或将要造成不利影响;或通过企业间的正式或非正式、书面或非书面协议或安排造成类似影响的行动或行为。(3)各国在管制限制性商业做法时应该遵守法律程序,以确保对所有企业给予公正和平等待遇。法律法规应该公开和可获得。(4)如果发现某种限制性商业做法对国际贸易特别是对发展中国家的贸易和发展造成不利影响,各国应该采取适当的救济措施或预防措施,以防止和管制限制性商业做法的使用。(5)当一国为管控制限制性商业做法而从企业获得含有合法商业秘密的信息时,应该给予该信息以该领域为保护机密所通常适用的合理保护。(6)各国应该建立或改进从企业(包括跨国公司)获取为有效管制限制性商业做法所必需信息的程序。(7)各国应该在区域和次区域层面建立适当机制,以促进限制性商业做法和有关法律和政策适用情况的信息交换,并且相互分享在区域和次区域层面管制限制性商业做法的经验。(8)在管制限制性商业做法方面有较多经验的国家在接到请求时应该与拟建立或改进该制度的国家分享成功经验,或以其他方式向这些国家提供技术援助。(9)各国应该根据请求或在有需要时主动向其他国家特别是发展中国家提供公开资料,并在符合法律和公共利益的限度内向接受国提供为有效管制限制性商业做法所必需的其他信息。

(七)国际措施

国际层面的合作应该旨在通过强化和改进对不利于国际贸易特别是发展中国家贸易及其经济发展的限制性商业做法的管制措施,消除或有效应对限制性商业做法。这方面的行动包括:(1)致力于使各国在管制限制性商业做法方面的政策取得一致,并符合《联合国竞争原则和规则》。(2)各国和各区域集团每年应将其为履行承诺所采取的措施以及通过、制定和实施的管制限制性商业做法的法律、法规和政策通知联合国贸发会议秘书长。(3)联合国贸发会议应该根据公开获得的信息和其他信息,尤其是所有成员国被要求提供的信息或主动提供的信息以及联合国跨国公司中心和其他国际组织被要求提供的信息,每年针对限制性商业做法的立法情况以及对国际贸易尤其是对发展中国家的贸易和发展造成不利影响的限制性商业做法的情况发布一份报告。(4)协商。当某一国家特别是发展中国家认为有必要就管制限制性商业

做法问题与其他国家进行协商时，该国可以提出磋商要求，以便找到相互接受的解决办法。在进行协商时，相关国家可以要求联合国贸发会议秘书长提供相互同意的会议便利。各国对协商要求应该给予充分考虑，协商主题和协商程序一旦议定，即应在适当时间进行磋商。如果相关国家同意，应就磋商情况和磋商结果撰写联合报告并提供给联合国贸发会议秘书长，联合国贸发会议秘书处可以提供协助。(5)联合国贸发会议应该制定限制性商业做法的法律范本，以协助发展中国家制定适当法规。各国应该向联合国贸发会议提供必要信息和经验。(6)由联合国贸发会议或者由联合国系统的其他相关组织与联合国贸发会议共同实施和推动限制性商业做法方面的技术援助、咨询和培训。尤其是对于发展中国家而言，应该应发展中国家的要求提供专家以协助其制定或改进限制性商业做法方面的法律和程序，在发展中国家举办座谈会、培训或课程以训练从事限制性商业做法立法和执法的官员，充分利用管理经验和技能(尤其是发达国家识别限制性商业做法的经验和技能)，编制限制性商业做法的法规手册，收集和提供(尤其是向发展中国家提供)限制性商业做法的书籍、文件、手册和任何其他信息，组织和推动限制性商业做法主管当局的人员进行交流，组织召开限制性商业做法的法律和政策国际会议，组织公共和私人部门的人员参加座谈会以便就限制性商业做法交流意见。(7)国际组织特别是联合国开发项目中的资金项目应该通过适当渠道和方式为上述活动提供资金。同时，也欢迎所有国家尤其是发达国家为上述活动提供资金和其他支持。

(八)国际机构

联合国贸易会议将设立一个限制性商业做法问题的政府间专家组。专家组承担如下职责：(1)为各国就与《联合国竞争原则和规则》有关的事项尤其是实施情况和实施经验进行多边磋商、讨论和交换意见提供场所。(2)定期对与《联合国竞争原则和规则》有关的限制性商业做法进行研究，以期交流经验，使该原则和规则更加有效。(3)充分考虑联合国系统相关组织进行的研究、文件和报告。(4)对与《联合国竞争原则和规则》有关的事项进行研究，这些研究可以是涵盖商业交易的数据以及各国应要求提供的相关信息。(5)收集和散发与《联合国竞争原则和规则》有关事项以及各国在国内或区域层面为促进该文件实施所采取的措施。(6)向各国提供适当报告和建议，包括《联合国竞争原则和规则》的适用情况。(7)每年至少提交一份工作报告。在履行职责时，政府间专家组对政府或企业与特定商业交易有关的活动不得以法庭或者裁判的方式行事。当从事特定商业交易的企业陷入纠纷时，专家组应避免卷入。专家组应该制定必要程序处理保密问题。

三、《技术转让行动国际守则》(草案)关于管制限制性商业做法的规定

(一)制定背景与谈判分歧

联合国贸发会议在 1964 年成立后，将技术转让作为一项重要工作，并设立了“技术转让委员会”。

20 世纪 70 年代初，发展中国家提出，发达国家在技术转让合同中经常纳入对发展中国家不利的限制性条款，例如，出口限制、回授条款等。[23] 在 1964 年于日内瓦召开的联合国贸发会议首届会议上，有国家建议制定发达国家向发展中国家转移技术的统一规则。联合国大会建

---

〔23〕 Ton J. M. Zuijdwijk, *The UNCTAD Code of Conduct on the Transfer of Technology*, McGill Law Journal, Vol. 24, 1978.

议设立国际机构,对制定技术转让统一规则的可能性进行探讨。[24]

1972年在智利圣地亚哥召开的联合国贸发会议第三届会议上,有国家再次提出制定技术转让统一规则的建议,联合国贸发会议决定设立"技术转让政府间小组",进行相关探讨。与此同时,联合国大会还要求贸发会议与世界知识产权组织秘书处就制定技术转让统一规则的可能性展开共同研究。[25]

1974年春,联合国大会在《建立新的国际经济秩序行动纲领》中将制定技术转让行动守则作为一项重要任务提出。[26] 在1976年5月召开的联合国贸发会议第四届会议上,贸发会议建议联合国大会设立筹备委员会,并在1977年召开全体会议以便制定具有法律约束力的技术转让多边守则,同时设立"技术转让政府间专家小组"(Intergovernmental Group of Experts)。联合国贸发会议要求该专家小组尽快拟定技术转让行动的国际守则草案,希望能够在1978年年初召开的会议上通过该守则。[27] 为此,技术转让政府间小组要求联合国贸发会议总干事召开政府间专家小组会议,起草守则大纲。[28]

1978年10月,《技术转让行动国际守则》(草案)完成起草工作,交各成员方讨论修改。1981年4月,联合国贸发会议公布了《技术转让行动国际守则》(草案)。经修改后在1985年6月5日又公布了新的草案文本。但是,由于发展中国家与发达国家在一些重要问题上仍然存在严重分歧,草案未能获得通过。1985年草案的后续修改工作也已停止多年。

在《技术转让行动国际守则》(草案)的起草过程中,基于立场的相似性,各成员方形成了如下三大阵营:(1)由经济合作与发展组织成员方组成的西方阵营(也称B组国家);(2)由保加利亚、捷克斯洛伐克、民主德国、匈牙利、蒙古、波兰、苏联组成的D组国家;(3)由发展中国家组成的七十七国集团(包括古巴、罗马尼亚)。中国没有加入上述三大阵营,而是单独行动,但在观点上基本是支持发展中国家。[29]

在谈判中,三个阵营提出了自己的草案文本,但是,B组国家和七十七国集团的立场经常是对立的。例如,七十七国集团提出,涉及受让国国家主权和公共秩序的合同,应当适用受让国法律,违反该原则的任何条款都是非法的。私人交易所适用的法律应该是与该交易有直接的、实际和持久联系的法律。西方国家和苏联东欧国家集团则认为,国际技术转让合同的双方当事人可以在合同效力、履行以及解释等方面自由选择所适用的法律。如果当事人没有选择,仲裁庭将根据其认为可适用的冲突规范确定争议所应适用的法律。此外,对于守则的约束力,发展中国家认为,守则应该对所有缔约国具有约束力。发达国家则坚持,守则应该是一个指导

[24] Proceedings of the United Nations Conference on Trade and Development, A. IV. 26 Annexes 57, U. N. Doc. E/CONFA6/141, Vol. Ⅰ.

[25] UNCTAD Res. 39 (Ⅲ), I Annexes 108, U. N. Doc. TD/180 (1972).

[26] 联合国的许多文件对于向发展中国家转让技术作出了明确规定。例如,联合国大会于1974年5月1日通过的《建立新的国际经济秩序宣言》指出:"应当使发展中国家具有获得现代科学和技术成就的途径,促进有利于发展中国家的技术转让和拥有本国技术,并按照适合于其经济发展的方式和程序进行。"同日通过的《建立新的国际经济秩序行动纲领》在技术转让一节也规定:应当作出一切努力,制定一项符合发展中国家需要和条件的技术转让行动国际准则,使技术转让的商业做法适应发展中国家需要,并防止卖方滥用权利。联合国大会在1974年12月12日通过的《各国经济权利和义务宪章》规定:所有国家都应促进国家间的科技合作和技术转让,应适当照顾所有合法利益,包括技术持有者、提供者和接受者的权利和义务。

[27] 《联合国贸发会议第四届会议的报告》,1976年12月21日,第106次全体会议。

[28] Res. 3 (Ⅲ), 14 U. N. TDBOR, Annexes, Agenda Item 8, I Annexes 2, U. N. Dor TD/B/20(1974).

[29] Ton J. M. Zuijdwijk, *The UNCTAD Code of Conduct on the Transfer of Technology*, McGill Law Journal, Vol. 24, 1978.

性文件,对缔约国不具有约束力。[30]

总体而言,发达国家和发展中国家的分歧主要是基于其代表不同的利益集团。发达国家具有技术优势,代表了技术转让方的利益,发展中国家作为主要受让方则代表了技术受让方的利益。发达国家和发展中国家的根本分歧在于对技术转让规制的模式。发展中国家希望采用以经济管制为导向的模式,对技术许可协议中的某些条款予以禁止,以防止这些条款损害技术受让人的经济发展或者利用技术受让人的弱势谈判地位。发达国家的谈判目的则是确保各方能够在技术转让领域进行有效竞争,也就是以促进技术转让领域的公平竞争为目标。如果合同条款对技术转让人、受让人或者第三方的竞争自由进行了不合理限制,应该受到规制。由于二者的谈判目标不同,对具体条款很难达成一致。例如,对于合理的搭售条款,从促进竞争的角度是可接受的,但是,发展中国家会认为,该条款将对本地供应链的发展造成障碍。[31]

（二）《技术转让行动国际守则》(1985 年草案)的主要内容

联合国《技术转让行动国际守则》(1985 年草案)包括序言和如下 9 章内容:定义和适用范围;目标和原则;技术转让交易的国内管制;限制性商业做法;当事人责任和义务;对发展中国家的特殊待遇;国际协作;机构设置;适用的法律以及争议解决。

1. 技术转让的概念及守则的适用范围

对于如何认定技术转让的国际性,各方分歧非常大。七十七国集团和 D 组国家认为,如果技术转让的一方当事人是由外国公司控制的公司,即便是在同一国家境内进行交易,也属于国际性交易。

但是,B 组国家认为,该交易属于纯粹的国内交易,守则应该只适用于跨越国境的技术转让。[32] 该观点显然限制了守则的适用范围,使守则的效力大打折扣。任何一个公司都可以通过在其拟销售技术的国家设立分支机构,规避守则的适用。B 组国家提出的草案将守则的适用范围扩大到包括位于一个国家的母公司与位于另一个国家的子公司之间的技术转让。但事实上,将守则适用于这类交易是很困难的,毕竟当事人不在其管控范围内。

三大阵营都认为,技术转让包括专利技术转让和非专利技术转让,技术秘密和技术诀窍的转让也包括在内。

1985 年草案第 1.2 条最终规定:本守则下的技术转让是指用于产品生产、工艺应用或服务提供的系统知识的转移,单纯的货物销售或租赁交易不包括在内。第 1.3 条进一步规定:技术转让交易是指转让上述技术的当事人之间的安排,尤其是指下列情形:(1)所有形式的工业产权分配、销售和许可,但是,当技术转让交易没有包含商标、服务标记和商号时,商标、服务标记和商号的转让不包括在内。(2)以下列形式提供技术诀窍和专业技术:可行性分析、计划、图标、模型、说明、指南、公式、基础或详细的工程设计、培训用设备和技术参数、涉及技术咨询和管理人员的服务、人员培训。(3)提供为厂房和设备以及交钥匙工程的安装、运行和运转所必需的技术知识。(4)提供为获得和安装及使用机器、设备、中间产品、原材料所必需的技术知

〔30〕 汤宗舜:《知识产权的国际保护》,人民法院出版社 1999 年版,第 159 页。

〔31〕 United Nations Conference on Trade and Development, Transfer of Technology, October 2001, p. 22.

〔32〕 D 组国家和七十七国集团认为,守则应该适用于如下类型的国际技术转让:合同不是由位于同一国家或者在同一国家设立的当事人签署,或者当事人位于同一国家或在同一国家设立,但其中一方是外国公司控制的附属机构,或者在外国控制技术的转移中作为中间人。B 组国家认为,当技术的所有权或非所有权及其相关权利从转让方跨越国境转移到受让方时,就出现了国际技术转让。

识。(5)为产业和技术合作安排提供技术内容。

谈判中,发展中国家主张,守则应仅适用于发达国家与发展中国家之间的技术转让。但是,1985 年草案第 1.5 条最终规定:守则适用于技术转让交易的所有当事人以及所有国家和国际集团,无论其经济和政治体制以及发展水平如何。

2. 禁止的限制性商业做法

《技术转让行动国际守则》(1985 年草案)第四章列举出 14 项禁止的限制性商业做法,具体包括:

(1)回授条款(grant-back):要求受让方在排他或者在转让方无须提供报酬或互惠的条件下,将对受让技术的改进技术转让或回授给转让方或其指定的其他企业;或者当这种做法构成转让方对其支配市场地位的滥用时。

(2)对有效性的异议:不合理地禁止受让方对转让所涉及的专利和其他类型的发明的保护的有效性或者对转让方声明或获得的这类授权的有效性提出异议,不合理地要求受让人同意因该异议引起的当事人权利和义务问题根据适当的适用法以及与该法一致的协议条款予以认定。

(3)排他交易(exclusive dealing):对受让方就类似或竞争性技术或产品签订销售、代理或生产协议或者获得竞争性技术的权利加以限制,并且该限制不是为了确保实现合法利益,尤其是确保受让技术的保密性或者更好地履行推广或促进义务。

(4)研发限制(restrictions research):不合理地限制受让方对受让的技术进行吸收和改进以适应当地条件或者限制受让方从事相关新产品、工艺或设备的研发获得。

(5)对雇佣人员的限制:不合理地要求受让方雇用转让方指派的人员,除非是为了确保技术转让各环节的效率以及无法雇用到足够的经培训的当地人员或者当地人员未经过培训,可以提出该要求或者继续执行该要求;或者限制技术受让国雇佣本国人员。

(6)固定价格:不公平地强迫受让方在技术受让的相关市场内对使用受让技术制造的产品或提供的服务执行规定的定价规则。

(7)对改进技术的限制:不合理地阻止受让方改进受让的技术以使其适应当地条件或对受让的技术进行创新;或者在受让方自行做出了改进并且没有使用技术转让方的名字、商标、服务标记或商号的情况下强迫受让方接受其不需要或不必要的设计或规格变动,除非这种改进不适当地影响到提供给转让方、转让方指定的人或其他被许可人的产品或制造产品的工艺,或者供应给转让方客户的产品零部件。

(8)排他的销售或代理协议:要求受让方授与转让方或其指定的任何人以专卖权或独家代理权,除非当事各方在分销合同或制造安排中同意由转让方或其指定的任何人分销技术转让安排下的全部或部分产品。

(9)搭售协议:不当地强迫受让方接受其不愿接受的额外技术、将来的发明和改进、货物或服务,或者不当地限制技术、货物或服务的来源,以此作为获得技术的条件,而这些并不是受让方使用转让方的商标、服务标记或其他标记时为确保产品或服务的质量所必需的,也不是在无法充分说明成分或涉及额外技术的披露时为履行被担保的特定义务所必需的。

(10)出口限制。

(11)专利池或交叉许可协议及其他安排:通过对专利池或交叉许可协议或其他国际技术转让安排涉及的地域、数量、价格、客户或市场进行限制,不当地限制受让方利用新技术,或者导致对某一行业或市场支配力量的滥用从而对技术转让造成不利影响。但是,合作安排中的适当性限制不在此列。

(12)对广告宣传的限制:不合理地限制受让方发布广告和进行宣传。但是,如果在发布广告和进行宣传时提及转让方的名字、商标或服务标记、商号或其他标记,为防止对转让方的商誉或信誉造成损害,进行限制是必需的,不在此列。或者在转让方需要承担产品责任时为了避免承担该责任所进行的正当理由的限制,或者为了安全目的或保护消费者利益或者确保转让技术的保密性所必需的适当限制,不在此列。

(13)工业产权有效期届满后的付款和其他义务:对于继续使用已失效、被撤销或有效期届满的工业产权,要求受让人付款或强加其他义务。要求对任何其他问题(包括技术的其他付款义务)依照适当的适用法以及与该法一致的协议条款予以解决。

(14)技术转让协议的有效期届满后的限制。

本章思考题

1. 什么是限制性商业做法?
2. 限制性商业做法的表现形式有哪些?
3. 我国管制限制性商业做法的法律有哪些?
4. 简述《管制限制性商业惯例的一套多边公平原则和规则》的性质与主要内容。
5.《技术转让行动国际守则》(草案)禁止的限制性商业做法有哪些?

拓展阅读

一、著作、论文资源

1. Oesterle, Dale A. ,(1981) *United Nations Conference on Restrictive Business Practices*, Cornell International Law Journal, Vol. 14: Iss. 1, Article 1.
2. Intergovernmental Group of Experts on Restrictive Business Practices, Competition Policy and Restrictive Business Practices, UNCTD, TD/B/RBP/INF. 36, 29 January 1996.
3. Ton J. M. Zuijdwijk, *The UNCTAD Code of Conduct on the Transfer of Technology*, McGill Law Journal, Vol. 24, 1978.
4. 冯大同:《关于国际技术转让行动守则草案的几个问题》,载《国际贸易问题》1979 年第 2 期。
5. 李墨丝:《多边竞争规范研究 ——兼对联合国〈竞争法示范法〉研究》,华东政法学院 2006 年硕士学位论文。
6. 张鑫:《国际技术贸易中限制性商业做法的法律规制研究》,西北大学 2009 年硕士学位论文。
7. 郑玉娟:《国际技术贸易合同中限制性条款研究》,吉林大学 2008 年硕士学位论文。
8. 刘丽:《国际技术贸易中限制性商业做法及其法律规制》,西南政法大学 2007 年硕士学位论文。
9. 徐李婷:《国际贸易中的限制竞争行为及其规制》,载《九江学院学报(社会科学版)》2015 年第 1 期。
10. 叶昌富:《国际技术转让中对限制性商业行为的法律调整》,载《广东外语外贸大学学报》2002

年第 1 期。

二、网络资源

联合国贸易与发展会议“竞争法与政策问题政府间专家组”网,http://unctad. org/en/Pages/DITC/CompetitionLaw/Intergovernmental - Group - of - Experts - on - Competition - Law - and - Policy. aspx。该网站收录了专家组会议文件,读者可以了解联合国贸发会议在推动竞争政策合作方面的动向。专家组在每一年都会召开会议,就改善竞争政策全球合作的途径进行磋商,并通过对话促进各国竞争政策的协调。

第十三章　国际经济贸易争议解决

本章导读

国际经济贸易争议包括不同国家的国民之间的国际经济贸易争议、国家之间的经济贸易争议和国家与本国或外国国民之间的国际经济贸易争议。与此相适应，解决不同国家国民之间的国际经济贸易争议的方法包括司法方法（国际经济诉讼）和非司法方法，非司法方法即通过法院以外的方式解决争议的方法，如通过双方当事人友好协商或谈判，或者由双方同意的第三人进行调解或仲裁。本章还特别介绍了解决政府间国际贸易争议的世界贸易组织争端解决机制和解决国家与外国投资者之间争议的、解决投资争议国际中心的争议解决机制。

第一节　国际经济贸易争议的种类和解决争议的方法

随着世界经济一体化进程的加快，国际贸易、国际投资等国际商事交易迅速发展，与此相关的争议的发生，也是不可避免的。实践证明，妥善地解决这些争议，可以进一步促进国际经济贸易的发展。

一、国际经济贸易争议的种类及其特点

就国际经济贸易关系的参加者而言，国际经济贸易领域内的争议可以分为以下几种。

（一）不同国家的国民之间的国际经济贸易争议

这类争议一般为不同国家的国民之间由于货物买卖、技术转让、投资、工程承包等跨国经济活动而发生的争议。这些不同国家的国民，包括自然人和法人，是国际经济贸易交易活动的直接参加者。因此，产生于国际经济贸易活动中的争议，绝大部分属于这类当事人之间的争议。

（二）国家之间的经济贸易争议

国家之间的经济贸易争议是指主权国家在经济贸易交往中所产生的争议。这类争议的特点是：(1)争议一般产生于国家之间订立的双边或多边国际公约的解释或履行，如对双边贸易协定、投资保护协定、避免双重征税和防止偷税、漏税协定的解释或履行中发生的争议；以及由于多边国际经济贸易公约而产生的争议，如世界贸易组织中的各项协议的解释或履行中发生的争议。(2)争议双方均为主权国家，而不是这些主权国家的国民。

（三）国家与本国或外国国民之间的国际经济贸易争议

此类争议主要发生在国家对具体从事国际经济贸易活动的当事人行使管理或监督的过程

中。如国家海关或税务部门对进出口的货物征收关税和其他有关管理费、进出口商品检验部门对货物进出口依法进行的检验、外汇管理部门依法对外汇实施的管理,以及国家其他职能部门依法对国际技术转让和投资所实施的管理等。因此,国家或国家机关在对上述有关国际经济贸易活动实施管理的过程中,也会与这些被管理者发生这样或那样的争议。

二、解决不同国家国民之间的国际经济贸易争议的方法

(一)司法方法

即通过诉讼的方法解决国际经济贸易争议。由于世界上并不存在且在近期内也不可能存在专门解决这类争议的、凌驾于各主权国家之上的法院,我们这里所说的司法诉讼,是在一国法院提起的涉及不同国家当事人之间的国际经济贸易争议,各国法院根据本国的民事诉讼法对此类争议行使管辖权。一国法院作出的判决,如果需要在另一国家境内执行,还须得到另一国法院的司法协助。

(二)非司法方法

即通过法院以外的方式解决争议的方法,如通过双方当事人友好协商或谈判,或者由双方同意的第三人进行调解或仲裁。这种方法又称选择性的解决争议的方法这种解决争议的方法的前提,是当事人之间通过 ADR 达成的解决争议的协议。广义上的 ADR 是指当事人之间约定的通过除诉讼以外的方法解决他们之间争议的包括仲裁与调解在内的各种方法的总称。而狭义上的 ADR 则把仲裁排除在 ADR 之外。因为仲裁与诉讼一样,都是最终解决争议的方法,二者只能选择其一。

第二节 选择性解决争议的方法

一、选择性解决争议方法的概念

ADR 也可以称为“替代性解决争议的方法”。如前所述,传统上的 ADR 通常是指除诉讼以外的各种解决争议方法,包括协商、谈判、斡旋、调解、仲裁等。随着仲裁被广泛地纳入各国仲裁法中,仲裁裁决获得了与法院判决相同的效力,加上“二战”后由联合国主持制定并得到世界各国广泛认可的《纽约公约》,仲裁解决争议的方法已经逐步成为司法外解决争议的独立程序。它与司法解决争议的方法并列存在,都是最终解决争议的方法。仲裁有司法的特点,主要表现在仲裁裁决是终局的;同时也具有 ADR 的特点,主要表现在它是当事人之间自愿达成的解决争议的方式,在仲裁程序的进行上,也比较灵活,当事人具有较大的自主性。因此,仲裁同时具有通过诉讼的方法解决争议的和通过 ADR 解决争议的特点,因而在国际商事交易中被广泛适用,由于仲裁裁决具有终局性和可强制执行性的特点,使之逐步地成为一种独立的解决争议的准司法的方法,同时也开始独立于 ADR。因此,对 ADR 作出比较准确的定义是:ADR 所替代的是除了司法诉讼和仲裁以外的解决争议的各种方法的总称。

二、ADR 的主要表现形式

鉴于 ADR 是当事人之间自愿做出的解决他们之间争议的安排,所以,当事人可就他们之

间的争议做出任何形式的安排。这种安排可以有第三者参与,也可没有第三者的参与,而由争议双方自行解决。在解决国际商事争议的实践上,ADR 的表现方式是多种多样的。现就其主要的表现形式作一简要介绍。

（一）双方当事人之间进行的协商谈判（consultation）

这是由争议双方当事人自行解决他们之间争议的最为常见的方法。其特点是没有第三者的介入,而由当事双方通过友好协商的方式,自行解决他们之间的争议。在国际商事交易合同的争议解决条款中,一般首先规定的是“由于本合同产生的争议,当事双方应当通过友好协商的方式解决”。而事实上多数争议都是由双方当事人自行解决的。只有在通过协商谈判不能达成协议的情况下,再将此争议提交仲裁解决。

（二）由双方当事人共同选择的第三者进行的调解（mediation or conciliation）

调解的特点是有与争议双方无利害关系的第三者参与争议的解决。通常应由争议双方当事人首先通过调解的方式订立解决他们之间争议的书面或口头协议,并共同参与对调解员的选择。调解员的主要作用是促成争议双方达成和解协议。为此,该调解员可以按照当事各方约定的程序查明争议的事实。然后对争议双方进行面对面或背对背的调解,协助双方当事人分析争议的问题,从中找出妥善解决争议的方案:促成当事人自行达成和解协议,或者自行提出解决此项争议的方案。但无论是当事人自行达成的和解协议,还是调解员提出的解决争议的方案,对争议双方均无法律上的拘束力。特别是对于调解员提出的解决方案,当事人可以接受,也可以拒绝。

（三）模拟法庭（mini – trial）

据称,模拟法庭这一术语最早是由《纽约时报》报道的 1977 年发生在两个公司之间的一起解决专利侵权案件中采用的。此后便在美英等国家流行开来。它是指当事人之间安排的一种自愿的、私下进行的、非正规的解决争议的方式。其具体做法是:模拟法庭由争议双方有权作出决定的公司主管和一位双方当事人共同认可的第三者组成。在开庭审理时,首先由双方律师对他们之间的争议作出简要陈述,此后双方主管即试图对他们之间的争议的解决作出决断。在此之前,他们应当征求该第三者的意见:假定此案由法院判决,其结果如何? 为此,该第三者就此案发表其无法律上的拘束力的咨询意见。双方主管在此意见的基础上就争议的解决作出决断,以了结双方当事人之间的争议。

二、ADR 的法律特征

ADR 具有如下法律特征:

1. 它是当事人之间达成的自愿的解决争议的方法。通过 ADR 解决争议的前提是当事人之间就通过此项方法解决争议的方式达成了协议。如无此项协议,当然就不能通过此项方法解决争议。在这一点上,ADR 与仲裁有某种相似之处,这是由于仲裁也是一种自愿解决争议的方法。然而,ADR 自愿解决争议的方法又与仲裁不完全相同:在仲裁解决争议的情况下,当事人一旦达成通过仲裁解决他们之间争议的仲裁协议,该仲裁协议即对他们具有法律上的拘束力,任何一方当事人不得单方面撤回。而且当争议发生时,如果一方当事人不按协议规定将争议提交仲裁而直接交由法院解决时,则构成违约。在这种情况下,另一方当事人有权请求法院裁定中止诉讼程序,令当事人将争议提交仲裁解决。而在 ADR 进行的过程中,当事人可以自愿地随时终止此项程序,而不必承担任何法律上的义务。此项程序之后,当事人可以根据他们之间达成的仲裁协议将争议提交仲裁解决。如不能达成此项协议,当事人可将该争议提交到对该争议有管辖权的国家法院审理。

2. 通过 ADR 达成的解决争议的方案没有法律上强制执行的效力。这是 ADR 与诉讼和仲裁之间的最重要的区别。ADR 的方式是多种多样的,但无论采用什么样的方法:如当事人之间自行达成的和解协议,或者由第三者提出的解决争议的方案,都不同于法院判决和仲裁裁决,不具有法律上的可以强制执行的效力,通常由当事人自动履行,进而使争议得到解决。如果任何一方当事人拒绝履行他们之间已经达成的协议或者由第三者提出的解决争议的方案,对方当事人则不能请求法院强制执行上述协议或者方案,除非法律另有规定。

3. ADR 既可单独适用,也可适用于诉讼程序和仲裁程序中。ADR 是人们在长期的实践中逐步积累起来的解决争议的方法。它的适用范围极为广泛:不仅可以单独适用,也可适用于诉讼程序和仲裁程序中。在诉讼程序和仲裁程序中适用 ADR 的情况下,一般也应当以争议双方的自愿为前提,而由法官或仲裁员作为调解员,促成当事人达成和解协议。

四、ADR 在解决我国国际经济贸易争议中的应用

通过协商谈判和调解解决争议,是中国几千年来特有的传统文化。孔夫子的“克己复礼”,“和为贵”等箴言早已深深地扎根于我国的社会生活之中。中国人很少像西方人那样动辄到法院打官司。一般争议发生后,如果自己解决不了,请资深的长者评理则是十分普遍的现象。可以这样说,调解已经遍布于我国社会生活的各个领域:从家庭纠纷到邻里争议,从一般当事人之间的争议到各个行政管理部门之间的争议,都可通过调解的方式解决。即便在司法诉讼和仲裁程序中,如果当事双方同意,法官和仲裁员也可以作为调解员,促使争议双方达成和解。

五、《新加坡调解公约》与我国国际商事和解协议的执行

(一)《新加坡调解公约》的主要内容

《新加坡调解公约》的全称为《联合国关于调解所产生的国际和解协议公约》(United Nations Convention on International Settlement Agreements Resulting from Mediation,以下简称《新加坡调解公约》)。[1] 旨在为国际商事和解协议的跨国执行提供统一有效的框架,确保当事人达成的和解协议根据简化和精简的程序具有约束力和可执行性,进而便于国际商事交易,促进调解作为解决国际经济贸易争议的有效替代方法。同时促进国际商事和解协议在不同国家和地区的承认与执行,简化和精简执行国际商事和解协议的执行程序。该公约适用于“调解所产生的、当事人为解决商事争议而以书面形式订立的具有国际性的协议”。同时要求公约项下的和解协议必须产生于“独立的调解程序”,而将“经由法院批准或者系在法院相关程序过程中订立的协议;可在该法院所在国作为判决执行的协议;以及已记录在案并可作为仲裁裁决执行的协议”排除在公约的适用范围之外。

《新加坡调解公约》还规定了国际和解协议在缔约国境内的执行程序和执行条件。关于执

[1] 《新加坡调解公约》于 2018 年 12 月 20 日在联合国大会上通过。2019 年 8 月 7 日,包括我国在内的 46 个国家在新加坡签署了该公约。《新加坡调解公约》于 2020 年 9 月 12 日生效。截至 2022 年 1 月 12 日,签署该公约的国家共有 55 个。其中批准公约的国家共 9 个,白俄罗斯、厄瓜多尔、新加坡、斐济、格鲁吉亚、洪都拉斯、沙特阿拉伯、土耳其、卡塔尔。关于签署和批准该公约的国家名称及签署和批准日期等详情,具体参见 https://uncitral.un.org/en/texts/mediation/conventions/international_settlement_agreements/status。

行程序,按照该公约第 3 条的规定,公约缔约国“应按本国程序规则并按本公约规定的条件执行和解协议”。关于当事人申请执行和解协议的条件,公约要求当事人在向执行地主管机构申请执行和解协议时,应当向法院提出如下证据文件:(1)由各方当事人签署的和解协议。(2)证明该和解协议是通过调解的方法产生的,例如,调解员在和解协议上的签名;调解员签署的表明进行了调解的文件;调解管理机构出具的相关证明;以及可以为执行地主管机构接受的其他证据(第 4.1 条)。此外,执行地主管机构有权要求申请人提供和解协议的当地语文译本,也有权要求申请人提供任何其认为必要文件,以便核实公约要求的条件已经得到遵守(第 4.4 条)。当然,公约也要求执行地的主管机构从速审议当事人提出的救济请求(第 4.5 条)。

《新加坡调解公约》规定的执行地主管机构可以拒绝执行和解协议的条件规定在第 5 条,其标题是“拒绝准予救济的理由”(Grounds for refusing to grant relief)。申请人向执行地国主管机构申请执行和解协议时,如果被申请人执行人提出证据证明有下列情形之一的,该主管机构可以拒绝执行:(1)和解协议一方当事人处于某种无行为能力的状况下。(2)和解协议根据双方约定的法律,如无此项约定,依据执行地的主管机构认为应当适用的法律为无效、失效或不能履行;或者按照协议条款规定尚不具有约束力,或者不是终局的;或者该协议签署后被修订。(3)和解协议中的义务已经履行,或不清楚或无法理解。(4)准入救济将有悖于协议的规定。(5)调解员严重违反适用于调解员或调解的规则,如无此项违反,该当事人则不会签署此和解协议。(6)调解员未向各方当事人披露可能对调解员的公正性和独立性产生正当怀疑的情形,并且此种未予披露对一方当事人有实质性或不利影响,即若非此未予披露,该当事人本来不会订立该和解协议。此外,如果主管机构认为,准予救济将违反当地的公共政策,或者按照该当事人所在地法律,争议事项不能通过调解方式解决。

《新加坡调解公约》第 8 条则规定了允许当事方在加入公约时可以作出的两点保留事项:第一,和解协议的一方当事人为政府机构或代表政府机构签署,在声明规定的范围内不予适用;第二,和解协议双方当事人约定适用本公约。在签署《新加坡调解公约》的国家中,只有白俄罗斯对第 8 条第 1 款规定的第 1 项内容提出了保留,伊朗则对该款规定的第 2 项内容提出了保留。白俄罗斯保留的后果是:如果签署国际和解协议的一方当事人为国家政府机构,或者代表政府机构签署的此和解协议,则这样的和解协议不能得到白俄罗斯主管机构的执行。而伊朗的保留后果是:只有当事人在他们之间签署的和解协议中明确声明适用《新加坡调解公约》时,伊朗法院才能依据公约规定执行该和解协议。我国政府代表团于 2019 年 8 月 7 日在新加坡签署了该公约,但尚未批准此公约。

（二）我国国际商事和解协议的执行问题

我国现行国内立法并没有专门规范执行国际商事和解协议的规则,《人民调解法》中关于国内民事调解协议的执行,则需要双方当事人在协议签署后 30 日内共同将和解协议申请司法确认,否则不能得到人民法院的执行。以此类推,对于当事人自行达成的国际商事和解协议,如果需要确保得到人民法院的执行,双方当事人也应当自协议签署后 30 日内共同向人民法院申请司法确认。最高人民法院于 2018 年 6 月 27 日发布《关于设立国际商事法庭若干问题的规定》,据此规定,最高人民法院组建国际商事专家委员会,并选定符合条件的国际商事调解机构、国际商事仲裁机构与国际商事法庭共同构建调解、仲裁、诉讼有机衔接的纠纷解决平台,形成“一站式”国际商事纠纷解决机制。国际商事法庭支持当事人通过调解、仲裁、诉讼有机衔接的纠纷解决平台,选择其认为适宜的方式解决国际商事纠纷。国际商事法庭在受理案件后 7

日内,经当事人同意,可以委托国际商事专家委员会成员或者国际商事调解机构调解。经国际商事专家委员会成员或者国际商事调解机构主持调解,当事人达成调解协议的,国际商事法庭可以依照法律规定制发调解书。国际商事法庭作出的调解书,经双方当事人签收后,即具有与判决同等的法律效力。当事人对国际商事法庭作出的已经发生法律效力的调解书,可以向国际商事法庭申请执行。

2018 年 11 月 13 日,最高人民法院办公厅发布《关于确定首批纳入"一站式"国际商事纠纷多元化解决机制的国际商事仲裁及调解机构的通知》,确定中国国际经济贸易仲裁委员会、上海国际经济贸易仲裁委员会、深圳国际仲裁院、北京仲裁委员会、中国海事仲裁委员会以及中国国际贸易促进委员会调解中心、上海经贸商事调解中心,作为首批纳入"一站式"国际商事纠纷多元化解决机制的仲裁和调解机构。在国际商事交易中,当事人可以约定将其争议提交纳入机制的调解机构进行调解。当事人经调解机构调解达成调解协议的,国际商事法庭可以依照法律规定制发调解书;当事人要求发给判决书的,可以依据调解协议的内容制作判决书送达当事人。

第三节　国际民商事诉讼

一、国家法院对国际商事争议案件的管辖

国际上并不存在统一的管辖国际商事案件的标准,各国只适用自己国家的民事诉讼法决定对特定案件的管辖,因而经常导致管辖权的冲突。根据国际法的基本原则和各国立法与实践,法院一般根据以下原则决定其管辖权限:

1. 属人管辖原则。依照国际法上的属人优越权原则,主权国家对其国民享有管辖权,即便他们在该国境外时亦然。因此,中国公民在国外经商或者留学,中国法院仍然对他们享有管辖权,因为他们是中国公民。外国公民在中国进行上述类似的活动时,其国籍所属国法院同样对他们享有管辖权。

2. 地域管辖原则。据此原则,主权国家对于位于其管辖领土内的一切人和物,享有管辖权。外国人在中国旅游期间实施犯罪,中国公民在外国停留期间所实施的侵权行为,他们所在国家均可依据当地的法律对他们在该国境内实施的不法行为实施管辖,尽管他们是外国人。对于外国船舶在中国领海内航行期间造成的油污污染环境的行为,根据当地法律同样应当承担相应的法律责任。

3. 协议管辖原则。即具有不同国籍的当事人或者营业地位于不同国家的当事人之间通过协议的方式约定,将他们之间可能发生的或者已经发生的争议提交特定国家法院解决。在国际商事合同中,当事人通常可以依据法律作出上述约定。除非当地法律另有规定,各国法律一般尊重当事人作出的选择。在现代国际商事交往中,当事人在合同中与其选择特定国家法院解决他们之间的争议,不如选择特定的"法官"(事实上的仲裁员),通过仲裁的方式解决他们之间的争议。所以,在多数国际商事合同中,都含有通过仲裁的方式解决合同争议的仲裁条款,而不是选择法院的条款。

4. 专属管辖原则。专属管辖原则是指各国法律明文规定的特定争议只能由本国法院专属

管辖的原则。例如,由于位于特定国家境内的不动产而引起的争议,通常只能由该不动产所在地国法院管辖。此外,某些知识产权的有效性的争议,如对专利权和商标权的有效性争议,通常只能由对该专利权或者商标权授予国的法院管辖,这是由某些知识产权的严格地域性原则决定的。在法律规定的某些特定争议必须由当地法院专属管辖的情况下,当事人对该事项协议提交该法院地国以外的国家的法院处理的约定为无效约定,因为此项约定违反了该相关国家的法律。

二、国际商事案件的诉讼程序

国际商事诉讼案件在一国法院涉诉时所遇到的各种事实或法律问题,要比单纯的国内案件复杂得多。一些司法行为需要到对案件行使管辖权的法院所属国以外的国家或地区实施,如司法文书的送达、境外调查取证、查明争议事实的程序和方法等,都会遇到一些问题。

英美法一般采用对抗式的(adversarial)程序。即由当事人向法官提出他们各自对事实问题和法律适用问题的解释,法官在听取他们各自的意见后从中作出选择。如果双方当事人均未提出有关的事实和法律问题,法官也不对该事实问题进行询问,而根据当事双方所提出的请求和证据作出判决。事实上,诉讼程序的进行主要掌握在当事人的手中,确切地说,掌握在各方当事人的律师的手中。大陆法在诉讼中一般采用审问式的程序。在此项程序中,法官则自始至终地控制着程序的进行。在查明事实的过程中,法官发挥着积极的作用。

大陆法中的取证问题也为主审法官所严格控制。证人在向法庭提供口头证据时,他们被视为“法院的证人”,而不是任何一方当事人的证人。法官责令证人出庭作证,对于当事人的律师提出的出庭作证的证人名单,由法官决定他们之中谁将出庭作证。而证人出庭后,一般由法官对他们提出问题。在开庭审理之前或庭审之中,任何一方当事人的律师与证人之间的直接接触一般受到严格的限制。对于出庭作证的专家,也是由法院提出的,他们提供的证据一般采用书面形式,但法院有权决定是否要在庭审中对他们出具的证据作出说明。

在英美法中的诉讼程序中,由当事人自行收集证据,庭审中的口头证据发挥着重要的作用。在庭审前的披露程序中,双方律师已经接触到对方所拥有的证据。而在庭审时,双方都带着各自的证人出庭,包括当事人自己以证人的身份经宣誓后作证。由律师向证人提出问题:首先是提供证人的一方的律师,然后是对方律师提问。法官对此程序实施监督,有时也自行或根据一方律师提出的反对意见实施干预。专家证人也是由各方当事人提供的,他们也要接受双方律师的交叉询问。

三、解决争议应当适用的法律规则

按照各国有关的立法与实践,一般允许当事人共同选择解决争议应当适用的法律,这也是各国国际私法的一般原则。然而,如果当事人未能对此作出选择,或者法院认为当事人所作出的选择不明确,法院一般适用法院地法有关的法律冲突规则决定应当适用的法律。在这种情况下,问题就变得复杂起来,因为国际商事交易涉及不同国家的法律制度,至少需有两个或者两个以上的连结点,在国际合同交易中,如果当事人未能选择合同应当适用的法律,按照各国国际私法关于适用法律的一般原则,均适用与合同有最密切联系的国家的法律。至于如何解释“最密切联系”,就同一争议合同而言,在不同国家的法院审理,往往会得出不同的结论。

四、法院判决的效力及其执行

根据国际法上关于主权国家及其管辖范围的一般原则,一国法院作出的判决,仅在该国境内有效,而外国法院没有承认与执行他国法院判决的义务,除非有国际公约的约束,或者国家之间出于国际礼让,相互承认与执行对方法院的判决。

一国法院根据国际公约、国际礼让或者其本国法上的规定执行外国法院的判决时的一个必要的条件,就是该外国法院的判决必须是终局的(res judicata),即该外国判决依法院地法不能再上诉。另外,该外国法院的终局判决,必须经执行地法院准许后,才能得以执行。而法院在作出承认该外国法院判决的效力时,一般要依据执行地国或有关的国际公约对该外国法院的判决进行审查,一般包括该外国法院对所判决的事项是否享有管辖权,是否履行了适当的程序,执行该外国法院的判决是否与当地的公共政策相抵触等。至于具体的审查内容,不仅国与国之间是不同的,即便在一国范围内,有时也是各异的。例如,一项即决判决在纽约联邦法院得到承认的机会,可能与其在亚拉巴马州法院有所不同。

五、我国法院对涉外案件的处理

(一)我国法院对涉外民事案件的管辖

1. 属于我国法院专属管辖的事项。按照我国 2023 年《民事诉讼法》第 34 条就属于我国法院专属管辖的事项作出了如下规定:(1)因不动产纠纷提起的诉讼,由不动产所在地人民法院管辖;(2)因港口作业中发生纠纷提起的诉讼,由港口所在地人民法院管辖;(3)因继承遗产纠纷提起的诉讼,由被继承人死亡时住所地或者主要遗产所在地人民法院管辖。

此外,因在我国境内设立的法人或者非法人组织的设立、解散、清算,以及该机关作出的决议的效力等提起的诉讼;因在我国境内审查授予的知识产权的有效性等提起的诉讼,因在我国境内履行的中外合资经营企业合同、中外合作经营企业合同、中外合作勘探开发自然资源合同发生纠纷提起的诉讼;也属于我国法院的专属管辖事项(第 279 条)。

2. 协议管辖的事项。按照我国 2023 年《民事诉讼法》第 35 条的规定,合同或者其他财产权益纠纷的当事人可以书面协议选择被告住所地、合同履行地、合同签订地、原告住所地、标的物所在地等与争议有实际联系的地点的人民法院管辖,但不得违反该法对级别管辖和专属管辖的规定。

3. 其他事项的管辖法院。当事人之间的同一纠纷,一方当事人向外国法院起诉,另一方当事人向我国法院起诉,或者一方当事人既向外国法院起诉,又向我国法院起诉,我国法院依据我国法律有管辖权的,可以受理。当事人订立排他性管辖协议选择外国法院管辖且不违反我国法律对专属管辖的规定,不涉及我国主权、安全或者社会公共利益的,可以裁定不予受理;已经受理的,裁定驳回起诉(第 280 条)。

对于我国法院受理的涉外民商事案件,被告提出书面申请或者提出管辖权异议,且同时有下列情形的,法院可以裁定驳回起诉,告知原告向更为方便的外国法院提起诉讼:(1)案件争议的主要事实不是发生在我国境内,法院审理案件和当事人参加诉讼均明显不方便;(2)当事人之间不存在选择我国法院管辖的协议;(3)案件不属于人民法院专属管辖;(4)案件不涉及我国主权、安全或者社会公共利益;(5)外国法院审理案件更为方便。

法院裁定驳回起诉后,外国法院对纠纷拒绝行使管辖权,或者未采取必要措施审理案件,或者无法在合理期限内审结,当事人又向我国法院起诉的,法院应予受理(第 282 条)。

（二）有权受理涉外民事案件的法院

按照2023年《民事诉讼法》第276条的规定，对在中华人民共和国领域内没有住所的被告提起的诉讼，如果合同签订地、合同履行地、诉讼标的所在地、可供扣押财产所在地、侵权行为地、代表机构住所地位于中华人民共和国领域内，可以由合同签订地、合同履行地、诉讼标的所在地、可供扣押财产所在地、侵权行为地、代表机构住所地人民法院管辖。此外，争议与中华人民共和国存在其他适当联系的，也可以由中华人民共和国人民法院管辖。

（三）国际商事争议案件的适用法律

除我国法律另有规定者外，我国法律允许当事人对解决国际商事争议的法律作出约定。关于民商事案件的适用法律，主要规定在我国2010年《涉外民事关系法律适用法》（以下简称《法律适用法》）中，其他一些有关的法律文件中，也有一些涉及适用法律的规定。归纳起来，主要包括以下几种情况。

1. 当事人依照法律规定可以明示选择涉外民事关系的适用法律。

2. 凡属于我国法院专属管辖的事项，适用我国法律。如位于我国境内的不动产争议，在我国境内履行的中外合资经营企业合同、中外合作经营企业合同、中外合作勘探开发自然资源合同，在我国港口作业中发生的纠纷，均适用我国法律。

3. 凡属我国法律规定的当事人可以通过协议方式选择对争议案件管辖的法院的情况，如涉外合同或者涉外财产权益纠纷，当事人均可选择解决合同或其他财产权益纠纷应当适用的法律。在国际商事合同的情况下，如果当事人未能就合同应当适用的法律作出选择，适用与合同有最密切联系的国家的法律。

在应当适用的法律为外国法时，应当适用该外国的实体法，而不是冲突法。如果该外国法的适用违反我国法律的基本原则和我国的社会公共利益，则不予适用，在这种情况下，应当适用我国的法律。

4. 关于侵权行为损害赔偿的适用法律，按照我国《法律适用法》的相关规定，原则上适用侵权行为地法，但当事人有共同经常居所地的，适用共同经常居所地法律。侵权行为发生后，当事人协议选择适用法律的，按其协议（《法律适用法》第44条）。产品责任，适用被侵权人经常居所地法律；被侵权人选择适用侵权人主营业地法律，损害发生地法律的，或者侵权人在被侵权人经常居所地没有从事相关经营活动的，适用侵权人主营业地法律或者损害发生地法律（《法律适用法》第45条）。通过网络或者采用其他方式侵害姓名权、肖像权、隐私权等人格权的，适用被侵权人经常居所地法律（《法律适用法》第46条）。知识产权的侵权责任，适用被请求保护地法律，当事人也可以在侵权发生后协议选择适用法院地法律（《法律适用法》第50条）。

（四）我国法院对外国法院判决的承认与执行

根据2023年《民事诉讼法》第298条的规定，外国法院作出的发生法律效力的判决、裁定，需要人民法院承认和执行的，可以由当事人直接向我国有管辖权的中级人民法院申请承认与执行，也可以由外国法院依照该国与我国缔结或者参加的国际条约的规定，或者按照互惠原则，请求人民法院承认和执行。

当事人申请或者请求我国法院申请承认与执行的外国法院作出的发生法律效力的判决、裁定，人民法院经审查，有下列情形之一的，裁定不予承认和执行：（1）依据《民事诉讼法》第

301 条的规定[2],外国法院对案件无管辖权;(2)被申请人未得到合法传唤或者虽经合法传唤但未获得合理的陈述、辩论机会,或者无诉讼行为能力的当事人未得到适当代理;(3)判决、裁定系通过欺诈方式取得;(4)人民法院已对同一纠纷作出判决、裁定,或已经承认和执行第三国法院对同一纠纷作出的判决、裁定;违反中华人民共和国法律的基本原则或者国家主权、安全、社会公共利益(第 300 条)。

第四节 国际商事仲裁

仲裁作为解决国际商事争议的一种手段,是随着国际贸易的发展而由商人们自发地创立起来的,特别是“二战”后,随着科学技术的进步和国际经济贸易的迅速发展,仲裁解决国际商事争议已经得到各国法律的普遍认可。各国承认与执行在他国作出的仲裁裁决的国际义务,已经固定在 1958 年《纽约公约》中。[3] 通过仲裁解决国际商事争议,已经成为国际商人们首先选择的并最受欢迎的解决争议的方法。

一、国际商事仲裁概述

(一)国际商事仲裁的法律特征

首先,它是一种自愿解决争议的方法。当事人之间约定的通过仲裁方式解决他们之间已经发生的或将来可能发生的争议的仲裁协议,是通过仲裁解决争议的基本前提。如无此项协议,就不可能有仲裁的发生。这一特点与 ADR 是相同的。

其次,仲裁解决争议具有较大的灵活性。当事人可就由谁来仲裁,仲裁适用的规则和法律,仲裁地点、仲裁所使用的语言及仲裁费用的承担等作出约定。除非当事双方另有约定,仲裁一般均采用不公开审理的方法,这样,当事人的商业信誉和商业秘密就有可能得到较好的保护。而在司法诉讼中,各国法院只适用本国的诉讼程序法,当事人一般不能自由地选择审理争议的法官,并且严格地按照诉讼程序法的规定审理案件。

最后,仲裁裁决具有与法院判决相同的法律效力。然而,与法院判决相比,仲裁裁决如需在外国执行时,则具有更大的优势。因为世界上一百多个国家均是《纽约公约》的缔约国。据此公约,缔约国有义务承认与执行在另一国境内作出的仲裁裁决,除非裁决有公约规定的拒绝承认与执行的理由。而一国法院作出的判决在另一国执行时,由于各国在政治、经济、文化和意识形态等方面的差异,内国法院往往对外国法院的判决采取不信任的态度,而目前又缺乏相互承认与执行法院判决的普遍性的国际公约,所以在执行上法院会在对该外国法院判决的审查上,往往附有非常苛刻的条件。

可见,仲裁既不同于 ADR,也有别于司法诉讼,但与这两者又有某些相同之处,是介于这两

---

[2] 《民事诉讼法》第 301 条规定,有下列情形之一的,应当认定该外国法院对案件无管辖权:(1)外国法院依据其法律对案件没有管辖权,或者虽然依照其法律有管辖权但与案件所涉纠纷无适当联系;(2)违反本法对专属管辖的规定;(3)违反当事人排他性选择法院管辖的协议。

[3] 截至 2023 年 5 月,共有 172 个缔约国。具体国家参见 https://uncitral.un.org/en/texts/arbitration/conventions/foreign_arbitral_awards/status。

者之间的解决争议的方法。它既具有 ADR 自愿解决争议的特点，又与之不同，因为 ADR 达成的解决争议的方案本身不具有法律上可强制执行的效力。仲裁裁决具有与法院判决相同的可强制执行的效力，但它又与司法诉讼有重要的区别：主要是在程序上的灵活性。当事人可以选择仲裁所适用的法律和规则，以及审理案件的“法官”（仲裁员），而在司法诉讼中当事人一般不得对这些事项作出选择。

（二）国际商事仲裁的种类

根据审理国际商事争议的仲裁机构是否具有固定的名称、章程和办公地点，可以分为：临时仲裁机构和常设仲裁机构。

临时仲裁机构是指根据当事人之间的仲裁协议而临时设立的审理该特定案件的机构，即事实上的仲裁庭。当案件审理终结并作出仲裁裁决后，该仲裁机构即行解散。

常设仲裁机构则指依据国际公约或一国国内法设立的审理国际商事仲裁案件的机构。前者如解决投资争议国际中心，后者如中国国际经济贸易仲裁委员会、美国仲裁协会等。这些机构均有其特定的名称、章程和固定的办公地点，多数还有其仲裁规则，许多还有专门的供当事人选择的仲裁员名册。在国际商事仲裁实践中，一些重大的仲裁案件，一般均由这类仲裁机构仲裁解决。即便在临时仲裁的情况下，当事人一般也可以请求这类仲裁机构提供某些管理方面的服务，如代为指定仲裁员等。这类仲裁机构一般都比较规范，且有专门的秘书处实施管理方面的工作，包括确认收到并转交仲裁申请书和答辩状，按规定收取仲裁费，协助组成仲裁庭，安排开庭等事项，并提供纪录、翻译等方面的服务。此外，根据常设仲裁机构的性质的不同，还可以分为国际性、区域性和行业性仲裁机构。一些国家还设立了专门审理国际商事案件的仲裁机构。如伦敦国际仲裁院、中国国际经济贸易仲裁委员会、中国海事仲裁委员会等。

（三）调整国际商事仲裁的法律规则

1. 国际立法文件

在世界范围内最有影响的国际公约是《纽约公约》。公约共 16 条。该公约的主要规定是：(1)各缔约国应当承认当事各方所签订或在互换函电中所载明的合同中的仲裁条款或仲裁协议的效力。(2)除公约规定的拒绝承认与执行外国仲裁裁决的情况外，各缔约国应当承认与执行该项在外国作出的仲裁裁决。(3)公约规定了各国可以拒绝承认与执行的外国仲裁裁决的各项条件：须被申请人提供证据证明的情况为：仲裁协议无效；仲裁程序不当；裁决超出了仲裁协议规定的范围；仲裁庭的组成或仲裁程序与仲裁协议或仲裁地的法律不符；裁决在裁决地国或依裁决应当适用的法律对当事人尚无拘束力，或已被上述国家的主管机关撤销。此外，如果被请求承认与执行该裁决的国家的主管机关认为，争议事项依该国法律为不能通过仲裁解决的事项，或者承认与执行该仲裁裁决与执行地的公共政策相抵触的，也可拒绝承认与执行该外国裁决。此外，还有一个影响较大的国际公约，即《解决国家与他国国民之间投资争端公约》。

除了上述两个普遍性的国际公约外，还有一些地区性的国际公约。如由联合国欧洲经济委员会主持制定、1961 年由欧洲各国签署的《欧洲国际商事仲裁公约》、由美洲国家组织主持制订、1975 年在巴拿马召开的国际私法特别会议上通过的《美洲国家国际商事仲裁公约》（以下简称《巴拿马公约》）。这两个公约均就其适用范围、仲裁协议的效力、仲裁庭的组成、仲裁规则的适用、仲裁裁决的效力及其承认与执行等，作了规定。这两个公约的缔约国，一般均为《纽约公约》的缔约国。

此外，由联合国国际贸易法委员会 1985 年制定的《联合国国际贸易法委员会国际商事仲裁示范法》(以下简称《国际商事仲裁示范法》),[4]则成为调整国际商事仲裁的重要立法文件。该示范法本身没有法律上的拘束力,其制定的目的并非要求各国共同加入,而是为各国国际商事仲裁立法提供参照系,供各国立法机关单方面采纳为调整国际商事仲裁关系的国内法,国内立法机关在采纳该示范法时,还可以结合本国的具体情况做出这样或者那样的修订。目前,该示范法已经被包括我国香港特别行政区和澳门特别行政区在内的几十个国家和地区采纳为当地的国际商事仲裁法。

2. 国内仲裁立法文件

(1)国内仲裁立法。各国有关仲裁的立法均调整国际商事仲裁,这些仲裁立法或者表现在这些国家的民事诉讼法中,如德国《民事诉讼法》、日本《民事诉讼法》、法国《民事诉讼法》等;还有一些国家制定了专门的仲裁法,如美国《1926 年联邦仲裁法》、英国《1996 年仲裁法》。这些仲裁法,既调整国内仲裁,也调整国际仲裁。还有一些国家专门制定了调整国际商事仲裁的法律或法规,如埃及于 1988 年制定的《埃及国际商事仲裁法案》。还有一些国家根据《国际商事仲裁示范法》制定了本国的国际商事仲裁法,如俄罗斯《国际商事仲裁法》、保加利亚《国际商事仲裁法》等。所有这些有关仲裁的法律或法规,均就有关仲裁涉及的各种事项,包括仲裁协议的效力和仲裁庭的管辖权、仲裁庭的组成、仲裁员的指定、仲裁程序的进行、仲裁裁决的作出及其补救办法、仲裁裁决的效力及其承认与执行等事项作了规定。

我国调整国际仲裁的国内立法主要表现在我国《仲裁法》和《民事诉讼法》中。其中《仲裁法》第七章就我国的涉外仲裁作了专门规定,包括涉外仲裁机构的组成,仲裁员的聘任,保全措施,涉外仲裁裁决的撤销和承认与执行问题等,作了专门规定。2023 年修改的《民事诉讼法》第二十六章(第 288 ~ 292 条)的规定也是专门针对国际经济贸易、运输和海事争议的仲裁的。主要内容包括:当事人之间订有将他们之间的争议提交仲裁解决的仲裁协议时,不得向法院起诉;申请强制执行涉外仲裁裁决的法院及不予执行此项仲裁裁决的条件等。

(2)调整国际商事仲裁案件适用的仲裁规则。国际商事交易中的当事人在他们之间订立的仲裁协议中所约定的通过仲裁方式解决争议应当适用的仲裁规则,在如何通过仲裁方式解决争议方面,发挥着重要的作用。

在国际商事仲裁实践上,一般常设仲裁机构,均有各自的仲裁规则。当事人在将争议提交到他们在仲裁协议中约定的仲裁机构时,如无相反的约定,就意味着适用该机构的仲裁规则。

为了解决临时仲裁机构无专门仲裁规则的情况,联合国国际贸易法委员会组织了来自不同法律制度下的各专家,制定了一套《联合国国际贸易法委员会仲裁规则》[5],公布于 1976 年。近 30 年来的实践证明,此项规则不仅被广泛地应用于临时仲裁,世界上许多常设仲裁机构的仲裁规则,也是参照此规则制订的。此外,包括中国国际经济贸易仲裁委员会在内的绝大多数仲裁机构,均允许当事人选择适用《联合国国际贸易法委员会仲裁规则》,并应当事人的请求对依此规则进行的仲裁程序实施管理。

---

〔4〕《国际商事仲裁示范法》于 2006 年进行了修订。

〔5〕 联合国国际贸易法委员会分别于 2010 年和 2013 年对该规则进行了修订。

二、国际商事仲裁协议

(一)国际商事仲裁协议的概念和特征

国际商事仲裁协议是指当事各方同意将他们之间已经发生的或将来可能发生的争议提交仲裁解决的协议。概括起来,具有以下几个方面的法律特征:(1)它是特定的法律关系的当事人同意将他们之间的争议提交仲裁解决的共同的意思表示,而不是一方当事人的意思表示。而这种特定的法律关系,既包括由于国际货物买卖、运输、保险、支付、投资、技术转让等方面的契约性法律关系,也包括由于海上船舶碰撞、产品责任、医疗和交通事故等侵权行为等非契约性的法律关系。(2)仲裁协议是使某一特定的仲裁机构取得对协议项下的案件的管辖权的依据,同时也是排除法院对该特定案件实施管辖的主要的抗辩理由。因为按照《纽约公约》第2条第(3)款的规定:"当事人就诉讼事项订有本条所称之仲裁协议者,缔约国法院受理诉讼时应依当事人一方之请求,令当事人提交仲裁,但仲裁协议经法院认定无效、失效或者不能施行者,不在此限。"

(二)国际商事仲裁协议的表现方式及其主要内容

1. 国际商事仲裁协议的表现形式

国际商事仲裁协议有两种表现形式:合同中的仲裁条款和专门的仲裁协议书。

合同中的仲裁条款是合同双方当事人在争议发生之前订立的将合同执行过程中可能发生的争议提交仲裁解决的协议。其特点是:第一,它是当事人之间在争议发生之前所达成的将争议提交仲裁解决的约定;第二,它不是一个独立的文件,而是主合同中的一个条款。

而仲裁协议书一般是指当事人之间订立的将已经发生的争议提交仲裁解决的协议。它也有两个特点:第一,它是当事人之间在争议发生之后所达成的将争议提交仲裁解决的约定;第二,它是一个独立的文件,其内容是将特定的争议提交仲裁解决的单独的一项协议。

2. 国际商事仲裁协议应当包括的主要内容

无论是合同中的仲裁条款,还是当事人之间就已经发生的争议订立的单独的仲裁协议书,都必须包括如下内容:(1)将争议提交仲裁解决的意思表示,即双方当事人同意将争议通过仲裁的方式,而不是通过司法诉讼的方法解决的约定。这是仲裁协议最为重要的内容。如无此项约定,便不可能有仲裁的发生。(2)提交仲裁的事项,即将什么样的争议提交仲裁解决。这是对仲裁庭的管辖权作出界定的依据。如果仲裁庭裁决的事项超出了该项协议的范围,则超出协议规定范围的事项所作的裁决就不能得到法院的承认与执行。(3)仲裁庭的组成或仲裁机构的名称。而这里的负责解决争议的仲裁庭,可以是临时仲裁庭,也可以是常设仲裁机构项下的仲裁庭。此外,当事人还可以就其他与仲裁有关的事项作出约定,如仲裁地点、仲裁应当适用的规则等。

(三)国际商事仲裁协议的效力及其认定

尽管各国法律对仲裁协议的效力应当具备的条件规定各异,但一般而言,一项有效的仲裁协议,至少应当具备以下条件:(1)仲裁协议必须是双方当事人真实的意思表示,而不是一方当事人通过欺诈的方式强使另一方当事人接受此项协议的产物。(2)订立协议的双方当事人依照应当适用的法律,必须具有合法的资格和能力。如果当事人依据应当适用的法律为无行为能力者,则致使仲裁协议无效。(3)仲裁协议的内容应当合法,即当事人约定的仲裁事项必须是按照有关国家的法律可以通过仲裁方式解决的事项。这些法律一般为裁决地法或裁决执行地国的法律。此外,协议的内容也不得违反仲裁地国或裁决地国的法律中有关强制性的规定。

不得与这些国家的公共政策相抵触。(4)仲裁协议的形式必须合法,按照《纽约公约》第2条、《国际商事仲裁示范法》第7条第2款的规定,仲裁协议必须采用书面形式。

在国际商事仲裁立法与实践上,法院和仲裁庭均有权对某一特定仲裁协议的有效性作出认定。法院或者仲裁庭在对国际商事仲裁协议的效力作出决定时,考虑的主要因素是:一方面,取决于该特定的仲裁协议应当适用的法律;另一方面,仲裁协议本身不得违反裁决地国或裁决执行地国法律中有关强制性的规定,如涉及可仲裁事项的问题、当地的社会公共利益等问题的规定。

(四)仲裁条款的独立性

仲裁条款是主合同的一个条款时,如果主合同为无效合同,该合同中的仲裁条款是否也随之无效?根据现代国际商事仲裁立法与实践,尽管仲裁条款是合同中的一个条款,但合同的无效、失效或者不能履行并不自动地导致该合同的仲裁条款无效,仲裁条款可以独立于它所依据的主合同而独立存在。

我国《仲裁法》第19条第1款的规定是:“仲裁协议独立存在,合同的变更、解除、终止或者无效,不影响仲裁协议的效力。”《民法典》第507条对此原则的规定更加明确:“合同不生效、无效、被撤销或者终止的,不影响合同中有关解决争议方法的条款的效力。”

三、仲裁庭及其管辖权限

仲裁庭是仲裁案件的直接审理者,无论是在临时仲裁、还是机构仲裁的情况下,都是如此。特别是在机构仲裁的情况下,常设仲裁机构的主要工作是在行政管理方面,而不是对具体案件的审理。

(一)仲裁庭的组成

根据组成仲裁庭的仲裁员人数的不同,可以分为由一位仲裁员组成的独任仲裁庭、由两位仲裁员组成的二人仲裁庭和由三人或三人以上的仲裁员组成的仲裁庭。在国际商事仲裁实践中,其中常见的仲裁庭是独任仲裁庭和由三位仲裁员组成的仲裁庭。

(二)仲裁员的资格

在解决国际商事争议的实践上,被指定为仲裁员的一般都是为当事人所信赖并能够对争议的是非曲直作出独立判断的人。因此,各国法律允许当事人在他们之间的仲裁协议中对仲裁员的资格作出约定。而法律本身对此一般没有严格的限制,凡是具有完全行为能力的人,包括本国人和外国人,都可以被指定为仲裁员。我国《仲裁法》第13条对仲裁员的资格作了比较严格的限制。

(三)仲裁庭的管辖权

仲裁管辖原则(The Kompetenz – Kompetenz Doctrine)是指仲裁庭有权对仲裁协议的有效性及其管辖权作出决定。

在国际商事仲裁实践上,仲裁管辖的主要依据是当事人之间存在将他们之间业已发生的争议通过仲裁解决的有效的仲裁协议。因此,从某种意义上说,仲裁管辖与仲裁协议的有效性问题是一个问题的两个方面:根据有效的仲裁协议,仲裁庭就可获得管辖权;而根据无效的仲裁协议就不能获得此项管辖权。仲裁管辖原则的核心内容是:仲裁庭能否对自身的管辖权(包括仲裁协议的存在和效力的异议)作出决定。

四、仲裁程序

(一)仲裁程序的主要内容

仲裁程序是指如何通过仲裁的方式解决当事人之间争议的程序。在国际商事仲裁实践中,仲裁程序主要包括以下内容:仲裁申请与答辩;仲裁庭的组成;仲裁案件的审理;仲裁裁决的作出等。

1. 仲裁申请与答辩

当事人就其仲裁协议项下的事项发生争议,如果他们不能自行解决,任何一方均可依据他们之间业已订立的仲裁协议,将该争议提交仲裁解决。率先提出仲裁的一方为仲裁申请人,一般而言,仲裁申请书应当包括以下内容:(1)申请人和被申请人的姓名和地址;(2)仲裁请求及其所依据的仲裁协议;(3)仲裁请求所依据的事实和理由等。被申请人对于申请人提出的仲裁请求,应当在仲裁规则规定的期间内提出答辩,如有反诉,也应当在此期间提出。反诉请求和答辩也应当说明反诉的请求及其所依据的理由、证据等。

2. 仲裁庭的组成

仲裁庭根据所适用的仲裁规则有一名独任仲裁员组成的独任仲裁庭,或者由三名仲裁员组成合议仲裁庭。在有三人仲裁员组成仲裁庭的情况下,争议各方各指定一名仲裁员,第三名仲裁员(首席仲裁员)由双方当事人共同指定或者他们共同约定的第三者指定。

3. 仲裁审理

仲裁审理的主要目的是查明争议的事实,进而明确双方当事人对争议事项应当承担的责任。按照一般仲裁规则的规定,仲裁审理通常采用开庭审理的方式,给双方当事人充分的机会陈述其各自的意见。有些案情比较简单的案件,仲裁庭也可以决定不开庭审理,仅进行书面审理。但无论是开庭审理,还是书面审理,均应当给双方当事人充分表达其各自意见的机会。如果仲裁庭没有给当事人或其代理人表达其各自意见的合理的机会,由此作出的裁决有可能被国家法院撤销或者不予执行。

4. 仲裁裁决

仲裁程序以仲裁庭作出仲裁裁决而告终。根据多数仲裁规则的规定,仲裁裁决根据多数仲裁员的意见作出,裁决应当采用书面形式,并应当附具理由。经仲裁员签字后向当事双方送达。在合议仲裁庭的情况下,如果三个仲裁员不能形成多数,则以首席仲裁员的意见为仲裁裁决。

(二)仲裁规则及其适用

仲裁程序规则是指各仲裁机构、各有关组织或团体、仲裁协议的当事人约定的或仲裁庭决定的关于如何进行仲裁所遵循的程序规则,它们本身没有法律上的拘束力。然而,它们具有契约的性质,即一旦被仲裁协议的当事人采纳,就在这些当事人之间产生了拘束力,其前提条件是不违背有关国家的仲裁法中的强制性的规定。

在国际商事仲裁实践中,特别是在机构仲裁的情况下,当事人选择将争议提交特定的仲裁机构仲裁,就意味着适用该机构的仲裁规则,除非当事各方另有约定。仲裁规则适用的特点是:第一,它是选择性的,只有当事人选择适用了某一特定的规则,该规则才能对选择适用的当事人有拘束力。第二,当事人所选择适用的仲裁规则不得与应当适用的仲裁法的规定相抵触。

(三)仲裁程序法及其适用范围

仲裁程序法是规范如何进行仲裁的法律规范的总称。具体表现为一国立法机关制定的调整国际商事仲裁的法律。尽管各国有关仲裁法的法律繁简不一,名称各异,但一般都就可仲裁的事项、仲裁协议及其效力、仲裁员的指定、仲裁庭的组成及其管辖、仲裁程序、仲裁裁决及其承认与执行等问题作出规定。

按照国际法上的国家主权和地域原则,以及国际私法上的"场所支配行为"的原则,在一国进行的仲裁,该国的仲裁法理所当然地应当予以适用。即便是现代各国的仲裁法,也是如此。例如,1998 年德国的仲裁立法,即德国《民事诉讼法》第 1025 条规定,德国的仲裁立法适用于在德国进行的仲裁。英国《1996 年仲裁法》第 2 条第 1 款规定,有关仲裁程序的事项,适用于在英格兰、苏格兰和威尔士进行的仲裁。

五、仲裁裁决及其承认与执行

(一)仲裁裁决的效力

仲裁裁决是仲裁庭就当事人提交仲裁解决的事项作出的决定,此项决定无论在仲裁程序进行中的哪一阶段作出,对争议各方均有拘束力。

在仲裁程序开始后,如果一方当事人对仲裁庭的管辖权提出异议,在此情况下,仲裁庭如果不解决管辖权的问题,仲裁程序就无法继续进行。为了确定仲裁庭对其所审理的案件的管辖权,仲裁庭可就其管辖权问题作出先决裁决(preliminary award)。根据《国际商事仲裁示范法》第 16 条第 3 款的规定,当事任何一方可在收到此项裁决后 30 日内就此决定向有管辖权的法院提出申诉,请求法院对此作出决定。法院的决定是终局的,不容上诉。而仲裁庭在等待法院作出决定的同时,可以继续进行仲裁程序。

在仲裁程序进行的过程中,仲裁庭还可就当事人提出的某些请求事项作出中间裁决或部分裁决(interim, interlocutory or partial award)。这些裁决所涉及的是需要立即处理的不易保存的物品,或者是当事人之间不存在争议的部分。这些裁决均构成最终裁决(final award)的一部分。

仲裁程序以仲裁庭作出最终裁决而告终。而最终裁决是就当事人所提交的所有事项作出的裁决,包括中间裁决和部分裁决。如果当事人已经就仲裁庭在仲裁程序中作出的中间裁决或部分裁决履行完毕,最终裁决可以不提及那些争议已经得到解决的事项。如上述裁决尚未履行,仲裁庭则应在最终裁决中特别提及其在仲裁程序中作出的中间裁决或部分裁决构成最终裁决的一部分。

裁决应当由同意该裁决书内容的仲裁员签署。仲裁员的不同意见可记入笔录。并写明裁决书作出的时间和地点,因为裁决书自该裁决书中所记载的日期起生效。如果一方当事人欲对此裁决寻求法律上的救济,则一般应当诉诸裁决地所在国的法院。

(二)仲裁裁决的撤销及其承认与执行

从理论上说,裁决一经作出,即对当事人具有法律上的拘束力。如果一方当事人不能自动履行,另一方当事人可请求法院强制执行。但按照各有关国家的仲裁立法与实践,如果裁决存在法律规定的可以撤销的理由,当事人则可在法律规定的期限内,向对此有管辖权的法院申请撤销该仲裁裁决。

根据各国商事仲裁立法与实践,当事人可以向国家法院申请撤销的仲裁裁决,主要有以下四种情况：

1. 仲裁裁决所依据的仲裁协议无效。包括订立仲裁协议的任何一方当事人根据应当适用于他们的法律为无行为能力者，或者仲裁协议本身根据当事人所同意适用的法律为无效协议。当事人如未能就此应当适用的法律作出约定，按照裁决地国的法律为无效仲裁协议。

2. 仲裁程序不当。即未能将有关指定仲裁员或进行仲裁程序的事项向当事人发出适当通知，或者由于其他原因未能给当事人表达其对争议事项的意见的机会。

3. 仲裁庭越权。即仲裁庭裁决的事项超出了当事人在仲裁协议中规定的事项。如仲裁协议规定将买卖合同项下的延迟交货而引起的争议提交仲裁解决。而仲裁庭所裁决的事项不仅包括由于延迟交货而引起的争议，还包括由于货物本身的质量而引起的争议。在此种情况下，仲裁裁决对货物质量所作的裁决，就超出了仲裁协议的范围，当事人就可以请求法院撤销此项裁决。而对未超出协议范围的由于延迟交货而引起的争议所作的裁决，就不能请求法院撤销。

4. 仲裁庭的组成与当事人约定或应当适用的法律不符。当事人如果在仲裁协议中约定仲裁员应当由专职律师以外的技术人员担任，而事实上的仲裁庭组成人员均为专职律师，则仲裁庭的组成显然违反了当事人之间的约定。

以上情况均应当由申请人提供证据证明。如能证明有上述情况之一的，法院就可裁定撤销仲裁庭已经作出的仲裁裁决。

此外，如果法院查明，该仲裁裁决所涉及的事项依据法院地法为不能通过仲裁解决的事项，或者该仲裁裁决违反了当地的公共政策，也可裁定撤销该仲裁裁决。

对于我国涉外仲裁裁决的撤销，我国《仲裁法》第 70 条规定："当事人提出证据证明涉外仲裁裁决有《民事诉讼法》第二百五十八条第一款规定的情形之一的，经人民法院组成合议庭审查核实，裁定撤销。"[6]（1）当事人在合同中没有订有仲裁条款或者事后没有达成书面仲裁协议的；（2）被申请人没有得到指定仲裁员或者进行仲裁程序的通知，或者由于其他不属于被申请人负责的原因未能陈述意见的；（3）仲裁庭的组成或者仲裁的程序与仲裁规则不符的；（4）裁决的事项不属于仲裁协议的范围或者仲裁机构无权仲裁的。此外，如果人民法院认定该裁决违背社会公共利益的，应当裁定撤销。当事人申请撤销涉外裁决，按照我国《仲裁法》第 58 条的规定，应当向仲裁委员会所在地的中级人民法院提出申请。

（三）外国仲裁裁决的承认与执行

1. 承认与执行外国仲裁裁决的依据

仲裁庭就国际商事交易中的争议在一国境内作出的仲裁裁决需要到另一国家执行的情况是很普遍的。执行地国的法院承认与执行外国仲裁裁决的依据有两个：

（1）执行地国的国内法。这些法律主要表现在这些国家的民事诉讼法或仲裁法中。现代国际商事仲裁的立法与实践表明，各国法院在承认与执行外国仲裁裁决时，一般不对仲裁裁决所涉及的争议实体问题进行司法复审，而只是依据本国法律或有关的国际公约对仲裁裁决所涉及的程序问题进行司法复审。如果仲裁裁决不存在法律规定的不予执行的理由，法院将作出承认与执行该仲裁裁决的裁定。

（2）执行地国缔结或参加的双边或多边国际公约。执行地国缔结或参加的双边或多边国

---

〔6〕《仲裁法》第 70 条所指《民事诉讼法》为 2017 年版本，2017 年《民事诉讼法》第 258 条对应 2023 年《民事诉讼法》第 291 条。

际公约,是这些国家承认与执行外国仲裁裁决的重要依据。特别是由于有 172 个国家和地区参加的《纽约公约》在各缔约国的普遍适用,进而使各国法院承认仲裁协议的效力,承认与执行外国仲裁裁决,除非被申请人提出证据证明裁决存在公约规定的不予执行的条件。因此,《纽约公约》对于在承认与执行外国仲裁裁决的问题上,对于协调和统一了各国有关国际商事仲裁裁决的承认与执行方面的国内法,是一个极为成功的尝试。

2. 申请承认与执行外国仲裁裁决的程序和条件

按照国际商事仲裁立法与实践,申请承认与执行外国仲裁裁决,涉及一国的国家主权,同时也属于执行地国的民事诉讼程序法的问题,当然只能适用执行地国的法律。但是,如果是《纽约公约》项下的裁决,则执行公约裁决的条件则只能依照该公约第 4 条规定的条件执行。即申请人只要向执行地国的法院提交仲裁协议经公证的裁决书之正本或经认证的副本,以及仲裁协议之正本或经公证的副本。如果裁决书或仲裁协议所使用的语言不是裁决执行地国的语言,则申请人应当提供此项语言的文本。执行地国的法院在执行该公约裁决时,不得就承认与执行其本国仲裁裁决而言附加过于苛刻的条件。

《纽约公约》缔约国法院应当承认与执行外国仲裁裁决的效力,除非被申请人提出证据证明公约第 5 条第 1 款规定的五种情况之一者,法院方可拒绝执行该外国仲裁裁决。这五种情况是:(1)订立仲裁协议的一方当事人依据对其适用的法律为无行为能力者;仲裁协议依据当事人选择适用的法律无效;如无此项选择,依据裁决地国的法律为无效者。(2)被申请人未能得到关于指定仲裁员或进行仲裁程序的适当通知,或者由于其他原因,未能陈述其案情的。(3)仲裁庭越权,即裁决事项超出了仲裁协议规定的范围。但如果当事人提交仲裁的事项可与未提交仲裁的事项区别开来的话,则裁决中关于当事人之间约定的提交仲裁的事项的部分仍然可以执行。(4)仲裁庭的组成或仲裁程序与当事人之间的约定不符;如无此项约定,与仲裁地国的法律不符。(5)裁决对当事人尚无拘束力,或已经被裁决地国的主管机关或者进行此项仲裁所适用的法律的国家的主管机关撤销。

此外,如果执行地的法院认定,该仲裁裁决依据执行地国的法律为不可通过仲裁解决的事项,或者承认与执行此项裁决与法院地国的公共政策相抵触的,也可拒绝承认与执行该仲裁裁决。

(四)我国法院对外国仲裁裁决的承认与执行

1. 我国执行外国仲裁裁决的依据

我国承认与执行外国仲裁裁决的依据是我国《民事诉讼法》中的有关规定和我国缔结和参加的双边和多边国际公约。我国于 1987 年 1 月 22 日成为《纽约公约》的缔约国。我国在加入该公约时作出了两点公约允许的保留声明:(1)互惠保留声明,即我国仅对在另一缔约国领土内作出的仲裁裁决承认与执行上适用公约;(2)商事保留声明,即我国仅对按照我国法律属于契约性和非契约性商事关系所引起的争议适用该公约。

在我国执行的外国仲裁裁决,可以分为《纽约公约》项下的裁决(以下简称公约裁决)和非公约裁决。公约裁决为在我国以外的《纽约公约》缔约国境内作出的仲裁裁决。这些裁决执行的条件只能依照《纽约公约》的规定条件执行。对于非公约裁决,按照我国《民事诉讼法》的规定,按互惠原则予以承认与执行。

2. 执行机构

申请人申请执行在我国境外做出的发生法律效力的仲裁裁决,按照我国 2023 年《民事诉讼法》第304条的规定,当事人可以直接向被执行人住所地或者其财产所在地的中级人民法院申请。被执行人住所地或者其财产所在地不在我国境内的,可以向申请人住所地或与裁决的纠纷有适当联系的地点的中级人民法院申请。人民法院应当按照中华人民共和国缔结或参加的国际条约,或者按照互惠原则办理。

3. 执行期限

在我国申请执行仲裁裁决的期限,无论是本国裁决,还是外国裁决,按照我国《民事诉讼法》第250条的规定,申请执行的期间为2年。自法律文书规定履行期间的最后1日起算。法律文书未规定履行期间的,从法律文书生效之日计算。凡是向法院申请执行的仲裁裁决经法院审查后准许执行的,由法院作出予以执行的裁定,并向被执行人发出执行通知,责令其在指定的期限内履行,逾期不履行的,由法院强制执行。

第五节 世界贸易组织的争端解决机制

WTO争端解决机制是WTO体系中具有核心作用的机制,它对于妥善地解决WTO各成员方在履行WTO规则过程中所产生的争议,保证WTO各项协议和规则的履行,维护WTO的正常运作及其各成员依据WTO各项协议所享有的各项权利和义务,进而保障多边贸易体制的可预见性和安全性,发挥着至关重要的作用。

一、世界贸易组织争端解决机制的起源

(一)1947年《关税及贸易总协定》(GATT)第22条和第23条

世界贸易组织的争端解决机制起源于1947年《关税及贸易总协定》第22条和第23条。

根据GATT第22条对于任何缔约方提出的有关影响GATT实施的陈述,缔约各方应予同情的考虑,并给与充分磋商的机会。根据GATT第23条的规定,争端产生的条件是一缔约方根据GATT可以直接或者间接得到的利益由于另一缔约方的原因在丧失或受到损害(nullification or impairment)。如果另一缔约方违反了其根据GATT所承担的义务。根据GATT第23条的规定,在通过多边方式解决争议之前,争议各方必须进行磋商,这是通过多边方式解决争议的必要前提。而这一解决争议的方式,主要有以下三个特点:第一,争议提起的依据是根据GATT应当得到的利益受到损害或者丧失,而不是取决于对GATT项下所承担的法律义务的实际违反。第二,对GATT全体缔约方规定的权力不仅是进行调查和提出建议,并且是就这些事项“作出裁定”。第三,在某些特殊的情况下,GATT还授权某一个或者几个缔约方中止对另外一些缔约方所承担的义务。

(二)1979年《关于通知、磋商、解决争议与监督的谅解》

在东京回合谈判期间,一些缔约方提出应当对GATT的争议解决程序进行改进,并且成立了专门委员会具体负责这一工作,起草了《关于通知、磋商、解决争议与监督的谅解》(Understanding Regarding Notification, Consultation, Dispute Settlement and Surveillance,以下简称《谅解》)。《谅解》在1979年11月于日内瓦举行的第35届缔约方会议上通过,此文件对GATT解决争议的程序作了较为详细的规定。尽管其法律地位并不明确,但是对于解决争议方面具有

很大的影响,在WTO成立之前,发挥了解释GATT的作用。《谅解》明确规定了磋商作为解决争议的首要步骤,还特别规定了GATT总干事在磋商程序中的作用。如果争议不能得以解决,则可以通过专家组的程序解决他们之间的争议。专家组要对解决争议的情况提出报告,交给GATT的常设机构——理事会。如果理事会一致通过了该专家组的报告,则该报告即成为对争议各方有拘束力的文件。否则该报告对争议各方就没有法律上的拘束力。而报告的通过或者批准,采取的是"协商一致"(consensus)的通过方式。而这种"协商一致"的通过方式,致使在争议中败诉的一方当事人在理事会上对报告提出异议的方法,阻止报告以"协商一致"的方式通过。

(三)1994年《关于争端解决规则与程序的谅解》

乌拉圭回合达成的《关于争端解决规则与程序的谅解》(DSU)是《WTO协定》的重要组成部分,也是WTO争议解决制度的核心内容。

二、WTO争端解决机制

(一)WTO争端解决程序

1. WTO成员就争议事项必须进行的磋商程序

如果WTO成员认为它在WTO某协议项下的权利由于另一缔约方所实施的法律或者相关措施受到损失,根据DSU第4条的规定,该成员应当向后者提出磋商的书面请求。收到请求的一方应当在收到此项请求的10日内与对方进行磋商,以便达成双方满意的解决方法。

当事人提出的双边磋商的请求,应当向DSB相关的理事会和委员会通报,并应说明提出请求的理由,包括争议所涉及的措施及其法律依据。收到磋商请求的一方如果自收到此项请求之日起10日内未能作出答复,或在此后30日内或双方约定的期限内未能进行磋商,或者在60日内通过磋商未能解决争议,提出申诉的一方即可请求DSB设立专家小组解决争议。

如果争议双方在此阶段就争议事项达成一致,该具体案件的争议解决程序即告结束。在WTO成立以来近10年中,其中1/3的争议案件,争议双方通过磋商程序都可以得到比较圆满的解决。就争议事项达成协议的WTO成员方,也应当向WTO争议解决机构及相关的理事会和委员会通报他们之间业已达成的协议内容。

2. 专家组解决争议的司法程序

专家组和上诉庭解决争议的方法则属于世界贸易组织项下的解决争议的司法的或者准司法的解决争议的方法。

按照DSU第4条第(3)款的规定,如果只有在收到磋商请求的一方自收到此项请求之日起10日内未能作出答复,或在此后30日内或双方约定的期限内未能进行磋商,或者在60日内通过磋商未能解决争议,提出申诉的一方才有权请求DSB设立专家小组解决争议。在提出设立专家组解决争议的申请书中,必须说明是否进行了磋商。因为只有在实施了磋商程序未果的情况下,申请人才有权提出设立专家组的请求。申诉方的书面请求必须阐明是否就他们之间的争议已经进行了磋商,以及其申诉的法律依据。该专家小组至迟应在设立专家小组的请求列入DSB正式程序后的下一次会议上设立,除非DSB一致同意不设立该专家小组。

专家小组一般由3名成员组成,特殊情况下可由5人组成。成员为资深的政府或非政府人员。这些人员以个人的身份而非作为政府代表或任何组织的代表提供服务。专家组审理案件应当按照DSU第11条规定的权限,对所审理的事项作出客观的评价,包括客观认定案件的事实,有关涵盖协议的可适用性和一致性,提出相应的建议或裁定。专家小组应当协助当事人解决争议。为此应当向 DSB 提交有关调查材料的书面报告,说明争议的事实的调查结果,并提出有关的建议。此项报告除向 DSB 提交外,还应向当事各方提供。报告一般应当在专家小组成立后 6 个月内提出,但遇有紧急情况,如易腐烂食品,应在 3 个月内提出。在复杂争议的情况下,也可经书面请求 DSB 并经批准后延长此项期限,但无论如何不得超过 9 个月。

专家小组的报告应当向各缔约方分发,为了给予各缔约方足够的时间考虑专家小组的报告,因此,DSB 只有在这些报告向各缔约方分发 20 日后,才考虑通过这些报告。此项报告应在分发后 60 日内进行评审,争议各方有权全面参与对专家小组报告的评审。他们的各种意见均予以记录在案。DSB 应当在此期限内通过此项报告,除非某一缔约方声称将对此报告提出上诉,或 DSB 一致决定不采纳此项报告。当争议一方将提出上诉时,此项报告将在上诉结束后再通过。

3. 上诉机构程序

上诉机构(Appellate Body)是 WTO 设立的常设机构,根据 DSU 第 17 条第(2)款规定设立的常设机构,由来自 WTO 7 个不同成员方的国民组成,任期 4 年。其成员应当具有法律、国际贸易和相关协议方面的知识,是公认的权威人士,他们不从属于任何政府,在 WTO 成员中应当具有广泛的代表性。他们只能被重新任命一次。这些成员总体上是兼职的,他们应当随时听从 DSB 的召唤,其所从事的职业不能与其上诉机构成员的身份相抵触。在审理特定上诉案件的过程中,由 3 名成员组成上诉庭,其他成员也应当了解上诉案件审理的进展情况。设立上诉庭的主要目的是减少专家组决定错误的风险,以便使自动通过程序不受政治上的干预和抵制,增强争议解决制度在法律上的稳定性和可预见性。根据 DSU 第 17 条第(6)款的规定,上诉庭仅审理"专家组报告中所涉及的法律问题,以及专家组对这些问题作出的解释"。有权提出上诉的是专家组报告中的争议案件的当事人,第三方不能作为上诉方。上诉内容不局限于专家组报告的结果,胜诉一方也可以就专家组在报告中就特定事项进行的法律分析和法律解释提出上诉。在同一上诉案件中,争议双方可以互为上诉人和被上诉人。根据 DSU 第 17 条第(13)款的规定,上诉庭得"确认、修改或者推翻专家组对争议作出的法律上的认定和结论",但没有明确规定上诉庭拥有将其所审理的案件发回重审的权力,上诉庭也无权对其所审理的案件发表咨询意见。

4. 仲裁及其他程序

(1)仲裁程序。仲裁作为解决 WTO 成员之间争议的方法,主要规定在 DSU 第 21 条第(3)款(c)项中。DSU 第 21 条第(3)款(c)项规定的是对执行 DSB 已经通过的专家组或者上诉机构裁定的合理期限,即一般案件不超过 15 个月。DSU 中明确规定的仲裁解决的另一事项,就是败诉一方在上述合理的时间内,在与 WTO 规则不符的措施加以纠正的条件下,胜诉一方可以对其采取的中止减让或赔偿等报复性措施所涉及的合理金额问题。胜诉方要求采取的中止减让或作出赔偿的金额与败诉方往往很难达成一致:前者提出的金额往往远远高于后者所期待的金额。双方在此问题上不能达成一致的情况下,可以根据 DSU 第 22 条第(6)款的规定将此争议提交仲裁解决。

(2)其他程序。此项程序又可称为除了上面提到的磋商、专家组和上诉机构和仲裁程序以外的选择性的争议解决方法。通常包括由争议各方共同选择的第三者斡旋、调解、调停,或者通过特定的专门委员会的专家就争议事项提出咨询意见。

(二)执行专家组或上诉机构裁定的监督程序

DSB的一个非常重要的职能,就是对专家组和上诉机构报告中的建议和裁定的执行情况实施监督。根据DSU第21条第3款的规定,败诉方应当在报告通过之日后30日内向DSB报告其执行DSB建议和裁定的意向。

如果败诉方在上述期限内由于这样或者那样的原因不能马上履行专家组或者上诉机构的裁定或建议,例如,需要通过立法机构按特定的法律程序进行,则DSU规定在"合理的"期限内执行。此项合理期限的确定,通常由相关当事方提出后DSB批准。如果DSB不批准该期限,则根据DSU第21条第3款(b)项的规定,由争议各方在报告通过之日起45日内共同提出。如果争议各方在报告通过之日起45日内不能就履行专家组或者上诉机构的裁定的"合理期限"达成一致,根据DSU第21条第3款(c)项的规定,此项合理期限应当由仲裁员决定。

三、WTO争议解决机制的特点

与GATT的争议解决机制相比,世界贸易组织的争议解决机制具有如下特点:

1. 实行统一的争议解决机制。WTO建立的统一的争议解决机制,适用于全体WTO成员在所有的《WTO协定》的执行中发生的争议。它不仅涉及传统上的货物贸易争议,也包括由于服务贸易和知识产权方面的争议。因此,该争议解决机制不会就争议程序问题再发生争议。尽管《WTO协定》所覆盖的某些协议也含有解决争议的条款,如在有关补贴协议和纺织品协议中,也有解决争议的相关规定,但DSU第1条明确规定,DSU的规则与程序适用于其所列的所有覆盖的协议。[7]因此,《WTO协定》中的绝大部分协议争议的解决,适用DSU规定的程序。当然,DSU也允许某些背离其规定的情况。例如,《复边贸易协议》(plurilateral agreements,《WTO协定》的附件4)各当事方对于由于执行这些协议而产生的争议是否适用该DSU规定的程序,作出选择性的决定。

2. 建立了专门的争议解决机构。WTO争议解决机构是根据WTO各成员方共同签署的DSU专门设立的解决WTO成员方之间由于执行《WTO协定》而产生的争议的专门机构。而在GATT存续期间,并不存在专门的争议解决机构,DSB的职能由总理事会行使。此外,根据1979年《谅解》和在东京回合达成的相关协议,在GATT的争议解决机制下,还根据不同的协议涉及若干不同的争议解决程序。就这些协议和程序而言,都是相对独立的,GATT成员可以选择加入这些相关的协议和程序,也可以选择不加入其中的一个或几个程序。换言之,GATT的成员不一定就是东京回合达成的各项协议的成员。

鉴于DSB是根据DSU专门设立的负责WTO各项协议项下的争议解决,因此,加入WTO,就等于接受了除《复边贸易协议》以外的全部协议,包括DSU和其他相关协议。按照DSU的相关规定,由于《WTO协定》项下产生的争议,均应当通过DSB解决。因此,DSB对《WTO协定》项下争议的管辖权是强制性的管辖,所有成员都必须服从DSB的管辖,不允许成

---

〔7〕 根据《谅解》附件1所列的协定,这些覆盖协议包括:A. 建立世界贸易组织的协议。B. 多边贸易协议,包括附件一:(1)关于货物贸易的多边协议;(2)服务贸易总协定;(3)与贸易有关的知识产权协定。附件二:争议解决的规则与程序的谅解。C. 附件四:复边贸易协议,包括民用航空器贸易协议;政府采购协议;国际奶制品协议;国际牛肉协议。该谅解对于复边贸易协议的适用,以每个协议的签约方通过的决议为前提条件。根据国际肉类委员会和国际奶制品委员会的决议,国际牛肉协议和国际奶制品协议已经于1997年底终止,参见WTO Focus, No. 23 (October 1997), at 3。

员方作出保留。这一点是迄今所有的国际组织无可比拟的。就算是联合国国际法院的管辖权，也不是强制性的，目前只有不到1/3的联合国会员接受了国际法院的管辖。[8] DSB的主要职能是对DSU项下的规则和程序的实施进行管理。包括设立专家组、通过专家组或上诉机构的报告、对专家组或上诉机构作出的裁定和建议的实施情况进行监督，以及授权中止关税减让或相关协议项下的其他义务。此外，还专门设立了上诉机构，纠正专家组在适用和解释世贸协议各项规则中的错误，以便更好地维护多边贸易协议的稳定性和统一性。

3. 采用了自动通过的决策程序。决策程序的改变，是WTO与GATT之间的又一实质性的改革。WTO争议解决的各项程序几乎都是自动的：(1)如果争议双方在规定的期限内不能自行解决他们之间的争议，DSB就可以根据任何一方的请求，设立专家组。DSB在决定设立专家组时，只要不是全体一致反对，专家组即可设立。(2)专家组或上诉机构的报告的通过，打破了GATT时期所实行的"协商一致"(positive consensus)的原则。在WTO争议解决机制中，DSB通过专家组或上诉机构的报告实行了"反向一致"(negative consensus)的原则，即只要不是全体一致反对，报告就获得通过。(3)在授权中止减让或者采取其他方面的报复措施时，只要不是全体一致反对，DSB即可授权对败诉方实施中止减让关税或者其他方面的报复性措施。这就是说，无论是专家组的成立，还是专家组或者上诉庭报告的通过，或者是DSB授权采取报复性措施的决定的通过，几乎都是自动的，因为即便WTO所有成员都反对设立专家组或者通过专家组的报告，请求设立专家组解决争议的当事方不可能反对。只要不是全体一致反对，那么专家组即可设立，专家组和上诉庭的报告即可通过，DSB授权采取报复性措施的决议也可获得通过。

4. 增加了对专家组和上诉机构建议和裁定执行的监督程序。DSB的一个非常重要的职能，就是对专家组和上诉机构报告中的建议和裁定的执行情况实施监督。在完全实际履行专家组和上诉机构在报告中提出的建议之前，相关成员始终应当向DSB报告其执行情况。即便在仲裁庭确定的合理期限内由于不能纠正其所实施的与WTO规则不符的措施而受到另外的WTO成员经DSB授权的中止减让或作出补偿的报复性措施，也不能免除该成员实际履行专家组和上诉机构报告中的裁定的义务，在实际履行此项义务之前，一直受到DSB的监督。尽管在执行监督问题上还存在这样或者那样的问题，如对败诉方执行报告的要求，包括执行时间表和具体的措施，以及定期对执行情况进行审议等问题，目前的DSU规定的还不够具体。然而，与GATT项下的争议解决机制相比，WTO争议解决机制中的执行及其监督机制还是得到了加强。此项监督机制对于保证WTO规则的统一实施，以及维护多边贸易体制的稳定性和可预见性，发挥着重要的作用。

四、中国对WTO争议解决机制的利用

WTO争议解决机制自1995年1月1日开始运作以来，截至2023年9月7日，WTO争议解决机构共受理了618起争议。[9] 实践证明，争议解决机制的成功是WTO成功运转的至关重要的保证。只有公正、公平、有效率地解决《WTO协定》项下的争议，才能确保协议项下的规则

---

〔8〕 Dispute Resolution in the World Trade Organization ed. by James Cameron & Karen Campbell, Cameron May, London, 1998, at 85.

〔9〕 参见 http://www.wto.org/english/tratop_e/dispu_e/dispu_status_e.htm，2023年9月7日访问。

的实施,由此则进一步保障了各成员国之间的贸易关系的可预见性和稳定性。

中国自2001年12月11日正式加入世界贸易组织后所享有的权利之一,就是利用WTO争议解决机制,在多边条件下解决我国与WTO其他成员之间的贸易争端。一方面,当我国企业根据WTO规则项下的利益受到相关缔约方的歧视时,可首先向我国政府有关部门投诉,由政府出面与该相关缔约方政府通过双边磋商的方式解决我国企业受到的不公平待遇,如果不能得到解决,就可以通过WTO争议解决机制,向DSB投诉,请求通过设立专家组的司法方式,解决我国与WTO其他缔约方之间的贸易争议。另一方面,如果WTO其他成员方政府就其国内企业的投诉要求与我国政府进行磋商时,我国政府也有义务通过WTO争议解决机制,解决我国与WTO其他缔约方政府之间的贸易争端。截至2023年7月,我国分别在23起案件中作原告,并在47起案件中作为被告。此外,我国还作为第三方,参与了193起案件的争端解决活动。[10] 通过参与这些活动,获取了大量的国际贸易信息,锻炼和培养了相关的专业人员,提高了处理WTO争端解决人员的业务水平,更好地维护了我国的贸易利益。

中国加入世界贸易组织后利用WTO争议解决的实践证明,中国的实践有助于促进国际经济贸易的发展和维护多边贸易体制的稳定性和可预见性。作为WTO成员,中国享受了《WTO协定》项下的权利,包括利用WTO争议解决机制解决与其他成员之间的贸易争端,同时也重视履行《WTO协定》项下的各项义务,及时纠正与WTO规则不符的贸易措施,例如,有关集成电路增值税的征收与退税问题,成功地解决了与WTO其他成员之间的贸易争议,维护了我国和其他国家有关当事人在《WTO协定》项下所应当享受的合法权益。正如美国乔治·华盛顿大学法学院雷·巴拉教授所预见的那样,(中国加入世界贸易组织后)将会涉足许多世界贸易组织的争议——有时做申诉人,有时做被诉方。也许中国会成为一个受欢迎的范例,而不会像美国或者欧盟那样热衷于诉讼。如果我们考察中国在海外所从事的大量的国际交易,我们完全有理由期待中国的参与程度,至少可以与印度相比。在中国参与的每一个案件中,如果不能通过磋商解决,必将导致由世界贸易组织的专家组作出裁定;如果就专家组的裁定提出上诉,则应当由上诉机构作出裁定。人们一般会认为,专家组或者上诉机构的裁定对于未来的案件不能作为先例而对这些后来的案件具有法律上的拘束力。事实上,这些裁定构成权威的国际贸易普通法(international common law of trade)的渊源。随着中国参加世界贸易组织争议解决程序,我们可以期待着先例制度的形成(例如,在特定条件下最惠国待遇或者国民待遇等某些关键问题的含义)。这些裁定将为其他国家在制定其各自的贸易政策时提供法律上的权威注释。

第六节　国家与他国国民之间经济贸易争议的解决

一、国家与他国国民之间经济贸易争议的特点

国家是一国社会公共利益的维护者。为了维护社会公共利益,往往制定了一系列的行政法规,依法履行政府的职能和维护社会公共利益。国家在履行政府职能和维护社会公共利益

---

〔10〕 关于这些案件的案号及其案情,参见 http://www.wto.org/english/tratop_e/dispu_e/dispu_by_country_e.htm,2023年7月3日访问。

的过程中、在执法过程中与被执法人员发生争议。例如,国家税务管理机关由于履行其税收职能而与纳税人之间发生的争议;海关监管人员在对进出口国家关境的人员和货物进行监管的过程中与被监管人员之间发生的争议;国家工商行政管理部门与被管理者之间由于工商管理而发生的争议;政府对跨国公司实施监管的过程中与跨国公司之间发生的争议等。

二、国家与外国国民之间国际经济贸易争议的解决

行政争议与一般意义上的合同争议不同。这是由于双方的法律地位不同,所进行的活动也不完全相同。合同是商业性质的行为,而行政争议是国家执法机关在执法过程中与被执法人员之间发生的争议。这类争议一般不能通过协商谈判的方法解决,一般可通过下列方法:

1. 行政复议的方法。国家执法机关在执法的过程中,相关人员必须服从执法人员的管理,而不能与执法人员讨价还价。对于执法部门的判罚不服的,可以向上级机关提出行政复议。如果对行政复议还是不服,可以向该执法部门所在地人民法院提起行政诉讼。

2. 提起行政诉讼的方法。当事人不服行政执法部门的裁定,可以不经过行政复议,直接向该执法部门所在地人民法院提起行政诉讼。执法部门也可以向法院就外国国民的违法行为提起诉讼。包括行政诉讼和刑事诉讼。

三、国家(东道国)与外国投资者之间投资争议的解决

(一)东道国与外国投资者之间的争议种类及其解决方法

1. 通过协商谈判的方法解决

这种解决争议的方法可以规定在政府与外国当事人订立的特许协议中。对于非契约性争议,外国投资者也可与政府管理机关进行谈判,但鉴于他们之间没有契约关系,且双方处于不同的法律地位,因而他们之间由于投资活动而产生的争议一般通过协商谈判的方法加以解决。

2. 东道国救济的方法

即外国投资者可将争议提交东道国法院,按照东道国的程序法和实体法寻求救济,解决争议。其中阿根廷著名国际法学家卡尔沃(Carlo Calvo)提出的关于国际投资争议应当由东道国法院管辖,用尽当地救济,反对外交干预的主张,就是典型代表。

3. 通过外交途径解决

即采用外交保护的方法。由外国投资者所属国的政府有关部门通过外交途径向东道国政府提出国际请求,由两国政府之间通过谈判解决。但行使外交保护的前提,是用尽当地救济。

4. 国际仲裁

这是当事人自愿解决争议的方法,其前提是存在将争议提交仲裁解决的仲裁协议。根据1965年《解决国家与他国国民之间投资争端公约》设立的解决投资争议国际中心,就是为了为通过仲裁方式解决国家与外国投资者之间的争议提供便利。

(二)通过解决国际投资争议国际中心解决东道国与外国投资者之间的争议

解决投资争议国际中心(ICSID)根据1965年3月18日由国际复兴开发银行提交各国政府在华盛顿签署的《解决国家与他国国民之间投资争端公约》(《华盛顿公约》)设立,该公约于1966年10月14日生效。截至2023年7月3日,《华盛顿公约》的成员已达到165个,其中批准该公约的国家和地区有158个。

1. ICSID 的法律地位及其管辖权限

ICSID 是根据《华盛顿公约》设立的国际法人,具有完全的国际法律人格。ICSID 的法律行为能力包括:(1)缔结合同的能力;(2)取得和处理动产和不动产的能力;(3)起诉的能力。

ICSID 及其财产享有豁免于一切法律诉讼的权利。ICSID 的官员及其雇员在履行公务的过程中,享有该公约规定的特权与豁免。ICSID 的档案无论存放在何处,均不可侵犯。ICSID 及其财产收入以及该公约许可的业务活动和交易应豁免于一些税捐和关税。

凡提交 ICSID 仲裁的投资争议的当事人,其中一方必须是公约缔约国或该缔约国的公共机构或实体,另一方则应是另一缔约国的国民(包括自然人、法人及其他经济实体)。这就是说,争议双方一般应当具有不同的国籍。但在实践中,外国投资者常常在东道国设立当地的公司,而这些公司具有当地的国籍,即在东道国注册的外国投资企业。对于这些在东道国设立的外商投资企业与东道国政府之间的争议,尽管这些企业与东道国的国籍相同,但按照《华盛顿公约》第 25 条第(2)款第(2)项的规定,如果某法律实体与缔约国具有相同的国籍,但由于该法律实体直接受到另一缔约国利益的控制,如果双方同意,为了公约的目的,该法律实体也可被视为另一国国民。此外,一个国家为《华盛顿公约》的缔约国的事实,并不意味着该国担保将与该国有关的投资争议都提交 ICSID 解决。凡提交 ICSID 解决的特定争议,当事双方必须订有将该特定争议提交 ICSID 解决的书面仲裁协议,而此项协议的存在,是 ICSID 取得对该特定争议行使管辖权的必要的实质要件。而一旦双方当事人订立了上述书面仲裁协议,任何一方当事人均不得单方面撤回其已经表示的同意。此外,某一缔约国的公共机构或实体表示的同意,须经该缔约国批准,除非该缔约国通知 ICSID 不需要此项批准。根据《华盛顿公约》的规定,ICSID 管辖权应扩及于缔约国及其公共机构或实体与另一缔约国国民之间直接因投资而产生的任何法律上的争议。这就是说,ICSID 对投资争议的仲裁,仅限于由于投资而产生的法律争议,而不是其他方面的争议。因此,只有在同时具备以上实质要件的情况下,才属于 ICSID 管辖的范围。

值得注意的是,从《华盛顿公约》的字面规定看,"当事人书面同意"仍是仲裁庭受理案件的基础。然而,在 BIT 中东道国事先同意的条件下,这种仲裁机制向着强制性的方向发展,其特殊的同意模式、特殊的同意效果已不是当初《华盛顿公约》的案文"当事人书面同意"所能涵盖。"BIT 条约本身使投资者成为一个私人首席检察官,有权对主权国家强制执行 BIT 的国际法标准。"[11]庞大的 BIT 群体使《华盛顿公约》关于投资仲裁的节制性构建被打破,国际投资仲裁案泛滥成灾。截至 2023 年 7 月 3 日,中心共受理了 961 起投资争议案件,其中审结 675 起争议案件[12],另有 286 起争议案件正在审理之中。[13]

2. ICSID 的仲裁程序

(1)仲裁申请。拟将争议提交 ICSID 解决的任何缔约国或缔约国的国民,应向 ICSID 秘书长提出书面仲裁申请。其内容包括:争议的事实,当事双方的身份,以及他们同意依照 ICSID

---

〔11〕 Matthew Wendlandt, SGS v. Philippines and the Role of ICSID Tribunals in Investor – State Contract Disputes, Texas International Law Journal, Summer 2008.

〔12〕 关于这些案件的具体名称,可参见 https://icsid. worldbank. org/ICSID/FrontServlet? requestType = GenCaseDtlsRH& actionVal = ListConcluded,2023 年 7 月 3 日访问。

〔13〕 关于这些案件的具体名称,可参见 https://icsid. worldbank. org/ICSID/FrontServlet? requestType = GenCaseDtlsRH& actionVal = ListPending, 2023 年 7 月 3 日访问。

的调解和仲裁规则仲裁等。秘书长应将申请书的副本送交被申请人,并予以登记(除非秘书长根据申请书中所包括的材料认定该争议不属于 ICSID 的管辖范围)。同时,秘书长还应将登记或不予登记的情况通知双方当事人。

(2)仲裁庭的组成及其权限范围。仲裁庭可以由双方同意的独任仲裁员或三名仲裁员组成。在后一种情况下,由当事各方各自指定一名仲裁员,第三名仲裁员(首席仲裁员)由当事双方协商指定。所指定的仲裁员应当具备公约规定的仲裁员应当具备的品德和资格。如秘书长在发出登记通知后 90 日内未能组成仲裁庭,由 ICSID 主席任命仲裁庭的组成人员。被指定的仲裁员应当是仲裁小组的人,但不得为争议一方所属的缔约国国民。仲裁庭可就其管辖权限作出决定。

(3)仲裁审理。仲裁程序应当按照《华盛顿公约》的规定进行。除当事双方另有约定外,应当依照双方同意提交仲裁之日以有效的仲裁规则进行仲裁。如果发生公约及 ICSID 仲裁规则或双方同意的任何规则未作规定的程序问题,则该问题应当由仲裁庭决定。

仲裁庭在解决争议的过程中,按照《华盛顿公约》第 42 条的规定,应当适用双方共同选择的法律。如无此项选择,应当适用争议一方的法律,包括该法律中有关的冲突规则,以及可适用的国际法规则。按照许多东道国的有关国际投资的法律,在东道国的投资,必须适用东道国的法律。实际上在有关国际投资合同中,无论是当事人选择的法律,还是仲裁庭决定适用的法律,通常情况下均为东道国的法律。而外国投资者为了维护自己的利益,避免由于东道国单方面修订其法律(如颁布国有化或征收的法令)而损害投资者的利益,一般在谈判合同时列入"稳定条款",即在合同履约期间,如法律发生与合同规定相悖的变更,则合同中的规定应当优先适用。

(4)仲裁裁决。仲裁裁决应当以全体成员的多数票作出,并应采用书面形式,由赞成此裁决的成员签署。裁决应当处理提交仲裁庭解决的所有问题,并说明裁决所依据的理由。任何仲裁员都可在裁决书上附具个人的意见,无论此项意见是否是多数人的意见。未经双方当事人同意,裁决不得对外公布。ICSID 秘书长应迅速将核正无误的裁决副本送交当事双方。如果当事人对裁决的含义或范围持有异议,任何一方均可向秘书长提出书面申请,要求仲裁庭对有异议的事项作出解释。

(5)ICSID 仲裁裁决的撤销。当事人只有在下列情况下,才可向秘书长提出撤销裁决的申请:仲裁庭的组成不当;仲裁庭显然超越其权限范围;仲裁庭的成员有受贿行为;仲裁有严重背离基本的程序规则的情况;裁决未陈述其所依据的理由。秘书长收到请求撤销裁决的申请后,应予以登记,并请 ICSID 行政理事会主席从仲裁人小组中任命三人组成专门委员会。委员会的成员不得为作出裁决的仲裁庭成员,且不得具有与上述任何成员相同的国籍,不得为争议一方的国家的国民,也不得为争议任何一方的国家所指派参加仲裁小组的成员,以及曾在该同一争议中担任调停人。委员会有权依公约规定的理由撤销裁决或裁决中的任何部分。

如果仲裁裁决的全部或部分内容被专门委员会撤销,任何一方当事人可以请求将此争议重新提交给一个新的仲裁庭审理。但如果原裁决仅有部分内容被撤销,则新的仲裁庭不应对未曾撤销的任何部分进行重新审理。

(6)ICSID 仲裁裁决的承认与执行。ICSID 仲裁裁决的效力与《纽约公约》的裁决不同。因为《纽约公约》的裁决可以由执行地法院进行审查,如果没有公约规定的拒绝承认与执行的条件,经法院裁定后发出执行令执行裁决。而 ICSID 的裁决相当于缔约国法院的最终判决,各缔约国法院不得对它行使任何形式的审查,包括程序上的审查。也不得以违背当地的社会公共秩序为由而拒绝承认与执行。任何一方当事人也不得对 ICSID 裁决提出任何上诉或采取任何除公约规定以外的补救办法。除依公约有关规定停止执行的情况外,当事各方及各有关缔约国法院均应遵守和履行 ICSID 的裁决。

(三)中国政府与外国投资者之间投资争议的解决

我国政府与外国投资者之间的争议解决方法,体现在我国有关的国内立法、我国缔结或参加的双边或多边国际公约中。

自 20 世纪 70 年代末我国实行对内搞活经济、对外实行开放政策以来,我国在过去的二十多年来颁布了一系列有关吸收利用外资的法律和法规,同几十个国家订立了双边投资保护协定,还批准和加入了 1965 年《华盛顿公约》和 1985 年《多边投资担保机构公约》。根据我国近年来的立法与实践,我国国家与外国投资者之间的争议,除协商解决外,主要有以下几种情况。

1. 当地救济的方法

即通过我国国内行政管理机构或司法机构解决的方法。例如,我国与荷兰、法国、丹麦等国订立的投资保护协定均规定,对于缔约一国与缔约另一国投资者之间关于该投资者在缔约一国领土和海域内的投资争议,投资者可选择如下的解决方法:(1)向投资所在缔约国的主管行政当局或机构申诉并寻求救济;(2)向投资所在国有管辖权的法院提起诉讼。以上方法适用于所有的在我国境内投资的外国投资者,无论其所属国是否与我国订有双边投资保护协定。

2. 国家之间的解决方法

通过国家之间解决东道国与外国投资者之间的争议,可以采取以下方法:

(1)外交谈判的方法。通过国家之间协商的方法解决。但使用这种方法的前提条件,应当在用尽当地救济后,争议仍然未能得到解决的情况下。此种方法可适用于一切与投资争议有关的场合,无论外国投资者所属国是否与我国订有双边协定或者均为有关国际公约的缔约国。

(2)代位求偿的方法。此种方法主要适用于外国投资者所属国与我国订有双边协定的国家或者均为有关国际公约的缔约国的情况。根据我国与其他国家订立的投资保护协定,如果对方国家对其国民在我国境内的投资提供了保险或担保,并据此向其在中国投资的国民支付了赔偿,我国政府承认缔约另一方对其国民的权利的代位,但此项代位不得超过其国民应当享有的权利。

根据我国参加的《多边投资担保机构公约》,该公约缔约国的国民也可向该公约项下的多边投资担保机构投保公约规定的风险。根据《多边投资担保机构公约》第 18 条的规定,如果 MIGA 在对投保人支付或同意支付赔偿时,投保人对东道国其他债务人所拥有的有关投资的权利或索赔权应由 MIGA 代位。而所有缔约国都应承认 MIGA 的上述权力。

此外,对于那些未与我国订立上述协定或共同参加的国际公约的国家,如果国家对其国民在我国境内的投资提供了保险或担保,并据此向其在中国投资的国民支付了赔偿,也可采用此种方法。

(3)国际仲裁的方法。我国于 1990 年 2 月签署了《华盛顿公约》,1993 年 2 月 6 日正式加入此公约。中国政府在加入时已经向 ICSID 发出通知:根据该公约第 24 条第(4)款的规定,中国政府只考虑将由于征收和国有化而产生的赔偿争议交由 ICSID 管辖。[14] 然而,随着 1998 年

---

〔14〕 World Arbitration & Mediation Report, Vol. 4, No. 2, Feb. ,1993, p. 32.

7 月我国与巴巴多斯签订的双边投资保护协定，不仅由于国有化和征收引起的争议可以提交中心仲裁，其他的投资争议也可以提交中心仲裁。[15]

我国与一些国家订立的双边投资保护协定中，也有一些包括通过仲裁解决国家与对方投资者之间的投资争议的规定。而对于那些与我国无此协定或未能参加《华盛顿公约》的国家，如果这些国家的投资者与我国政府订有通过仲裁解决投资争议的仲裁协议，也可通过仲裁的方式解决此项争议。

本章思考题

1. 何为国际经济贸易争议？有哪些解决方法？
2. ADR 的特点及其在实践中的应用，由于诉讼和仲裁的区别有哪些？
3. 简述《新加坡调解公约》的内容。
4. 国际民商事诉讼的管辖原则有哪些？如何承认与执行外国法院的判决？
5. 如何确定国际商事仲裁庭的管辖权？
6. 国际商事仲裁裁决的补救办法有哪些？
7. 我国法院应当如何承认与执行外国仲裁裁决？
8. 世界贸易组织争议解决机制的特点有哪些？
9. 我们应当如何利用世界贸易组织争议解决机制解决我国与其他国家之间的贸易争端？
10. 如何解决国家与他国国民之间的经济贸易争议？
11. 如何解决我国政府与外国投资者之间的争议？
12. 如何解决投资争议国际中心的法律地位及其管辖范围？

拓展阅读

一、著作资源

1. 范愉：《非诉讼纠纷解决机制研究》，中国人民大学出版社 2000 年版。
2. 李浩培编著：《国际民事诉讼程序法概论》，法律出版社 1996 年版。
3. 赵秀文：《国际商事仲裁现代化研究》，法律出版社 2010 年版。
4. 林一飞编著：《中国国际商事仲裁裁决的执行》，对外经济贸易大学出版社 2006 年版。
5. 韩立余：《既往不咎——WTO 争端解决机制研究》，北京大学出版社 2009 年版。

---

[15] 该协定第 9 条关于投资争议的解决的规定是：(1)缔约一方的投资者与缔约另一方之间任何的投资争议，应尽可能由投资者与缔约另一方友好协商解决。(2)如本条第 1 款的争议在争议一方自另一方收到有关争议的书面通知之日后 6 个月内不能协商解决，投资者有权选择将争议提交下述两个仲裁庭中的任意一个，通过国际仲裁的方式解决：①依据 1965 年 3 月 18 日在华盛顿签署的《解决国家与他国国民之间投资争端公约》设立的解决投资争端国际中心；②根据《联合国国际贸易法委员会仲裁规则》设立的仲裁庭。该规则中负责指定仲裁员的机构将为解决投资争端国际中心秘书长……World Arbitration & Mediation Report, Vol. 4, No. 2, Feb. , 1993, p. 32.

6. 陈安主编:《国际投资争端仲裁——“解决国际投资争议国际中心”机制研究》,复旦大学出版社 2001 年版。

二、网络资源

1. 国际商会仲裁院网,www. iccwbo. org,国际商会仲裁院是世界上最大的民间性国际商业组织,其牵头制定的商事交易规则,影响巨大。与本章相关的 ADR 规则和仲裁规则,以及与国际贸易相关的其他方面的规则,都可以准确地找到。
2. 中国国际经济贸易仲裁委员会网,www. cietac. org,中国国际经济贸易仲裁委员会作为中国最权威的国际经济贸易仲裁机构,其网站资料丰富,可以找到我国涉外经济贸易法规、仲裁规则及相关案例。
3. 联合国国际贸易法委员会网,www. uncitral. org,国际贸易法委员会作为联合国专门机构,致力于国际贸易统一法的协调和统一,其网站涉及范围相当广泛,包括国际货物买卖、运输、担保、支付和争议解决等方面的国际公约和相关规则。
4. 国际贸易组织网,www. wto. org,在此网站,可以查询到国际贸易规则项下的各项规则,以及争议解决的最新发展和专家组、上诉机构的裁定。
5. 世界银行网,www. worldbank. org,该网站可以查询 ICSID 公约及所有国家与外国投资者投资争议的事由、申请人与被申请人、仲裁庭的组成人员、审理进程。